Wolfgang Geiger
Die Ermüdung der Demokratie

Wolfgang Geiger

Die Ermüdung der Demokratie

Frankreich, Deutschland und Europa
in der Krise

Humanities
Online

Bibliografische Information der Deutschen Nationalbibliothek
Die Deutsche Nationalbibliothek verzeichnet diese Publikation in der Deutschen Nationalbibliografie; detaillierte bibliografische Daten sind im Internet über http://dnb.ddb.de abrufbar.

Frankfurt am Main, Germany
www.humanities-online.de
info@humanities-online.de

Erste Auflage 2017
ISBN 978-3-941743-67-0

Umschlaggestaltung: Uwe Adam, www.adam-grafik.de
Printed in Germany

Inhalt

Einleitung

Wer seine Werte nicht stark genug vertritt,
kann nicht erwarten, dass andere sie annehmen.
Der Berliner Rabbiner Peter Alter
am 2.9.2015 im ZDF.

Auf der Rückseite der alten Ein-Franc-Münze sieht man eine Variante von *Marianne*, der allegorischen Darstellung der *Républiqe française*, hier als säende Bäuerin *(la semeuse)*. Ihr wehendes Haar wird durch eine Kopfbedeckung zusammengehalten, in der man die Jakobinermütze mit dem antiken Namen »phrygische Mütze« (*bonnet phrygien*) erkennen kann. Was sät sie aus? Natürlich die Werte der Französischen Revolution: *Liberté, Égalité, Fraternité*, wie sie auf der Vorderseite der Münze ausformuliert sind, in der Hoffnung, dass sie auf fruchtbaren Boden fallen und aufblühen. Sieben Jahrzehnte nach dem Ende des Nationalsozialismus – der sich bewusst auch als Gegenrevolution zu 1789 verstand – erscheinen die Errungenschaften von Freiheit und Demokratie so selbstverständlich, dass man sich dessen gar nicht mehr bewusst ist, dass sie gerade *nicht* selbstverständlich sind, sondern erkämpft wurden und verteidigt werden müssen: Erfolgt die Aussaat nicht stets von neuem, kann nichts mehr nachwachsen. Die terroristischen Anschläge in Paris vom Januar und November 2015 sowie in Brüssel im März 2016, in Nizza am 14.7.2016, am 19.12.2016 in Berlin, am 22.5. und 3.6.2017 in Manchester und London sowie am 17.8.2017 in Barcelona, um nur die größeren zu nennen, haben schockartig die Aufmerksamkeit auf eine Bedrohung von außen gelenkt, während Freiheit und Demokratie in Wirklichkeit von innen bedroht sind. Dies rückte erst dann in den Fokus der Medien, als sich abzeichnete, dass Marine Le Pen für den Front National in die Stichwahl für die französische Präsidentschaft 2017 kommen würde.

In seinem Buch *Die geistige Situation der Zeit* versuchte Karl Jaspers 1930 philosophische Erkenntnis mit einer gesellschaftlichen und politischen Analyse der »Situation der Zeit« zu verbinden. Zwei Grundfaktoren werden dabei schon in der Einleitung angesprochen, die ungebrochen aktuell sind: Erstens die Flüchtigkeit des Augenblicks, die Instabilität des Seins, das Bewusstsein einer ständigen und raschen Veränderung der Welt und vor allem die Angst davor, gespeist aus dem zweiten Faktor, dem der empfundenen Ohnmacht angesichts dieser Entwicklung. Es ist dies im Prinzip die Grundlage der modernen Gesellschaft schlechthin und auch das Paradoxon der Demokratie, dass die versprochene »Herrschaft des Volkes« – eigentlich ein Widerspruch in sich: Herrschaft über wen? – die Ohnmacht des Einzelnen, auch und gerade als Wähler, impliziert. In Zeiten, in denen die Menschen überwiegend mit ihrer Situation zufrieden sind, wird dies nicht als bedrohlich empfunden, anders als in Krisenzeiten, wo dies die Grundlage des gesellschaftlichen Zusammenlebens in Frage stellen kann.

Einen zu Jaspers komplementären Ansatz zur Erklärung der »Situation der Zeit« lieferte Erich Fromm zehn Jahre später im amerikanischen Exil, als Nationalsozialismus und Faschismus in Europa auf dem Höhepunkt waren. Es war daher ein Rückblick darauf, wie es dazu kommen konnte. Schon im Buchtitel *Die Furcht vor der Freiheit* liefert er das Stichwort zur Erklärung, wonach die empfundene Ohnmacht eigentlich eine Selbstentmündigung aus Angst vor den Konsequenzen der Freiheit ist: weil Freiheit nämlich auch Verantwortung bedeutet und Verantwortung eine Last ist. So ist der ursprüngliche englische Titel *Escape from freedom* sogar noch präziser als der deutsche, zeigt er doch die Konsequenz dieser Furcht vor der Freiheit auf, wobei das Wort *escape* auf subtile Weise die Aspekte Flucht und Rettung in sich vereint, eine zweifelhafte »Rettung« freilich.

Als eine dritte Referenz sei hier der französische Schriftsteller Julien Benda genannt, der 1927 in seinem Buch *Der Verrat der Intellektuellen* frühzeitig erkannte, wie sich Schriftsteller, Künstler, Denker zu »Handlangern politischer Leidenschaften« machten, womit Nationalismus und Antiliberalismus gemeint waren, und damit ihre Verantwortung, über den Dingen zu stehen, in ihr Gegenteil verkehrten. Die Freiheit der Meinung erzeugt vor allem da eine besondere Verantwortung, wo die eigene Meinung andere beeinflusst, wie bei Schriftstellern, Journalisten, Persönlichkeiten des öffentlichen Lebens; im heutigen Medienzeitalter stellt sich diese Frage nach der Verantwortung auf einer noch viel breiteren Ebene.

Die in der Gesellschaft als bedrohlich empfundenen Entwicklungen werden als Bedrohungen von außen wahrgenommen: Globalisierung, Europäisierung, Verlust der Souveränität und der Selbstbestimmung, Immigration, Überfremdung, Verlust der Identität und nicht zuletzt die Verunsicherung durch den Terrorismus – oder als dysfunktionale Entwicklungen der Demokratie im Inneren: bürgerferne Bürokratie, abgehobene politische Entscheidungen, Korruption, Machtmissbrauch usw. Reale Probleme mischen sich in der Vorstellung mit fantasierten Horrorszenarien und Verschwörungstheorien.

Beide Problematiken überschneiden sich im Fokus auf »Europa«, vor allem durch die mit der Euro- und Schuldenkrise verbundenen Probleme, die eine tiefgreifende Verunsicherung in ganz Europa ausgelöst haben, und zwar auf der Seite der in die Krise gestürzten Länder wie auch auf der Seite derjenigen, die als »Nettozahler« deren Rettung sicherstellen sollen – so finden sich Europagegner auf Seiten der zu Rettenden wie der Retter. Und zusätzlich haben noch die jüngste Flüchtlingskrise und ihre politischen Auswirkungen ungemein schnell und drastisch die Lage verschärft.

Die Europawahlen 2014 waren der Ausgangspunkt, sind aber somit nicht der einzige Bezugspunkt für die nachfolgende Analyse der politischen Situation der Zeit.

Jaspers' »Stichworte«-Anregung wurde 1979 von Jürgen Habermas in den von ihm herausgegebenen beiden Bänden *Stichworte zur »Geistigen Situation der Zeit«* aufgenommen und jüngst schließt die *Die große Regression* als *internationale Debatte über die geistige Situation der Zeit* ebenfalls daran an. Der Begriff von der »Ermüdung der Demokratie« als Fazit und Titel des hier vorliegenden Buches entstand als Idee an Weihnachten 2014, also vor dem Beitrag *Demokratiemüdigkeit* von Arjun Appadurai in *Die große Regression.*[1] Die sich überschlagende aktuelle politische Entwicklung, die bilanziert werden sollte, verzögerte jedoch die Publikation dieses Buches bis nach den Nationalwahlen in Frankreich.

Die hierin vorgenommene Analyse ist weit weniger philosophisch als die von Jaspers aus einer Vergangenheit, die noch nicht passé ist. Es geht um eine politisch konkrete Analyse, aber durch grundsätzliche Überlegungen und historische Rückblicke ergänzt, aus denen man etwas lernen könnte, wenn denn Ciceros Erkenntnis *historia magistra vitae* (die Geschichte ist die Lehrmeisterin des Lebens), für Politiker seiner Zeit verfasst, überhaupt zutrifft. »Europa wird ernsthaft sein oder es wird gar nicht sein«, schrieb Julien Benda 1933 in seinem *Discours à la nation européenne.* Wie recht er doch immer noch hat.

Es geht um eine Bestandsaufnahme und Analyse der »Ermüdung der Demokratie« in Europa angesichts ihrer Herausforderungen auf der einen Seite sowie der politischen Infragestellungen durch den Populismus von rechts und links auf der anderen. Dabei stellt der neue Nationalismus durch rechtspopulistische und -extreme Parteien die größte Gefahr dar, weswegen auch die jüngere und jüngste Entwicklung in Frankreich im Zentrum der Untersuchung stehen wird. »Schaut man aus den Nachbarländern nach Frankreich, ist es, als blicke man in eine Kristallkugel. Dort scheint zu passieren, was in Zukunft auch anderswo geschehen könnte: In einer gefestigten Demokratie wird die Protestwahl zum Normalfall«, hieß es in der *Zeit* am 19.11.2015, wo man nach den Pariser Anschlägen vom 13. November »ihre Stunde«, die Stunde von Marine Le Pen kommen sah. Dies hatte sich jedoch schon seit langem angebahnt, und wenn die *Zeit* vom 4.8.2016 titelte: »Der Kampf um die Demokratie hat begonnen«, so kam diese Erkenntnis recht spät. Es wird außerdem zu fragen sein, inwiefern dieser Kampf, der von der extremen Rechten her schon vor langem begonnen hat, von der demokratischen Mitte aufgenommen wird. In Frankreich scheint eine von keiner Kristallkugel vorhergesehene Protestwahl der Mitte den gordischen Knoten gelöst zu haben, die Kritik am Bestehenden mit der Abwehr des Rechtspopulismus zu verbinden. Ob dies auch konstruktiv in eine Erneuerung der Demokratie münden kann, muss sich erst noch zeigen.

Um zu verstehen, was hier und heute in Europa geschieht, bedarf es jedoch wie immer und auch gerade hierzu eines erklärenden Blickes zurück in die Entstehungsgeschichte jener Phänomene, die uns beunruhigen. Dabei werden begleitend Analogien zu den 1920er und 1930er Jahren gezogen, wohl wissend, dass sich die Geschichte nicht 1:1 wiederholt und schematische Gleichsetzungen natürlich der Sache nicht gerecht werden.

Beiseite lassen mussten wir einen intensiveren Blick auf die USA und das Phänomen Donald Trump, doch, sieht man einmal von den US-spezifischen Aspekten ab, so führt uns der Blick auf den dortigen Populismus ohnehin wieder nach Europa zurück.

Editorische Anmerkung

Die nachfolgend zitierten Quellen aus dem Internet spiegeln den Stand zum jeweils angegebenen Datum der Medien wider, nicht datierte den zum 1.6.2017. Alle Zitate und deren bibliographischer Nachweis erfolgen aus der Pflicht zum Beleg der Texte, Autor und Verlag identifizieren sich in keiner Weise mit deren Inhalten. Fremdsprachliche Texte wurden vom Autor ins Deutsche übersetzt.

1. Bestandsaufnahme – Tour d'horizon 2014 bis 2017

Die Zeit der begrenzten Welt beginnt.[...] Die Zahl der Verknüpfungen, die ihre Teile zusammenhalten, wächst ständig. [...] Es gibt nichts Dümmeres in der ganzen Geschichte als die europäische Konkurrenz im Politischen und Wirtschaftlichen, im Vergleich, in Verbindung und in der Gegenüberstellung mit der Einheit und der Allianz Europas im Wissenschaftlichen.

Paul Valéry, 1931[1]

Vor hundert Jahren standen sich auf den Schlachtfeldern Frankreichs Demokratie und Monarchie gegenüber, ein fast vergessener ideologischer Aspekt des Ersten Weltkriegs, der damals jedoch eine große Rolle spielte, vor allem in Frankreich, wo man sich auch am ehesten noch daran erinnert. Vor mehr als 70 Jahren begann mit dem Ende des Zweiten Weltkriegs eine neue Ära der Demokratie, zumindest im Westen, und vor 28 Jahren auch im Osten Europas. Nach dem Zusammenbruch des Sowjetimperiums und sogar der Sowjetunion selbst als Staat schien die Demokratie endgültig gesiegt zu haben, also das Prinzip der Menschenrechte und freien Wahlen (unabhängig von anderen gesellschaftlichen Fragen), so dass damals Francis Fukuyama voreilig das »Ende der Geschichte« (1989) konstatierte. Er wurde dafür kritisiert[2], hatte aber insofern Recht damit, als es seither keine neuen gesellschaftlichen Modelle und keine Utopien als Alternativen mehr gibt, nicht einmal theoretisch (auch wenn immer wieder eine Kapitalismuskritik erfolgt) – im erweiterten Westen jedenfalls. Dagegen gibt es eine weltpolitische Infragestellung dieses jetzt erweiterten Westens durch den Islamismus sowie eine atemberaubende Konkurrenz durch China (Kapitalismus ohne Demokratie), beides Phänomene, die nur wenig später Samuel Huntington mit seiner These vom »Clash of civilizations« (1993) prognostiziert hat, immerhin acht Jahre vor dem 11. September 2001. Gewiss kann man ihm seine Feindbildideologie vorwerfen, zum Beispiel Islam und Islamismus in einen Topf zu werfen[3], trotzdem sollte man anerkennen, dass er als erster in diesem Rahmen die politische Bedeutung kultureller Faktoren hervorgehoben hat. Als Gegenthese zu Fukuyama hat Huntington auch verdeutlicht, dass die Geschichte nicht zu Ende ist, wenn es keine Utopien mehr und keine historischen Ziele mehr anzustreben gibt, sondern dass die Geschichte allemal weitergeht, weil das Bestehende immer auch wieder als solches in Frage gestellt werden kann, durch eine Nostalgie nach Vergangenem. In diesem Sinne ist auch zu fragen, ob wir auf dem Weg in eine Ära der »Postdemokratie« sind, ein Stichwort, mit dem Colin Crouch bereits 2003 eine breite Debatte anregte.[4]

Deutschland ist nach wie vor das einzige Land in Europa, in dem historisch Ost und West zusammentreffen und das deswegen auch nach wie vor in einer besonderen Situation ist. Die kurzzeitig mit dem Fall der Mauer bei manchen aufgekommene Hoffnung, nach dem Scheitern des »realen Sozialismus« könne ein »echter«, d.h. freiheitlicher, demokratischer Sozialismus entstehen, hat sich schnell verflüchtigt. »Das Volk« der DDR wollte einfach so leben wie die Bürger in Westdeutschland. Angesichts der damit verbundenen Hoffnungen (»blühende Landschaften«) bleibt im Bewusstsein vieler Ostdeutscher eine mehr oder weniger große Enttäuschung über die neu gewonnene Demokratie zurück. Abgesehen von denen, die von vornherein PDS gewählt haben, zeigte sich dies zunächst durch die zurückgehende Wahlbeteiligung von zum Teil unter 50 % bei den Landtagswahlen 2014 und seither wohl auch in der Wahl der AfD.

Verkennung der Realitäten, Illusionen über das neue Deutschland waren ein Faktor für die fremdenfeindliche Welle direkt nach der Wiedervereinigung und auch für PEGIDA 2014/15 – *ein* Faktor, wohlgemerkt, nicht unbedingt der einzige, der alles erklären könnte. Denn neben den Überfremdungsängsten, die zum Teil in abstrusen Aussagen artikuliert werden (»Wir wollen in Zukunft an Weihnachten nicht in die Moschee gehen müssen« usw.), war »Die Politik versteht uns nicht« ein weiteres Motiv der Demonstrationen in Dresden, verbunden mit einem »Die Presse lügt, und wir dürfen ja nicht sagen, was wir meinen.« Dieses Potenzial an Unmut und Protest hat sich in der Zwischenzeit dank der AfD deutschlandweit etabliert, auch wenn die AfD bei den Landtagswahlen seit 2016 nach wie vor weit überdurchschnittliche Ergebisse nur in Ostdeutschlamd erzielt.

Auch in Frankreich gibt es solch eine spezifische Desillusionierung, die nicht darin besteht, dass man sich über die eigenen Illusionen klar wird, sondern indem man von der Politik enttäuscht ist, weil sie die in sie gesetzten Illusionen nicht verwirklicht. Die Schwäche der letzten Regierung ist auch Ausdruck einer Schwäche des demokratischen Systems generell, seines Funktionierens wie seiner notwendigen Überzeugungskraft.

Auch in anderen europäischen Ländern gab und gibt es solch einen »Politikverdruss«. Eine Tour d'horizon durch Europa findet nahezu kein Land, keinen Staat, in dem es nicht eine Krise und vor allem eine Vertrauenskrise des Staatsvolks gegenüber dem Staat, d.h. seinen Institutionen und seiner Regierung, gäbe, und dabei konnten hier noch nicht einmal alle Länder berücksichtigt werden. Eher Zustimmung herrscht dagegen dort, wo Demokratie und Freiheit abgebaut werden und das Staatsvolk dies offenbar, zumindest mehrheitlich, nicht als Manko empfindet.

Frankreich

Kein Präsident ist je in der öffentlichen Meinung so schnell und so tief abgestürzt wie François Hollande. Dabei hatte sein Vorgänger Nicolas Sarkozy bereits einen Rekord an Unpopularität erreicht und wurde deshalb 2012 nicht wiedergewählt. Seit 1986, als unter dem sozialistischen Präsidenten Mitterrand nach der Parlamentswahl die erste »Kohabitation« mit einer rechten[5] Parlamentsmehrheit notwendig wurde – unter Premierminister Jacques Chirac, der später auch Mitterrand als Präsident nachfolgen sollte –, gab es nach jeder Wahl, ob zur Legislative oder zur Präsidentschaft, einen Richtungswechsel, durch die unterschiedliche Länge der Amtszeiten damals (sieben Jahre Präsidentschaft, vier Jahre Legislatur) also alle drei bis vier Jahre. Es konnten auch Wechsel innerhalb eines politischen Lagers sein, wenn bei Präsidentschaftswahlen im 1. Wahlgang zwei Kandidaten der Rechten miteinander konkurrierten und dabei regelmäßig derjenige, der zuvor als Premierminister im Amt gewesen war, unterlag, weil sein Konkurrent aus dem eigenen Lager mit einer Wechselpropaganda erfolgreich Wahlkampf machte, als käme er aus der Opposition.[6] Und 2017 traten alle Kandidaten mit vollmundigen Versprechungen auf einen noch radikaleren Wechsel an, einen »Systemwechsel«, eine »neue Republik«, und der Überraschungskandidat und Senkrechtstarter Emmanuel Macron, vorher Wirtschaftsminister unter Hollande, versprach sogar nichts weniger als eine »Revolution« in seinem gleichnamigen Buch.

Die französische Wählerschaft straft seit Jahrzehnten jede Regierung bei der nächsten Gelegenheit ab. Bei Zwischenwahlen (Regionalwahlen, Europawahl) führt dies oft zu einer Regierungsumbildung, die quasi einen Neuanfang im Neuanfang signalisieren soll. Unter Hollande hat sich dies so zugespitzt, dass der Präsident erstmalig nach einer verlorenen Kommunalwahl im März 2014 seinen Premierminister und damit die Zusammensetzung der Regierung wechselte und ein paar Monate darauf nach der Europawahl gleich noch einmal die Regierung umbildete. Doch, auch wenn der neue Premierminister Manuel Valls energischer in der Öffentlichkeit auftrat, so folgte daraus noch kein Stimmungsumschwung in der Öffentlichkeit. Bis zur Präsidentschaftswahl 2017, die die etablierte politische Konstellation auflöste, zeigte sich nirgendwo die Erosion der Demokratie in einem Land mit langer demokratischer Tradition deutlicher als in Frankreich, weswegen der *Front National* nicht nur einen spektakulären Wahlerfolg bei der Europawahl 2014 erzielt hat – zusammen mit dem Erstarken der antieuropäischen Parteien in anderen Ländern –, sondern auch mit Marine Le Pen 2017 in die Endausscheidung für die Präsidentschaft kam.

Der Wahlkampf und sein Ausgang offenbarten eine Überraschung nach der anderen: Den abrupten Aufstieg und Fall des Konservativen François Fillon, Überraschungssieger in der Vorentscheidung in seiner Partei, aber kurz danach von einer länger zurück liegenden Korruptionsaffäre heimgesucht; den Untergang der regierenden Sozialisten, die mit ihrer eigenen Regierung abrechneten und einen zweitrangigen und chancenlosen Kandidaten vom linken Flügel (Benoît Hamon) in den Wahlkmapf schickten, der nur den unverhofften Aufstieg der radikalen Linken um Jean-Luc Mélenchon beförderte; und dann vor allem mit Emmanuel Macron zum ersten Mal in der französischen Geschichte einen Unabhängigen aus der bislang nicht existierenden politischen Mitte. So dass in der Endausscheidung zwischen Emmanuel Macron und Marine Le Pen kein Vertreter der etablierten Parteien mehr dabei war.

Zu den bisher inszenierten Wechseln innerhalb des Establisments gehörten die ständigen Änderungen der Parteinamen im bürgerlichen Lager seit 1945, deren jüngste Etappe die Umbenennung der Konservativen, der ehemaligen oder Noch-Gaullisten, in *Les Républicains* (Die Republikaner) darstellt. Damit war dem Ex-Präsidenten und Wieder-Parteichef Nicolas Sarkozy vorübergehend ein Coup gelungen, da die Besetzung des Begriffes »republikanisch«, vor Gericht vergeblich angefochten, die Partei als die einzige wahre politische Kraft der Republik erscheinen lassen sollte. Und tatsächlich sah man nach der Entscheidung auf einem gigantomanischen Parteikongress mit 15 000 Teilnehmern Leute beglückt in die TV-Kamera sagen, dass es jetzt eine »neue Partei« gebe. Diese vermeintlichen Erneuerungen sollen die permanenten inneren Querelen lösen oder zumindest überdecken, die daraus resultieren, dass es in Frankreich traditionell keine große bürgerliche Partei, ja nicht einmal zwei klassische Parteien, eine konservative und eine liberale, gegeben hat, und dass die Dominanz der ganz auf die Person von Charles de Gaulle zugeschnittenen Partei UDR (Union des démocrates pour la Cinquième République) eher eine Ausnahme darstellte. Bereits 2002 wurde ein Einigungsversuch unternommen, die Gaullisten mit den liberalen Parteien der Mitte zu vereinigen, der zur Gründung der UMP führte, die im Zeichen des Präsidentschaftswahlkampfes für Chiracs zweite Amtszeit zunächst bezeichnenderweise »Union pour la majorité présidentielle« hieß (Union für eine Präsidentschaftsmehrheit), dann aber unter der Führung von Sarkozy den nicht minder inhaltsleeren Namen »Union pour un mouvement populaire« (Union für eine Volksbewegung) erhielt und jetzt immerhin mit der Umbenennung in *Les Républicains* einen »politischen« Namen bekommen hat. Doch die nach außen manifestierte Einigkeit bei den »Republikanern« bestand nur in dem Willen zur Macht und täuschte über deren innere Zerrissenheit hinweg, der dann Sarkozy bei den *Primaires* für die Präsidentschaft zum Opfer fiel.

Eine ebenso lange Tradition innerer Zerfleischung kennt die Sozialistische Partei (PS) zwischen linker Identität und Sozialdemokratisierung. Die Regierungsumbildung im Sommer 2014 hat die innerparteiliche Linke aus der Regierung geworfen, deren Galionsfigur der bis dahin amtierende Wirtschaftsminister Arnaud Montebourg war. Die Revanche der Linken nach der Verzichtserklärung von Hollande auf eine erneute Kandidatur kam dann allerdings nicht Montebourg, sondern seinem linken Ex-Ministerkollegen Benoît Hamon zugute. Montebourg leistete jedoch die ideologische Vorarbeit, er brachte die linke und rechte Antiglobalisierungs- und Antieuropaideologie zusammen, indem er sich für eine Politik der »De-Globalisierung« aussprach und glaubte, die französische Wirtschaft mit einem »Kampf für Made in France« – also in Frankreich investieren, in Frankreich produzieren, in Frankreich kaufen – wieder nach oben bringen zu können. Die Ähnlichkeit zum Slogan der »nationalen Präferenz« des Front National war nicht zu übersehen. Andernfalls drohe in der Zukunft, so Montebourg, »dass die Chinesen uns zu ihren neuen Sklaven machen«.[7] Montebourg musste am 25. August 2014 seinen Hut als Wirtschaftsminister nehmen, nachdem er auf provokative Weise öffentlich die Sparpolitik kritisiert hatte: »Frankreich ist die zweitgrößte Volkswirtschaft der Eurozone, die fünftgrößte Macht der Welt, und es hat nicht die Absicht, meine Damen und Herren, sich nach den maßlosen Obsessionen von Deutschlands Konservativen zu richten.« Danach führte er die innerparteiliche Linksopposition an mit einem strikten Kurs gegen den »absurden Brüsseler Konformismus« und den »Kniefall in Berlin und dann in Brüssel«, denn diese arbeiteten dem FN in die Hände und deswegen gehe seine effektive Bekämpfung nur über die radikale Kritik an der EU.[8] Auch wenn Montebourgs persönliches Kalkül, Präsidentschaftskandidat zu werden, nicht aufgegangen ist, so hat er entscheidend zum innerparteilichen Umschwung gegen die Regierungspolitik beigetragen, dadurch aber auch ungewollt dem »echten« Radikalen Jean-Luc Mélenchon zugespielt, der unter dem Etikett *La France insoumise* (svw. »Unbeugsames Frankreich«) zur Präsidentschaftswahl antrat.

Bei der Europawahl am 25.5.2014 zeigte sich sowohl das Phänomen der Wahlenthaltung (42,5 % Beteiligung), als auch der spektakuläre Erfolg des Front National (24,9 %) auf Platz 1 vor der konservativen UMP (20,8 %). Die regierenden Sozialisten erreichten mit ihrer Liste *Union de la Gauche* (Union der Linken) lediglich Platz 3 mit 13,9 %, die Liste *Front de Gauche* (Linksfront, Kommunisten und Ex-Sozialisten) 6,3 %, die Grünen 9 % sowie die Zentristen 9,9 %. Der FN verfügt damit im Europaparlament über fast doppelt so viele Sitze (24) wie die Sozialisten (13) und konnte mit Verspätung dann auch im Juni 2015 eine Fraktionsgemeinschaft mit der Partei von Geert Wilders aus den Niederlanden, dem *Vlaams Belang* aus Belgien, der FPÖ aus Österreich, der *Lega Nord* aus Italien sowie Abgeordneten aus Großbritannien und Polen herstellen: »Europa der Nationen und der Freiheiten«.

Eine Verknüpfung zwischen dem FN-Erfolg und der Wahlenthaltung herstellend reagierte manch einer in Frankreich darauf mit dem Hinweis, dass bei nationalen Wahlen in Frankreich das Ergebnis anders aussähe: höhere Wahlbeteiligung, schlechteres Abschneiden des FN. Solche Rechnungen interpretieren das Nichtwählen quasi als relative Distanz zur etablierten Politik bei grundsätzlicher Mobilisierbarkeit dafür, wenn es darauf ankommt. Doch in der Geschichte der Wahlen seit den 1980er Jahren zeigt sich ein komplexerer Zusammenhang zwischen Wahlabsentismus und Stimmen für den Front National, als es diese simple Logik erklären kann.[9] Und bei allen folgenden kommunalen und regionalen Wahlen sowie bei der Präsidentschaftswahl legte der FN trotz höherer Wahlbeteiligung zu. Dass es dennoch eine Mobilisierungsreserve gegen den FN gab, zeigte sich im 2. Wahlgang der Regionalwahlen, als der FN trotz seiner Spitzenposition in mehreren Regionen (über 40 %) durch eine höhere Wahlbeteiligung am Sieg gehindert wurde ebenso wie Marine Le Pen in der Stichwahl um die Präsidentschaft. Doch dafür bedurfte es der Mobilisierung der gesamten demokratischen Wählerschaft und bei der Präsidentschaftswahl sogar deren Stimmen für einen Newcomer, Emmanuel Macron. In der Euphorie des »Sieges über den Front National« wird dabei jedoch jedesmal übersehen, dass dieser bei jeder »Niederlage« erfolgreicher wurde.

Der Aufstieg des Front National liegt entscheidend an seiner neuen Voristzenden Marine Le Pen (seit 2011). Die Tochter von Parteigründer Jean-Marie Le Pen hat die Partei aus der rechten Isolation heraus und in die Mitte der Wählerschaft hineingeführt. Mit der Gründung des *Rassemblement Bleu Marine* (RBM) ist ihr eine Erweiterung des engen Parteihorizonts und gleichzeitig eine relative Neutralisierung der Radikalen im FN gelungen. Das »Rassemblement« (Sammlung, Zusammenführung), ein typisch französischer Politbegriff in allen politischen Lagern, erweiterte den Wirkungskreis über das klassische Milieu der extremen Rechten hinaus. Der Name ist ein doppeltes Wortspiel, zum einen mit dem Vornamen von Marine Le Pen, der die Orientierung einzig auf ihre Person hin verdeutlicht, zum anderen ist es eine Anspielung auf die »Chambre bleu-marine«, wie man die stark rechts dominierte französische Nationalversammlung nach dem 1. Weltkrieg nannte.

Marine Le Pen distanzierte sich schon seit längerem bei entsprechenden Gelegenheiten ganz offen von ihrem Vater, dem zur Belastung gewordenen Parteigründer, der als Ehrenpräsident nicht von der medialen Bühne zu verbannen war und 2014 seine Provokationen in der Öffentlichkeit fortsetzte.[10] Sein Parteiausschluss am 20.4.2015, unvermeidliche Konsequenz eines existenziellen Machtkampfes mit seiner Tochter, war umstritten, es gab auch bedeutende Gegner, darunter Marion Maréchal-Le Pen, die Enkelin Le Pens und Nichte von Marine. Doch folgen die Parteiführung und die »élus«, die »Gewählten«, das heißt die kommunalen und regionalen Abgeordneten, in großer Mehrheit ihrer Vorsitzenden, zu sehr haben sie sich in den Institutionen eingerichtet, als dass sie dies wieder aufs Spiel setzen möchten, weil der Parteigründer zu seinen Ursprüngen zurückkehren will. Hinsichtlich der Wahlabsichten erklärten bei einer Ad-hoc-Umfrage 14 % der befragten Wahlberechtigen, die bisher nicht FN gewählt hatten, und 19 % der Sarkozy-Wähler der letzten Präsidentschaftswahl, der Ausschluss von Jean-Marie Le Pen könnte sie bei der nächsten Wahl dazu bringen, ihre Stimme dem FN bzw. Marine Le Pen zu geben.[11]

Die »Entdiabolisierung« der Partei, das heißt ihres Images in der Öffentlichkeit, bedeutet jedoch nicht, dass sich die Partei in ihrem Inneren grundlegend verändert hat. Wenn im Machtkampf um die Nachfolge von Jean-Marie Le Pen letztlich fast das ganze Führungspersonal ausgetauscht wurde, so hat Marine Le Pen andererseits zum Beispiel mit Jean-François Jalkh einen Vize-Präsidenten behalten, seit 2014 auch EU-Abgeordneter, der fast seit der ersten Stunde Parteimitglied ist (Eintritt 1974 im Alter von 17 Jahren) und noch im Jahr 2000 Zweifel an der Existenz der Gaskammern geäußert hat, indem er sich auf die »seriösen« Untersuchungen des verurteilen Holocaustleugners Robert Faurisson bezog, für sich selbst aber das Etikett »Negationist« zurückweist.[12] Von Bedeutung ist dies, weil er nach dem ersten Präsidentschaftswahlgang 2017 interimistisch den Parteivorsitz von Marine Le Pen übernehmen sollte, dann jedoch schnell wieder abberufen wurde, nachdem die Presse seine Vergangenheit aufgedeckt hatte. Kein »Detail der Geschichte« des Front National, schreibt *Le Monde*, wenn man bedenkt, dass der danach für diese Aufgabe gefundene Steeve Briois, ebenfalls Vize-Präsident und Bürgermeister der nordfranzösischen Stadt Hénin-Beaumont (Wahldomizil von Marine Le Pen), sowie andere Funktionäre aus dem Kreis der »gefährlichen Verbindungen« (liaisons dangereuses) von Marine Le Pen Verfahren wegen »Rassenhass« (incitation à la haine raciale) gegen sich laufen haben.[13]

Mit Marine Le Pen entstand gleichwohl eine Dynamik, die sich bereits bei der Präsidentschaftswahl 2012 zeigte, als sie 17,9 % erzielte, gegenüber den 10,44 % ihres Vaters 2007. Eine umfragebasierte Analyse der Wählerwanderungen macht deutlich, dass die Konservativen Verluste an den FN vor allem bei Wählern hatten, die an der christlichen Tradition festhalten wollen und eher älter und bürgerlich etabliert bis besser verdienend sind, während von der Linken oder aus der Nichtwählerschaft vor allem junge, nicht gut ausgebildete und gering verdienende Frauen zu Marine Le Pen gewechselt sind. Sie kamen zur stabilen FN-Wählerschaft hinzu, die vor allem männlich und stark von einem Prekariat geprägt ist (Arbeitslosigkeit, befristete oder Teilzeitarbeit, niedrige Löhne). Bei den nachgefragten Gründen für den Wahlwechsel 2012 wurde »Es gibt zu viele Immigranten« von ex-linken (58 %) als auch ex-konservativen (65 %) Wählern an erster Stelle genannt, gefolgt von dem damit verbundenen, aber sprachlich weiter gefassten »Man fühlt sich nicht mehr so zuhause wie früher« (49/56 %). An (wirtschafts-)politischen Präferenzen wurde von Ex-Konservativen und Ex-Linken gleichermaßen »Protektionismus« (61/65 %) und »Der Staat muss die Unternehmen überwachen« (59/71 %) genannt, wenn auch die Ex-Konservativen gleichwohl noch am »Liberalismus« festhielten (56 %) und die Ex-Linken weiterhin am »Sozialismus« (49 %), obwohl der FN eine klare Position gegen beides vertritt. Der stärker autoritäre Staat scheint für beide Gruppen eine gute Lösung und einen gemeinsamen Nenner darzustellen.[14] Umfragen nach den Regionalwahlen führten das fortgeschrittene Eindringen des FN in die Mitte der Gesellschaft auf zwei grundlegende Themen zurück, die wiederum miteinander verbunden sind: Angst vor der Zukunft und Angst vor allem, was von außen kommt (Immigranten, Europa…).[15]

Schon 2012 konkretisierte sich also, was sich seit langem angebahnt hatte, dass nämlich der Front National gleichermaßen von links und rechts dazugewinnt, und zwar dort immer mehr aus der jeweiligen Kernwählerschaft, und dass ferner das klassische Thema Immigration nach wie vor das zündende Thema ist. Die aktuelle Flüchtlingskrise mit ihrer absurden Zuspitzung im »Dschungel von Calais« kam da wie gerufen. Außerdem spricht Marine Le Pen erstmals auch besonders Frauen an und kompensiert damit ein altes Defizit des FN. Und hinzu kommt noch ein weiteres Novum: die Überwindung der Mauer, die dem FN im traditionell links dominierten Öffentlichen Dienst – mit Ausnahme der Polizei – gegenüberstand. Dies wurde durch eine Kursänderung der Partei ermöglicht, die eine entsprechende Distanz zum Öffentlichen Dienst, oft verbunden mit der klassischen populistischen Beamtenschelte, aufgab und sich erstmals für die »Verstärkung« des Öffentlichen Dienstes aussprach.[16] Sie reagierte damit auf die Stellenstreichungen, die im Zuge der Sparmaßnahmen schon unter Sarkozy begonnen hatten und in der Beamtenschaft auf entsprechenden Widerstand stießen. Eine Untersuchung des Wahlverhaltens im Öffentlichen Dienst 2012 bilanziert »eine Krise des Staatsapparats«, »die darin wurzelt, dass sich ein beträchtlicher Anteil der Beamten im einfachen Dienst den ›Protestwählern‹ angeschlossen hat. Der Staatsapparat wird 2012 von einem *Désengagement* eines Teils seiner Beamten und der Ablehnung der republikanischen Kultur unterminiert.« Die drastische Wortwahl trägt dem Resultat der Untersuchung Rechnung, wonach mehr Verwaltungsangestellte Marine Le Pen wählten als Sarkozy (22/19 %), nach Hollande (32 %), während bei den Polizisten und Militärs Sarkozy auf Platz 1 kam (37 %), aber Marine Le Pen auf Platz 2 (30 %) mit großem Abstand vor Hollande (16 %).[17] Die Tatsache, dass Marine Le Pen 30 % der Polizisten und Militärs für sich gewinnen konnte, mag dabei nicht so überraschend sein, gibt dafür aber umso mehr zu denken. So ließ sich auch eine deutlich überproportionale Stimmabgabe für Marine Le Pen bei der Präsidentschaftswahl in Wahlbüros in der Nähe von Militär-, aber auch von Feuerwehrkasernen feststellen: »Die Beamten in Uniform haben einen ausgeprägten Tropismus hin zum FN«, erklärte ein Leitender des Meinungsforschungsinstituts IFOP.[18]

Ein besonderer Trumpf der Strategie von Marine Le Pen ist der Staranwalt Gilbert Collard. *Maître* Collard, wie er auch in der Politik immer mit dem in Frankreich hochgeschätzten, ehrwürdigen Anwaltstitel genannt wird, ist der Vorsitzende des Unterstützungskomitees von Marine Le Pen und nach ihr quasi die N°2 des *Rassemblement Bleu Marine*, ein in Frankreich seit langem bekannter, geschätzter und gefürchteter, früher in allen Medien präsenter Anwalt, der in vielen »politischen« Prozessen als Verteidiger auftrat und dabei seine Rolle in die des Anklägers staatlicher Misswirtschaft und Rechtsbeugung (Korruption, Vetternwirtschaft, Beeinflussung der Justiz usw.) ummünzte. Bei der Parlamentswahl 2012 siegte er als Kandidat des RBM/FN im Département Gard (Provence) im zweiten Wahlgang mit 42,8 % gegenüber der sozialistischen Kandidatin mit 41,5 % (der drittplatzierte Konservative bekam 15,6 %). Collard konnte dabei ca. ein Drittel der Wähler des UMP-Kandidaten vom 1. Wahlgang auf seine Seite ziehen und war damit in der letzten Nationalversammlung einer der beiden nach dem Mehrheitswahlrecht gewählten Abgeordneten des FN bzw. RBM, dank der Weigerung der Konservativen, ihren Kandidaten im zweiten Wahlgang zugunsten der besser platzierten Sozialistin zurückzuziehen.

Der Eroberungszug des Front National in die »Mitte der Gesellschaft« zeigte sich nicht nur in den Wahlergebnissen der letzten Jahre, sondern auch darin, wie seine Themen die Gesellschaft eroberten. Die Partei bekam zumindest indirekt ideologische Schützenhilfe aus Intellektuellenkreisen, zum Jahreswechsel 2014/15 von zwei bedeutenden Schriftstellern. Einer davon ist der Journalist jüdisch-berberischer Herkunft (das ist hier nicht unwichtig), Éric Zemmour, der in seinem Buch *Le suicide français* (Der französische Selbstmord)[19] den Untergang Frankreichs und seine Islamisierung prophezeit, die nämlich das Vakuum einer seit Jahrzehnten erfolgenden Selbstzerstörung Frankreichs fülle – ein ähnlicher Erfolg wie in Deutschland Sarrazins *Deutschland schafft sich ab*. Zemmours Buch ist jedoch wesentlich drastischer, radikaler, zugleich ein historischer Rundumschlag mit einem quasi weltanschaulichen Anspruch. Weiter unten kommen wir ausführlicher darauf zu sprechen.

Der zweite ist der aktuell bekannteste und meistverkaufte Literat, Michel Houellebecq. Drei Monate nach Zemmours Buch erschien der neueste Roman Houellebecqs, *Soumission* (Unterwerfung[20]), der genau dieses Thema literarisch ausmalt, wie nämlich 2022 bei der Präsidentschaftswahl Marine Le Pen gegen den Kandidaten einer islamischen Bruderschaft unterliegt, der von allen anderen Parteien, Sozialisten und Konservativen, unterstützt wird und gewinnt. Die Dekadenz Frankreichs führt in diesem Szenario dazu, sich der Kultur der Einwanderer zu ergeben, da die eigene aufgegeben wurde. Eine Gesellschaft ohne Religion kann nicht existieren, die eigene hat man verstoßen, so übernimmt man die der Anderen, deren Selbstverständnis und Ausstrahlungskraft ungebrochen ist. Es folgt eine Islamisierung Frankreichs, Arbeitsverbot und Kopftuch für die Frauen, Polygamie ... – in der Unterwerfung der Frau liegt der besondere Reiz, sich dem Islam anzuschließen. Dank der Werbestrategie des Verlages machte das Buch schon vor seinem Erscheinen Furore. Auch der deutsche Verlag wirbt mit der politischen Aktualität: »›Unterwerfung‹ handelt vom Zusammenprall der Kulturen und stellt Fragen zum Verhältnis von Orient und Okzident, von Judentum, Islam und Christentum – Fragen, die heute so relevant sind wie nie. Michel Houellebecq präsentiert sich als furchtloser Gesellschaftsdenker, der die bestimmenden Spannungsverhältnisse unserer Epoche mit großer Ernsthaftigkeit – und zugleich mit virtuoser Ironie – ausdeutet. [...] Welches Buch könnte besser in unsere Zeit passen als dieses?«[21]

Einen Tag vor dem Verkauf in den Buchläden in den 20-Uhr-Nachrichten im Fernsehen zum Interview geladen und durchaus kritisch befragt, ob er damit nicht Marine Le Pen ein schönes Weihnachtsgeschenk geliefert habe, antworte Houellebecq, dass der FN das nicht nötig habe, die Wirkung seines Buches sei ihm egal, im Übrigen habe noch kein Buch den Lauf der Geschichte verändert.[22] Marine Le Pen dagegen, am gleichen Tag befragt, griff das Thema des Buches auf und erklärte es zu einem »realistischen Szenario«, wenn man nichts dagegen unternähme, wie sie es eben täte.[23] Ebenfalls im Vorfeld der Veröffentlichung erklärte Houellebecq dann in einem Interview, das auf Deutsch in der *Welt* abgedruckt wurde: »Marine Le Pen erscheint mir für 2022 ziemlich wahrscheinlich, sogar schon für 2017.«[24] Und noch deutlicher ist er anlässlich seines Besuches in Köln zum Erscheinen der deutschen Übersetzung von der ursprünglich distanzierten Haltung abgerückt, denn inzwischen hatten die Pariser Attentate vom 7. Januar stattgefunden, in deren Licht sein Buch in der Öffentlichkeit umso kontroverser diskutiert wurde. So gab er gegenüber Iris Radisch in der *Zeit* zu, dass er seinen Roman als eine Art Prophezeiung versteht: »Es gibt in dem Roman einen kleinen Krieg. Er nimmt den Bürgerkrieg, der in Frankreich gerade beginnt, vorweg.«[25] Und auch Éric Zemmour hält nach den Anschlägen »einen Bürgerkrieg in Frankreich mehr als für möglich«.[26] Den hatte zuvor auch schon ein anderer, weniger beachteter Roman, *Les événements* (»Die Ereignisse«, Anspielung auf den offiziellen Sprachgebrauch zum Algerienkrieg), von Jean Rolin zum Thema, wo sich links- und rechtsextreme und islamistische Milizen in Frankreich bekämpfen. Anders als Houellebecq bemühte sich Rolin nach den Terroranschlägen um Deeskalation, sein Buch sei keine Prophezeiung[27], doch ganz offensichtlich lag das Thema in der Luft.

Am 7. Januar 2015, als der Terroranschlag auf die Redaktion von *Charlie Hebdo* verübt wurde, erschien das Satiremagazin gerade mit einem Titel zu Houellebecqs Buch, das an diesem Tag auch in die Läden kam. Und wie sich immer die entgegengesetzten Extreme dialektisch bestärken, so heizten die Anschläge auch die Aversion, in bestimmten Kreisen auch Hass, gegenüber der muslimischen Bevölkerung an, von Brandanschlägen und Schüssen auf Moscheen und anderen feindseligen Aktionen bis hin zu antiislamischen Äußerungen von Journalisten und anderen Personen des öffentlichen Lebens, während es umgekehrt auch Sympathiebekundungen mit den Attentätern gab (die zu Ad-hoc-Verurteilungen mit Gefängnisstrafen führten), Protest und Verweigerungen der offiziellen Gedenkminute für Charlie Hebdo in Schulen und vieles mehr.[28] Der propagandistische Hass aus intellektuellen und journalistischen Kreisen fand seinen vorläufigen Höhepunkt in einem Kommentar von Éric Zemmour auf Radio RTL zu den Anschlägen vom 13. November 2015, wo er erklärte: »Statt Rakka zu bombardieren, sollte Frankreich Molenbeek bombardieren – Rakka in Syrien, Molenbeek in Belgien, woher die Kommandos von Freitag dem Dreizehnten gekommen sind.«[29] RTL verteidigte die Aussage, die im »übertragenen Sinne« zu verstehen sei, also als eine Art Witz, aber diese Witze von Zemmour sind schon seit langem keine Witze im Sinne des Wortes mehr, und die Medien sowie die Bestseller-Verkaufsraten seiner Bücher signalisieren ihm ein »Feuer frei!« für diese geistigen Brandsätze.

Die nach den Januar-Anschlägen durchgesetzten umfangreichen Sicherheitsmaßnahmen – schon damals von Kritikern als »Patriot Act« à la française«[30] bezeichnet – waren bis zum November noch nicht zum Tragen gekommen oder schlicht ineffizient. Für die fast grenzenlose Überwachungsmöglichkeit fehlte den Polizei- und Geheimdiensten das Personal. Diese Situation erklärte Innenminister Cazeneuve am Vorabend der Anschläge vom 13. November gegenüber *Libération*, nicht wissend, wie grausam sich dies einen Tag später bestätigen sollte.[31] Warnungen von in- und ausländischen Experten sowie deutliche Hinweise vom amerikanischen und türkischen Geheimdienst auf einen bevorstehenden Anschlag und verdächtige Personen, die dann tatsächlich daran beteiligt waren, wurden übersehen, beiseitegelegt oder schlicht ignoriert. Sarkozy versuchte alles, dies allein den regierenden Sozialisten in die Schuhe zu schieben, er selbst hatte jedoch während seiner Präsidentschaft im Rahmen umfangreicher Stellenkürzungen im Öffentlichen Dienst ausgerechnet 10 000 Stellen bei der Polizei gestrichen. In den Debatten nach verpassten Präventionsmöglichkeiten und dem Versagen der Geheimdienste – fast alle Attentäter waren ja bekannt gewesen – hieß es immer wieder, man könne nicht alle Gefährder überwachen, dazu fehle das Personal. Auch im deutschen Fernsehen erklärte EU-Parlamentspräsident Martin Schulz am 14.11.2015 bei Günther Jauch in der ARD, eine absolute Prävention durch Überwachung von Tausend potenziell gefährlichen Islamisten könne es nicht geben.

Warum nicht? Wo ist denn das Problem? Wenn der Staat die dafür notwendigen Personalkosten nicht aufbringen kann oder will, ist das nichts weniger als eine Bankrotterklärung der Demokratie, und die Untergangspropheten Zemmour & Co. hätten auf gewisse Weise doch Recht.

Die Verschärfung der polizeilichen Maßnahmen seit dem 13. November sollten offenbar auch die Versäumnisse der Prävention überspielen. So fragte sich *Le Monde*, ob es überhaupt ein Ende des Ausnahmezustandes geben werde, und tatsächlich plant jetzt Präsident Macron eine Überführung des Ausnahmezustandes in gewöhnliches Recht, wonach die Polizei weitgehend ohne jede Kontrolle durch die Richter agieren kann.[32] Dabei überschreitet die Polizei auch schon aktuell die ihr zugestandenen Notstandsrechte bei weitem, ohne dafür belangt zu werden, so dass Kritiker bereits von der Rechtlosigkeit der *lettres de cachet* sprechen, den Haftbefehlen, mit denen im Absolutismus der König jeden ohne Begründung ins Gefängnis werfen lassen konnte.[33]

Die Pariser Anschläge vom Januar und November 2015 und des 14. Juli 2016 in Nizza haben die Konflikte in Frankreich dramatisch zugespitzt, das Verhältnis zur muslimischen Minderheit im Land wie das Verhältnis der Parteien zueinander, zunächst scheinbar mit einem Gewinner unter dem Strich: dem Front National. Vier Wochen nach den Januar-Attentaten durchbrach Sarkozy bereits den Konsens, nicht den Islam, sondern den Islamismus zu bekämpfen, indem er den Islam zum Identitätsproblem Frankreichs erklärte.[34] In Distanzierung von seinem damaligen innerparteilichen Rivalen Alain Juppé erklärte er, man dürfe nicht mehr von »Integration« bezüglich des Islam sprechen, sondern müsse eine »Assimilation« verlangen. Schon einmal, 2009 und 2011, als Sarkozy Innenminister und dann Präsident war, hatte er unter dem Einfluss eines von der extremen Rechten herkommenden Beraters, Patrick Buisson,[35] ähnliche Vorstöße unternommen und heftige Debatten in seiner Partei ausgelöst.

Sarkozys Strategie ging für ihn persönlich nicht auf, da er überraschenderweise bei den *Primaires* für die Präsidentschaftskandidatur der *Républicains* von François Fillon geschlagen wurde. Gleichwohl unterschied sich Fillons gesellschaftspolitisches Programm[36] in diesen Fragen kaum von dem Sarkozys, von der Flüchtlingsfrage bis zur »nationalen

Souveränität«, und in seinem Buch *Vaincre le totalitarisme islamique* (Den islamischen Totalitarismus besiegen) analysierte er zwar prägnant die Verfehlungen der französischen Politik, stimmte darin aber einen Kreuzzug gegen den Islam an, der sich kaum von der Propaganda der Rechtsextremen unterscheidet.[37]

Sarkozys Ankündigung eines Wahlkampfes »gegen die Sozialhilfementalität (*l'assistanat*), für Ordnung, Familie, unsere Lebensweise, den Staat, die Grenzen, die christlichen Wurzeln Europas, die Moral in der Schule«[38] hätte ebenfalls so vom FN stammen können, mit Ausnahme der Kritik am *Assistanat*, der sich der FN so nicht anschließen würde, weil viele seiner Wähler aus diesen Schichten kommen – hier ist der FN eher auf der Seite der Linken. Sarkozys Wertekanon wäre aber auch, wenn man nur die Begrifflichkeit unter Vernachlässigung der historischen Unterschiede nimmt, deckungsgleich mit der Ideologie des Marschalls Pétain, der 1940–1944 der diktatorischen Vichy-Regierung vorstand: *Travail, famille, patrie* – Arbeit, Familie, Vaterland. Denn die Republik oder die Demokratie wurde von keinem der beiden erwähnt. Vermutlich zählte Sarkozy sie zu der von ihm genannten »Lebensweise« hinzu, dann bliebe aber immer noch, dass sie in der Hierarchie dieser Werte keine übergeordnete, sondern eine untergeordnete Stellung einnimmt.

Als überraschend François Fillon, seinerzeit Sarkozys Premierminister, aus dem Schatten des Parteivorsitzenden und ehemaligen Präsidenten heraustrat und die Kandidatenkür der Konservativen für sich entschied, kam die alte Wechsellogik wieder zum Tragen: Man wollte einen Neuen, der gleichwohl das Alte repräsentierte. Fillon war ein Mann des Establishments und kein Gegner desselben, er setzte einerseits auf die alten Traditionen des katholischen Frankreich und andererseits auf einen Wirtschaftsliberalismus gegen das etatistische Denken der Linken und auch von Teilen der Rechten. In letzterem war er also schon etwas antikonventionell und das ging so weit, dass er sogar die staatliche Komponente der Krankenversicherung abschaffen und alles privatisieren wollte; eine Forderung auf seiner Website im Wahlkampf, die er dann allerdings schnell wieder zurückzog.[39] Von seinem Auftreten her war er das Gegenteil des Populisten und galt vor allem als ein persönlich integrer Mann, ohne jegliche Affäre, eine seltene Erscheinung bei den Republikanern. Bis die Enthüllungszeitschrift *Le Canard Enchaîné* am 25.1.2017 veröffentlichte, dass Fillon früher als Abgeordneter seine Frau und auch seine Kinder auf Staatskosten für fiktive Beratungstätigkeiten eingestellt haben soll. Die Vorwürfe konnten von Fillon nicht nur nicht widerlegt werden, er reagierte so falsch, wie man nur konnte, indem er eine politische Verschwörung gegen sich denunzierte, während die Staatsanwaltschaft sein Haus durchsuchen ließ. Den Zeitpunkt zum persönlichen Rückzug für die Rettung seiner Sache, wenn diese denn mehr war als nur persönliche Ambition, hat er verpasst und sich damit Sarkozy letztlich sehr ähnlich gezeigt.

Auf der anderen Seite des politischen Spektrums betrieben die Sozialisten noch intensiver ihren eigenen Untergang. Nachdem François Hollande nicht mehr für eine zweite Amtszeit kandidierte, setzte sich als Präsidentschaftskandidat die N°2 der Parteilinken, Benoît Hamon durch, der damit Montebourg überraschenderweise überflügelte. Nicht mehr so überraschend war dann wiederum, dass bei der Präsidentschaftswahl der Linksradikale Mélenchon mit 19,2 % Hamon mit 6,36 % weit überflügelte und die Sozialistische Partei damit in eine Existenzkrise geworfen wurde: Der Machtkampf auf der Linken entschied sich offenbar für die radikale Linke, während die Sozialliberalen im PS zu Macron übergelaufen sind.

Die größte Überraschung war nun Emmanuel Macron, Wirtschaftsminister unter Hollande in der liberalen Phase seit 2014, in dieser Funktion Nachfolger und Antipode Montebourgs. Als unabhängiger Kandidat einer quasi vakanten politischen Mitte, mit einer aus dem Stegreif geschaffenen Bewegung *En marche!* (svw. »In Bewegung!«), brachte er ein absolutes Novum in die französische Politik ein. Freilich war auch hier die Kritik am Alten, Überkommenen und am Establishment seltsam, denn Macron ist ein Produkt des Establishments: Absolvent der ENA (École Nationale d'Administration), hoher Finanzbeamter, zwischendurch Investmentbanker, Berater des Präsidenten Hollande, Minister, also in allen Eliten zuhause. Doch der Verdruss über die etablierten Parteien verhalf ihm bereits zu erstaunlichen Umfragewerten, als er noch gar kein Programm für die Präsidentschaft hatte, und dann zum Bestplatzierten im 1. Wahlgang am 23.4.2017 mit 24,01 % vor Marine Le Pen mit 21,3 %. Der große Vorsprung von Macron in der Stichwahl mit 66,1 % ließ alle Welt aufatmen, doch bei 25,44 % Nichtwählern und 8,59 % »votes blancs« (leere Stimmzettel) erhielt er weit weniger als die Hälfte der Stimmen aller Wahlberechtigten, nämlich 20,7 von 47,5 Millionen, und vor allem, weil es darum ging, Marine Le Pen zu verhindern.

Marine Le Pen hatte die Zugkraft des EU-Themas überschätzt. Auch wenn, alle gescheiterten Kandidaten zusammengenommen, ca. 50 % der Franzosen im 1. Wahlgang EU-Gegner gewählt hatten, von Mélenchon bis Le Pen, so scheuten sie offenbar den letzten Schritt zum Ausstieg aus dem Euro aus Angst um die unabsehbaren Folgen. Das zweite große

Thema, die Korruption des Establishments, war ihr durch Macrons neue Bewegung quasi weggenommen worden, auch wenn sich dort einige Überläufer aus den alten Parteien wiederfanden. Sie reagierte darauf mit einer Radikalisierung ihres Auftretens im Fernsehduell mit Macron, das kontraproduktiv für sie war und sogar inhaltliche Schwächen Macrons überdeckte.

Trotz seiner vielen Überraschungen präsentierte der Wahlkampf jedoch auch allzu Bekanntes: Alle versprachen die Erhöhung des *pouvoir d'achat*, der Kaufkraft, ein magisches Wort in der öffentlichen Debatte, auf das wir weiter unten noch zu sprechen kommen.

1. Nach anfänglichen Plänen für einen Kahlschlag im Sozialetat vollzog *François Fillon* Ende Januar eine Kehrwende, wie die katholische Zeitung *La Croix* erleichtert kommentierte, und »reorientierte sein Projekt zugunsten der Kaufkraft« für die Leute mit kleinen Renten und niedrigen Löhnen.[40] Das wäre jedoch durch die vorgesehene Erhöhung der Mehrwertsteuer wieder wettgemacht worden. Fillon trat vor allem mit einem Programm von Steuersenkungen für die Wirtschaft an, das auf 40 Mrd. Euro veranschlagt wurde und mit massiven Stellenstreichungen im Öffentlichen Dienst (100000 pro Jahr) finanziert werden sollte.

2. *Die Linke* hatte natürlich viel mehr zu bieten: Hamon versprach nicht nur eine zehnprozentige Erhöhung aller Sozialleistungen und des Mindesteinkommens (SMIC), sondern zugleich die weitere Reduzierung der Arbeitszeit auf 32 Stunden in der Woche (so zunächst die Aussage im Vorwahlkampf) unter Beibehaltung des 35-Stunden-Lohns durch staatliche Subventionen für die Unternehmen.[41] In der Realität möchten jedoch viele Franzosen seit der Lockerung unter Sarkozy durch Überstunden mehr verdienen. Dies wollte der Kandidat der radikalen Linken, Mélenchon, durch eine höhere Besteuerung ab der 36. Stunde bekämpfen sowie den SMIC von derzeit 1480 Euro auf 1700 Euro erhöhen und auch das Renteneintrittsalter wieder auf 60 Jahre senken.[42] Das Staatsdefizit und die Schulden sind für die Linke kein Thema, jedenfalls kein ernsthaftes. Für Mélenchon ist die Staatsverschuldung auch das Resultat dessen, dass der Staat 1973 sein »Recht, Geld zu drucken« aufgegeben habe. Damals wurde die Banque de France zur unabhängigen Nationalbank nach europäischem – manch einer würde sagen: nach deutschem – Vorbild. Ansonsten gilt für die Linke die Rechnung, dass die Besteuerung der Reichen und der Unternehmen das finanzielle Gleichgewicht wieder herstellen soll, während laut Mélenchon die aufgelaufenen Schulden Frankreichs »niemals zurückgezahlt« würden, ebenso wenig wie die Griechenlands.[43]

3. Von der extremen Linken zur extremen Rechten zeigt sich auch hier eine Gemeinsamkeit: Für *Marine Le Pen* sind an der wirtschaftlichen und finanziellen Schwäche mit ihren sozialen Folgen die Anderen schuld, vor allem die EU, das internationale Finanzkapital, die Globalisierung. Nationale Grenzen wiederherstellen, nationale Investitionen und Nachfrage stärken, der »ökonomische Patriotismus« auf allen Ebenen löst für Marine Le Pen die Probleme, verbunden mit Steuersenkungen für die kleineren und mittleren Unternehmen und der unverzichtbaren Kaufkrafterhöhung zumindest für die drei unteren Steuerklassen und Renten. Was die Reichensteuer für die Linke ist, sind im Programm von Le Pen die »Wiederherstellung der nationalen Souveränität« durch Zölle und andere Maßnahmen.[44] Doch eine Kalkulation stellte Marine Le Pen nicht auf, weniger noch als ihre Mitbewerber.

4. Der Champion der Steuerreduzierung war im Wahlkampf jedoch *Emmanuel Macron*. Als Kandidat der Mitte versprach er einen Geldsegen in alle Richtungen bei gleichzeitiger Reduzierung des Staatsdefizits. Steuersenkungen für alle: die Abschaffung der *taxe d'habitation* (»Wohnsteuer«, eine wichtige, aber unbeliebte kommunale Steuer) und eine Senkung der Unternehmenssteuern zwischen 6 und 10 %. Gleichzeitig soll ein staatliches Investitionsprogramm von 50 Mrd. Euro auf fünf Jahre erfolgen, und es sollen 10 000 neue Stellen in der Polizei geschaffen werden. Mit der Erhöhung der Sozialausgaben (Rente, Krankenversicherung) und weiteren Investitionsprogrammen, zum Beispiel für die Landwirtschaft, kann man eine Summe von 100 Mrd. für die fünfjährige Amtszeit veranschlagen (eine Gesamtrechnung hat Macron selbst nicht präsentiert). Gleichzeitig versprach er die Reduzierung »der Schulden« (gemeint ist die Neuverschuldung) um 60 Mrd. Euro »in der Verantwortung der Minister« der zukünftigen Regierung.[45]

Genauer betrachtet, lässt Macrons Sammlungsbewegung auch viel mehr an die Anfänge der V. Republik denken als an ihre Überwindung. Seine Anhänger scharten sich um ihn wie seinerzeit um General de Gaulle, der Mann ist eigentlich das Programm und die Partei eine »Union für eine Präsidentschaftsmehrheit«. Was Macron dann als Programm präsentierte, war mit der heißen Nadel gestrickt und ist, was die finanziellen Aspekte angeht, unrealisierbar. Es sollte auch nicht realisiert werden, darf man vermuten, sondern nur überzeugen. So erklärte die neue Regierung, ihres Sieges sicher, noch vor der Endausscheidung der Parlamentswahl, dass das Staatsdefizit besorgniserregend sei, und beschloss eine erste Steuererhöhung, die in besonderem Maße die Rentner trifft.[46]

Der Journalist André Bercoff, der seit Jahrzehnten zu wissen glaubt, was hinter den Kulissen der Macht geschieht, erklärte im Fernsehen (*France 2*) am Abend des ersten Präsidentschaftswahlgangs, dass Macrons Kandidatur eine geheime Strategie Hollandes sei, der die Chancenlosigkeit Macrons innerhalb der Partei und die der Linken überhaupt bei der Wahl vorhergesehen hatte, sodass der Entscheidungskampf gegen Marine Le Pen der Rechten überlassen worden wäre, und zum damaligen Zeitpunkt voraussichtlich sogar Sarkozy, dem Kandidaten mit den schlechtesten Chancen gegen Le Pen. Nur das scheinbar Unmögliche, eine unabhängige Kandidatur in der politischen Mitte, konnte dagegen beides garantieren: ein Stück aus der Ära Hollande unter neuem Vorzeichen für die Zukunft retten und gleichzeitig durch ein *Rassemblement* in der Mitte – diesmal traf der Begriff wirklich zu – im 2. Wahlgang Marine Le Pen schlagen. Ob dies wirklich die Strategie Hollandes war, wissen wir nicht, aber sie ging auf.

Für die vier Wochen danach anstehende Parlamentswahl musste Macron aus seiner Bewegung eine Partei machen: mit den Alliierten um den Zentristen François Bayrou (*Mouvement Démocratique*, MoDem) und politischen Überläufern von den Sozialisten und Konservativen sowie »50 % Persönlichkeiten aus der Zivilgesellschaft« – in Wirklichkeit waren es nur ein Drittel.[47] Bei den Konservativen und den Sozialisten setzten sich dadurch die Auflösungserscheinungen fort, während sich die Kommunistische Partei dem linken Sammlungsbecken unter Mélenchon wieder entzog und auch im Front National Richtungskämpfe um die weitere Strategie ausbrachen. Mit einer Liste von 86 % neuen Kandidaten für die Nationalversammlung hat Marine Le Pen allerdings noch einmal drastisch »das Gesicht des FN verändert«.[48]

Die Dynamik der Präsidentschaftswahl und der Zerfall der traditionellen Parteien haben dem neuen Präsidenten eine große Mehrheit bei der Parlamentswahl beschert. Ein Traum ging in Erfüllung. Doch 48,7 % Wahlbeteiligung im 1. Parlamentswahlgang am 11.6.2017, der historisch niedrigsten, haben kein starkes Interesse am weiteren Fortgang der Politik zum Ausdruck gebracht, auch im Macron-Lager nicht, denn mit 7,32 Mio. Wählern (32,33 %) für *La République en marche* und dem Verbündeten, dem *MoDem* von François Bayrou, der Justizminister wurde, blieb das Ergebnis hinter dem des 1. Präsidentschaftswahlgangs für Macron zurück, wo er 8,66 Mio. Wähler mobilisierte. Doch die großen Verlierer sind die Sozialisten, die mit Verbündeten nur knapp 10 % der Stimmen bekamen, hinter der radikalen Linken mit ca. 14 %, die sich auch hier als die stärkere innerhalb der Linken platzierte (allerdings dann nicht in Mandaten), dem FN mit 13,2 %

(inkl. nahestehender Einzelkandidaten über 15 %) und den Konservativen (*Les Républicains* und Verbündeten) mit 18,44 %. Entscheidend ist jedoch das Mehrheitswahlrecht, das die zersplitterten Lager links und rechts gegenüber der neuen Mitte fast aus dem Rennen geworfen hätte, wenn nicht im 2. Wahlgang mit noch weniger Beteiligung vor allem Macron-Anhänger zuhause geblieben und die anderen den Sieg des Kandidaten von *La République en marche* in etlichen Wahlkreisen verhindert hätten, so dass statt der erwarteten 75 %-Mehrheit nur ca. 60 % für das Lager Macrons herauskamen: 350 Sitze von 577. Für die uneinige Linke, alles zusammengenommen, gab es 72 Sitze, davon 27 für die Radikale Linke, auf der Rechten 137 für die *Républicains* und ihre Verbündeten. Der FN eroberte erstmals acht Mandate in absoluten Wahlkreismehrheiten im zweiten Wahlgang. Der FN erzielte damit durch die Bildung von lokalen Hochburgen einen ersten Durchbruch durch die Barriere des Mehrheitswahlrechts, auch mit Hilfe von Wählern der im ersten Wahlgang ausgeschiedenen Parteien. In 100 weiteren Wahlkreisen ist der FN in die Endausscheidung gekommen und dort auf Platz 2 gelandet.[49] Dennoch ist dies enttäuschend für die Partei angesichts der Hoffnungen, die man sich trotz der verlorenen Präsidentschaftswahl machte, da dort ja in der Stichwahl immerhin noch ein Drittel der Wähler für Marine Le Pen gestimmt hatten.

Also eine demokratische Revolution dank Macron? Ja und Nein. Eine neue Mitte pflügte die politische Landschaft um, sie gewann mit dem Versprechen einer neuen Politik, aber dank eines alten Wahlrechts aus dem 19. Jahrhundert, mit einem Drittel der Wählerstimmen bei weniger als 50 % Wahlbeteiligung 60 % der Parlamentssitze. Da hatte Marine Le Pen schon Recht, als sie am Abend des 2. Wahlgangs sagte, dass nur eine Minderheit hinter Macron stehe. Genauer gesagt: ca. 15 % der Wahlberechtigen.

Die ermüdete Demokratie ist gleichwohl aufgewacht, doch bedeutet das auch ihre Erneuerung? Die von Macron geforderte »Moralisierung« der Politik forderte bereits die ersten Opfer in der eigenen Regierung: Wie bei Fillon ermittelt die Justiz wegen Scheinbeschäftigungen und anderem in der Vergangenheit gegen vier Minister, die nach der Parlamentswahl zurückgetreten sind: Michel Ferrand, Ex-Sozialist und Gefährte Macrons seit der ersten Stunde, sowie François Bayrou, Justizminister und Chef des MoDem, und zwei weitere Ministerinnen aus seiner Partei. Dasselbe läuft auch gegen Marine Le Pen, doch ihr dürfte das »moralisch« nicht schaden.

Ein Déjà vu. So zeigt sich im Neuen doch viel Altes.

Großbritannien

»*I was the future, once.*«
David Camerons letzter Satz
im britischen Unterhaus am 12.7.2016

Die Lage des britischen Premierministers David Cameron war bis zu dem sicher auch für ihn überraschenden Ausgang der Unterhauswahl am 7. Mai 2015 und dem noch überraschenderen Ausgang des Brexit-Referendums nicht so dramatisch wie die des französischen Präsidenten, doch mit dem Erfolg von UKIP bei der Europawahl hat sich eine Konkurrenz etabliert, die, aus Abtrünnigen der Tories entstanden, vor allem die Wählerschaft der Konservativen anspricht und sich so zu einer direkten Bedrohung der Konservativen Partei entwickelt hat. Mit 27,5 % (einem Zugewinn von 11 %) der Stimmen erreichte die *United Kingdom Independence Party* bei der Europawahl Platz 1 vor der Labour Party mit 25,4 % und den Konservativen mit 23,9 %. Zwar zeigte die Wahlbeteiligung von nur 34,19 %, dass dieses Ergebnis so nicht auf die nächste nationale Wahl hochgerechnet werden konnte, gleichwohl setzte es die beiden Regierungsparteien der Konservativen und Liberaldemokraten (6,9 % bei der Europawahl) unter Druck, vor allem im Hinblick auf die Europafrage.

Zugleich und gewissermaßen umgekehrt proportional zu dieser Entwicklung und zur Frage der Zugehörigkeit Großbritanniens zur Europäischen Union hat das Referendum über die schottische Unabhängigkeit am 18.9.2014 das Vereinigte Königreich selbst in eine Zerreißprobe geführt, die nur knapp und auch nur vorläufig zugunsten von dessen Weiterbestehen entscheiden wurde (55,3 % für den Verbleib in Großbritannien), denn bei der anschließenden Parlamentswahl am 7.5.2015 erzielte die *Scottish National Party* mit 50 Sitzen eine massive Präsenz im britischen Unterhaus, und nach dem Brexit will die proeuropäische SNP die schottische Frage wieder auf die Tagesordnung setzen.

Die von Cameron schon im Januar 2013 für seinen Wahlsieg 2015 versprochene Volksabstimmung, eine erste und anfangs noch vage Instrumentalisierung der EU-Frage für die eigenen Machtambitionen, hat Großbritannien unversehens ins Zentrum der europäischen Politik gerückt, denn aus der Nörgelei von der Peripherie her, die man schon lange kannte, ist eine Frage über die Zukunft der Europäischen Union geworden. Zunächst als Ultimatum an die EU für die Gewährung weiterer Ausnahmeregelungen für Großbritannien gedacht, wurde die

Referendumsidee dann auch zur ultimativen Waffe der Konservativen für den Wahlkampf im eigenen Land. »Camerons Schicksal hängt ab von der Fähigkeit, diese UKIP-Anhänger zurückzugewinnen«, brachte es der *Independent* kurz vor der Unterhauswahl auf den Punkt[50], und diese Strategie ist auch aufgegangen. Trotzdem entschieden sich noch 12,6 % der Wähler für UKIP (ein Plus von 9,5 %) und brachten damit ihre grundsätzlichere Opposition zum Ausdruck.

Schon seit längerem zeichnet sich jedoch eine Abschwächung der beiden großen traditionellen Parteien trotz des für sie günstigen Mehrheitswahlrechts mit nur einem Wahlgang ab, weswegen die Liberalen Demokraten 2010 zum notwendigen Koalitionspartner für die Konservativen wurden. Ihr damaliges Wahlergebnis macht die Problematik des Mehrheitswahlrechts anschaulich: Sie gewannen zwar 23 % der Stimmen (gegenüber 36,4 % Konservative und 29 % Labour), aber nur 8,8 % der Mandate im Unterhaus. Anders als beim Verhältniswahlrecht wie in Deutschland war diese Koalition auch kein Summenspiel bei der Wahl, sondern der liberale Koalitionspartner trat 2010 und 2015 in jedem Wahlkreis als Konkurrent der Konservativen auf, nahm also den Konservativen objektiv gesehen Stimmen weg und reduzierte das Quorum für eine relative Mehrheit im Wahlkreis. Oder umgekehrt: Für die Konservativen sind die Liberalen ein lästiges Übel und eine vollkommen überflüssige Partei, wie Nick Herbert, zeitweiliger Minister unter Cameron, in seinem Wahlkampfbuch *Why vote Conservative* beschrieb.[51]

Durch dieses Wahlrecht erzielten die Liberalen bei der Parlamentswahl 2015 mit 7,8 % der Stimmen noch acht Sitze im Unterhaus (von 56 zuvor), während es UKIP mit 12,6 % nur auf einen Sitz brachte, und zwar den eines von den Konservativen zu UKIP übergelaufenen Inhabers dieses Mandats. Immerhin kam die Partei aber in 120 Wahlkreisen auf den zweiten Platz und verfehlte in 20 ganz knapp den Sieg.[52]

Durch diese Verteilung der Stimmen errangen die Konservativen mit 36 % – nicht mehr als 2010! – dann doch 331 Mandate (2010: 306) und damit die absolute Mehrheit der 650 Unterhaussitze gegenüber Labour mit 30,5 % und 232 Mandaten (2010: 29 % und 258). Obwohl Labour somit leicht an Stimmen dazu gewann, verlor die Partei ein Viertel ihrer Mandate, vor allem in Schottland an die Nationalisten. Doch auch die theoretische Summe von Labour und SNP reichte nicht für eine andere Mehrheit aus.

Angesichts einer erheblichen Parteienverdrossenheit – dazu mehr weiter unten – stellt sich die Frage, wie es die Gesellschaft auf Dauer akzeptieren wird, wenn sie von einer Partei regiert wird, die Großbritannien neoliberal von Grund auf verändern will – abgesehen von den noch unabsehbaren Folgen des Brexit –, aber nur 36 % der Wähler repräsentiert gegenüber der letzten Koalition mit immerhin 59 %. Margaret Thatcher regierte seinerzeit mit 43,9 % (1979), 42,4 % (1983) und 42,2 % (1987) der Wählerstimmen, Labour unter Tony Blair mit 43,2 % (1997), 40,7 % (2001) und 2005 auch nur 35,2 %, aber immerhin forderte die letzte Labour-Regierung, jedenfalls vor der Finanzkrise, dem Land keine einschneidenden Veränderungen ab. Solche Überlegungen mögen wohl Theresa May bewogen haben, als sie sich für die Öffentlichkeit überraschend entschied, für den 8. Juni 2017 die Neuwahl des Unterhauses vorzuschlagen und dafür auch die oppositionelle Labour Party gewann, obwohl diese sich in der denkbar schlechtesten Verfassung befand, aber für den umstrittenen Parteichef Jeremy Corbyn war es eine willkommene Chance zur Flucht nach vorne.

Während klar war, dass UKIP ihre Rolle gespielt hatte als Katalysator, der aus dem Prozess ausscheidet, nachdem er die chemische Reaktion bewirkt hat (den Brexit), stand die Zukunft der Liberaldemokraten, die man als Sozialliberale charakterisieren kann und die bei einem anderen Wahlrecht eine große Rolle zwischen den Tories und Labour einnehmen könnten, auf dem Spiel. Schon einmal waren sie in einer ähnlichen Situation, erinnern die beiden Journalisten des *Guardian*, Polly Toynbee und David Walker: »1931 wurden die Liberalen als politische Kraft für den Zeitraum einer ganzen Generation vernichtet dadurch, dass sie die Sparpolitik der Tories schluckten.«[53]

Eigentlich wollte Cameron mit einem Erfolg bei den Verhandlungen mit der EU für ein Verbleiben in den Wahlkampf gehen, doch musste er schon von Vorstellungen, wie sie im konservativen Wahlprogramm standen, Abstand nehmen: mehr Freiheiten für die Finanzmärkte; Rückkehr zum absoluten Vetorecht für jeden Mitgliedsstaat (bzw. das nationale Parlament) in allen Fragen[54] oder aber auch nur für Großbritannien allein. Selbst der abgespeckte Forderungskatalog, den Cameron im November 2015 in einem sechsseitigen Brief Donald Tusk übermittelt hat, wurde so nicht 1:1 übernommen: Cameron bekam Zugeständnisse in der Frage der Sozialleistungen für EU-Ausländer, jedoch kein Veto für Entscheidungen der Eurozone (deren Mitglied Großbritannien gar nicht ist) bei der Bankenregulierung.[55] Mit diesem schwachen Ergebnis stärkte Cameron die EU-Gegner in seiner eigenen Partei, bekam Gegenwind bis in sein Kabinett hinein und mit Boris Johnson, bis im Mai 2016 Oberbürgermeister von London, einen überaus populären Gegner als Führer der Austtrittskampagne. Mehr noch als für Cameron ging es Johnson dabei um persönliche Ambitionen. So lief er einerseits Farage den Rang in der Brexit-Kampagne ab, warf aber gleichzeitig auch die Frage nach der Zukunft des Premierministers auf. Schnell zeigte sich, dass Cameron keine positiven Argumente für ein *Remain* hatte, und beide Seiten steigerten sich zu einer absurden Eskalation an Horrorszenarien, die drohten, wenn die jeweils andere Seite gewinnen würde. Cameron beschwor die Kriegsgefahr herauf, Johnson die Unterwerfung Großbritanniens, was weder Napoleon noch Hitler gelungen sei.[56] Doch die 51,9 % Brexit-Befürworter überraschten dann offenbar sogar die *Leave*-Protagonisen der Tories, die sich auf einen Sieg gar nicht vorbereitet hatten. Die allgemeine Verblüffung über das Ergebnis war wie eine Art Katharsis, die auf einmal den Schleier der Wahlkampfpropaganda zerriss und die einzig relevante Frage aufwarf, nämlich nach den Konsequenzen des Ausstiegs, die vorher hätten diskutiert werden sollen.

David Cameron war die Geister nicht mehr losgeworden, die er selbst gerufen hatte, und sie führten den jähen Sturz des triumphalen Wahlsiegers von 2015 herbei. Mit Theresa May wurde eine Nachfolgerin gefunden, die sowohl in der Partei als auch in der (damals) mehrheitlich pro-europäischen Unterhausfraktion Akzeptanz fand, da sie eigentlich eine Euroskeptikerin war, aber aus Loyalität als Ministerin zu Cameron gehalten hatte. Nach dem Referendum präsentierte sie sich allerdings als Hardlinerin nicht nur gegenüber der EU, sondern auch gegenüber dem Parlament, das von allen weiteren Entscheidungen ausgeschlossen werden sollte, selbst von dem notwendigen Unterhausvotum für die Inanspruchnahme von Artikel 50 des EU-Vertrags. Das höchste Gericht musste das zugunsten des Parlaments klären, und es wird sich noch die Frage stellen, wie denn das Ergebnis der Verhandlungen mit der EU aufgenommen wird. Auch aus diesem Grunde erhoffte sich Theresa May eine Stärkung ihrer Position durch eine Neuwahl des Unterhauses.

Eigentlich gab es zahlreiche Untersuchungen und Szenarios für einen EU-Ausstieg von Fachleuten. Die meisten Analysten waren sich wohl darin einig, dass es das Beste wäre, wenn Großbritannien in der EU bleiben und Cameron mehr Freiheiten für die Briten herausholen könnte: die Vertiefung des gemeinsamen Marktes dort, wo es GB nützt (z.B. Energie), die Zurücknahme dort, wo es GB schadet (Arbeitsmarkt), und vor allem die Garantie der Freiheit der Londoner *City* vor jeglichen Regularien.[57] Dass es nicht so kam angesichts Camerons magerem Ergebnis, mag vielleicht erklären, warum sich die Wirtschaft und vor allem die *City* wenig in den Wahlkampf einschaltete. Eine Analyse der *London School of Economics and Political Science* (LSE) kam trotzdem zu dem Schluss, dass Großbritannien mehr zu verlieren als zu gewinnen hätte und verwies auf den gestiegenen Handelsaustausch mit der EU seit dem Beitritt zur EG 1973. Allerdings zeigt der Verlauf der Kurve, dass der Austausch mit der EG/EU (Anteil an britischen In- und Exporten) sich zwar von 30 % 1962 auf fast 60 % Mitte der 1980er Jahre gesteigert hatte, seit 1990 aber stetig gesunken ist, und zwar deutlich unter 50 %, sodass der aktuelle Stand prozentual ungefähr dem zum Zeitpunkt des EG-Beitritts 1973 entspricht.[58] Außerdem verzeichnet der Handelsaustausch mit der EU ein Defizit zwischen 5 und 7 Mrd. £ (bei einem allgemeinen Defizit von ca. 10 Mrd. £)[59], aber die Bilanz mit der EU verschlechtert sich tendenziell seit März 2014, während sich die mit den Nicht-EU-Staaten seit Juni 2014 verbessert.

Nach dieser Gesamtbilanz verabschiedet sich Großbritannien wirtschaftlich also bereits seit längerem aus der EU. Dem entspricht auch die Entwicklung der Stimmung in der Bevölkerung: »Seit der Einführung des Euro löst sich das Vereinigte Königreich von der EU ab«, bilanzierten Toynbee und Walker Anfang 2015, »die öffentliche Stimmung hat rasch in die Anti-Richtung geschwenkt, mit Umfragen, die erstmals eine Mehrheit für den Ausstieg aus der EU feststellten.«[60]

Der Anti-EU-Populismus ist bestechend einfach: Mit Wahlkampfparolen wie: »Wer regiert wirklich das Land? 75 % unserer Gesetze werden jetzt in Brüssel gemacht«, kann man tatsächlich in allen Ländern Wahlkampf machen und dabei falsch, aber wirkungsvoll suggerieren, dass man selbst an diesen 75 % gar nicht beteiligt war und das alles gegen das nationale Interesse sei. Worin man von der EU profitiert, wird in solchem Populismus natürlich nicht offenbart. Ernsthafte Kritiken an der EU-Bürokratie, die ein Nigel Farage durchaus auch liefern kann und geliefert hat, bleiben im Schatten solcher Schwarz-Weiß-Malerei, denn es ging ihm und anderen nicht um die Verbesserung des Systems, sondern um dessen grundsätzliche Ablehnung.

Über den Antieuropeanismus hinaus artikulierte UKIP, wie andere rechtspopulistische Parteien in Europa und nur etwas gemäßigter auch der Brexit-Flügel der Tories, eine Fremdenfeindlichkeit, die sich bei Mitgliedern bis hin zu Funktionsträgern immer wieder in spektakulären und von den Medien auf die Titelseite gebrachten »outbursts« zugespitzt hat, was Zahra Wynne in der *Huffington Post* treffend auf den Punkt brachte: »casual racism is the norm«.[61] In der Vorbereitung der Unterhauswahl 2015 häuften sich diese Vorfälle, der *Guardian* hat eine ganze Liste von *outbursts* von UKIP-Politikern auf seiner Website bilanziert, darunter auch Pöbeleien im Europa-Parlament. Demgegenüber konnte sich der EU-feindliche Flügel der Konservativen durch seriöseres Auftreten bei inhaltlicher Übernahme der UKIP-Positionen profilieren. Dazu gehörte auch die Anti-Immigrationskampagne, die ein entscheidender Faktor für die *Leave*-Voten war, in Verbindung mit einer generellen Anti-Establishment-Haltung der Geringverdiener und »sozial Schwachen«, derjenigen, die sich »abgehängt« fühlen und von denen wiederum ein beträchtlicher Teil in den neuen Immigranten aus der EU Konkurrenten um Arbeitsplätze sehen. Dieser einfache Zusammenhang, in anderen Kontexten nur bedingt herzustellen, traf hier voll zu: die Zustimmung zum Brexit stieg proportional mit abnehmendem Einkommen und umgekehrt.[62] Nach dem Referendum nahmen verbale und physische Gewalt (*hate speech / hate crime*) gegenüber Immigranten sprunghaft zu, ersteres auch von Journalisten und Politikern[63], und erreichten einen vorläufigen Höhepunkt, als Ende August sechs britische Jugendliche einen polnischen Arbeiter zu Tode prügelten.[64]

Diese *Leave*-Stimmen stärkten jedoch gerade diejenigen, die außer einer (theoretischen) Ausweisung der EU-Ausländer gar nichts für diese Bevölkerungsschichten übrig haben, nämlich den ultraliberalen Flügel der Tories, verkörpert durch den Establishment-Politiker Boris Johnson und insgesamt einer Regierung, die den Sozialstaat in den letzten Jahren radikal abgebaut hat.

Die *Leave*-Kampagne konnte sich außer auf das Europa- und Immigrationsthema jedoch auf eine große Politikverdrossenheit (»political alienation«) der Briten stützen, die zwar ein allgemeines Phänomen in den westlichen Demokratien ist, in Großbritannien aber in den letzten Jahren zugenommen hat.[65] Dabei kommen zwei ganz verschiedene Haltungen zusammen: Die einen erwarten von den Politikern in naiver Weise die Verwirklichung *ihrer* Wünsche und tendieren schnell dazu, die Demokratie als Ganzes zu kritisieren, wenn dies nicht eintritt; es sind dies oft eher ältere als jüngere und eher weniger gebildete Schichten, häufig Arbeitslose oder anderweitig Benachteiligte. Die anderen, eher jünger und aktiv im Arbeits- oder Wirtschaftsleben, wünschen sich eine stärker partizipative oder direkte Demokratie (durch Volksabstimmungen usw.) und sind strukturell skeptisch gegenüber gewählten Mandatsträgern. Es gibt sie vor allem auf der neoliberalen Rechten, deren Anhänger den Staat reduzieren und ihre eigene Entscheidungsfreiheit dadurch erweitern wollen.

Diese beiden *alienations* führen zu unterschiedlichen Konsequenzen, die erste fordert mehr vom Staat, die zweite das Gegenteil. Trotzdem können beide wahltaktisch zusammenfinden, so wie ja auch Boris Johnson ein Anti-Establishment-Image aufbauen konnte, obwohl er im gleichen Jahrgang wie David Cameron Absolvent der Eliteschule Eton war – ein ähnliches Paradox wie in den USA der Milliardär Donald

Trump, der in seinem Wahlkampf die »einfachen Leute« anzusprechen vermochte. Nach einer Umfrage 2011 stimmten 36,8 % der befragten Briten der Aussage voll und ganz oder tendenziell zu (Durchschnitt von allen Fragen im Sample), wonach »Kompromisse« in der Politik »Ausverkauf von Prinzipien« seien und es besser wäre, wenn politische Entscheidungen parteilosen Experten und/oder erfolgreichen Geschäftsleuten überlassen würden. Nur 21,8 % sprachen sich klar gegen solche Statements aus, eine neben den Befürwortern beunruhigend große Zahl von 41,6 % war unentschieden. Die einzelnen Fragen wurden unterschiedlich beantwortet, so stimmten 19,3 % für die These, man sollte die Politik technokratischen Experten überlassen, 52,7 % waren dagegen, 28 % würden sie aber gerne tüchtigen Geschäftsleuten überlassen, nur 27,4 % nicht. Insgesamt bringt das ganze Sample von Aussagen bzw. Fragen (Würden Sie dem zustimmen?) eine grundsätzliche Distanz zur etablierten Politik zum Ausdruck. Auch wenn man solche Umfragen methodisch kritisieren kann, da sie in den anzukreuzenden Aussagen bereits die Klischees suggestiv nahelegen, die sie erst entlarven wollen, und so die Teilnehmer dazu provozieren, sich radikaler zu äußern, als sie im Endeffekt wirklich denken. Dies zeigt sich auch durch die Gegenüberstellung mit Fragen zur »sunshine democracy«, wo die umgekehrten Aussagen (»Die gewählten Vertreter und nicht unabhängige Experten sollten die Politik bestimmen« usw.) paradoxerweise ebenso viel Zustimmung erfahren. Dieser Widerspruch ist Teil der Komplexität von Meinungen und Meinungsumfragen, erklären die Forscher, doch löst sich der Widerspruch auf, wenn die »sunshine democracy«-Antworten das Ideal und die gegenteiligen Aussagen die empfundene Realität zum Ausdruck bringen. Wenn man berücksichtigt, dass die Briten trotz aller Kritik an der Politik letzten Endes doch sehr traditionsverhaftet sind, so bleibt dennoch das Bild einer gravierenden Störung zwischen Politik und Gesellschaft in Großbritannien aus »Verbitterung darüber, in welcher Weise gewählte politische Eliten offenbar in demokratischen Systemen agieren.«[66]

Vor dem Brexit-Votum repräsentierte UKIP das populistische Misstrauen gegenüber dem Staat als solchem, der ebenso wie die EU als abgehobene, bürgerfremde oder sogar bürgerfeindliche Bürokratie kritisiert wird, zu viel Steuern erhebe, sich zu sehr in die Angelegenheiten seiner Bürger einmische usw., doch gleichzeitig forderte UKIP vom Staat neue Aufgaben und Ausgaben ein, wie zum Beispiel eine massive Aufrüstung der britischen Armee und noch andere Ausgaben bei gleichzeitiger drastischer Steuerreduzierung für alle (UKIP-Programm von 2010)[67] – widersprüchliche und daher unhaltbare Versprechungen, ein Charakteristikum jedes Populismus.

Eine Bedrohung für Großbritannien sahen UKIP und die *Leave-Campaigners* nicht nur in der EU und der Immigration aus EU-Ländern (Rumänien, Bulgarien), die, wenn sie nicht bald gestoppt werde, nach Meinung des UKIP-Politikers Raymond Adams auf der Insel eine »ethnische Säuberung« herbeiführen werde (d.h. Verdrängung der Einheimischen).[68] Nicht nur von UKIP, sondern auch von den radikalen Konservativen wurde bzw. wird auch der Europäische Gerichtshof für Menschenrechte als eine Gefahr gesehen, aus dem Großbritannien aussteigen und stattdessen mit einer *British Bill of Rights* den *Human Rights Act* von 1998 ersetzen solle, der, unter dem »Diktat« der EU von Labour beschlossen, Kriminelle und Terroristen beschütze.[69] Der entsprechende Entwurf der Konservativen sah auch vor, dass die Menschenrechtsprinzipien nicht für britische Soldaten im Auslandseinsatz gelten dürften, die dadurch »beeinträchtigt würden ihren Job zu tun und unsere Sicherheit zu garantieren.« Als Tory-Politiker sofort nach dem Wahlsieg 2015 bekräftigten, dass dessen Ersetzung durch eine »British Bill of Rights« eine ihrer ersten Maßnahmen sein werde, kommentierte dies die Boulevardpresse mit deftigen Schlagzeilen: »End of Human Rights Farce« in der *Daily Mail* und »Human Rights Madness to End« im *Daily Express*.[70] Würde der Europarat diesen Schritt der Briten nicht billigen, würde Großbritannien sich auch grundsätzlich von der Europäischen Menschenrechtskonvention lossagen.[71] Nach dem Wahlsieg äußerte sich Cameron mehrfach in diesem Sinne, stieß dabei allerdings auch auf heftigen Widerspruch in den eigenen Reihen.[72] Unter Theresa May wurde dies aufgegeben bis zu den Terroranschlägen von Manchester und London, als sie das wieder als letzte Karte im Wahlkampf auf die Tagesordnung setzte.

Die Fundamentalkritik an der EU äußerte sich auch in der Konservativen Partei und mit wissenschaftlichem Anspruch bei namhaften Experten. Der angesehene Economist[73] Roger Bootle, der auch für den *Daily Telegraph* die Wirtschaftspolitik kommentiert und Berater der Finanzkommission des Unterhauses ist, schreibt in seinem Buch mit dem passenden Titel *The Trouble with Europe*, dass er für Europa sei, aber nicht für dieses, dass Europa mehr Integration brauche, aber nicht diese, usw. Sein Credo ist einfach: Wir brauchen keine politische Union, sondern einen einheitlichen starken Wirtschaftsraum ohne regulative Hemmnisse, der der chinesischen und zukünftig indischen Konkurrenz Paroli bieten kann. Bootle wurde 2012 zum »Wirtschaftskommentator des Jahres« gekürt und gewann im selben Jahr als Leiter einer Forschergruppe einen begehrten Preis für einen *pratical guide* zum Ausstieg aus dem Euro.[74] Der Euro ist für Bootle wie auch wohl für fast alle britischen Experten eine Katastrophe, auch die beiden Journalisten des *Economist*, die 2014 ihr Buch *Unhappy Union* herausgebracht haben, sehen die Schaffung des Euro als einen »fürchterlichen Irrsinn« an, dessen »Verfehlungen Elend über viele Teile Europas gebracht und das europäische Projekt der Nachkriegszeit schwer beschädigt hat«.[75] Laut Bootle ist die Einführung des Euro ausschließlich dem von Frankreich erstellten politischen Kalkül geschuldet, nach der deutschen Wiedervereinigung die Bundesbank zu entmachten (wörtlich: zu »entmannen«), »die in den letzten Jahrzehnten die europäische Wirtschaft kommandiert hatte.«[76] (Wohlgemerkt: *Jahrzehnte vor* der Wiedervereinigung!). Damit überbietet er noch ähnliche Erklärungen, wie sie in *Unhappy Union* oder von französischen Wirtschaftswissenschaftlern vertreten werden, dass nämlich die Schaffung des Euro oder die Aufgabe der D-Mark, gewissermaßen die beiden Seiten der Medaille, das europäische Gleichgewicht nach der deutschen Wiedervereinigung wieder ins Lot rücken und eine deutsche Dominanz verhindern sollte.[77] Womit sich hier die neoliberale Eurokritik mit der von Links- und Rechtspopulisten in der Kritik an der deutschen Dominanz verbindet, die Eurokritiker fast aller Couleur miteinander teilen. Bootles Kenntnisse der politischen Geschichte sind jedoch weniger profund, als er vorgibt, da er erwähnt, dass die damalige Premierministerin Margaret Thatcher, die strikt gegen die Wiedervereinigung war, diesbezüglich »mit dem sowjetischen Führer Michail Gorbatschow und dem amerikanischen Präsidenten Ronald Reagan in engem Kontakt« gestanden habe (ohne Erfolg).[78] Erinnern wir uns jedoch, dass Reagan am 20.1.1989 sein Amt an seinen Nachfolger George Bush sen. übergeben hat und die Mauer erst zehn Monate später fiel – ein Detail der Geschichte …

Die Brexit-Abstimmung und die vorherige Unterhauswahl standen im Zeichen der sozialen und wirtschaftlichen Entwicklung angesichts einer »Sparpolitik« der Regierung, die trotz massiver Einsparungen im Sozialbereich nicht aus der Verschuldung herauskam. 2010 hatte sich die konservativ-liberale Regierung als oberstes Ziel die Reduzierung der Verschuldung auf die Fahnen geschrieben, die seit der Finanzkrise in der Tat enorm gestiegen war (von 43,73 % des BIP 2007 auf 78,45 % 2010). Dies wurde im konservativen Wahlprogramm 2010 als »Gordon Browns Erbe« und damit als Schuldzuweisung an die Labour-Regierung mit ihrem letzten Premierminister und vormaligen Schatzkanzler Brown angeprangert[79], dabei waren die notwendigen enormen Rettungsmaßnahmen für die *City*, vergleichbar nur mit denen in den USA, kein

Resultat einer sozialdemokratischen Politik, sondern einer Politik, mit der *New Labour* unter Tony Blair in weiten Bereichen den Interessen der Finanzwelt nach unreguliertem Schalten und Walten nachgekommen war, also eigentlich Tory-Politik betrieben hatte. Diesen Richtungswechsel hatte Tony Blair in der Labour Party nur gegen harten Widerstand durchsetzen können. Vorwerfen kann man der Labour-Regierung allerdings, dass sie vor der Krise von 2008/09, als es Großbritannien wirtschaftlich gut ging, ihren Spagat zwischen einer liberalen Wirtschaftspolitik und einer sozialdemokratischen Sozialpolitik durch Kreditaufnahmen finanzierte und die staatlichen Dienstleistungen 2000 bis 2007 »stärker ausweitete als in jeder anderen Sieben-Jahres-Periode zuvor«, nämlich von 36,6 auf 41,1 %.[80] Tatsächlich hatte die Blair-Regierung dadurch weit mehr klassische Sozialpolitik betrieben, als es im Ausland wahrgenommen wurde. Eine Kommission unabhängiger Experten bescheinigte 2002 der Regierung Blair, dass die »kolossalen Zuwächse in den öffentlichen Ausgaben zwangsläufig zu einem Scheitern führen werden. Die Wirtschaft als Ganzes wird darunter leiden [...]«[81] Wie in anderen Staaten auch hatte sich die Regierung an die strukturelle Verschuldung als vermeintliche Lösung struktureller Probleme gewöhnt und dann kam die Krise dazu. Trotzdem war die Schuldensituation Großbritanniens auch nach der Krise nicht so schlimm wie in den südeuropäischen Ländern, mit denen sie die Konservativen in ihrer polemischen Kritik gerne verglichen, denn anders als diese konnte Großbritannien aufgrund seines guten Ratings billige Kredite aufnehmen und damit die zusätzliche Belastung durch die Zinsen in Grenzen halten.

Doch unter den Konservativen wurde die weitere Verschuldung Großbritanniens keineswegs gestoppt, sie stieg bis 2014 weiter auf 91,5 % des BIP, und die Zunahme der Neuverschuldung bestrafte Moody's 2013 mit dem Absenken im Rating. Nach dem Rekord von 2009 (11,26 %), auf dem Höhepunkt der Finanzkrise, konnte es Wirtschaftsminister Osborne in den Folgejahren bis 2012 nicht schaffen, die Neuverschuldung so signifikant wie gewünscht zu senken (2011: 7,79 %, 2012: 7,96 %), 2013–14 erreichte er immerhin 5,8 % und 5,28 %, die Hälfte von 2009, blieb damit aber noch weit jenseits der 3 %, die nicht nur im Euro-Raum, sondern auch allgemein als vernünftige Obergrenze akzeptiert wird. Großbritannien stand somit noch schlechter da als Frankreich mit 4,2 % und 3,68 % Neuverschuldung 2013/14.[82] Wäre Großbritannien in der Eurozone, würde es als Schuldenstaat am Pranger stehen, und die Rating-Abwertung von Moody's kam somit nicht von ungefähr.

Um die Verschuldung zu senken hat die Regierung Cameron ein radikales Sparprogramm für die öffentlichen Haushalte durchgesetzt und dies vor allem nach unten, an die Städte und Gemeinden, abgeschoben, so dass sich manche Kommune mit einer Halbierung ihrer Finanzen konfrontiert sah. Nach dem Wahlsieg vom 7.5.2015 kündigte Schatzkanzler Osborne neue Kürzungen von 12 Mrd. £ im Sozialetat an, gegen einen organisierten Protest von konservativen Kommunalpolitikern, die ihn warnten, »dass eine weitere Runde grundlegender Einschnitte verheerend für die örtlichen Dienste wäre und vor allem die Schwächsten treffen würde.«[83] Dabei geht es auch um damit verbundene »Entbürokratisierungs«-Maßnahmen, wie die Umverteilung sozialstaatlicher Aufgaben von der nationalen auf die kommunale Ebene euphemistisch genannt wird, ohne dass dadurch Bürokratie verringert wird: Der *localism*, wie dies auch heißt, führt stattdessen zu vielen lokalen Bürokratien.[84] Vor allem sehen sich die Kommunen in wirtschaftsschwachen Regionen gleichzeitig mit einer Vermehrung ihrer Aufgaben und Kürzung ihrer Finanzen konfrontiert. In Städten wie Birmingham wurden die Hälfte aller städtischen Bediensteten entlassen, Altenheime geschlossen, und auch an der medizinischen Versorgung (NHS = National Health Service) wird drastisch gespart.[85] Den Beziehern von *benefits* (Arbeitslosen-/Sozialhilfe) wurden eigene Schlafzimmer für Kinder durch einen Abschlag von den Zahlungen berechnet (»bedroom tax«[86]). Gleichzeitig hat die Regierung jedoch den Spitzensteuersatz für Unternehmen gesenkt (von 26 % auf 22 %) wie auch für Privateinkünfte (von 50 auf 45 % ab 150 000 £ Einkommen).[87] Im Wahlkampf 2015 versprachen die Konservativen noch eine Erhöhung der Bemessungsgrenze für den 40 %-Steuersatz von 41 000 auf 50 000 £/67 350 Euro, was dann auch der abgesenkte Spitzensteuersatz werden könnte.[88] Um dies nicht allzu unsozial aussehen zu lassen, hat man den Steuerfreibetrag an der untersten Sprosse der Leiter angehoben und für den Wahlsieg ferner versprochen, dass Beschäftigte mit dem Mindestlohn von 6,50 £ (8,35 Euro) bei einer 30-Stunden-Woche dann keine Steuern mehr bezahlen sollen (also bei einem Monatslohn von ca. 1190 Euro). Abgesehen davon, dass man sich fragen muss, wie davon früher Steuern gezahlt werden konnten, wiegt das nicht die Inflationsraten von 4,5 % – 2,5 % 2011–2013 bei gleichzeitigem Rückgang des durchschnittlichen Reallohneinkommens von -5,5 % auf.[89]

Es geht hier aber nicht darum, welche Besteuerung für welches Einkommen gerecht erscheint, die Briten zahlen bei diesen Tarifen mit einem zu versteuernden Einkommen von 70 000 Euro noch mehr Steuern als die Deutschen, wo dies mit einem Steuersatz von 31,89 %

belegt wird.[90] Allerdings geht die Progression dann bei uns weiter nach oben, in Großbritannien zukünftig wohl nicht mehr, jemand mit 70 000 Euro Jahreseinkommen würde dann prozentual genauso viel zahlen wie derjenige, der das Drei- oder Zehnfache verdient. Hier geht es jedoch um die Logik einer Finanz- und Sozialpolitik, die massive Einsparungen im Sozialbereich bei gleichzeitigen Steuersenkungen für die oberen Einkommen erreichen will. David Cameron präsentierte sich dabei als jemand, der eigentlich gar keine Steuern will: »I'm a tax cutting Tory. Frankly I don't really like any taxes«, sagte er im Januar 2014 der *Federation of Small Business*.[91]

Kritiker sehen deswegen hinter dem vorgegebenen Ziel der Schuldenbremse die Absicht, mit der Sparpolitik die ideologischen Ziele des Sozialabbaus und der »Befreiung« der Wirtschaft zu realisieren, die man ohnehin auf der Agenda hatte. Dies ist ja soweit auch gelungen, die Schuldenbremse dagegen nicht. Das *Institute für Fiscal Studies* gab vor der Wahl bekannt, dass »das Schlimmste der Einschnitte noch bevor stünde« und in der nächsten Legislaturperiode die Ausgaben noch einmal um 14,1 % gesenkt werden müssten (gegenüber 9,5 % für die abgelaufene Legislaturperiode): »Das würde bedeuten, dass die öffentlichen Ausgaben auf ihre niedrigste Quote vom Nationaleinkommen seit mindestens 1948 sinken würden und weniger Leute im Öffentlichen Dienst arbeiten als jemals zuvor seit mindestens 1971.«[92]

Dass die Schuldensenkung auf sehr einseitige Weise verwirklicht werden soll, zeigt sich auch dadurch, dass auf der anderen Seite in der Landwirtschaft nicht nur nichts gekürzt, sondern kräftig weiter subventioniert wird. 90 % der Agrareinkommen in Großbritannien sind direkt national oder EU-subventioniert[93], dies ist der höchste Anteil in Europa, und dabei hat Großbritannien die größten Betriebe aller EU-Länder nach Tschechien (mit dem Erbe sozialistischer LPGs).[94] Wie das nach dem Brexit aussehen soll, darauf darf man gespannt sein. Auch wenn es darum geht, die Atomindustrie zu fördern, spielt Geld keine Rolle: So genehmigte die EU-Kommission die hochgradige Subventionierung zweier neuer Reaktoren für das Atomkraftwerk Hinkley Point, die mit über 20 Mrd. Euro direkten Subventionen sowie staatlich garantierten Stromabnahmepreisen für 35 Jahre finanziert werden sollen, die mehr als doppelt so hoch liegen wie der Marktpreis 2013. Zu diesen Bedingungen wird es von der französischen EDF gebaut und von chinesischen Partnern kofinanziert. Dieser eklatante Bruch der gerade von Großbritannien immer hochgehaltenen Marktprinzipien hat zunächst zur Klage baden-württembergischer Stadtwerke und dann auch Österreichs und anderer EU-Mitgliedstaaten wegen Wettbewerbsverzerrung auf dem europäischen Strommarkt geführt.[95] Die für 2014 bezifferten Kürzungen im Sozialbereich betrugen ca. 25 Mrd. Euro.[96]

Doch es gibt in der Konservativen Partei einen rechten Flügel, der in seiner neoliberalen Radikalität noch viel weiter gehen will: Eine Gruppe von Parlamentariern machte 2012 mit einem Buch mit dem Titel *Britain Unchained* auf sich aufmerksam, in dem sie die britischen Arbeiter als faul und eingebildet beschimpfen, die allgemeine Sozialhilfementalität geißeln und eine »Befreiung Britanniens von den Fesseln« staatlicher Verpflichtungen fordern, die weitere Senkung von Unternehmenssteuern sowie eine Arbeitsmoral wie in Singapur, Hongkong oder Südkorea. »Zu viele Menschen ziehen die Hängematte harter Arbeit vor.«[97] Nicht zufällig sind unter den fünf Autoren zwei mit Migrationshintergrund, die diejenigen Immigrierten repräsentieren, die erwünscht sind, weil sie mit hoher Motivation und Arbeitsmoral kommen, während man den anderen vorwirft, nur vom Sozialstaat leben zu wollen und in die Kriminalität abzugleiten. Entsprechend beginnen sie ihr Buch mit einer emblematischen Szene aus den Londoner *Riots* 2012, wo ein Immigrant der erstgenannten Kategorie von anderen der zweiten Kategorie auf brutalste Weise zusammengeschlagen und beraubt wurde.

Die Krise der südeuropäischen Staaten sei eine Folge des Euro, der ihnen einen Wettbewerbsnachteil eingebracht habe, außerdem habe man im Westen auf die Finanzkrise 2008 mit unangemessener Kritik am Kapitalismus reagiert, »*Business* wurde zu einem *dirty word*«, während in Lateinamerika, Asien und Afrika der wirtschaftliche Fortschritt ohne Diskussion weiterlief, denn »in diesen Ländern trieben die individuelle Initiative und das freie Unternehmen weiterhin den Fortschritt an. Millionen Menschen weltweit werden einfach nur durch den Gang des Kapitalismus aus der Armut gezogen.« Wieso die Autoren dabei Afrika einbeziehen, bleibt allerdings unklar. Großbritannien dagegen sei wieder in einer Phase moralischer Depression wie in den 1970er Jahren, wie damals überhaupt die ganze westliche Welt, als 1972 der Club of Rome – in Wirklichkeit aber eine Forschergruppe des Massachusetts Institute of Technology – die *Grenzen des Wachstums* aufzeigte und, zusammen mit anderen apokalyptischen Büchern mit Millionenauflage, mit falschen Prognosen den Westen in eine Selbstverständniskrise stürzte.[98] Das Buch ist von solchem emotionalen Impetus getrieben, weniger von sachlichen Analysen, so dass schon die Hauptaussage hinsichtlich der »Dependenzkultur« in Großbritannien mit 5,7 Mio. Beziehern »irgendwelcher Wohltaten« (»some kind of benefits«) nicht nur unklar, sondern auch nicht verifizierbar ist, wie Jonathan Portes,

Direktor des *National Institute of Economic and Social Research*, als symptomatisch für das ganze Buch kritisierte.[99]

Die fünf Autoren, darunter zwei Frauen, waren damals alle Abgeordnete einer Gruppe innerhalb der Tory-Fraktion im Unterhaus, die sich *Free Enterprise* nennt, Vertreter einer jungen Generation und alle erst seit 2010 im Parlament. Es brauchte nur zwei Jahre, damit sie sich klar von der Tory-Mehrheitslinie unter David Cameron distanzierten, und in gewisser Weise repräsentieren sie die global orientierte *City* von London, »wo es das Arbeitsethos noch gibt«: Sie sind jung, dynamisch, risikobereit, multiethnisch zusammengesetzt, aber einig in ihren ultraliberalen Überzeugungen. Entsprechend fordern sie eine *Buccaneer*-Mentalität, ein anderes englisches Wort für Piraten, hier wohl im Sinne von »Draufgänger« zu verstehen. Nach ihren eigenen Aussagen repräsentieren sie mit ihren Vorstellungen einen beträchtlichen Teil der jüngeren Generation, deren Ambitionen von ihren Eltern, der Baby-Boom-Generation, eher gebremst denn gefördert würden, während die Eltern selbst, die Baby-Boomer, alles geschenkt bekamen und trotzdem nur schlecht über Großbritannien sprächen.[100]

Außer an umfassender Kritik und zahlreichen Erfolgsgeschichten von Erfindungen und Erfindern aus aller Welt und aus der Vergangenheit haben die fünf Autoren nicht viel Konkretes zu bieten, ihre Vorschläge zur »Entfesselung Britanniens« reduzieren sich weitgehend auf die x-te Variante des *Think positive!* Es sei denn, man versteht ihre Kritik am Bestehenden so, dass sie jeweils das Gegenteil möchten, dann würde dies dem entsprechen, was sich auch David Cameron in seiner Jugend als frisch gebackenes Tory-Mitglied erhoffte, als er nicht verstand, warum man überhaupt Steuern bezahlen muss, und anderes mehr, was man sich als liberale Utopie ausmalen kann.

In einem haben die fünf Autoren von *Britannia Unchained* allerdings Recht: Die Probleme Großbritanniens liegen zuvorderst in Großbritannien selbst und kommen nicht von außerhalb. Für eine Autorin aus dem Team hat sich die Aktion persönlich ausgezahlt: Priti Patel, Tochter von Indern, die in Uganda lebten und Anfang der 1970er Jahre das Land verlassen mussten und nach Großbritannien gingen, wurde 2015 neue Arbeitsministerin in der Regierung. Mit dieser Chance, den Briten wieder die »richtige Arbeitsmoral« nahe zu bringen, hat somit auch das ganze Team von *Britannia Unchained* einen Erfolg eingefahren. Patel erklärte sich dann mit anderen Regierungsmitgliedern für den Brexit und wurde unter der neuen Premierministerin May Ministerin für internationale Entwicklung, ein extra geschaffenes Ministerium, das mit den anderen zusammen – dem Internationalen Handel unter Liam Fox, dem

Brexit-Ministerium unter David Davies und dem Außenministerium unter Boris Johnson – Großbritannien für den EU-Ausstieg und die Zeit danach vorbereiten soll. Damit kann sie jetzt dort für die »Entfesselung Britanniens« und ihre Vision der Globalisierung arbeiten – die aufstrebende Neue Welt statt dem dekadenten alten Europa.

Ob Großbritannien fit dafür ist? Rechtzeitig zur *Last night of the Proms*, wo ja bekanntlich zum krönenden und (mit Publikum) tönenden Abschluss auch *Rule Britannia, Britannia rule the waves* ... gespielt wird, nostalgische Reminiszenz an die Zeit des Empire, erklärte Liam Fox, dass Großbritannien zu »fett und faul geworden« sei und damit schlecht vorbereitet (wörtlich: »ill-prepared«) für die Handelsabkommen, die nach dem EU-Austritt geschlossen werden müssten.[101] Auf dem Tory-Parteitag Anfang Oktober 2016 gab er sich dagegen visionär, dass »diese kleine Insel-Nation am nordöstlichen Rand Europas«, die einst »zur größten und mächtigsten Handelsnation wurde«, jetzt in ihren »best performing sectors« diese Tradition fortsetze, und beschwor dafür den Geist von Adam Smith aus einer Zeit, als »dieses Land an der Spitze einer freien Welt mit offenem Handel stand.«[102] In diesem Stil ging es auch im Wahlkampfprogramm weiter: »Das Vereinigte Königreich ist eine globale Nation. Unsere Geschichte ist eine globale Geschichte; unsere Zukunft muss auch global sein.«[103] Dabei können die Tories noch nicht einmal garantieren, dass Großbritannien Großbritannien bleiben wird, angesichts dessen, dass das Unabhängigkeitsstreben der Scottish National Party nach dem Brexit neuen Auftrieb bekommen hat. Neue Steuersenkungen im Tory-Wahlprogramm für Unternehmen (von 22 auf 17 %), aber auch für Niedriglohnempfänger. die man nach dem Brexit-Votum für die Konservativen gewinnen wollte, bei gleichzeitigem Schuldenabbau – all dies war nur mit wenigen Zahlen garniert, eine Rechnung wurde nicht geliefert. Vieles blieb unausgesprochen, zum Beispiel die katastrophale Lage im Gesundheitswesen seit den Kürzungen unter Cameron, gegen die die Ärzte vor der Wahl wieder einmal protestierten, weil dadurch Operationen immer weiter verschoben werden müssten und schon Tausende von Operationen bei Kindern abgesagt worden seien.[104] Als bekannt wurde, dass eine von den Kritikern sogenannte »Totensteuer« geplant sei, wonach im Todesfall nachträglich das Eigenheim zur Begleichung der Pflegekosten konfisziert werden dürfe, drehte sich nach der Analyse der *Zeit* am 19.5. der Wind gegen Theresa May.[105]

Das Labour-Wahlprogramm sah dagegen Steuererhöhungen bei großen Unternehmen vor, die ohnehin schon am niedrigsten im internationalen Vergleich besteuert würden (Körperschaftssteuer), eine typische

Wahlkampfvereinfachung[106], sowie für die Besserverdienenden zugunsten einer Wiederherstellung der notwendigen *social security*, der Wiederverstaatlichung privatisierter öffentlicher Betriebe (Bahn usw.), der Abschaffung der Studiengebühren und einer Besserstellung der Geringverdienenden, das alles ebenso bei gleichzeitigem Schuldenabbau – und ohne Rechnung.

Theresa May wollte die Parlamentswahl zu einer zweiten Brexit-Wahl machen, das Ultimatum vom Januar an die EU, »kein Deal ist besser als ein schlechter Deal«[107], wurde bekräftigt in der Hoffnung, das dabei gebetsmühlenhaft wiederholte »strong leadership«, für das die Premierministerin stehe, überzeuge die Wähler, noch einmal die Katze im Sack zu wählen wie schon beim Referendum, und der erhoffte große Wahlsieg neutralisiere auch die Oppositionellen in den eigenen Reihen.

Die Terroranschläge von Manchester und London vom 22.5. und 3.6.2017 lösten spontan eine heftige Sicherheitsdebatte aus. Die Nachforschungen über den Hintergrund des Manchester-Attentäters Salman Abedi brachten nicht nur das bekannte Déjà vu, wonach er bei den Behörden kein Unbekannter war, mehr noch: »Als er noch Teenager war, riefen vor fünf Jahren Freunde eine Anti-Terrorismus-Hotline an, um ihre Besorgnis über sein Verhalten auszudrücken. Mindestens weitere viermal noch wurde von Führern der *Community* und aus seinem familiären Umfeld gemeldet, dass sie von seinen gefährlichen Tendenzen warnten.«[108] Doch das ist noch nicht alles: 2015 warnte der 2010 zum britischen »Stadtpolizisten des Jahres« gewählte Polizeiinspektor Damian O'Reilly aus Manchester die damalige Innenministerin Theresa May, dass die massiven Stellenkürzungen im Polizeibereich gerade die Terrorismusprävention erschwerten, was May damals als »Panikmache« abtat und nun ihre Nachfolgerin Amber Rudd als irrelevant für den Anschlag bezeichnete.[109] Insgesamt fielen in den letzten Jahren ca. 20 000 Polizistenstellen dem Sparwahn der Tories zum Opfer. Der frühere Chef der Anti-Terrorismus-Einheit im Scotland Yard, Robert Quick, bestätigte nach dem Londoner Anschlag, dass die Kürzung massiv zu Lasten des »neighbourhood policing« gegangen sei.[110] Und während die amtierende Innenministerin Rudd erklärte, dass es keine weiteren Einschnitte mehr geben werde, konnte die *Times* durch *leaks* aus den Regierungsreihen zwei Tage vor der Wahl berichten, dass in Wirklichkeit neue Millioneneinschnitte geplant waren und zwar gerade auch im Sicherheitsbereich.[111] Gleichzeitig wurde bekannt, dass einer der drei Attentäter der London Bridge bei der Polizei und beim MI5 vom italienischen Geheimdienst gemeldet worden war, nachdem in Bologna seine Reise nach Syrien via Istanbul verhindert worden war. Ein zweiter war im Januar 2016 sogar in einer britischen TV-Dokumentation auf Channel 4 mit dem Titel »The Jihadis Next Door« als IS-Anhänger gefilmt worden.[112] Der damals umstrittene Film dokumentierte, wie die radikalen Islamisten unbehelligt blieben, als sie in einem Londoner Park die IS-Flagge ausbreiteten, ansonsten auf der Straße ganz unverblümt agitieren konnten und in die Kamera riefen, dass eines Tages die Fahne des Islam über 10 Downing St. wehen werde, während die damalige Innenministerin May, im Film mit einem Redeausschnitt eingespielt, erklärte: »Wir werden sie besiegen.«[113]

Die Gründe für den Wahlausgang sind sicher vielfältig. Wie Cameron mit dem Referendum verschätzte sich May mit ihrer Brexit-Wahl. Statt einer »starken und stabilen« bekam May eine schwache und instabile Regierung durch den Verlust der eigenen Mehrheit (nur 318 von 650 Sitzen), obwohl die Tories von UKIP Wähler zurückgewinnen konnten und damit 42,45 % der Stimmen bekamen (Labour 39,99 %, 261 Sitze). Die Scottish National Party errang interessanterweise nur noch 35 Sitze (-19), was einen Dämpfer für deren Unabhängigkeitsbestrebung darstellt. Zusammen mit den nordirischen Unionisten (10 Sitze) erreichen die Konservativen eine schwache Mehrheit von drei Mandaten über der notwendigen Schwelle von 326 Sitzen (bei zusammen 43,35 % der Wählerstimmen), da aber die Nationalisten von Sinn Fein aus Nordirland aus Protest nie ihre Sitze in Westminster einnehmen (7), erweitert sich diese Mehrheit in der Realität. Die Unionisten beschränken sich jedoch auf die Unterstützung einer konservativen Minderheitsregierung und werden sich ihre Zustimmung sicher teuer bezahlen lassen: Der Hauptpreis dürfte die Abkehr vom »harten Brexit« sein, da die Nordiren die Grenze zur Republik Irland nach dem Ausstieg »durchlässig« halten wollen. Auch warten Gegner und Rivalen Mays in der eigenen Partei bereits auf ihre Chance. Etliche Kommentatoren in der BBC und darüber hinaus prognostizierten am Tag nach der Wahl, dass es bald Neuwahlen geben werde.

Niederlande

Der Rechtspopulismus ist seit der Jahrtausendwende in der niederländischen Gesellschaft und Politik präsent, trat aber von vornherein auf besondere Weise provokativ und von Skandalen begleitet auf, wie auch die Konfrontation mit »dem Islam« schon früh von Attentaten begleitet war: durch die Ermordung des ersten antiislamischen Populisten Pim Fortuyn 2002, allerdings wohl nicht wegen seines Antiislamismus, und des Regisseurs Theo van Gogh 2004, diesmal klar wegen seines Antiislamismus. Kurz nach der Ermordung Fortuyns errang dessen Liste (Liste Pim Fortuyn LPF) bei der Parlamentswahl 2002 einen spektakulären Erfolg von 16,9 % und 26 von 150 Sitzen. Sie wurde in die Koalitionsregierung mit CDA (Christendemokraten) und VVD (Rechtsliberale) unter Jan Peter Balkenende (CDA) aufgenommen und erhielt fünf Ministerposten. Die Diadochenkämpfe um die Führung und die politische Richtung zerstörten die LPF von innen heraus, so dass die Regierung bereits 2003 Neuwahlen herbeiführte, bei der die LPF in die Bedeutungslosigkeit sank.

Die von Geert Wilders, einem ehemaligen VVD-Politiker, 2006 gegründete *Partei für die Freiheit* (PVV) errang im selben Jahr bei der Parlamentswahl 5,9 %, 2010 15,5 % und fiel dann nach internen Querelen, die angesichts des exzentrischen Charakters und autoritären Führungsstils von Wilders an der Tagesordnung sind, 2012 auf 10,1 % zurück. Zuvor hatte die Partei jedoch bei den Regionalwahlen 2011 Erfolge, wurde in der Provinz Limburg stärkste Partei und bildet dort die Provinzregierung mit der CDA und der VVD. Aus der Verankerung in den Provinzen heraus errang die PVV bei den Senatswahlen für die 1. Kammer 10 von 75 Sitzen. Bei den Europawahlen 2009 und 2014 erzielte die PVV 17 % und 13,3 %, bei der jüngsten Parlamentswahl 13,06 %.

Hintergrund ist eine traditionell liberale Politik des Multikulturalismus in den Niederlanden, die man auch als Laissez-faire-Politik bezeichnen könnte, die jedoch – oder eben deswegen – vor enormen Integrationsproblemen steht. Markantester Ausdruck davon ist die Tatsache, dass 40 % der Jugendlichen ausländischer Herkunft keinen Arbeitsplatz finden. Ein Problem seien mangelnde Sprachkenntnisse des Niederländischen, ein Versäumnis des Staates, wie auch der Schriftsteller Leon de Winter 2006 meinte und hinzufügte, dass die Einwanderungspolitik von Anfang an falsch gelaufen sei. Es handele sich um soziale Probleme und nicht um Problem mit dem Islam, die die Niederländer beschäftigen.[114] Kann man das hier klar trennen? Soziologischen Analysen über die Wählerschaft von Wilders zufolge ist sein Erfolg besonders groß in Städten mit einem hohen Anteil »interethnischer Kontakte« (inkl. Konflikte), das heißt durch einen hohen Migrantenanteil in der Bevölkerung, sowie einer hohen Arbeitslosenquote, und entsprechend schwach bei umgekehrten Faktoren.[115] Mit Parolen wie: »Wollt ihr weniger Marokkaner? Das regeln wir!«[116] reduziert Wilders alles auf das anti-islamische Ressentiment.

Doch es wäre kurzsichtig, den Erfolg von Wilders auf seine spektakulären Hasstiraden gegen den Islam (Verbot des Koran usw.) zu reduzieren, und die Erklärung mit den objektiv existierenden Problemen der Integration muslimischer Immigranten greift auch zu kurz. Ein zweites Standbein seines Erfolges ist nämlich seine Europafeindlichkeit mit weitreichenden Forderungen, die nicht nur auf einen Austritt aus dem Euro, sondern auf eine Auflösung der EU abzielen (Abschaffung der Europäischen Kommission und des Europaparlaments). »Wir werden Teil des Europäischen Parlaments sein, um es von innen zu bekämpfen«, erklärte Wilders vor der Europawahl 2014: »Ich würde mir wünschen, dass die Niederlande die Europäische Union verlässt. Ich bin sehr für das Schweizer Modell. Die Schweiz befindet sich im Herzen Europas, ist aber nicht Mitglied der EU. Trotzdem hat sie eine starke Wirtschaft, ein hohes Handelsvolumen und Zugang zum europäischen Markt. Das ist unser Vorbild.«[117] Das entspricht auch den Vorstellungen der britischen EU-Gegner: ein gemeinsamer Markt ohne EU-Bürokratie. Dass dieser »gemeinsame Markt« historisch und notwendigerweise Eurokratie überhaupt erst geschaffen hat – mit ihren Quoten, Normen, Subventionen und Wettbewerbskontrollen –, wird in solch einem Möchtegern-Diskurs willentlich übersehen, bei allen Europakritikern. Anfang Februar 2014 präsentierte Wilders mit Blick auf die anstehende Europawahl ein Ausstiegsprogramm aus dem Euro für die Niederlande, das ganz offensichtlich von dem Szenario inspiriert ist, das in Großbritannien im Auftrag von *Capital Economics* entworfen wurde.[118]

Nach einer Umfrage 2010 ist das Thema Europa bei den Wählern der PVV wichtiger als das Thema Immigration (78 %, resp. 67 %).[119] Kurz danach kam die EU-Binnenmigration für Wilders als neues Propagandathema hinzu. Doch in einem Land, in dem es lange eine allgemein große Zustimmung zur EU gab, wäre das vermutlich kein Problem gewesen, wenn die PVV nicht aufgrund der traditionellen Zersplitterung der politischen Landschaft in den Niederlanden eine größere Bedeutung erlangte, als ihr unter anderen Verhältnissen zukommen würde. Und dies scheint auch Rückwirkungen auf die öffentliche Meinung zu haben. Wenn auch Wilders' »eigene Umfrage«, wonach 55 % der Niederländer für den Austritt aus dem Euro seien, als Propaganda abgetan werden kann, so spiegelt sich in seriösen Umfragen dennoch ein Bild von einer sich verbreitenden Europaskepsis, denn die Wichtigkeit, die, wie oben angegeben, die PVV-Wähler dem Europathema zumessen, drückt natürlich in erster Linie Kritik aus.

Die politische Landschaft in den Niederlanden ist, ähnlich der in den skandinavischen Ländern, in zahlreiche Parteien zersplittert. Im liberalkonservativen Lager konkurrieren zwei große und mehrere kleine Parteien miteinander, die *Volkspartei für Freiheit und Demokratie* (VVD, rechtsliberal) und der *Christlich-Demokratische Aufruf* (CDA); im Mitte-Links-Lager dominiert die sozialdemokratische *Partei von der Arbeit* (PvdA) gegenüber kleineren Linksparteien. Volksparteien im deutschen Sinne haben sich kaum herausgebildet, auch die »großen Parteien« können kaum als solche apostrophiert werden. Abgesehen von Affinitäten bestimmter sozialer Schichten zu entsprechenden Parteien als Interessensvertretungen gibt es eine Vielzahl kultureller Affinitäten und Zerklüftungen, so zum Beispiel zwischen Protestanten und Katholiken, deren Wurzeln in der Epoche zwischen 1870 und dem Ersten Weltkrieg liegen. Da keine Gruppierung alleine eine parlamentarische Mehrheit erreichen konnte, prägten Kooperations- und Konsensmodelle Politik und Gesellschaft, die nach dem Zweiten Weltkrieg unter sozialdemokratischer Führung den niederländischen Sozialstaat realisiert haben.[120]

Die hohe Anzahl kleinerer Parteien hat schon in der Vergangenheit immer wieder zu Umstrukturierungen und Neugründungen geführt, die die relative Stabilität des Konsens- und Kooperationsmodells im politischen Bereich aufweichte. Dadurch konnten sich leichter neue politische Themen in einer Partei verankern und schneller auf die politische Bühne transportiert werden, als dies etwa in Deutschland bis zur Gründung der Grünen der Fall war, für deren Etablierung es einer massiven gesellschaftlichen Bewegung bedurfte. Die Kehrseite der Medaille ist der Verlust an Kooperation und Konsens, der seit vielen Jahren Regierungsbildungen durch Koalitionen immer schwieriger macht. Angesichts der Tatsache, dass zehn Fraktionen mit zwei oder mehr Mandaten im Parlament vertreten sind, hat dies immer wieder zu instabilen Koalitionen geführt, so platzte 2010 die Koalition des CDA mit der PvdA über Differenzen in der Afghanistan-Politik. Bei der darauffolgenden Parlamentswahl erlitt der CDA einen drastischen Einbruch und wurde fast halbiert (13,65 %), die VVD gewann hinzu und erreichte 20,5 %, einen Erdrutsch zu seinen Gunsten erreichte Wilders und kam mit 15,4 % auf den dritten Platz hinter der PvdA (19,6 %). Langwierige Sondierungen nach der Wahl zielten vor allem auf eine Koalitionsbildung mit Wilders' PVV ab, und schließlich gelang eine Koalition zwischen VVN und CDA unter Ministerpräsident Rutte (52 von 150 Sitzen), die mit der PVV (24 Sitze) ein Tolerierungsabkommen abschloss. Somit hatte Wilders, der ehemals der VVD angehörte, mit nur 15 % der Stimmen erreicht, dass sich die Regierung von ihm abhängig machte, weil das gesamte Spektrum der demokratischen Parteien nicht in der Lage bzw. nicht willens war, eine andere Mehrheit zustande zu bringen. Doch auch diese »Mehrheit« durch Tolerierung verfügte nur über 50 % plus einen Sitz in der Zweiten Kammer, der 2012 verloren ging, als ein PVV-Abgeordneter, Hero Brinkman, aus der Partei austrat und damit der Koalition ihre Tolerierungsbasis entzog, was zum Rücktritt der Regierung Rutte führte. Vorangegangen waren weitere spektakuläre Auftritte von Wilders, der zum Beispiel die Bevölkerung aufrief, Beschwerden über »verluderte und diebische Osteuropäer« im Lande zu melden.[121] Doch der Parteiaustritt des PVV-Abgeordneten erfolgte nicht nur wegen einer Meinungsverschiedenheit darüber, sondern vor allem wegen Wilders' autoritärem Führungsstil, den der Kritiker mit der Stasi verglich. Tatsächlich ist die Konstruktion der Partei ein Unikum und wohl nur in den Niederlanden möglich, denn Wilders hat keine Partei nach dem Parteiengesetz gegründet, sondern einen Verein, in dem nur er selbst das einzige Mitglied ist. Wilders rechtfertigte das damit, dass so keine unkontrolliert in die Partei strömenden Mitglieder die Partei übernehmen könnten. Kandidatenlisten für Wahlen stellt er selbst zusammen, als Nicht-Partei bekommt die PVV keine öffentliche Finanzierung, ist aber andererseits auch nicht zur Offenlegung ihrer Finanzen nach dem Parteiengesetz verpflichtet.[122]

Die Parlamentswahl 2012 und die Europawahl 2014 zeigten eine rückläufige Tendenz für die PVV. Seit 2012 regierte eine Große Koalition aus VVD und PvdA unter Ministerpräsident Rutte. Doch die öffentliche Stimmung gab Wilders vor der heranrückenden Parlamentswahl 2017 immer mehr Auftrieb und brachte auch die etablierten Parteien dazu, sich stärker gegen die Immigrierten zu positionieren und von diesen zu verlangen, »normal zu sein« oder das Land zu verlassen (Mark Rutte), und die niederländische Nationalhymne zu singen, die auch in den Schulunterricht aufgenommen werden solle (so der CDA).[123]

Trotzdem kann Wilders nicht den ganzen politischen Unmut in der Bevölkerung an sich ziehen, als Person schreckt er viele ab. So kam es vor der Parlamentswahl am 15.3.2017 auch zu weiteren Neugründungen von Parteien, die einen Verfall der Politik schlechthin in den Niederlanden anklagen, diesen andererseits aber auch durch die weitere Parteienzersplitterung befördern. Das »Parteienkartell«, das, wie gezeigt, zwar alles andere als stabil ist, aber den Eindruck vermittelt, dass trotz der häufigen Wechsel doch immer wieder dieselben regieren, erzeugt immer mehr Aversionen in der niederländischen Wählerschaft, verbunden mit dem Gefühl, dass »nichts mehr sicher ist«, dass man zunehmend fremdbestimmt ist, durch die Globalisierung, von der EU usw. Eine der neuen Parteien, das *Forum für Demokratie*, fordert dabei nicht nur die Rückkehr zum Nationalstaat, sondern greift auch reale Defizite der Demokratie auf, wenn es mehr Demokratie auf kommunaler Ebene fordert, weil bislang die Bürgermeister der Städte nicht etwa gewählt, sondern von der Regierung ernannt werden.[124] So betrug die Zahl der »sonstigen« Parteien bei der letzten Wahl mehr als 10 %, was schon an die Weimarer Republik erinnert. Entsprechend schwer gestaltete sich die Suche nach miteinander koalitionsbereiten Partnern für die Regierung und scheiterte erst einmal am Zankapfel Immigrationspolitik.[125]

In den Medien und von Mark Rutte selbst wurde der Wahlausgang als großer Erfolg für ihn ausgegeben und als Niederlage für Wilders. Gewiss waren dessen Umfragewerte höher gewesen, doch die alte Regierung hat ihre Mehrheit verloren, vor allem durch den katastrophalen Einbruch des sozialdemokratischen Koalitionspartners (5,7 %, d.h. -19,5 %), auch Ruttes VVD (21,29 %) verlor über 5 %, während Wilders knapp 3 % dazugewann und auf Platz 2 landete. Es ist aber ein fast universelles Phänomen, ob in den Niederlanden, Frankreich oder Deutschland, sich die Wirklichkeit schön zu reden, indem man den Rechtspopulisten Niederlagen attestiert, während sie in Wirklichkeit dazu gewonnen haben, aber nur hinter den Prognosen zurückgeblieben sind.

Deutschland

Demgegenüber zeigte sich die AfD in Deutschland zunächst unter der Führung ihres Gründers Bernd Lucke sehr gemäßigt in allen Fragen, die nicht das Eurothema betrafen, so jedenfalls noch in ihrem Programm 2013[126] und in den Programmen für die Landtagswahlen 2014. Über die Abschaffung des Euro hinaus würde jedoch schon das vorgesehene Vetorecht für alle Mitgliedsstaaten bei allen Themen[127] die Funktionsfähigkeit der EU sprengen.

Was die anderen Themen betrifft, so gab es bei der AfD jedoch von Anfang an eine Kluft zwischen dem, was als Programm ausgewiesen war, und dem, was, angefangen mit dem stellvertretenden Vorsitzenden Alexander Gauland[128], gedacht und vor Ort in Wahlkämpfen ausgesprochen wurde. Nach der Spaltung im Sommer 2015 kamen Sein und Schein wieder zusammen, zum Beispiel mit dem Versuch der neuen Vorsitzenden Frauke Petry, den Begriff *völkisch* »positiv aufzuladen«, wie es die *Bild-Zeitung* treffend auf den Punkt brachte[129], oder den provokativen öffentlichen Reden Björn Höckes, die den Richtungskampf weiter befeuerten, diesmal gegen Petry. Nachdem die radikale Fraktion um Höcke, sekundiert durch Gauland, schon erfolgreich den Sturz Luckes herbeigeführt hatte, trug sie bereits zwei Jahre später dazu bei, Frauke Petry in die Minderheitenposition zu bringen (Parteitag April 2017), die den fundamentaloppositionellen Kurs der Partei zugunsten einer – freilich illusorischen – Koalitionsfähigkeit abmildern wollte. Bei einigen Streitpunkten mochte sich der Co-Vorsitzende und als gemäßigt geltende Jörg Meuthen, ein in der Partei gebliebener Wirtschaftsprofessor aus der Ära Lucke, distanzieren, etwa in der »völkisch«-Debatte[130], oder in seiner baden-württembergischen Landtagsfraktion gegen den Antisemitismus des Abgeordneten Gedeon, bis dieser aus der Fraktion austrat. Nicht uninteressant erscheint hierbei übrigens, dass Gedeon offenbar in früheren Zeiten ein Linkradikaler gewesen war und – gleichsam wie in Umberto Ecos Roman *Das Foucaultsche Pendel* beschrieben – über die Esoterik nach Rechtsaußen fand. Doch entscheidend für die »Affäre Gedeon« sind weniger die Verirrungen eines Einzelnen als vielmehr die Tatsache, dass Meuthen diese Causa schon lange vor der Landtagswahl kannte und, mehr noch, dass sich die Hälfte der Landtagsfraktion zunächst hinter Gedeon stellte, was dann ihre vorübergehende Spaltung herbeiführte.[131]

Viele Mitglieder und noch mehr Wähler haben jedoch von Anfang an verstanden, dass die AfD das Sesam-öffne-dich für die Befreiung des Rechtspopulismus bis hin zum Rechtsextremismus aus seiner politischen Randlage war. Das zeigte schon die erfolgreiche Thematisierung der »Ausländerfrage« in den ersten Landtagswahlkämpfen 2014, auch wenn die Europawahl und überhaupt die Europathematik der Schlüssel für die Implantierung der Partei in der politischen Landschaft Deutschlands waren. Rechtsextreme Zirkel mit Verankerung im »Milieu« an der Basis (»im Volk«) und mit ideologischer Verbindung zu den intellektuellen Köpfen der Neuen Rechten haben dies von Anfang an für sich genutzt, vor allem in Sachsen und Thüringen. Eine Schleuse für die Öffnung nach rechts außen, die von der Partei nicht mehr neutralisiert werden konnte, war der Aufbau einer »Patriotischen Plattform« innerhalb der Partei dar, in der sich »Nationalliberale« sammelten.[132] Diese Fraktion in der Partei hat sich bis in den Namen hinein offenbar die erfolgreiche Arbeit der »Kommunistischen Plattform« um Sahra Wagenknecht in der PDS bzw. Linkspartei zum Vorbild genommen, mit derselben Erfolgsaussicht. Tatsächlich sind vor allem in Ostdeutschland rechtsextreme Mitglieder in die Partei eingedrungen, die zuerst den Landesverband Thüringen unter ihre Kontrolle gebracht haben. Unter

Björn Höcke erfolgten Ausschlüsse und Austritte in der Landtagsfraktion, die früh anzeigten, in welche Richtung es ging. Wie es bekannten Rechtsintellektuellen gelang, Einfluss auf die Partei auszuüben, zeigen Liane Bednarz und Christoph Giese in ihrem Buch *Gefährliche Bürger* auf.[133]

Die Geister, die Bernd Lucke einst rief, wurde er nicht mehr los, dafür sie ihn. Entscheidend dafür waren die Verankerung vor Ort im Osten, die Landtagswahlerfolge 2014 von um die 10 % (in Thüringen und Sachsen nur wenig hinter der SPD), sowie das unverhoffte »Geschenk« der Flüchtlingswelle 2015, die der Partei auch im Westen in der Fläche bei allen Landtagswahlen zum Durchbruch verholfen hat: am 13.3. in Rheinland-Pfalz (12,6 %), Baden-Württemberg (15,1 %, vor der SPD mit 12,7 %) und Sachsen-Anhalt (24,3 %, gegenüber 10,6 % SPD), am 4.9. in Mecklenburg-Vorpommern (20,8 %, vor der CDU mit 19 %) und am 18.3. in Berlin (14,2 %), wo die Erfolge von AfD und Linke (15,6 %) der »Großen« Koalition die Mehrheit nahmen (SPD 21,6 %, CDU 17,6 %). Den Osten der Stadt teilten Linke und AfD fast unter sich auf, und so hat die AfD objektiv dazu beigetragen – Ironie der Geschichte –, die Linke in der rot-rot-grünen Koalition wieder in die Regierung der Stadt zu bringen.

Nicht vergessen werden sollte beim historisch einzigartigen Aufstieg der AfD jedoch, dass die Anti-Europa-Stimmung als katalysatorischer Effekt für die Parteigründung entscheidend gewesen war, der neue Nationalismus zeigte sich zuerst als Anti-Europäismus und tut es weiterhin. Er ist der gemeinsame Nenner der europäischen Rechtspopulisten, die sich am 21.1.2017 in Koblenz zu einem Gipfel trafen. Tatsächlich hat die Eurokrise die traditionell positive Sicht der Deutschen auf die EU stark beeinträchtigt, die 2014/2015 von 66 % auf 58 % und 2016 zeitweise unter 40 % gesunken ist, während der Brexit die (Zu-)Stimmung wieder auf 52 % hob.[134]

Programmatisch teilt die AfD mit den anderen populistischen Parteien drei Stoßrichtungen: gegen das politische Establishment und die empfundene Entdemokratisierung, gegen die Immigration und die empfundene Islamisierung und gegen den empfundenen Verlust an nationaler Souveränität durch die Europäisierung. Damit geht ein gleichfalls geteilter identitärer (»völkischer«) Nationalismus einher, allerdings mit einem deutschen Spezifikum, das Höcke in seiner Dresdner Rede vom 17.1.2017 provokativ zum Ausdruck gebracht hat: Wir befänden uns immer noch »im Gemütszustand eines total besiegten Volkes«, die »nach 1945 begonnene systematische Umerziehung« des deutschen Volkes werde fortgesetzt um ihm »seine kollektive Identität zu rauben«,

»unsere einst hoch geschätzte Kultur droht, nach einer umfassenden Amerikanisierung nun in einer multikulturellen Beliebigkeit unterzugehen«[135] – Ideen von ganz rechts außen in Höckes Rede, die deswegen nicht umsonst durch die Gruppe um die Zeitschrift *Compact* unter Jürgen Elsässer verfilmt und online gestellt wurde. Während Frauke Petry danach gegen Höcke ein Ausschlussverfahren herbeiführen wollte, gab es jedoch bereits im AfD-Grundsatzprogramm ein im Prinzip ähnliches, nur in seiner Formulierung diplomatischeres Statement zu diesem Thema: »Die aktuelle Verengung der deutschen Erinnerungskultur auf die Zeit des Nationalsozialismus ist zugunsten einer erweiterten Geschichtsbetrachtung aufzubrechen, die auch die positiv identitätsstiftenden Aspekte deutscher Geschichte mit umfasst.«[136] Eine Aussage, die vom Wortlaut her und losgelöst von diesem Hintergrund durchaus Grundlage für eine ernsthafte Diskussion sein könnte[137], so aber nur als geschönte Variante der wirklichen Absichten erscheint, die der »gemäßigte« Ko-Bundesvorsitzende und baden-württembergische AfD-Chef Jörg Meuten drei Tage nach der Höcke-Rede im Stuttgarter Landtag offenbarte: Dort sollten Fördergelder für Gedenkstätten des NS-Unrechts gestrichen und Fahrten dorthin »umgewidmet werden für Fahrten zu ›bedeutsamen Stätten der deutschen Geschichte [...], zur Vermittlung eines positiven Bildes Deutschlands und der deutschen Geschichte‹«.[138] Nichts anderes als die von Höcke geforderte »180-Grad-Wende«.

Wozu andere Parteien Jahrzehnte brauchten, ist der AfD in nur zwei Jahren gelungen. Sie ließ die Große Koalition in Umfragen zeitweise auf österreichische Dimensionen abschmelzen. Lediglich die Existenz der Linken und damit auch die theoretische Option Rot-Rot-Grün unterscheidet die Bundesrepublik von Österreich. Mit dem »Martin-Schulz-Effekt« hoffte die SPD anfangs auf eine politische Wende zu ihren Gunsten, drei verlorene Landtagswahlen dämpften die Euphorie jedoch deutlich. Das strategische Dilemma der SPD ist freilich auch eines für die Demokratie selbst. Rot-Rot-Grün ist keine von den SPD-Wählern gewünschte Koalition, mit einer »alternativlosen« Fortsetzung der Großen Koalition droht die SPD aber auch weiter Wähler zu verlieren. Dieses Dilemma wird durch den Einzug der AfD in die Parlamente drastisch verschärft, werden doch Zweierkoalitionen unterhalb der Großen Koalition fast unmöglich. Damit beeinflusst die AfD bereits massiv das demokratische System, doch wie analog in Frankreich und den Niederlanden wird der Erfolg der AfD durch den Einzug in die Landesparlamente jedes Mal heruntergespielt, wenn das Ergebnis hinter den Erwartungen der AfD bleibt, zuletzt in der *Zeit* nach den drei Landtagswahlen 2017 in der Bilanz »Die AfD kommt nicht vom

Fleck«.[139] Die Ermüdung der Demokratie beginnt mit der Gewöhnung an ihre Herausforderungen. In den Landesparlamenten sind nicht nur überall AfD-Fraktionen eingezogen, sondern auch oft Vertreter des radialen Flügels der Partei, wie in Sachsen-Anhalt oder im Saarland, dessen Landesverband eigentlich wegen der Nähe seines Vorstandes zu rechtsextremen Kreisen aufgelöst werden sollte, und auch der massive Richtungsstreit in NRW um Markus Pretzell, der nur knapp zum Spitzenkandidaten gewählt wurde, hat der Partei nicht genug geschadet, um sie unter die 5 %-Hürde zu drücken.

Es gibt auch noch ein strukturelles Problem: Die Bundespolitik ist nicht nur eine Angelegenheit der Mehrheitsverhältnisse im Bundestag, sondern auch im Bundesrat. So wäre zum Beispiel eine schwarz-grüne Koalition im Bund 2013 schon aufgrund der dagegenstehenden Mehrheitsverhältnisse im Bundesrat nicht möglich gewesen. Der Föderalismus hat sich in der Bundesrepublik in einem komplizierten Prozess immer weiter dahin entwickelt, dass eine Trennung von Länder- und Bundeskompetenzen, obwohl immer wieder versucht, immer weniger möglich ist. »Vor allem in der Finanzverfassung waren bzw. sind die Finanzhoheit von Bund und Ländern mittlerweile so miteinander verflochten, dass eine Verantwortungszurechnung kaum noch möglich ist.«[140] Während die Gesetzeshoheit der Länder immer weiter zurückgeht, wächst ihre Zustimmungspflicht zu Bundesgesetzen, sofern Finanzen betroffen sind, die Länder oder Kommunen tangieren, und dies ist in der Innenpolitik fast immer der Fall. Der Bundesrat hat sich somit von einer Ländervertretung faktisch zu einer zweiten Kammer entwickelt, wo immer weniger Länderinteressen als vielmehr politische Positionen der Parteien zum Ausdruck gebracht werden. So sind immer wieder Bundesregierungen mit einer »Mehrheit der Opposition im Bundesrat«, wie man so schön sagt, konfrontiert, was zu faktischen Blockaden der Bundesregierung geführt hat, besonders gravierend zuletzt während der zweiten rot-grünen Regierung unter Schröder, was zur vorzeitigen Parlamentsauflösung und zur Bildung der ersten großen Koalition der jüngeren Zeit 2005 führte. In einer ähnlichen Situation befand sich danach die schwarz-gelbe Koalition am Ende ihrer Legislaturperiode.

Das ist das deutsche Pendant zu den Wechselwahlen in Frankreich: Zwar finden die Landtagswahlen nicht alle gleichzeitig statt wie die Regionalwahlen in Frankreich, aber auch durch zeitlich verteilte Landtagswahlen verliert offenbar jede Koalition ihre Mehrheit in der zweiten Kammer – außer der Großen Koalition, obwohl die Bandbreite der Koalitionsvarianten von Rot-Rot-Grün bis Schwarz-Grün inzwischen selbst diese politische Rechnung in Frage stellt. Das Wechselwahlverhalten deutscher Wähler zeigt sich so am deutlichsten zwischen Bundestags- und Landtagswahlen und macht den deutschen Föderalismus, nach dem Krieg bewusst zur Verhinderung neuer Machtkonzentration an der Spitze eingerichtet, zunehmend zu einem Problem für die Demokratie selbst, zu der ja die Regierungsfähigkeit gehört.

Doch demgegenüber brächte die Dauereinrichtung Große Koalition als Notgemeinschaft ohne Überzeugung keine wirkliche Stabilisierung der Demokratie, sondern politische Immobilität und diese wiederum Labilität, wie das österreichische Beispiel zeigt. Das Fehlen von Alternativen und nicht mögliche Regierungswechsel erzeugen schnell einen ähnlichen Effekt, wie ihn das umgekehrte Phänomen in Frankreich mit seinen ständigen Wechseln produziert: Wahlabstinenz, Demokratieverdrossenheit (»Die machen sowieso, was sie wollen«) und Protestwahlverhalten, Stärkung der Extreme, die sich als Alternative zum »System« darstellen, sei es auf der Rechten oder auf der Linken.

Die Rechtswende in der AfD profitiert auch von rechtspopulistischen und -extremen Basisinitiativen wie PEGIDA und lokalen Aktionen gegen Flüchtlingsunterkünfte usw. Bei PEGIDA handele es sich »durchweg um ein gutbürgerliches Publikum«, erklärte AfD-Vize Alexander Gauland am 10.12.2014, »es sind Menschen, die Angst haben, es sind Menschen, die sich Sorgen machen um Islamisierung, um zu viele Fremde im Lande, das heißt, es sind ganz normale Menschen.«[141] Noch vor der großen Flüchtlingswelle hat das Thema Immigration immer mehr die politische Aktualität in Deutschland bestimmt. Schon 2014 prägte die »Ausländerdebatte« den AfD-Wahlkampf in den drei ostdeutschen Ländern (dies zielte damals vor allem auf osteuropäische Einwanderer), die nachhaltige Polemik gegen die Zuwanderung seitens der CSU tat ihr übriges: »Wer schmarotzt, braucht gar nicht erst zu kommen, liebe Freunde«, so der verbale Höhepunkt durch CSU-Generalsekretär Scheuer beim politischen Aschermittwoch der CSU 2014, wo die gesamte Führungsriege der CSU auch gegen Brüssel wetterte und, ein anderes Thema, Peter Gauweiler übrigens auch für die Zusammenarbeit mit Moskau warb: »Wir lassen nicht zu, dass das europäische Russland von der Ukraine und von anderen ausgegliedert wird.«[142] Scheuer legte jedoch nur bei dem nach, was sein Chef Seehofer bereits 2011 bei diesem größten Stammtisch der Republik, dem politischen Aschermittwoch der »etablierten Protestpartei« (*taz*) CSU, intoniert hatte, nämlich, »er werde Einwanderung ›aus fremden Kulturkreisen‹ und ›in die Sozialsysteme‹ bekämpfen – und zwar ›bis zur letzten Patrone‹, wie er kurz nach Bekanntwerden der NSU-Morde wenig geschmackvoll hinzufügte.«[143] Die Wechselwirkungen zwischen der CSU und dem

Spektrum rechts von ihr gehen seither weiter und umso mehr seit der Flüchtlingswelle 2015/16.

Beim Phänomen PEGIDA fragt man sich: Warum Dresden? Nicht *obwohl* es in Dresden fast keine Muslime gibt und überhaupt nur wenige Migranten, hatte PEGIDA dort so einen großen Zulauf, sondern *weil* es so ist. Die Präsenz und das nachbarschaftliche Zusammen- oder doch mindestens Nebeneinanderleben mit Einwanderern ist in weiten Teilen Ostdeutschlands unbekannt. Man kann in Dresden am Hauptbahnhof ankommen und durch die Fußgänger- und Einkaufszone bis in die Mitte der Altstadt gehen, ohne einem als solchen erkennbaren Muslim zu begegnen, etwa einer Frau mit Kopftuch. Natürlich kann man an welchen vorbeigegangen sein, die eben nicht als solche erkennbar sind, doch um diese Nicht-Präsenz durch Nicht-Wahrnehmung geht es eben. Ein gewaltiger Unterschied zum öffentlichen Leben in einer westdeutschen Großstadt oder natürlich in Berlin. Wir werden dem Problem in einem größeren Kontext weiter unten intensiver nachgehen.

PEGIDA dagegen hat sich durch ihre Spaltung in der Führung zwischen Lutz Bachmann und Kathrin Oertel auf den harten rechten Kern um Bachmann verkleinert, dessen Einfluss auf die Dresdner Öffentlichkeit zwar noch groß ist, aber deutlich begrenzter als zuvor. Ihre eigentliche Bedeutung bleibt das über sie hinausweisende, dass sie einen katalysatorischen Effekt für die Implantierung rechtsradikaler Ansichten in all ihren Varianten bewirkte, vom Zulauf für die AfD bis zu den Gewalttaten gegen Flüchtlingsheime und Flüchtlinge, Bedrohungen von Politikern und Angriffen auf sie. Auch der Attentatsversuch auf die danach gewählte Kölner Oberbürgermeisterin Reker am 17.10.2015 gehört dahin, ein von seinem Stellenwert her in den Medien prominent platzierter, aber in seiner Bedeutung isolierter, weil auf einen Einzeltäter reduzierter und damit politisch relativierter Vorgang. Kein Vergleich mit dem, was es an Reaktionen gegeben hätte, wenn ein islamistischer Attentäter einen Mordanschlag auf einen Politiker verübt hätte. Und voraus gingen eine ganze Reihe von Bedrohungen bis zu Morddrohungen gegenüber Kommunalpolitikern in Ostdeutschland, die, wie auch nachfolgende Ereignisse dieser Art im Westen, von Politik und Polizei nur zögerlich zur Kenntnis genommen bzw. verfolgt wurden. Die »Schlacht« um das Flüchtlingsheim in Heidenau hat ebenfalls auf drastische Weise das Versagen der Politik deutlich werden lassen, die, besonders die sächsische Landesregierung, lange Zeit ignoriert hat, dass Sachsen eine Hochburg des Rechtsextremismus ist, während die Polizei auch nach der ersten Aktion gegen das Flüchtlingsheim nicht einmal auf deren Fortsetzung vorbereitet war. Am 1. September 2015 erklärte

Ministerpräsident Tillich dann im sächsischen Landtag, so etwas, wie es in Heidenau vorgefallen sei, habe er sich »zuvor nicht vorstellen können.«[144]

Das ist exakt das Problem: Dass man sich etwas nicht vorstellen kann, weil man die Augen davor verschlossen hatte. Anschläge auf Sachen oder Angriffe auf Personen mit fremdenfeindlichem Motiv waren damals schon im wahrsten Sinne des Wortes *an der Tagesordnung*, da bereits im ersten Halbjahr 2015 vom Bundesinnenministerium mehr als 200 Angriffe gegen Flüchtlingsheime verzeichnet wurden (andere Taten noch gar nicht berücksichtigt). Die *taz* hat am 31.7.2015 eine Karte auf einer Doppelseite herausgegeben, in der auch andere Übergriffe nach Forschungen der Antonio-Amadeu-Stiftung lokalisiert sind: »Gewalt gegen Geflüchtete und ihre Unterkünfte eskaliert: In den vergangenen zwei Jahren hat sich die Zahl der fremdenfeindlichen Angriffe jeweils verdoppelt. In diesem Jahr waren es schon mehr als 2014 insgesamt. Dennoch weigert sich das Bundesinnenministerium, von Terrorismus zu sprechen.«[145] Dies ging im zweiten Halbjahr gerade weiter so. Erst kam die große Flüchtlingswelle, dann ein Moment Willkommenskultur und anschließend ein radikaler Stimmungsumschwung. Und auf der anderen Seite der Salafismus und der islamistische Terrorismus, zu dem die politisch immer angeprangerten »Hassprediger« in bestimmten Moscheen und Vereinen ideologisch aufstacheln oder sogar Märtyrer dafür rekrutieren können, ohne von den Sicherheitsorganen behelligt zu werden – in vielen Fällen jedenfalls, wie Medienberichte dokumentierten (zuletzt *ZDF Zoom »Die Moschee nebenan«* am 26.10.2016[146]). Ein de facto ignorierter oder tolerierter militanter Extremismus – was meint: nicht nur des Wortes, sondern oft auch der Tat – auf beiden Seiten, zu dessen Entdeckung und Bekämpfung die vom Bundesinnenminister ständig neu geforderten Maßnahmen zur Ausspähung und Erkennung meistens gar nicht notwendig wären. Mehr noch: Im Juni 2017 waren wegen der unterschiedlichsten Delikte per Haftbefehl gesuchte 462 Rechtsextremisten und 351 Islamisten auf freiem Fuß, weil Polizei und Justiz nicht in der Lage waren, *bekannte* (vermutliche) Straftäter festzunehmen.[147]

Österreich

Der Rechtspopulismus feiert seine größten Erfolge in Österreich, bei der Wahl des Bundespräsidenten im später annullierten 2. Wahlgang am 1.6.2016 verfehlte der FPÖ-Kandidat Norbert Hofer mit 49,7 % knapp die Mehrheit. Der Erfolg des Ex-Grünen Alexander Van der

Bellen war auch der Sieg eines Außenseiters: Im 1. Wahlgang waren die Kandidaten der regierenden Großen Koalition spektakulär mit 11,3 und 11,1 % ausgeschieden. Der Dilettantismus bei der Stimmenauszählung und dann bei der ersten Vorbereitung der Wahlwiederholung führten all jenen Politikverdrossenen einmal mehr eine Realsatire vor Augen. Trotzdem siegte Alexander van der Bellen in der Wiederholungswahl am 4.12.2016 sogar mit einem größeren Vorsprung (53,8 %).

Der Rechtspopulismus und die Große Koalition haben in Österreich eine lange Tradition, und beides hängt miteinander zusammen. Mehr noch als die frühe FDP in Deutschland war die FPÖ (gegründet 1955) ein Auffangbecken für ehemalige Nazis, wurde von ehemaligen SS-Offizieren geführt und hat auch nach der liberalen Wende in den 1980er Jahren die deutsch-nationale Grundgesinnung nicht aufgegeben, selbst während der Tolerierung einer SPÖ-Minderheitsregierung 1983–1986 unter dem FPÖ-Vorsitzenden Norbert Steger. Diese wurde vorzeitig beendet, als Jörg Haider in einer Kampfabstimmung gegen Steger den Parteivorsitz gewann und dadurch einen klaren Rechtsruck herbeiführte.

Unter Haider profilierte sich die FPÖ neben dem französischen Front National zur exemplarischen Partei zwischen Rechtspopulismus und Rechtsextremismus, sie übt immer noch eine »›Scharnierfunktion‹ zum Rechtsextremismus aus, wofür der deutsch-nationale Flügel um Andreas Mölzer seit Jahren steht.«[148] Mölzer war 2009 Spitzenkandidat der FPÖ bei der Europawahl, gehörte im Europaparlament dem Außenpolitischen Ausschuss und dem Verfassungsausschuss an, musste aber 2014 auf eine erneute Kandidatur nach einer Reihe rassistischer Äußerungen verzichten, in denen er unter anderem die EU als »Negerkonglomerat« diffamiert hatte.[149] Über die Schlagenden Verbindungen, denen ungefähr die Hälfte der FPÖ-Parlamentarier angehören, und andere Vereine und Medien gab und gibt es eine umfangreiche Vernetzung der FPÖ mit eindeutig rechtsextremen nostalgischen und neonazistischen Kreisen, bis hin zu Veranstaltungen mit dem Holocaust-Leugner David Irving.[150]

Die FPÖ präsentiert sich als selbsternannte Partei der »schweigenden Mehrheit« und gegen »die da oben« – die »politische Klasse«, die Bürokratie, die Parteienherrschaft –, sowie in ihrer Propaganda gegen Ausländer und Immigration mit den Stereotypen Kriminalität, Arbeitsplatzkonkurrenz (Aufrechnung Ausländer- mit Arbeitslosenzahlen usw.) und schließlich gegen die EU, in der sich die bürokratische Herrschaft und die nationale Entmündigung vereinen.[151] 1999 erzielte die Partei ihren bis dato größten nationalen Wahlerfolg mit 26,9 %, kam damit sogar knapp auf den 2. Platz, hatte ebenso viele Mandate im

Nationalrat wie die christsoziale ÖVP, mit der sie eine Koalition unter Bundeskanzler Schüssel (ÖVP) bildete. Diese dann vorzeitig beendete Koalition war nicht nur durch den Protest aus der EU, sondern auch und letztlich bedeutsamer durch Skandale und innerparteiliche Zerwürfnisse gekennzeichnet, vor allem durch den Konflikt mit Haider. Schon 2000 war er als Parteivorsitzender zurückgetreten und hatte sich damit aus dem Rampenlicht genommen, versuchte aber gleichwohl aus dem Hintergrund weiter die Strippen zu ziehen, was hieß, die Minister seiner Partei in der Regierung zu brüskieren und deren Politik zu torpedieren. 2002 kam es zum offenen Bruch, als er wieder den Parteivorsitz anstrebte, die FPÖ-Mitglieder aus der Regierung austraten und Haider letztlich doch auf die Kampfabstimmung um den Parteivorsitz verzichtete. Die vorgezogene Neuwahl 2002 führte zu einem Absturz der FPÖ auf 10 %, aber auch danach zu einer Erneuerung der Koalition mit der gestärkten ÖVP. Ein erneuter Machtkampf in der Partei führte 2005 zu seinem Austritt und zur Gründung des BZÖ (Bündnis Zukunft Österreich).

Die Fokussierung auf seine Person, sein im wahrsten Sinne des Wortes blendendes Charisma und sein Machtstreben stellten den Fundus an rechtspopulistischen und rechtsextremen Anschauungen in der Bevölkerung, die Haider geschickt in die politische Debatte bringen konnte, zu Unrecht in den Schatten; der Rechtsextremismus war kein »Phänomen Haider«. Unter seinem Nachfolger und einstigen Ziehsohn Heinz-Christian Strache hat die FPÖ den Austritt Haiders mehr als verkraftet und sein Tod hat sogar ihren ungeahnten Aufstieg in den letzten Jahren befördert. 2006 hat die FPÖ mit einer neuen antiislamischen Kampagne unter dem Wahlkampfspruch *Dahaam statt Islam* Furore gemacht, die sie auch parallel über Internetauftritte wie *SOSHeimat* führte.[152] Im Kampf gegen angeblich von außen importierte Kriminalität hat sich der Slogan aus den 1990er Jahren »Wien darf nicht Chicago werden!« gewandelt zu »Wien darf nicht Istanbul werden!«, ergänzt durch »Wohlstand statt Einwanderung!«[153] Nach den Attentaten von Breivik in Norwegen 2011 musste die Partei einige Mitglieder, die antiislamischen Facebook-Gruppen angehörten, wegen Provokationen jenseits der auch von der FPÖ gezogenen Grenze aus der Partei ausschließen.[154]

Es darf aber nicht vergessen werden, dass sich die FPÖ auch im Protest gegen die österreichische Konsensdemokratie, gegen Parteibuchmentalität, Bürokratie und Korruption oder eben global »gegen die da oben« profiliert hat. »Lange Zeit galt die politische Kultur des Alpenlands als Muster für Konsensorientierung und Konfliktlosigkeit (›Hyperstabilität‹ und Proporz durch ›Sozialpartnerschaft‹).«[155] Den dagegen aufkommenden Unmut konnte die FPÖ auch und vor allem über das Thema Steuern und Geldverschwendung einfangen, dazu gehörten auch flankierende »zivilgesellschaftliche«, mehr oder weniger unabhängige Initiativen und Medien wie die Zeitschrift *Echo* (»Echo der himmelschreienden Diskriminierung österreichischer Steuerzahler«), die 2011 nicht nur gegen die »Transferunion« EU polemisierte, sondern auch gegen den eigenen Wohlfahrtsstaat: »Unser Wohlfahrtsstaat ufert aus. Anstelle von Reformen wird es immer mehr Steuererhöhungen geben«, prognostizierte die erste Ausgabe von 2011 unter dem Titel »Die Steuereintreiber« und präzisierte, dass »Länder, Gemeinden und Bund ständig Milliarden an parteinahe Organisationen verschieben.«[156] Dieses Modul politischer Argumentation wird heute vom *Team Stronach* übernommen, dazu mehr gleich im Anschluss.

Seit 2006 regiert in Wien (wieder) eine große Koalition und vollendet damit in den Augen ihrer Kritiker die »Konsensdemokratie« zur alternativlosen Dauerherrschaft zweier Parteien, die Österreich »unter sich aufteilen«. Nach der Landtagswahl in der Steiermark am 31.5.2015 charakterisierte die *Neue Zürcher Zeitung* dies sehr treffend:

»Die große Koalition, zusammengesetzt aus Sozialdemokraten (SPÖ) und Volkspartei (ÖVP), ist gefühlt die ewige Regierungsform in Österreich. Seit der Gründung der Zweiten Republik haben die beiden Volksparteien die Geschicke des Landes insgesamt über 40 Jahre lang gemeinsam bestimmt. Auch derzeit regiert eine zwar arg geschrumpfte, aber aus Gewohnheit immer noch groß genannte Koalition. Ideologisch liegen SPÖ und ÖVP allerdings weit auseinander, was sich regelmäßig in gehässigen Streitereien, vor allem aber in Reformunfähigkeit äußert. Der Konsens reichte zuletzt meist nur für die Verwaltung der Stagnation, nicht aber für tiefgreifende strukturelle Reformen.«[157]

Ein Streit in der Regierung führte 2008 zur vorzeitigen Parlamentsauflösung, aus der jedoch eine Neuauflage der Großen Koalition hervorging, deren beide Partner zusammen über 14 % der Stimmen verloren und mangels anderer möglicher Mehrheiten wieder aufeinander angewiesen waren. So sank die Mehrheit der Großen Koalition von 70 % (2006) auf 55 % (2008) und bei der Nationalratswahl 2013 auf 50,8 %.

In der Opposition gibt es dafür jetzt mehrere Fraktionen, neben den Grünen mit 12,4 % und den neuen Liberalen mit 5 % zwei populistische Parteien: die FPÖ mit 20,5 % und eine neue Gruppierung »Team Stronach für Österreich« mit 5,7 %, zu dem in der vorherigen Legislaturperiode mehrere Abgeordnete des BZÖ übergetreten waren, das nach Haiders Tod 2008 keinen Existenzgrund mehr hatte. Das *Team Stron-*

ach tritt mit dem Image seines Vorsitzenden, dem österreichisch-kanadischen Unternehmer Frank Stronach (*Magna International*), sowie dem Anti-Partei-Habitus als neoliberale Partei von Wirtschaftsexperten auf, die verschiedene populistische Themen anspricht, sich aber klar nach rechts abgrenzen will. Das neoliberale Element besteht aus der Geld- und Steuerthematik und konkretisiert sich in der Vorstellung, den Steuerhöchstsatz auf 25 % senken und gleichzeitig einen ausgeglichenen Haushalt realisieren zu können (»Mehr Wachstum durch weniger Steuern«). Hinzu kommt das Anti-Bürokratie- und Anti-Parteienherrschaft-Thema: Die staatliche Verwaltung soll abgebaut werden, statt Parteipolitik soll es mehr Demokratie geben, »keine Berufspolitiker mehr, die kein Verständnis für die Real-Wirtschaft haben«[158], mit einer Wahlrechtsreform, die »Bürger ins Parlament!« bringen soll – eine Idee, die in Frankreich auch Macron für die Aufstellung seiner Liste aus 50 % »Kandidaten aus der Zivilgesellschaft« berücksichtigt hat. Hinzu kommt ein europakritischer Impuls, der sich in der Ablehnung des Euro äußert, man will »die Souveränität Österreichs wiederherstellen«, »nicht für die Schulden anderer Länder zahlen« und ein »demokratisches Europa souveräner Staaten«, aber mit einem freien Markt.[159] Dies erinnert sehr an die britischen Konservativen und vor allem an den radikal neoliberalen Flügel in ihren Reihen.

Auch die FPÖ lehnt natürlich ein Europa der »Gleichschaltung der vielfältigen europäischen Sprachen und Kulturen durch erzwungenen Multikulturalismus, Globalisierung und Massenzuwanderung entschieden ab«, sie ist wie die anderen EU-Gegner für Europa, aber nicht für dieses, sondern ein Europa als »Verbund freier Völker und selbstbestimmter Vaterländer«.[160] Die Anti-Immigrationspolitik, die natürlich auch auf reale Probleme des Zuzugs vom Balkan seit den 1990er Jahren reagiert, will dagegen in offiziellen Texten rational und nüchtern argumentieren, etwa durch eine Kosten-Nutzen-Rechnung, aber auch die EU-Binnenwanderung stoppen und die »nationale Entscheidungshoheit« wiedererlangen.[161]

Große Koalition und Populismus sind dialektisch miteinander verbunden, das eine ist die Konsequenz des anderen. Nicht nur, dass die regierende, reale oder gefühlte Immobilität Protest erzeugt, sie fördert auch die Stimmabgabe für eine Protestpartei, aus der über kurz oder lang eine dauerhafte Bindung entsteht. Immobilität bedeutet nicht Stabilität, sondern eher Instabilität, wie sie die Geschichte der Großen Koalition in Österreich vor Augen führt: Im August 2014 stand sie wieder in einer ernsten Krise, als der ÖVP-Chef und Vizekanzler Michael Spindelegger von seinem Amt als Finanzminister und vom Parteivorsitz wegen der Schuldenkrise und der damit verbundenen Differenzen in der Steuerpolitik zurücktrat. Er wurde in beiden Ämtern durch Reinhold Mitterlehner ersetzt und die Koalition noch einmal gerettet. Nach der verheerenden Niederlage bei der Bundespräsidentenwahl räumte dann der SPÖ-Vorsitzende und Kanzler Werner Faymann seinen Stuhl und überließ einem »Fachmann« aus der Partei, Christian Kern, die Führung. Am 10.5.2017 kündigte Mitterlehner dann den Rückzug von seinen Ämtern in Regierung und Partei an, und Außenminister Sebastian Kurz als neuer Obmann der ÖVP kündigte das Ende der Koalition mit Neuwahlen im Herbst an. Gleichzeitig erpresste er die Partei mit Forderungen an seinen Vorsitz, die dem rasanten Autoritätsverlust des Obmanns in der Partei entgegentreten sollten und in der Presse einer »diktatorischen Machtergreifung« gleichgesetzt werden: So bekommt der »Kleindiktator«[162] das Recht, die Kandidatenliste als »Liste Kurz« für die Parlamentsneuwahl selbst aufzustellen, und freie Hand für die Regierungsbildung. Da er erklärtermaßen keine Neuauflage der Großen Koalition will, kann man sich vorstellen, was er im Sinn hat. Zunächst einmal wurde aber zur Überwindung der Zerstrittenheit der Partei ein großes Stück weit die innerparteiliche Demokratie abgeschafft.

Im Zuge der sich verschärfenden Flüchtlingskrise hatten die Landtagswahlen 2015 schon einen neuen Auftrieb für die FPÖ gebracht und die Große Koalition unter Druck gesetzt: Am 31.5. verloren die beiden (noch) großen Parteien in der Steiermark zusammen an die 17 % an die FPÖ, die mit 26,76 % (zuvor 10,56 %) nur kurz hinter SPÖ (29,29 %) und ÖVP (28,45 %) landete. Mit einem Wahlkampf unter dem Motto »Fremd im eigenen Land?« hat die FPÖ – wohlgemerkt noch vor dem Sommer 2015 – dort 61 % der Arbeiterstimmen sowie 40 % der männlichen Jungwähler bis 24 gewonnen[163], beides eine Parallele zum Front National in Frankreich. Was verdeutlicht, dass der Rechtspopulismus kein Nullsummenspiel zwischen gemäßigt und radikal rechts ist, sondern das Parteien- und Wählergefüge insgesamt durchmischt.[164]

Um eine Große Koalition im Burgenland nach der Landtagswahl zu vermeiden, hat sich dort die SPÖ (41,92 %) für eine Koalition mit der FPÖ (15,04 %) entschieden – eine »Katastrophe für die SPÖ«, wie der *Standard* meint[165], die natürlich Parteibeschlüssen widersprach und zum Austritt des Landtagspräsidenten Steier aus der SPÖ führte. In Oberösterreich konnte die FPÖ am 27.9.2015 ihr Ergebnis von 15,3 % auf 30,36 % verdoppeln und die SPÖ mit 18,37 % (zuletzt 24,9 %) weit hinter sich auf Platz 3 lassen. Die führende ÖVP behauptete noch mit 36,37 % (zuletzt 46,8 %) ihren ersten Platz, doch die bisherige schwarz-grüne Landesregierung, ein Novum und eine Alternative in Österreich, verlor ihre Mehrheit. So entstand auch hier eine Koalition zwischen ÖVP und FPÖ, rechnerisch eine »große Koalition«. In Wien konnte sich die SPÖ dagegen am 11.10. mit 39,59 % noch einigermaßen vor der FPÖ mit 30,79 % halten und die dortige Koalition mit den Grünen (11,84 %) fortsetzen.

Diese Entwicklung lehrt, dass die Dialektik zwischen Großer Koalition und populistischer Opposition nicht nur erstere in eine immobile Instabilität versetzt, weil der große Kompromiss in der Großen Koalition letztlich beide Partner lähmt, sondern dadurch auch Verdrossenheit in der Bevölkerung und den Wunsch nach einem Wechsel »egal wie« erzeugt. Die stetige Schwächung der Großen Koalition stellt am Ende selbst deren Mehrheit in Frage, es erscheint wie ein Automatismus für den Untergang. Die Bundespräsidenenwahl hat es eindrucksvoll gezeigt: Mit der Aufstellung zweier farbloser Kandiaten in der Hoffnung auf die Treue ihrer Stammwähler haben SPÖ und ÖVP gezeigt, dass sie die Zeichen der Zeit immer noch nicht erkannt hatten. Nicht nur der FPÖ-Kandidat, sondern mehr noch der langjährige Bundesvorsitzende der Grünen, Alexander Van der Bellen, war ein Außenseiter, und selbst die Unabhängige Irmgard Griss, ehemalige Vorsitzende des Bundesgerichtshofes, lag im 1. Wahlgang mit 18,94 % noch deutlich vor den beiden SPÖ- und ÖVP-Kanidaten mit je knapp über 11 %.

Das Amt des Bundespräsidenten war bislang stets konform mit der Regierungsmehrheit besetzt worden und meistens eben im großkoalitionären Konsens. Dadurch hat der Bundespräsident die ihm verfassungsrechtlich zustehende Macht nie ausgespielt, sondern die Regierung arbeiten lassen und sich als repräsentativer Präsident gegeben. Tatsächlich aber hat er nicht viel weniger Kompetenzen als der französische Präsident, kann die Regierung absetzen und das Parlament auflösen. Ob Van der Bellen mitspielen wird, wenn die ÖVP unter Kurz nach der Nationalratswahl eine Koalition mit der FPÖ anstreben sollte – und vor allem: unter welchem Vorzeichen?

Dänemark

Mit der *Dänischen Volkspartei* (Dansk Folkeparti, DF) hat auch Dänemark eine längere Tradition des Rechtspopulismus. Die DF gilt als Vorbild für die skandinavischen Rechtspopulisten, womit allerdings vor allem ihr Erfolgsweg zur Beeinflussung der dänischen Politik gemeint war und weniger die Abgrenzung von rechtsextremen Mitgliedern, die 2006 zum Ausschluss von mehreren Ortsvorsitzenden der DF geführt hat.[166] 1998 erreichte die drei Jahre zuvor aus dem Zerfall der Fortschrittspartei von Mogens Glistrup hervorgegangene DF bereits 7,4 % bei den Parlamentswahlen, 2001 12 %, 2007 ihren vorläufigen Höhepunkt mit 13,9 % (drittstärkste Fraktion) gegenüber 12,3 % 2011. Sie erreichte jedoch immer wesentlich mehr bei den Europawahlen, wo sie, die antieuropäische Partei, 2009 15,3 % und 2014 26,6 % (bei 56,3 % Wahlbeteiligung) erzielte und damit zur stärksten Kraft wurde.

Mit dieser Erfolgsbilanz blieb sie nicht nur reine Oppositionspartei. Das Links-Rechts-Lagerdenken in der dänischen Politik hat sie dem rechten Lager zugeschlagen, und 2001 bis 2011 konnte sie durch Tolerierung von liberal-konservativen Regierungen Einfluss auf die Regierungspolitik ausüben und vor allem in der Einwanderer- und Ausländerpolitik eine Verschärfung der Gesetze sowie die Wiedereinführung von Grenzkontrollen zur Abwehr »osteuropäischer Diebesbanden« durchsetzen.[167] Das Parteiprogramm hingegen ergeht sich in Gemeinplätzen, die man unter dem Slogan »Dänemark soll dänisch bleiben« zusammenfassen könnte, das »Dänentum« soll inner- und außerhalb Dänemarks gestärkt werden. Einziger konkreter Punkt ist die Ablehnung der EU zwecks Erhaltung der »Souveränität und um »die Freiheit des dänischen Volkes im eigenen Land zu sichern«.[168]

Sowohl die Affäre um die Mohammed-Karikaturen als auch die jüngsten Anschläge von Kopenhagen am 14./15.2.2015 haben der DF Auftrieb beschert, die seit 2011 in der Opposition gegen eine Mitte-Links-Regierung stand. Die Vagheit ihres Parteiprogramms, mit Ausnahme der EU-Ablehnung, hat der DF in allen Analysen den Status einer gemäßigten rechtspopulistischen Partei eingebracht. Die Propaganda der Partei kontrastiert allerdings enorm damit, so warb sie zum Beispiel 2008 mit einer Zeitungsannonce, auf der eine Richterin in Burka zu sehen ist, kommentiert von der Forderung: »Gebt uns Dänemark zurück.«[169] Im Wahlkampf für die Folketingwahl am 18.6.2015, der ganz im Zeichen der Flüchtlings- und EU-Thematik stand, hatte die DF ein leichtes Spiel, ihre Themen dominierten, die sozialdemokratische Regierung wie auch die oppositionelle rechtsliberale Venstre mussten sich dazu positionieren und ließen sich auf einen »Pöbel-Wahlkampf« ein, wie die *Zeit* schreibt, in dem es darum ging, »wer am härtesten gegen Asylbewerber vorgehen will. Warum haben die Rechtspopulisten solchen Erfolg?«[170] Der Erfolg sieht so aus: Die DF hat den Sprung auf Platz 2 geschafft mit 21,1 % und 37 Sitzen (+ 15) vor der rechtsliberalen Venstre mit 19,5 % und 34 Sitzen (- 13). Platz 1 hat zwar nach wie vor die Sozialdemokratische Partei inne, die mit 26,3 % und 47 Sitzen ihre Position sogar verbessern konnte (+1,5 %/+3 Mandate), doch Ministerpräsidentin Helle Thorning-Schmidt konnte nicht mehr weiterregieren, weil ihre Koalitionspartner allesamt an Stimmen verloren haben, der Mitte-Links-Block kam nur noch auf 48,1 % der Stimmen (89 Mandate), der Mitte-Rechts-Block auf 51,9 % (90 Mandate), die DF mit eingerechnet. Eigentlich hätte sie nun in einer Mitte-Rechts-Koalition als stärkste Fraktion sogar das Recht den Ministerpräsidenten zu stellen, hat aber darauf verzichtet und toleriert eine Minderheitsregierung der Venstre mit einem entsprechenden Einfluss auf den politischen Kurs.

Das Ergebnis der Folketingwahl war nach den Regionalwahlen in Österreich auch eine Reaktion auf die aktuelle Flüchtlingsproblematik, die das Wahlergebnis wohl entscheidend beeinflusst hat. Einsame Sieger sind die Rechtspopulisten, Verlierer die Demokraten, die, wenn sie nicht die absurde Lagermentalität im Kopf hätten, problemlos auch zu klaren demokratischen Mehrheiten finden könnten. Aber ein dänischer Leser dieser Zeilen würde mir wahrscheinlich entgegenhalten: Die Dänische Volkspartei *ist* eine demokratische Partei. Auch alle anderen Rechtspopulisten in Europa nehmen das für sich in Anspruch, und formal haben sie damit insofern recht, als sie die demokratischen Spielregeln akzeptieren, das parlamentarische System als solches nicht in Frage stellen. Gilt das aber auch so hinsichtlich des Sinns und der Werte der Demokratie, die weit über das Formale hinausgehen?

Schon wenige Jahre nach der Parteigründung und in Verbindung mit dem ersten Erfolg der DF nahmen dänische Medien den Impuls der DF auf, vor allem die Zeitung *Ekstra Bladet* (vom Format her eine Art dänische Bildzeitung), die quasi zur Hauspostille der Partei wurde[171] und in der die Gründerin der DF, Pia Kjærsgaard, selbst schrieb[172], mit kampagnenartiger Ausstrahlung auf andere Medien bis ins Fernsehen. Am 22.4.1997 forderte Pia Kjærsgaard eine Volksabstimmung zur Immigration: »Was sollen wir mit den Fremden tun?« Die multiethnische Gesellschaft sei ein Verbrechen am dänischen Volk, wiederholte die Zeitung immer wieder und brachte im Juni 1997 ein 88-seitiges Sonderheft heraus. Das alles dürfte seinen Einfluss auf die Kommunalwahlen im November 1997 gehabt haben, wo die neue DF auf knapp 7 % kam und dies im folgenden Jahr bei der Folketingwahl auf knapp 8 % verbessern konnte. Der politische Erfolg mehrerer vom *Ekstra Bladet* lancierter Kampagnen reichte jedoch weit darüber hinaus: Die zuständige sozialdemokratische Ministerin für Soziales, Karen Jespersen, die später aus ihrer Partei aus- und in die Venstre eintrat, wo sie 2001 bis 2009 weiterhin der Regierung angehörte, erklärte noch als Sozialdemokratin, dass die »kriminellen Asylsuchenden« auf einer Insel ausgesetzt werden sollten. Solche Äußerungen, wie auch die des Rechtspopulisten

Kim Behnke[173], somalische Asylanten sollten zurückgeflogen und »aus dem Flugzeug geworfen« werden, »mit oder ohne Fallschirm«, wurden später von rechter Seite her als Beispiele für den dänischen Witz charakterisiert. Doch es ist ja bekannt, welche Rolle der Witz kommunikativ spielt, und die rechtsextreme Gruppe *Dansk Kultur* definierte sehr gut die politische Funktion des Witzes, der in Situationen von Unterdrückung, Zensur oder unter zensurähnlichen Bedingungen das Mittel sei, seine Meinung zum Ausdruck zu bringen.[174]

Die Diskussion über die grundsätzliche Frage der Präsenz von Muslimen in Dänemark mündete unter anderem darin, dass den muslimischen Immigranten das Christentum nahegebracht werden müsse, was unabdingbar für die Anpassung an die dänische Kultur sei und deswegen auch von der Regierung, die nach der Novemberwahl 2001 von der DF toleriert wurde, als zusätzliche Komponente zum Dänisch-Sprachtest aufgenommen wurde. So meinten nach einer Umfrage 2001 auch 62 % der Dänen sogar, dass die Muslime evangelisiert werden müssten. »Solch ein hoher Prozentsatz kann nicht im christlichen Glauben der Dänen begründet werden, der tatsächlich recht niedrig ist«, schreibt Peter Hervik, »die einzige Erklärung ist der Wunsch den Feind aufzuhalten – das heißt zu versuchen, den Islam durch den erzwungene Unterrichtung in Christentum zu bekämpfen. [...] Christentum wird im dänischen Nationalismus als eine Art von Schutz gegen den Feind oder unerwünschte Gäste benutzt.«[175] Das Bekenntnis zur dänischen Volkskirche steht entsprechend im Programm der DF. Zu erwähnen ist jedoch auch, dass sich in den Reihen der Rechtspopulisten und Rechtsextremen, Mitglieder der DF oder nicht, an herausragender Stelle auch Pfarrer befinden. Zwei führende Mitglieder einer starken national-konservativen Tendenz in der dänischen Kirche, *Tideherv* (Zeitenwende), Søren Krarup und Jesper Langballe, waren bis 2011 bzw. 2014 Abgeordnete der DF im Folketing. Krarup galt als eine Art Chefideologe der Partei und schrieb regelmäßig im *Ekstra Bladet*, so erklärte er 1997 anlässlich des Feiertages zum Ende der deutschen Besatzung 1945, dass ein neuer Feind das Land besetze, heimlich und ohne Waffen, aber nicht minder gefährlich: »Immigration und Europeanismus sind die heutige Bedrohung für Dänemarks Freiheit als Volk«.[176] Langballe ging noch weiter, sprach von einem 1400-jährigen Krieg, der drohenden Scharia in ganz Dänemark und äußerte sich zum Beispiel in einer Debatte 2010, dass muslimische Väter ihre Töchter töten würden (Ehrenmord), wenn sie sich unmoralisch verhielten, aber über die Vergewaltigung durch den Onkel hinwegsähen.[177]

Von der Zwangsassimilation als Abschreckung hat sich die Debatte seit Ende der 1990er Jahre auf die schlichte Zurückweisung weiterer Einwanderung verlagert und mehr oder weniger alle Parteien erfasst. Man sollte auch wissen, dass die Zeitung *Jyllands Posten*, die 2005 die Mohammed-Karikaturen abdruckte, seit Mitte der 1990er Jahre massiv an der Publizistik beteiligt war, Angst vor der Einwanderung und vor dem Islam zu schüren, und davor warnte, durch eine demographische Prognose untermauert, dass Dänemark in wenigen Jahrzehnten »keine einheitliche Bevölkerung« mehr habe. So attackierte Ralf Pittelkow, Ehemann der oben erwähnten Ministerin Karen Jespersen und ebenfalls ehemaliger Sozialdemokrat, mit anderen in der *Jyllands Posten* die Sozialliberalen, sie seien von den Islamisten unterwandert – es ging dabei um drei (!) muslimische Mitglieder –, und reihte diese Auseinandersetzung dann 2002 auch in einen menschheitsgeschichtlichen Kontext ein, indem er den Topos vom 1400-jährigen Kampf zwischen Islam und Abendland aufnahm.[178]

Als der spätere NATO-Generalsekretär Anders Fogh Rasmussen 2001 von der DF tolerierter Ministerpräsident wurde und sogleich einen so genannten »Kulturkampf« gegen 68er, Linke, sogenannte Arbeitsscheue usw. und für »die dänischen Werte« begann[179], war *Jyllands Posten* an vorderster Front mit dabei, präzisierte die »dänischen Werte« als »Gewohn-, Denk- und Lebensweisen« und zeichnete das Schreckensbild, das bald nicht mehr »bleiches Haar und blaue Augen« sondern »schwarzes Haar und braune Augen« den durchschnittlichen Dänen darstellen könnten.[180]

Zwei Jahre vor der Veröffentlichung der Mohammed-Karikaturen lehnte die *Jyllands Posten* 2003 einen Vorschlag von Karikaturen über die Auferstehung Christi ab, mit der Begründung durch den Chefredakteur der Sonntagsausgabe, Jens Kaiser, die Karikatur würde die Gefühle der Leser verletzen, nach dem Wortlaut im britischen *Guardian*: »I don't think Jyllands-Posten's readers will enjoy the drawings. As a matter of fact, I think that they will provoke an outcry. Therefore, I will not use them.«[181] Ohne hier weiter auf die Mohammed-Karikaturen von 2005 eingehen zu können, sollte dies reichen, um die Problematik im politischen Kontext jener Jahre zu verdeutlichen und zu einer differenzierteren Betrachtung anzuregen. Man kann sich gegen den Terrorismus in all seinen Formen stellen und muss dies als Demokrat auch tun, ohne sich deswegen mit den Karikaturen und der Zeitung generell solidarisch erklären zu müssen. Man kann die Pressefreiheit verteidigen und vor allem die Journalisten gegen Anschläge auf Leib und Leben in Schutz nehmen und gleichzeitig kritisieren, dass diese Pressefreiheit von dieser

Zeitung ganz bewusst nur in eine Richtung in Anspruch genommen wurde.

Die nordischen Länder hatten seit den 1980er Jahren eine ziemlich großzügige Asylpolitik, die in kurzer Zeit relativ viele Asylsuchende ins Land brachte. Die Zahl der Migranten stieg nicht nur prozentual stark an (2011 in Dänemark: 9,77 %[182], ungefähr die Hälfte davon Muslime), sondern wurde vielleicht sogar noch stärker wahrgenommen, als es sich dabei ja auch um Länder mit einer relativ geringen Bevölkerungsdichte handelt (Dänemark 130 Einwohner/km; zum Vergleich: Deutschland 227). Hinzu kommt, dass Dänemark keine langjährige Erfahrung mit einer Arbeitsimmigration hat. Innerhalb kurzer Zeit hat sich somit durch die Asylsuchenden viel verändert und der Fremdheitsschock (durchaus beiderseitig) mag dadurch besonders groß gewesen sein, zumal sich die südländischen oder orientalischen Einwanderer auch optisch stärker abheben, weswegen nicht nur die kulturelle Differenz, sondern auch das fremdartige Aussehen ethnorassistisch besonders thematisiert wird.

Der Anti-Multikulturalismus, der nach Ansicht von Sune Lægaard (Roskilde Universität) seit 2008 parteiübergreifend »die herrschende Ideologie in Dänemark«[183] ist, definiert sich weit präziser als der Multikulturalismus, da es keine wirkliche Konzeption einer multikulturellen Gesellschaftspolitik gab, sondern der Multikulturalismus sich als Anti-Diskriminierungspolitik im rechtlichen Bereich verstand, aber eine Haltung des pragmatischen Laissez-faire im sozialen Bereich einnahm. Von einer Extrapolation der Menschenrechtskonzeption in den kulturellen Bereich ausgehend, konzentrierte sich die multikulturelle Politik auf die Bekämpfung von Diskriminierung aus Rassismus bzw. Xenophobie[184] und die Sicherung der kulturellen Rechte der Migranten. Neben dieser kulturell-rechtlichen Thematik blieb die soziale Frage des Miteinander-, Nebeneinander- oder Zusammenlebens jedoch weitgehend offen. Man kümmerte sich zum Beispiel mehr um die Einrichtung von Friedhöfen für Muslime, aber weniger um die Lösung der Wohnungsfrage für Immigranten[185], das traditionell liberale Schulrecht erlaubt die Errichtung muslimischer Schulen, problematisch bleibt dagegen die berufliche Integration. So gibt es weniger einen *positiven* denn einen *permissiven* Multikulturalismus.[186] Dass die Zahl der Arbeitslosen unter den nicht in Dänemark Geborenen doppelt so hoch ist wie unter den Einheimischen, unterscheidet sich nicht vom europäischen Durchschnitt[187], doch ist die Diskrepanz zum staatlichen Engagement für die Migranten im rechtlich-kulturellen Bereich größer. Mit anderen Worten: Die mangelhafte Integration in den Arbeitsmarkt konnte umso mehr schuldhaft den Migranten vorgeworfen werden (»Arbeitsunwilligkeit«, »Ausnutzung des Sozialstaats«), als der staatliche Multikulturalismus andererseits sehr viel für ihre kulturellen Rechte tat bzw. noch tut. Dies wird als Diskrepanz zwischen Rechten und Pflichten wahrgenommen und kam auch gerade im jüngsten Wahlkampf wieder deutlich heraus.

Die Erklärung der Fremdenfeindlichkeit über die soziale Frage in Krisenzeiten (Arbeitsplatzkonkurrenz usw.) liefert für Lægaard keine schlüssige Erklärung für den Aufstieg der DF, der bereits in den 1990er Jahren begann und 2001 zu einem ersten Erfolg führte, als es noch keine Krise gab. In der Tat widerspricht es der simplistischen Formel »Arbeitslosigkeit erzeugt Fremdenfeindlichkeit«. Kulturelle Faktoren sind hierbei stärker zu berücksichtigen und eine ständige Grundspannung in der Gesellschaft zu diesem Thema kann sich auch durch eine andere Krise als nur eine wirtschaftliche zu einem offenen Konflikt entwickeln. Die 12 % der DF bei der Folketingwahl am 20.11.2001 können durch den 9/11-Effekt mit zustande gekommen sein. Lægaard spricht von einem gesellschaftlichen Problem der Anerkennung von Diversität, das in jener Zeit entstanden sei.[188]

Die etablierten dänischen Parteien haben schließlich auf das von ihnen mit zu verantwortende Problem keine vernünftige, demokratische, das heißt nicht-populistische Antwort gefunden, die überzeugt hätte (nicht einmal sie selbst), so dass sie im Wahlkampf 2015 den Parolen der DF hinterhergelaufen sind: »Kommst du nach Dänemark, musst du arbeiten.« / »Stramme Asylregeln und mehr Anforderungen an Einwanderer.« Dies waren Wahlkampfparolen der Sozialdemokraten (!),[189] die damit freilich der Stimmung immer noch hinterherhinkten, weil die meisten Dänen inzwischen wohl überhaupt keine Einwanderung mehr wünschen. Dabei ist nicht die wörtliche Aussage des Slogans das Entscheidende – »Kommst du nach Dänemark, musst du arbeiten.« –, sondern vielmehr der darin semantisch steckende Vorwurf im Umkehrschluss, die Immigranten wollten das normalerweise nicht. *Letzteres* wird damit an die Wähler vermittelt und *nicht* die Botschaft, es könne eine akzeptable Einwanderung unter den genannten Bedingungen geben.

Die Ermüdung der Demokratie zeigt sich genau hierin: Nicht, dass eine radikale Oppositionspartei entsteht, sondern dass diese aus einer Minderheitenposition heraus immer mehr das ganze politische Geschehen bestimmt: Sie hat einen großen Einfluss auf die Medien, sie wird in den Mitte-Rechts-Block an sich demokratischer Parteien aufgenommen, und selbst die Sozialdemokraten geben ihrem politischen Diskurs nach, wenn sie keine Alternative entgegenzusetzen haben – was zugegeben auch schwierig ist, wenn sich die Probleme schon soweit haben fortentwickeln können. Sieht man sich den rechtsradikalen Diskurs in Sachen Immigration und Islam an, wie er in der Presse und in der DF akzeptiert ist, so kann man nur feststellen, dass dergleichen in Deutschland sofort unter Neonazi-Jargon verbucht würde. Dabei böte gerade die Parteienvielfalt in Dänemark auch andere Koalitionen zur politischen Führung des Landes an, doch das starre Denken in Rechts- und Linksblöcken führt dazu, sich lieber den Rechtspopulisten anzubiedern als dieses Konfrontationsschema unter Demokraten aufzubrechen. Wie würde sich die dänische Gesellschaft weiterentwickeln, wenn die Dänische Volkspartei klar das Sagen hätte – und sie ist auf dem Weg dorthin – und nicht nur die weitere Einwanderung stoppen würde, das geschieht ohnehin schon, sondern dann den Eingewanderten unmissverständlich deutlich machen würde, dass sie hier nicht erwünscht sind weil sie nicht hierher gehören?

Eine weitere Überlegung schließt sich daran an. Der Kulturkampf der DF und ihres großen Sympathisantenumfeldes betrifft ja nicht nur die Immigration, sondern auch Europa. Die Anti-Islamisten sind auch dänische Nationalisten und kämpfen genauso gegen die EU, umso mehr, als für sie beides (Europa/Immigration) zusammenhängt. Die Dänen standen nach ihrem Eintritt in die EWG 1973 allen weiteren Vereinheitlichungen skeptisch gegenüber; 1992 haben sie den Vertrag von Maastricht abgelehnt und 1993, quasi genötigt, bei einer zweiten Abstimmung knapp gebilligt; 2000 haben sie den Euro abgelehnt, und die dänische Krone existiert nun mit einer festen Bindung an den Euro weiter, eine Bindung, die die dänische Regierung freilich von heute auf morgen wieder aufgeben kann, und genau das ist der Sinn und Zweck: Bei den Vorteilen sich mitziehen lassen, bei auftretenden Nachteilen die Taue kappen. Dänemark hat sich zudem, ähnlich wie Großbritannien, eine Reihe weiterer Sonderrechte ausbedungen, so auch beim Schengener Abkommen. Als nächstes fehlt eigentlich nur noch, dass die DF, wie schon nach der Wahl spekuliert, ein Referendum über Europa fordert. Ein Schritt in diese Richtung wurde schon am 3.12.2015 gemacht, als die Dänen mit 53,1 % gegen die weitere Zusammenarbeit mit Europol stimmten, um nicht die europäischen Regeln für Justiz und Polizei übernehmen zu müssen – und dies ausgerechnet im Jahr der Terroranschläge![190] Nun wartet man offensichtlich den Ausgang des Brexit ab.

Ministerpräsident Lars Løkke Rasmussen regiert jetzt mit einer Minderheitsregierung, die selbst für skandinavische Verhältnisse ein Novum ist, weil sie nur aus seiner eigenen Venstre-Partei besteht. In der Asylpolitik will er den Rechtspopulisten weiter entgegenkommen[191], doch während die Rechtsliberalen die Spardisziplin präferieren, möchten die Rechtspopulisten nicht niedrigere, sondern höhere Sozialausgaben. Dies erwies sich dann als unüberbrückbare Hürde für eine Regierungsbeteiligung der DF. »Wir setzen auf eine breite Zusammenarbeit mit dem Parlament«, erklärte Rasmussen, der nun als Wahlverlierer an Stimmen mit einer auf 34 Sitze geschrumpften Fraktion (von 179 im Folketing) regiert. Dass es zu keiner förmlichen Koalition mit der DF kam, kann man begrüßen, weniger, dass diese wohl eher an der DF als an der Venstre gescheitert ist, und gar nicht, dass die Ermüdung der Demokraten so weit geht, dass sie sich nicht mehr untereinander auf eine Politik auf solider parlamentarischer Grundlage verständigen können oder wollen. Wie lange wird es gut gehen, bei jeder Abstimmung eine neue Mehrheit zu suchen? Doch Rasmussen wird nicht danach zumute sein, möglichst schnell eine Neuwahl herbeizuführen. Wie seinerzeit Zentrum und SPD in Deutschland nach der Septemberwahl 1930 den Zuwachs der NSDAP bei einer erneuten Parlamentsauflösung fürchten mussten, so jetzt die Venstre und die Sozialdemokraten in Dänemark gegenüber der Dänischen Volkspartei.

Schweden

Schweden war ein Land, das abseits von jeder Krise zu sein schien, bis die rechte Partei der *Schwedendemokraten* (SD) bei der Parlamentswahl im September 2014 mit 12,9 % zur drittstärksten Kraft wurde (2010: 5,7 %, 2006: 2,9 %). Bei der vorangegangenen Europawahl 2009 hatte sie bereits mit 9,7 % ihren Durchbruch erreicht. Schweden verkörperte lange das Modell der sozialdemokratisch geführten »Konsensdemokratie«: »Die Besonderheit der politischen Kultur Schwedens, welche zu der Bezeichnung ›Schwedisches Modell‹ geführt hat, liegt in einer auffallenden politischen Ausgewogenheit. Statt Polarisierung und Konflikt bestimmen Konsens, Integration und Pragmatismus die schwedische Gesellschaft. Die jahrzehntelange sozialdemokratische Dominanz im schwedischen Parteiensystem prägte eine soziokulturelle Hegemonie, die sich in einem Vollbeschäftigungskonsens und dem breiten Ausbau des Wohlfahrtsstaates ausdrückt. Daher wurde lange Zeit die Legitimation des politischen Systems Schwedens hoch eingeschätzt. Seit den 1990er Jahren ist jedoch ein relativ starkes Abnehmen des Institutionenvertrauens festzustellen.«[192]

Den Erfolg der Schwedendemokraten bei der Parlamentswahl 2014 kommentierte *Die Zeit* folgendermaßen: »Stieg Larssons Alptraum ist wahr geworden: Vor zehn Jahren, kurz vor seinem Tod, warnte der Krimiautor Stieg Larsson vor dem Aufstieg der Rechten in Schweden. Die Parlamentswahl am Sonntag hat ihn bestätigt.«[193] Die Position von Platz 3 errang sie freilich aufgrund der Zersplitterung der bürgerlichen oder liberalen Mitte. Die daraufhin von den Sozialdemokraten mit den Grünen gebildete und von der Linkspartei unterstützte Minderheitsregierung (159 von 349 Sitzen) schien nach noch nicht zwei Monaten im Amt bereits an ihr Ende gekommen zu sein, nachdem im Dezember die SD (49 Sitze) ihre versprochene Enthaltung bei der Abstimmung über den Haushalt 2015 widerriefen, für den Entwurf der bürgerlichen Allianz (141 Sitze) stimmten und diesem damit eine Mehrheit verschafften. Daraufhin drohte Ministerpräsident Löfven mit Rücktritt und Neuwahlen und erreichte dann Ende Dezember doch noch ein Abkommen mit der bürgerlichen Allianz über eine Tolerierung in politischen Grundsatzfragen.

Vier Jahre zuvor, 2010, erlebte Schweden ungefähr dasselbe Szenario in umgekehrter Konstellation: Die bürgerliche Allianz verfehlte, allerdings nur knapp, die absolute Mehrheit, die sie seit 2006 hatte, denn die SD zogen mit 5,7 % ins Parlament ein. Da der Regierung jedoch nur drei Sitze zur Mehrheit fehlten, wurde sie in entscheidenden Fragen von den Grünen oder auch von den Sozialdemokraten toleriert.

Und so ist in Schweden eine Partei mit zuletzt nur 12,9 % zu einem bestimmenden Faktor der Politik geworden, weil die anderen Parteien zu einer klaren Mehrheitsbildung, das heißt zu einem demokratischen Konsens und Kompromiss für eine Regierungsbildung auf einer Mehrheitsgrundlage jenseits der alten Links-/Rechts-Lager, unfähig oder unwillens sind (was auf das Gleiche hinausläuft). Nur die Drohung des weiteren Niedergangs bei Neuwahlen bringt sie auf einem Minimalkonsens zusammen. Wie lange dieser »Nichtangriffspakt« funktioniert, darf man also gespannt abwarten, geplant ist er bis 2022. Dieser Burgfrieden sichert der relativ stärksten Partei bzw. dem stärkeren Bündnis die Regierungsfähigkeit dadurch, dass sich die Opposition bei der Abstimmung über den Haushalt der Stimme enthält. Gleich zu Beginn gab es aber auch Protest dagegen innerhalb des bürgerlichen Bündnisses, und Meinungsumfragen zufolge, berichtet die Zeitung *Dagens Nyheter* im Mai 2015, sei der Dezemberpakt ohne die Zustimmung der Wähler geschlossen worden, denn 46 % (gegen 41 %) der bürgerlichen Wähler seien eher für eine Zusammenarbeit mit den SD.[194]

Warum Tolerierung, warum keine klare Mehrheitsbildung? Damit verliert die Opposition ihre eigentliche Rolle und diese Konsensdemokratie, die Schweden jahrzehntelang geprägt hat, trägt nun umso mehr zur Stärkung einer Fundamentalopposition gegen das »System« bei. Auch wenn Schweden durchaus Tradition in Minderheitsregierungen hat und dies in der Vergangenheit aufgrund der Stärke der Sozialdemokratie meistens funktionierte, so ist dies heute ganz offensichtlich ein Ausdruck der Schwäche. Eine ähnliche Situation wie in Deutschland in der Weimarer Republik, als nach den Septemberwahlen 1930 die NSDAP auf einmal mit 18,3 % als zweitstärkste Kraft in den Reichstag einzog und die SPD zwei Jahre lang weiter die Minderheitsregierung Brüning (Zentrum) aus Angst vor Neuwahlen tolerierte. So schnellten die Umfragewerte für die Schwedendemokraten in der darauffolgenden Zeit nach oben, standen im Juni 2015 bei 18 %, die Sozialdemokraten bei 26,4 %, ihre Koalition insgesamt nur bei 32,4 %, die bürgerliche Allianz dagegen bei 40,3 %.[195] Durch die Flüchtlingskrise schnellte die Popularität der SD auf 29 % empor (Stand Februar 2016[196]) und die Regierung vollzog eine Kehrwende in der bis dahin großzügigen Politik der Flüchtlingsaufnahme. Im Januar 2017 deutete sich dann ein Umdenken in der bürgerlichen Allianz an, als die Oppositionsführerin Kinberg Batra erklärte, »die Zeit sei gekommen, die rot-grüne Minderheitsregierung zu stürzen«.[197] Im Herbst wolle die Opposition einen Budgetvorschlag einreichen und auf die Zustimmung der Schwedendemokraten setzen.

Die SD sind nicht die erste rechtspopulistische Erscheinung in der schwedischen Parteienlandschaft, 1991 zog schon die *Neue Demokratie* spektakulär mit 6,7 % in den schwedischen Reichstag ein. Ausschlaggebend war damals schon das Thema Zuwanderung, die mit dem Fall des Eisernen Vorhang massiv angestiegen war und in der Bevölkerung ein weit größeres Echo fand, als es die Stimmabgabe für die ND zum Ausdruck brachte. Eine Mischung aus Zugeständnissen seitens der sozialdemokratischen Regierung in der Einwanderungspolitik und innerparteilichen Querelen in der ND, wie sie für rechtspopulistische Parteien charakteristisch sind, brachte jedoch schon bei der nächsten Parlamentswahl das Aus für die ND (1,2 %).[198]

Die SD setzen sich aus einer Fusion von rechtsextremen und konservativen Kräften zusammen[199], die parallel zur ND oder schon vorher entstanden waren. Bis 1999 waren die SD ideologisch stark rechtsextrem geprägt, mit einem völkischen Bewusstsein, Antisemitismus und sozialdarwinistischen Anschauungen. Nach heftigen internen Auseinandersetzungen kam es jedoch zur offiziellen Distanzierung vom Nationalsozialismus, einige Köpfe der Rechtsextremen verließen daraufhin die Partei, viele rechtsextreme Mitglieder, seither mit Uniformverbot belegt, sind jedoch geblieben. »Programmatisch führte dies [...] nicht zu einer Demokratisierung der SD. Die Partei mäßigte ihren Ton, nicht ihren Inhalt«, kommentieren Freitag und Thieme. Die Tatsache, dass der damalige Parteivorsitzende Mikael Jansson (1995–2005) von der Zentrumspartei zu den SD kam und sein Nachfolger Per Jimmi Åkesson (geb. 1979) von der Moderaten Sammlungspartei, die 2006-2014 unter Ministerpräsident Reinfeldt die Regierung der bürgerlichen Allianz anführte, mache deutlich, dass die Partei mit einer »Legalitätstaktik«[200] auf Akzeptanz in der politischen Arena setzt.

Mehrere Skandale haben die Partei weiterhin erschüttert, aber vielleicht auch zu ihrer Stärkung in der Öffentlichkeit beigetragen. So wurde 2012 ein Video publik, das zwei Reichstagsmitglieder der SD zeigt, wie sie 2010 mit Eisenstangen unter rassistischen und sexistischen Kommentaren auf eine Frau und einen Immigranten losgegangen sind, die Polizei konnte Schlimmeres verhindern. 2010 machten die SD auch einen harten Wahlkampf, der zum Ausstrahlungsverbot eines als fremdenfeindlich eingestuften Werbespots durch den Fernsehsender TV4 führte. Dort fand ein Wettlauf zwischen einer Rentnerin mit ihrem Rollator und mehreren Burka tragenden Frauen um staatlicher Gelder statt, ein Wettlauf, der natürlich von den Burka-Trägerinnen gewonnen wird. Kommentiert wurde die Szene mit: »Sie haben die Wahl: Rentenbremse oder Einwanderungsbremse.« Die Absetzung des Werbespots führte zu einem Protest von Mitgliedern der dänischen Regierungsparteien, in Schweden werde »eine beschämende Zensur schlimmster Sorte« ausgeübt – so der Venstre-Abgeordnete Michael Aastrup Jensen, der in der *Jyllands Posten* forderte, der Europarat solle eine Wahlbeobachterkommission nach Schweden schicken.[201]

Es wäre aber wohl falsch, in der »Legalitätstaktik« nur eine Fassade zu sehen, zwangsläufig erfolgen dabei auch Veränderungen in Grundpositionen und darum gibt es heftige Auseinandersetzungen. So kam es im April 2015 zu einer ernsten Zerreißprobe in der Partei, bei der die gemäßigte Parteiführung und die radikale Jugendorganisation gegeneinander standen. Diese soll Verbindungen zu rechtsextremen *Nordischen Jugend* unterhalten haben, doch der Konflikt erfasste die ganze Partei, lokale Mandatsträger und rechte Medien, die den Weg der SD zu einer nur sozialkonservativen Partei bremsen wollen.[202] Es endete vorläufig mit dem Ausschluss der ersten beiden Vorsitzenden der Jungen Schwedendemokraten und weiterer fünf Mitglieder aus der Partei[203], doch zuvor schon haben die SD aufgrund des Konflikts ein Viertel ihrer Mandate in den Stadträten verloren, weil deren Inhaber die Partei verlassen haben.[204]

Die Programmatik der SD umfasst die klassischen Themen wie Angst vor Islamisierung (»Islam größte Bedrohung Schwedens seit dem 2. Weltkrieg«), Stopp der Einwanderung, Rückführung von Ausländern oder zumindest deren vollständige Assimilierung, Ablehnung des Multikulturalismus und Rückkehr zu einer »homogenen Gesellschaft«. Mit der Ablehnung des Multikulturalismus ist hier, wie auch in den Nachbarländern Finnland oder Dänemark, keine Position innerhalb einer Debatte über die multikulturelle Gesellschaft (Parallelwelten versus Integration etc.) gemeint, sondern die Ablehnung des *Fremden* schlechthin, dessen Präsenz inkompatibel mit der autochthonen Gesellschaft erscheint.[205] Die Verteidigung des »Schwedentums« richtet sich aber auch gegen einen »von den USA dominierten kulturellen Imperialismus«[206] und zeigt mit diesem ebenfalls wichtigen Element des Rechtspopulismus, dass es nicht nur um Probleme der Einwanderung geht. Hinzu kommen wie selbstverständlich eine Ablehnung des Euro und sogar die Forderung nach einem Austritt aus der EU oder zumindest Nachverhandlungen über die schwedische EU-Mitgliedschaft mit dem Ziel der Reduzierung der Beeinflussung Schwedens durch die EU.[207] Dabei können sich die Nationalisten, wie sie sich selbst bezeichnen, auf einen breiten antieuropäischen Fundus in der Bevölkerung stützen, wie er in allen nordischen Ländern vorhanden ist, da bei der Volksabstimmung 1994 immerhin 46 % der Bevölkerung gegen den EU-Beitritt waren. Nicht zu vergessen ist für alle skandinavischen Gesellschaften außerdem eine quantitativ wie qualitativ überproportionale Ausprägung des militanten, gewaltbereiten Rechtsextremismus mit oder ohne direkten Bezug zum Nationalsozialismus, aber mit Einfluss auf ein offenes Netz von rechts bis rechtsextrem, und von dem sich abzugrenzen den Rechtspopulisten schwer fällt.[208]

Finnland

Im Nachbarland sind die rechtsextremen *Wahren Finnen* noch erfolgreicher, allerdings hat das Land auch wirtschaftliche Probleme und damit verbunden bei einer an die 10 % grenzenden Arbeitslosigkeit auch erhebliche soziale Probleme – die »Nokia-Ära« ist vorbei, so scheint es. Zudem brachte die Verschlechterung der Beziehungen zwischen der EU und Russland durch die Sanktionen einen Einbruch im finnischen Handel mit dem östlichen Nachbarn. Weitere wirtschaftliche Probleme kamen hinzu, so dass sich die Lage des Landes innerhalb weniger Jahre drastisch verschlechtert hat und bei einer seit 2012 andauernden Rezession 2014 zu einer Neuverschuldung von über 3 % des BIP geführt hat. Im europäischen Vergleich ist die Schuldensituation noch harmlos, mit einer Gesamtverschuldung noch unter 60 % steht Finnland nach wie vor besser als alle anderen da, doch wird dies als peinlich empfunden, da man sich lange als Vorreiter finanzieller Rigorosität in Europa präsentieren konnte. So haben faktisch alle Parteien die Einhaltung der EU-Richtlinien auf ihre Fahnen geschrieben, wobei die dann abgewählte konservative Sammlungspartei mit einem Programm von Etatkürzungen bei gleichzeitiger Steuersenkung in den Wahlkampf gezogen war.

Die »Wahren Finnen« oder genauer »Basisfinnen« (*Perussuomalaiset*, Abkürzung PS), die sich seit 2012 offiziell nur noch »Die Finnen« nennen, oft auch als »Wir Finnen« übersetzt, stehen in einer längeren Tradition rechtspopulistischer Parteien, die schon in der Vergangenheit Erfolge in Höhe von bis zu 10 % bei nationalen Wahlen hatten, aber in den 1990er Jahren untergegangen sind. Seit 2003 konnten die PS bei jeder Parlamentswahl zulegen, von 1,6 % (2003) über 4,1 % (2007) auf spektakuläre 19,1 % im Jahr 2011. Demgegenüber reichte es 2015 nur zu 17,6 %, doch rückte die PS zur zweitstärksten Kraft nach der Zahl der Mandate auf: 38 gegen 37 für die bis dahin regierende *Nationale Sammlungspartei* KOK (Konservative, 18,2 %) und den Sozialdemokraten (16,5 %).[209] Interessanterweise blieb diese eurokritische Partei aber gerade bei den Europawahlen unter dem Ergebnis der nationalen Wahlen (2009: 9,8 %, 2014: 12,9 %). Analog zu Schweden profitieren die Rechtspopulisten für ihre Position im Ranking auch und vor allem von der Zersplitterung des Spektrums der etablierten Parteien mit insgesamt sieben im Parlament vertretenen Fraktionen.

Aufgrund der rechtspopulistischen Tradition, die früher in einer bodenständigen Bauernpartei ihren Ausdruck fand, woran auch noch die Bezeichnung »Basisfinnen« anklingt, und aus der ihr heutiger Chef, Timo Soini, kommt, wurden die PS 2015 für die Bildung einer neuen Regierung mit der liberalen Zentrumspartei KESK (21,1 %) unter Juha Sipilä akzeptabel als Koalitionspartner. Dabei haben die PS einen rechtsradikalen Flügel, bei dem noch im März 2014 in einer Versammlung der Parteijugend schon mal das Horst-Wessel-Lied angestimmt wurde.[210] Seit dem Ende der Sowjetunion und der Ära der »Finnlandisierung«, die ein Verbot als faschistisch eingeschätzter Parteien beinhaltete, bildet sich in Finnland ein rechtsextremer und teils offen neonazistischer Fundus[211], der sich jedoch nicht zu einer Partei von Bedeutung zusammenfand und so in den PS einen politischen Bezugspunkt hat.

Auch von einigen Mandatsträgern der PS wird gegen »Nigger« und Schwule gehetzt, die auf eine Insel deportiert werden sollten, und zu einem Mord an einem Marokkaner applaudiert[212], der Islam mit Pädophilie assoziiert und die Somalis mit Diebstahl. Die letzten beiden Äußerungen stammen von Jussi Halla-Aho, einem Parlamentsmitglied und damaligen Vorsitzenden des Parlamentsausschusses für Fragen der Immigration und Sicherheit, und haben nach Bekanntwerden der Äußerungen 2010 zum Rücktritt von seinem Ausschussvorsitz und 2012 zu einer gerichtlichen Verurteilung wegen Volksverhetzung geführt. Er war nicht der einzige der Partei, dem letzteres widerfuhr. Doch die radikalen Provokateure in der Partei agieren auf dem Boden einer breiten rassistischen Basis in der Anhängerschaft, die einer Umfrage von 2011 zufolge zu 72 % davon überzeugt sind, dass »bestimmte Rassen untauglich für das Leben in einer modernen Gesellschaft« seien.[213]

Halla-Ahos Karriere war damit auch gar nicht beendet: 2014 wurde er für die PS ins EU-Parlament gewählt.[214] 2012 hatte er erklärt, dass Griechenland wieder eine Militärdiktatur brauche, die mit Panzern gegen Streikende vorgehe.[215] Ferner forderte die PS den Ausschluss Griechenlands (und anderer Schuldenstaaten) aus dem Euro, ähnlich wie die AfD. Die EU-Kritik ist jedoch eigentlich fundamentaler und stellt die Mitgliedschaft Finnlands selbst in Frage, allerdings befindet sich die Parteiführung hier im Widerspruch zu den Wählern der Partei, die 2011 einer Umfrage zufolge noch eine weitere Mitgliedschaft sogar im Euro befürworteten.[216] Schon im Parteiprogramm von 2007, also noch vor der aktuellen Krise, wurde die EU unter anderem für den Abbau des Wohlfahrtsstaates (Sozialversicherungssystem) in Finnland verantwortlich gemacht. Die Partei präsentiert sich als Vertreterin der »kleinen Leute« und ist daher für den Erhalt oder sogar den Ausbau des Wohlfahrtsstaates (Forderung nach stärkerer Steuerprogression). Sie vereint somit eine sozialpopulistische mit einer nationalistischen Orientierung, harmonisch verbunden in ihrem autoritären und antiliberalen Verständnis von Politik.[217] Die Frage eines Eintritts in die Regierungskoalition 2015 machte sich somit genau wie in Dänemark an der Frage des Sparkurses und der Sozialpolitik fest, denn Sipilä, der Vorsitzende und Spitzenkandidat der Zentrumspartei, ist von Haus aus ein IT-Unternehmer, der mit einem radikal neoliberalen Programm von »Kürzungen, Reformen und Wachstum« in den Wahlkampf zog und dabei eine Rechnung aufmachte, dass eine Reform der Arbeitslosenunterstützung (sprich: Einsparungen) und die Streichung von Hunderttausenden von Stellen im Öffentlichen Dienst sich durch die Schaffung von 200 000 Arbeitsplätzen in der Privatwirtschaft auszahlen werde.[218]

Die Regierungskoalition 2011–15 war eine »sehr große Koalition« aus linken, grünen und konservativen Parteien, die sich gegen das liberale Zentrum und die PS (19,1 %) zusammenfand. Sie kam jedoch nicht aus grundsätzlicher Ablehnung der »Basisfinnen« zusammen, denn der Vorsitzende der *Nationalen Sammlungspartei* (KOK, Konservative) und dann Regierungschef, Jyrki Katainen, wollte zunächst mit den PS eine Koalition bilden. Aufgrund der aktuellen Entwicklung in der Europapolitik zogen die PS jedoch wieder zurück, denn sie waren gegen den ESM (damals stand gerade der Rettungsschirm für Portugal in der Diskussion), die Konservativen jedoch dafür. So kam es also zur für die Konservativen zweitbesten Lösung, einer Koalition aus Konservativen (20,4 %), Sozialdemokraten (SDP) (19,1 %), Linksbündnis VAS (8,1 %) und Grünem Bund (VIHR) (7,3 %), der Schwedischen Volkspartei (RKP) (4,3 %) und den Christdemokraten (KD) (4 %). Die Koalition verfügte über 124 der 200 Sitze im Parlament, und offenbar hatte Katainen von vornherein einen gewissen Verschleiß im Laufe der Legislaturperiode eingeplant, der dann auch eintrat: Im März 2014 trat das Linksbündnis, eine links von den Sozialdemokraten platzierte Partei, wegen Kürzung im Sozialetat aus der Regierung aus (-12 Sitze), im September die Grünen wegen des Baus eines neuen Kernkraftwerks (-10 Sitze). In der Zwischenzeit hatte auch Premier Katainen aufgegeben und seinen Platz dem neuen Vorsitzenden der Konservativen, Alexander Stubb, überlassen, der die Koalition mit zwei Sitzen Mehrheit und schlechter Bilanz in den Wahlkampf führte und die Wahl verlor.

Wie in den anderen nordischen Ländern, wenn auch auf andere Weise, hatte sich in Finnland eine »Konsensdemokratie« herausgebildet, deren Charakteristikum es war, dass relativ viele und darunter viele kleinere im Parlament vertretene Parteien (bis zu zehn) trotz des damit verbundenen Klientelismus und der Ein-Punkt-Programmatik dennoch zu einer Kompromissbildung fähig waren. Doch ist die Parteienzersplitterung genau genommen eine jüngere Erscheinung, die klassischen großen Parteien – Sozialdemokraten, Zentrum und Konservative – dominierten lange die Parteienvielfalt, sind aber im Laufe der Zeit erodiert: die Linke (Sozialdemokraten und Linkssozialisten) hatten nach dem Krieg bis 1979 stets über 90 Sitze, kamen also knapp an die 50 % heran. Die Problematik der Moskau-Nähe der Linkssozialisten und Kommunisten führte zu keinem Linksbündnis mit Ausnahme einer Volksfrontregierung 1966–68, an der sich sogar das Zentrum, damals sozialliberal orientiert, beteiligte. Ansonsten gab es meistens Mehrheiten zwischen Sozialdemokraten und Bündnispartnern aus der Mitte. In wesentlichen Fragen konnte sich somit ein Konsens bilden, der die eigentlichen politischen Divergenzen überbrückte. Es etablierte sich die Tradition einer großen Koalition, oft sogar von »oversized coalitions«, also Koalitionen, in denen mehr Parteien beteiligt waren als für eine parlamentarische Mehrheit notwendig. In dieser Phase waren dies vor allem ›Punamulta‹ (›Rot-Erde‹, SDP-KESK)-Koalitionen.«[219] Dies lag auch an der Besonderheit, dass die finnische Verfassung für die Verabschiedung von Gesetzen eine Zweidrittelmehrheit vorsah, bei bestimmten Steuergesetzen sogar von fünf Sechsteln, und somit, einzigartig selbst in den nordischen Ländern, den Zwang zum Konsens festschrieb. Dies wurde 1992 durch eine Verfassungsänderung aufgehoben und geschah in einer Situation, in der durch die Wirtschaftskrise die traditionellen Konsensparteien geschwächt und die »rot-blaue« Koalition von Sozialdemokraten und Konservativen 1991 abgewählt wurden. Danach wechselte die Führung der Regierungen ständig zwischen Liberalen und Sozialdemokraten, seit 2003 zwischen dem Zentrum und den Konservativen.

Diese häufigen Wechsel, die an die französischen Verhältnisse erinnern, aber vor anderem Hintergrund stattfanden, erzeugten zwangsläufig den Eindruck eines dauerhaft regierenden politischen Establishments, dessen führende Köpfe austauschbar waren. Trotz der Verfassungsänderung 1992 regierten ab 1995 wieder »oversized coalitions«, diesmal »Regenbogenkoalitionen«[220] unter Einbeziehung der Linksbündnisses. Dies produzierte dialektisch seinen Widerpart in Form von zahlreichen Parteineugründungen, darunter 1995 die »Wahren Finnen« als Reaktion auf den EU-Beitritt Finnlands, die die Parteienlandschaft nachhaltig veränderten, die großen Parteien weiter schrumpfen ließen, auch breite Koalitionen immer schwieriger machten und dem alten Konsensmodell den Boden entzogen.

Obwohl die »Finnen« bei der Parlamentswahl am 19.4.2015 auch an Stimmen verloren (-2,2 %), erzeugte der Zuwachs des Zentrums (+5,3 %) eine Stärkung der bisherigen Opposition. Sipilä brachte dann eine Koalition mit den »Finnen« als zweit- und den Konservativen als drittstärkster Fraktion zustande, die zusammen über 124 Sitze im Parlament verfügen. Damit konnten offenbar die extrem auseinanderstrebenden Vorstellungen zur Haushalts- und Sozialpolitik zwischen Liberalen und PS überbrückt werden. Der Vorsitzende der PS, Timo Soini, wurde neuer Außenminister, ganz offensichtlich auf eigenen Wunsch, während das ansonsten als Nr. 2 gehandelte Finanzministerium an die Konservativen ging. Drei weitere Ministerien gingen noch an die »Finnen«: Verteidigung, Justiz und Arbeit, Soziales und Gesundheit. Damit haben sie wichtige Ministerien in ihrer Hand, die Finanzen und das Innenministerium haben die Konservativen, das Wirtschaftsministerium die Liberalen.[221] Der neue Außenminister gab sich in seiner ersten Pressekonferenz gemäßigt zur EU, bei der er Reformen anmahnte, damit sie bürgernäher würde, »eine Änderung der Verträge sei für die neue finnische Regierung jedoch gegenwärtig kein Thema.«[222] Dennoch muss man wissen, dass es bei der Volksabstimmung über die EU-Mitgliedschaft am 16.10.1994 eine starke Minderheit von Gegnern (43,1 %) gab und auch die damals regierenden liberal-konservativen Parteien wie auch die sozialdemokratische Opposition erhebliche Probleme hatten, den Beitritt in ihren eigenen Reihen durchzusetzen.[223] Somit basiert der dann doch erfolgte EU-Beitritt nur auf einem schwachen Konsens der demokratischen Parteien, und die Europakritik der Rechtspopulisten kann daher weite Kreise der Bevölkerung ansprechen.

Das Programm der PS fokussiert sich auf die klassischen Themen wie EU-Kritik, Ablehnung der Einwanderung, Verschärfung des Ausländerrechts in Finnland – bei nur 3,5 % Ausländeranteil, darunter gerechnet auch ethnisch verwandte Esten, ebenfalls EU-Bürger, die ein Siebtel aller Nicht-Finnen in Finnland ausmachen[224], also 0,8 % von den 3,5 % insgesamt. Daneben sprechen sich die PS auch gegen Schwedisch als offizielle Zweitsprache in Finnland aus (historisches Zugeständnis an die schwedische Minderheit) und verbinden damit alten mit neuem Nationalismus.

Die Einwanderung konzentriert sich auf die Städte im Süden, weswegen dort auch rechtsradikale und rechtspopulistische Kandidaten bei Kommunalwahlen seit langem erfolgreich sind. Als ideologische Grundlage sieht das Duisburger Institut für Sprach- und Sozialforschung den »Ethnopluralismus« des französischen Theoretikers der Neuen Rechten, Alain de Benoist (dazu mehr weiter unten), als Gegenthese zum »Multikulturalismus«. Die Vermischung der Kulturen sei eine aufgezwungene Überfremdung und führe in den Untergang.[225] Dieser »Popularismus« ist in der Tat auch populär über die Wähler der PS hinaus. Wenn auch die öffentliche Meinung bei Umfragen Schwankungen unterliegt, so hat sich die Zahl derjenigen, die sich für einen Einwanderungsstopp aussprechen, schon vor 2015 auf über 50 % erhöht.[226]

Finnland, wie überhaupt die skandinavischen Staaten, hat auch einen relativ hohen Anteil fremdenfeindlicher Gewalttaten und aus den in den 1990er Jahren gegründeten rechtsextremen und neonazistischen Gruppen sind einige Persönlichkeiten zu den »Wahren Finnen« gestoßen und bilden dort einen rechtsradikalen Flügel und eine Brücke zur Szene außerhalb: Matti Järviharju, der Vorsitzende der erfolglosen, an eine ultranationalistische Partei der Zwischenkriegszeig anknüpfenden

Finnischen Vaterländischen Volksbewegung, konnte bei der Kommunalwahl 2008 auf der Liste der PS in den Stadtrat von Ilmajoki einziehen.[227] Der schon erwähnte Europaabgeordnete Jussi Halla-Aho stammt aus dem rechtsextremen und rassistischen Zirkel *Suomen Sisu* und er ist nicht der einzige.[228] *Sisu* ist der kaum übersetzbare Begriff für einen angeblichen völkischen Charakterzug der Finnen, eine »innere Kraft«, die in Krisenzeiten immer wieder beschworen wird, also der Kern des »Finnentums«. Halla-Aho ist in den Kreisen des »Counter-Djihad« und des antimuslimischen Webportals *Gates of Vienna* ein bekannter Name und so zitiert ihn auch der rechtsradikale norwegische Massenmörder Anders Breivik in seinem Manifest zur Verteidigung des Abendlandes als vorbildlichen Politiker im Kampf gegen »Eurabia«.[229]

Eine Koalition mit solchen Leuten? Die Regierungsbeteiligung der »Finnen« war auch für die Kommentatorin der *F.A.Z.* kurz nach der Wahl alles andere als eine Katastrophe, denn die Radikalen in der Partei würden wohl von ihrem Vorsitzenden im Zaum gehalten: »Wenn man die Kakophonie überhört und nur dem Vorsitzenden lauscht, kann man seit einiger Zeit auffallend gemäßigte Töne vernehmen. Er wundere sich, dass nicht noch mehr Ausländer nach Finnland kommen, sagte Soini im Wahlkampf. Seine Äußerungen zur Einwanderungspolitik sind von der Haltung der Zentrumspartei oder auch der Sozialdemokraten kaum zu unterscheiden. Sie alle sprechen sich angesichts der gestiegenen Arbeitslosenzahlen mehr oder weniger offen für Zurückhaltung aus.«[230] Ein geschickter Schachzug von den »Finnen«, an die Macht zu kommen, oder von ihren Koalitionspartnern, sie in die Regierung einzubeziehen? Der drastische Rückgang in den Umfragen von 17,7 % (letzte Parlamentswahl) auf 8,7 % Ende 2015 legt nahe, dass die Hälfte ihrer Wähler den Einzug ins Establishment nicht befürworten. Sind sie »an der Macht gescheitert«?[231] Bei den Kommunalwahlen 2017 haben sie genau diese Wähler verloren.[232] Ist das der Weg, den Rechtspopulismus zu bekämpfen? Im Juni gab es einen Aufstand in der Partei gegen Timo Soini, aus dem der radikale Jussi Halla-Aho, der »größte öffentliche Rassist des Landes«[233], als neuer Parteichef hervorging. Daraufhin kündigte Regierungschef Sipilä die Koalition auf, woraufhin die Mehrheit der PS-Parlamentsfraktion ihren Austritt aus der Partei erklärte sowie den Wunsch, unter dem Etikett »Neue Alternative« wieder an der Regierung beteiligt zu werden.

Griechenland

Die Flüchtlingskrise hat seit dem Sommer 2015 die Griechenlandkrise schnell in den Hintergrund treten lassen, gelöst ist das Problem damit aber noch lange nicht. Neben der realen Problematik von Verschuldung, Euro und europäischer Verantwortung zeigte sich in Griechenland mit der Regierungsübernahme durch SYRIZA ein eklatanter Fall linkspopulistischer Demagogie mit internationaler Solidarität seitens der Linksparteien, linker Wirtschaftsprofessoren oder auch nur Kritikern der »deutschen« Sparpolitik.

Angesichts der extremen Krise seit 2010 verwundert es nicht, dass rechts- und linksextreme Kräfte in Griechenland die regierende Große Koalition unter Antonis Samaras bei der Wahl im Januar 2015 besiegen konnten. Wenn, wie es jetzt seit Jahren der Fall ist, Arbeitslose ihre Krankenversicherung verlieren, dann ist ein elementarer Artikel des Sozialvertrages, um in Worten der modernen Staatstheorie zu sprechen, also eine Grundlage des politischen Gemeinwesens aufgekündigt, das darin besteht, den Schwachen ein Minimum an sozialer Sicherheit zu gewährleisten – und die Krankenversicherung ist das Minimum des Minimums. Und dies ist nur ein Aspekt der Misere von 25 % Arbeitslosigkeit. Wenn sich die meisten Griechen angesichts dessen nichts mehr von den alten Parteien versprachen und für einen radikalen Wechsel votierten, komme, was da wolle, darf einen das nicht verwundern. Allerdings war damit auch eine psychologische Verdrängung verbunden, mit der die neuen SYRIZA-Wähler verleugnen und vergessen wollten, wie sie in der Vergangenheit das System unterstützten, von dem sie selbst auf die eine oder andere Weise profitiert haben.[234]

Der Wechsel war ein demokratischer Vorgang, die Konsequenzen daraus führten aber zu keiner Lösung, sondern verschärften das Problem noch auf dramatische Weise. Die allseitige Beeinträchtigung der Wirtschaft durch die Krise in der Krise, die der Wahlsieg von SYRIZA und deren monatelange (Nicht-)Politik und Konfrontation mit der EU ausgelöst hat, hat zusätzlich einen erheblichen Teil der Griechenland gewährten Kredite bereits wieder zunichte gemacht.

Es ist aber auch eine Mär, dass Griechenland 2014 dabei gewesen sei, eine Wende zum Besseren zu vollziehen, wie es Schäuble und die hinter ihm stehenden Politiker immer wieder beteuerten, von einem »Primärüberschuss« von 1,5 Mrd. Euro im Staatshaushalt sprachen (0,8 % des BIP) und damit die Realität verschleierten, unterstützt durch das Auswärtige Amt mit entsprechenden Angaben im März 2015[235], die allerdings nur Prognosen sein konnten, weil in Griechenland die

Steuern jährlich erst rückwirkend im Mai für das Vorjahr bezahlt werden. Tatsächlich machte Griechenland neue Schulden. Der Schuldenschnitt 2011 – angesichts der griechischen Forderungen nach einem neuen Schuldenschnitt fast schon vergessen – brachte eine Reduzierung der Gesamtverschuldung von 172,1 % (2011) auf 159,6 % BIP (2012) durch eine Umschuldung von hochverzinslichen Anleihen aus der Zeit vor den EU-Rettungsmaßnahmen in niedrig verzinste Kredite nach dem Einbruch der Spekulationszinsen am Markt dank der Intervention der EZB unter Draghi.[236] Im Jahr darauf war der Schuldenschnitt aber bereits mehr als wettgemacht, denn die Verschuldung stieg um 23,1 Mrd. neue Schulden (=12,7 % des BIP) auf 177,7 % und 2014 nach Angaben von Eurostat auf 180,1 %. Soweit die *Prozentrechnung* in Bezug zum Bruttoinlandsprodukt, das allerdings selbst wieder eine variable Größe ist. Gab es also einen leichten Anstieg des BIP, so hatte die Neuverschuldung dieses Wachstum schon wieder überholt. Erst 2015 zeigte sich ein Rückgang auf 176,9 %.[237]

Die Rettungspolitik der »Troika« war insofern gescheitert, als außer den Sparmaßnahmen auf der Ausgabenseite die notwendigen Strukturreformen zur Verbesserung der Einnahmenseite nicht oder nicht ausreichend stattgefunden hatten und die Kürzungen alleine nur Arbeitslosigkeit, Senkung der Kaufkraft und damit Verringerung der Staatseinnahmen brachten – eine Spirale nach unten, wie sie von den Kritikern zu Recht immer wieder angeführt wurde. Damit konnten SYRIZA in Griechenland und die Linke in Deutschland ein Argument für sich und ihre Pauschalkritik an der EU-Politik finden, weil die Ursachen dafür einseitig der EU in die Schuhe geschoben wurden. Doch nach einem halben Jahr SYRIZA-Regierung in Griechenland war auch nicht eines dieser Strukturprobleme in Verwaltung und Wirtschaft ernsthaft in Angriff genommen worden, auch keiner der in den zahlreichen TV-Talks hierzulande geladenen griechischen Gäste konnte dazu etwas Konkretes sagen. Die litauische Präsidentin Grybauskaitė brachte es beim ersten Eurozonengipfel nach dem griechischen Referendum auf den Punkt: »Mit der griechischen Regierung ist immer *mañana*. Es kann aber nicht jeden Tag *mañana* sein.«[238]

Ähnlich wie in Großbritannien ist hier jedoch zunächst ein Blick auf das politische System und vor allem auf das Wahlrecht in Griechenland nötig. Die gescheiterte Regierungskoalition unter Antonis Samaras (*Nea Demokratia*) hatte von vornherein keine Mehrheit im Volk, denn bei der Wahl im Juni 2012 wurden nach dem griechischen Wahlrecht der stärksten Partei, das war die ND, 50 Sitze im Parlament zusätzlich zugesprochen (= ein Sechstel der Mandate): Die Koalition mit der PASOK erhielt knapp 42 % der Stimmen, aber 153 von 300 Mandaten im Parlament. Tatsächlich jedoch gaben nur 29,66 % der ND ihre Stimme gegenüber 26,89 % damals schon für SYRIZA. Seit der Januarwahl 2015 waren nach abgegebenen Stimmen knapp 53 % EU-Gegner im Parlament vertreten (SYRIZA dazugerechnet), nach Abgeordnetenmandaten sogar 192 von 300. Das war die »negative Mehrheit« im Parlament. Doch wie sah es mit der »positiven Mehrheit« aus, eine konkrete Politik zu bestimmen? SYRIZA hatte einen Wahlerfolg errungen, aber nur 36,34 % der Stimmen bekommen, und trotz des Bonus von 50 Sitzen fehlten ihr mit 149 von 300 Sitzen zwei Mandate für die absolute Mehrheit. Sie hätte sich mit der neuen Partei *To Potami* (6,05 %, 17 Sitze), die innenpolitisch auf einem ähnlichen Anti-Establishment-Kurs liegt, aber außenpolitisch pro-europäisch ist, zu einem Regierungsbündnis zusammentun können, doch Tsipras zog die rechten *Unabhängigen Griechen* vor (ANEL, 4,75 %, 13 Sitze), mit denen SYRIZA nur die Anti-EU-Haltung gemeinsam hat und sonst fast gar nichts. Die Koalition verfügte damit aber auch nur über 41 % der Wählerstimmen für eine Politik, die nicht weniger tun musste – und auch vorgab, dies zu tun –, als Griechenland vor dem Untergang zu retten. Eigentlich fehlte eine reale demokratische Grundlage, doch fortgesetzte Demagogie statt Demokratie nach der Wahl brachte eine Mehrheit von 61 % für die Regierung Tsipras durch eine manichäistische Ja/Nein-Abstimmung im Referendum zusammen, deren materielle Grundlage gänzlich fehlte: Das *Nein* und damit die Zustimmung zur Regierung konnte ja nicht die gewünschte Entscheidung der EU-Institutionen herbeiführen, im Gegenteil. So entschloss sich Tsipras, sich von seinem Finanzminister Varoufakis und seinem Konfrontationskurs zu trennen und nach dem Referendum genau das Gegenteil dessen zu tun, wofür er das Referendum haben wollte. Auch wenn dies also doch noch eine Wendung im Sinne der EU brachte, so wurde dadurch die Demokratie in Griechenland umso mehr ad absurdum geführt: »Die Regierung Tsipras ist die institutionalisierte Verantwortungslosigkeit, sie missbraucht die Demokratie um den politischen Gegner zu erledigen; per Referendum tags darauf verrät Tsipras den Willen den Volkes um mit Hilfe neuer Gelder gegen Versprechungen an der Macht zu bleiben«, kommentierte Elmar Theveßen in der ARD.[239] Da Tsipras damit seine Partei spaltete, die eigene Mehrheit im Parlament verlor und zur Überbrückung nur mit der Opposition die EU-Forderungen für das 3. Hilfspaket durchbekam, war die Parlamentsneuwahl die logische Konsequenz. Dabei konnte die Parteiführung von SYRIZA offenbar die Kandidatenliste für die Wahl nach Gutdünken selbst aufstellen.[240] So wie es, nebenbei bemerkt, nun offenbar Sebastian Kurz in der ÖVP für sich durchgesetzt hat. Auf diese Weise wurden Tsipras' innerparteiliche Gegner neutralisiert, die auch eine neue Linkspartei gründeten, die bei der Septemberwahl mit 2,7 % an der 3 %-Hürde scheiterte. So gesehen ist Tsipras' Kalkül aufgegangen, doch ganz knapp, bei sinkender Wahlbeteiligung von 63,9 auf 56,1 %. SYRIZA und ANEL haben mit zusammen 156 von 300 Sitzen 7 Sitze verloren und wenn die abgespaltene Linksgruppierung *Volkseinheit* (LAE) die 3 %-Hürde genommen hätte, wäre es für die Koalition eng geworden. Von einem »grandiosen Wahlsieg« Tsipras' kann also keine Rede sein, aber es hat gereicht, dass SYRIZA aufgrund des Wahlrechts mit 35,5 % der Stimmen 145 von 300 Mandaten (=48,3 %) erhielt.

Die Erklärung der Ursachen für die griechische Krise, die in der politischen Polemik von SYRIZA bis zum Referendum gegeben wurde, zielte fast ausschließlich auf die Folgen des »EU-Spardiktats« unter Vernachlässigung oder ohne aufrichtige Beantwortung der Frage, wie es überhaupt dazu gekommen war. Die gesamtgesellschaftliche und gesamtpolitische Dimension der Verschuldung wurde geleugnet, von der nicht nur die Reichen, sondern große Teile der Gesellschaft mehr oder weniger profitierten, durch unrentable, aber gut entlohnte und sichere Arbeitsverhältnisse in staatlichen oder halbstaatlichen Betrieben, oder durch Sozialleistungen, deren Berechtigung ebenso wenig nachgeprüft wurde wie die Steuerzahlungen der Reichen. Die Reform des Rentensystems stand schon unter der Regierung Simitis im Jahre 2000 auf der Tagesordnung, war aber immer wieder gekippt worden, sie war auch von EU und IWF 2010 als ein Eckpfeiler zur Sanierung des Staatshaushaltes gefordert worden.[241] Auch das Steuersystem mit all seinen Unzulänglichkeiten blieb weitgehend so, wie es war. Im August 2015 noch, nach einem halben Jahr SYRIZA-Regierung, dachte man darüber nach, wie die Zahl der Steuerbeamten erhöht werden könne.[242]

Statt sich den Problemen ernsthaft zu stellen, polemisierte die Propaganda von SYRIZA, abgesehen von der rein verbalen Klassenkampfrhetorik gegenüber den Reichen, vor allem gegen die »Troika« und die deutsche Regierung als deren *spiritus rector*, mit dem Vorwurf, sie versuchten eine »Unterwerfung« Griechenlands.[243] Nach fünf Monaten Verhandlungen warf Tsipras den »Institutionen« immer noch »fünf Jahre Plünderei« vor, und Finanzminister Varoufakis erklärte weiterhin, die EU-Hilfsgelder seien nicht in Griechenland angekommen, sondern in einem »schwarzen Loch« verschwunden, womit er die Banken meinte.[244] Natürlich ging das Geld an die Banken, von denen Griechenland die Kredite in der Vergangenheit bekommen hatte und die zurückgezahlt werden mussten. Das wirkliche »schwarze Loch« war und ist die Staatsverschuldung. Als Griechenland angesichts nicht mehr möglicher neuer Anleihen auf dem Kapitalmarkt vor dem Staatsbankrott stand, bat es die EU um Hilfe und bekam diese mit der Auflage, die weitere Verschuldung zu reduzieren und zu einem ausgeglichenen Haushalt inklusive Schuldentilgung zu kommen.

Unabhängig davon bekam und bekommt Griechenland auch Nettosubventionen aus der EU und zwar proportional am meisten von allen EU-Ländern. In der EU-Finanzperiode bis 2013 erhielt Griechenland aus Struktur- und Landwirtschaftsfonds 29 Mrd. Euro. Zusammen mit anderen Zuschüssen waren dies ca. 5 Mrd. pro Jahr, das entsprach ca. 5 % des griechischen Staatshaushaltes. Zu erwähnen sind auch die individuellen Subventionen für die Landwirte, die es in allen EU-Staaten gibt, auch wenn die Landwirtschaft nicht mehr als national, sondern als europäisch betrachtet wird. Dennoch trugen diese in besonderem Maße zur griechischen Wirtschaft bei, deren Agrarsektor 13 % ausmacht, denn diese Zuschüsse an die Landwirte betrugen in dem erwähnten Sechsjahreszeitraum das Doppelte der erwähnten Sonderzuschüsse, nämlich 62 Mrd. Euro. Bei ca. 625 000 Landwirten macht dies knapp 100 000 Euro pro Kopf in sechs Jahren aus, das heißt monatlich 1377 Euro.[245] In Zeiten, in denen sich Griechenland hoch verschuldete, bekam es also auch eine mehr als ansehnliche *Nettoförderung* aus der EU.

Über die Sparmaßnahmen, die Griechenland auferlegt wurden oder die die griechische Regierung selbst ergriffen hat – beides voneinander zu trennen erscheint auch bei intensiver Lektüre der Berichterstattung nicht möglich – kann man gewiss im Einzelnen kontrovers diskutieren, sie waren insgesamt nicht erfolgreich. Dass die Rettungsmaßnahmen jedoch eine »Ausplünderung« Griechenlands seien, ist eine Propaganda, angesichts derer man den europäischen Politikern, die sich mit Tspiras und Varoufakis immer wieder an einen Tisch setzten, auch bei kritischer Betrachtung ihrer Politik Anerkennung zollen muss.

Dies erinnert auch daran, dass eben nicht nur die Demokratie, auf die die Griechen so sehr pochen, sondern auch die Demagogie eine antike griechische Erfindung ist. Nach der Regierungsübernahme im Januar 2015 zeigte sich sehr schnell, dass alle Versprechungen populistische Wahlkampfdemagogie waren. SYRIZA hatte noch nicht einmal einen Plan in der Tasche, was sie nach der Regierungsübernahme tun sollte, außer die EU zu überreden, einem weiteren Schuldenschnitt zuzustimmen und gleichzeitig weitere Finanzhilfen, aber ohne Auflagen, zu gewähren. Angesichts der unüberbrückbaren Kluft zwischen dem revolutionären Wahlversprechen von SYRIZA und der Haltung der Euroländer, sich auf keine Subventionierung eines Fasses ohne Boden einzulassen, blieb der griechischen Regierung am Ende nur die Alternative: entweder der Bruch mit der EU oder der Bruch des Wahlversprechens und die Konfrontation nicht nur mit den Wählern, sondern auch mit der eigenen Partei.

Erst kam das eine, dann das andere. Im Referendumswahlkampf fanden Tsipras und Varoufakis wieder zur uneingeschränkten Demagogie vom Januar zurück und übertrafen diese noch um Längen: Das Nein sollte die »Erpressung« und »Unterdrückung« Griechenlands beenden, wie etwa in der Rede Tsipras' am Freitag vor der Abstimmung auf dem Syntagma-Platz[246], wo er geschickt die Ehre und Würde des griechischen Volkes ansprach, die es zu retten galt, immaterielle aber hoch emotionale Werte, während die materiellen Werte, um die es wirklich ging, ob morgen noch Geld aus dem Automaten kommt und wenn ja, wie denn eigentlich, gar kein Thema waren. Auch einem Parteigänger von SYRIZA hätte die schlichte Vernunft sagen müssen: Wo hat jemals der Kreditnehmer dem Kreditgeber die Bedingungen diktiert? Die Demagogen konnten jedoch ihrem Volk – nein: der Mehrheit der Wähler, 38 % beteiligten sich gar nicht daran – glaubhaft machen, man könne nun umgekehrt die »Erpresser« und »Unterdrücker« erpressen und unter Druck setzen, indem man die Bedingungen für weitere Zahlungen verweigert. Am Samstag vor dem Wahltag, als öffentliche Auftritte von Politikern nicht mehr stattfanden, konnte Varoufakis noch seinen größten und – das wusste man damals freilich noch nicht – letzten Coup als Finanzminister via *El Mundo* platzieren, wo er im Interview erklärte, die Kritik der Eurogruppe am Referendum sei ein »gigantischer Angriff auf die Demokratie«. Europa, das die Demokratie und den Rationalismus erfunden habe, sei »diktatorisch und irrational« geworden, zu einem »Feind der Demokratie«, es verbreite systematisch Lügen nach der Strategie von Goebbels, und »was sie mit Griechenland machen, hat einen Namen: Terrorismus. [...] Warum haben sie uns gezwungen die Banken zu schließen? Um dem Volk Angst und Schrecken einzujagen. Und wenn es darum geht, Schrecken zu verbreiten, wird dieses Phänomen Terrorismus genannt.«[247]

Unterstützung bekam solche Rhetorik auch von anderen linken Wirtschaftswissenschaftlern, so veröffentlichten der französische Kapitalismuskritiker Thomas Piketty und andere, darunter der Deutsche Heiner Flassbeck[248], der schon Anfang 2015 zusammen mit dem Griechen Costas Lapavitsas[249] ein Buch *Gegen die Troika*[250] herausgebracht hatte, zwei Tage nach dem griechischen Referendum in verschiedenen internationalen Zeitungen einen *Offenen Brief an die deutsche Kanz-*

lerin, in dem sie den Umgang mit Griechenland unter anderem auf diesen Nenner brachten: »Momentan wird die griechische Regierung dazu gedrängt, sich einen Revolver an die Schläfe zu halten und abzudrücken.«[251] In einem Interview erklärte Piketty, er habe »große Angst, dass die Konservativen, insbesondere in Deutschland, kurz davor sind, Europa und die europäische Idee zu zerstören – und zwar aufgrund ihres erschreckenden Mangels an geschichtlichem Erinnerungsvermögen.«[252] Er meinte damit Deutschlands Entschuldung nach dem 2. Weltkrieg, worauf wir weiter unten zu sprechen kommen. Und Alexis Tsipras selbst griff im Hochgefühl des Referendumssieges in seiner Rede im Europäischen Parlament am 8. Juli die Terrorismusvokabel von Varoufakis wieder auf, indem er erklärte: »Die Medien haben versucht zu terrorisieren, indem sie sagten, ein Nein im Referendum bedeute eine Spaltung Europas.«[253]

Hier ging es gar nicht mehr um Inhalte oder um kommunikatives Handeln. Solche Veröffentlichungen, Appelle, Mahnungen, Offenen Briefe und Reden wollen nicht wirklich die darin Attackierten davon überzeugen, dass sie etwas Grundfalsches machen, sondern vielmehr die öffentliche Meinung gegen sie mobilisieren. Und so wurde auch noch in den letzten Stunden vor dem Referendum, als die Meldung mit dem Varoufakis-Interview durch alle Medien ging, die EU für die Schließung der Banken verantwortlich gemacht, während die EZB in Wirklichkeit alles daran setzte, dass die Banken liquide blieben und wenigstens Geld am Automaten abgehoben werden konnte. In der Woche vor dem Abbruch der Verhandlungen hatte die EZB nahezu 90 Mrd. Euro zur Aufrechterhaltung der Liquidität der Banken überwiesen bzw. zugesagt (ELA-Kredit), während es gleichzeitig in der letzten Phase der Verhandlungen um die letzte Tranche des Hilfspakets von 7,4 Mrd. ging und die Zahlung einer Tilgungsrate an den IWF von 1,7 Mrd. von der Regierung verweigert wurde.

Damit stellte die EZB quasi *cash* das Äquivalent eines kompletten griechischen Staatshaushalts zur Verfügung: Cash statt Crash. Diese »Überbrückungsnothilfe« qualifizierte jedoch der bereits erwähnte Heiner Flassbeck am 8.7.2015 so: »Die EZB verschärft die Lage«, »den griechischen Bürgern wird der Zugang zu ihren Bankkonten verwehrt. Sie kommen nicht mehr an ihr Geld, weil die Banken nicht liquide sind. [...] Ich halte es für falsch und vermutlich für illegal, dass die EZB das verweigert. Es gehört zum Recht jedes Bürgers in jedem Land, dass er sich seine Einlagen bei der Bank vollständig auszahlen lassen kann. Aufgabe der EZB ist, das zu garantieren.«[254] Nach seiner Logik könnte die griechische Krise freilich schnell »gelöst« werden: Die EZB müsste einfach nur alle Konten wieder auffüllen einschließlich denen des Staates und alles wäre wieder in Ordnung. So spricht jemand, der eine führende Position bei der Welthandels- und Entwicklungskonferenz UNCTAD hatte!

Die griechische Regierung hatte also noch vor dem Referendum eine umgekehrte Erpressung der EU erreicht und de facto einen Riesenkredit ohne Bedingungen von der EZB bekommen. Noch galt jedoch offenbar die Strategie, die Varoufakis schon 2013 in seiner oft zitierten und im Fernsehen gezeigten Rede erklärt hatte[255], den Bruch mit der EU-Politik und die Insolvenz Griechenlands herbeizuführen um sich so von den Schulden zu befreien. Die Offenlegung der Pläne von Varoufakis nach seinem Rücktritt bestätigten dies. Insgeheim hatte Varoufakis schon einen detaillierten Plan für den Grexit aufgestellt.[256] Pünktlich zum Referendum, mit Datierung zum 5. Juli., kam auch ein neues Buch von ihm heraus[257], von dem ein Auszug am Tag darauf im *Guardian* erschien. Angela Merkel wird darin als diejenige präsentiert, die alles in der Hand hatte und die Wahl zwischen einem roten und einem gelben Knopf. Sie drückte auf den gelben, der dafür sorgte, dass es den südeuropäischen Ländern schlechter und Deutschland besser ging, anstatt auf den roten zu drücken, der folgendes versprach: »Die Eurokrise endet sofort, es gibt ein allgemeines Wirtschaftswachstum überall in Europa, die Schulden fallen in sich zusammen unter die Maastrichtkriterien [...].«[258]

Zur erfolgreichen Demagogie gehört leider nicht nur die Kunst, die unglaublichsten Aussagen im Ton höchster Überzeugung zu formulieren, sondern es gehören auch Leute dazu, die dies glauben wollen, weil sie solche (vermeintlich) einfachen Wahrheiten wie eine Heilsbotschaft für ein manichäisches Weltbild von Gut und Böse brauchen.

Nicht erst seit der Abstimmung im Bundestag am 17.7.2015 über das dritte Hilfspaket für Griechenland befand sich die CDU in einer ähnlichen Position wie SYRIZA in Griechenland. Tsipras polemisierte gegen die Rachsucht und die Erpressung der Gläubiger, Schäuble hakte nach, der Grexit sei noch immer möglich; beide wollten damit die Zahl der Abtrünnigen in der eigenen Fraktion in Grenzen halten. Was die Stimmen im Inneren sichern sollte, hatte nur begrenzt Erfolg, zerstörte aber zumindest im Falle Deutschlands weiter das Image gegenüber der Außenwelt. Darin besteht auch der Unterschied: Tsipras hat nach außen gewonnen, Merkel nach außen verloren. Doch was die jeweilige Situation zuhause angeht, konnten Merkel und Tsipras sich die Hände reichen: Beide waren zu diesem Zeitpunkt als Personen überaus populär, weil »alternativlos«, beide hatten keine ausreichende eigene Mehrheit für ihren politischen Kurs, Tsipras brauchte die Opposition, die CDU die SPD in der Großen Koalition.

Auch nach der Neuwahl des griechischen Parlaments im September 2015 und dem »grandiosen Sieg« von Tsipras dürfte diese »unendliche Geschichte« noch eine ganze Weile weitergehen. Es könnte gut und gerne letzten Endes so ausgehen, wie seinerzeit in der Französischen Revolution, wo man nach der Verstaatlichung des Kirchenbesitzes mit dem Ziel des Verkaufs zur Deckung der Staatsschulden – Auslöser der Revolution – feststellen musste, dass dieser Verkauf nicht so lief wie erwartet.

Die deutsche Linke konnte sich angesichts Tsipras' Kurswechsel überlegen, ob sie Tsipras weiterhin zum Opfer erklärt oder zum Verräter, sie entschied sich für ersteres. Eine eindeutige Position hatte die *Linksjugend* zum griechischen Referendum bezogen mit einem »Deutschland du mieses Stück Scheiße!«[259]

Russland

Wie man auf quasi demokratische Weise die Demokratie einschränken und letztlich erdrosseln kann, zeigen derzeit drei Staaten im europäischen Orbit, die damit unterschiedlich weit gekommen sind, eines im Herzen des geographischen Europa, zwei am Rande: Ungarn, Russland und die Türkei. Gemeint ist die Errichtung autoritärer Strukturen, wie in Ungarn, und eines bereits autoritären Regimes mit zum Teil plebiszitärer Rechtfertigung als nächste Stufe in Russland und der Türkei. Russland hat unter Putin die längste Entwicklung in dieser Richtung hinter sich und war daher im Vergleich am weitesten fortgeschritten bis zum Zeitpunkt des Putschversuches in der Türkei und den Folgen. Schon für die erste Phase der Ära Putin prägte der Politologe und Vertraute Putins Sergej Markov im Jahr 2000 den Begriff »gelenkte Demokratie«, also quasi als inoffizielle Eigenbezeichnung des Regimes.[260] Die Geschichte dieses Begriffes wäre eine eigene Untersuchung wert, denn Walter Laqueur benutzte (erfand?) den Begriff bereits im Schlusswort zu dem von ihm 1990 herausgegebenen Buch *Soviet Union 2000: Reform or Revolution?*, das wohlgemerkt noch vor dem Untergang der Sowjetunion erschien. Dort schrieb er nämlich:

»Der Stil der russischen Politik ist seit Jahrhunderten autoritär gewesen, und autoritär war auch zu einem großen Teil die Mentalität sowohl der Herrscher als auch der Beherrschten. Dies könnte sich ändern, aber nur als Resultat einer Kulturrevolution, die breite Bevölkerungsschichten mitreißt. Solche Revolutionen hat es gegeben, aber es hat stets lange gedauert, bis sie sich voll entfaltet haben. Einen Herrscher durch einen anderen zu ersetzen, ist leicht. Unendlich viel schwerer ist es, die Mentalität der Unfreiheit auszulöschen und einen Geist von ziviler Verantwortlichkeit, Initiative, Toleranz und Kompromissbereitschaft zu injizieren. Diese zivilen Werte rangierten auf der zaristischen wie der bolschewistischen Agenda nie weit oben. Der Übergang von einem totalitären Regime zu einem demokratischen System, und sei es auch nur in eine gelenkte Demokratie, ist eine Periode enormer Spannungen und Schwierigkeiten.«[261]

Gewiss sollte man sich davor hüten, die russische Mentalität zu sehr als determiniert zu sehen, wie es auch in der Vergangenheit oft genug geschah, und damit den russischen Nationalisten in dieser Einschätzung, bei anderer Bewertung, entgegenzukommen. Immerhin verlief die Transition ja auch nicht geradlinig von einem Herrscher zum nächsten, sondern der »starke Mann« entstand aus der Periode der Schwäche nach dem Zerfall der Sowjetunion in der Ära Jelzin, auch dies freilich historisch kein einmaliger Vorgang. Den von Laqueur beschriebenen Ansatz zur Kulturrevolution gab es deutlich, doch offenbar war er nicht stark genug. So erscheint Laqueurs frühzeitige Einschätzung gleichwohl wie eine Prophezeiung, und vielleicht hat er ja Markov sogar das Stichwort »gelenkte Demokratie« geliefert?

2004 schrieb Sergej Markov: »Präsident Putin betrachtet Demokratie als notwendig für die Entwicklung des Landes. Ihn also als Advokaten der Diktatur zu porträtieren zeichnet eine falsche Karikatur von ihm. Seine Haltung zur Demokratie ist gleichwohl nicht ideologisch, sondern instrumentell. [...]. Für ihn ist Demokratie ein notwendiges Prinzip für die Entwicklung des Landes, aber das Land ist wichtiger.«[262] Die »gelenkte Demokratie«, plebiszitär verankert, sei eine notwendige Übergangsphase von der Sowjetzeit und der Ära Jelzin hin zur »normalen Demokratie«, für die Russland noch nicht reif sei. Dabei könnten notwendige harte Maßnahmen ergriffen werden, weil eben die Mehrheit des Volkes dahinter stehe. Man kann darin eine Analogie zur alten marxistisch-leninistischen »Diktatur des Proletariats« wiedererkennen, die auch damals im revolutionären Russland keine Diktatur der Arbeiter und Bauern, sondern die einer Partei in ihrem Namen war. Diese Diktatur wurde auch damals mit den Notwendigkeiten des Augenblicks in der Übergangsphase vom Zarentum zum echten Sozialismus begründet, während des Bürgerkrieges und danach noch.

Das eigentliche Problem, das uns an dieser Stelle interessiert, ist jedoch nicht der Wunsch eines demokratisch gewählten Präsidenten, seine Macht so zu missbrauchen, dass er unbeschränkt weiter an der Macht bleiben kann, sondern vielmehr dieses plebiszitäre Element, nämlich dass – abgesehen von den vermutlich nicht notwendigen Wahlmanipulationen, die es letzthin offenbar gegeben hat – doch eine Mehrheit hinter Putin steht und seit der Ukraine-Krise mehr denn je. Wladimir Kaminers bittere Erkenntnisse anlässlich der Krim-Krise über die politische Stimmung in Russland sprechen Bände. Auf den zunehmenden Verlust der Freiheit in Russland angesprochen, sagten ihm seine Freunde (!): »Die Menschen hier brauchen keine Freiheit, sie brauchen günstige Kredite und bezahlbare Wohnungen, das bekommen sie von Putin. Alles andere sind westliche Werte, die uns aufgedrängt werden, um schwache Geister zu verwirren. Niemand hier braucht Freiheit, außer Schwulen, Minderjährigen und ein paar Journalisten. Es war hier nie anders und es wird nie anders werden.«[263]

Dies zeigt ein beängstigendes Phänomen: Nicht nur, wenn ein Land tief in die wirtschaftliche Krise rutscht, ist die Demokratie in Gefahr, sondern auch die umgekehrte Konstellation ist möglich. Oder ist es ein russisches Spezifikum? Wenn, dann ein russisches und türkisches, denn in der Türkei ist das gleiche Phänomen zu verzeichnen. Die breite Unterstützung für Erdoğan beruht auch auf dem wirtschaftlichen Aufschwung und der Verbesserung der sozialen Lage vieler Menschen, die sich deswegen nicht daran stören, wenn dahinter Korruption und Machtmissbrauch stehen.

Auf Russland kommen wir weiter unten im Abschnitt über »Die rotbraune Internationale und Russland« noch einmal zu sprechen.

Ungarn

Ein für uns wichtigeres Beispiel dafür, wie man mit Hilfe der Demokratie die Demokratie so einschränken kann, dass sie ihre Funktion nicht mehr erfüllt, ist Ungarn, denn hier handelt es sich um ein EU-Mitglied. Die Festigung der Macht von Viktor Orbán und seiner Partei *Fidesz* vollzieht sich über Verfassungsänderungen und die Kontrolle der politischen Institutionen sowie die Beeinflussung der Medien. Die Einschränkung der Medienfreiheit, die 2010 anlässlich des entsprechenden Gesetzes der Regierung von der EU so drastisch kritisiert wurde, findet nach einigen kosmetischen Änderungen daran trotzdem statt, dies betrifft Fernsehen und Rundfunk mehr als die Presse, doch auch deren Arbeit wird auf vielfältige Weise erschwert.[264] Ebenso korrigierte man die vorgesehene Verfassungsänderung auf Einspruch der EU, kam aber dennoch damit einen Schritt weiter in der eingeschlagenen Richtung voran.[265] So kann das ungarische Parlament mit der Zweidrittelmehrheit, über die Orbán verfügt, rückwirkend Entscheidungen des Verfassungsgerichts aufheben und überhaupt Gesetze mit rückwirkender Gültigkeit beschließen, dies wird »Retroaktivität des Rechts« genannt.[266] Damit hat Ungarn bereits das Fundament der Rechtsstaatlichkeit verlassen. Doch sind dies nur Maßnahmen für den Notfall, eine entsprechende Veränderung in der Zusammensetzung des Verfassungsgerichts, in das nach und nach politisch genehme Mitglieder einziehen, dürfte diesen Notfall gar nicht erst eintreten lassen.[267]

Bereits ein Jahr nach seinem spektakulären Wahlerfolg von 2010 hatte Orbán eine Änderung des Wahlrechts verabschieden lassen, wonach das Mehrheitswahlrecht für die Direktwahl, das heißt für mehr als Hälfte der Parlamentssitze, auf einen Wahlgang im Wahlkreis reduziert wurde und somit wie in Großbritannien die relative Mehrheit ausreicht. Die anderen Mandate werden über eine Listenwahl vergeben. Gleichzeitig erfolgte jedoch eine Halbierung der Sitze im Parlament und eine entsprechende Verringerung der Zahl der Wahlkreise, das heißt deren Vergrößerung. Kleinere politische Gruppierungen mit regionalen Schwerpunkten haben es somit schwerer, weil sie mehr Stimmen für einen Sitz brauchen als vorher. Weitere Bestimmungen des komplizierten Wahlrechts führten bei der Parlamentswahl am 6.4.2014 zu einem einfachen Ergebnis: Fidesz erzielte 44,1 % der Wahlkreisstimmen und 44,9 % der Listenstimmen, bekam aber 133 von 199 Parlamentssitzen, das ist exakt die Zweidrittelmehrheit, die Orbán auch für eventuelle weitere Verfassungsänderungen braucht. Mit der Wahlrechtsreform konnte die Regierungspartei ihren Stimmenverlust von knapp 8 % gegenüber der Wahl von 2010 wettmachen.

Ferner hat das ungarische Parlament auf Antrag Orbáns durch die Änderung des Haushaltsgesetzes im März 2016 auf eine wesentliche Kompetenz selbst verzichtet, das Budgetrecht nämlich, und die Regierung ermächtigt, nun weitgehend von selbst über die Finanzen zu entscheiden.[268] Dass er von Demokratie wenig hält, gibt Orbán auch öffentlich zu, so sprach er sich im Juli 2014 für einen »illiberalen neuen Staat auf nationalen Fundamenten« aus und zitierte Russland, die Türkei und China als Vorbild »erfolgreicher Nationen«.[269] Dabei impliziert die These vom »illiberalen Staat« auch die einer »illiberalen Demokratie«, wie sich nicht erst beim Besuch von Kanzlerin Merkel in Ungarn Anfang Februar 2015 zeigte.[270]

Fidesz gehört jedoch zur Fraktion der Europäischen Volkspartei im EU-Parlament und wurde auch in Deutschland mehrfach von CDU-Politikern in Schutz gegen Kritik genommen, sogar für Orbáns Mediengesetz in der ursprünglichen Fassung.[271] Zur politischen Realität in Ungarn gehört freilich auch, dass sich rechts von Fidesz die offen rassistische und faschistische Partei *Jobbik* befindet, die bei der letzten Wahl 20,4 % der Wahlkreisstimmen, 20,2 % bei der Listenwahl und damit 23 Mandate bekam. Damit haben also immerhin ca. 65 % der Wähler Fidesz und Jobbik gewählt und somit den Prozess der Entdemokratisierung Ungarns für gut geheißen – für die Jobbik-Wähler sicher noch nicht ausreichend. Aufgrund der immerhin existierenden politischen Unterschiede zwischen Fidesz und Jobbik bekommt Orbán denn auch weiterhin Unterstützung durch europäische Christdemokraten, so nach seinem Wahlsieg durch den stellvertretenden CDU/CSU-Fraktionsvorsitzenden Hans-Peter Friedrich: »In beeindruckender Weise hat Viktor Orbán erneut das Vertrauen von weiten Teilen der ungarischen Wählerinnen und Wähler gewinnen können. Damit wird Ungarn weiterhin eine stabile Regierung haben. Die klare Mehrheit von FIDESZ wird auch dazu führen, dass die rechtsradikale Partei Jobbik keine Chance hat, ihre extremistischen Ideen umzusetzen.«[272] Doch falls Fidesz bei der nächsten Wahl unter 50 % der Parlamentssitze rutschen würde, was angesichts des Wahlrechts einer Revolution gleich käme, dann hätte Viktor Orbán sicherlich keine Skrupel, sich mit Jobbik soweit zu verständigen, dass er weiterhin Regierungschef bliebe.

Orbáns Nationalismus zeigt sich nicht nur in einem nationalen Pathos als Legitimation nach innen, sondern auch als Infragestellung des Status quo nach außen, er beruft sich auf eine tausendjährige großartige Geschichte, so wie er die Geschichte der letzten hundert Jahre in Frage stellt, nämlich den Ausgang des Ersten Weltkrieges mit der Neuordnung Mitteleuropas auf der Pariser Friedenskonferenz und der Grenzziehung des unabhängigen Ungarn im Vertrag von Trianon. Während Ungarn zuvor innerhalb der Habsburger Monarchie über Minderheiten herrschte (von Kroaten bis Rumänen), wurde Ungarn nun soweit verkleinert, dass bis heute fast auf jeder Seite seiner neuen Grenzen eine ungarische Minderheit im Nachbarland lebt. Die Präambel der neuen Verfassung von 2011 enthält nicht nur pathetische Beschwörungen der ungarischen Geschichte und Kultur, in Bezug auf die aktuelle Lage heißt es darin auch: »Wir leisten das Versprechen, dass wir die geistige und seelische Einheit unserer in den Stürmen des vergangenen Jahrhunderts in Stücke gerissenen Nation bewahren. [...] Wir verpflichten uns [...], die durch den Menschen geschaffenen und von der Natur gegebenen Werte des Karpatenbeckens zu pflegen und zu bewahren.«[273] Diese Blut-und-Boden-Formel – Was sind denn die »von der Natur gegebenen Werte des Karpatenbeckens«? – bezieht sich auf einen geographischen Raum, der ganz eindeutig die Grenzen Ungarns innerhalb der K.u.K.-Monarchie in Erinnerung ruft, wie auch die Formulierung der »einheitlichen ungarischen Nation« in der Verfassung die »Volksungarn«, wenn man sie denn so in Anlehnung an den Begriff der »Volksdeutschen« nennen darf, einbezieht.[274] Entsprechend bekamen sie auch durch die neue Verfassung das Recht auf die ungarische Staatsbürgerschaft und das Wahlrecht. Im Ukraine-Konflikt vertritt Orbán eine gegen die EU-Politik gerichtete Position, indem er politische Autonomie für die ungarische Minderheit in der Ukraine fordert und damit dasselbe am westlichen Rand wie die prorussischen Kräfte und Russlands Präsident Putin am östlichen Rand.[275] Nun hat Orbán nicht die politische Macht und nicht die militärischen Mittel so zu agieren wie Putin, wenn er es aber nur schaffte, einem ungarischen Separatismus in der Ukraine und den anderen Staaten Leben einzuhauchen, dann könnte dies durchaus den ganzen geopolitischen Raum destabilisieren.

Anlässlich der Flüchtlingstragödie auf die politische Lage in Ungarn befragt, erklärte der Pianist András Schiff am 8.9.2015 im Bayrischen Rundfunk, dass die ungarische Sprache viel zur Isolation der Ungarn betrage, sie bemühten sich wenig in Fremdsprachen und das Ausland habe Probleme, den Vorgängen in Ungarn zu folgen: »Wenn dort eine große Schweinerei ist oder jemand sagt etwas im Parlament auf Ungarisch, das erfahren die in Deutschland meistens nicht. Ich glaube, dass die ungarische Sprache hat Orbán und Fidesz und aber auch Jobbik sehr viel geholfen, als wenn man solche Dinge auf Deutsch oder Englisch oder Französisch sagen würde, das wäre am gleichen Tag ein Weltskandal« (transkribiert nach dem deutschen Wortlaut).[276]

Europa

Die Tour d'horizon hat einige Länder ausgelassen, über die man auch hätte sprechen können, so zum Beispiel *Spanien,* wo *Podemos* nach dem Vorbild von SYRIZA bei der Parlamentswahl am 20.12.2015 immerhin mit 20,66 % knapp hinter den Sozialisten mit 22,01 % und den Konservativen mit 28,72 % landete und zusammen mit einer weiteren neuen, aber neoliberalen Partei, *Ciudadanos* (13,93 %), das alte Parteiensystem aus dem Lot gebracht hat. Seither gibt es eine nicht enden wollende Regierungskrise mit Neuwahl ohne Änderung der Verhältnisse und zuletzt schließlich eine wackelige Tolerierung der konservativen Minderheitsregierung unter Ministerpräsident Rajoy durch die Sozialisten

– wie lange? Beiseite gelassen haben wir auch *Italien,* das mit seiner Protestpartei *Cinque Stelle* des Komikers Beppe Grillo einen besonderen Fall von Linkspopulismus präsentiert, so wie die Ära Berlusconi auch schon einzigartig auf der Rechten war. Ministerpräsident Renzi fiel mit seinem Referendum über eine Verfassungsänderung, die von der Sache her wohl berechtigt war, durch, weil man in Hochzeiten des Populismus am besten keine Volksabstimmung ansetzt – egal wofür. Den Wählern ging es offensichtlich nicht um die Abstimmung in der Sache, sondern darum, der Regierung die rote Karte zu zeigen. Auch die *Schweiz* wäre eine Erwähnung wert gewesen, ist doch die Schweizerische Volkspartei von Christoph Blocher die stärkste Partei im Parlament mit knapp 30 % Wählerstimmen. Und auch *Polen* bleibt hier außen vor, das jüngst unter der neuen rechtskonservativen Regierung der PIS den ungarischen Weg geht oder es zumindest versucht. Über Nacht wurde daraus ein neues Problem für die EU.

Bewundernswert dagegen ist *Irland,* das ebenfalls tief in die Finanzkrise gestürzt war und europäische Hilfe zu den bekannten Bedingungen akzeptieren musste. In Irland gibt es keine Beschwerden darüber, keinen Links- oder Rechtspopulismus, keinen Antieuropeanismus… – nichts von alledem, das uns hier beschäftigt. Irland ist erfolgreich dabei, sich aus der Krise zu retten: Das Bruttoinlandsprodukt ist 2014 höher als im Krisenjahr 2009 und hat fast schon wieder das Niveau von 2008 erreicht (2014: 38 400 Euro / 2009: 36 400 Euro / 2008: 39 300 pro Kopf), die Gesamtverschuldung wurde 2014 unter den Stand von 2011 gesenkt (2014: 109,7 % / 2011: 111,2 % PIB), die Arbeitslosenquote ist saisonbereinigt im Januar 2015 auf 10,0 % zurückgegangen gegenüber 12,1 % zum gleichen Zeitpunkt im Vorjahr.[277]

So sollen zu guter Letzt *Europa* selbst, das Ergebnis der Europawahl 2014 und ein Blick auf die gesamteuropäische Thematik diese Tour d'horizon abschließen. Bei den Nationalwahlen 2017 in Frankreich stand das Schicksal Europas auf der Kippe. Im ersten Wahlgang der Präsidentschaftswahl vereinigten die extreme Rechte und die extreme Linke mit radikal antieuropäischen Positionen 41 % der Stimmen auf sich, zusammen mit den allesamt antieuropäischen kleinen Kandidaten waren es ca. 50 %. Auch die anderen Kandidaten vertraten kritische Positionen gegenüber der EU, selbst der gelobte »proeuropäische« Emmanuel Macron musste im Wahlkampf noch Europakritik nachliefern, den deutschen Exportüberschuss für »untragbar«[278] erklären und überhaupt die »deutsche Dominanz« in der TV-Debatte am 18.3. kritisieren, um mithalten zu können. In seinem Wahlprogramm versprach er nebulös die »Befreiung Europas von obsoleten Regeln«.[279]

Es ist fraglich, ob nach seinem Wahlsieg Frankreich wieder der verlässliche Partner an Deutschlands Seite wird, wie ihn sich die Deutschen wünschen, und daraus ein Duo »Mercron« entstünde. Ganz eindeutig will die Mehrheit der Franzosen keine weitere »deutsche Dominanz«, und Macron kann seine proeuropäische Politik nur durchsetzen, wenn es ihm gelingt, glaubhaft zu machen, dass Frankreich unter seiner Präsidentschaft mehr zu sagen hat als unter Sarkozy und Hollande, und das heißt: nicht mehr Deutschland nachläuft. Das französische Duo Macron/Moscovici, der Präsident und der EU-Währungskommissar, wird vielleicht den Ton angeben, so deutete es sich jedenfalls durch die Ankündigung von Moscovicis Reformplan für die Wirtschafts- und Währungsunion am 31.5.2017 an.

Allen rechts- wie linkspopulistischen Parteien in Europa ist die Ablehnung der EU oder zumindest der EU in dieser Form (»Europa ja – EU nein«) gemeinsam, wobei der Euro und das Management der Finanz- und Schuldenkrise auch zum Katalysator für die Entstehung neuer Parteien wurden. Parallel dazu entwickelte sich die Freizügigkeit innerhalb der nach Osten erweiterten EU – zuletzt für Bulgaren und Rumänen seit dem 1.1.2014 – zu einem zusätzlichen Problem und casus belli für die Briten. Die Anti-Immigrations-Propaganda in Großbritannien und in anderen Ländern unterscheidet nicht mehr zwischen Europäern oder Nicht-Europäern, »Fremden« oder »Allzufremden«, wie einst einmal die F.A.Z. in einem herausragenden Editorial 1982 – also sieben Jahre vor dem Fall der Mauer und des Eisernen Vorhangs – differenzierte und dabei noch meinte: »Mit den Ost-, den Süd- und den Südosteuropäern [...] geht es ziemlich gut; [...] Aber ›außen vor‹ sind vor allem die Turk-Völker geblieben [...]. Sie sind nicht zu integrieren: subjektiv wollen sie es nicht, und objektiv können sie es nicht.«[280] Mit dem »objektiv können sie es nicht« hat der Autor aber genau den Ton der radikalen Ablehnung getroffen, der den Unterschied zwischen der Ebene problemorientierter Diskussion und xenophober Abwehr ausmacht, denn hier wird nicht mehr darüber diskutiert, wie Integration aussehen könnte oder sollte, sie wird schlicht für unmöglich erklärt. Es ist die radikale Antwort auf die ebenso radikale Ansicht, die europäische Integration vollziehe sich von selbst, weswegen die Osterweiterung der EU mangelhaft organisiert war und schlecht bis gar nicht auf die Herausforderung durch die riesige sozioökonomische Kluft vor allem der südosteuropäischen gegenüber den westlichen Ländern vorbereitet hat. Genau wie bei Griechenlands Euro-Beitritt ging es hier nur um eine politische Entscheidung: Der gespaltene Kontinent sollte wieder zusammengefügt werden – als ob er es denn vor dem Zweiten Weltkrieg gewesen wäre –, die ehemaligen Ostblockstaaten in den Westen eingebunden werden. Die problematischen Konsequenzen, meinte man, würden sich durch eine zeitliche Streckung des Integrationsprozesses quasi von selbst lösen. Als eine Fortsetzung in dieser Richtung erscheint jedoch Pierre Moscovicis Plan, die Ausdehnung der Eurozone auf alle Mitgliedstaaten sei eine Lösung der Probleme und Stärkung des Euro.[281] Während die bestehenden Mitglieder der Eurozone sich kaum auf eine gemeinsame Politik gegenüber den Krisenländern in ihren Reihen einigen können, soll der Beitritt wirtschaftlich weit schwächerer Staaten den Euro stärken? Schon die weitere Politik gegenüber Griechenland könnte die bestehende Eurozone in die nächste Krise stürzen.

Es gibt somit reale Probleme, die die Kritik an der EU motivieren. Man kann die wirtschaftsliberale Politik der EU kritisieren oder im Gegenteil als unzureichend empfinden, und natürlich kann und muss man auch fehlende Entscheidungen gegen Fehlentwicklungen anprangern. Die darauf von den Populisten gegebenen Antworten stellen aber keine konstruktiven Lösungsversuche dar: Die Abschaffung des Euro oder die Auflösung der EU in ihrer bestehenden Form oder auch nur der Austritt einzelner Staaten daraus würde gerade diesen, die ihre Probleme damit zu lösen glauben, keineswegs helfen. Wie der Ausstieg Großbritanniens überhaupt aussehen soll, war noch ein Jahr nach dem Referendum völlig unklar, und die Wahl im Juni 2017 hat nicht einmal die Klärung der eigenen Position dazu herbeigeführt.

Es ist erstaunlich, dass eine Koryphäe der Erforschung des Rechtspopulismus wie der niederländische, seit einiger Zeit auch in den USA lehrende Politologe Cas Mudde noch 2012 glaubte, dem Alarmismus der wachsenden Zahl wissenschaftlicher Studien und öffentlicher Äußerungen von Politikern (darunter des ehemaligen EU-Ratspräsidenten van Rompuy) entgegentreten zu müssen, die vor dem Anstieg der rechtspopulistischen Parteien warnten, und ihnen (auch den wissenschaftlichen Kollegen, die alle sein grundlegendes Werk von 2007 zitieren) sozusagen eine Lektion erteilen zu müssen: »Three decades of populist radical right parties in Western Europe: So what?«[282] Darin stellt er sogar ein gegenteiliges Szenario vor: Während bis 2009 der Erfolg der Rechtspopulisten bei Wahlen größer wurde, gehe er seither zurück. Seine Liste von Wahlergebnissen 2008–2011, die das belegen sollte, ist jedoch höchst unklar, es fehlen die »Wahren Finnen« mit ihren 19,2 % und der Front National ist einem rätselhaften Ergebnis von 4,3 % notiert, während er bei den Kantonalwahlen 2011 mit 15 % nationalem Durchschnitt einen weiteren Anstieg in der Wählergunst verzeichnen konnte. So ist schon die analytische Basis dieser Kollegenschelte zweifelhaft und entsprechend gravierend die daraus folgende Fehlprognose für die Zukunft, denn nur zwei Jahre später stellen die Rechtsextremen, Populisten und Europakritiker aller Couleur ca. ein Drittel der Abgeordneten im EU-Parlament, kamen die Rechtspopulisten in Großbritannien, Frankreich und Dänemark dabei jeweils auf Platz 1 und steht die politische Debatte in mehr als einem Land im Bann des Rechtspopulismus. Kurioserweise hatte Mudde 2004 einen Artikel mit genau gegenteiliger Tendenz veröffentlicht und darin der These vom Populismus als nur pathologischer Begleiterscheinung (»nomal pathology«) von Demokratien widersprochen: »Heute ist der populistische Diskurs zum Mainstream in der Politik der westlichen Demokratien geworden. Man kann tatsächlich von einem populistischen Zeitgeist sprechen.«[283] Wären die beiden Artikel in umgekehrter Reihenfolge erschienen, hätten sie die reale Entwicklung getroffen.

Der Zuwachs der antieuropäischen Rechts- und Linkspopulisten hat auch dafür gesorgt, dass im Europaparlament nur noch eine große Koalition von Sozialisten bis Christdemokraten – oder in UKIP-Sprache: LibLabCon (Liberal, Labour, Conservative) – in der Lage ist, den Präsidenten der EU-Kommission zu wählen. Das Drittel der Europakritiker und -gegner von rechts bis links verteilt sich größtenteils auf die anerkannten Fraktionen: »Europa der Freiheit und der direkten Demokratie« (mit UKIP) (6,4 % der Mandate), »Europäische Konservative und Reformisten« (mit den britischen Konservativen) (9,3 %), »Vereinte Europäische Linke« (mit der Linkspartei aus Deutschland) (6,9 %). Der Front National konnte mit einiger Verspätung eine Fraktionsgemeinschaft mit Wilders' PVV, der FPÖ, der Lega Nord und einzelnen Abgeordneten aus Belgien (Vlaams Belang), Polen und Großbritannien eingehen: »Europa der Nationen und der Freiheiten« (4,9 %). Von den 7 Abgeordneten der AfD aus der Lucke-Ära blieben nach der Parteispaltung zwei übrig, Marcus Pretzell schloss sich dann der neuen Rechtsfraktion »Europa der Nationen und der Freiheiten« an, während Beatrix von Storch zu »Europa der Freiheit und der direkten Demokratie« ging. Zu den Europagegnern hinzugezählt werden müssen natürlich auch die Abgeordneten der Fidesz, die zwar in der EVP eingruppiert, aber gleichwohl antieuropäisch orientiert sind (12 Sitze, das entspricht 1,6 %).

Man muss sich die Situation klar vor Augen führen: Zur Wahl einer europäischen »Regierung«, wenn man die Kommission als solche verstehen will, gegen die Europaskeptiker und -gegner waren de facto alle demokratischen und proeuropäischen Fraktionen nötig, jedenfalls die Europäische Volkspartei und die Sozialdemokraten. Diese große Koalition hat denn auch ziemlich schnell die Problematik offenbart, die entsteht, wenn es innerhalb des demokratischen oder hier proeuropäischen Lagers keine Wechselmöglichkeit mehr gibt: Kommissionspräsident Juncker wäre – unbeschadet seiner Qualitäten als Europapolitiker – nach der Veröffentlichung der legalisierten Steuerhinterziehungspraxis für ausländische Unternehmen in Luxemburg, für die er selbst verantwortlich gewesen war, vermutlich nicht länger im Amt geblieben, wenn »LibLabCon« nicht auf Gedeih und Verderb aufeinander angewiesen wären. Diese große Koalition hat auch die Berufung eines Untersuchungsausschusses zu den Steuerprivilegien in Luxemburg verhindert. Solche Vorgänge sind natürlich Wasser auf die Mühlen der Europagegner, und sie nutzen es auch voll aus, denn die Demokratie wird objektiv in Frage gestellt, nicht nur von ihren Gegnern, wenn notwendige Kontrollmechanismen aufgrund einer regierenden Zweidrittelmehrheit nicht mehr funktionieren. Dasselbe gälte auch für die Große Koalition in Berlin, wenn sie der Opposition nicht durch *good will* Rechte überlassen hätte, auf die sie nach der Geschäftsordnung des Bundestages eigentlich gar keinen Anspruch hat.

Die Kritik an Europa teilt sich paradoxerweise in eine Kritik, die »zu viel« Europa sieht (Bürokratie usw.), und eine andere, die »zu wenig« Europa sieht, zu wenig Integration. Beide sind sich einig im Vorwurf, dass es zu wenig Demokratie gebe, meinen damit aber etwas ganz Verschiedenes. So gibt es Forderungen nach einer verstärkten europäischen Einigung als Weg aus der Krise, wie, inzwischen schon historisch, zum Beispiel von Joschka Fischer mit seiner Idee der *Vereinigten Staaten von Europa*, der er nach seinem spektakulären Appell von 2000[284] auch 2014 noch anhing, allerdings reduziert auf ein Kerneuropa, gleichsam in einem neuen Schengener Abkommen.[285] Einige Zeit später kommentierte der Historiker Heinrich August Winkler, dass die von Fischer aufgezeigte Alternative *Integration oder Erosion* bedeutete, aber Fischers daraus gewonnene Konsequenz bei den europäischen Nachbarn nicht geteilt wird: »Der deutsche Außenminister hatte in seiner Rede an der Humboldt-Universität zwar versichert, in einer europäischen Föderation würden die Nationalstaaten eine sehr viel größere Rolle behalten, als die Länder in der Bundesrepublik Deutschland sie hätten. Aber aus französischer und (noch mehr) aus britischer Sicht war ebendies der Pferdefuß in den deutschen Ideen von einer europäischen Föderation: Paris und London drohte die Gefahr, in einem solchen staatsähnlichen Gebilde auf den Status deutscher Landeshauptstädte wie München oder Düsseldorf herabzusinken. Mit einer derartigen Vision mochte sich in

Großbritannien und Frankreich weder die politische Klasse noch die Bevölkerung anfreunden.«[286]

Was damals galt, gilt heute umso mehr. Eine andere, schon zuvor geäußerte, aber letztlich ähnliche Idee Fischers war die einer Europäischen Verfassung, die dann tatsächlich auch realisiert werden sollte. Eine Crux dieses Projekts war von vornherein, dass es in einigen Mitgliedstaaten einer Volksabstimmung bedurfte und in anderen nicht, in der Art und Weise ihres Zustandekommen hätte die Verfassung ihrer eigenen Grundidee widersprochen. Aber die ablehnenden Voten bei den Referenden in Frankreich und den Niederlanden – zwei Mitgliedsländern der ersten Stunde – ließen das Projekt ohnehin scheitern. Dass es auf einem Umweg, das heißt unter Umgehung von Volksabstimmungen (außer in Irland), dann doch im Vertrag von Lissabon 2007 beschlossen wurde, war sicher ein wichtiger und richtiger Schritt im Hinblick auf eine effektivere und auch demokratischere Union (Stärkung des Parlaments), von der ganzen Vorgehensweise her aber auch keine demokratische Meisterleistung und weit weg von dem, was der Begriff Verfassung impliziert hätte.

Weitere Vorstöße zu mehr Integration kamen mit der Euro-Krise, als klar wurde, dass es noch präzisere Regeln für die Finanzpolitik in Europa geben musste. So forderte die »Glienicker Gruppe« von Professoren eine »handlungsfähige Wirtschaftsregierung« auf europäischer Ebene, einen »Euro-Vertrag für die Euro-Union«.[287] Auch hier verkennen die deutschen Wissenschaftler, wie selbst ihre Kollegen in anderen Ländern darüber denken, geschweige denn die Politiker. Auch in Frankreich sind solche Vorstellungen bislang nicht mehrheitsfähig gewesen, obwohl gerade eine Professorengruppe um Thomas Piketty sich diesen und auch Fischers Vorstellungen tendenziell anschließt und ein Parlament für die Eurozone fordert.[288] Doch bei der Lektüre des Manifests der Professoren wird klar, dass damit Vorstellungen von einer Transferunion verbunden sind, die wiederum in Deutschland nicht akzeptabel wären. Umgekehrt würde eine weitere Einigung auf der Basis der Sparpolitik und ohne Schuldenverteilung jedoch von den Franzosen nur als eine weitere Stärkung der deutschen Dominanz empfunden. Wie Emmanuel Macron bzw. Pierre Moscovici dieses Problem mit ihrer neuen Initiative lösen wollen, darauf darf man gespannt sein: Wie sähen die Vollmachten eines Euro-Finanzkommissars genau aus? Was bedeutet ein demokratischer Entscheidungsprozess in diesem Zusammenhang? Kein Land wird in diesem Tauziehen seine Souveränität weiter einschränken lassen wollen.

All diese Vertiefungspläne sehen jedoch eine Stärkung der parlamentarischen Institution und eine Schwächung der nationalen Exekutiven und somit per definitionem eine Demokratisierung durch Abbau der nationalen Souveränität vor. Ein Europa- oder Euro-Parlament, in dem die Deutschen von den anderen einfach überstimmt werden könnten, würde vielleicht letzteren gefallen, aber Deutschland nicht, und für Frankreich gilt entsprechend dasselbe. Die Vertiefung der Integration, wie sie der deutschen Regierung daher vorschwebt, wäre eine stärkere Bindung der Einzelstaaten an gemeinsame Prinzipien durch entsprechende zwischenstaatliche Verträge nach dem Beispiel des Fiskal- und Stabilitätspaktes (Schuldenbremse). Alle wichtigen Entscheidungen blieben den Nationalstaaten in Abstimmung untereinander überlassen, wie es ja auch in der Euro-Finanzkrise zu sehen war. Es gibt in der Realität bei niemandem die Bereitschaft, seine Souveränität noch mehr an europäische Institutionen abzutreten, wenn dies nicht den eigenen Vorstellungen entspricht.

Die Vertiefungspläne wollen also die zentrifugalen Kräfte durch eine gegensätzliche Kraft aufheben. »Wir haben's von Anfang an gewusst« – mit einer nicht einmal heimlichen Schadenfreude kommentierten britische Beobachter und Experten die Euro-Krise, beim Brexit halten sie sich bedeckter. Einer dieser Experten ist der oben schon vorgestellte Roger Bootle, unter dessen Leitung ein preisgekrönter *practical guide* zum Ausstieg aus dem Euro erarbeitet wurde.[289] Doch das Buch ergießt sich in Gemeinplätzen und historischen Reminiszenzen (zum Beispiel die Entstehung der nationalen Währungen nach dem Zerfall des Habsburger Reiches oder der Sowjetunion), die nichts mit der heutigen Situation zu tun haben und keine Referenz sein können, und technischen Details eines solchen Ausstiegs, die sekundär sind gegenüber den Grundfragen einer solchen zuvor zu treffenden Entscheidung. Zum Beispiel soll man die Vorbereitungen für den Ausstieg geheim halten und die eigene Währung danach dann abwerten – wer hätte es gedacht? Was wäre aber mit den in Euro notierten Schulden nach einem Austritt und der Abwertung der neuen Währung? Da hat Bootle doch etwas Interessantes anzubieten: Entweder der Schuldner »kann seine Verpflichtungen nicht erfüllen oder er muss bessere Bedingungen aushandeln.«[290] Also: Zahlungsunfähigkeit oder Erpressung mit derselben … Mit dieser lapidaren Feststellung reduziert sich das Ausstiegsszenario auf eine simple Botschaft: Es zeigt nämlich den einzigen quasi legalen Weg auf (auf die Legalität legt der Text viel Wert), wie man seine Schulden loswird, indem man sich zahlungsunfähig macht – das hatte auch Varoufakis erkannt. Die weiteren damit verbundenen Risiken bleiben in der preisgekrönten Studie im Bereich vager Eventualitäten: Wie würden die Euro-Schuldnerländer darauf reagieren? Wer würde mit solch einem Land noch Geschäfte machen wollen, und in welcher Währung sollten diese notiert werden? Und wer würde ihm noch weitere Kredite geben? Letzteres mit Sicherheit niemand.

Den Europapessimismus im Juli 2015 brachte Bernd Ulrich in der *Zeit* sehr gut auf den Punkt: »Unablässig ist jetzt von links bis rechts, vom *Economist* bis zum *Neuen Deutschland* die Rede vom ›Versagen‹, von ›Scheitern‹, viele sehen den Anfang vom Ende der EU gekommen. Erst Griechenland, dann die Briten, dann siegt Le Pen, dann nimmt Putin Mariupol, dann, dann, dann. [...]. Dem depressiven Diskurs fügt sich der ideologische an. Anstatt Griechenland als den Sonderfall zu behandeln, der es ist, wird es als beispielhafter Exerzierplatz für linke oder rechte Wirtschaftspolitik, für Austerität gegen Keynesianismus missbraucht. Alle, die zu Hause nicht durchdringen – weder mit purem Neoliberalismus noch mit einer Politik des Gelddruckens und Schuldenmachens –, versuchen als ideologische Kolonialisten die griechischen Inseln zu erobern. Schlimmer noch, einige glaubten sogar, mit Griechenland den Hebel gefunden zu haben, mit dem sich die Wirtschaftspolitik im gesamten Euro-Raum in eine andere Richtung kippen lässt.«[291]

Wie sehr sich ein struktureller, vermutlich unterbewusster, man möchte fast sagen: somnambuler Anti-Europa-Diskurs in allem eingenistet hat und selbst im rational sein wollenden Text über Europa auftauchen kann, zeigt sich allerdings auch ab und zu in der *Zeit* selbst, unter anderem kurz zuvor in einem Artikel von Thomas Assheuer in der Ausgabe vom 28.5.2015, wo er vom »Konflikt zwischen nationaler Demokratie und Brüsseler Durchsetzungsmacht« spricht.[292] In dieser Gegenüberstellung kommt bewusst oder unbewusst der ganze Antieuropeanismus zum Ausdruck: hier die Demokratie«, dort die »Durchsetzungsmacht«. Es wird suggeriert, »Brüssel« sei undemokratisch, autoritär, dabei besteht die »Brüsseler Durchsetzungsmacht« doch nur aus der Summe der Mitgliedsstaaten der EU oder zumindest ihrer Mehrheit, und dies zeigt sich ja kurioserweise genau da am deutlichsten, wo es diese »Durchsetzungsmacht« gar nicht gibt, da man immer wieder zäh um Entscheidungen ringen muss. Auch der Begriff der »Brüsseler Nomenklatura«[293] suggeriert die selbstherrliche Macht einer Elite wie seinerzeit in den sozialistischen Ostblockstaaten. Hinter solchen sprachlichen Umwegen kommt man wieder auf die populäre Vorstellung zurück, die EU-Institutionen (Kommission usw.) seien abgehoben, nicht demokratisch, ja sogar »von niemandem legitimierte Technokraten in Brüssel«, womit sich Sahra Wagenknecht mit allen Anti-EU-Populisten trifft.[294]

Doch werden ihre Mitglieder alle gewählt, alle Entscheidungsträger sind durch demokratische Wahlen in ihr Amt gekommen, auf nationaler oder auf europäischer Ebene. Es gibt kein Bürokratiemonster in Brüssel, das über die Nationalstaaten herrschte. Aber an die Erfahrung appellierend, die wir mit den kleinlichen bürokratischen Vorschriften über die Krümmung der Banane oder Gurke gemacht haben (inzwischen passé) oder der Identifizierung des Ölivenöls im Restaurant noch machen (noch aktuell), kann man bei Jedem entsprechende Assoziationen hervorrufen und suggerieren, dass auch die großen Entscheidungen abgehoben und damit undemokratisch zustande kämen – was die Wirklichkeit auf den Kopf stellt. Doch wen kümmert's: Schon der Titel des *Spiegel* vom 6. Juni 2005 anlässlich der Ablehnung der EU-Verfassung in Frankreich und den Niederlanden: »Aufstand gegen Europa – Die Diktatur der Bürokraten«, hat die Anti-EU-Stammtische reichlich bedient: »Mit ungebremster – und unkontrollierter – Regulierungswut greift die EU mehr und mehr in die Lebenswelt ihrer Bürger ein. Dabei mangelt es der Brüsseler Gesetzgebungsmaschine von jeher an demokratischer Legitimation«.[295] Dies ist eine Offenbarung von Ignoranz und das Credo aller EU-Gegner. Die Regelungswut der EU-Kommission konnte und kann man sicher kritisieren, sie ist aber nicht undemokratisch, die Kommission besteht aus gewählten Mitgliedern, die grundsätzlich nach Regeln handeln, die ihnen von anderen EU-Gremien vorgegeben sind. »Nun muss sie [die EU] auf Großmachtträume verzichten und sich mit einem gemeinsamen Markt begnügen?« fragte der *Spiegel* weiterhin.[296] Doch es ist gerade der Gemeinsame Markt selbst, der die angeprangerte Regelungswut hervorgebracht hat, weil in der Logik des Gemeinsamen Marktes gleiche Bedingungen, gleiche Standards und gleiche Chancen überall verwirklicht werden sollen, so wie zuvor in den nationalen Märkten. Das sollte eigentlich nicht so schwer zu verstehen sein.

Hinter diesen aktuellen Debatten stehen letztlich ungeklärte Differenzen grundsätzlicher Natur über die EU. Die Diskussion darüber ist auf dem bisherigen Weg des Einigungsprozesses durch die Vorstellung von einer ständig weitergehenden Integration und der sukzessiven Lösung der damit verbundenen Probleme durch den Integrationsprozess selbst immer wieder aufgeschoben worden. Eine Mischung von Europa-Euphemismus und Aussitzen der realem Probleme hat zu einem Problemstau geführt, der irgendwann nicht mehr ignoriert werden konnte. Wir werden weiter unten im Kapitel *Europa – Was ist das?* auf diese grundsätzlichen Fragen zurückkommen.

2. Phänomenologie der Krise

Eine vielleicht so noch nie dagewesene Lebensangst ist der unheimliche Begleiter des modernen Menschen. Er hat Angst um sein vitales Eigendasein, das, stets bedroht, stärker als jemals ins Zentrum der Aufmerksamkeit getreten ist; und er hat die ganz andere Angst um sein Selbstsein, zu dem er sich nicht aufschwingt.

Karl Jaspers, 1930[1]

»Welt, lass mich in Ruhe!« titelte *Die Zeit* in ihrer Silvesterausgabe 2014/15, brachte dazu dann allerdings keine politische Analyse der Weltbeziehung des Individuums, oder allenfalls nur indirekt, sondern eine deswegen nicht uninteressantere Darstellung des modernen *My home is my castle*: »Wenn es draußen kompliziert wird, flüchten sich die Menschen in Haus und Garten. Davon profitiert eine ganze Wohlfühlindustrie.«[2]

Die treffend angesprochene Flucht vor dem komplizierten Draußen kann natürlich nur in eine Scheinwelt führen, zumal das Draußen längst auch schon drinnen ist. Wie eingangs erwähnt, ist die empfundene Bedrohung von außen (Globalisierung, Europäisierung, Verlust der Souveränität und der Selbstbestimmung, Immigration, Überfremdung, Verlust der Identität) der hauptsächliche Vektor für den Erfolg der rechts- aber auch linkspopulistischen Parteien, ein gemeinsamer Nenner, der von beiden auch als solcher erkannt wird, wenn es um Europa geht (einig ist man sich nur nicht in der Frage der Immigration). So begrüßte Marine Le Pen sofort die Ankündigung der Neuwahl in Griechenland mit der Hoffnung auf den »Sieg des Volkes und seiner Vertreter gegen die europäische Oligarchie und die Hochfinanz«[3] und gegen den »europäischen Totalitarismus«[4], was nur einen Sieg von SYRIZA meinen konnte. Ihre Sprache zeigt die Kunst, sich mit dem historischen Totalitarismusbegriff der Terminologie zu bedienen, die politisch auf der Seite der historischen Gegner des Links- wie Rechtsextremismus zuhause ist, und diese für die eigenen Zwecke zu adaptieren. Die Solidaritätsbekundung mit SYRIZA und dem »von Euro und Euro-Banken ausgeplünderten griechischen Volk« führt bei Marine Le Pen allerdings zu einer anderen Schlussfolgerung als bei SYRIZA (jedenfalls, was deren offizielle Position angeht), nämlich zur Forderung nach Auflösung des »Voudou-Geldes, dem alles geopfert werden muss, inbegriffen die Völker, ihre Demokratie und ihr Wohlstand.«[5]

Der ganze Anti-Diskurs richtet sich nicht nur gegen eine als falsch gegeißelte Politik, sondern, und das ist das Entscheidende, er sieht das Land, das Volk, die Menschen…, für die er zu sprechen vorgibt, als Opfer einer monströsen Entwicklung und eines damit verbundenen Demokratiedefizits, oft im Duktus der Verschwörungstheorie. So können alle Parteien, ob UKIP, FN, SYRIZA, AfD oder auch die PEGIDA-Demonstranten, argumentativ die Demokratie für sich gegen das »System« in Anspruch nehmen, in Deutschland noch um den Aspekt vermehrt, dass man aufgrund des historischen Erbes des Nationalsozialismus einer Meinungszensur besonderer Art unterliege: »Wir sind keine Nazis!« riefen PEGIDA-Demonstranten[6] und unterstellten damit von Anfang an den Anderen – den Medien, der Öffentlichkeit, der »Lügenpresse« – etwas, das bis dahin so nicht geäußert wurde. Der Opferdiskurs spricht eine Minderheit an, die sich in Wirklichkeit als die Mehrheit (die schweigende Mehrheit) betrachtet: »Wir sind das Volk!«, dieser einst gegen die SED-Diktatur gerichtete Slogan der DDR-Bürgerbewegung, der den Anspruch der SED, die »Arbeiter- und Bauern«-Interessen zu vertreten, ad absurdum führte, ist tatsächlich auch der gemeinsame Nenner im Selbstverständnis aller rechtsradikalen Bewegungen. So ist »le peuple« inzwischen ein erfolgreich vom Front National besetzter Begriff in Frankreich, zumal er auch den sozialen Aspekt des »einfachen Volkes« umfasst, also beide lateinischen Begriffe *populus* und *plebs* in sich vereint, und der FN seit den 1990er Jahren die am meisten von Arbeitern gewählte Partei ist: Bei der Europawahl 2014 erzielte der FN 43 % der Stimmen einfacher Arbeiter, 38 % der Angestellten und 37 % der Arbeitslosen. Vom Bildungsgrad her mobilisierte die Partei mehr als die Hälfte der Wähler mit nur einem schulischen Bildungsabschluss (inklusive Abitur) ohne weitere Zusatzausbildung.[7]

Die Krisenpolitik der EU hat deutlich gezeigt, dass die politische Führung wie in früheren Zeiten immer noch bei Deutschland und Frankreich liegt, allerdings mit veränderter Gewichtung und mit weit weniger Einstimmigkeit: Während Frankreich früher noch eine Rolle des *primus inter pares* für sich in Anspruch nehmen konnte, eine stärkere politische Führung, und Deutschland der wirtschaftlich stärkere Partner war, aber die deutsche Regierung diplomatisch zurückhaltend agierte, hat in den politischen Debatten der jüngeren Zeit Deutschland das Sagen, braucht allerdings trotzdem die Abstimmung mit Frankreich. In gewisser Weise haben sich die Rollen den Realitäten angepasst, könnte man sagen. Das »Nein« der französischen Wähler bei der Volksabstimmung über die

EU-Verfassung 2005 war ein schwerer Schlag für die französische Europapolitik, gleich welcher Regierung. Hinzu kommen die finanziellen und wirtschaftlichen Probleme, die Frankreich zu einem Land zwischen Nord und Süd in Europa machen, wie es ja auch seiner Geographie entspricht, und die Politik der französischen Regierung(en) bestimmten, sich zwar unbedingt mit den Deutschen zu einigen, aber dabei Flexibilitäten im System der europäischen Regeln für sich (und andere) herauszuholen. Als Jean-Claude Juncker, der Meister des Ausgleichs und des Kompromisses, ausgerechnet den französischen Finanzminister Moscovici für das Amt des Wirtschafts- und Währungskommissars in der EU-Kommission ausgesucht hatte, löste er damit eine Welle der Kritik in den Medien aus. Als Frankreich 2013 von der EU-Kommission eine Gnadenfrist von zwei Jahren für die Senkung der Neuverschuldung auf die 3-Prozent-Grenze gewährt bekam, erklärte Moscovici: »Wenn Deutschland dem ablehnend gegenübergestanden hätte, wären die Dinge viele komplizierter geworden.« Während in der Sozialistischen Partei die »egoistische Sturheit« der deutschen Kanzlerin kritisiert wurde, hielt Moscovici große Stücke auf seinen deutschen Amtskollegen Schäuble: »Er ist ein echter Europäer. Er weiß, dass alles über das deutsch-französische Verhältnis läuft. Und ich habe die Gewissheit, dass er aufrichtig ist, wenn er mir sagt: ›Germany needs a strong France.‹«[8] Das war wohlgemerkt 2013. Wie das gemeint war und wie man das interpretieren kann, da gehen die Ansichten vermutlich wieder auseinander, für Moscovici hieß dies in jenem Augenblick, dass eine überzogene Austeritätsforderung Frankreich geschwächt hätte. 2017 ist der neue Präsident Macron faktisch wieder in derselben Situation. Und mehr noch: An einem »starken Frankreich« hängt sein eigener Erfolg und der Bestand der Europäischen Union, ein »schwaches Frankreich« wäre in fünf Jahren dem Front National ausgeliefert, so steht zu befürchten.

Das deutsch-französische Verhältnis, für das man immer weniger den Begriff »Freundschaft« verwendet, steht ohne Zweifel im Mittelpunkt der europäischen Konstruktion. Mit ihm wurde die erste Etappe dessen gegründet, was heute Europäische Union heißt, nämlich die Europäische Gemeinschaft für Kohle und Stahl oder populär Montan-Union genannt, und mit seinem Zerbrechen würde auch definitiv die Europäische Union zerbrechen. So soll deswegen die Phänomenologie der Krise anhand der – wenn auch nicht in allem – sehr unterschiedlichen Entwicklung in Deutschland und Frankreich untersucht werden, mit einem besonderen Fokus auf Frankreich.

Frankreich

Die Nationen sind sich einander fremd, wie es die Menschen sind an Charakter, Alter, Überzeugungen, Sitten und unterschiedlichen Bedfürfnissen. Sie betrachten sich gegenseitig neugierig und ängstlich, lächeln, verziehen die Miene; bewundern ein Detail und ahmen es nach; verachten das Ganze; sind von Neid zerfressen oder von Abscheu erfasst.

Paul Valéry, 1931[9]

»Germany needs a strong France« – und umgekehrt?

Schäubles oben zitierter Satz gegenüber Moscovici enthielt wohl einen Vorwurf. Tatsächlich ist Frankreichs Schwäche im europäischen Konzert nicht auf die deutsche Stärke oder gar seine »Hegemonie« zurückzuführen, Frankreichs Schwäche ist schlicht *Frankreichs* Schwäche. Zum Zeitpunkt, als der Satz fiel, lag Frankreich mit seiner Neuverschuldung tief im roten Bereich, und das war natürlich das Erbe der konservativen Vorgängerregierung. Das vielleicht eher spöttisch denn anerkennend »Merkozy« genannte deutsch-französische Tandem war keine Partnerschaft auf Augenhöhe gewesen, denn während Merkel an der Verwirklichung ihrer Politik im eigenen Lande arbeitete, konnte Sarkozy nur so tun, als täte er es. Unmittelbar nach seinem Amtsantritt 2007 »hatte sich Sarkozy selbst zu einem Gipfel der Euro-Finanzminister eingeladen«, schreibt Odile Benyahia-Kouider, »um persönlich anzukündigen, dass die Staatsfinanzen seines Landes nicht 2010 sondern erst 2012 wieder ausgeglichen sein würden. Und das angesichts dessen, dass er gerade 13 Mrd. Euro an Wahlgeschenken verteilt hatte.«[10] Ansonsten soll sich Sarkozy gleich bei dieser Gelegenheit in einer Art und Weise aufgeführt haben, für die der Ausdruck »Elefant im Porzellanladen« geradezu ein Euphemismus ist.[11] Die Staatsfinanzen waren selbstredend auch am Ende seiner Amtszeit nicht ausgeglichen.

Zwei Jahre nach Schäubles Ausspruch war dessen Aussage dringlicher als je zuvor und Hollande schwächer noch als Sarkozy, wenn auch aus anderen Gründen. Während sich Frankreich langsam aber doch deutlich wieder der 3-Prozent-Grenze für die Neuverschuldung annäherte – so der Stand vor den Novemberanschlägen 2015 –, verlor die

Regierung jeden Rückhalt im eigenen Land und weitgehend auch in der eigenen Partei, die nur noch durch die Parlamentsmandate zusammengehalten wurde, die man bei der nächsten Wahl verlieren könnte. Mehrfache Abspaltungen am linken Rand des PS haben zwar zu einer neuen Linkspartei geführt, in der die alten Kommunisten nicht mehr viel zu sagen haben, die aber bis 2017 aus ihrer Marginalität nicht herauskam und bei jeder Wahl wieder vor der Qual stand, sich mit den Sozialisten aufgrund des französischen Mehrheitswahlrechts doch verbünden zu müssen. Dies hat sich schon bei den Regionalwahlen im Dezember 2015 gezeigt, als der Chef der Linksfront, Mélenchon, keine Wahlempfehlung mehr für die Sozialisten im 2. Wahlgang abgab. Seine Strategie zahlte sich insofern aus, als er bei der Präsidentschaftswahl den sozialistischen Kandidaten Benoît Hamon im ersten Wahlgang triumphierend überrundete, mit dem Preis, dass im zweiten Wahlgang kein Linker mehr zur Wahl stand. Vorläufiges Ende eines katastrophalen Niedergangs der Sozialistischen Partei, den alleine Hollande zuzuschreiben allerdings unredlich wäre.

François Hollande war ein Johann Ohneland. Umgekehrt zu jenem englischen König französischer Herkunft, der um sein Erbteil betrogen wurde, zerrann ihm seine Macht unter den Händen. Ähnlich wie jenen aber hätte ihn nur eine Art Wunder retten können, nämlich »eine Tendenzwende der Arbeitslosenkurve«, an die Hollande seine Kandidatur zur Wiederwahl 2017 gebunden hatte. Dabei war seine Regierungsbilanz nicht schlechter als die seines Vorgängers, in einigen Punkten sogar besser[12], doch das interessierte seine Wählerschaft nicht, ihr Maßstab waren seine Wahlversprechen und die in ihn gesetzten Hoffnungen, sprich Illusionen.

Frankreichs Schwäche in Europa ist seine innere Schwäche, und zwar nicht nur wirtschaftlich. Frankreich hätte die von den Sozialisten anvisierte Rolle des Vermittlers zwischen Nord und Süd in Europa sehr gut ausfüllen können, wenn es selbst in einer besseren Lage wäre. Von den anderen etwas zu verlangen – und zwar ein bisschen Keynesianismus von Deutschland, ein bisschen Austerität von den Südländern –, von dem man weder das eine noch das andere selbst hinbekommt, ist peinlich und umso mehr, wenn man mangels Zustimmung zuhause nur schwerlich das Land nach außen repräsentieren kann: Ins Europaparlament wurden 2014 fast doppelt so viele Abgeordnete des FN als der damaligen Regierungspartei PS gewählt. So erschien die sozialistische Regierung als eine Regierung auf Abruf, umso mehr nach dem Paukenschlag der Regionalwahlen vom Dezember 2015.

Während der Präsidentschaft Sarkozys 2007–2012 hatte eine Zeit lang eine selbstkritische Welle von Publikationen die öffentliche Debatte beeinflusst, zum Teil in Korrelation mit einer offiziellen Politik, die ab 2010 den deutschen Weg aus der Krise (gemeint war die der 1990er Jahre) und das Management der aktuellen Krise seit 2008 als Vorbild pries. Dies wurde von Sarkozy selbst mehrfach betont, während seine Wirtschaftsministerin Christine Lagarde, die spätere IWF-Chefin, anderer Ansicht war.[13] Der *Cour des comptes* (Äquivalent zum Bundesrechnungshof) veröffentlichte 2011 Statistiken zu Besteuerung und Sozialabgaben im deutsch-französischen Vergleich, der auf allen Ebenen negativ für Frankreich ausfiel. Es lohnt, diesen nun einige Jahre zurückliegenden Vergleich zu betrachten. Die Untersuchung war von Sarkozy selbst in Auftrag gegeben worden, der sich daraus offenbar Argumente für den bevorstehenden Wahlkampf für seine Wiederwahl erhoffte. So heißt es schon eingangs in dem Bericht: »Obwohl die Wirtschaftskrise 2009 Deutschland härter als Frankreich getroffen hat (BIP-Rückgang in Deutschland -4,7 %, -2,6 % in Frankreich), wurde die Krise in Deutschland viel schneller überwunden; das deutsche Wachstum wird im Zeitraum 2010–2012 viel stärker als das französische Wachstum sein.«[14] Strukturell liegt das französische BIP pro Kopf um 1700 Euro niedriger im Jahr als das deutsche (2009: F 24 800/D 26 500 Euro), die Gesamtsteuer- und Abgabenbelastung in Frankreich jedoch höher (2011: F ca. 42,8 %/D ca. 39,4 % des BIP). Bei nahezu allen Einzelanalysen liegt Frankreich bei Steuern und Sozialabgaben höher, wobei der Vergleich über den Zeitraum seit 2000 zeigt, dass in Deutschland durch die Reformen der Agenda 2010 die Arbeitgeberkosten gesunken sind (von 7,5 auf 6,5 % des BIP), während sie in Frankreich höher waren und geblieben sind (12,2 %). Bei der Besteuerung der Arbeitseinkünfte sind die Arbeitgeberkosten dort anteilmäßig höher als die Lohnsteuer (12,2 %/9,7 %), in Deutschland ist das Verhältnis genau umgekehrt (6,5 %/12,7 %). Die Gesamtbelastung war 2000 in Deutschland höher als in Frankreich (24,5 %/23 %) und 2008 niedriger (21,8 %/22,6 %). Aus diesen zentralen Daten folgt, dass in Frankreich die Arbeitnehmer selbst weniger besteuert werden, auch weil sie weniger verdienen und es eine familienfreundlichere Steuerpolitik in Frankreich gibt, aber die Arbeitgeberkosten pro Arbeitnehmer wesentlich höher sind als in Deutschland. Zusammengefasst ergibt sich folgende Übersicht:[15]

Steuer- und Abgabenanteil am Durchschnittslohn 2009 (in Prozent)

	Deutschland	Frankreich
Arbeitgeberbeiträge	16,3	29,7
Arbeitnehmerbeiträge	17,3	9,6
Einkommensteuer	17,3	9,9
Summen	50,9	49,2

Hinzu kommen auch noch höhere Belastungen der Unternehmen durch die eigentliche Unternehmensbesteuerung (Körperschaftssteuer usw.), bei der sich Deutschland und Frankreich ebenfalls auseinanderentwickelt haben (höher in Frankreich). Um eine komplette Rechnung für die Situation von Arbeitgebern und Arbeitnehmern aufzustellen, müsste man jedoch viel mehr Faktoren einbeziehen: den Anteil der indirekten Steuern (höher in Frankreich), die Gesamtkostenbilanz der Unternehmen (mit der Produktivität), die Kaufkraft der Arbeitnehmereinkommen usw., was nicht Aufgabe dieses Berichts war. Für die französische Politik ergab sich daraus jedoch, dass die Last der Steuern und Abgaben für die Unternehmen höher waren als in Deutschland und damit einen Wettbewerbsnachteil für Frankreich darstellten. Dies wollte Sarkozy am Ende seiner Amtszeit ändern, ging damit auch in den Wahlkampf und scheiterte, weil die Senkung der Arbeitgeberkosten nur durch die Reduzierung der Staatsausgaben und/oder die Erhöhung der Belastung der Arbeitnehmer kompensiert werden konnten. Ein zentraler Punkt war dabei die Aufgabe der 35-Stunden-Woche (»mehr arbeiten und mehr verdienen«[16]), eine heilige Kuh für die Linke und die Gewerkschaften. Doch auch für den Staat selbst ergeben sich Konsequenzen. Aus einer anderen Analyse zitierend, schreibt Jacques-Pierre Gougeon: »›Mit 18 Millionen Einwohnern weniger hat Frankreich 163 Milliarden Euro mehr an jährlichen öffentlichen Ausgaben als Deutschland‹, während es [...] geringere Leistungen erzielt gegenüber seinem Nachbarn jenseits des Rheins.«[17]

Wie Chirac 2002 musste auch Sarkozy 2007 von der Eurogruppe eine Ausnahmegenehmigung für den französischen Haushalt beantragen, der die Neuverschuldungsgrenze überschritt, obwohl die Konjunktur 2007 gut lief und es der beste Moment gewesen wäre, mit der Sanierung des Haushalts zu beginnen. Nach dem Ausbruch der Finanzkrise 2008 versprach Sarkozy den wirtschaftlichen Aufschwung durch eine neo-keynesianische Politik öffentlicher Aufträge, die jedoch mehr »der Zubetonierung Frankreichs und der Renovierung der Paläste der Republik als der Verstärkung der Wettbewerbsfähigkeit Frankreichs in der Welt« dienten, wie Leparmentier sarkastisch kommentiert. Die Ausgabenprogramme waren Konsens auch in der G20-Gruppe auf Initiative des IWF hin, den damals der politische Gegner Sarkozys, Dominique Strauss-Kahn, leitete. Die Warnungen hinsichtlich der Verschuldungen von Hervé Hannoun, Vize-Generaldirektor der Bank für Internationalen Zahlungsausgleich, wurden in den Wind geschlagen.[18] Deutschland überstand die Krise besser, weil es vorher schon besser dastand, und ab 2010 schwenkte Sarkozy dann auf die »deutsche Linie« ein, mit Reformen die Wettbewerbsfähigkeit der französischen Unternehmen zu verbessern. Allerdings wurde daraus nicht viel, dafür war auch die Zeit bis zum Ende seines Mandats zu kurz. Sein Nachfolger François Hollande hatte dann die undankbare Aufgabe, Arbeitslosigkeit und Neuverschuldung gleichzeitig senken zu müssen.

Jenseits politischer Interessen im engeren Sinne hat ein ehemaliger hoher Regierungsbeamter 2008 eine fundamentale Kritik der französischen Politik vorgelegt, die sich vom Titel her – *Quand la France disparaît du monde* (Wenn Frankreich aus der Welt verschwindet)[19] – in die Untergangsszenarien einreiht, inhaltlich aber deutlich von anderen unterscheidet. Nicolas Tenzer (geb. 1961), von seiner Ausbildung und beruflichen Tätigkeit her ein Multitalent zwischen Philosophie, Politik, Geschichte und Verwaltungswissenschaften, lehrte gleichzeitig an verschiedenen Hochschulen und war unter Mitterrand und Chirac 1994–2002 Chef des *Commisariat général au Plan*, stand also dieser spezifisch französischen Einrichtung der staatlichen Planung der Wirtschaft vor, um nur einige Tätigkeiten zu nennen.[20] Seit 1986 veröffentlichte er zahlreiche Bücher zu Themen aus seinem breit gefächerten intellektuellen Horizont. Sein Ansatz ist die Art politischer Beratung, wie sie in dem amerikanischen Begriff *Think Tank* zum Ausdruck kommt. Er ist auch Herausgeber der Zeitschrift *Le Banquet*, die sich ebenfalls mit einem weiten Horizont historischer, philosophischer, politischer und wirtschaftlicher Fragestellungen befasst.

Der Autor von *Quand la France disparaît du monde* ist also nicht irgendwer. Nach einer ihm aufgetragenen Mission herauszufinden, wie sich denn Frankreich in der Welt »verkaufe«, kam er nach Hause mit der Schlussfolgerung: so gut wie gar nicht. Frankreich ist auf neuen Märkten, in internationalen Institutionen und Think Tanks, im wirtschaftlichen und geistigen Wettbewerb quasi absent. Frankreich ist Mitglied des UN-Sicherheitsrates, betreibt aber keine Weltpolitik. Es hat seinen Blick auf die ehemaligen Kolonien in Afrika fixiert und schaut nicht nach Asien. Tenzer bringt viele Beispiele dafür. Frankreich, das sich kulturell stets als »universell« betrachtete, tut nichts mehr dafür, aus »Gleichgültigkeit gegenüber der Welt im Allgemeinen.« Diese

Gleichgültigkeit resultiere aus einem Realitätsverlust: »Der Kult der Illusion, der im Staatsdiskurs üblich ist, verbindet sich mit der Verleugnung der Realität, die in unserer Geschichte so präsent ist. [...] Nicht nur, dass wir uns oft auf einem alten, weit übertriebenen, wenn nicht unverdienten Ruhm ausruhen, wir tun auch so, als ob die Haltung und das emphatische Wort das Handeln vor Ort ersetzen könnten.« Es gebe auch keine adäquaten Strukturen, sich den neuen Herausforderungen zu stellen, stattdessen »reduziert die Verwaltung, um es sich leicht zu machen, das Unbekannte auf das Bekannte.« Liegt dies, fragt sich Tenzer, an »einer verinnerlichten Furcht, nicht auf der Höhe zu sein, einer Angst, die sich in Misstrauen und dann in Ablehnung verwandelt, wovon unter anderem das Referendum vom 29. Mai 2005 [EU-Verfassung] zeugen würde? Zweifellos, aber das bleibt auch zu global, weil es Wahrnehmungen und Reaktionen unterschiedlicher Herkunft miteinander vermengt.« (S. 18, 23, 19).

Ein großes Thema ist natürlich Europa. Auch hier positioniert sich Tenzer gegen den nationalen Mythos: »Europa ist nicht ›Frankreich im Großen‹, das Instrument, das es ihm ermöglichte zu verwirklichen, was es alleine nicht schafft.« (S. 23). Und umgekehrt ist Europa auch kein »bequemes Alibi« dafür, dass man das, was man gerne täte, nicht anpackt. Tatsächlich entspricht die von Tenzer kritisierte Haltung einer Realität, die es nicht nur in Frankreich gibt: Statt selbst Initiativen zu entwickeln, erwartet man von Europa entsprechende Schritte, die man dann, wenn sie einem nicht gefallen, als Entmündigung verurteilt.

1989 feierte man in Frankreich den *Bicentenaire* der Französischen Revolution und zweihundert Jahre nach der Erklärung der Menschenrechte auch den Umbruch in Osteuropa, der zu diesen Wurzeln zurückkehrte, wie der Historiker François Furet die Koinzidenz und dieses Signal der Geschichte damals oft genug betont hat. Doch Frankreich hat in Osteuropa überhaupt nicht investiert, legt Tenzer dar – vielleicht abgesehen von seinem romanischen Bruderland Rumänien, muss man ergänzen, zu dem schon vor 1989 enge Beziehungen bestanden. Es hat nicht investiert, weder materiell noch geistig. In einer Untersuchung über die Implantierung amerikanischer Organisationen, *Think Tanks* – der Begriff wird bei Tenzer etwas zu inflationär benutzt – und davon abhängigen Einrichtungen ergab sich eine Auflistung von 150 Namen, unter denen nur zwei französische waren, einige deutsche und britische, während der Löwenanteil an die USA ging.

Die französische Verwaltung ist zentralisiert, bürokratisch, langsam, unflexibel und weltfremd. So kann man Tenzers Kritik zusammenfassen, die er im Vergleich mit anderen Verwaltungen zieht, die schnell auf allen Ebenen reagieren, den Eigenverantwortlichen auch Mittel in Eigenverantwortung überlassen (und nicht nur so tun), die überall präsent sind und mit allen kommunizieren. Frankreich ist zudem nicht nur bürokratisch, sondern bürokratisch-perfektionistisch, in den Kooperationsprogrammen »ist jeder Einzelposten Gegenstand von sorgfältigen, auf Papier geschriebenen Rechtfertigungen, jedes Programm erscheint fast wie eine Welt für sich, von dem man erwartet, dass es das Land, wo es aufgestellt wird, tiefgreifend beeinflusst und unser nationales Genie vor Augen führt. Da unsere bilateralen Budgets wie ein Chagrinleder immer kleiner werden, ist die für Projekte von 20000 Euro aufgewandte Menge an Energie bewundernswert.« (S. 48, 54 f., 82)

Am drastischsten fällt sein Verdikt im Vergleich zu Deutschland aus: »Wer definiert durch die Präsenz von einem Dutzend Ingenieuren im chinesischen Transportministerium die technischen Normen der chinesischen Eisenbahn? Wer, immer noch in China, hat die Grundlagen für eine Gesetzgebung zum Urheberrecht geliefert? [...] Wer verfügt in Brasilien über vierzig technische Experten und beinahe 60 Mio. Euro im Wesentlichen für Umwelt- und Beschäftigungspolitik? [...]« Diese Fragen gehen weiter über eine ganze Seite und rund um die Welt und die Antwort lautet jedes Mal: Deutschland.

»Das Verschwinden Frankreichs aus der Welt ist kein brutales und donnerndes Ereignis«, zieht Tenzer Zwischenbilanz (weil er nicht beim Pessimismus stehen bleiben will): »Es vollzieht sich sanft durch ein zunehmendes Verblassen von der Weltkarte. Es kann, wie durch ein Ablenkungsmanöver, Alarmzeichen aussenden, die bestimmt ein wenig traurig aber relativ zweitrangig sind und Resignation mit sich bringen, wie das Verschwinden des Französischen (als Weltsprache) und das Eindringen einer sogenannten globalisierten Kultur. Anderswo manifestiert sich das beunruhigender, wie in den schlechten Zahlen unseres Außenhandels, der Zahl der eingereichten Patente, der miserablen Klassifizierung unserer Universitäten, eventuell in der Auflösung unseres Einflusses in der europäischen Maschinerie. Man wird jedenfalls äußere Gründe für unsere internationale Politik finden und das wird nicht ganz falsch sein.« (S. 60 f., 88)

Doch der wesentliche Grund liegt im Inneren, die französische Politik verliert an Einfluss, weil sie kein Ziel hat und keinen Willen zum *leadership*, und zwar aus Angst vor Entscheidungen, sagt Tenzer. Sie überlässt das anderen, füge ich hinzu, und kritisiert das dann bei den anderen als Hegemonie, gemeint ist natürlich Deutschland. Als Medizin für diese Krankheit, die Potentiale brach liegen lässt, die nur mobilisiert zu werden bräuchten, fordert Tenzer natürlich einen inneren Ruck und empfiehlt, das Vorbild der Anderen als Herausforderung zu sehen, nicht als Bedrohung, und nicht um mit ihnen zu konkurrieren, sondern um mit ihnen innerhalb Europas zusammenzuarbeiten.

Der ständige Vergleich mit Deutschland in der Ära Sarkozy, den Jacques-Pierre Gougeon, dem ich den Hinweis auf Tenzer verdanke, auf etlichen Seiten darlegt, war sicher gerechtfertigt, wirkte sich politisch aber eher kontraproduktiv aus. Wenn Tenzers Buch sich sehr detailliert mit Frankreich beschäftigt und nur punktuell Deutschland zum Vorbild nimmt (dann allerdings eindringlich, wie oben gezeigt), so war dies in der öffentlichen Debatte alles viel pauschaler. Sarkozy, der sich als überzeugter Europäer gab und als Teil von »Merkozy« zumindest halbwegs die Öffentlichkeit täuschen konnte, er stehe auf Augenhöhe mit Angela Merkel, hinterließ ein Frankreich, das euroskeptischer ist als jemals zuvor.

Die antieuropäischen Kräfte in Frankreich, wozu auch die radikale Linke gehört, können sich auf einen breiten Fundus an Euroskeptizismus in der Bevölkerung stützen. Nach einer Umfrage zwei Wochen vor der Europawahl 2014 waren damals nur 51 % der Befragten für die Mitgliedschaft Frankreichs in der EU – wohlgemerkt: die Mitgliedschaft! –, während 38 % sich klar dagegen aussprachen, der Rest machte keine Aussage. (2004 waren noch 64 % für die Mitgliedschaft gewesen.) Doch 70 % der Befragten befürchteten mehr Arbeitslosigkeit in Frankreich durch Europa, 63 % weniger soziale Sicherheit, 60 % fürchteten mehr Immigranten und 52 % befürchteten »den Verlust unserer nationalen Identität und unserer Kultur.«[21] Das heißt, dass auch von denjenigen, die sich noch für die Mitgliedschaft Frankreichs in der EU ausgesprochen haben, ein beträchtlicher Teil negative Konsequenzen daraus befürchtete. Nach einer anderen Umfrage ungefähr zum selben Zeitpunkt lag die Zustimmung zum Euro in Frankreich immerhin bei 56 %, aber nur 44 % der Befragten fanden, dass die Mitgliedschaft Frankreichs in der EU »eine gute Sache« sei (23 % negative Antworten, 33 % weder-noch).[22]

Im Vergleich zum Eurobarometer war die zuerst zitierte nationale Umfrage präziser ausformuliert, das Eurobarometer bleibt bei vielen Fragen in einem vagen Stimmungsbereich, außerdem liefert die Methode von mehreren möglichen inhaltlichen Antworten auf eine Frage keine klare Trennung zwischen grundsätzlichen Einstellungen. Auf die Frage für das Eurobarometer 2014 (im Juni 2013 durchgeführte Umfrage), ob die Mitgliedschaft in der EU gut oder schlecht für Frankreich sei, antworteten aber auch dort nur 50 % der Befragten positiv, allerdings nur 16 % negativ, bei 32 % weder-noch und 2 % weiß nicht. Die Zustimmung gegenüber dem Vorjahr war damit um 6 Prozentpunkte zurückgegangen.[23] Frankreich lag mit 50 % Zustimmung aber noch exakt im europäischen Durchschnitt, wo die südeuropäischen und einige osteuropäische Länder eindeutig schlechtere Ergebnisse haben (z.B. Italien 41 %, Tschechien 31 %, Ungarn 39 %), aber die nordeuropäischen (mit Ausnahme Großbritanniens, 37 %) bessere (Deutschland 68 %, Niederlande 62 %, Schweden 64 %).

Der gemeinsame Nenner dieser Umfragen ist dennoch ein katastrophales Ergebnis für den europäischen Gedanken in seinem Gründungsland, entstand doch der Kern der heutigen EU, die Montanunion, aus dem *Schuman-Plan* heraus, den der damalige französische Außenminister Robert Schuman, elsässischer Herkunft, am 9. Mai 1950 (das Datum war kein Zufall) der Öffentlichkeit präsentierte. Dass das eine oder andere Land aus dem Euro oder gar aus der EU austreten könnte, wäre vielleicht grundsätzlich noch vorstellbar, aber nicht Frankreich, eine Blockade der EU unter einer Präsidentschaft von Marine Le Pen würde das Ende der EU einläuten.

Auch die vielgepriesene deutsch-französische Freundschaft sinkt in den Umfragewerten, und zwar beiderseits des Rheins, was nicht verwunderlich ist, da dies unmittelbar mit der der Europathematik verbunden ist. Seit vielen Jahren schwindet die beiderseitige Affinität vor allem bei den Jüngeren, trotzdem bleiben die bilateralen Beziehungen die entscheidende politische Referenz, aber sie werden eben nicht mehr per se positiv gesehen.[24] In politischen Kreisen und in der Publizistik multiplizieren sich die kritischen bis alarmistischen Kommentare zum deutsch-französischen Verhältnis, zur Dominanz Deutschlands und zum Niedergang Frankreichs im europäischen Kontext.[25]

So präsentierte François Fillon für die Präsidentschaftswahl eine »souveränistische« Europavision und meinte damit, dass die EU noch keine Souveränität als weltpolitischer Akteur gewonnen habe dank einer fortgesetzten Abhängigkeit von den USA, die sich auf allen Ebenen zeige, nicht nur politisch, auch wirtschaftlich: Wirtschaftlich zum Beispiel dank des »Monopols ihrer IT-Firmen« und »jahrzehntelanger Unterwerfung unter den Dollar«. Der »Imperialismus der amerikanischen Währung« zeige sich darin, dass viele internationale Geschäfte auf Dollarbasis abgewickelt werden (müssen), selbst von europäischen Firmen. Und politisch abhängig, weil Deutschland an den Amerikanern hänge, weil es »noch nicht von seinen historischen Komplexen befreit ist. Deutschland ist groß geworden, lebt aber immer noch im Hause seiner Eltern.« [26] Trotzdem beschwor Fillon auch im Wahlprogramm die Vision, zusammen mit diesem deutschen Partner ein gegenüber den

USA, Russland und China unabhängiges und starkes Europa herzustellen, eine Äquidistanz zu allen suggerierend. Innerhalb der EU solle es allerdings eine Reduzierung der Kompetenzen für die EU-Kommission auf »einige fundamentale Bereiche« und eine »volle Respektierung der Nationen« (d.h. Mitgliedstaaten) geben.[27] Solche vagen Aussagen von »mehr« und »weniger« Europa gleichzeitig sind ist typisch für die französische Befindlichkeit zwischen der Linken und Rechten.

Europakritik und Deutschlandkritik gehen meistens Hand in Hand, aber auch oft Europakritik und Globalisierungskritik. Damit ist eine *grundsätzlich* skeptische bis ablehnende Haltung gemeint, im Unterschied zu einer qualifizierten Kritik zu bestimmten Themen, etwa zum Freihandelsabkommen mit den USA (TTIP). Als ein solcher globaler Kritiker, der alle drei Kritiken vereint, war Arnaud Montebourg hervorgetreten, Wirtschaftsminister bis zum Sommer 2014 und Vertreter des linken Flügels der Sozialisten in der Regierung. Montebourgs »De-Globalisierung« und »Kampf für Made in France« waren ebenso inhaltsleer wie seine Rhetorik gegen Brüssel und Berlin radikal, wenngleich der Ton während seiner Amtszeit als Wirtschaftsminister aufgrund seines Amtes noch gedämpft war, dafür wurde er seither umso schärfer. Während er für die Präsidentschaftswahl 2017 überraschend gegen den weit weniger profilierten Benoît Hamon als Kandidat der Partei scheiterte, kann er sich dennoch auf sein Konto schreiben, durch beharrliche Arbeit die Politik von Hollande und seinem letzten Premier Valls in der Partei diskreditiert und letztlich die »echte Linke« außerhalb der Partei, nämlich Mélenchon, gestärkt zu haben.

In einer breiten politischen Öffentlichkeit wurde und wird aber ohnehin keine diplomatische Zurückhaltung in diesen Fragen geübt, so zum Beispiel in dem täglichen Online-Magazin *Atlantico*, das 2014 mehr als vier Millionen Leser pro Monat (individuelle Personen) verzeichnen konnte und das von seiner Redaktion wie von seinen Beiträgen her eine der typischen Verbindungen zwischen einer linken und rechten Kapitalismuskritik herstellt[28], von der wir weiter unten noch sprechen werden. Am 3.3.2013 brachte *Atlantico* den Artikel »Wie Deutschland Europa in eine ökonomische Wüste verwandelt hat«, mit dem Foto einer Wüste und einem einsamen Reiter darin, im Untertitel hieß es dann: »Immer größere Überschüsse in der Handelsbilanz, Abwerbung der ›Köpfe‹ aus den südlichen Ländern... Heute ist Deutschland für Europa das, was Paris in der Mitte des 20. Jahrhunderts für Frankreich war: ein Pol der Hegemonie, der seine Nachbarn austrocknet.«[29] Mit dem historischen Vergleich zum traditionellen französischen Zentralismus, der heute von den meisten Franzosen abgelehnt wird, aber dennoch nicht ganz untergegangen ist, hat man sogar noch ein Argument gefunden, dem man nicht vorwerfen kann, nur nationalistisch inspiriert zu sein, und das auch die Linken, traditionelle Zentralismusgegner, auf besondere Weise anspricht.

Kern der Kritik an Deutschland und der EU unter deutschem Einfluss ist die *Austeritätspolitik*. Das Wort klingt im Französischen und Englischen ganz anders als die deutsche *Sparpolitik*, nämlich durch und durch negativ, auch ihre Befürworter nehmen das Wort daher nicht in den Mund. Sie wird verurteilt, ohne dass man den Grund dafür, die Schuldenproblematik, analysiert oder auch nur anerkennt. Dies zieht sich durch viele Publikationen. An dieser Stelle sei auf eine »offiziöse« Erörterung der Frage verwiesen: *Faut-il suivre de modèle allemand?* (Muss man dem deutschen Modell folgen?), ein Buch, das bei der *Documentation française* herausgekommen ist, einem staatlichen Verlag.[30] Es geht darin um eine inhaltliche Analyse der deutschen Wirtschaftspolitik und ihrer Ergebnisse im Vergleich zu Frankreich. Historische Grundlagen, die Krise nach der Wiedervereinigung und der Weg aus der Krise durch die Agenda 2010 sowie die aktuelle Finanzpolitik werden dort dargestellt sowie vor allem auch deren Kehrseite: die Vergrößerung der sozialen Kluft zwischen Arm und Reich, die Einkommensdifferenz zwischen Mann und Frau und die strukturelle Benachteiligung der Frauenerwerbstätigkeit durch das Steuersystem, die Zunahme der prekären Beschäftigungsverhältnisse, Mini-Jobs usw., sowie die demographische Entwicklung (Geburtendefizit, Überalterung), ein Lieblingsthema der Franzosen. Während bei allen wirtschaftlichen Parametern Frankreich schlechter abschneidet, steht es bei allen sozialen besser da. Einbezogen ist in diesem im Mai 2015 erschienenen Buch aber auch schon der deutsche Mindestlohn. Für den vorliegenden Zusammenhang interessant ist der einleitende Teil zur Situation der EU seit Beginn der Finanzkrise. Nachdem die Folgen der Finanzkrise, »die Erhöhung der risikobedingten Zinssätze für Staatsanleihen der sogenannten Peripheriestaaten«, die Austeritätspolitik als Antwort darauf und die daraufhin etablierte »europäische *Gouvernance*« zur Überwachung derselben sowie die »interne Devaluation« durch Lohnsenkungen dargestellt wurden, heißt es dann zu den weiteren Auswirkungen: »Die Obsession der öffentlichen Entschuldung durch den Rückgriff auf die Haushaltsausterität, die Unfähigkeit, die Zinssätze auf ein mit dem beschäftigungswirksamen Wachstum kompatibles Niveau zu senken[31] und die Risiken der Aufrechterhaltung einer zu schwachen Inflation können dazu führen, das Wachstum in der Eurozone dauerhaft zu ersticken, was umso mehr die Korrektur der aus der Finanzkrise ererbten Ungleichgewichte kompliziert.«[32]

Die Verschuldung wird somit auf das »Erbe der Finanzkrise« zurückgeführt. Die zuvor angehäuften Altschulden, zu denen sich die krisenbedingten Neuschulden addierten, und die Schuldenproblematik als solche sind im ganzen Buch kein Thema. Die Austeritätspolitik wird vielmehr als ein spezifisch deutsches Problem gesehen: »Der Budgetzwang, der auf Deutschland lasten wird, wird größer sein als bei seinen europäischen Nachbarn, aufgrund der durch die Überalterung der Bevölkerung induzierten Kosten, vor allem für die Finanzierung der Renten. Es ist also wichtig aus Sicht der aufeinander folgenden deutschen Regierungen, einen Haushaltsüberschuss zu erzielen um die zukünftigen Ausgaben finanzieren zu können.«[33] Es gibt also nur ein deutsches Schuldenproblem, und gespart werden muss in Deutschland, um die zukünftige Altenrepublik zu finanzieren. Ähnlich argumentierte auch Christine Lagarde am 18.4.2017 in Bezug auf den deutschen Handelsbilanzüberschuss: Es sei »legitim für ein Land wie Deutschland mit alternder Bevölkerung, nach einem Überschuss zu trachten. […] Vier Prozent wäre vielleicht gerechtfertigt, acht Prozent sind es nicht.«[34] Es folgt der Rat, Deutschland solle die Überschüsse investieren, will heißen, nicht zur Schuldentilgung verwenden. Was folgt aus diesen Hinweisen auf die demographische Situation Deutschlands? Dass sich im Umkehrschluss ein Land wie Frankreich die Schulden leisten kann, weil es zukünftig genügend Köpfe geben wird, diese zu übernehmen? Eine Art alternativer Generationenvertrag: Wir machen für euch Schulden, ihr zahlt sie dann zurück. Dabei ist im demographisch besser dastehenden Frankreich das Rentensystem »weit vom finanziellen Ausgleich entfernt«[35], wie zum Zeitpunkt der Veröffentlichung des Buches *Faut-il suivre de modèle allemand?* ganz offiziell festgestellt wurde. Das Defizit des ganzen Sozialversicherungssystems hat François Fillon in seinem Wahlprogramm 2017 auf 160 Mrd. Euro taxiert[36], das alleine entspricht mehr als der Hälfte der Staatseinnahmen 2017.[37] Doch das ist in dieser Debatte kein Thema, ganz abgesehen vom französischen Schuldenberg überhaupt.

Ein anderes Buch der *Documentation française* gibt einen detaillierten, dennoch allgemeinverständlichen Überblick über die Staatsfinanzen für Studierende zur Vorbereitung auf universitäre Prüfungen. Obwohl dieses Thema für verschiedene Studiengänge in verschiedenen Hochschulen relevant ist, darunter auch der ENA (École Nationale d'Administration), aus der die meisten führenden Politiker, in jedem Fall aber die meisten hohen Beamten des Staates hervorgehen, »wird dieses

Thema von den Studenten wie von den Prüfungskandidaten oft vernachlässigt«, beklagt Matthieu Houser einleitend[38] und unterstreicht damit die Bedeutung seines Handbuches zum Thema. Doch in dieser Darstellung werden wiederum die Schulden vernachlässigt, die kein Stoff für eine Problematisierung, ja nicht einmal für eine ausführlichere Darstellung sind, sondern de facto nur im Rahmen der von der EU ausgeübten Zwänge zur Beschränkung der Staatsschulden thematisiert werden (S. 16-18). Die Schuldenaufnahme erscheint positiv im Sinne einer staatlichen Krisenreaktion: »Der Staatshaushalt dient als ›soziale Abfederung‹ […], in einer schwierigen wirtschaftlichen Situation kämpft der Staat gegen die sozialen Konsequenzen der Krise.« Eine Tabelle zeigt die gestiegene Staatsverschuldung von 1980 bis 2013 von 20 % auf über 90 % des BIP mit einer entsprechenden Indizierung der jeweiligen Krisen. 30 Jahre Krise? Das Verständnis des *deficit spending* als »soziale Abfederung« der Krise bringt in unüberbietbarer Deutlichkeit das Missverständnis des Keynesianismus zum Ausdruck, der nämlich für Investitionen zur Lösung der Krise und nicht für den Sozialhaushalt zu deren »Abfederung« gedacht war. Aus einer anderen Tabelle ist ersichtlich, dass die Investitionen als Haushaltsposten 5,6 % des BIP ausmachen, die *Zinszahlungen* für die Schulden jedoch 4,3 % (Haushalt 2012).[39] Die 2012 *neu aufgenommenen* Schulden von 4,8 % werden jedoch gar nicht erwähnt – was daran liegt, dass in diesen Statistiken die aufgenommenen Schulden als Einnahmen gezählt werden – und auch die genannten 4,3 % Zinszahlungen sind eine unklare Zahl, denn der Schuldendienst insgesamt (d.h. inkl. Tilgung) wird überhaupt nicht ausgewiesen, 2012 betrug er nämlich 8 % des BIP und war der drittgrößte Posten des Staatshaushalts (14,19 %).[40] Nicht umsonst darf die Neuverschuldung in Deutschland verfassungsrechtlich die Investitionen nicht überschreiten, dies bekam unter anderem die SPD-geführte Landesregierung in Nordrhein-Westfalen unter Hannelore Kraft zu spüren.

Die Gesamtverschuldung und ihre Konsequenzen sind auch in diesem Buch überhaupt kein Thema, und das, obwohl das Kapitel, aus dem diese Angaben stammen, seltsamerweise die Überschrift »Das Ziel der Rückkehr zum Gleichgewicht« trägt, worauf aber an keiner Stelle eingegangen wird. Da das Buch eine Handreichung für Prüfungen ist, darf man sich fragen, wie die Prüfungen aussehen.

Doch gab und gibt es zum Thema Schulden durchaus andere Stimmen in Frankreich, sie finden aber wenig Gehör. Während des Präsidentschaftswahlkampfes 2012 wurde der Wirtschaftswissenschaftler und Publizist Jacques Attali, einst Berater von Präsident Mitterrand, zu den 20-Uhr-Nachrichten im Fernsehen eingeladen, wo er auf eindrückliche Weise die politische Klasse anklagte, das wichtigste Problem Frankreichs, nämlich die Staatsverschuldung, im Wahlkampf zu verschweigen, was unverantwortlich sei angesichts der Tatsache, dass sich Frankreich am »Rande der Pleite« befinde.[41] Auch wenn diese Zuspitzung etwas überzogen war im Vergleich mit der Verschuldungssituation in Griechenland oder Italien, so traf Attali dennoch den Kern des Problems: Dieses unpopuläre Thema wurde aus dem Wahlkampf eliminiert, denn keiner der beiden Präsidentschaftskandidaten, weder Sarkozy noch Hollande, sprach es auch nur an, stattdessen versprachen beide den Franzosen die Verbesserung ihrer persönlichen wirtschaftlichen Lage.

Das Problem besteht nicht nur darin, dass die beiden politischen Lager eine Politik des fiskalischen Verwöhnens der eigenen Klientel betreiben. Keine Regierung könnte der eigenen Wählerschaft eine seriöse Sanierung der Staatsfinanzen zumuten und allein dies nach seinem Wahlsieg zu versuchen, hat Hollande und seine Partei den Absturz in Umfragen und Wahlen eingebracht. Laut einer Umfrage, die *Le Monde* am 15.10.2013 veröffentlichte, hielten 72 % der Befragten die Steuern für zu hoch, 74 % äußerten ihren Unmut darüber, dass sie als Steuerzahler nichts vom System zurück bekämen (sahen also eigentlich nicht ein, warum sie Steuern zahlen), und nur 57 % betrachteten das Zahlen von Steuern als staatsbürgerliche Pflicht.[42] Interessanterweise entspricht dies auch ungefähr dem Anteil der Europabefürworter. Und so äußerten 45 % dafür Verständnis, aus Steuergründen sich in einem anderen Land niederzulassen. Allein diese Aussage ist schon bemerkenswert, es konnten nicht nur die Reichen sein, die, wie Gérard Depardieu in Russland, Zuflucht vor Hollandes Vermögenssteuer suchen wollten. In dieser Umfrage gab es übrigens kaum Unterschiede bei den Antworten nach der politischen Orientierung der Befragten. So präsentierte die erste Reportage in der neuen Arte-Reihe *Déchiffrage/Durchgecheckt!* von Anne Kunvari über Dänemark am 23.9. 2014 unter dem Motto »Steuern – Demokratie hat ihren Preis«[43] dem französischen Zuschauer ein Land von quasi Außerirdischen, wie man es durch die Besprechung in *Le Monde* nachfühlen kann, die die Dänen mit den Franzosen und ihrer Einstellung zu den Steuern vergleicht und aus dem Film zitiert: »Es gibt einen wirklichen moralischen Vertrag zwischen den Bürgern und dem Staat, der gegen die Zahlung hoher Steuern ein angenehmes Leben für alle in diesem Land sicherstellt, mit kostenloser Bildung und einem Gesundheitswesen, das für jeden offen ist.«[44]

Auf den Punkt gebracht, könnte man also sagen, dass fast die Hälfte der Franzosen, wenn denn die Umfrage repräsentativ ist, den Sinn von

Steuern gar nicht einsehen und drei Viertel meinen, der Staat müsse mehr für sie tun. Und so waren denn auch recht schnell 80 % mit der Fiskal- und Wirtschaftspolitik unter Hollande unzufrieden und damit auch eine Mehrheit im eigenen politischen Lager. Dabei hatte die Regierung die Erhöhung der Mehrwertsteuer mit einer Erhöhung der Besteuerungsuntergrenze der Einkommenssteuer kompensiert. Ja, sogar diejenigen, die bislang schon wegen niedriger Einkünfte keine Steuern zahlten, bekamen deswegen erstmalig in der Geschichte eine Bonuszahlung als Kompensation. Doch für die innerparteilichen Kritiker in der Partei um Ex-Wirtschaftsminister Montebourg reichte das noch nicht: »Diejenigen, die die Existenz einer Sparpolitik leugnen, indem sie darauf verweisen, dass die Löhne nicht gesunken sind (glücklicherweise!), müssen die Augen aufmachen vor dem realen und seriösen Verlust bei den Einkommen der durchschnittlichen Franzosen: Diese Politik erzeugt Wut, Trotz, Gewalt bei Millionen unserer Mitbürger, die sich reingelegt, verraten und aufgegeben fühlen.«[45]

Vor solch einem Hintergrund ist in der Bevölkerung kaum ein echtes Verständnis für die Schuldenproblematik des Staates zu erwarten. Tatsächlich steht in den täglichen Fernsehnachrichten immer, wenn es um irgendwelche neuen finanz- oder wirtschaftspolitischen Vorschläge und Maßnahmen geht, wie ein Ritual die Frage nach dem »pouvoir d'achat« im Mittelpunkt: Die Kaufkraft der Franzosen ist das, worum sich alles dreht, und damit ist gemeint, dass diese nicht nur nicht sinken und nicht einmal stagnieren dürfe, sondern steigen müsse. Gemeint ist damit wohlgemerkt nicht die Lage der Arbeitslosen oder Geringverdiener, sondern der Durchschnittsfranzosen. Denn das Verhältnis der Franzosen oder zumindest einer Mehrheit durch alle politischen Lager hindurch zu ihrem Staat könnte man analog zum familienrechtlichen Status einer Ehe als »Zugewinngemeinschaft« beschreiben: Sie identifizieren sich mit diesem Staat, wenn er ihre materielle Lage kontinuierlich verbessert, und erwarten Entsprechendes von der Regierung. Und die Medien, um ihre Einschaltquoten ringend, befördern so noch den Egoismus der Bevölkerung, anstatt das Gemeinwohl und seine Probleme in den Vordergrund zu rücken.

Wenn von der Staatsverschuldung und der Senkung des Defizits die Rede ist, dann werden diese Probleme in der öffentlichen Debatte faktisch nie als solche, sondern fast immer nur als Problem der Einhaltung europäischer Regeln thematisiert, so wie sich allgemein längst ein Diskurs eingebürgert hat, der die Probleme Frankreichs als Resultat einer von außen aufgezwungenen Politik versteht, von ganz rechts bis ganz links, mit einer moderaten Version in der Mitte. Noch zuletzt präsentierte *Le Monde* im Präsidentschaftswahlkampf die Schuldenbegrenzung als EU-Regel, namhafte Wissenschaftler sähen deren Notwendigkeit gar nicht, schließlich habe Japan eine Staatsverschuldung von über 250 % des BIP.[46] So ging es auch im Wahlkampf 2017 in allen Wahlprogrammen um die Erhöhung des *pouvoir d'achat* und in der zweiten Kandidatendebatte im Fernsehen am 4.4.2017 machte sogar das Wort, man müsse »den Franzosen ihr Geld zurückgeben« (*rendre l'argent*), die Runde – im wahrsten Sinne des Wortes. Wer mochte sich schon davon distanzieren? Wenn man auch diesmal das Thema Schulden nicht mehr tabuisierte, wurde es dann auch wirklich ernst genommen? Nur François Fillon sprach davon, dass man Frankreichs Weg in die Pleite aufhalten müsse, sein eigenes Steuersenkungsprogramm für die Unternehmen machte jedoch nach eigenen Angaben die Einhaltung der 3 %-Grenze für die Neuverschuldung unmöglich.[47]

Tatsächlich finden sich solche Ansichten – Frankreich unter dem Diktat der EU – auch bei angesehenen Wissenschaftlern und Intellektuellen, so zum Beispiel bei dem Soziologen und Historiker Emmanuel Todd, dem ehemaligen Berater des Präsidenten Jacques Chirac. Im Vorfeld der Europawahl erklärte er, dass er nicht wählen gehen wolle, weil keine »wählbare« Partei seine Position vertrete, was im Klartext wohl hieß, dass er nicht Front National wählen konnte, obwohl diese Partei seine Ansichten weitgehend vertritt: Raus aus dem Euro, Europa ist tot... Es »ist das Ende der Politik, das Ende der Demokratie. [...] Bei der Betrachtung Europas sehe ich mich als Teil der Erzählung *Die Verwandlung* von Franz Kafka. Man schläft als kleiner Beamter ein und wacht als großer Käfer wieder auf. Das ist heute Europa. Man schläft als Bürger der freien Nationen Europas ein und wacht in einem hierarchischen System wieder auf, in dem Griechen, Portugiesen, Spanier und Italiener als Bürger zweiter Klasse dienen, die Franzosen sich irgendwie als guter Zweiter aus der Affäre ziehen und alle auf den wahren Primus Deutschland hören.«[48]

Für die Linke und radikale Linke beschrieb Régis Debray – einst Weggefährte von Che Guevara und heute immer noch Linker, wenn auch schon lange kein militanter mehr, dafür aber ein beachteter Kommentator des politischen Geschehens – 2012 in *Le Monde* seine Fundamentalkritik an der EU in wenigen Worten. Der Primat des Wirtschaftlichen über das Politische, ein »europäischer Aberglaube«, habe das Politische erst zerstört und sei dann seinerseits in die selbstzerstörerische Krise geraten, in der sich jeder selbst am nächsten sei. Europa zerfalle wieder in seine Nationen, ohne dass diese respektiert würden. Frankreich habe zumal seine Sonderrolle in der NATO aufgegeben, wurde von den USA

»geschluckt«[49] und einer »Gehirnwäsche« unterzogen. Dass Frankreich nicht mehr die Größe habe, die eine eigenständige Politik ermögliche, sei ein Alibi für seine »masochistische Selbstbestrafung«, so lasse es sich auch von einem »Ektoplasma ohne Stimme wie dem Europa der Kommissare« den Mund verbieten. Doch hinter all den Machtlosen stehen Mächtige: »Da ein Orchester einen Chef d'orchestre benötigt, mit oder ohne Podium – Preußen für das Deutsche Reich oder Piemont für die italienische Einigung –, dann ist es normal, wenn denn diese Epoche der Wirtschaft gehört, dass Deutschland den Taktstock führt. Das wahre Problem ist für uns das Hineinversinken in eine mentale Geographie aus Chagrinleder, wo sich eine Weltkarte mit 195 Hauptstädten auf zwei Leuchtpunkte reduziert: Berlin und Washington.«[50]

Obwohl daran trotz der Übertreibungen manches richtig ist, zum Beispiel die fehlende politische Dimension Europas, zeigt sich hier eher fundamentale Polemik denn fundierte Kritik, und in der Argumentation, gerade in ihren Übertreibungen, wie sich der Antieuropeanismus aus einem Antiamerikanismus und einem Antigermanismus zusammensetzt. Antieuropäisch – wogegen sich der Autor natürlich in höchsten Tönen verwahren würde – kann man solch eine Polemik nennen, weil deutlich wird, vor allem wenn man den ganzen Artikel liest, dass es (fast) nichts gibt, was es Régis Debray Recht machen könnte und dass das stets vorgebrachte Statement »Ich bin gegen diese EU, aber für Europa« wie auch bei anderen Autoren selbst wieder nur ein Alibi ist: Debray beklagt die fehlende Einigung und die fehlende Anerkennung der Nationen gleichermaßen, verlangt einen Dirigenten, kritisiert aber den deutschen Taktstock. In Gegenüberstellung zum französischen Masochismus kann man zwischen den Zeilen herauslesen, dass er vor allem bedauert, dass Frankreich nicht oder nicht mehr dieser Dirigent ist. Der eingefleischte Antiamerikanismus zeigt sich darin, dass er eine Weltmachtrolle der USA geißelt, die die USA schon längst nicht mehr ausfüllen kann, unter anderem, weil ein weltpolitisch von seinen Gründen her irrelevanter, aber in seinen nicht vorhergesehenen Konsequenzen relevanter Krieg wie der von George W. Busch gegen Saddam Hussein dazu beitrug, die USA an den Rand der Pleite zu treiben und den Interventionismus zuhause so unpopulär zu machen wie nie zuvor seit 1941. Der Antigermanismus äußert sich darin, dass er *expressis verbis* nicht eine bestimmte Politik kritisiert sondern Deutschlands Rolle in der »mentalen Welt«, was immerhin wohl ausdrücken soll, dass man sich durch einen Willensakt davon auch wieder befreien könne. Diese Rolle in der »mentalen Welt« kann aber nur ein, wenn auch überzogener, Reflex von Deutschlands Rolle in der realen Welt sein, und in diesem Sinne ist Régis Debray Opfer seiner eigenen Analyse, weil er selbst diesem Syndrom unterliegt, das er anderen vorwirft, nämlich von Deutschland geblendet zu sein. Berlin und Washington regieren die Welt? Man achte auch auf die Reihenfolge!

Bezeichnenderweise kommt ein anderer Autor auf der entgegengesetzten Seite des politischen Spektrums, nämlich Éric Zemmour, in seinem schon erwähnten Buch *Le suicide français* zur selben Schlussfolgerung hinsichtlich der aktuellen Lage, die er allerdings nicht nur als eine mentale, sondern als eine reale begreift, und wofür er historisch noch weiter ausholt und zu einem noch radikaleren Verdikt über die französische Politik kommt.

Zweihundert Jahre nach der Französischen Revolution läutete der Mauerfall nicht nur die Freiheit, sondern auch die Rückkehr Deutschlands ein, »die deutsche Frage brachte sich unserem Gedächtnis schmerzlich in Erinnerung. [...] Deutschland löschte somit die ganze Geschichte des 20. Jahrhunderts aus, seine zwei militärischen Niederlagen, und fand zur wirtschaftlichen, politischen und sogar kulturellen und sprachlichen Hegemonie über Europa zurück.«[51] Letzteres bezieht sich wohl auf die Vorstellung, dass im neuen alten osteuropäischen Hinterland Deutschlands alle Deutsch sprechen würden. Zuvor hatte die Teilung nach 1945 Deutschland historisch wieder auf das zurückgeführt, was es zu Beginn seiner Geschichte gewesen war: den ostfränkischen Teil des Karolingerreiches, der zusammen mit dem westfränkischen Teil und Italien das damalige »Europa« bildete, während östlich der Elbe die Welt der Slawen begann. Zemmour zitiert hierzu einen amerikanischen Geopolitiker, Saul Bernard Cohen.[52] Diese Analyse wurde nach 1945 von etlichen westdeutschen Autoren vorweggenommen, die geistig ganz auf der Linie von Adenauers Westorientierung lagen, noch bevor Adenauer Kanzler wurde. Es ging dabei vor allem um eine historische Abrechnung mit Preußen, dem man die Urschuld am verhängnisvollen deutschen Weg gab.[53]

Entsprechend hat Deutschland 1989 einen Sprung vom karolingischen 9. Jahrhundert zum ottonischen des 11. Jahrhunderts gemacht, schreibt Zemmour, als es als *Heiliges Römisches Reich deutscher Nation* von der Mitte aus Europa beherrschte, mit Vasallen im Westen (Burgund) und im Osten, so wie heute wieder Regionen sich aus ihrem Nationalstaat herauslösen und sich Deutschland anlehnen wollen, wie Zemmour meint: von Katalonien bis zur Lombardei über die französische Region Rhône-Alpes. Mit dem Hinweis auf letztere spielt Zemmour auf den Bürgermeiser von Lyon (und aktuellen Innenminister) an, Gérard Collomb, der mehr Freiheit für die französischen Regionen forderte um der »europäischen Herausforderung« gerecht zu werden. Zemmour vergleicht dies mit dem burgundischen Herzog Karl dem Kühnen, der im 15. Jahrhundert durch seinen zwischen Frankreich und Deutschland gelegenen Besitz sich von der französischen Vorherrschaft unabhängig machen wollte (*Suicide*, S. 335).

Zemmour trauert dagegen Napoleon nach, der erreicht hatte, was Ludwig XIV. noch nicht gelungen war: die Zerstörung dieses Reiches in der Mitte Europas und die Zusammenfassung der nach dem Ausscheiden Österreichs und Preußens übrig gebliebenen Kleinstaaten im Rheinbund, dessen *Protektor* Napoleon war, »um die Ordnung in Mitteleuropa aufrechtzuerhalten.« Das napoleonische Frankreich, territorial erheblich vergrößert, inklusive des einverleibten Katalonien (was Zemmour nicht schreibt), sei »eine Art imperialer Nationalstaat« gewesen, »zweihundert Jahre im Voraus, so wie wir ihn heute kennen am Beispiel Amerikas, Chinas, Brasiliens oder Russlands.« (*Suicide*, S. 336). Aus der Niederlage Napoleons I. folgte der Wiederaufstieg Deutschlands, wie ihn die deutschen Historiker analysiert haben, in Frankreich dies aber nur wenige nationalistische Historiker erkannt hätten wie Jacques Bainville (einem Parteigänger der monarchistischen und antidemokratischen *Action française*). Der Wiederaufstieg Deutschlands vollendete sich 1870 mit der Niederlage Napoleons III. Mit dem Eintritt der USA in den Ersten Weltkrieg verlor Frankreich seine Chance, noch einmal seine Hegemonie auf dem Kontinent und vor allem gegenüber Deutschland durchsetzen zu können, denn der amerikanische Freund, zusammen mit seinem angelsächsischen Partner auf der Insel, rettete die Alliierten nach dem Ausscheiden Russlands und setzte danach seine Vorstellungen durch: einen Waffenstillstand 1918, keine Kapitulation mit Marsch auf Berlin wie unter Napoleon 1806, keine Zerstückelung Deutschlands zurück zu den »präbismarckischen Fürstentümern«, dafür finanzielle Unterstützung Deutschlands in der Krise 1920–23 gegen Frankreich. Und dann »fesselten die Briten die französischen Hände, als Hitler nach der Remilitarisierung des Rheinlandes 1936 noch durch unsere Armee hätte weggefegt werden können«, meint Zemmour (*Suicide*, S. 337). Letzteres stimmt vielleicht noch faktisch, aber nicht die damit verbundene Schuldzuweisung an Großbritannien mit der Vorstellung, Frankreich hätte nur darauf gewartet, Hitler jetzt zu bremsen. Das Gegenteil ist vielmehr der Fall: Die Linke, damals an der Regierung, war vom tiefen Pazifismus ihrer Wähler durchdrungen (»Plus jamais ça!«/»Nie wieder!«), die Mitte-Rechtsregierung, die nur kurze Zeit später kam, sah keinen Grund Hitler aufzuhalten (»Mourir pour Dantzig?«/»Für Danzig sterben?«), sie vertraute auf den Schutz Frankreichs vor weiteren Invasionen durch die Maginotlinie. Im Dezember 1938 sagte der französische dem deutschen Außenminister noch »freie Hand im Osten«[54] zu, ein gewisser Oberst Charles de Gaulle appellierte vergeblich, Frankreich solle sich militärisch modernisieren und seine Strategie ändern. Alles vergessen? Wie viele Bücher wurden darüber geschrieben!

Der ultranationalistische Blick Zemmours auf ein tragisches Schicksal Frankreichs verdichtet sich zu einer Art historischer Verschwörung zwischen den USA und Deutschland gegen die Grande Nation: Nach dem Zweiten Weltkrieg half der atomare Schutzschild der USA Frankreich nicht gegen die Niederlage im Indochinakrieg, Amerika fiel den Franzosen beim Algerienkrieg sogar offen in den Rücken, indem es den weltweiten öffentlichen Protest dagegen unterstützte. Und als de Gaulle mit der deutsch-französischen Freundschaft das karolingische Europa als Kompensation wieder erschaffen wollte, da fielen ihm die Amerikaner erneut in den Rücken, die sich geschickt den Deutschen andienten (»Ich bin ein Berliner!«), um sie für ihre Politik einzuspannen: transatlantisch, nicht transrhenan. Und schließlich unterstützte George Bush sen. Helmut Kohls Wiedervereinigungsplan, während Mitterrand zögerte und Margaret Thatcher »bereit dazu war, Krieg zu führen, um ihn daran zu hindern.« (*Suicide*, S. 333)

Wenn Régis Debray hier sicher nicht mit allem einig gehen würde, so doch mit der Schlussfolgerung Zemmours. Er nimmt darin den Topos vom »europäischen Deutschland« auf, den Helmut Kohl offensichtlich anlässlich der deutschen Wiedervereinigung 1990 von Thomas Mann entliehen hatte und der seither immer wieder zitiert wird[55], bei Zemmour wird daraus: »1989 hat die unglaubliche und ironische Koinzidenz, die den Zweihundertjahrestag der Französischen Revolution mit den Fall der Berliner Mauer verband, ein weiteres Mal die Geschichte über den Haufen geworfen. Mitterrand und Kohl glaubten, den Traum Thomas Manns von einem europäischen Deutschland anstelle eines deutschen Europas vollenden zu können. Aber als die ehemalige DDR verdaut war, fand man sich mit einem europäischen Deutschland in einem deutschen Europa wieder. Das wiedervereinigte Deutschland fand zu seiner natürlichen Herrschaft in einer konföderalen Konstellation zurück, die im Gegenzug die Grundlagen des Nationalstaats französischer Prägung untergrub, dessen entschlossene Souveränität immer der einzige Schutz gegen die Versuchungen und Faszinationen der imperialen Vereinnahmung waren.« (*Suicide*, S. 339 f.)

Dabei wird von Zemmour auch eine Variante des de-Gaulle-Mythos gepflegt: Während de Gaulle in Deutschland als der große Europäer gilt, etwas eingetrübt durch seine Vorstellung vom »Europa der Vaterländer« – was nicht so ganz nach dem Geschmack der Deutschen war, da sie eine engere Beziehung wollten und ein problematisches Verhältnis zu ihrem eigenen Vaterland hatten –, gilt für Zemmour de Gaulle als der Nachfahre Karls des Großen und Napoleons, als Erneuerer des karolingischen und napoleonischen Europas unter französischer Führung. Schon in einem früheren Buch, *Mélancolie française*, schreibt Zemmour: »Das Europa der Sechs entsprach exakt dem geträumten Frankreich seit Tausend Jahren Königen und Kaisern: das Hexagon [d.h. Frankreich][56], Belgien, Luxemburg (auf das Napoleon III. noch Anspruch erhob), das rheinische (und nicht preußische) Deutschland und Norditalien. Das Frankreich von Tilsit[57], vor dem spanischen und russischen Wahn. Das ist das reiche Europa. Die große Nation. Das ideale Frankreich.«[58] Und natürlich greife er dabei nur die Gedanken de Gaulles auf, der auf friedliche Weise das vollenden wollte, was Napoleon wieder entglitten war, angereichert durch eine zusätzliche Komponente der Weltpolitik nach dem Zweiten Weltkrieg: »Europa, wozu ist das gut? Dazu, sich weder von den Amerikanern noch von den Russen dominieren zu lassen.«[59] Wenn das de Gaulle tatsächlich gesagt und gemeint hat – und im Nachhinein werden großen Politikern von Zeitzeugen immer wieder Dinge in den Mund geschoben, die man nicht verifizieren kann –, dann zeigt sich darin nur de Gaulles Realitätsverlust und Hybris.

War de Gaulle überhaupt dieser große Franko-Europäer? »De Gaulle war groß in Bezug auf Deutschland, aber klein in Bezug auf Europa«, meint Leparmentier[60], die deutsch-französische Aussöhnung war seine Herzensangelegenheit, aber nicht Europa. In Brüssel praktizierte Frankreich eine Zeitlang die »Politik des leeren Stuhles«, nachdem der Fouchet-Plan, nach dem Namen eines Beraters von de Gaulle, gescheitert war. Vorgesehen war darin die Rückentwicklung der EWG zu einer Gemeinschaft von Staaten, die positiv als »politische Gemeinschaft« ausgegeben wurde, in der aber nur der Ministerrat mit Einstimmigkeit das Sagen hatte. Die Europäische Kommission und überhaupt »das ganze Brüssel«, das doch eine so französische Handschrift trug und zum Teil noch trägt bis in die Details der Organisation des Beamtenapparats nach französischem Vorbild hinein, sollte Verwaltungsinstanz ohne politische Bedeutung sein und dem Ministerrat untergeordnet werden.[61] Nachdem de Gaulle bei seinem ersten Anlauf in der unmittelbaren Nachkriegszeit, die französische Politik nach seinem Gusto zu bestimmen, gescheitert war, hatte er bis zu seinem Rückruf auf die politische Bühne 1958 das Geschehen von außen betrachtet und die französische Europapolitik rigoros abgelehnt: Schuman-Plan/Montanunion, Römische Verträge und Europäische Wirtschaftsgemeinschaft.[62] Dies mag Zemmour alles gefallen, doch damit ist auch klar, dass de Gaulle nicht mal ein »karolingisches Europa« wollte.

In *Mélancolie française* beginnt Zemmour mit der Feststellung, dass Frankreich und Europa eigentlich eins seien: »Frankreich ist nicht in Europa, Frankreich ist Europa. Frankreich vereinigt alle physischen, geologischen, botanischen, klimatischen Eigenschaften Europas. Es ist, schrieb vor mehr als einem Jahrhundert der Geograph Vidal de la Blache, das einzige Land, das sowohl Norden wie Süden, Osten und Westen in sich vereinigt [...]« (S. 9). Mit dem Rückgriff auf die nationalistische Geo-Historiographie des 19. Jahrhunderts – Michelet, der Nationalgeschichtsschreiber schlechthin, darf auch nicht fehlen –, die zu einem guten Teil das vorwegnahm, was man später »Geopolitik« nannte, aktiviert Zemmour jene Nostalgie des Verlorenen, die vermutlich in den meisten Franzosen eine Saite zum Klingen bringt, aber ganz besonders bei denjenigen, die sich auch mit politischer Implikation als *Français de souche* bezeichnen (Abstammungsfranzosen), weswegen sich eine rechtsextreme Website treffend auch diesen Titel als Adresse gewählt hat. Frankreich sollte eigentlich das neue Römische Reich werden, Paris das neue Rom, so dachte es sich Kaiser Napoleon, und so hätte es sich Zemmour auch gewünscht (obwohl selbst alles andere als ein *Français de souche*). »Als die Gegner 1814 in Paris einfielen und die Kosaken ihre Pferde am Springbrunnen der Place de la Concorde tränkten, ruft dies in Chateaubriand[63] unmittelbar das Bild von der Einnahme Roms durch die Barbaren hervor.« (*Mélancolie*, S. 10). Hier tauchen archetypische Bilder von der Gefahr aus dem Osten auf, wie man sie auch aus der deutschen Literatur kennt. Einem Historiker folgend, Yves Renouard, der diese Tradition französischer Nationalhistoriographie im 20. Jahrhundert fortgeführt hat, erklärt Zemmour den Niedergang Frankreichs, der mit dem Scheitern Napoleons seinen Anfang nahm, mit einer geopolitischen Argumentation, nämlich mit dem Reichtum seiner Möglichkeiten:

»Zu viele Talente, zu viele Reichtümer, zu viele Ressourcen. Zu viel Auswahl. Zu viele Menschen[64], Ideen, Raffinessen. Das war vielleicht am Ende das Unglück Frankreichs. England hatte das Meer, Deutschland nur den Kontinent. Wir sind das einzige zugleich kontinentale wie maritime Land Europas. Diese Lage ›ist seit dem 16. Jahrhundert und selbst zuvor schon (Kreuzzüge...) das große permanente Drama der französischen Geschichte: Kann Frankreich gleichzeitig die kontinentale Politik, die ihm seine Lage in Europa auferlegt, und die maritime und koloniale Politik, zu der es durch seine Küste berufen ist, auf sich nehmen?‹«[65]

Es müssen primär objektive Gründe sein, es können keine subjektiven sein, darin sind sich alle Geopolitiker einig, wie bei Marx bestimmt hier das Sein das Bewusstsein, das Subjektive kann sich allenfalls sekundär durch die Reaktion auf diese Gegebenheiten als nachgeordneter Faktor ergeben. Wir kommen auf die Geopolitik noch einmal in Bezug auf die deutsche »Schicksalsgeschichte« zurück. Im Falle Napoleons kann man sagen: Das Römische Reich währte 500 Jahre, Napoleons Imitation zehn oder fünfzehn, je nach dem, wann man es beginnen lässt. Zemmour fragt sich natürlich nicht, warum Napoleon ganz Europa gegen sich aufbrachte, von den Spaniern bis zu den Russen, von den Italienern bis zu den Preußen, von den Briten ganz zu schweigen, und warum Nationalbewusstsein und Nationalismus entstanden in Gegenden, wo es dies vorher allenfalls in Ansätzen gegeben hatte. So wie die Revolution überall Begeisterung in den Völkern hervorrief, so schreckte die jakobinische Schreckensherrschaft viele ab, und so wurde die napoleonische Fremdherrschaft von nahezu allen abgelehnt – das war die Tragödie Frankreichs und seiner Revolution. Für die Entstehung des Nationalbewusstseins in Deutschland war Frankreich verantwortlich: als Vorbild und Feind zugleich.

Zemmours nationalidealistische Vorstellung ist soweit nicht seine Erfindung (allenfalls eine Zuspitzung), deswegen beruft er sich ja auch auf Historiker, und sie ist auch nicht nur eine Ausprägung des Geschichtsbildes nationalkonservativer Historiker. Sie findet sich in etlichen Standardbüchern, auch Schulbüchern, quasi als Version *light* oder auch nur in Spurenelementen, die jedoch gleichwohl von Bedeutung sind. So heißt es zum Beispiel in einem Handbuch zur europäischen Geschichte:

»Die Niederlage Napoleons 1815 markiert das Scheitern eines Versuchs der imperialistischen Vereinigung [unification impérialiste], aber sie stellt auch zugleich ein wegweisendes Datum für die Geschichte Europas dar, in dem Sinne, dass sie den Europäern das Gewicht offenbart hat, das ihre versammelten [rassemblés] Interessen und ihre Kräfte haben können. Gewiss, die faktische Solidarität, die sich zwischen den Gegnern des imperialen Frankreichs hergestellt hat, hat nur eine Chance dauerhaft zu werden, wenn sie jenseits der konjunkturellen Bündnisse die Nationen, die Europa bilden, [...] es schaffen, [...] eine Gemeinschaft von Absichten in einer gemeinsame Politik zu übersetzen.«[66]

Letzteres klingt schon fast wie eine Analyse des aktuellen Europas, damals ist es, wie wir wissen, gescheitert. Aus der Darstellung zweifachen Scheiterns einer Einigung Europas, dialektisch mit der Person Napoleons verknüpft, wird jedoch noch »der Versuch der imperialistischen Einigung« durch Napoleon zu einem Pluspunkt der französischen Geschichte: Schon in der Verbindung zweier konnotativ gegensätzlicher Begriffe – »imperialistisch« negativ besetzt, »Einigung« positiv – bekommt der Imperialismus noch einen europäischen Sinn. »Imperialistische Einigung«, solche Begriffsungeheuer werden in der Tat gerne für das Römische Reich oder für China gebraucht, mit denen Zemmour die Potentialität Frankreichs ja auch, wie erwähnt, explizit vergleicht.

»Frankreich ist nicht in Europa, es ist Europa«, wiederholt Zemmour, »das war lange Zeit seine Kraft, das ist jetzt seine Schwäche. Sein Schicksal war, das kontinentale Europa zu versammeln [rassembler]; die strahlende Zukunft, die man ihm präsentiert, ist die, ein Texas oder ein Kalifornien der Vereinigten Staaten von Europa zu werden. [...] Unser Land mit dem Römischen Reich auf eine Stufe zu stellen, erscheint den heutigen Zeitgenossen abwegig, sogar lächerlich. [...] Die französische ›Große Nation‹ trug jedoch lange Zeit die hohe Ambition in sich, Europa einen ›römischen Frieden‹ zu geben. Seine Erben wollen es nicht mehr wissen. Sie ignorieren es oder sind beschämt. Identifizieren sich fortan mit dem ›kleinen gallischen Dorf, das dem Eindringling immer noch Widerstand leistet‹.« (*Mélancolie*, S. 10).

Asterix oder Caesar, das gallische Dorf oder das Weltreich – das ist hier die Frage. Vielleicht drückt ja die berühmteste *Bande dessinée* aller Zeiten tatsächlich ein Stück französischer Mentalität aus: 1959 entstanden, als Charles de Gaulle gerade die Franzosen wieder aufrüttelte – war er nicht der große Widerstandskämpfer? Und der Name: Karl aus Gallien! Gibt es eine bessere Synthese aus den Galliern und dem Franken Karl dem Großen? Doch Zemmours Überlegungen, obwohl in diese Richtung angedeutet, gehen nicht so weit, da er ja im Defensiven die Kapitulation und die Konfrontation mit den Römern ohnehin als einen Fehler sieht und Charles de Gaulle ganz anders bewertet. Es ging darum, das römische Erbe zu übernehmen.

Die »hohe Ambition«, Europa einen »römischen Frieden« zu bringen – die *Pax Romana* ist ja ein *Sieg-Frieden*, worauf die Wagnerianischen Deutschen trotz ihrer genialen Namensschöpfung *Siegfried* kein Exklusivrecht haben –, hatte vor Napoleon schon Ludwig XIV,. können wir bei Zemmour lesen, denn »seit Ludwig XIV. ist sich Frankreich seiner Berufung sehr bewusst; Europa um sich herum zu vereinigen.«[67] Dass Frankreich das Gegenteil dessen dann selbst provoziert hat, ist Zemmour natürlich nicht klar. »Warum sind alle diese Einigungsversuche gescheitert?«, fragte sich auch Julien Benda 1932 und gab dagegen eine klare Antwort: »Diese Vereiniger Europas waren Tyrannen oder wollten es zumindest sein« (da sie nicht an ihr Ziel gelangten), »sie wollten es besitzen […] und diese Vereiniger wollten auch, dass die Seele Europas ihnen gehört.«[68] Welch eine Erkenntnis in wenigen Worten!

Und auch nicht erst Napoleon scheiterte an dieser Ambition, schon das alte Rom ging durch den Ansturm der »deutschen Barbaren« (sic) zugrunde! »Die ›deutschen Barbaren‹ [›barbares allemands‹], die über den Limes gekommen sind und das Reich zerstört haben, wollten dies ausnutzen um den gesamten eurasischen Kontinent zu vereinigen.« (*Mélancolie*, S. 11). Warum Zemmour die »deutschen Barbaren« in Anführungszeichen gesetzt hat, bleibt rätselhaft, mit oder ohne Anführungszeichen gab es keine »deutschen« Barbaren. Im Französischen gibt es sehr wohl auch einen sprachlichen Ausdruck für die Germanen (*les Germains*), wenn es auch stimmt, dass man im Adjektiv *germanique* gerne beides vermischt, aber im Text heißt es eben nicht *germaniques,* sondern *allemands*. Früher, vor dem Zweiten Weltkrieg, nahm man es, wie in Deutschland, so auch in Frankreich mit der Unterscheidung zwischen Germanen und Deutschen nicht so genau, da man darin eine falsche nationale Kontinuität sah (im Positiven oder im Negativen), wie wir gleich im Anschluss bei Julien Benda auch noch einmal sehen werden. Ganz offensichtlich will Zemmour daran anschließen, aber mit der nun doch einzigartigen zemmourischen Phantasmagorie eines damals beinahe deutsch vereinten (eurasischen!) Kontinents verlassen wir jeden auch nur näherungsweisen Bezug zur realen Geschichte, denn die Germanen waren, wie jeder weiß, heillos untereinander zerstritten und brachten es auf römischem Boden nur mit der römischen Verwaltung zuwege, ihre Königreiche auf die Beine zu stellen. Vielleicht umgeht Zemmour die *Germanen* um seinerseits die Franken zu Franzosen zu erklären, wie die Entwicklung des Namens zu *Français* ja auch nahezulegen scheint. Dass Charlemagne/Carolus Magnus Franzose war, das wissen ohnehin alle Schulkinder. Gleichwohl waren die Franken ein germanischer Stamm unter vielen und der Begriff der Deutschen entstand ohnehin erst viel später.

Doch was Zemmour suggeriert, ist klar: Der deutsche Drang nach einem deutschen Europa ist 1500 Jahre alt. Zemmours Alptraum ist die umgekehrte Variante des alten deutschen Nationalismus, wie er sich gerade in der Zeit der Befreiungskriege gegen Napoleon herausbildete, ideologisch ausformuliert durch Fichte in seinen *Reden an die deutsche Nation* an der Berliner Universität, wo er den deutschen Widerstandsgeist im zweitausendjährigen Kampf zwischen Römern/Franzosen und Germanen/Deutschen seit der Schlacht im Teutoburger Wald für einen Sieg über Napoleon heraufbeschwor.[69]

Auch wenn diese historischen Vergleiche selbst im besten Falle immer nur *cum grano salis* zu sehen sind, so lohnt es gleichwohl, hier die genau entgegengesetzte Überlegung von Julien Benda aus seiner *Rede an die europäische Nation* zu zitieren (die Passage ist im Stil eines Aufrufs gehalten): »Sagt auch Europa, dass es sich, und sei es auch nur um seines materiellen Seins willen, nicht auf sich selbst beschränken darf, sich nicht in einem Nationalismus hoch zwei einschließen darf. Zeigt ihm das Beispiel Roms, das untergegangen ist am Tage, als es den weit gefassten Grundsatz zunichtemachte, aus dem es sich seit Jahrhunderten seine Kraft zog, und es den Barbaren verwehrte, sich in seiner Welt einzugliedern. Das Reich stünde vielleicht aufrecht und zweitausend Jahre Gemetzel wäre den Menschen erspart worden, wenn es freizügig, wie es sein Gesetz ihm vorschrieb, den Goten und Deutschen das Aufenthaltsrecht gewährt hätte.«[70] (Auch hier bleibt der Begriff »Deutsche« unklar).

Für Zemmour, einen der meistgelesenen politischen Autoren Frankreichs, kam also ein französisches Europa nicht zustande, ein deutsches etabliert sich, nachdem der Vertrag von Maastricht 1992 die Selbstbestimmung zerstört hat, wie Zemmour aus der Rede des konservativen Politikers Philippe Séguin zitiert: »Das Europa, das man uns verspricht, ist nicht frei, nicht gerecht, nicht effizient. Es beerdigt die Konzeption der nationalen Souveränität und die großen Prinzipien, die aus der Revolution hervorgegangen sind: 1992 ist im wahrsten Sinne ein Anti-1789.« (*Suicide*, S. 357).

Die Mehrheit der politischen Klasse in Frankreich sah dennoch der europäischen Entwicklung positiv entgegen, da man von Anfang an den französischen Einfluss in der EU-Administration hochgehalten und, wo es nur ging, einen Franzosen an die Spitze gesetzt hatte, schreibt Zemmour, und ganz Unrecht hat er mit dieser Feststellung nicht, seiner Schlussfolgerung muss man sich deswegen nicht anschließen: dass die Franzosen, wenn sie einmal an der Spitze internationaler Organisationen stehen, ihre nationalen Interessen vergessen und sozusagen verraten, wie die besten Beispiele: Jacques Delors, Jean-Claude Trichet..., zeigen würden (*Mélancolie*, S. 165). In zweifacher Hinsicht muss man dem nicht zustimmen: (1) Dass diese Franzosen an der Spitze Europas Frankreich vergessen (oder gar verraten) hätten und (2) dass für Europa zu arbeiten per se bedeute gegen Frankreich zu arbeiten. Ein Axiom all dieser nationalistischen Traktate ist, dass es eine Verbindung französischer und europäischer Politik, oder allgemeiner zwischen Nationalstaat und Europa im Allgemeinen, gar nicht geben könne, dass das eine das andere ausschließe und man sich grundsätzlich für das eine oder das andere entscheiden müsse.

Nicht nur die »Nationalisierung« der politischen Debatte – die europäische Politik als Kampfansage an die nationale Souveränität, ein Kampf um die Hegemonie usw. –, auch die damit verbundene Historisierung der politischen Diskussion ist keine Exklusivität einiger exzentrischer Autoren wie Zemmour. Die historische Dimension ist überall präsent. Mit dem Mauerfall und der sich anbahnenden Wiedervereinigung sowie noch einige Zeit danach gab es in Frankreich eine Flut von Veröffentlichungen, Zeitungsartikel und Bücher, die von einer Wiederkehr der dunklen Seite der deutschen Geschichte warnten. Für die einen drohte die *Rückkehr Bismarcks*, für die anderen das *Vierte Reich*.[71] Für alle gab es *die deutsche Frage*, gemeint war damit: *Welches Deutschland für welches Europa?*, natürlich mit der Befürchtung: *Deutschland – Eine neue Hegemonie?* Und für manche war es Teil einer umfassenderen *Rache der Nationen*[72], will heißen: der Rückkehr des Nationalismus in Europa. Selbst für einigermaßen wissenschaftlich-objektive Analysen brachte der Fall des Eisernen Vorhangs in Europa die Rückkehr der geopolitischen Determinismen, denen Deutschland aufgrund seiner Mittellage jahrhundertelang unterworfen war und daher von einem Extrem zum anderen schwankte, von der erlittenen Ohnmacht zur erstrebten Großmacht. So wurde das neue Vakuum in Osteuropa zum natürlichen Raum für die Auffüllung durch eine neue deutsche Hegemonie gesehen, wirtschaftlich zunächst, aber mit politischen Konsequenzen für ganz Europa und auch für das Gleichgewicht innerhalb der EU. Bereits im Jugoslawienkonflikt erkannte manch einer den Willen Deutschlands, »zu seinen Gunsten eine wirtschaftliche und politische Einflusssphäre vom Typ Mitteleuropa [deutsch im Original] wiederherzustellen.«[73] Willy Brandts Ostpolitik wurde als eine lang angelegte Strategie zur Wiedervereinigung interpretiert, von Helmut Kohl im Bündnis mit Gorbatschow vollendet in einem Geiste, der an den Vertrag von Rappallo 1922 erinnerte, eine politisch-historische Obsession der Franzosen, die freilich nicht jeder Grundlage entbehrt. Alain Minc schreibt von den drei variablen Europapolitiken Deutschlands, der westorientierten, der deutschlandorientierten und der russlandorientierten, die gegeneinander ausgespielt werden konnten (die deutsche »Polygamie«[74]). Doch noch die insgesamt objektivste Analyse kam zu dem Schluss, dass die »heiligen Egoismen«[75] Deutschlands gebändigt werden mussten, und dies konnte nur durch eine stärkere Einbindung in die EU geschehen, die Deutschlands Eigenständigkeit und Macht reduzieren würde. Da diese beiden Faktoren an die D-Mark gebunden waren, galt die Liquidierung der deutschen Währung durch deren Aufgehen im Euro als Garantie für die Eindämmung des deutschen Nationalismus. Es dauerte nicht lange, bis die ersten Thesen einer dialektischen Verkehrung dieser Hoffnung in ihr Gegenteil aufkamen, nämlich eine neue deutsche Hegemonie innerhalb des Euro, durch den Euro. Darauf werden wir weiter unten noch zu sprechen kommen.

Im Versuch einer Erklärung dieser französischen Abwehrreaktionen gegen die deutsche Wiedervereinigung analysierte der »Neue Philosoph« Bernard-Henry Lévy 1991 in einem Interview mit dem *Spiegel* das historisch verankerte antideutsche Ressentiment als »eine Art narzisstische Kränkung, eine Verkrampfung des Selbstwertgefühls. Ob so etwas vielleicht auch in Deutschland gegenüber den Franzosen existiert, kann ich nicht sagen, in jedem Fall existiert es bei uns in Frankreich.«[76]

Eine »unglückliche Identität«

Alain Finkielkraut, 1949 in Paris als Sohn eines Auschwitz-Überlebenden geboren und seit 2014 Mitglied der *Académie française*, das heißt des Pantheons der lebenden Geistesgrößen Frankreichs, gehört zu den Intellektuellen, die die politische Debatte in den Medien mitbestimmen und gleichzeitig auch ein Gradmesser dafür waren und sind, in welche Richtung Frankreich geht. In der Folge der 68er Revolte ein Linksradikaler, dann, wie die anderen »Neuen Philosophen«, ein Gegner des marxistischen Dogmatismus, Kritiker des Sowjetsystems und Verteidiger von Demokratie und Menschenrechten, ein Philosoph der Zeit und des Zeitgeistes, ein neuer Liberaler, heute ein Kritiker all dessen, was Frankreich verändert. In Gegenüberstellung mit den Weltveränderungsutopien in der Folge von 1968 bilanziert er heute: »Frankreich hat sich verändert, das Leben hat sich verändert, die Veränderung selbst hat sich verändert. Sie war einst ein Werk des Willens, heute vollzieht sie sich, ohne dass sie jemand plant. Sie wurde unternommen, sie wird hingenommen. Sie war erwünscht, jetzt ist sie schicksalhaft. Die Veränderung ist nicht mehr das, was wir tun, oder das, wohin wir wollen, die Veränderung ist das, was mit uns geschieht.«[77]

Ein Kritiker kommentierte dies süffisant in seinem Internet-Blog: »Finkielkraut erträgt es nicht mehr (oder tut so), dass er eines schönen Morgens aufgewacht ist und sich plötzlich in einer Welt wiederfand, die sich vollständig verändert hat, ohne dass er an dieser Veränderung teilgenommen hätte, oder eher, ohne dass er was auch immer hätte tun können, um sie daran zu hindern.«[78] Dies erinnert an den oben erwähnten Vergleich von Emmanuel Todd, mit Europa fühle er sich wie in der *Verwandlung*. Tatsächlich erscheinen Todd wie Finkielkraut diese Veränderungen wie die Verwandlung in der Erzählung von Kafka, eine Überwältigung, der man sich brüsk bewusst wird und die nach einer gewissen Übergangszeit, bis man sich sicher ist, dass man wach ist und keinen Alptraum hat, irreversibel erscheint. Allerdings verhält es sich umgekehrt zur Logik von Kafkas *Verwandlung*: Nicht man selbst hat sich in einen hässlichen Käfer verwandelt, sondern die Welt.

Mit seiner Feststellung hat Finkielkraut jedoch recht, sie gilt gewiss über Frankreich hinaus, trifft Frankreich aber in besonderem Maße, das sich lange Zeit – länger, als es wirklich galt – als Verkörperung des Universalismus sah: Von Frankreich strahlte die Moderne aus, was in Frankreich geschah, geschah dann in der Welt, Frankreich *veränderte* die Welt. Im Mittelpunkt dieser Überzeugung stand die Französische Revolution im Politischen, während man für die kulturelle Ausstrahlung durch die französische Sprache einen großen Bogen von Ludwig XIV. bis zu Napoleon schlagen konnte und sogar in Wissenschaft, Kunst und Technik darüber hinaus zur *Belle Époque*: War Paris nicht die Stadt der Weltausstellungen, die »Hauptstadt des 19. Jahrhunderts«, die »Hauptstadt Europas« bis 1914?[79]

Napoleons Eroberung Europas exportierte zwar nicht die Demokratie, die hatte Napoleon selbst abgeschafft, aber individuelle Freiheiten, die der Einzelne zuvor nie gekannt hatte. Bis sie in Deutschland wirklich umgesetzt wurden, war die napoleonische Ära fast schon wieder vorbei. Und was den Franzosen immer schwerfiel zu verstehen, war, dass es so einen massiven Aufstand gegen diesen Fortschritt geben konnte, dass die Deutschen »Befreiungskriege« gegen Napoleon führten, um sich anschließend wieder Regimen der Unfreiheit zu unterwerfen. Die Rechnung »Revolution oder Reaktion«, »Fortschritt oder Rückschritt«, schien schon kurz, nachdem sie entstanden war, nicht mehr aufzugehen.

Die Revolution von 1789 selbst wird gerne als Stunde der Vorsehung für Frankreich verklärt. Dass sie nicht *ex nihilo* entstanden ist, wird zwar nicht geleugnet, aber doch recht kleingeschrieben. Dabei wurde in der Französischen Revolution nicht zum ersten Mal die Monarchie gestürzt, ein König geköpft, eine Republik ausgerufen, das alles geschah schon Mitte des 17. Jahrhunderts in England. In England wurde der Absolutismus 1648/49 verhindert, ziemlich genau zu dem Zeitpunkt, als er in Frankreich siegte, nach der Niederschlagung des Aufstandes der *Fronde* (1650–53). Und auch die erste Diktatur, die dann im Namen der Freiheit erfolgte, was nicht die der Jakobiner 1792–94, sondern die von Oliver Cromwell 1653–58. Und die erste Menschenrechtserklärung, die Grundlage eines Staatswesens wurde, war nicht die französische, sondern das waren die in der amerikanischen Unabhängigkeitserklärung verankerten Grundrechte, noch auf das Wesentliche beschränkt und auch nicht gültig für Indianer und Sklaven (doch das war in der Französischen Revolution auch so). Und letztlich geht die Entwicklung von Bürgerrechten auf die englische Magna Charta 1215 zurück. Erst inspirierte der englische Parlamentarismus, dann die amerikanische Unabhängigkeit die französischen Absolutismuskritiker. Die Geschichte ist immer komplexer, als man das gerne hätte.

Auch nach der Verbannung Napoleons und der Restauration in Europa waren die Ideen der Französischen Revolution nicht tot und nicht totzukriegen. Frankreich blieb noch das Leuchtfeuer der Veränderung, 1830 und 1848 sandte es noch einmal Signale der Revolution aus. Doch der Liberalismus, wie man jetzt nach der Selbstbezeichnung der spanischen Rebellen der 1820er Jahre (*los liberales*) die Oppositionsbewegung nannte, hatte sich in Europa, von Spanien bis nach Polen, eigenständig gemacht und wartete nicht mehr unbedingt auf das französische Vorbild. Die Revolution von 1848 wurde geistig auch von Alexis de Tocqueville vorbereitet, als Abgeordneter und mehr noch als Autor des Buches *Über die Demokratie in Nordamerika,* das Generationen von demokratischen Revolutionären beeinflusste. Der endgültige Sieg über die Monarchien wurde im Ersten Weltkrieg erfochten, ein ideologischer Aspekt des Krieges, dessen man sich in Deutschland, wir sagten es eingangs, kaum mehr bewusst ist, dabei wurde der Krieg auch von Deutschland so verstanden, allerdings mit entgegengesetzter Intention. Die Zwischenkriegszeit brachte für Frankreich dann den Höhepunkt seines universalistischen Selbstverständnisses, seine Prinzipien hatten gesiegt, seine politische Macht stand im Zenit, und mit Großbritannien führte es den Völkerbund an. Die USA hatten sich vorübergehend aus dem Weltgeschehen ausgeklinkt, was Frankreich mit England noch mehr Bedeutung verschaffte. Alexis de Tocqueville hatte jedoch schon hundert Jahre zuvor in einer fast unglaublichen Gabe der Prophetie vorausgesehen, was nach dem Zweiten Weltkrieg dann oft zitiert wurde: »Es gibt heute«, schrieb der Autor im Jahre 1848 (!), »zwei große Nationen auf der Erde, die sich von verschiedenen Punkten aus anscheinend auf dasselbe Ziel zubewegen. Beide sind insgeheim herangewachsen, und während die Blicke der Menschen anderswohin gerichtet waren, haben sie sich plötzlich im vordersten Rang der Nationen platziert [...]«[80] – die USA und Russland.

Nach der ersten Euphorie wieder zu den Siegern zu gehören, brachte noch einmal kurzfristig einen Höhenflug nationalen Selbstbewusstseins für Frankreich – vergessen die Niederlage 1940, das Ermächtigungsgesetz für Pétain auch mit der Mehrheit der Linken, die Kollaboration. Das waren nicht wir, das war nicht Frankreich, die Résistance war Frankreich! So offiziell de Gaulle und auch die Franzosen mit ihm, die vorher noch gegen ihn gewesen waren. Doch die langjährigen und am Ende verlorenen Kolonialkriege (Indochina und Algerien) und die zwangsweise Entlassung der anderen afrikanischen Kolonien in die Unabhängigkeit, nicht ohne dort noch einen Fuß drin zu behalten bis heute, besiegelten nicht nur das Ende der Kolonial- und Weltmacht, sondern erschütterte zutiefst das Innere Frankreichs und sein Selbstverständnis. Blieben nur noch der ständige Sitz im UN-Sicherheitsrat und die Atommacht, die Charles de Gaulle gleich nach seinem Amtsantritt 1958 entwickeln ließ und damit ein bisschen den Verlust der Macht, die man gerne behalten hätte, mit einer Macht, die man nicht einsetzen konnte, wettmachte. Doch auch dies änderte nichts daran, dass Frankreich zur mittleren Macht herabgesunken war, die westliche Welt definitiv von der anderen Seite des Atlantiks her bestimmt wurde und die ganze Welt im Zeichen der von Tocqueville vorausgesagten Bipolarität stand.

In den 1970er Jahren entstand die These von der *exception française*. Sie löste das alte Selbstverständnis von der Universalität ab. Nachdem auch die Ära de Gaulle vorüber war, wo man noch einmal die Grande Nation aufleben ließ, zumindest, frei nach Schopenhauer, »als Wille und Vorstellung«, da ersetzte die französische »Besonderheit« oder »Ausnahme« nach und nach den alten Diskurs von der Universalität. Es ging jetzt um die französischen *Eigenheiten*, die vieles sein konnten und im Wesentlichen im Kulturellen beheimatet waren: die Literatur, der Film, der Geist (l'esprit), das Chanson, die Küche, die Mode..., alles, was einzigartig im doppelten Sinne war: Besonderheiten Frankreichs, die nicht nachgeahmt, aber bewundert werden konnten.[81] So konnte man in dieser kulturellen Besonderheit doch noch einmal auf eine Ausstrahlungskraft stolz sein, die in den anderen Bereichen verlorengegangen war. In einem Interview mit dem Rundfunksender *Europe 1* erklärte der ehemalige Kulturminister der Ära Mitterrand, Jack Lang, am 26.7.2015 im Rückblick auf die französische Kulturpolitik, dass Frankreich »eines der kreativsten Länder« sei. Diese schon rituelle Formel inszenierter Bescheidenheit gibt zu verstehen, dass man nicht Platz 1 im internationalen Vergleich beanspruche, aber dass sich gleichwohl kaum ein anderer mit Frankreich in diesem Ranking messen könne.

Die *exception française* ergänzte in gewissem Sinne eine andere, ältere Formel, *une certaine idée de la France* (»eine bestimmte Idee«

oder »Vorstellung von Frankreich«), die auf de Gaulle zurückgeht und eine Reihe von republikanischen Werten seit der Revolution, verbunden mit einem spezifischen Patriotismus, beinhaltete: den »Gaullismus« eben, auf mittlerer Ebene zwischen Universalismus und Besonderheit, zwischen politisch links und rechts, und immer wieder Gegenstand von politisch-intellektuellen Diskussionen. Dazu gehören die schon oben erwähnten, inzwischen zu Leerformeln gewordenen Schlagwörter wie *union*, *rassemblement*, die Beschwörung eines die sozialen und politischen Spaltungen überwindenden einigen Frankreichs. Die Gaullisten, die den Namen de Gaulles wie eine Monstranz vor sich her tragen, ihn in eine Reihe von Rettern Frankreichs seit Jeanne d'Arc einreihen und in diesem Geist des Widerstandes gegen alle Fährnisse von außen das »ewige Frankreich« beschwören (»Frankreich wird immer Frankreich bleiben«), diese Gaullisten, schrieb ein Journalist 2010, »kritisieren die Liberalen auf der Rechten, die Europäisten in der Mitte und die Sozialisten auf der Linken, aber sie streben danach, sie alle hinter sich zu versammeln [rassembler].«[82] Und natürlich will die Linke der Rechten die *idée de la France* nicht einfach überlassen, sondern ihr streitig machen, und so gehörte es zum klassischen Fernsehinterview des Präsidenten am Nationalfeiertag, dass bei François Hollande am 14. Juli 2015 auch dieses Modul der politischen Rhetorik nicht fehlen durfte, vom Fensehsender TF1 auch gleich unter dem Stichwort »L'idée de la France« verbucht:

»›Was wir auf unseren Schultern tragen können, ist eine Idee von Frankreich, eine bestimmte Idee von Frankreich‹, sagt der Staatschef zu diesem Thema mit einem Zitat des Generals de Gaulle. ›Ich bin nicht für ein gespaltenes Frankreich. Das überlasse ich anderen‹, verweist er untergründig an die Adresse bestimmter politischer Gegner. ›Wir müssen die französische Seele bewahren‹, ist seine Schlussfolgerung.«[83]

Der Begriff *exception française* wurde im Laufe der Zeit konturloser und auf alles Mögliche übertragen, in dem sich Frankreich von anderen unterscheidet, und auch nicht mehr nur im positiven Sinne: Auch die Reformunfähigkeit zur Erreichung eines ausgeglichenen Staatshaushalts wird inzwischen sarkastisch als *exception française* apostrophiert.[84] In einer umfassenden wirtschafts-, sozial- und mentalitätsgeschichtlichen Analyse hat der Wirtschaftswissenschaftler Yves Tinard die französische Aversion gegen die Globalisierung und das, was dort der »angelsächsische Liberalismus« genannt wird, in einem großen historischen Rahmen untersucht und als Ausdruck der *exception française* verstanden, »die nur gegenüber dem herrschenden Modell definiert werden kann.«[85] Es ist eine Verteidigungshaltung, hinter der sich nahezu alle Franzosen wiederfinden können, das kleine gallische Dorf, eine mentale Wagenburg, hinter der die Welt noch in Ordnung ist, oder, wie es Joschka Fischer sehr treffend beschreibt: »Frankreich plagt sich seit Jahren mit der nicht gewollten Globalisierung, die sowohl auf der Linken wie auf der Rechten viel zu lange als eine angelsächsisch-amerikanische Verschwörung betrachtet wurde, fast als eine nationale Demütigung, die sich gegen die französische Lebensart und seine politische und wirtschaftliche Kultur richtet.«[86]

Doch hinter der Fassade der Einzigartigkeit, schrieb der britische *Economist* vor kurzem, sind die französischen Unternehmen, aller *exception* um Trotz, ebenso international wie ihre angelsächsischen Gegenstücke, agieren ebenso global und haben eine multikulturell zusammengesetzte Belegschaft, und umgekehrt sind ebenso internationale Unternehmen in Frankreich zuhause, sogar mehr noch als andernorts: »Ca. 45 % der im französischen Börsenindex, dem CAC 40, aufgelisteten Unternehmen gehören ausländischen Investoren – mehr als in irgendeinem anderen großen europäischen Index. Diese Gesellschaften führen ihre Geschäfte zu zwei Dritteln außerhalb Frankreichs durch und beschäftigen dort mehr als zwei Drittel ihrer Arbeitskräfte.«[87] Allerdings ist die Internationalisierung der französischen Wirtschaft weniger ein Resultat der Globalisierung denn einer Europäisierung, wie in einer Analyse der Zeitschrift *Sciences humaines* betont wird, denn 70 % dieser ausländischen Investoren kommen aus der EU.[88] So gibt es keine *exception française* im Wirtschaftsgeschehen, sondern ein europäisiertes Frankreich.

Frankreich beeinflusst die Welt nicht mehr, es wird von der Welt beeinflusst. In dieser banalen Zuspitzung hat Alain Finkielkraut in der Tat den Kern dessen getroffen, was die französische Malaise ausmacht. Und in Frankreich selbst findet sich das analog wieder im Verhältnis Schule/Gesellschaft: Die Schule prägt nicht mehr die Gesellschaft, sondern die Gesellschaft die Schule. Die Schule soll sich »dem Leben öffnen«, die Schüler werden als Jugendliche wahrgenommen mit eigenen Interessen (oder was sie für eigene halten) und Ansichten, die berücksichtigt werden sollen. Der Erziehungsauftrag werde aufgegeben, schlussfolgert Finkielkraut, die *École de la République* produziere keine republikanischen *Citoyens* mehr, sie halte ihre Werte nur noch formelhaft aufrecht, in Wirklichkeit passe sich die Schule den Schülern an und nicht mehr umgekehrt.[89] Beispiele für das Scheitern der Schule gibt es in der Tat zuhauf, gerade in den Problemvierteln, den *Zones d'éducation prioritaires (ZEP)*, in denen die Schulen besonders gefördert werden. Dies betrifft vor allem auch die kulturellen Auseinandersetzungen mit den aus muslimischen Migrantenkreisen stammenden Schülern, im Kampf zwischen einem Laizismus, der sich immer mehr selbst sucht, und einem politisiertem Islam (um hier den Begriff Islamismus zu vermeiden), der sich immer mehr findet. Der seit 25 Jahren dauernde »Kopftuchstreit« an französischen Schulen hat in letzter Instanz zum Verbot des Kopftuchs geführt, nach einem zum Teil bizarrem Streit darum, auf wessen Seite denn nun die Grundrechte und die Werte der Republik stehen. Trotzdem hat der Staat in jenen Schulen gleichwohl verloren, meint Finkielkraut, weil unbeschadet des Kopftuchs die radikalen muslimischen Schüler allen Schülerinnen trotzdem Kleidungsregeln aufzwingen. Das Versagen der Institution Schule wurde in diesem Zusammenhang schon in diversen Büchern und Filmen thematisiert, die Konflikte an zahlreichen Schulen angesichts des (verordneten) Gedenkens nach den Anschlägen vom 7. Januar 2015 hat die Problematik noch einmal in ihrer Bisanz deutlich werden lassen. In dem Film *Entre les murs* (dt. *Die Klasse*) von Laurent Cantet, nach einem Roman von François Bégaudeau, der die Goldene Palme von Cannes 2008 erhielt, »bekam man die Unfähigkeit des Lehrers mit – obwohl er gleichermaßen wie der Autor des Buches von einer wohlmeinenden Empathie für diese ›diskriminierten‹ Bevölkerungsschichten durchdrungen war –, diesen Schülern die französische Sprache und Kultur beizubringen, die sie mit Horror zurückwiesen«, schreibt Éric Zemmour (*Suicide*, S. 499).

Die aktuellste und sicher eine der radikalsten Publikationen aus der konkreten Erfahrung eines Lehrers heraus ist das im Mai 2015 erschienene Buch von Bruno Riondel: *Considérations inconvenantes* (Unpassende Betrachtungen) »über die Schule, den Islam und die Geschichte in Frankreich im Zeitalter der Globalisierung«.[90] Es ist auch exemplarisch dafür, wie Negativbeispiele pauschalisiert werden, während der Alltag, wo er einigermaßen konfliktfrei läuft, keine Schlagzeilen macht und auch in solchen Publikationen unter den Tisch fällt. Entsprechend zeichnet Riondel das Bild einer allumfassenden Islamisierung von Schule und Gesellschaft durch »den Islam« und seine Institutionen (Moscheen, Kultureinrichtungen, islamistische Vereine und Netzwerke). Wenn er sagt, er wolle nicht pauschalisieren, denn die Mehrheit der muslimischen Schüler »verinnerliche die Werte der Republik«[91], so steht dies im Widerspruch zur gesamten Orientierung des Buches, sei es hinsichtlich der persönlich gemachten Erfahrungen oder der anderer Lehrer, sei es hinsichtlich der allgemeinen Lage, zum Beispiel mit Bezug auf Statistiken. So zitiert er eine Umfrage von 2008, wonach sich 54 % der in Frankreich lebenden Muslime dafür aussprachen, dass die Scharia ganz oder teilweise auch in Frankreich angewendet werden solle, und 70 % dafür, dass die Frauen einen »Schleier« (*voile*) tragen sollen. Dieser vage Begriff sorgt, nebenbei bemerkt, alleine schon für Konfusion, weil darunter sowohl das Kopftuch als auch eine weitergehende Verhüllung fallen können.

Sieht man sich die Umfrage jedoch genauer an, ergibt sich folgende nicht unwesentliche Nuancierung: Die 54 % setzen sich zusammen aus 17 %, die dafür sind, dass die Scharia vollständig angewendet werden solle, und 37 % für teilweise, das heißt, sie müsse sich den Regeln des Landes, in dem man lebt, anpassen. Was damit gemeint ist, bleibt natürlich unklar, aber dies differenziert erheblich die von Riondel übernommene Gesamtaussage, und wenn auch 17 % fundamentalistische Muslime bereits eine besorgniserregende Zahl sind, so ist es bei weitem noch nicht die Mehrheit. Umgekehrt ist dann die große Mehrheit von 70 % für den »Schleier« (»ganz und gar« oder »eher dafür«), doch darin zeigt sich auch die Problematik solcher Umfragen (wie schon erwähnt auch hinsichtlich der Begrifflichkeit »Schleier«/»voile«), denn in der Realität folgt ja nur eine Minderheit dieser Richtlinie, so dass hier wohl überwiegend ein Wunsch zum Ausdruck kommt, dessen Verwirklichung gleichwohl nicht erzwungen wird oder dem sich die Frauen (auch die Töchter) entziehen können. Von den weiteren Items der Umfrage erwähnt Riondel dann noch zutreffend, dass sich 22 % für die Polygamie aussprechen, 17 % gegen die Laizität und 18 % für die Unterwerfung der Frau unter ihren Mann. Die letztgenannten Zahlen entsprechen den Fundamentalisten, die auch für die uneingeschränkte Scharia sind, erstaunlich ist daher Riondels Schlussfolgerung: »Somit muss man trotz der Einschränkung zur Unterscheidung zwischen ›kulturellen Muslimen‹, von denen viele praktizierende Muslime sind, und ›Islamisten‹ feststellen, dass der Unterschied nur eine Frage des Graduellen – und nicht des Prinzipiellen – innerhalb eines einheitlichen Islam sein könnte.«[92] »Feststellen«, dass etwas so »sein könnte«, diese sprachlichen Mäander sollen die Interpretation des Autors vermitteln helfen, die, mit Ausnahme des Items »Schleier«, keineswegs den Umfrageergebnissen entspricht. Es zeichnet sich vielmehr eine deutliche Trennung zwischen Fundamentalisten und anderen ab, die sich übrigens auch zu 67 % für die laizistische Schule aussprechen (gegen 25 % für eine muslimische Schule) und sogar zu 75 % für die Laizität als Prinzip. Skandalös empfindet Riondel dann den Wunsch von 78 % der Befragten, der Staat solle den Bau von Moscheen finanzieren, aber wer sollte sich denn dagegen aussprechen? Dass dies 18 % taten, offenbart wohl den Anteil von Muslimen, die ihrer Religion sehr distanziert gegenüber stehen, er ist genauso hoch wie der Anteil der Fundamentalisten.[93] Alles dazwischen aber nur als graduelle Abgrenzung von den Radikalen zu verstehen, ist eine gezielte Missinterpretation der Umfrage.

Aus der Darstellung über die konkreten Konflikte im Unterricht, vor allem im Geschichtsunterricht, wo die muslimischen Schüler (es wird immer pauschal gesprochen, also auch wenig pädagogisch) dem Geschichtslehrer ein islamzentriertes Geschichtsbild entgegensetzen, das aus einem Sammelsurium von einigen richtigen Tatsachen (die Riondel aber kaum anerkennt) und vielen falschen, ja absurden Thesen (muslimische Architekten hätten im Mittelalter die Kathedralen erbaut u.ä.) besteht, gehen unabhängig von der Interpretation des Autors drei Schlussfolgerungen hervor.

Erstens: Dass Religionsfragen ausschließlich im Geschichtsunterricht thematisiert werden können und alle (falschen und richtigen) Kenntnisse über den Islam außerhalb der Schule erworben werden, ist ein Hauptproblem des Konflikts. Deswegen erscheint mir der in Deutschland nach langen und kontroversen Diskussionen eingeschlagene Weg eines islamischen Religionsunterrichts an den Schulen vielversprechend, wenn er den Schülern ermöglicht, einen Religionsunterricht durch staatlich ausgebildete und geprüfte Lehrkräfte zu erfahren und damit auch einen anderen Blick auf den Islam zu bekommen. Die Auseinandersetzung mit den Fundamentalisten wird dann weiterhin bestehen und sich unter Umständen sogar verschärfen, weil sie natürlich gegen den staatlichen Islamunterricht sind, aber damit wird der Konflikt auf eine Ebene verlagert, auf der verschiedene Auffassungen des Islam gegeneinander stehen. Hierzu sei auf die Arbeiten der aus Syrien stammenden Religionspädagogin Lamya Kaddor verwiesen[94] sowie auf die Untersuchung über den Islamunterricht an der Schule von Johannes Twardella, *Der Koran in der Schule*, mit Bezug auf die religionspädagogische Konzeption von Harry Harun Behr.[95]

Gegenüber dieser Konzeption einer Integration des Islam in die Gesellschaft müssen französische Appelle an einen »französischen Islam« weitgehend abstrakt und unverbindlich bleiben, wenn sie nur Forderungen im Sinne eines Bekenntnisses zu den Werten der französischen Republik stellen, ohne sie entsprechend verankern zu können: Wo soll denn der »französische Islam« entstehen, wenn Religion in der laizistischen Schule keinen Platz hat und die Entwicklung, wie oben erwähnt, hin zur Gründung islamischer Privatschulen geht?

Die zweite Schlussfolgerung bezieht sich auf das Verständnis des Geschichtsunterrichts bei Riondel, der ungefähr dem von Éric Zemmour und vielen anderen entsprechen dürfte, nämlich ein nationaler, wenn nicht nationalistischer Geschichtsunterricht: »Die Geschichtserzählung einer Nation ist ein determinierender Faktor für alle Gesellschaften. Das Gedächtnis sichert nämlich den Zusammenhalt der gemeinsamen Kultur, begründet die Werte des kollektiven Lebens, legitimiert einen heutigen Stolz und erzeugt das notwendige Bewusstsein für die Erarbeitung gesunder Zukunftsperspektiven.«[96] Dies erscheint wie eine modernisierte Konzeption dessen, was früher zum heute schon sprichwörtlichen »nos ancêtres, les Gaulois« (»Unsere Vorfahren, die Gallier«) führte. Es ist klar, dass Schüler fremder Herkunft, auch wenn sie Franzosen sind und sich als solche verstehen (in der oben genannten Umfrage äußerten die meisten Befragten eine Doppelidentität: Muslim und Franzose), sich nicht einfach in seine so enge nationalgeschichtliche Konzeption einfügen können und oder wollen, eine umfassender angelegte Konzeption des Geschichtsunterrichts, der die Entstehung der gegenwärtigen Welt aus der Vergangenheit heraus in einem weiteren Horizont thematisierte, würde die Nationalgeschichte nicht verleugnen, sie aber in diesen Horizont integrieren und damit auch jenen Schülern eine eigene Verortung in diesem geschichtlichen Kontext ermöglichen. Abgesehen davon wäre dies auch für die abstammungsfranzösischen Schüler sinnvoll, um die Welt aus ihrer Geschichte heraus zu verstehen. Dazu müsste auch gehören, die interkulturellen Begegnungen in der Vergangenheit und ihre Bedeutung für die geschichtliche Entwicklung Europas hervorzuheben. Dies impliziert natürlich eine Revision des egozentrischen Bildes vom europäischen oder gar französischen Genie[97], ohne deswegen in einen multikulturellen Relativismus zu münden. Dies gilt analog genauso für Deutschland, dessen Geschichtsunterricht nicht nationalistisch, aber doch stark national fokussiert ist, selbst noch in der Kritik an der Nationalgeschichte. Für Riondel wäre aber ein solchermaßen geöffneter Geschichtsunterricht natürlich schon Verrat, für ihn ist der Islamismus auch nur ein Aspekt, wenn auch eine zentrale Bedrohung, des Globalisierungsprozesses und seiner Ideologie, des *mondialisme*[98], der die Nationalstaaten und -kulturen zerstören will. Seine Vorstellung von einer Thematisierung des Islam im Geschichtsunterricht sieht so aus, dass er sich eine erzieherische Wirkung von der Auflistung der im Koran auftretenden Gräueltaten der vorgeblichen Friedensreligion verspricht. Eine Gegenüberstellung zwischen Legende und Realität würde auch der französischen Nationalgeschichte guttun, aber eine Reform des Curriculums im Sinne von Riondel soll natürlich »das Gefühl des nationalen Stolzes wiederherstellen«.[99]

Drittens ist zu Riondel zu sagen, dass er wohl radikale islamistische Quellen zu zitieren weiß, die seine Perspektive bestätigen, denen aber französische und europäische Autoren entgegensetzt, von denen einige ihrerseits extreme nationalistische oder rassistische Positionen beziehen, allen voran Ernest Renan (1823–1892), dessen Urteil über den Islam (wie auch übrigens über das Judentum) durch Vernichtungsphantasien geprägt war: Der Begriff »Antisemitismus« geht auf Renan zurück und betraf dessen Einstellung zu allen semitischen Völkern.[100]

In der Auseinandersetzung mit »dem Islam«, in Wirklichkeit mit Islamisten, die im Namen des Islam auftreten, aber nur eine Minderheit der Muslime darstellen, spiegelt sich die Welt in Frankreich wider. So sehen es die radikalen Kontrahenten auf beiden Seiten. Für die Rechten wird der innere Konflikt auf ein Schema *Ihr* und *Wir*, Abstammungsfranzosen und Immigrierte, auf ein Innen und Außen zurückgeführt, das die jahrzehntelang als erfolgreich geltende Einbürgerungs- und Integrationspolitik als gescheitert dastehen lässt. Und dazu gehört auch auf beiden Seiten, sich auf »den Islam« zu beziehen und darunter alle Muslime propagandistisch negativ oder positiv zu vereinnahmen, mit steigendem Erfolg offenbar, wenn die Politik immer mehr »den Islam« zum Problem erklärt und umgekehrt immer mehr Muslime, die sich diskriminiert fühlen oder es auch sind, sich zu den Radikalen hingezogen fühlen. Diese Dialektik hat auch alles, was zu einer *self fulfilling prophecy* gehört, an der hier zwei Kontrahenten beteiligt sind, die sich gegenseitig bestätigen.

Erfordert die republikanische Integration der Immigrierten eine vollständige Assimilation, wie Sarkozy erklärte, oder gibt es ein multikulturelles Neben- oder Miteinander? Rassismus oder Xenophobie kann sich in vielfältiger Weise äußern, wie der Soziologe André Taguieff schon vor langem prägnant analysiert hat.[101] Die Ablehnung des Fremden kann sich darin äußern, ihn nicht im Land zu akzeptieren, aber auch umgekehrt darin, ihm einen Zwang zur Assimilation aufzuerlegen, die einer Auflösung seiner Herkunftsidentität gleichkommt. In beiden Fällen soll »das Fremde« verschwinden. Demgegenüber soll für den radikalen, das heißt relativistischen Multikulturalismus alles koexistieren, für die linke Variante davon im Land selbst, für die rechte Variante dagegen im Ausland, als »Ethnopluralismus« mit gegenseitiger Abschottung auf Weltebene.

Im Zusammenhang mit der andauernden Kopftuchdebatte in Frankreich wandte sich Alain Finkielkraut schon seit längerem gegen den linken Multikulturalismus, veröffentlichte aber 2013 sein provokatives Buch mit weitaus radikaleren Thesen über den von ihm wahrgenommenen Identitätsverlust Frankreichs durch Einwanderung, Überfremdung und Selbstverleugnung. Zusammen mit den beiden bereits erwähnten Büchern von Éric Zemmour, eines vorher und das andere nach dem von Finkielkraut erschienen, *Mélancolie française* (2008) und *Le suicide français* (2014), bilden die drei in gewisser Weise einen logischen Dreiklang des »Elans zum Schlimmeren«, wie es der Philosoph Emile Cioran ausdrücken würde (»L'élan vers le pire«)[102] – ein Buchtitel, der schon zum geflügelten Wort und auch Motto einer satirischen Analyse der Politik geworden ist[103] –, drei Etappen auf dem Weg nach unten: Von der *Melancolie* über die *unglückliche Identität* zum *Selbstmord*.

Es handelt sich nicht um irgendwelche Autoren: Einer wurde nach der Publikation in die Académie française aufgenommen (Finkielkraut, April 2014), der andere ist ein Bestsellerautor (Zemmour). Schon *Mélancolie française* war 2008 ein Bestseller gewesen, aber *Le suicide français* schlug 2014 alle Rekorde, wobei Zemmour vieles aus dem vorigen Buch wiederverwendet hat. Ganz unterschiedlich geschrieben, weisen die Bücher von Finkielkraut und Zemmour viele Parallelen auf, zum Beispiel in der Analyse der erwähnten Kopftuchdebatte. Für Zemmour ist es eine Etappe der »Niederlage der ›Grande Nation‹«. Dass sich drei muslimische Mädchen eines Tages in einem Vorort von Paris, Creil, geweigert haben, ihr Kopftuch im Klassenzimmer abzulegen, und dafür vom Unterricht ausgeschlossen wurden, hat zu einer enormen nationalen und sogar internationalen Debatte geführt. In einer seiner stets schiefen Parallelen vergleicht Zemmour die Kopftuchaffäre mit der *Affaire Dreyfus* als einem »rituellen Psychodrama«: »Die Fernsehnachrichten ›eröffneten‹ es, die gedruckte Presse füllten ihre Titelseiten damit, die Politiker von allen Seiten mischten sich ein [...].« (*Suicide*, S. 321). Doch bei der Dreyfus-Affäre handelte es sich um einen antisemitischen Schauprozess, in dem der elsässisch-jüdische Hauptmann Alfred Dreyfus ohne Beweise von einem Militärgericht des Landesverrats verurteilt und auf die Teufelsinsel geschickt wurde. Mit dem »rituellen Psychodrama« sind die Verteidiger von Dreyfus und vor allem Émile Zolas berühmtes »J'accuse!« gemeint, das »Drama« war jedoch real und keineswegs von den Medien inszeniert.

Zemmour hätte in seinem Buch durchaus treffend die Problematik aufgezeigt, um die es ging, wenn er auf seine Stammtischpolemik und seine ständigen Schuldzuweisungen verzichten würde: Was sind eigentlich Menschenrechte? Inwiefern umfassen sie kulturelle Rechte? Sind sie kollektiv oder individuell? Wie weit geht das Recht auf Selbstbestimmung in der Gesellschaft? Kann das Recht auf Differenz mit dem Recht auf Gleichheit zusammengehen? Was ist Laizismus, was ist Religion? Und last but not least: Welche Rolle hat die Schule in der Gesellschaft?

Zemmour legt die Diskrepanz dar, dass hier von den »Verteidigern des Kopftuchs«, den Antirassismus-Organisationen, das Recht auf individuelle Selbstbestimmung eingefordert wurde, wo es doch in Wirklichkeit um kollektive kulturelle Normen einer Minderheit und eine entsprechende Unterordnung unter sie gehe, die den Nicht-Respekt der kollektiven kulturellen Normen der Mehrheitsgesellschaft impliziere. Diese Frage kann und muss in der Tat Gegenstand einer ernsthaften Debatte in der multikulturellen Gesellschaft sein – hier verstanden als reale Situation des Zusammenlebens –, doch Zemmour macht daraus einen politischen Prozess, als ob er tatsächlich selbst die Dynamik der Dreyfus-Affäre für seine Position wiederbeleben wollte: Der Staatsgerichtshof habe sich »der mundialistischen und multikulturalistischen Ideologie angeschlossen, die die Unterschiede und Gleichheit der Kulturen propagiert, beruhend auf einer vereinfachten und sogar verdrehten Lektüre der Arbeiten von Lévi-Strauss.«[104]

Dahinter steht die allgemeinere Frage, ob und wie weit sich Immigranten an die sie aufnehmende Gesellschaft assimilieren müssen. Doch, wie man sieht, gilt Zemmours Kritik weniger denjenigen, die diese Assimilation ablehnen, als denjenigen, die sie hätten einfordern müssen, es aber nicht getan haben. Die Anerkennung der Differenz mit dem Argument des Rechts auf Gleichheit impliziert letztlich ein *anything goes* und die Aufgabe der Gleichheit durch die Auflösung in der Differenz. Soweit kann man Zemmour folgen, doch er bleibt nicht dabei stehen. Nach jahrelangem Streit ist die Kopftuchfrage für die Schule durch die Politik ja letztlich doch im Sinne des Verbots entschieden worden, aber die Politik hat den Kampf an der Front des *halal* verloren, sagt Zemmour. Mit der Verbreitung von Halal-Metzgereien habe sich die islamische Gesellschaft in der französischen ausgebreitet, in den Schulkantinen gibt es Halal-Angebote, weitergehende islamische Umgangsformen würden in den Schulen durchgesetzt usw. Hier geht er ganz konform mit Finkielkraut.

Und diese Kritik hat auch schon die Politik erfasst, nachdem Nicolas Sarkozy die Abschaffung der Essensangebote für muslimische Schüler in den Schulkantinen als Orientierung ausgegeben hat, obwohl in seiner Partei durchaus umstritten, und der Bürgermeister von Chalon-sur-Saône bereits für das kommende Schuljahr angekündigt hat, dass es kein Ersatzessen bei Schweinefleisch mehr geben werde.[105] Die von Parteichef Sarkozy im März 2015 gestartete Kampagne zur Wiederherstellung der Laizität und Rettung der Republik aus der Krise (»Es gibt eine gravierende Krise der Republik…)«[106] trägt ihre Früchte und wird zu weiteren Verschärfung des Konflikts beitragen. Nach seinem Ausscheiden aus dem Kandidatenkarussel für die Präsidentschaft hat der Front National diese Forderung im Wahlkampf sofort für sich vereinnahmt. Die von der Abschaffung des Ersatzessens Betroffenen sind keineswegs die streng Religiösen, denn deren Kinder nehmen ohnehin das Fleischangebot der Kantinen nicht wahr, schon weil das Fleisch eben nicht *halal* geschlachtet wurde, und vielleicht meiden sie vielleicht sogar grundsätzlich die Kantinen – nein, sie sind es nicht, vielmehr sind es jene Muslime, die sich in die Gesellschaft integrieren wollen, aber ein Minimum an Tradition, und dazu gehört das Verbot des Schweinefleisches, bewahren wollen. Der symbolische Effekt dieser Entscheidung ist dabei größer als der praktische Nutzen, und dies ist auch genauso intendiert: Es geht ums Prinzip, denn beim Beispiel Chalon war im vergangenen Schuljahr Schweinefleisch ohnehin nur bei 19 von 150 Essen auf dem Speiseplan.

Zemmour kritisiert damit nicht nur, dass sich in der Gesellschaft eine muslimische Gesellschaft etabliert, die ihre eigenen Regeln durchsetzen will, sondern weit mehr, nämlich dass sie sich nach Aussage des Korans in der »Welt des Krieges« (*dar al-charb*) befinde, wie die Welt außerhalb des Islam (*dar al-islam*) heißt, was bedeute, dass es hier um den Kampf der Missionierung oder Eroberung gehe. Ohne dass an dieser Stelle der Begriff *Djihad* fällt, leitet Zemmour jedoch daraus ab, dass die Muslime in der *dar al-charb* selbstverständlich den Djihad führen müssen, nicht unbedingt mit Gewalt, aber mit dem notwendigen »Eifer«, was der Begriff eigentlich bedeutet. Und diese Sicht entspricht genau jener des Islamismus selbst.

In der Kopftuchfrage einigten sich Politik und Gerichte zunächst darauf, dass die Frage des offensiven Charakters des Kopftuchs von Fall zu Fall entschieden werden müsse, ähnlich der aktuellen Rechtsprechung in Deutschland zum Kopftuch bei Lehrerinnen (!), das erlaubt ist, »wenn der Schulfrieden nicht gestört wird.«[107] Dann wurde 2004 unter Chirac letztlich entschieden, dass es keine religiösen Zeichen in der laizistischen Schule geben darf. Damit sind die anderen praktischen Probleme zwar noch nicht gelöst (Koedukationsprobleme), aber ein hoch symbolisches Problem wegen eines religiösen Symbols. Unter Sarkozy wurde in Frankreich dann 2010 das Verbot der Burka (*voile intégrale*) in der Öffentlichkeit beschlossen und 2014 vom Europäischen Gerichtshof für rechtens befunden. In der *Zeit* vom 30.7.2015 äußerte sich der Menschenrechtler Aaron Rhodes, Präsident des *Forum für Religious Freedom Europe*, zur Debatte, ob es auch ein Burka-Verbot in Deutschland geben solle, nachdem die *Zeit* schon zuvor selbst »die Schwäche des Urteils« mit der Feststellung kritisiert hatte: »Burka tragende Frauen werden damit ins Private zurückgedrängt.«[108] Das Verbot sei »aus menschenrechtlicher Sicht völlig unakzeptabel«, sagt

Rhodes, weil die Richter in ihrer Begründung, die Geschichtsverschleierung sei eine »Barriere gegenüber anderen« und »könnte das Konzept des Zusammenlebens unterminieren«, »Grundfreiheiten und ein diffus definiertes Funktionieren der Gesellschaft« unakzeptabel gegeneinanderstellen: »Die Straßburger Richter haben sich, um ein grundlegendes Menschenrecht zu verweigern, auf fadenscheiniges Psychogeschwätz berufen.«[109] Auch der Wissenschaftliche Beirat des Bundestages ist, wie Wolfgang Bosbach auf seiner Website dokumentiert, der Meinung, dass das Tragen der Burka verfassungsrechtlich geschützt sei. Er begründet dies mit der Religionsfreiheit, und die sei inhaltlich dadurch bestimmt, »was nach dem Selbstverständnis der jeweiligen Religion oder religiösen Vereinigung von ihrer Religionsausübung umfasst ist. [...] Ob das Tragen einer Burka von dem Grundrecht der Religionsfreiheit umfasst ist, hängt somit von ihrer Bedeutung für den islamischen Glauben ab. Die Verhüllung des Körpers hat seine Ursprünge zwar in vorislamischer Zeit, dennoch gilt die Verschleierung muslimischer Frauen weithin bei gläubigen Muslimen als direkt aus dem Koran ableitbar. [...] [Es] besteht Einigkeit darüber, dass eine gläubige Muslima die aus dem Koran ableitbaren Kleidungsvorschriften einhalten muss. [...] Wie weit die Verschleierung reicht, steht in starker Abhängigkeit zu den regionalen Traditionen und der Frömmigkeit der Frau.«[110] »Aus dem Koran ableitbar« heißt also, dass es dort nicht *expressis verbis* steht, aber »Einigkeit darüber besteht«? Bei wem denn? Gewiss bei den Fundamentalisten. Doch nirgendwo steht im Koran, dass die Frauen Burka tragen müssen, und noch nicht einmal vom Kopftuch ist die Rede, vielmehr heißt es im Koran, dass die Frauen »ihren Busen« oder »ihre Scham« mit einem Tuch (*himār*) bedecken sollen (Sure 24, Vers 31). »Festzuhalten bleibt«, schreibt die Deutsche Islam-Konferenz, »dass der Imperativ des Korans an dieser Stelle nicht lautet, die Frauen sollten ihren Kopf mit dem *himār* bedecken, sondern vielmehr, sie sollten den Schlitz ihres Kleides und damit ihr Décolleté mit diesem damals allgemein üblichen Bestandteil der altarabischen Frauenbekleidung bedecken.« An anderen Stellen im Koran (33, 55 und 59) ist entsprechend von einem »Überwurf« die Rede, die Übersetzung des Wortes *hijāb* mit »Schleier« und die Rückinterpretation von seiner heutigen Praxis aus verzerrt natürlich die damalige Bedeutung, die an keiner Stelle auf Gesicht oder Haare der Frauen anspielt.[111] Den heutigen *hijāb* zu tragen, mag also ein Gebot der Tradition sein, nicht aber der Religion.

Der »Wissenschaftliche« Dienst des Bundestags missachtet damit den Konsens, den die Bundesregierung auf der von ihr gegründeten Islam-Konferenz mit den dort vertretenen muslimischen Vertretern gefunden hat, folgt stattdessen der fundamentalistischen Interpretation des Koran und gesteht letztlich jedem Religionsangehörigen und bestimmten regionalen Traditionen eine eigene Definitionsmacht über die Religion zu. Damit werden nicht nur Menschenrechte, sondern auch die Religion ad absurdum geführt in ein veritables *anything goes*. Und es wird die Emanzipation der muslimischen Frauen von der fundamentalistischen Lehre als gegen ihre Religion gerichtet erklärt.

Die Einsprüche von Finkielkraut und Zemmour sind also berechtigt mit Ausnahme dessen, dass sie exakt den gleichen grundsätzlichen Fehler begehen, weil auch für sie diese Kleidungsvorschriften Ausdruck der Religion sind und sie darin vollkommen einig gehen mit den Politikern, Richtern und Multikulti-Philanthropen, die sie so heftig kritisieren, und letztlich auch einig mit den Fundamentalisten, nur aus einer unterschiedlicher Warte.

Doch für Zemmour geht es noch um mehr: Mit der »unerschütterlichen Weigerung des Islam, im französischen Schmelztiegel aufzugehen«, gebe es in der Zielsetzung eine Konvergenz mit den anderen »unerbittlichen Gegnern des Nationalstaates – von den mundialistischen Liberalen bis zur internationalistischen extremen Linken –, die so den Salafisten und Moslembrüdern die Hand reichen, die ebenfalls Internationalisten sind, aber im Rahmen der Umma, um Frankreich zu zwingen, sich selbst zu zerstören.« (*Suicide*, S. 330). Und in seiner unvergleichlichen Obsession des Historischen beruft sich Zemmour dann auf den Kardinal Richelieu, der wohl wusste, warum er die Protestanten bekämpfte, die sich in den 1620er Jahren in La Rochelle verschanzt hatten, denn, so müssen wir es verstehen, schon die Hugenotten stellten die Einheitlichkeit Frankreichs im katholischen Glauben in Frage und bildeten einen Staat im Staat. Die liberale und multikulturelle Gesellschaft verleugnet ein tausendjähriges Frankreich, verleugnet die einheitliche Nation, darum geht es Zemmour, unterm Strich geht es um Nationalismus oder Internationalismus.

Finkielkrauts Überlegungen zur Schule und ihrer Stellung in der Gesellschaft sind jedoch komplexer und können hier nicht im Detail behandelt werden. Er bezieht sich im Wesentlichen auf die alte Vorstellung von Schule aus der Epoche des Erziehungsministers Jules Ferry in der III. Republik (1880er Jahre), wonach Schule, Gesellschaft und Politik (im Sinne politischer Meinung) voneinander getrennt sein sollen und die erstere nicht die anderen repräsentiere (im Sinne eine Auftrages), der Lehrer habe vielmehr einen rein kulturellen Auftrag. Finkielkraut verliert sich im Loblied auf die Schule der III. Republik – die Epoche, die Frankreich eigentlich prägte, und nicht die vorangegangenen

Revolutionen – und in einem Trauergesang über das Verlorene, zum Beispiel den Verlust des Buches als Lernmittel zugunsten neuer technischer Medien... Die von Finkielkraut beschriebene Neutralität des Kulturellen in der Schule gegenüber Gesellschaft und Politik erinnert fast an das humanistische Gymnasium in Deutschland. Doch diese Neutralität bestand so gar nicht, weil die *école publique* den erzieherischen Auftrag der *école républicaine* hatte und dieser war natürlich ein politischer, so wie das Kulturelle politisch aufgeladen war. Schon für die Grundschule (!) sah das Schulgesetz von Jules Ferry die Unterrichtung über die »Geschichte Frankreichs bis heute« vor, für die Jungen auch »militärische Übungen«.[112]

Der Bezug auf die III. Republik (1871–1940) bei Finkielkraut und anderen kommt natürlich nicht von ungefähr, schreibt Hugues Lagrange, Soziologe und gewissermaßen aufgeklärter Multikulturalist (das heißt: kein Relativist), Autor eines Buches über die Immigrations- und Kulturproblematik (*Le déni des cultures – Die Verleugnung der Kulturen*). Die III. Republik verstand sich in ihrem Kampf gegen die Kirche nämlich nicht nur als *laïque* (nicht-religiös), sondern als laizistisch mit geradezu missionarischem Anspruch. Im radikalen Kampf gegen die katholische Kirche, der weiter ging als Bismarcks »Kulturkampf«, musste die Republik aber im Laufe der Zeit Rückschläge einstecken und Kompromisse machen, vor allem nach dem Neuanfang 1944, zum Beispiel bei der staatlichen Co-Finanzierung der Privatschulen seit den 1950er Jahren, die ungefähr die Kosten für das Lehrpersonal abdeckt. Somit wenden sich Finkielkraut und Zemmour letztlich gegen die offeneren Grundlagen der V. Republik, die zwar den republikanischen Laizismus als solchen fortschreibt, aber zur Koexistenz mit der Religion gekommen ist. Die Republik gibt keine Weltanschauung mehr aus, sondern sie fordert nur noch die rechtliche Gleichheit und den Respekt der Grundrechte und Gesetze ein: »Diese moderne Perspektive bezieht sich auf einen minimalistischen moralischen Standard: sie zwingt nicht positiv zu etwas, denn sie vertritt fast nichts Inhaltliches.«[113]

Genau das ist für Finkielkraut die Grundproblematik: Die Gesellschaft ist inhaltsleer geworden, die Schule bringt es nur in konzentrierter Form zum Ausdruck – Disziplinlosigkeit, rüde Umgangsformen, mangelnde Aufmerksamkeit und Konzentration, kein Respekt mehr vor Autoritäten und Regeln, Unfähigkeit zur Selbstkritik, reflexhaftes Infragestellen der Infragestellung usw. – ein neuer Individualismus, ein neuer Egoismus, zwischenmenschliche Anarchie. Die Beispiele für den Disziplinverlust in der Schule, die Finkielkraut mit Bezug auf Erfahrungsberichte von Lehrern angibt – zum Beispiel, dass die Schüler im

Unterricht essen oder trinken oder von sich aus während der Stunde auf die Toilette gehen –, können einen deutschen Lehrer nur zum Schmunzeln bringen: Wenn solches der Untergang der Schule wäre, wäre die deutsche Schule schon längst untergegangen. Wer das deutsche und das französische Schulsystem kennt, wird auch heute noch die große Diskrepanz in Sachen Disziplin zwischen Frankreich und Deutschland feststellen und den französischen Unterricht als durch und durch lehrerzentriert, wenn nicht autoritär charakterisieren (»Frontalunterricht«). Daran kann man die Relativität von Wahrnehmungen und darauf basierenden Wertungen erkennen.

In der Kopftuchdebatte, Bindeglied zwischen Schul- und Kulturkonflikt, Gesellschaft und Immigration, geht es natürlich ebenfalls um die Geschlechterfrage und damit um eine Frage des Zusammenlebens. Hinter dem Kopftuch: die Rolle der Frau. Sie soll ihre Reize verbergen, um die Männer nicht zu erregen, von daher ihre Unterordnung unter eine Kleidungsordnung, die sozusagen die Antwort auf die islamische Variante der Erbsünde ist. Finkielkrauts Gedankengang geht jedoch in eine überraschend andere Richtung: Die sexuelle Revolution mit der Befreiung der Frau aus alten Zwängen der westlichen Gesellschaft seit den 1960er Jahren habe eine Gleichberechtigung der Frau gebracht, die sie desexualisiert, jedenfalls in der Öffentlichkeit, dadurch, dass die Frauen Hosen tragen. Unisex ist angesagt, aber das bedeutet für Finkielkraut, dass die Hose gewissermaßen der Tschador in der westlichen Gesellschaft ist, nämlich mit derselben Bedeutung: die Reize der Frau zu verbergen. In einem Film[114] wagt es eine Lehrerin in einer typischen Problem-Vorortschule, einen Rock zu tragen, und wird von einigen Schülern deswegen beleidigt (»Hure!«). Die Geschichte ist etwas komplizierter, doch Finkielkraut geht es um diesen Aspekt. »Der Rock macht aus der Frau ein Objekt der Begierde und somit ein Objekt der Verachtung« (*Identité*, S. 73), das Verborgene lockt, man will sich aber gegen die Verlockung wehren und lenkt die Schuld auf das Objekt der Begierde. Die Desexualisierung ist somit dialektisch auch eine Sexualisierung. Dies sind soziologisch-politische Themen, die sehr wohl der Diskussion bedürfen und über die es schon sehr viel Literatur gibt. In dieser Parallelisierung, die letztlich Feminismus und muslimischen Patriarchalismus auf eine Ebene stellt, verliert jedoch die Kritik am islamischen Fundamentalismus ihre Orientierung und wird zu einer Nostalgie nach den »guten alten Zeiten«. Finkielkraut wünscht sich einfach die Galanterie der *Belle Époque* zurück.

Zemmour geht wie bei allem, so auch in seinem Antifeminismus noch viel weiter. Der Feminismus habe zu einem Identitätsverlust des

Mannes geführt, der total sei, und gegen den er schon 2006 in seinem Buch *Le premier sexe* (Das erste Geschlecht) polemisierte, eine Art Anti-Simone-de-Beauvoir-Manifest (vgl. *Le deuxième sexe/Das andere Geschlecht*, 1949), »anti« nicht nur von der Intention und der Aussage her, sondern auch von der Art und Weise, wie es geschrieben ist und deswegen von Wikipedia treffend als Pamphlet charakterisiert wird.[115] Der Präsentationstext im Web fasst den Inhalt so gut in einer These zusammen, dass man das Buch schon gar nicht mehr lesen muss: »Wie sieht der ideale Mann aus? Er macht Peeling. Er kauft Schönheitsprodukte. Er trägt Schmuck. Er träumt von ewiger Liebe. Er glaubt ganz fest an die femininen Werte. Er bevorzugt den Kompromiss gegenüber der Autorität und ist lieber für Dialog, Toleranz, statt für den Kampf. Der ideale Mann ist eine echte Frau. Er hat die Waffen niedergestreckt. Das Gewicht zwischen seinen Beinen ist zu schwer geworden. Einige Feministinnen haben sich dieser vakant gewordenen Macht bemächtigt, überzeugt davon, dass Gleichheit Ähnlichkeit bedeutet.«[116]

Feminismus und Immigration, ja sogar Feminismus und Islam, anderswo die Antipoden schlechthin, finden auch bei Zemmour thematisch zusammen. Mit der Frauenbefreiung, deren Höhepunkt das 1975 beschlossene Abtreibungsrecht war, schreibt er in *Le suicide français*, wurde das Austerlitz gegen die französische Zivilisation geschlagen, der Anfang vom Ende. Die französischen Frauen entledigten sich einer vieltausendjährigen Pflicht und erklärten sich selbst zu Eigentümerinnen ihres Körpers. Es war das Ende einer natalistischen Politik, die einst davon träumte, Ende des 20. Jahrhunderts auf 100 Millionen Franzosen zu kommen und damit die Deutschen endlich zu überrunden. In die Rechnung gingen vor dem Ende des Algerienkrieges noch die besonders reproduktionsfreudigen französischen Kolonisten(-innen) in Algerien mit ein. Doch die Rechnung verkehrte sich in ihr Gegenteil: Die Franzosen wurden immer geburtenärmer, das Manko wurde durch die algerische Immigration gelöst – also doch Algerien, aber andersherum –, was zur ständigen Verringerung der Franzosen (Abstammungsfranzosen, *Français de souche*) in der Bevölkerung im eigenen Land führt. Statt Franzosen in Algerien, Algerier in Frankreich! (vgl. *Suicide*, S.136-146).

Entsprechend verwendet Zemmour in seinen Büchern immer wieder den Begriff *immigration de peuplement*, »Besiedlungsimmigration«, ganz offensichtlich ein Bezug zum ehemaligen Kolonialismus, gerade in Algerien, und eine Umkehrung desselben suggerierend, wie auch ein Kritiker von Zemmour analysiert.[117] Der Zusammenhang zwischen Antifeminismus und Antiislamismus offenbart bei Zemmour aber auch Obsessionen, die zur Analyse in die »Kategorie Theweleit«[118] gehören, wobei Männerphantasien bekanntlich gleichermaßen Wünsche und Ängste enthalten. Für Zemmour führen Scheidungsrecht, Pille und Abtreibung geradewegs »in das programmierte Verschwinden der europäischen Volker. [...] Symbolisch gesehen, hat sich alles so abgespielt, als ob die alten, ermüdeten Völker darauf verzichteten, sich selbst zu reproduzieren und kräftigere, jüngere zu Hilfe riefen [...], als ob Frankreich, wie auch Europa, durch und durch Frau geworden, sich zum offenen Land [zur offenen Erde/*terre ouverte*] erklärt hätte, darauf wartend, von einer von außen kommenden Männlichkeit befruchtet zu werden.«[119]

Dies bedarf eigentlich keiner weiteren Erklärung. Und doch: Anders als zum Beispiel die Vergewaltigungsphantasien angesichts der Präsenz franko-afrikanischer Besatzungssoldaten in Deutschland nach dem Ersten Weltkrieg, der »Schwarzen Schmach«[120], zielt die Kritik hier weniger auf den »Vergewaltiger« als auf die Frau, das bzw. *die* feminisierte *Europa*, die ihn geradezu einlädt, so dass es auch gar nicht um Vergewaltigung geht, jedenfalls an der sprachlichen Oberfläche nicht. Vielmehr handelt es sich um ein Prostitutionsverhältnis zwischen *La France* oder *l'Europe* – dass beide Wörter weiblich sind, fügt sich gut ins Bild – und den Immigranten. Sind diese einmal in den Schoß der Grande Nation eingedrungen, um im Bild zu bleiben, so holen sie aber ihre Frauen nach und reproduzieren sich stärker und schneller als die eingeborenen Franzosen, so dass es nur eine Frage der Zeit ist, bis sich die Mehrheitsverhältnisse umkehren (vgl. *Mélancolie,* S. 211 ff.).

Auch für solche Rechnungen gibt es historische Vorbilder aus dem 19. und 20. Jahrhundert. Zemmour hat sich jedoch den Untergang Roms dafür ausgesucht, den er unter Berufung auf Edward Gibbon[121], dessen Darstellung von einem modernen Historiker (Alessandro Barbero[122]) bestätigt wird, damit erklärt, dass die Römer den vor dem Ansturm der Hunnen eindringenden Germanen Asyl gewährten, dessen sie sich wenig würdig erwiesen. Außerdem, fügt Zemmour hinzu, hatte die Romanisierung (212 Ausdehnung des römischen Bürgerrechts auf die Einwohner der Provinzen) bereits einen *melting pot* geschaffen, in dem zwar die römische Lebensweise übernommen, die Römer aber immer weniger an den Schaltstellen der Macht blieben (inklusive Armee). so wie auch das siegreiche Christentum die kämpferische Religion der Römer durch die historisch erste Ausprägung der Menschenbeglückung ersetzt hatte, für die alle Menschen gleich waren, ob Römer oder Barbaren: »Das Christentum ist heute ersetzt worden durch das, was Régis Debray die Menschenrechtsreligion nennt. Man findet bei unseren Eliten, vor allem in Frankreich, ein ähnliches Verhalten wie bei ihren römischen Vorgängern wieder. Die großen Prediger der MRR, Philosophen, Politiker, Sänger, Schauspieler, sammeln und segnen wie ihre christlichen Vorläufer Millionen fremder ›Barbaren‹ unter ihrem leuchtenden Banner, ohne sich Sorgen zu machen, ob diese wirklich an die neue Lehre glauben, und noch weniger, ob sie Lust haben, die Sitten ihren neuen Landes zu übernehmen [...].« (*Mélancolie,* S. 222).

Der Untergang Roms ist natürlich nicht so einfach zu erklären – oder vielleicht noch viel einfacher: Mehrere Tausend Kilometer Grenze konnten nicht mehr gehalten werden, wenn sie an vielen Stellen gleichzeitig von den »Barbaren« überschritten wurde. Aber das spielt hier natürlich keine Rolle, denn es geht um die Zielsetzung des Vergleichs: Weniger der Ansturm von außen als die innere Dekadenz führte in den Untergang. Es ist eine neue Variante der alten Dekadenztheorie.

Wann begann die Dekadenz? Finkielkraut geht auf die Französische Revolution und weiter noch bis auf die Aufklärung zurück, der er die Romantik entgegensetzt. Die Gleichheit aller Menschen ist ihm suspekt geworden, die naturrechtliche Gleichheit, die keine Herkunft, keine Identität mehr kennt, wie Joseph de Maistre, Antirationalist und Antidemokrat, sich äußerte: »Es gibt keinen Menschen in der Welt. Ich habe in meinem Leben Franzosen, Italiener, Russen usw. gesehen; ich weiß sogar, dank Montesquieu, dass man Perser sein kann: aber was den Menschen betrifft, so erkläre ich, ihn in meinem Leben noch nicht getroffen zu haben; wenn er existiert, ist er mir unbekannt.« Und Finkielkraut schlägt den Bogen zu Maurice Barrès hundert Jahre später, der analog schrieb: »Immer sind es die Menschenrechte. Welcher Mensch? Wo wohnt er? Wann lebt er?« Und Finkielkraut resümiert weiter dessen Überzeugung: »Für den nationalistischen Schriftsteller wie für die romantischen Denker, schreibt sich die Menschheit im Plural, sie ist nichts anderes als die Addition kollektiver Identitäten, sie stellt sich unter Beweis in der Vielzahl der Arten und Weisen wahrzunehmen, zu wünschen und zu fühlen, was man später *Kulturen* nennen wird [...].« (*Identité*, S. 222).

Bedauerlicherweise war Barrès deswegen auch ein glühender Antisemit und führender *Antidreyfusard*, da die Juden die »Wurzellosigkeit« verkörperten. So muss Finkielkraut diesen Irrweg hin zum Holocaust verurteilen und seinen ideologischen Flirt mit Barrès begrenzen. Trotz der nationalistischen und völkischen Fehlentwicklung dessen, was Finkielkraut immer die Romantik nennt, will er deren Grundlage rehabilitieren gegen den Irrweg auf der Gegenseite, der Aufklärung, deren Rationalismus ins andere Extrem geführt habe: »Es gibt also die Dämonen der Identität. Ab er es gibt auch die Dämonen des Universellen.« Das eine Extrem habe zum anderen geführt, nach der Erfahrung des Nationalsozialismus und des Zweiten Weltkriegs wollte das neue Europa die Dämonen des Nationalismus überwinden, nach der Dekolonisierung auf universalistische Belehrung, Bekehrung und Bevormundung anderer Kulturen verzichten. »Das postkoloniale Europa ist ein ernüchtertes Europa, das geschworen hat, nie mehr zur Flasche zu greifen. So hat es dafür gesorgt, dass kein Tropfen universalistischer Alkohol in seinem aktuellen Kosmopolitismus blieb. Die Zeit ist gekommen für Europa, weder jüdisch, noch griechisch, noch römisch, noch irgendetwas zu sein.« (*Identité*, S. 98 f.). Hier knüpft Finkielkraut an die Thesen von Pascal Bruckner an, der dies schon früh in seinem *Das Schluchzen des weißen Mannes* ausgeführt hat.[123]

Die Autoflagellation hat sich von der Tribüne der Dritte-Welt-Debatte ins Innere verlagert: Frankreich verleugnet sich selbst und seine Kultur mehr denn je, meint Finkielkraut, mit probaten Beispielen aus einer multikulturellen Pädagogik, die xenophil alle anderen Kulturen liebt, aber oikophob[124] die eigene hasst. Zum Zwecke der Ausrottung des Nationalismus sollen die Franzosen »fremd gegenüber sich selbst« werden, meint Finkielkraut, indem man die Geschichte Frankreichs so präsentiert, als sei die Immigration gar nichts Neues, da diese Geschichte aus Immigrationen bestehe, und so schließt sich die »Alteritätslektion«, indem man sich selbst *entfremdet* um den Fremden zu *ent-fremden* und den »Oikophobie-Test« zu bestehen.

Vielen dieser Beobachtungen kann man zumindest folgen, doch Finkielkraut und mehr noch Zemmour suchen nicht die vernünftige Mitte zwischen den Pendelausschlägen, sondern wollen das Pendel ins andere Extrem schwingen lassen. Sie kritisieren den Islamismus nicht aus der Position der Menschenrechte und der Aufklärung, sondern aus der Position des durch Menschenrechtsdiskurs und Aufklärung gegeißelten Nationalismus heraus: Ihn wiederherzustellen gelte es – für Finkielkraut immerhin geläutert von seinen Schattenseiten. Doch ist dies überhaupt möglich?

Die wirklichen Probleme liegen nicht in der intellektuellen Debatte, sondern in der materiellen Realität. Die topographische Segregation der sozialen und ethnokulturellen Komponenten der französischen Bevölkerung ist ein praktisch nicht mehr umkehrbares Dauerproblem, angesichts dessen die Integrationsbemühungen, obgleich notwendig, wie eine Geisterfahrt in die verkehrte Richtung erscheinen. Die Agglomerationen, Städte und Stadtteile sind in ein subtiles Netz von Stadtvierteln und Untergliederungen von Stadtvierteln unterteilt, wo oft eine Straße die unsichtbare Grenze zwischen zwei Welten darstellt – übrigens auch mit Grenzlinien innerhalb der Gesellschaft derjenigen, die sich als Abstammungsfranzosen betrachten. Eltern suchen sich, soweit es geht, ihre Wohnung nach der zukünftigen Schule für ihre Kinder aus, ein glasklares Ranking der Schulen quadrilliert die Stadt nach sozialen Kriterien: bessere Schule gleich höhere soziale Schicht im Einzugsbereich und umgekehrt. Daraus folgt eine Stigmatisierung der »schlechteren« Schulen, die diese theoretisch nie überwinden können, da sie von den gebildeten Elternschichten, die sie dafür bräuchten, ja gemieden werden. Also greift der Staat auf vielfältige Weise ein: durch die »Harmonisierung« der Noten bis zum Abitur, wo unterdurchschnittliche Abiturergebnisse an Schulen gegenüber einem errechneten Durchschnitt angehoben werden, so dass die Differenz zum Durchschnitt geringer wird (dadurch ändert sich letztlich wieder der Durchschnitt), aber ohne damit den Effekt des Rankings aufheben zu können.

In den sozialen Problemvierteln und den *Zones d'éducation prioritaires* für die Schule kommen soziale Unterschichten oder einfach nur Geringverdiener jedweder Herkunft zusammen. Die spezifischen Quartiere, die *Cités*, aus Sozialwohnungshochhäusern (HLM genannt) in den Vororten (*la banlieue*), einst für die Arbeiterklasse gebaut und nach dem damaligen Verständnis modern, sind heute nahezu vollständig von Immigrierten bewohnt, mehrheitlich Nachkommen von Einwanderern, also durchaus viele mit französischer Staatsbürgerschaft. Und doch leben nicht alle Migranten in diesen Problemzonen der Problemviertel, das wird darüber gerne vergessen, auch keineswegs alle Einwohner muslimischen Glaubens leben dort, vielleicht sogar nur eine Minderheit. Insgesamt hat sich der schulische Erfolg der Kinder von Immigrierten seit zwanzig, dreißig Jahren deutlich verbessert, legt Hugues Lagrange unter Berufung auf entsprechende Untersuchungen dar, und es gibt einen ganz offensichtlichen sozialen Aufstieg von vielen unter ihnen, aber gleichwohl haben es Menschen mit Migrationshintergrund deutlich schwerer als Abstammungsfranzosen. Die Arbeitslosigkeit bei Menschen mit akademischer Bildung, also irgendeiner Form von Studium nach dem Abitur, ist bei Nachkommen von Immigrierten doppelt so hoch wie bei Abstammungsfranzosen.[125] Ganz offensichtlich ist dies Resultat einer Diskriminierung trotz Integration und Bildungserfolg. Doch für jemanden wie Zemmour ist nichts Schlimmes dabei: Unternehmer »haben das Recht Araber und Schwarze nicht einzustellen«, erklärte er am 6.3.2010 im Fernsehen.[126] Die vom Front National geforderte *préférence nationale* ist – zumindest in Teilbereichen – schon längst gesellschaftliche Realität.

Wahrgenommen werden jedoch nicht die Immigrierten, die sich soziokulturell an die französische Gesellschaft angepasst haben, sondern diejenigen, die in ein gegenkulturelles Ghetto der *Cités* geflüchtet sind, eine Gegenkultur, die, wie Lagrange darlegt, keineswegs nur die Tradition der Herkunftskultur (des Islam) verherrlicht, sondern eine radikale Interpretation derselben oder sogar die Erschaffung neuer autoritärer, machistischer Verhaltensweisen darstellt. Doch dies wird von den Gegnern gerne mit »dem Islam« identifiziert.

Angesichts der von dort ausgehenden Gewalt in den Unruhen von 2005 war die Polizei relativ hilflos weil diszipliniert, niemand schoss, weil niemand schießen durfte. Zemmour kritisiert dies heftig, zieht dabei wieder seinen historischen Bogen wie bei allen Themen und überlässt die Schlussfolgerung dem Leser, allerdings nicht ohne ihm eine zu suggerieren: »Ludwig XVI. verlor seinen Thron, weil er es nicht wagte, am 5. Oktober 1789 auf die Menge schießen zu lassen, auf die Frauen [!], die ihn in seinem Schloss holen kamen um ihn quasi als Gefangenen zu den Tuilerien zu bringen« (von Versailles nach Paris); »Thiers entsandte Versailler Truppen, um die Kommunarden zu massakrieren, um das revolutionäre Fieber in Paris auszumerzen, das dort seit 1789 grassierte« (nach dem Sturz Napoleons III. 1871 war Thiers Regierungschef); Clemenceau hatte keine Skrupel Soldaten gegen Streikende einzusetzen und auch schießen zu lassen (Anfang des 20. Jahrhunderts), und »erst nach dem Zweiten Weltkrieg hat die CRS eine Armee ersetzt, die niemals gezögert hatte ›draufzuhalten‹« (die CRS ist eine besondere Polizeitruppe). (*Suicide*, S. 500, 497).

Den Bogen von der Immigration und vom Islam zu Europa und der EU zu schlagen, fällt nicht schwer. Kulturelle Überfremdung durch Nicht-Europäer und politische Entmündigung durch die EU sind für Finkielkraut und Zemmour zwei Seiten einer Medaille: Beide führen zum Verlust des Nationalen, der einzigen Basis für Demokratie, gemeint ist damit aber zuvorderst eine Demokratie der »Autochthonen« oder »Abstammungsfranzosen«. Diese Position ist auch die des Front National, den Finkielkraut nach eigener Aussage bekämpfen will, dem er aber zuspricht, er sei »die einzige Partei, die die Franzosen mit ihrer verunsicherten Identität ernst nehme«.[127] Eine Haltung, die auch ziemlich genau der von Emmanuel Todd entspricht: Wenn die Ideen des Front National von einer etablierten Partei vertreten würden, wäre das wählbar. In einem Gespräch in der *Zeit* mit Ulrich Beck über Europa geißelte Finkielkraut, nicht ganz so radikal wie Todd, aber im Grunde gleich, die »demokratische Enteignung«[128] der Europäer – was meint: die Enteignung der Demokratie. Auf die These von Beck, dass durch die Kosmopolitisierung die Nationen zu klein geworden seien, um als handlungsfähige Akteure bestehen zu können, und sich deswegen in übernationalen Institutionen zusammenschließen müssten, antwortet Finkielkraut: »Die Institutionen, von denen Sie sprechen, verkörpern heute einen bürokratischen Prozess, in dem die Europäer gegen ihren Willen Gefangene sind. Der europäische Bau mit seinem Parlament, seiner Kommission, seinem Ministerrat und seinem Menschenrechtsgerichtshof ist eine abgehobene Instanzenwelt, in der sich die Menschen nicht wiedererkennen. Sie sehen stattdessen Funktionäre, die Gutes über Europa sagen. Aber der Tag wird kommen, an dem die Europäer ihre demokratische Enteignung nicht länger hinnehmen.«[129] Ein interessantes Detail in diesem Rundumschlag ist, dass auch Finkielkraut den Gerichtshof für Menschenrechte kritisiert – ausgerechnet diese europäische Institution.

Zu Éric Zemmours Wirkung in der französischen Öffentlichkeit gehören neben seinen Büchern auch seine medialen Provokationen. In der Kontroverse um *Le suicide français* spielte vor Weihnachten 2014 auch eine Äußerung Zemmours eine Rolle, die er kurz nach Erscheinen seines Buches Anfang Oktober einem italienischen Journalisten des *Corriere della sera* im Interview gegeben hatte. Der Journalist zitierte dies so, dass sich Zemmour für die Deportation von fünf Millionen Muslimen aus Frankreich ausspreche. Auf die Frage »Was würden Sie also vorschlagen? Fünf Millionen französischer Muslime zu deportieren?« antwortete Zemmour: »Ich weiß, das ist unrealistisch, aber die Geschichte bietet Überraschungen. Wer hätte 1940 gesagt, dass eine Million Pieds-noirs [Algerienfranzosen] zwanzig Jahre später Algerien verlassen müssten, um nach Frankreich zurückzukehren? Oder dass nach dem Krieg 5–6 Millionen Deutsche Mittel- und Osteuropa verlassen müssten, wo sie Jahrhunderte lang gelebt hatten?‹«[130]

Einige Zeit später wurde dies von dem Linkspolitiker Mélenchon im französischen Web verbreitet[131] und es entspann sich eine heftige Kontroverse über den Begriff »Deportation«, gegen den sich Zemmour in den Medien zur Wehr setzte. Dabei ging es allerdings nur um das Wort »Deportation«, nicht darum, was damit gemeint war, nämlich »fünf Millionen Menschen in Flugzeuge oder Boote zu setzen«, wie es im Originalgespräch hieß, aber so nicht in die Zeitung kam, weil es der italienische Journalist mit »Deportation« zusammenfasste.[132] Zemmour hat sich dann auch davon distanziert, dass französische Staatsbürger gemeint sein könnten, vielmehr gehe es nur im die Immigranten im Wortsinne.[133] Abgesehen davon, dass dies nicht mit der genannten Zahl von fünf Millionen übereinstimmen kann, blieb es also beim

Streit um das Wort »Deportation«, das natürlich auch in Frankreich den NS-Marker trägt und tabu ist. »Die Zemmour-Affären kann man nicht mehr zählen«, kommentierte das *Observatoire des journalistes et de l'information médiatique*[134], eine Website von Journalisten über den Journalismus, und eine katholisch inspirierte Web-Zeitung prognostizierte: »Der Streit wird das Phänomen Éric Zemmour verstärken«.[135]

Dieses »Phänomen« kann hier nicht umfassend dargestellt werden. Zemmour ist Journalist, arbeitete für mehrere Printmedien und das Fernsehen und ist Autor zahlreicher Bücher.[136] Schon vor *Le suicide français* veröffentlichte der franko-algerische Journalist Mohamed Sifaoui einen »Anti-Zemmour«, in dem er sein Verdikt mit der gleichen Verve auf den Punkt bringt: »Éric Zemmour ist ein Symptom. Er ist das hektische Symptom einer fortgeschrittenen intellektuellen Dekadenz, die manchmal die öffentliche Debatte in Frankreich befällt. Er ist die Illustration par excellence eines Landes, das an sich selbst zweifelt, einer Nation, die nicht mehr träumen kann, einer Gesellschaft, die unter anderem durch eine Vielzahl unbewältigter historischer Komplexe versteift ist. Er ist der mikroskopische Ausbund einer reaktionären Rechten, der Rückenwind bekommt und seine Freude daran findet, die Gegenwart zu verurteilen und die Zukunft zu handikapen, indem er systematisch eine verlorene Vergangenheit beschwört, die er grob und missbräuchlich verherrlicht.«[137]

Weiter noch gehen Noël Mamère und Patrick Farbiaz in ihrer Antwort auf *Le suicide français*, in der sie einleitend feststellen: »Ein übler Wind weht durch Frankreich und reißt jeden Sinn für Mäßigung mit sich fort. Als ob alle Tabus und Totems aus unserem Horizont verschwunden wären. Vom Café nebenan bis zu den Fernsehkanälen fallen der auflodernde Hass, die Wut, das Ressentiment über den Anderen, den Fremden, den Immigrierten, den Araber, den Schwarzen, den Muslim, aber auch den Homosexuellen, die Frau, den Jugendlichen, den heutigen Künstler, den ›falschen‹ Arbeitslosen, den Sozialhilfeempfänger, den Bio-Bauern und den prekären Arbeiter her. Geht das Jahr 2014 in die politische Geschichte Frankreichs als das Jahr des großen Umschwungs ein? Das Jahr, wo auf der Straße, in den Wahlurnen und in den Medien die populistische Rechte die Mehrheit der Meinung gewonnen hat?«[138]

Im Hintergrund jener Spektakel auf dem Buchmarkt und in der medialen Welt, von denen bisher die Rede war, gibt es ein umfassendes Netz von rechtsideologischen Webseiten, die längst die Debatte mitbestimmen. Diese Strategie verfolgen unter anderem europaweit die »Identitären«, eine rechtsextreme Bewegung, die bewusst keine Partei bilden will, sondern sich an die jeweils existierenden Rechtsextremen anbindet, ohne sich ihnen zu unterwerfen. Sie verstehen sich selbst einerseits als »Think Tank« für die Etablierung rechtsextremer Positionen in der Gesellschaft und in der politischen Debatte, andererseits als populäre Basisbewegung, zu deren Veranstaltungen man hingehen kann ohne deswegen Solidarität mit einer Partei zeigen zu müssen. In Frankreich sammelt der *Bloc identitaire* auch ehemalige Funktionäre des Front National, die aus dem einen oder anderen Grund aus der Partei ausgeschieden sind, so Jean-Yves Le Gallou, ein Absolvent der ENA (École Nationale d'Administration), der bereits seit 1969 in frühen »Think Tanks« der Neuen Rechten in leitender Funktion aktiv war, so im GRECE und im *Club de l'Horloge*.[139] Zunächst versuchte diese Neue Rechte die alte parlamentarische Rechte politisch zu beeinflussen, Le Gallou schloss sich dann 1985 allerdings dem Front National an, wo er mit Bruno Mégret, ebenfalls alter Mitstreiter im *Club de l'Horloge*, das strategische Konzept der »nationalen Präferenz« entwarf. Nach dem Zerwürfnis zwischen Le Pen und Mégret 1998, schloss sich Le Gallou der Abspaltung Mégrets und der Gründung einer neuen Partei an (*Mouvement National Républicain*), die allerdings erfolglos blieb.

Am 15.11.2014 trat Le Gallou bei der Veranstaltung des *Bloc identitaire* in Paris zur *Rémigration* (Rückwanderung) auf, wie die Zwangsaussiedlung euphemistisch genannt wird. Auf der Veranstaltung wurde die Absenz des Front National und dessen Aufweichung nationaler Positionen kritisiert, im FN selbst gibt es diskordante Positionen zur »Remigration«, die Vokabel erinnert wohl noch zu stark an die »Deportation«.[140] Das hinderte einen Vertreter des FN, Jacques Bompard, jedoch nicht, auf der Veranstaltung zu sprechen, und die Identitären nicht, sich gleichwohl politisch auf den FN hin zu orientieren: Auf der Veranstaltung sprachen auch zwei junge Vertreter der *Génération identitaire*, einer Art Jugendorganisation des *Bloc*, aber formal selbstständig, darunter der Sprecher der Organisation, Damien Rieu. Er war kurz zuvor vom FN-Bürgermeister von Beaucaire (Südfrankreich) als stellvertretender Pressechef eingestellt worden, ebenso wie ein Kollege im kleineren provenzalischen Ort Cogolin, bei den letzten Kommunalwahlen hatte der FN nämlich erstmals mehrere Orte für sich erobert. Und schließlich zeichnete sich im Vorfeld der Regionalwahlen vom Dezember 2015 im Front National eine heftige Auseinandersetzung darüber ab, dass Marion Maréchal-Le Pen, die Nichte von Marine Le Pen, auf ihrer Liste für die Region Provence-Alpe-Côte d'Azur (PACA) den ehemaligen Chef des Bloc Identitaire, Philippe Vardon, aufgenommen hat, der schon in einem anderen Zusammenhang vier Monate wegen Fortführung einer verbotenen Organisation im Gefängnis gesessen hatte.[141]

Während Marine Le Pen sich und ihre Partei also einerseits von der radikalen Position ihres Vaters lösen will, entsteht an anderer Stelle in der Partei eine erneute Radikalisierung. Le Pens *Journal de Bord*, sein wöchentlicher Blog, wird im Übrigen seit Oktober 2014 auch von dem rechtsextremen Zirkel *Égalité et Réconciliation* auf seiner Website übernommen, dessen Chef Alain Soral mehrfach wegen antisemitischer Äußerungen verurteilt wurde. Zu Le Pens 87. Geburtstag war Soral, ebenso wie der Comedian Dieudonné, gleichfalls verurteilter Antisemit, natürlich unter den geladenen Gästen.

»On y pense, et on oublie«: Der scheinbar unaufhaltsame Aufstieg des Front National

Die inzwischen mehr als vierzigjährige Geschichte des Front National, einer zunächst im reinen Sinne des Wortes rechtsextremen Organisation, die 1972 gegründet wurde, 1979–1982 erste lokale Wahlerfolge um die 10 % hatte und 1984 bei der Europawahl mit 11,1 % ihren politischen Durchbruch feiern konnte, kann hier nicht in allen Details nacherzählt werden, dennoch sind etliche Aspekte aus der Geschichte im politisch-gesellschaftlichen Kontext von Bedeutung zum Verständnis für den Aufstieg dieser Partei, die schon x-mal totgesagt wurde und zuletzt im Mittelpunkt der nationalen Wahlen 2017 stand. »Warum mobilisiert der Front National nicht mehr gegen sich?« fragte nach dem ersten Präsidentschaftswahlgang die katholische Zeitung *La Croix*, und meinte damit, dass es keinen Aufschrei mehr gab wie nach dem Erfolg von Jean-Marie Le Pen, als er 2002 in den 2. Wahlgang gekommen war. Als einen Grund unter mehreren nannte die Zeitung: »Die jungen Leute kennen die Ursprünge der rechtsextremen Partei nicht mehr.«[142] In der Tat hat eine Strategie der »Entdiabolisierung« der Partei unter Marine Le Pen seit 2011 in den Hintergrund treten lassen, woher sie kommt und was sie ausmacht.

Der Front National wurde als Organisation gegründet, die für die faschistische Gruppe *Ordre Nouveau* (Neue Ordnung) im Wahlkampf 1973 antreten sollte.[143] Der *Ordre Nouveau* war im Dezember 1969 von Altfaschisten gegründet worden, mit persönlichen und ideologischen Kontinuitäten zurück bis in die Ära 1934–1944, die ihre Ränge in den 1960ern vor allem aus Kombattanten der verlorenen Kolonialkriege auffüllten. Die extreme Rechte hatte nach der Gründung der V. Republik 1958 unter Präsident de Gaulle gegen die Aufgabe Algeriens gekämpft und zahlreiche Terroranschläge in Frankreich verübt. Der

Ordre Nouveau trat bei seinen ersten Versammlungen in einem offen faschistischen Outfit auf – das keltische Kreuz als Emblem, Uniformen, Bilder der Faschisten und Kollaborateure aus der Vichy-Zeit an den Saalwänden[144] – und wurde 1973 verboten. Das Programm vermied dagegen aus taktischen Gründen eine offene antidemokratische Zielsetzung. So sollte auch eine Formation unter neuem Namen zur Wahl antreten. Ein gewisses Vorbild war wohl die italienische Partei der Neofaschisten, das *Movimento Sociale Italiano*, dessen Emblem, die Flamme in den drei Nationalfarben, dann der Front National entsprechend adaptierte. Die politische Orientierung brachte dennoch von Anfang an Konflikte im Front National, bei denen sich Jean-Marie Le Pen (geb. 1928) durchsetzte, und zwar gegen die radikale Fraktion. Mit dem Verbot des Ordre Nouveau 1973 war der FN auf sich allein gestellt und ging seinen eigenen Weg weiter. Le Pen war also nicht eigentlich der Parteigründer, wie es überall dargestellt wird, sondern schaffte es, aus dieser Gruppierung eine Partei zu machen, die ihm folgte und wählbar wurde. Dazu gehörte auch die Anbindung an traditionalistische, rechtskatholische Kreise um den Monseigneur Lefèbvre, Gründer der Pius-Bruderschaft 1970, die, in Ablehnung des II. Vatikanischen Konzils, im offenen Bruch mit dem Papst und der offiziellen katholischen Kirche eine nicht zu unterschätzende Verankerung in Frankreich hatten und haben.

Le Pen hatte bereits eine erste politische Karriere hinter sich. Nach dem Studium des Rechts und der Politik in Paris und seinem Engagement im Indochinakrieg in dessen letzter Phase 1954 wurde er, dank seiner Beziehungen zu den Indochina-Veteranen und dank des damaligen Verhältniswahlrechts der IV. Republik[145], 1956 Abgeordneter in der Nationalversammlung für eine rechtspopulistische Gruppierung, *Union de défense des commerçants et artisans* (Union zur Verteidigung der Händler und Handwerker), die von Pierre Poujade gegründet worden war, ursrünglich ein Interessenverband der kleinen Händler, Selbstständigen und kleineren Unternehmen, mit mehr als 400 000 Mitgliedern, der sich zur kleinbürgerlichen Anti-Steuerpartei politisierte, ähnlich derjenigen später von Mogens Glistrup in Dänemark. Vor dem Krieg war Poujade Mitglied der faschistischen Partei *Parti Populaire Français* (PPF) des Ex-Kommunisten und Kollaborateurs Doriot gewesen, war aber, wie etliche andere französische Faschisten, mit der Unterwerfung unter Nazi-Deutschland nicht einverstanden und ging 1942 in die Résistance. Le Pen hat sich später immer auf diese politische Linie bezogen, wenn von geistig-politischen Kontinuitäten seit Pétain die Rede war. Bei der Parlamentswahl erreichte die UDCA 11,6 % der Stimmen und konnte eine Fraktion von 52 Mitgliedern bilden. In ihrer Volksfrontlogik hatten die Kommunisten anfangs eine Verbindung zur UDCA im Kampf gegen den »Fiskalismus« gesucht, und der Poujadismus, wie man diese politische Strömung dann nannte, zog seinerseits Mitglieder der KPF und ihrer Gewerkschaft CGT, darunter kleinere Funktionäre, zu sich hinüber, einer von ihnen wurde Wahlbüroleiter von Le Pen. [146] Nicht nur der Rechtsextremismus und -populismus, sondern auch die Osmose zwischen Links und Rechts außen haben in Frankreich eine lange Tradition bis zurück in die 1930er Jahre.

Doch Le Pen überwarf sich mit Poujade und wurde im Mai 1957 aus der UDCA ausgeschlossen. Bereits im Sommer 1956 beantragten Le Pen und sein alter Freund Demarquet beim Verteidigungsminister ihre Reaktivierung für den Militärdienst, um nach Algerien zu gehen. Le Pen bekam dort den Status eines Nachrichtenoffiziers (*officier de renseignement*), doch im Kampf gegen die Aufständischen der Nationalen Befreiungsfront (FLN) hatte Le Pen offenbar nicht nur eine Beobachterrolle inne. Ein Jahr später berichtete die Zeitschrift *Résistance algérienne* von Folterungen, die Le Pen Zeugenaussagen zufolge unternahm oder unternehmen ließ, und *Le Monde* zitierte ihn am 30.5.1957 mit der Aussage, dass solche »illegalen Mittel« notwendig seien – eine Formulierung, die seine Tochter im Dezember 2014 in einem Fernsehinterview über den Kampf gegen den Terrorismus nach der Offenlegung der CIA-Berichte übernahm und damit die CIA-Praktiken rechtfertigte.[147] »Wir haben eine Polizeimission bekommen«, erklärte Le Pen damals, »und wir haben sie nach der Maßgabe der Effizienz ausgeübt, die illegale Mittel erforderlich macht.«[148] Im Juni 1957 legte er im Parlament einen Gesetzesvorschlag vor, der die Einführung des Kriegsrechts im »Kampf gegen den Terrorismus« und Todesurteile (standrechtliche Urteile mit Exekution innerhalb 24 Stunden) für Täter sowie ihre Komplizen vorsah, sowie eine allumfassende Zensur unter Drohung drakonischer Haftstrafen gegen jede Form von Kritik.[149] Die Auseinandersetzung darüber, ob Le Pen persönlich gefoltert hat, beschäftigt die französische Öffentlichkeit seit drei Jahrzehnten, so wie die Aufarbeitung des Algerienkrieges insgesamt. Die 1962 mit dem Algerienabkommen dekretierte Amnestie hat Le Pen bisher weitgehend geschützt, die zahlreichen Prozesse wegen Diffamierung hat er alle *in der Sache* (Vorwurf der Folter) mehr oder weniger triumphal gewonnen[150]. Die Amnestie verhindert auch die Öffnung der staatlichen Archive, sofern sie nicht ohnehin schon vernichtet wurden.

Nach der Verfassungsänderung 1958, als die V. Republik gegründet wurde, gelang es Le Pen noch einmal, über eine andere kleinbürgerliche Gruppierung ein Mandat in der Nationalversammlung zu erringen, 1962 verlor er seinen Wahlkreis durch das Mehrheitswahlrecht. Die Gründung eigener Organisationen, die sich bereits durch den »Front«-Begriff auszeichneten, *Front National des Combattants* (FNC) 1958, *Front National pour l'Algérie française* (FNAF) 1960, blieben ohne Erfolg, ebenso wie sein Versuch, als Wahlkampfleiter für den rechtsradikalen Präsidentschaftskandidaten Jean-Louis Tixier-Vilancourt 1965 eine neuen Anlauf zu einer eigenen Karriere zu nehmen.

1962 gründete Le Pen jedoch mit anderen zusammen eine Firma zum Vertrieb historischer Reden und Lieder auf Schallplatten, die *Société d'études et de relations publiques* (SERP). Mit von der Partei war ein Algerienfranzose, Philippe Marçais, ehemaliges Mitglied der OAS[151], sowie ein alter und bleibender Freund, Léon Gaultier, Mitbegründer der französischen Miliz unter Pétain und Mitglied der Waffen-SS an der Ostfront, 1946 für seine Funktion im Vichy-Regime zu einer Gefängnisstrafe verurteilt. Unter den Schallplatten fungierten Reden und Lieder vom Nationalsozialismus bis zum Kommunismus, sogar Lieder aus Israel. Einerseits lag dem ein kommerzielles Interesse zugrunde, andererseits ging es aber auch darum, unter der Tarnung der Überparteilichkeit Nazi- und andere rechtsextreme Propaganda zu vertreiben, der bei weitem größte Anteil der Sammlung. Deswegen wurden die Firma und Le Pen persönlich 1965, 1968 und 1971 für Schallplatten mit »Liedern der deutschen Revolution«, Reden von Nazi-Größen, Marschmusik usw. wegen »Verherrlichung von Kriegsverbrechen« verurteilt.[152] Die SERP wurde 2000 angeblich aufgelöst, ihre Produkte stehen aber immer noch unter dem Namen und mit dem Hinweis »Founded by Jean-Marie Le Pen [...]« im Internet zum Verkauf.[153]

Im Front National sollten dann die alten Nostalgiker und Kriegsveteranen mit neuen, jüngeren Ideologen der verschiedenen intellektuellen Zirkel zusammengeführt werden. Die intellektuelle *Neue Rechte*, wie z.B. das GRECE (*Groupement de Recherche et d'Études pour la Civilisation européenne*[154]), hielt sich zunächst jedoch zurück, während es später zu einer engeren Verbindung kam, v.a. über den neo-racialistischen[155] Anthropologen Jean Haudry.[156] Diese Ideologisierung war auch nicht die Herzensangelegenheit von Le Pen, der das politische »Programm« der Partei vielmehr auf populistische Phrasen reduzierte: »sozial, *populaire*[157], national«, »gegen die Allmacht des Staates«, »gegen den Fiskalismus«. Außerdem entdeckte man ein neues und fortan bestimmendes Thema: die Immigranten, gegen die 1978 bereits mit dem Plakat »1 Million Arbeitslose sind 1 Million Immigranten zu viel« die entscheidende propagandistische Formel gefunden wurde. In den

1980ern erklärten 73 % der FN-Wähler, deswegen die Partei zu wählen.[158] Le Pen konnte solche Umfragen für sich nutzen und erklären, dass im Prinzip 80 % der Franzosen in zentralen Dingen einer Meinung seien und der FN dies zum Ausdruck brächte.

Mit dem historischen Machtwechsel zur Linken 1981 kam auch die historische Chance des Front National. Die Niederlage der Rechten und später der politische Kurswechsel der regierenden Linken nach »rechts« in der Wirtschafts- und Sozialpolitik 1983/84 schufen Enttäuschung in der Wählerschaft beider Lager. Einige Persönlichkeiten aus den neuen rechtsintellektuellen Clubs, die nach dem Desaster der klassischen Rechten zunächst eine Chance zu deren Infiltration gesehen hatten, sammelten sich ab 1984 hinter Le Pen, darunter Bruno Mégret, spätere Nr. 2 des FN, als auch der erste nationale Wahlerfolg aufgrund des Verhältniswahlrechts bei der Europawahl 1984 erzielt wurde.

Aus taktischen Gründen führten die Sozialisten unter Präsident Mitterrand auch für die Parlamentswahl 1986 das Verhältniswahlrecht ein in der Hoffnung, dadurch ihren Niedergang in Grenzen halten zu können, dennoch kam es zum Verlust der Mehrheit und zur Kohabitation mit der Rechten in der Regierung. Der FN zog mit knapp 10 % und 35 Sitzen in die Nationalversammlung ein, allerdings nur für zwei Jahre aufgrund der vorgezogenen Neuwahl 1988 nach Mitterrands Wiederwahl zum Präsidenten. Bei dieser Präsidentschaftswahl erzielte Le Pen bereits 14,38 %, bei den Europawahlen 1994 stagnierte die Partei dagegen (11,73 %), auch wegen der Konkurrenz durch das *Mouvement pour la France* aus rechtskonservativen souveränistischen Politikern (12,34 %), so dass sich aber daraus zusammen immerhin schon ein Viertel antieuropäische[159] Wählerstimmen ergaben. Doch diese Konkurrenz verschwand bald wieder und der FN beerbte sie.

Zwanzig Jahre später, nach dem Erfolg des FN bei der Europawahl am 25.5.2014, schrieb die *F.A.Z.* über das Phänomen Marine Le Pen und den »Camembert-Faschismus«: »Seit den achtziger Jahren des vorigen Jahrhunderts hatte sich das öffentlich-rechtliche Fernsehen in Frankreich darum bemüht, den Rechtsextremen vom Front National keine besondere Bühne zu bieten, am Sonntagabend aber wendete sich das Blatt; Unmittelbar nach Bekanntgabe der ersten Hochrechnungen schaltete France 2 in die Zentrale der Wahlsieger nach Nanterre.«[160] So sehr diese Beobachtung zum Wahlabend 2014 stimmt, so falsch ist jedoch die Behauptung, man habe früher dem FN »keine besondere Bühne« geboten – das genaue Gegenteil ist der Fall: In dem Jahrzehnt seit der Präsidentschaftswahl 1988 bis zur Spaltung des Front National 1998, als die Partei am Ende schien, wurde Le Pen jede Gelegenheit im Fernsehen (und in anderen Medien auch) gegeben, sich zu produzieren. Antisemitische und antimuslimische, xenophobe Vorfälle aller Art haben sich in jenen Jahren multipliziert, freilich nur halb so viele wie später 2000–2010[161], aber die Zunahme wurde damals als besorgniserregend empfunden. Und nachdem in der Nacht vom 8. auf den 9. Mai 1990 der jüdische Friedhof von Carpentras auf schockierende Weise geschändet worden war und Nazi-Graffitis wie »Jude raus!« (auf Deutsch) quasi als Signatur zurückgelassen wurden, da war die Empörung in Frankeich groß. Das Vorkommnis hatte dann noch ein langes und beschämendes juristisches Nachspiel, die »Carpentras-Affäre«, wo mit aller Gewalt versucht wurde, einen antisemitischen Charakter des Geschehenen auszuschließen und das Ganze als einen Dumme-Jungen-Streich oder als satanistisches Ritual darzustellen, bis sich schließlich 1997 einer der Täter selbst der Polizei stellte.[162]

Damals machte sich ein engagierter Rechtsanwalt einen Namen, der die Hinterbliebenen der geschändeten Opfer vertrat und mit Verve im Fernsehen immer wieder die – offensichtlich auf politischen Druck hin – skandalöse Verschleppung und Verbiegung der polizeilichen Untersuchung anprangerte: Es war niemand anderes als Maître Collard, der später, wie oben dargestellt, zu Marine Le Pen stoßen und 2012 einen Sitz in der Nationalversammlung für einen Wahlkreis etwas weiter südlich erobern sollte, während die Enkelin von Jean-Marie Le Pen, Marion Maréchal-Le Pen, 2012 in Carpentras selbst den Wahlkreis für die Nationalversammlung gewann. Unter dem unmittelbaren Eindruck des Ereignisses von Carpentras 1990 und vor dem Hintergrund des Umgangs mit dem ganzen Thema des Rechtsextremismus bis dahin schrieb ich damals (und darf mich hier ausnahmsweise selbst zitieren):

»Das Phänomen Le Pen hat sich im öffentlichen Leben und vor allem in denselben Medien (dem Fernsehen vor allem), die sich nach Carpentras so empört haben, bereits so etabliert, dass seine rassistischen Ausfälle, die vor einiger Zeit, genauer: vor der letzten Präsidentschaftswahl 1988, selbst noch seine eigene Klientel verunsicherten (Beispiel: Auschwitz als ›Nebensache der Weltgeschichte‹, das Wortspiel gegen den Minister Durafour ›Dur-à-four crématoire‹ usw.), inzwischen zur Stärkung seines Images beitragen. Regelmäßig wird Le Pen im Fernsehen die Gelegenheit zur telegenen Provokation gegeben, der dann die rituelle Empörung von Politikern, Antirassisten, Vertretern jüdischer Organisationen usw. folgt. Die Auftritte Le Pens werden meist so organisiert, dass durch die Konfrontation mit einer Persönlichkeit des öffentlichen Lebens, einem Politiker oder auch bestimmten Journalisten, der Skandal von vornherein für das Fernsehpublikum gesichert wird. […] Noch am Vorabend der Grabschändung von Carpentras hatte man einen großen Fernsehauftritt für Le Pen organisiert (eine Stunde Interview durch drei Journalisten), wo er auf die diplomatische Tour, schroffe Ausfälle vermeidend, vor der Unterwanderung der öffentlichen Medien durch ›eine jüdische Lobby‹ warnen durfte. Nicht dass Le Pen dieses Thema selbst angeschnitten hätte, nein, die Journalisten haben es ihm geradezu aufgedrängt. Solchermaßen organisierte ›Entlarvungen‹ Le Pens haben aber, wie schon gesagt, längst keinen abschreckenden Wert mehr, sondern schlagen im Gegenteil ins Affirmative um.«[163]

Zu dieser Feststellung bedurfte es noch nicht einmal eines Jahres, das Geschehen in Frankreich zu beobachten, wo ich seit September 1989 lebte. Gewiss, Carpentras stellte einen Einschnitt im Umgang mit dem Rechtsextremismus dar, der Höhenflug Le Pens in den Umfragen (kurz zuvor bei 18 %) erlitt einen (vorübergehenden) Dämpfer, aber es erfolgte kein »Boykott« in den Medien. In den acht folgenden Jahren, die ich noch in Frankreich blieb, wandelten sich die Fernsehauftritte Le Pens vom inszenierten Déjà vu, wie beschrieben, nach und nach in fast normale Einladungen und Berichterstattungen wie bei anderen Politikern auch, während das Anwachsen der Partei bei Wahlen in den Kommentaren regelmäßig heruntergespielt wurde. So gab es nach den Regionalwahlen 1992 ein regelrechtes Aufatmen: »Le Pen gestoppt!« – »Niederlage des FN!«, denn die Partei hatte »nur« 14 % der Stimmen im Landesdurchschnitt erzielt, hatte ihre Sitze in den Regionalparlamenten zwar verdoppelt, war aber nicht über Le Pens Ergebnis bei der Präsidentschaftswahl 1988 hinausgekommen.

Ein Besuch bei einer großen Wahlkampfveranstaltung von Le Pen in Nantes für diese Regionalwahlen 1992 hat mir auch persönlich drastisch vor Augen geführt, wie abwegig es war, den Front National als radikale aber marginale Erscheinung einzustufen, wie es damals aus der Distanz heraus und mit einer gewissen Ungläubigkeit in Deutschland üblich war, und wie es in Frankreich selbst durch ständige Relativierung in einer Art Selbsthypnose erfolgte. Bei der besagten Wahlkampfveranstaltung konnte ich sehen: Da waren Geistliche zugegen, der Zeitschriftenhändler von der Ecke hatte einen Stand und grillte Würstchen (»Merguez«, ein in Frankreich etabliertes Erbe aus Algerien), Studenten, die ich flüchtig kannte, waren anwesend, also, wie man bei PEGIDA sagen würde: ganz normale Leute oder »das Volk«. Le Pens Rede hatte nichts von der Rhetorik eines Hitler, wie man sich das so vorstellte, vielmehr trat er auf wie ein amerikanischer Fernsehprediger, im Duktus und im Auftreten im engeren Sinne des Wortes: Er lief auf der Bühne herum, hatte ein drahtloses Mikrophon am Kopf und sprach vollkommen frei.

Der frenetische Beifall des Publikums entsprach dann eher dem, was man befürchten konnte, und die Tatsache, mit wenigen anderen im Saal sitzen zu bleiben, die man dadurch als Nicht-Frontisten erkennen konnte, während die Anhänger Le Pens rechts und links, vor und hinter einem aufstanden, jubelten und »Le Pen! Le Pen!« brüllten, hatte dann, zumal angesichts der überall im Saal sichtbaren Sicherheitstruppe der Partei, etwas Beklemmendes.

Es gab damals natürlich längst politik- und sozialwissenschaftliche Untersuchungen über den Front National, seine Anhänger und seine Wähler. Der FN war das Lieblingsthema zahlreicher Wissenschaftler und trotzdem galt das Prinzip, das Erwann Lecœur treffend in Anlehnung an ein Lied von Jacques Dutronc so formuliert: »On y pense, et on oublie.«[164] (Man denkt daran und man vergisst). So dass sich ganz Frankreich am Abend des 1. Wahlgangs der Präsidentschaftswahl 2002 die Augen rieb, als auf dem Fernsehschirm die Ergebnisse kamen, wonach Le Pen auf Platz 2 landete und zum Herausforderer des amtierenden Präsidenten Chirac im 2. Wahlgang wurde.

Nach verschiedenen Untersuchungen war Fremdenfeindlichkeit inkl. Antisemitismus Anfang der 1990er Jahre weiterhin das herausragende Motiv für die FN-Wähler, mit dem Spitzenwert von 82 % Antipathien gegenüber den Maghrebinern (39 % im nationalen Durchschnitt), aber immerhin auch 38 % gegenüber Juden (12 % im nationalen Durchschnitt), wobei *immigration* stets mit *insécurité* (mangelnde Sicherheit, Kriminalität) in Verbindung gebracht wurde, bis hin zu einer Art Angstpsychose gegenüber der sozialen Umwelt überhaupt: ein Thema, das als Motivation der FN-Wählerschaft lange Zeit ignoriert oder zumindest unterschätzt worden ist.[165] Diese Prioritäten *Immigration* und *Insécurité* gelten im Wesentlichen auch noch heute, wenn sich auch der Fragenkatalog bei Umfragen diversifiziert hat. Die Konstruktion solcher Umfragen beeinflusst natürlich das Ergebnis und induziert nicht selten die »gewünschten« Antworten. In einer Selbsteinschätzung bei einer allgemeinen Umfrage der französischen Menschenrechtskommission 1992 erklärten sich 41 % der Befragten für »eher oder ein bisschen rassistisch«. *Le Monde* schlussfolgerte aus der Untersuchung: »Das ›Verständnis‹ für fremdenfeindliche Positionen nimmt zu.«[166] Solche Umfragen bestätigten natürlich Le Pen in seiner Überzeugung von der Kongruenz der politischen Auffassung zwischen ihm und »dem Volk«. Es galt nur noch die Kluft zu schließen, die viele Wähler noch davon abhielt, Front National zu wählen.

Die offizielle Politik reagierte auf diese Situation, indem sie immer mehr inhaltliche Positionen des Front National übernahm. Es sei mir gestattet, noch einmal aus einer Analyse zu zitieren, die ich 1992 schrieb (Chirac war damals Bürgermeister von Paris und als RPR-Vorsitzender der Chef der Opposition, zu der auch die UDF gehörte):

»›Es gibt eine Overdose von Ausländern‹, stellte Jacques Chirac im Juni letzten Jahres fest, sie missbrauchten den Sozialstaat, ›und wenn man dann noch den Geruch und den Lärm hinzunimmt‹, sei ›es kein Wunder, wenn manch ein Franzose durchdreht‹. Das war nach einem Besuch der einschlägigen Viertel von Paris. Die Konkurrenz auf der ›liberalen‹ Seite mochte da nicht nachstehen: Auf einem Straßenplakat warb sie mit einer jungen, schönen Frau und den Worten: ›Immigration – Wenn man damit Tag für Tag leben muss, wartet man auf mehr als nur Worte. – Die UDF ergreift Partei.‹«[167]

Die Liste solcher Äußerungen ging dann noch weiter. Über die meinungsbildende Bedeutung der Medien ist der Wahlerfolg von Marie-France Stirbois in Dreux Ende 1989 aufschlussreich, wo sie in einer Nachwahl den ersten Wahlkreis im Mehrheitswahlrecht für den FN eroberte. Dies geschah nach einer monatelangen Kampagne der Medien gegen drei marokkanische Mädchen, die ihr Kopftuch in der Schule nicht ablegen wollten – der historische Beginn der oben behandelten Kopftuchdebatte. Während Stirbois ihren Wahlkreis in Dreux gewann, hätte es ein anderer FN-Kandidat in Marseille mit 47 % fast auch geschafft. Über die Motivation dieser Wähler gab es damals eine Untersuchung:

»Einer Umfrage für die Zeitung *Liberation* zufolge hatte jeder zweite, der erstmals FN wählte, dies aufgrund der ›Kopftuch‹-Affäre getan, also nicht durch persönlich erfahrene Konflikte mit Immigranten, sondern aufgrund einer ihm nur durch das Fernsehen vermittelten angeblich drohenden ›Islamisierung‹ Frankreichs. Kurz vor den Wahlen in Dreux und einigen anderen Bezirken hatten die marokkanischen Mädchen, wohl auf intensives Zureden durch die islamische Gemeinde vor dem Hintergrund der anstehenden Wahlen, sich bereit erklärt, im Klassenzimmer ihr Kopftuch abzulegen. Nach fast drei Monaten nahezu täglicher (!) Verfolgung durch die Fernsehkameras war diese Nachricht gerade das Verlesen eines einzigen Satzes im TV Wert. Die Medienkampagne gegen die drei anscheinend wahllos herausgegriffenen Schülerinnen – wo es doch in Frankreich permanent Konflikte dieser Art gibt, die vor Ort entschärft, wenn nicht sogar gelöst werden – hat mehr zur Verbreitung der Xenophobie beigetragen als alle Auftritte von Le Pen, der sich in dieser Affäre bezeichnenderweise ganz zurückhielt.«[168]

Anlässlich eines neuen Gesetzes, das rassistische Äußerungen unter Strafe stellt (Loi Gayssot), erklärte die frischgebackene FN-Abgeordnete Marie-France Stirbois in der Nationalversammlung: »Heute, wo die Nationalismen sich in der Welt erheben und die Ketten abwerfen, die ihnen das universalistische und kosmopolitische Ideal aufzwingen wollte, müssen auch die Franzosen das Recht haben, laut und deutlich ihren Stolz darauf, was sie sind, zu beteuern. [...] Hinter den Schockwörtern Rassismus, Antisemitismus, Fremdenfeindlichkeit, die Ihnen Angst machen, verstecken Sie selbst einen hintergründigen Plan. Es ist die Negation des Rechts, Franzose zu sein, und der Wille zur Auflösung des französischen Volkes in einer Art *melting-pot*. [...] Nach dem Verlust seiner Identität wäre es dann nur noch ein Ektoplasma ohne Dimension in Raum und Zeit, und wäre seiner wesentlichen Potentialität beraubt: der Welt einen Sinn zu geben. [...] Das französische Volk will seinen Namen nicht in die lange Liste der untergegangenen Völker einreihen. [...]«[169]

Die Rede der FN-Abgeordneten wurde zwar mehrfach durch oberflächliche polemische Zwischenrufe unterbrochen, jedoch durch keinen Zwischenruf *in der Sache* angegriffen. Auch wenn sie sich nicht spezifisch rassistisch gegenüber einer ethnischen Gruppe äußerte, konnte sie während einer Debatte über die strafrechtliche Verfolgung von rassischen Äußerungen inhaltlich unwidersprochen Thesen im Stile des Sozialdarwinismus des 19. Jahrhunderts ausbreiten.

Erstes Fazit zum Umgang mit dem Rechtsextremismus in Frankreich: Es besteht die Absurdität seiner rituellen Verurteilung, die mehr der Selbstvergewisserung dient als seiner Bekämpfung, bei gleichzeitigem Herunterspielen seiner gesellschaftlichen Bedeutung und einer ihm gewährten Narrenfreiheit sich zu äußern, ob in den Medien oder im Parlament. Mehr noch: Diese vermeintlichen Narrenäußerungen werden oft genug herbeiprovoziert, damit man sich wiederum, hier schließt sich der Kreis, dadurch seine eigene Position bestätigen kann. Hinzu kommt noch, was Pascal Perrineau über die Situation seit der zweiten Hälfte der 1980er Jahre 1993 konstatierte:

»Eine Linke mitten in der Identitätskrise sucht im Antirassismus ein Mittel, ihre ideologische Leere zu füllen. Statt eine große Politik der Integration der Immigrierten, und namentlich der jungen ›Beurs‹[170], voranzubringen, die seit Anfang der Achtziger Jahre ihre Sorge, nicht von der Gesellschaft ausgeschlossen zu werden, manifestiert haben, reiht sich der PS anfangs in einen antirassistischen Diskurs sein, der den Charme der multikulturellen Gesellschaft und des ›Rechts auf Unterschied‹ [droit à la différence] preist. Mitte der Achtziger Jahre befördern sich der differenzialistische Antirassismus und der differenzialistische Neo-Rassismus durch einen Spiegeleffekt wechselseitig. [...] Le Pen und

Harlem Désir[171] singen jeder das Loblied auf das Recht auf Differenz: die Differenz der französischen Nation für den erstgenannten, die Differenz der Gemeinschaften [communautés], die sie bilden, für den zweiten. In diesem Face-à-Face hat der Begriff einer französischen Nation, die integriert und auf dem ›Recht auf Angleichung [ressemblance]‹ und dem universalistischen Geist begründet ist, nichts mehr zu sagen.«[172] Dies entspricht damals schon der Analyse von Jean-Loup Amselle, der dieses seither weit fortgeschrittene Phänomen jüngst einer heftigen Kritik unterzogen hat, worauf wir weiter unten eingehen.

Die Ideologisierung des FN manifestierte sich im November 1991 unter anderem in einer Art »rassenökologischem« Kongress, wo dem »Verschwinden der Menschenrassen durch verallgemeinerte Vermischung« und der Bedrohung der Franzosen als »Art« (*espèce*) der Kampf angesagt wurde unter Bezug auf alte nationalistische und sozialdarwinistische Denker wie Maurras, Barrès und Carrel aus der Epoche vor und nach dem 1. Weltkrieg, sowie auf die »wahre« Ökologie »zum Schutze der ethnischen, kulturellen und natürlichen Umwelt unseres Volkes« gegen »die massive Immigration, die unsere Städte in arabische Städte verwandelt«. Gemeint ist also, was der heute wieder verwendete Nazi-Begriff der »Umvolkung« ausdrückt. Später zog Le Pen noch mit dem Spruch von der Ungleichheit der Rassen nach, den Bruno Mégret in die Ungleichheit der Kulturen diplomatisch abmilderte. [173] Ansonsten stellte sich der Front National als die einzig wahre Öko-Partei dar. Da kam alles aus der alten Zeit wieder: Materialismus, Kosmopolitismus, Blut und Boden, Heimat und Natur, aber alles modern verpackt und entsprechend packend: »nationale Umwelt«.[174] Mehr als ein Jahrzehnt später wird die Ökologie unter dem Parteivorsitz von Marine Le Pen weniger ideologisch, aber mit umso größerem Elan vereinnahmt. Mit originären Ökothemen, die gleichwohl nie zu radikal vertreten werden, zieht Marine Le Pen Grüne, Sozialisten und Linke an sich, von denen bezeichnenderweise etliche auch über ihre antieuropäische Einstellung den Weg zum FN finden. [175]

Die (Re-)Ideologisierung der Partei unter Bruno Mégret und Jean-Yves Le Gallou, beide vom *Club de l'Horloge*, verfolgte die Strategie einer »kulturellen Hegemonie« à la Gramsci durch eine Erhöhung der Akzeptanz in gebildeteren Schichten bei gleichzeitiger Erweiterung des Adressatenkreises in einfacheren Schichten, im *milieu populaire*. Dies mündete 1992 in ein mit 51 Themenpunkten erstmals ausführlicheres Programm, in dem die »nationale Präferenz« bei allen staatlichen Maßnahmen (Sozialhilfe, Sozialwohnungen etc.) detailliert ausgeführt wird, Arbeitsplätze für Franzosen sollten entstehen durch den »Weggang der Immigrierten« (départ des immigrés) sowie durch ein »Müttergeld«, damit junge Mütter zuhause bleiben.[176] Schon zuvor hatte Le Pen die Annullierung der Einbürgerungen der nach 1974 Zugezogenen gefordert, trotzdem blieb die »Umkehrung des Migrationsstromes« immer unkonkret[177], vor der Forderung nach einer »Deportation« (vgl. den oben erwähnten Streit mit Éric Zemmour) schreckte auch Le Pen zurück. In dem 1993 für die Parlamentswahl vorgelegten 400-seitigen »Regierungsprogramm« mit »300 Maßnahmen für die Wiedergeburt Frankreichs« wurde dies ausgeweitet und in einen ideologischen Rahmen des Kampfes gegen den *mondialisme* (Globalisierung), den *libre-échangisme* (Freihandel, freie Marktwirtschaft) und die *eurocratie* eingeordnet sowie ideologisch erhöht zum Kampf gegen den »kulturellen Genozid«: »In dem Teufelsquadrat der Zerstörung Frankreichs durch die Politiker des Establishments, ist, nach der biologischen Auslöschung (die französische Denatalität), der migratorischen Überflutung (die Immigration der Ansiedlung), dem Verschwinden der Nation (die Euroglobalisierung), der kulturelle Genozid die vierte Seite.«[178] Gegen all diese Bedrohungen waren Maßnahmen zur Stärkung des Staates nach innen und außen, eine natalistische Familienpolitik, die »Rückführung« der ausländischen Arbeiter und eine nationalistische Bildungs- und Kulturpolitik vorgesehen.[179]

Zum ersten Mal wurde ein frontistisches Weltbild ausformuliert. Im Bereich der Sozialpolitik, die auf Wählerschichten der Linken zielte, wurden alte poujadistische Positionen modernisiert: Steuersenkungen für »alle Kleinen«, d.h. kleine Unternehmen und kleine Leute. Seit Ende der 1980er Jahre vermochte es der FN, »die Synthese zwischen der Welt des Ladens und der Welt der Werkstatt«[180] herzustellen und zu einer »Volkspartei« im französischen Sinne zu werden (*parti populaire*). 1995 gelang auch in den südfranzösischen Städten Orange, Marignane, Toulon und Vitrolles die Eroberung der Rathäuser sowie indirekt auch in Nizza, wo Jacques Peyrat 1994 den FN verließ und mit einer eigenen Liste und Unterstützung der klassischen Rechten die Wahl gewann.

Über die von Bruno Mégret, Nr. 2 der Partei, verfolgte strategische Annäherung an die demokratische Rechte spaltete sich der Front National 1998. Mégrets neue Partei, das *Mouvement National Républicain*, blieb erfolglos, der Front National aber auch geschwächt. Die Spaltung erzeugte den fatalen Effekt, dass man den Front National danach für praktisch erledigt erklärte.

Mit offenem Mund sah daher die Nation am Wahlabend des 21. April 2002, als Jacques Chirac zu seiner Wiederwahl antrat, dass Jean-Marie Le Pen auf Platz 2 landete, somit der sozialistische Kandidat, Premierminister Jospin, für den 2. Wahlgang ausgeschaltet war und Le Pen der Herausforderer Chiracs werden sollte. Dies war ein bitteres Lehrstück für die Linke, die sich auf fünf Kandidaten inklusive eines Grünen zersplittert hatte, hinzu kamen noch Kandidaten der extremen Linken (Trotzkisten). Vor allem die Konkurrenzkandidatur des Sozialisten Jean-Pierre Chevènement, der 5,33 % erreichte, hatte den amtierenden Premierminister Lionel Jospin auf Platz 3 verbannt mit 16,16 % gegenüber 16,86 % für Le Pen. Chirac bekam nur 19,88 %, obwohl es auf der Rechten nur zwei liberale Konkurrenten mit 6,84 % und 3,91 % gab sowie einen Kandidaten der rechten Partei der Jäger und Naturfreunde mit 4,23 %, die aber immer antreten. Nach diesem Ergebnis wären die Chancen der Rechten auf einen Sieg zweifelhaft gewesen, wenn Jospin in den 2. Wahlgang gekommen wäre, aber gegen Le Pen erzielte Chirac eine Welle republikanischer Solidarität, die Le Pen im 2. Wahlgang auf 17,79 % beschränkte.

Die Linke hat sich von dieser Niederlage lange nicht mehr erholt, und es bedurfte eines nach fünf Jahren Amtszeit bereits unpopulären Nicolas Sarkozy, um 2012 mit François Hollande wieder einen Sozialisten in den Elysée-Palast zu bringen, dem man das zuvor kaum zugetraut hätte. Auch für den Front National begann nach 2002 erneut eine Phase des Niedergangs, wo sich die Frage nach der Zukunft der Partei und ihrer Führung stellte. Damals begann auch der langsame, lange unbemerkte Aufstieg von Marine Le Pen, die sich nach jahrelangen internen Machtkämpfen letztlich als Nachfolgerin ihres Vaters durchsetzen konnte. Anders als Bruno Mégret ähnelte sie ihrem Vater mit einer »grande gueule« (wörtl. »großes Maul«, aber positiv konnotiert) und ist telegen: In ihr fanden die Medien wieder eine »gute Kundin, die einen Publikumserfolg garantierte.«[181] Bei der Parlamentswahl 2007 erreichte sie in ihrem nordfranzösischen Wahlkreis im 2. Wahlgang immerhin 41 %, folgte 2011 ihrem Vater im Parteivorsitz nach und erzielte bei der Präsidentschaftswahl 2012 im 1. Wahlgang spektakuläre 17,9 %. Sarkozys Wiederwahl war somit von den Stimmen des FN abhängig, und er tat alles dafür, sie zu bekommen, so wie es ihm 2007 schon gelungen war. Obwohl 2012 nach Umfragen 51 % der FN-Wähler im 2. Wahlgang für Sarkozy stimmten,[182] reichte es nicht mehr. Bei der anschließenden Parlamentswahl eroberten Gilbert Coillard und Marion Maréchal-Le Pen (eigentlich nur Maréchal) ihre beiden südfranzösichen Wahlkreise. Mit nur 22 Jahren bekam die Nichte von Marine Le Pen dadurch auch eine führende Rolle in der Partei. Ihre Tante verfehlte in dem nordfranzösischen Ort Hénin-Beaumont (125 000 Einwohner) knapp um 114 Stimmen einen dritten Sitz im Parlament. Bei der Kommunalwahl 2014 konnte der FN jedoch dort die Wahl gewinnen und stellt seither den Bürgermeister, Steeve Briois.

Diese und weitere lokale FN-Erfolge hätte die französische Politik noch verkraftet, doch nicht den Paukenschlag der Europawahl 2014, als der FN mit Marine Le Pen an der Spitze auf Platz 1 aller Listen kam mit 24,86 % gegenüber der UMP mit 20,81 % und dem PS mit 13,98 %. Die Rechte zusammen erreichte 30,75 %, die Linke (d.h. mit der extremen Linken) zusammen 26,38 %, die Grünen 8,95 %. Bei den Départementswahlen 2015, bei denen der FN rechnerisch einen Stimmenanteil von 25,24 % im 1. Wahlgang erzielte gegenüber zwei gleichstarken linken und rechten Lagern von je 36,7 % und 36,6 %, funktionierte die »republikanische Front« der Wähler noch im 2. Wahlgang, obwohl Sarkozy bereits in seiner Partei das »Weder-Noch« durchgesetzt hatte: keinen Rückzug, keine Wahlempfehlung.[183] Die Stimmung in der Provence anlässlich dieser sonst wenig beachteten, diesmal aber mit Aufmerksamkeit verfolgten Départementswahlen, hat Georg Blume in einem ausführlichen Bericht in der *Zeit* gut eingefangen. Doch warum wundert sich der langjährige Frankreichkorrespondent darüber, dass in vielen Gegenden nur Wahlkampfplakate des FN zu sehen sind, dort der FN Umweltpolitik betreibt, die Leute gegen die Globalisierung sind, obwohl sie jedes Jahr Millionen Touristen aufnehmen, und die Wähler nach rechts außen driften, obwohl dies seit der Französischen Revolution linke Hochburgen waren? »Die Provence und das Département Var [...] gehören zum aufgeklärten, weltzugewandten Europa. Doch es hat sich etwas verschoben.«[184] Im Var (mit der Hafenstadt Toulon) hatte keiner der Linken eine Chance, die meisten Kantone wurden von der Rechten geholt, einige vom FN. Da, wo die klassische Rechte vorne lag, erzielte der FN-Kandidat meist oft um die 47 %, auch in den Badeorten. Aber nicht erst seit gestern hat sich etwas verschoben: Der Südosten war von Anfang an eine Hochburg des Front National, hier wurden die ersten Kommunalwahlen gewonnen und hier hat der FN bei allen Wahlen überdurchschnittlich abgeschnitten. Das »aufgeklärte, weltoffene Europa« wird hier seit Jahrzehnten immer mehr in Frage gestellt, doch viele sind erst jetzt aufgewacht und reiben sich die Augen.

Bei den Regionalwahlen im Dezember 2015 verbesserte der Front National quer durchs Land seine Position, auch wenn es für den FN noch nicht dazu reichte, in einer Region die Mehrheit zu erreichen, obwohl er im ersten Wahlgang in sechs von zwölf der neuen vergrößerten Regionen (ohne Korsika und die Überseegebiete) auf Platz 1 kam. Im Norden holte die Spitzenkandidatin Marine Le Pen 40,64 % – ein

Armageddon für die Linke –, im Südosten ihre Nichte Marion Le Pen-Maréchal 40,55 %.

Wenn auch viele Wähler im 2. Wahlgang durch eine zusätzliche Mobilisierung von 10 % noch eine FN-Mehrheit verhinderten, so war die »republikanische Front« dennoch zerfallen. Für die Regionalwahlen wurde die Gemeinsamkeit der Demokraten von Sarkozy so radikal im Grundsatz aufgekündigt, dass er am Montagabend nach dem 1. Wahlgang, am 7.12.2015, im Fernsehen (France 2) erklärte, dass es nicht nur kein Zweckbündnis, sondern überhaupt keine Gemeinsamkeiten mit den Sozialisten gebe, während er sich die »Entmutigung« und die »Verzweiflung« der Franzosen zu eigen machte, die FN gewählt hatten, und dann einen Schlagwortkatalog als Strategie für den Sieg über den Front National herunterleierte, der fast identisch mit den Themen des FN selbst war, mit Ausnahme der umfangreichen sozialpolitischen Forderungen des FN wie der Rückkehr zur Rente mit 60 Jahren. Hierin hat die Partei Positionen der extremen Linken für sich übernommen und ist inzwischen mit Abstand die führende Partei der Arbeiter (43 % FN) und Kleinverdiener geworden.

Deutschland

Wir sind, mit Nietzsche – und nicht nur mit ihm – zu reden, die Zuspätgekommenen, und wir holen als Nation die geschichtliche Verzögerung nicht ein. Aber diese Verspätung ist nicht nur eine Ungunst des Geschicks, sondern wie jedes Versagtsein im Äußeren auch eine schöpferische Möglichkeit und ein Appell an die inneren Kräfte.
Helmuth Plessner, 1959[185]

»Fremd im eigenen Land«?

Gegenüber der gerade beschriebenen Entwicklung in Frankreich erschien die Lage in Deutschland noch vor kurzem recht harmlos. Es gab kein direktes Pendant zum Front National, und doch sind viele Probleme, die zu dessen Erstarken führten, auch in Deutschland präsent, zeigen sich bei allen Unterschieden mehr Parallelen, als man auf den ersten Blick vermuten könnte. So ist die AfD nach ihrer Spaltung gewissermaßen zum deutschen Front National geworden, statt des prophezeiten Untergangs nach dem Austritt des Parteigründers Lucke erfolgte ein in dieser Kürze nie dagewesener Aufstieg. Die Inkubationszeit für dieses Phänomen war länger, die Antikörper waren stärker, umso heftiger und schneller brach es dann aus.

Lecœurs oben zitierte Formulierung zum Front National, »On y pense, et on oublie« (Man denkt daran und man vergisst), ist wohl vom Refrain des Liedes *Et moi et moi et moi* (Und ich und ich und ich) von Jacques Dutronc (1966) inspiriert, das sich über den Kleinbürger lustig macht, der mit den schlimmen Geschehnissen in der Welt konfrontiert wird (Vietnamkrieg, Hungerkatastrophen usw.) und sich dann in »sein kleines Ich« (mon petit moi) flüchtet und alles Schlimme in der Welt vergisst: »J'y pense et puis j'oublie/C'est la vie, c'est la vie – Ich denk' daran und vergess' es dann/So ist das Leben, so ist es eben.«[186] – »Welt, lass mich in Ruhe!«, der oben zitierte Titel der Zeit zur Jahreswende 2014/15, passt wie eine unausgesprochene Losung dazu, nach der die Westdeutschen jahrzehntelang mental lebten. Paradoxerweise auch deswegen, weil der Ost-West-Konflikt ja nicht anderswo, sondern bei ihnen zu Hause stattfand, er teilte ihr Land, umgab eine Insel namens West-Berlin, und was in der Welt draußen sonst geschah, war weit weg. Beide deutschen Staaten wähnten sich zudem als etwas, das sie gar nicht waren: Die Bundesrepublik Deutschland in ihrem Alleinvertretungsanspruch als *Deutschland,* was sie nicht war, die Deutsche Demokratische Republik als *demokratisch,* was sie auch nicht war.

Für die in jener Zeit in Westdeutschland Aufgewachsenen (wie ich selbst, Jahrgang 1956) war »Deutschland« tatsächlich identisch mit der Bundesrepublik, und die DDR, ganz im Gegensatz zur Präambel des Grundgesetzes, zur Adenauerschen Einheitsrhetorik und zur offiziellen Ostpolitik Brandts, wurde nicht mehr als »Teil Deutschlands« empfunden, sondern einfach als anderer deutscher Staat. Denn wir hatten keine Deutschlandvorstellung mehr, die die »deutsche Frage« beinhaltete, dies galt als reaktionär und revanchistisch. Willy Brandts »Wandel durch Annäherung« war das Gegenteil dessen, »zwei Staaten, eine Nation« nur eine Verlegenheitsformel ohne Bedeutung. So dachten sicher nicht alle, aber viele, vielleicht die meisten meines Alters, wenn sie keine Verwandten in der DDR hatten.

Die Deutsche Demokratische Republik benutzte das Adjektiv *demokratisch* inflationär, wo immer es nur ging, obwohl oder in Wirklichkeit gerade, weil sie das Gegenteil davon war. Der Begriff musste besetzt werden, durfte nicht dem Westen überlassen werden, damit dem Vorwurf an die DDR die Grundlage entzogen werden konnte. Inwiefern dies Wirkung zeigte, müssen ehemalige DDR-Bürger in kritischer Bilanz selbst beurteilen. Wenn man die alten Wochenschau-Propaganda im Rückblick anschaut, merkt man jedenfalls schon, selbst heute noch, wie geschickt der Demokratiebegriff umgedeutet wurde.

Die Deutschen waren also in der Realität und in ihren Illusionen weitgehend mit sich selbst beschäftigt, beide hatten einen »großen Bruder« an der Seite, der ihnen zeigte, wo's lang ging – im Osten auch gewaltsam, wenn nötig.

Die Studentendemonstration gegen den Besuch des Schah aus dem Iran in Westberlin 1967 konfrontierte die westdeutsche Öffentlichkeit erstmals auf drastische Weise mit einem Aspekt der Außenpolitik, der nichts mit dem Ost-West-Konflikt zu tun hatte, sondern mit einer Region der Welt, die nur zwölf Jahre später mit der islamischen Revolution einen Paradigmenwechsel in der Weltpolitik herbeiführen sollte, und trotzdem scheint es, als läge ein Weltalter dazwischen. Denn man war in die Welt da draußen nicht involviert, anders als Franzosen, Briten und natürlich die Amerikaner: Kein deutscher Soldat stand in Afrika oder Asien, im Nahen oder Fernen Osten, man war nicht einmal Mitglied der UNO. Deutschland (die Bundesrepublik) war nicht in der Welt, die Welt war gewissermaßen in Deutschland, die NATO-Mitgliedschaft galt ausschließlich der Verteidigung der Heimat und diese fand in der Heimat selbst statt und nicht am Hindukusch oder sonst wo. Selbst der Feind war gewissermaßen beheimatet, auf der anderen Seite der Grenze, die Deutschland teilte, auch wenn dieser andere Teil, wie bereits erwähnt, mental schon weit entrückt war. Und obwohl in Deutschland auf beiden Seiten hochgerüstet wurde und man sich waffenstarrend gegenüberstand, bereit für den Fall der Fälle, blieb es friedlich, Krieg fand anderswo statt, ohne uns. Es gab auch kein koloniales Erbe, dem Ersten Weltkrieg sei Dank, möchte man zynisch sagen, und die Fremden, die es gab, kamen ab den 1950er Jahren als »Gastarbeiter« ins Land, sozusagen saisonale Arbeitskräfte, abgesehen von den amerikanischen Besatzungssoldaten und insbesondere den Dunkelhäutigen unter ihnen. Diese und die »farbigen Besatzungskinder« waren lange Zeit die Personifizierung des »ganz Fremden«, und in der Aversion gegen sie[187] lebte noch der Rassismus fort, der bereits nach dem vorherigen Weltkrieg die Deutschen unter der französischen Besatzung des Rheinlandes gegen die »schwarze Schmach« umgetrieben hatte.

In dieser mentalen Verfassung nahm man die Präsenz der Südeuropäer sowie der Türken kaum als etwas Besonderes war, mit dem man sich beschäftigen musste, so wie auch die Einwanderer, überspitzt gesagt, weder Probleme hatten noch verursachten, weil sie selbst mit ihrer Situation zufrieden waren, zufriedener als ihre Nachkommen der zweiten oder dritten Generation. Viele gingen auch tatsächlich wieder zurück, um sich dort mit dem ersparten Geld selbstständig zu machen oder den Ruhestand in der alten Heimat zu verbringen. Viele andere aber blieben auch, weil sie in der Zwischenzeit in Deutschland eine neue Heimat gefunden hatten, mit Kindern, Verwandten, Freunden.

Dass diese Heimat letztlich doch ihr Problem mit den Hinzugekommenen und ihren Nachkommen hatte, zeigte sich spätestens – und verspätet – in der heftigen Diskussion um die Staatsbürgerschaftsfrage, die unter der Regierung Schröder angestoßen und dann neu geregelt wurde – bis auf weiteres jedenfalls. Bis zur Reform galt das Abstammungsprinzip, *ius sanguinis* (wörtlich: das Recht des Blutes), das noch aus völkischen Zeiten stammte. Die im Jahr 2000 eingeführte Korrektur mit einer Dosis *ius soli* (das Recht des Bodens) gibt in Deutschland geborenen Kindern ein Recht auf die Staatsbürgerschaft, allerdings unter Voraussetzung einer Reihe von Bedingungen an den Antragsteller und seine Eltern.[188] Im Falle zweier Staatsbürgerschaften muss sich das Kind dann mit dem 18. Lebensjahr für eine entscheiden, es gibt allerdings eine Reihe von Ausnahmen, eine in der Zwischenzeit breit geöffnete Tür. Die Verunmöglichung einer doppelten Staatsbürgerschaft – und hier stand fast ausschließlich die deutsch-türkische im Fokus – war damals das Ziel einer Kampagne der CDU, die vor allem in Hessen zum Regierungswechsel im Land beitrug. Inzwischen wird die faktisch mögliche doppelte Staatsbürgerschaft von dem CDU-Politiker Jens Spahn prominent in Frage gestellt, und er steht nicht alleine.

Der 11. September 2001 schreckte auch Deutschland auf, zumal vier der Terroristen ja aus Hamburg kamen. Zwischen Islam und Terrorismus entstand eine semantische Verbindung, die in mehrfacher Hinsicht zu einem politischen Problem wurde, weil sie vom gewaltbereiten Islamismus ebenso wie vom Antiislamismus hergestellt wird. Das Augenmerk richtete sich nun mehr auf die islamischen Mitbewohner in Deutschland, schon diese Kategorie entstand neu, vorher sprach man von Nationalitäten, jetzt von einer Religion, vorher von Ausländern, jetzt von Muslimen. 2004 begann dann die Debatte über die »Parallelgesellschaften« von Migranten. Eine Gesellschaft, die bis kurz zuvor de facto gar keine aktive Integrationspolitik betrieben hatte, wozu ja die Staatsbürgerschaft gehört hätte, und in dieser Perspektive Millionen von Mitbürgern im Sinne der antiken athenischen *Metöken* (»Mitbewohner« ohne Bürgerrecht) gar nicht bewusst wahrgenommen hatte, stellte auf einmal fest, dass keineswegs alle, aber viele von diesen weiterhin in ihrer eigenen Welt lebten – leben wollten oder mussten, letztlich kommt dies oft zusammen. Mit einem schönen Wortspiel im Französischen brachte ein französischer Beobachter die Immigrationsfrage in Deutschland auf den Punkt: »du déni au défi« (von der Leugnung zur Herausforderung).[189]

So ist die Abgrenzung dort, wo sie real erfolgt, wie auch in Wahrnehmung und Fantasie, ein dialektischer Prozess gegenseitiger Bestätigung, wobei Wahrnehmung und Fantasie immer weit über die Realität hinausgehen. Schon 2006 wurde danach gefragt, inwiefern eine »generalisierte Islamkritik« zur »Abschottung« führt. Die »Islamophobie« war natürlich auch damals schon ausgeprägt, PEGIDA hat dies nur auf die Straße gebracht, denn auch schon 2006 war in Umfragen ein Viertel der Befragten grundsätzlich gegen einen Zuzug von Muslimen und fühlte sich ein Drittel dadurch »manchmal wie ein Fremder im eigenen Land.«[190] Im Religionsmonitor der Bertelsmann Stiftung, der Anfang 2015 zufällig nach den Pariser Attentaten herauskam, aber auf Umfragen zuvor zurückgeht, war die Zahl derjenigen, die einen weiteren Zuzug von Muslimen ablehnten, unverändert, während die Zahl der »sich fremd Fühlenden« auf 40 % anstieg.[191] Im Unterschied zu Ostdeutschland hat man sich im Westen trotz allem an die Präsenz von »Ausländern« gewöhnt, denn das angesprochene Phänomen der *Nicht-Wahrnehmung* in der Vergangenheit war letztlich auch eine Form der *Gewöhnung* an eine Koexistenz unter Ausblendung der Probleme.

Für die DDR-Bürger galt die Begrenzung des Horizonts in dem anfangs beschriebenen Sinne noch unvergleichlich mehr. Ihre Isolation war nicht nur eingebildet, sondern real. Und da sich der Westen zu »Deutschland« erklärte und die DDR aus dem Bewusstsein nationaler Gemeinsamkeit weitgehend verbannte (trotz offizieller ritueller Bekenntnisse des Gegenteils), indem er sie erst durch die Nicht-Anerkennung in der Ära Adenauer zu einem Un-Staat machte und dann durch die Anerkennung seit der Ära Brandt zu einem fremden zweiten deutschen Staat, waren die Blicke der Ostdeutschen weitaus stärker auf den Westen gerichtet als umgekehrt, es sei denn, man hatte familiär besondere Beziehungen dorthin. Die Ostdeutschen waren unter sich, abgesehen von sowjetischen Soldaten und einigen Fremden aus sozialistischen Bruderländern, die eine Art Exotenstatus hatten. Ausländer gab es für die Ostdeutschen nur im Ausland.

Dieser Ausnahmezustand änderte sich quasi von heute auf morgen mit der Wiedervereinigung, und der Schock der Einheit produzierte eine ganze Reihe von unvorhergesehenen Wirkungen. Zunächst fiel nicht nur die Mauer, die Deutschland teilte, sondern auch der Eiserne Vorhang, der Europa teilte, und der ganze Planet rückte auf einmal enger zusammen. Die Globalisierung, wie auch alle anderen Phänomene, die jetzt neu erschienen, hatte gewiss lange vorher schon begonnen, erreichte nun aber eine neue Qualität und wurde entsprechend schockartig wahrgenommen. Flüchtlinge, Asylbewerber, Wirtschaftsimmigranten standen vor der Tür und kamen herein, fallende Grenzen ließen ihre Zahl steigen. Eine Serie von Gewalt gegen Asylbewerber in ihren Unterkünften, aber auch gegen alteingesessene türkische Mitbürger, zog durch ganz Deutschland. Das Phänomen als solches war ein gesamtdeutsches, allerdings proportional stärker ausgeprägt im Osten und mit einem Unterschied, der bei dem Brandanschlag auf das Sonnenblumenhaus in Rostock-Lichtenhagen deutlich herauskam: die offene Sympathie in der Bevölkerung für diese Gewalt. Womit nicht gesagt werden soll, eine Mehrheit habe dies befürwortet. Aber es war Ausdruck einer Reaktion in der ostdeutschen Bevölkerung auf die Wiedervereinigung: Dieses Deutschland war nicht das, das sie sich vorgestellt hatten.

Dieses Deutschland war auch in mehrfacher Hinsicht nicht mehr das, was es vorher war oder zu sein schien. Mit der Wiedervereinigung wurde Deutschland nicht deutscher, anders als es sich manche Deutsche wünschten und die Kritiker der Wiedervereinigung im Ausland befürchteten, sondern im Gegenteil europäischer, weltpolitisch engagierter, kosmopolitischer. Die internationale Anziehungskraft, die Berlin entwickelt hat, ist ein Zeichen dafür. Die Geopolitik, die durch den Nationalsozialismus in der deutschen Wissenschaft und Politik in Deutschland diskreditiert ist – anders als in Frankreich, wo sie höchstes Ansehen genießt[192], oder auch in den angelsächsischen Welt –, würde erklären, dass Berlin nur wieder das geworden ist, was er früher schon war: die eigentliche Hauptstadt des geographischen Europa, und Deutschland wieder durch das inspiriert wird, wodurch es früher schon im Guten wie im Bösen geprägt war: seine Mittellage auf dem Kontinent. Die Geopolitiker von heute, akademische Wissenschaftler oder »nur« Journalisten wie der amerikanische Bestsellerautor Robert Kaplan, brauchen nur alte geopolitische Analysen der Vergangenheit an die Aktualität anzupassen: »Was kann zentraler für die europäische Geschichte sein als die Tatsache, dass Deutschland eine Kontinentalmacht ist und Großbritannien eine Insel? Deutschland grenzt im Osten wie im Westen an keine schützenden Gebirge, wodurch es Pathologien ausgeliefert ist, vom Militarismus zum aufkeimenden Pazifismus, um mit seiner gefährlichen Lage zurechtzukommen.«[193]

Solche Charakterisierungen waren in der deutschen Geopolitik einst Grundlage für eine Argumentation mit exakt gleicher Schlussfolgerung, aber entgegengesetzter Bewertung (eben keine »Pathologie«, sondern

»Schicksal«), wonach aus dem »offenen Raum« nur die Alternative erwuchs: Europa beherrschen oder von Europa beherrscht werden. Und genau dies wiederum lieferte und liefert die Grundlage für die französische oder hier angelsächsische geopolitische Analyse, die vor Deutschlands neuer Rolle im Herzen des Kontinents, die berühmt-berüchtigte *Mittellage*, warnt.

Auch der ehemalige Außenminister Joschka Fischer setzt die aktuelle europäische Krise und die Rolle Deutschlands dabei in einen geopolitischen Kontext: Durch die wirtschaftliche Dominanz Deutschlands und seine egoistische Politik »wurde und wird faktisch die gesamte europäische Konstruktion infrage gestellt, denn diese war ja im Wesentlichen geschaffen worden, um jenen beunruhigenden, manchmal auch gefährlichen Riesen in der Mitte des europäischen Kontinents namens Deutschland einzubinden und seine Kräfte und Ambitionen für die europäische Integration und damit für den dauerhaften Frieden in einer neuen europäischen Staatenordnung nutzbar zu machen. Das ganze Vorhaben der EU sollte ein *europäisches Deutschland* ermöglichen, aber seit dem Herbst 2008 schien dieses Ziel durch die heraufziehende Realität eines *deutschen Europa* abgelöst zu werden.«[194] Nimmt man den Schluss dieser Überlegung und den Umkehrschluss des vorher Gesagten, dann bedeutet das letzten Endes nicht weniger, als dass jetzt der »dauerhafte Friede« in Europa durch Deutschland gefährdet sei. »Niemand unter den ernst zu nehmenden politischen Kräften in Deutschland wollte und will eine solche strategische, ja historische Kehrtwende – noch nicht. Objektiv hat sie dennoch stattgefunden und *wird als Politik weiter betrieben*,« (Hervorheb. WG). Also willentlich oder unwillentlich? »Es ist erstaunlich, wie schnell, nämlich bereits zwei Jahrzehnte nach der zweiten deutschen Einigung, Deutschland und Europa von dem alten Widerspruch der deutschen Mittellage wieder eingeholt wurden: *Deutschland ist und bleibt zu groß für Europa und zu klein für die Welt*, zu klein für eine eigenständige weltpolitische (im heutigen Fall *weltwirtschaftliche*) Rolle.« [195] (Hervorheb. im Text).

In Anknüpfung an die unselige geopolitische Ideologie der Vergangenheit wird in solchen Darstellungen ein geopolitischer Determinismus postuliert, der logisch nur noch die Alternative lässt, wie seinerzeit schon, dass Deutschland seine Schicksalsrolle auf sich nehmen oder sich verleugnen müsse, sprich: die anderen beherrschen müsse oder von ihnen beherrscht würde. So ist es aber nicht. Die Inkohärenz der Argumentation zeigt sich bei Fischer schon darin, dass er sich nicht entscheiden kann, ob Deutschland sich denn jetzt nur objektiv oder auch subjektiv in dieser Hegemonialsituation findet, ob es getrieben wird oder treibt, unwillentlich oder willentlich so agiert.

Seit der Wiedervereinigung ist Deutschland »normal« geworden. Es exportiert nicht mehr nur in die ganze Welt, sondern es hat nun Zug um Zug auch eine internationale politische Verantwortung übernommen, die seiner wirtschaftlichen Bedeutung zwar nicht entspricht, aber ihr näher kommt. Haben sich die Deutschen daran gewöhnt? Die Auslandseinsätze der Bundeswehr waren von Anfang an unpopulär oder sie wurden es, sobald klar wurde, welche Probleme und Konsequenzen damit verbunden waren, dass man sich nämlich in einer Kriegssituation befand, zumindest in Afghanistan. Schon zuvor war der NATO-Einsatz auf dem Balkan, der angesichts der Dringlichkeit wahrlich spät kam, auch im Bundestag heiß umstritten. Dabei fand der Beschuss der Zivilbevölkerung in Sarajewo von den Bergen herab über ein Jahr lang »vor unserer Haustür« statt. Und inwiefern werden die europäischen Probleme heute in Deutschland auch als die eigenen betrachtet, nicht nur gezwungenermaßen, sondern aus echter Sorge, aus Mitgefühl und Hilfsbereitschaft, also aus Solidarität heraus? Zu Recht schreibt Gesine Schwan à propos PEGIDA: »Europa hat – im Kontext immer größerer globaler Diskrepanzen nicht nur zwischen, sondern auch innerhalb von Nord und Süd – eine gefährliche Entwicklung genommen, die sich gerade viele Deutsche nicht vergegenwärtigen, weil sie auf einer Insel der ›Wirtschaftsseligen‹ zu leben meinen.«[196] Dies hat sich nun jedoch spätestens durch die Flüchtlingsproblematik geändert.

Die besondere deutsche Befindlichkeit kann und, wie ich meine, muss man jedoch auch in einem noch weiteren historischen Kontext betrachten: Die Diskrepanz zwischen äußerer und innerer Reife, wenn man in Kategorien persönlicher Entwicklung sprechen will, wurde hinsichtlich der Geschichte Deutschlands schon oft genug festgestellt. Deutschland war, um mit Helmuth Plessner zu sprechen, eine »verspätete Nation«[197], deren »innere Unfertigkeit« (S. 36) eine Art Dauerzustand war: Das Bismarck-Reich war eine »Großmacht ohne Staatsidee« (S. 43), so wie die Deutschen zuvor die längste Zeit über kein »Volk ohne Raum«, wie die NS-Propaganda behauptete, sondern ein Volk ohne Staat waren (»nicht Staat, sondern Volk« (S. 52), das heißt ohne einen Nationalstaat, in dem sich die Werte des »politischen Humanismus der westlichen Welt« (S. 36) im Sinne eines Staatsbürgerschaftsbewusstseins als Nation hätten etablieren können. So gab es in der deutschen Geschichte lange einen »Nationalismus ohne Nation«, nach dem Buchtitel von Johannes Willms[198], und dergleichen prägnante Formulierungen könnten noch weitere zitiert werden. Die Formel von der »unglücklichen Identität«, die Alain Finkielkraut zur Charakterisierung für das aktuelle Frankreich gefunden hat, trifft für Deutschland in gewisser Weise eigentlich von Anfang an zu. Dies wandelte sich zwar im Laufe der Epochen, konstant blieb jedoch das Grundproblem, dass es, außer in Zeiten der Diktatur und da in die Katastrophe führend, nie eins war mit sich und seiner Rolle in Europa.

Das hat auch damit zu tun, dass nicht nur die Nationalstaatsbildung sondern auch die Industrialisierung später kam aber dafür umso schneller und heftiger, der Bruch zur vorindustriellen Zeit wurde entsprechend stärker empfunden[199] und erzeugte Nostalgieeffekte, die heftiger waren als anderswo. Deutschland entwickelte sich auch zu spät zur imperialistischen Macht um seinen damals energisch proklamierten Nachholbedarf auf einen »Platz an der Sonne« erringen zu können. Das ist im Rückblick wahrlich nicht zu bedauern, aber eine Konsequenz daraus war auch, dass Deutschland quasi als Kompensation zweimal, 1914 und 1939, Europa zu unterwerfen versuchte.

Dieses deutsche Spezifikum wurde bereits vor und nach der Errichtung der NS-Herrschaft diskutiert und später in der Bundesrepublik unter dem Schlagwort des »deutschen Sonderwegs« von Hans-Ulrich Wehler[200] wieder aufgegriffen. Nachdem der totale Krieg in die totale Niederlage mündete, wiederholte sich diese Diskrepanz anschließend unter umgekehrtem Vorzeichen: Westdeutschland empfand sich zur Zeit seiner Teilung kleiner, als es war, und das ganze Deutschland hat sich zu spät in seine weltpolitische Rolle gefügt, um sich mental so schnell daran gewöhnen zu können, dies gilt umso mehr für die Ostdeutschen. Während die Partner Deutschlands ihm bei der weltpolitischen Verantwortung eine zu zögerliche Haltung vorwerfen, werfen sie ihm in der europäischen Politik ein zu dominantes Verhalten vor. Darin gibt es eine seltsame, verschobene Parallele zu Frankreich: Ungefähr zur gleichen Zeit, als Deutschland die Wehlersche These vom »Sonderweg« diskutierte, entstand in Frankreich die These von der »exception française«, wie oben erläutert.

Eine andere Parallele kann man von der Zielsetzung und von der Wirkung her zwischen Thilo Sarrazins Buch *Deutschland schafft sich ab* und Éric Zemmours *Le suicide français* herstellen, und auch wenn die beiden Bücher vollkommen unterschiedlich konzipiert und geschrieben sind, so kommen sie dennoch zu einer gemeinsamen Erkenntnis, dass nämlich die Immigration bei Denatalität der Autochthonen den Untergang des Landes herbeiführe.

Sarrazins Buch soll und kann hier nicht im Ganzen analysiert werden, die Diskussion darum ist in Deutschland auch leidlich bekannt, wenn man auch den Kritikern der Kritiker zugestehen muss, dass viele das Buch kaum gelesen hatten, als sie schnell in den Medien dagegen schossen, was dem Autor letztlich – viel Feind, viel Ehr' – nur noch mehr auch die für ihn überraschende Publicity brachte. Doch teile ich nicht die Schlussfolgerung aus dieser Kritik an den Kritikern, dass sie nämlich den Inhalt des Buches verzerrten und den Autor dämonisierten, vielmehr hätte die Kritik am Buch eher noch vernichtender ausfallen müssen, wenn es richtig gelesen worden wäre.

Sarrazin argumentiert in seinem Buch zunächst ganz aus der Position des Politikers und ehemaligen Berliner Finanzsenators heraus mit wirtschaftlichen Statistiken, Analysen usw. Schon zu diesem Teil könnte man viel sagen, und dies ist auch geschehen, weil mit den Zahlen meistens mehr bewirkt werden kann als mit Worten. Die soll hier jedoch beiseite bleiben. Quintessenz der von Sarrazin herausgesuchten Statistiken war damals, 2010, dass Deutschland wirtschaftlich im internationalen Vergleich im Abstieg begriffen sei – und dies gerade sogar in Gegenüberstellung zu Großbritannien –, woraus bei der Extrapolation der demografischen Daten tatsächlich ein Verschwinden Deutschlands nicht mehr aufzuhalten wäre, und eigentlich hätte Sarrazin damit auch enden können. Doch das eigentliche Thema ist ja die Einwanderung: »Aus heutiger Sicht war die Gastarbeitereinwanderung in den sechziger und siebziger Jahren ein gigantischer Irrtum: Größtenteils wurden die Arbeiter eingesetzt in Industrien, die sterbende Industrien waren. Das verlangsamte den unvermeidlichen Strukturwandel und verstellte den Blick auf das Beunruhigende des Geburtenrückgangs in Deutschland.«[201] Alleine diese These Sarrazins zeigt, wie es mit der »Wissenschaftlichkeit« seiner Analyse bestellt ist, denn er behauptet darin nichts anderes, als dass die Bundesrepublik die Einwanderung gar nicht gebraucht habe. Mit den »sterbenden Industrien« ist wohl der Montanbereich gemeint? Und was ist mit den Automobil- und anderen Industrien? Das »Wirtschaftswunder« hätten wir wohl auch alleine geschafft? Das quasi wissenschaftliche Layout des Buches konnte offensichtlich erfolgreich den Anschein der Seriosität einer Untersuchung erwecken, die im wahrsten Sinne des Wortes »nicht von dieser Welt« ist.

Das demographische Problem könnte vielleicht gemildert werden, wenn »die hochbegabten Inder und Chinesen« kämen, meint Sarrazin, was sie aber nicht tun. Dafür gibt es zu viele Immigranten aus Südosteuropa und der Türkei oder aus Afrika mit schlechter Integration, gemessen an den Bildungsleistungen. Während 8 % der »Einheimischen« von Transferleistungen leben, sind es 16 % der aus der Türkei und 24 % der aus Afrika stammenden Migranten. Die negativen Indizes von schulischen Leistungen bis zum Sozialverhalten, mangelnder Hygiene und Vernachlässigung der Kinder, werden ausschließlich als Ausdruck kultureller Prägung erklärt: »Es gibt keine materiellen Gründe, die es Empfängern von Arbeitslosengeld unmöglich machen, bei den untersuchten Merkmalen die Kennziffern der oberen sozialen Schicht zu erreichen.« Hinzu kommt der Zusammenhang zwischen »Intelligenz und Demografie«[202], wonach sich die Denatalität gerade bei höheren sozialen Schichten und intelligenteren Frauen zeigt und ein Geburtenüberschuss am anderen Ende zu verzeichnen ist, bei »Einheimischen«, aber umso mehr bei Migranten.

Und von daher kommt Sarrazin zu alten rassentheoretischen »Erklärungen«, von Charles Darwin bis zu Francis Galton (1822–1911). Mit Darwin, und wie dieser den Vergleich mit dem Menschen suggerierend, legt Sarrazin dar: »Jeder Hunde- oder Pferdezüchter lebt davon, dass es große Unterschiede im Temperament und im Begabungsprofil der Tiere gibt und dass diese Unterschiede erblich sind. Das heißt auch, dass manche Tiere schlichtweg dümmer oder wesentlich intelligenter sind als vergleichbare Tiere ihrer Rasse.« (S. 111). Wie der Hund, so der Herr, möchte man dies zusammenfassen. Galton untersuchte im England des 19. Jahrhunderts den schulischen und beruflichen Erfolg nach Zugehörigkeit zu sozialen Schichten und einzelnen berühmten Familien und kam zu dem »umwerfenden« Ergebnis, dass die Kinder aus gebildeterem und sozial höher stehenden Elternhaus auch selbst wieder gebildeter und beruflich erfolgreicher waren, was natürlich nur mit einer erblichen Veranlagung erklärt werden konnte: »Francis Galton war der Erste, der sich – aufbauend auf Darwins Theorie zur Entstehung der Arten – mit der Entwicklung und Vererbung der menschlichen Intelligenz befasst hat. Er war der Vater der frühen Intelligenzforschung. [...] Die Schichtabhängigkeit des generativen Verhaltens in Deutschland ist als stabiler Trend empirisch belegt, belegt ist auch, dass zwischen Schichtzugehörigkeit und Intelligenzleistung ein recht enger Zusammenhang besteht. Unter seriösen Wissenschaftlern besteht heute zudem kein Zweifel mehr, dass die menschliche Intelligenz zu 50 bis 80% erblich ist.« (S. 112).

Das Wörtchen »seriös« gibt hier den Ton an, und Sarrazin kann immerhin drei Wissenschaftler nennen, die seiner Meinung nach ebenso »seriös« sind wie Francis Galton. So legt Sarrazin auch dar, dass zu den intelligentesten Schichten in der Vergangenheit die Familien evangelischer Pfarrer gehörten sowie die Juden. Deren Nobelpreise seien erblich bedingt gewesen, denn die Juden standen unter einem »außerordentlichen Selektionsdruck, dem sie sich im christlichen Abendland ausgesetzt sahen.« (S. 115). Die Umkehrung der Nazi-Ideologie, die aus der Inzucht die Degeneration herleitete, hin zur Endogamie mit gezielter Förderung der Intelligenten macht die falsche gemeinsame Grundlage nicht besser, die jede soziale Komponente leugnet: Der relative berufliche Erfolg der Juden nach der Emanzipation kann sehr wohl mit dem hohen Erfolgsdruck und der entsprechenden Erziehung der Kinder ohne genetische Auslese erklärt werden, wenn man eben nicht eine komplexe soziokulturelle Konstellation auf einfache Faktoren reduzieren will.

Über die Intelligenzquotienten gebärender Frauen in verschiedenen Ländern, vornehmlich Einwanderungsländern wie den USA und Deutschland, kommt Sarrazin zu seiner Hauptthese, dass sowohl soziales Verhalten als auch individueller Misserfolg bei bestimmten Migrantengruppen quasi biologisch verankert seien. Und aus all den Faktoren – demografische Entwicklung, Immigration, Rückgang der intelligenten Menschen – entsteht dann die Bedrohungsapokalypse. Sarrazin kann sich auf Äußerungen in der nationalistischen türkischen Presse und zum Teil auch des damaligen Ministerpräsidenten Erdoğan berufen, wenn er vor einer »Eroberung durch Fertilität« warnt, »viele Türken denken in solchen Kategorien.« (S. 390). Und die reale Entwicklung gebe ihnen Recht. Hinzu komme dann die bewusste kulturelle Abgrenzung, die Parallelgesellschaften, der steigende Einfluss fundamentalistischer und islamistischer Überzeugungen bis hin zum Terrorismus.

Und nach 300 Seiten sozial- und kulturpolitischer sowie demographischer Analysen kommt dann Sarrazin wieder darauf zurück, dass das darwinistische Gesetz der Auslese in der Tierwelt natürlich auch für den Menschen gelte. Mit Darwin und anderen rassenbiologischen Forschern aus dem 19. Jahrhundert argumentiert Sarrazin dann für den Daseinskampf unter den Menschen: »Stämme und Völker mit niedrigerer Fruchtbarkeit beziehungsweise geringeren Überlebensraten wurden verdrängt oder gingen in anderen auf. Dabei engten zivilisierte Völker den Raum der Naturvölker, bei Darwin ›Wilde‹ genannt, allmählich ein.« Doch dann erkannten Darwin und später Sarrazin die negativen Folgen der Aufgabe der »natürlichen Zuchtwahl« in der zivilisierten Gesellschaft; Darwin schrieb: »[...] nämlich die Tatsache, dass die Besitzlosen und Leichtsinnigen, die häufig genug noch durch Laster aller Art hinabgezogen werden, fast ausnahmslos früh heiraten, während die Sorgsamen und Mäßigen, welche meist auch in anderen Beziehungen gewissenhaft leben, in fortgeschrittenerem Alter heiraten, um mit ihren Kindern ohne Sorgen leben zu können. Die frühzeitig Verheirateten rufen innerhalb einer gewissen Periode nicht nur eine größere Zahl von Generationen hervor, sie zeugen auch [...] viel mehr Kinder [...]. So neigen also die leichtsinnigen, heruntergekommenen und lasterhaften Glieder der Menschheit dazu, sich schneller zu vermehren als die gewissenhaften, pflichtbewussten Menschen.«[203] Und Sarrazin betont noch einmal die Bedeutung dessen: »In Gesellschaften mit besonders hoher Geburtenarmut der gebildeten Schichten – wie in Deutschland – hat der dysgenische Wirkungszusammenhang eine besonders hohe praktische Relevanz.« (S. 433).

Sarrazin unternimmt eine Wiederauflage von Sozialdarwinismus und Rassentheorie des 19. Jahrhunderts für unsere Zeit. Sein pseudowissenschaftliches Unternehmen sieht sich ganz in der Tradition des Intelligenzvererbungsforschers Galton und des Biologen Darwin, dem er seinen gebührenden Platz als Erfinder des Sozialdarwinismus zuweist und dadurch ganz probat die Legende vom falschen Verständnis Darwins durch die Rassentheoretiker ad absurdum führt. Sarrazin ist es auch dadurch in der Verkleidung des Wissenschaftlichen gelungen, Thesen in die Mitte der Gesellschaft zu setzen, die unter anderen Umständen Hausverbot statt gefüllte Säle bekommen hätten. Björn Höckes pseudowissenschaftliche Darstellungen vom Fortpflanzungsverhalten von Europäern und Afrikanern im Kreis der Neuen Rechten von Götz Kubitschek[204], die in den Medien so sehr als neuer Rassismus gebrandmarkt wurden, weil er als AfD-Vorsitzender von Thüringen und prominenter Vertreter des rechten Flügels im Fokus steht, sind nichts anderes, als was Sarrazin selbst schreibt: »Die jeweils unterschiedliche kulturelle und zivilisatorische Entwicklung führt zu unterschiedlichen Fortpflanzungs- und Überlebensmustern und bringt auch unterschiedliche genetische Ausprägungen hervor. Hier wirken kulturelle Entwicklung und natürliche Selektion aufeinander ein.« (S. 211). Dass »Sarrazin unsere Themen nach oben gezogen hat« bilanzierte auch Götz Kubitschek, einer der Wortführer der *Identitären*, einer intellektuell sich gebenden, völkisch denkenden Szene der Neuen Rechten, und »geistiger Inspirator« von PEGIDA, wie Liane Bednarz und Christoph Giesa in ihrem Buch *Gefährliche Bürger* darlegen.[205]

Unbeschadet dessen gilt auch für Sarrazin wie für die anderen hier besprochenen Autoren, dass er natürlich auf reale Probleme und Defizite in der Politik hinweist, doch die bekannte Formel »Die richtigen Fragen gestellt, aber die falschen Antworten gegeben« ist als solche ebenso falsch, denn die Fragen werden immer schon im Hinblick auf die fertige Antwort gestellt und nicht offen auf andere mögliche Antworten oder auch in Bezug auf andere mögliche Fragen hin. Entsprechend gilt das auch für die von vielen Kommentatoren unternommene Trennung zwischen den Beobachtungen Sarrazins und seinen Schlussfolgerungen, die ersteren seien seriös, und über die unseriösen letzteren solle man hinwegsehen, doch erstere können so wenig von letzteren getrennt werden wie seinerzeit bei Darwin, Galton oder Hitler, die Beobachtungen existieren nur in Funktion ihrer Erklärung.

In Kommentaren zu PEGIDA wurde oft mit Verwunderung darüber reagiert, dass sich eine Angst vor der »Islamisierung des Abendlands« ausgerechnet dort manifestiert, wo es relativ wenige Migranten und darunter noch viel weniger Muslime in der Bevölkerung gibt als im Bundesdurchschnitt und vor allem gegenüber den westdeutschen Metropolen. Genau das ist jedoch ein Grund dafür, Teil eines komplexeren Erklärungszusammenhangs, nämlich das Nicht-daran-gewöhnt-Sein, das die besondere Reizbarkeit in Ostdeutschland für dieses Thema erklärt, wie es unter anderem die bereits zitierte Gesine Schwan in der Silvesterausgabe der *Zeit* 2014/15 sehr treffend darlegte. Ich selbst konnte solche Erfahrungen während eines Jahres im Erzgebirge machen, zehn Jahre nach dem Mauerfall, als Schüler von ihrem Schock bei einer Reise nach München berichteten, wo sie sich, am Hauptbahnhof angekommen, gleichsam auf einem fremden Planeten wiederfanden. Analog zeigten noch 2015 die Demonstranten gegen die Flüchtlingsunterkunft im sächsischen Heidenau eine Fahne mit der Aufschrift: »Wir wollen keine westdeutschen Verhältnisse«.[206]

Wie der Antisemitismus jedoch ohne Juden auskommen kann, so auch der Antiislamismus ohne Muslime, oder fast jedenfalls. Komplementär zur fehlenden »Überfremdung« vor Ort wissen zum Beispiel die Organisatoren von PEGIDA vermeintlich umso mehr, wie es in anderen Teilen Deutschlands und Europas aussieht: »In Südfrankreich gibt es inzwischen mehr Moscheen als Kirchen«, meinte Kathrin Oertel[207] und bekräftigte am 18.1.2015 bei Gerhard Jauch im Fernsehen, dass Frankreich schon viel weiter islamisiert sei. Im Lichte solcher Aussagen zeigt sich die Angst vor einer Gefahr *von außen* als Abwehr gegen etwas, das vor allem *dort draußen* existiert und das man umso mehr zur Bedrohung hochfantasieren kann, weil man es gar nicht kennt. Während der ganzen Sendung von Jauch wurde nicht geklärt, was Islamisierung überhaupt bedeuten soll, als einzig konkreter Punkt wurde die Asylpolitik bzw. der Missbrauch des Asylrechts angesprochen (wohlgemerkt im Januar 2015). Sollte das alles sein? Nach der Spaltung von PEGIDA hat sich das dann entsprechend konkretisiert, weil radikalisiert.

Zur aktuellen Angst vor »dem Islam« trägt die Entwicklung im Mittleren Osten durch den »Islamischen Staat« bei, der die Auseinandersetzung mit dem Islamismus dort draußen auf vielfältige Weise näher herangerückt und letztlich die Mauer zwischen Draußen und Drinnen eingerissen hat, viel stärker als Al Qaida nach 9/11. Auf dem Gebiet der internationalen Politik hat Deutschland durch die militärische Unterstützung der Kurden zum ersten Mal einen Alleingang ohne formelle Deckung durch einen NATO- oder EU-Beschluss gemacht, wenn auch nur bescheiden und nicht als einziges Land, und durch die Anziehungskraft des Islamismus auf junge Deutsche oder in Deutschland lebende muslimische Migranten ist ein völlig neues Phänomen aufgetaucht, vor dem die Öffentlichkeit nahezu sprachlos ist. Der Einbruch dieser internationalen Entwicklung und Verwicklung in das Heimische scheint auch ein Auslöser für PEGIDA gewesen zu sein, wie Kathrin Oertel bei Gerhard Jauch erzählte, nämlich durch die Demonstration von Kurden in Dresden zur militärischen Unterstützung der Kurden im Irak oder, wie Oertel meinte, für Waffen für die PKK. So ist die Entstehung von PEGIDA »wohl auch im Zusammenhang mit der Berichterstattung über den sogenannten Islamischen Staat in Syrien« zu sehen, meinte damals der Leipziger Rechtsextremismusforscher Johannes Kiess.[208]

Diese Angst vor und die Abwehr von echten oder vermeintlichen Bedrohungen, die relativ weit weg stattfinden, aber tatsächlich oder vermeintlich näher kommen, stehen also in Zusammenhang mit einer spezifischen Unzufriedenheit vor Ort als Ostdeutsche in Deutschland, die sich seit der Wiedervereinigung benachteiligt fühlen. So hatten 1991 83,1 % der Ostdeutschen »das Gefühl, nicht zu bekommen, was einem zusteht«, gegenüber 26,9 % im Westen, aber 2010 lag diese Quote immer noch bei 64,4 % gegenüber 35 % im Westen. Die Diskrepanz zwischen Ost und West bei dem Gefühl der Benachteiligung bleibt auch bei den Befragten mit Abitur sowie den Jüngeren noch bei 20 % Differenz.[209] Entsprechend sahen 1991 auch nur 15 % und 2010 nur 18,4 % der Ostdeutschen soziale Gerechtigkeit in Deutschland (gegenüber 48,2 % und 28,4 % im Westen (hier wirkte sich Hartz IV drastisch aus). Deutlich kommt auch eine gewisse Nostalgie zum Sozialismus zum Ausdruck, den seit 1991 nahezu gleichbleibend viele für »eine gute Idee, die nur schlecht ausgeführt wurde« halten (75,9/72,2 % gegenüber auch bemerkenswerten 39,1/45,8 % im Westen). Dennoch fürchten nur etwas mehr Ost- als Westdeutsche, sie könnten arbeitslos werden, vor allem ist die rück- und gegenläufige Entwicklung interessant: 1991 waren es 50 % im Osten und 6,3 % im Westen, 2010 17,8 % und 10,9 %. Somit hat sich die *reale persönliche Situation* bei den meisten Ostdeutschen verbessert, während das *Gefühl der Benachteiligung* keineswegs in gleichem Maße gesunken ist. Reale Situation und gefühlte Situation gehen auch hier auseinander, jedenfalls nach diesen zugegeben wenigen Umfragepunkten.

Dresden ist auch nicht Berlin, nicht nur durch die Fast-Absenz von Muslimen, Dresden war und ist historisch ein kulturelles Anti-Berlin, die einzige Kulturmetropole im historischen Mitteldeutschland, die Berlin-Potsdam Paroli bieten konnte, so wie das Selbstverständnis Sachsens immer auch die Abgrenzung, wenn nicht Gegnerschaft zu Preußen beinhaltete. In der Zeit der DDR war dies nivelliert und trat dann nach deren Untergang umso stärker wieder an die Oberfläche. In diesem Sinne war auch die strategische Partnerschaft zwischen Sachsen und Bayern mehr als nur eine »Entwicklungshilfe«, die sich in zahlreichen Kooperationen auswirkte, darunter anfangs auch in der Gründung eines Ablegers der CSU, der DSU, am 20.1.1990 in Leipzig. Und nicht zuletzt war Dresden ein günstiger Startplatz für PEGIDA, weil es eine der wenigen nichtlinken Großstädte im Osten ist und PEGIDA von daher zunächst einmal auf keinen politischen Gegenwind stieß, wie Werner Patzelt meint[210], doch eine andere Erklärung ist die starke Verankerung der NPD und darüber hinaus weiterer rechtsradikaler Gruppierungen in Sachsen, was natürlich wiederum die Anschlussfrage aufwirft, warum Sachsen eine Hochburg der Rechtsextremen ist.

Die PEGIDA-Teilnehmer selbst bzw. diejenigen, die PEGIDA Verständnis entgegenbringen, sagten von vornherein auch immer wieder, dass es sich bei den Demonstrationen um »normale Bürger« handele. Doch was soll diese Aussage bedeuten? Dass sie keine Neonazis, Hooligans usw. sind, obwohl diese auch teilnehmen, aber in Dresden minoritär bleiben? Die »Normalität« erklärt oder entschuldigt gar nichts: Auch diejenigen, die 1991 in Rostock-Lichtenhagen oder Hoyerswerda dabei waren, oder die Wähler, die bei der letzten Reichstagswahl 1933 zu 44 % NSDAP gewählt haben, waren überwiegend »normale« Bürger.

Eine umfragebasierte Studie des Zentrums für Verfassungs- und Demokratieforschung der TU Dresden[211] 2014/15 über die Motive der PEGIDA-Teilnehmer ergab, dass die Demonstranten einerseits aus der gebildeten Mittelschicht kommen (darunter 28 % mit Hochschulabschluss gegenüber nur 2 % Arbeitslosen) und nicht »Grundlegende Vorbehalte gegenüber Zuwanderern und Asylbewerbern« (15 %) oder »Protest gegen religiös oder ideologisch motivierte Gewalt« (5 %) als zentrales Motiv angeben, sondern »Unzufriedenheit mit der Politik« (54 %). Dieses Motiv schließt freilich das erstgenannte nicht aus, vielmehr ist es explizit darin integriert, denn innerhalb dieser Kategorie »Unzufriedenheit« wiederum kreuzten 20 % »Asylpolitik« und 14 % »Zuwanderungs- und Integrationspolitik« an. Ein Drittel der allgemein Unzufriedenen muss also zu denen hinzugerechnet werden, die direkt die Kategorie Überfremdung angegeben haben, das macht immerhin

22+18=40 %. Ganz allgemeine Kategorien der Unzufriedenheit erzielten 15 % (Allgemeine Unzufriedenheit mit der Politik) und 23 % (Allgemein empfundene Distanz zwischen Volk und Politikern). Die Antwort »Unzufriedenheit mit dem politischen System der Bundesrepublik« erzielte 18 % und lässt auf eine deutliche Distanz im Sinne einer politisch extremen Position schließen. Insgesamt schloss sich ein Teil der Demonstranten (20 %) offenbar erst aufgrund der Berichterstattung in den Medien an und somit mehr aus diesbezüglicher Solidarität. Die Bedingungen, unter denen die Umfrage stattfand, machen die Untersuchung und ihre Auswertung schwierig.[212]

Die Interpretation des *Spiegel* – »Auch andere Sozialwissenschaftler sehen bei PEGIDA eine Mittelschicht mit Abstiegsängsten am Werk« – entspricht dem historischen Vergleich von Gesine Schwan: »Deshalb sind auch die Teilnehmer aus der ›Mitte der Gesellschaft‹ nicht verwunderlich. Historisch waren Anhänger und Wähler der Nationalsozialisten nicht die sozial Armen – die waren bei Sozialdemokraten, Gewerkschaften und Kommunisten organisiert und sahen in diesem Kontext ihre positive Zukunft noch vor sich. Anders die von Abstiegsängsten Bedrohten und von Arbeitslosigkeit Gedemütigten, Mitglieder der Mittelschicht, auch des Bildungsbürgertums, die sich vor der Zukunft ängstigten und keineswegs gegen den Antisemitismus gefeit waren, im Gegenteil.«[213] Doch dies wird so nicht von der PEGIDA-Studie gestützt, denn von der größten Gruppe der allgemein Unzufriedenen gaben nur 6 % »Unzufriedenheit mit der Wirtschafts- und Sozialpolitik« an. Soziale Abstiegsängste, wären sie unabhängig von der Kategorie »Überfremdung«, hätten sich hier äußern können. Abstiegsängste in Verbindung mit der Präsenz von Ausländern konnten in der Rubrik »Grundlegende Vorbehalte gegenüber Asylbewerbern« zum Ausdruck gebracht werden, dort gaben 20 % (von 54 % für diese Rubrik) »Angst vor sozioökonomischer Benachteiligung«[214] an, das waren aber somit auch nur ca. 11 % der Gesamtheit der Befragten. Die meisten präferierten andere Aspekte: »Angst vor eigenem Identitätsverlust und ›Überfremdung‹« (18 %), »Vorbehalte gegen Muslime bzw. den Islam« (42 %) und »Sorge um hohe Kriminalität von Asylbewerbern« (20 %). Es handelt sich somit *um einen originären Kulturkonflikt* und *nicht um ein soziales Problem* nach der Sündenbocktheorie und anderen soziologischen Erklärungen, die frei nach Marx kulturelle Konflikte nur als »Überbauphänomene« mit materiellen Ursachen interpretieren, in einer vulgärmarxistischen Reduktion von »Das Sein bestimmt das Bewusstsein.«. Wir kommen am Ende darauf zurück.

Die Verbindung zwischen diesen verschiedenen Themen, das Misstrauen gegen die Menschen von draußen und die Politiker von oben, ist ein gemeinsames Charakteristikum der rechtspopulistischen Bewegungen. Die am 13. und 19.1.2015 von Lutz Bachmann und Kathrin Oertel vorgestellten *6 Punkte* von PEGIDA als Aufforderung an die Politik erfüllen weitere gemeinsame Kriterien für Rechtspopulismus in Europa. Zusammengefasst:

1. »Qualitative statt quantitative Zuwanderung« nach dem Modell Kanadas oder der Schweiz, damit ist gemeint, dass nur Zuwanderer, die Deutschland brauchen kann, aufgenommen werden sollen.
2. Pflicht zur Integration der hier lebenden Migranten, Ängste vor »Islamisierung, Überfremdung und Verlust unserer Kultur« würden dadurch »automatisch beseitigt«. Hier stellt sich die Frage, was unter Integration verstanden werden soll.
3. Ausweisung von Islamisten, die das Land verlassen haben, um sich am Djihad zu beteiligen. Dies ist inzwischen von der Politik aufgenommen worden.
4. Direkte Demokratie auf Bundesebene durch Volksentscheide.
5. »Ende der Kriegstreiberei gegen Russland [am 19.1.: »und andere Staaten«] und ein friedliches Miteinander der Europäer, ohne den zunehmenden Verlust an Autorität für die Landesparlamente der einzelnen EU-Staaten durch irrwitzige Kontrolle aus Brüssel.«
6. Mehr Mittel für die Innere Sicherheit.[215]

Der gemeinsame rechtspopulistische Nenner dieses Sechs-Punkte-Katalogs zeigt sich somit in folgenden Themen:

1. Die Ablehnung von Einwanderung, außer sie nütze, wobei hier offen bleibt, wie das genau zu verstehen ist, trotz des Verweises auf Kanada oder die Schweiz; dieser Aspekt ist hier noch moderat ausgeprägt, dennoch ist von Asylrecht keine Rede mehr. Was zur Integration gesagt wurde, ist ebenfalls unklar, man könnte es so verstehen, dass damit eine Assimilation erfolgen solle, die so weit geht, dass der Fremde alles Fremde ablegt. Hier wollten die PEGIDA-Organisatoren offensichtlich nicht allzu sehr provozieren, kurze Zeit später jedoch wurden die Facebook-Einträge von PEGIDA-Gründer Lutz Bachmann publik gemacht[216], die seine andere Seite zeigen und zur einer Verurteilung wegen Volksverhetzung führten.
2. Hinzu kommt – und das wurde in der ganzen PEGIDA-Debatte nie thematisiert – eine typische EU- Feindschaft: Die »irrwitzige Kontrolle« aus Brüssel suggeriert eine Art Diktatur, die es nicht gibt, weil

hinter der »Brüsseler Kontrolle« die EU-Staaten bzw. ihre Regierungen selbst stehen.

3. Und dann ist die Forderung nach »direkter Demokratie« ein Essential aller Populisten, weil sie sich als Propagandisten einer vermeintlichen schweigenden Mehrheit verstehen, die deshalb schweige, weil sie nicht zu Wort komme (siehe Medienkritik, »Lügenpresse« usw.).

Als Besonderheit kann man aus den sechs Punkten noch festhalten, dass PEGIDA mit der Kritik an der »Kriegshetze gegen Russland« eins zu eins eine Position der extremen Linken bis hin zur Wortwahl übernommen hat. Dies war auch schon im Dezember auf den Montagsversammlungen geäußert worden. Aber in diesem Punkt treffen sich Links- und Rechtsextreme aus ganz Europa mit Putin – und dies sogar im wahrsten Sinne des Wortes (mehr dazu weiter unten). Auch der Ex-F.A.Z.-Redakteur und rechte Anti-Journalist Udo Ulfkotte sprach am 5.1.2015 in Dresden von der Kriegshetze gegen Russland im Zusammenhang mit einer »vorsätzlich von den USA geschürten Ukraine-Krise«, wohin der »Wutstau der Bürger« abgelenkt werden solle.

Auf der Pressekonferenz vom 19.1.2015, die in der Landeszentrale für politische Bildung stattfand, distanzierte sich Kathrin Oertel vom Slogan »Lügenpresse« (»Das ist nicht uns zuzuschreiben.«), rechtfertigte aber die damit verbundene Aussage, PEGIDA werde diffamiert, es gebe keine objektive Presseberichterstattung in Deutschland, während die internationale Presse deutlich besser sei (was unklar blieb). Die »Lügenpresse«-Rufe der Menge waren freilich von den Veranstaltern positiv aufgenommen und der Slogan »Volksverräter« induziert worden, als Ulfkotte dort am 5.1. in seiner Rede, sich als »Normalbürger« präsentierend, gegen die »Lügenmedien« polemisierte: Durch Politik und Medien »existiert die Freiheit des Denkens jetzt häufig nur noch auf dem Papier«, »wenn deutsche Alphajournalisten nur noch als verlängerter Arm der [Bundes-]Pressestelle dienen.« Nach der Verurteilung einer angeblichen »Islamisierung der Justiz« und zunehmenden Kriminalität durch »freie Fahrt für Einbrecher-, Schieber- und Betrügerbanden« durch die EU-Erweiterung sprach er noch vom »Verlust der nationalen Identität: Überall in Europa erwachen die Völker wie hier in Dresden und an vielen anderen Orten in Deutschland und fordern Respekt vor ihren Wurzeln, und fordern Rücksichtnahme auf ihre Kultur. Das fordern wir auch.«[217]

Damit ist aber auch klar – und hätte von den mit PEGIDA Dialogbereiten entsprechend zur Kenntnis genommen werden solle –, dass es damals nicht nur die Ebene der offiziellen Erklärungen von

PEGIDA gab, sondern mehrere Ebenen: Die offiziellen Verlautbarungen der Organisatoren; ihre dahinter stehende Meinung, die sie manchmal andernorts äußerten; die Äußerungen der eingeladenen Redner; das, was die Demonstranten von sich aus äußerten und weit mehr mit dem zweiten als mit dem ersten übereinstimmte.[218] Und dann waren und sind da auch noch die Anhänger von PEGIDA im Internet: »Wir sind erst ein paar mehrere Hunderttausend, die sich auf verschiedenen Facebook- und Internetseiten uns angeschlossen haben«, rief Bachmann 15.1.2015 der versammelten Menge zu. Diese Community umfasst auch deutlich Neonazis sowie die Autoren der Hass-Mails, die nicht erst seit PEGIDA, aber auch von PEGIDA-Sympathisanten bei den Medien einlaufen. Vielfältige Zusammenhänge zu den Zirkeln der Neuen Rechten, die vor allem durch ihre Internetpräsenz kommunizieren, zeigen Liane Bednarz und Christoph Giesa in ihrem Buch *Gefährliche Bürger* auf.[219] In der nach dem Austritt von Oertel und anderen auf ihren radikalen Kern geschrumpften PEGIDA gibt es heute nicht mehr verschiedene Ebenen, sondern nur noch eine Kundgebung rechtsextremer Ansichten.

Von Anfang an aber erinnerte mich die Art und Weise der Diskussions- oder Dialogbereitschaft mit diesen »normalen Bürgern« an die Reaktionen auf das Erscheinen der Nashörner in Ionescos genialem, ewig aktuellen Theaterstück von 1959[220]: Nachdem dort immer mehr Nashörner in der Stadt gesichtet und diese auch immer gefährlicher werden, fragen sich die Leute zunächst vor allem, ob es denn die gleichen seien, ob sie eines oder zwei Hörner hätten ...

Nach der Spaltung fand PEGIDA zu dem zurück, was sie ohne die fast erfolgreich vermittelte Illusion, »das Volk« zu repräsentieren, von Anfang an war. Die Aufmerksamkeit der Medien und der Politiker war ihnen gewiss, wenn auch nicht immer genehm, doch die Botschaft »PEGIDA spricht aus, was die Leute denken«, hatte sich schon weitgehend durchgesetzt, am bezeichnendsten dafür ist der gleichnamige Titel für ein Interview mit dem Leipziger Rechtsextremismusforscher Johannes Kiess, aus dem schon zitiert wurde und in dem allerdings diese Aussage im Kontext relativiert wird, während sie im Titel verabsolutiert erscheint, als spräche »das Volk« durch PEGIDA. Kiess warnt jedoch: »Richtig gefährlich wird es dann, wenn die Landesregierung diese Themen durch den Druck auch aufnimmt – und diese von rechts gesetzten Themen dann in der Mitte der Gesellschaft angekommen sind, egal ob sachliche Gründe dafür vorliegen oder nicht.«[221]

Nach der Spaltung lud PEGIDA auch gleich Geert Wilders ein, auf der Montagsdemonstration vom 13.4.2015 zu sprechen. Bei einem merklichen Rückgang der Teilnehmerzahlen (Schätzung Veranstalter:

10.000, Schätzung Polizei: mehrere Tausend, erwartet: 30.000) gab es eine weitere rhetorische Zuspitzung: »Wir werden nie schweigen, weil wir das Volk sind, das sich weigert, versklavt zu werden«, ruft Wilders den Leuten zu, die er zu »Helden« erklärt.[222] Der Kampf gegen die »Versklavung« hat sich im Frühjahr 2015 schon längst von der verbalen auf die materielle, gewalttätige Ebene verlagert, jede Woche und bald jeden Tag gab es Anschläge auf geplante Unterkünfte für Flüchtlinge und später auch auf Flüchtlinge selbst, ohne dass sie in den ersten Monaten in den Medien, die ganz und gar im Bann des Griechenland-Spektakels standen, besonders zur Kenntnis genommen worden wären, es blieb lange ganz auf dem Niveau nachgeordneter Schlagzeilen. Zwischen der neuen Militanz »direkter Aktion« und der neuen AfD verbleibt PEGIDA nicht mehr die politische Lücke, die sie vorher ausfüllen konnte. Bei der OB-Wahl in Dresden holte die PEGIDA-Kandidatin Tatjana Festerling, die aus der AfD austreten musste, weil sie damals noch zu radikal für die Partei war[223], 9,6 % im ersten Wahlgang am 7.6.2015. Inzwischen ist ihr sogar PEGIDA nicht radikal genug, und so ist sie zur Gruppe »Festung Europa« gegangen.

Die umfangreichen Verbindungen zwischen AfD und den Zirkeln der Neuen Rechten brauchen hier nicht im Detail dargestellt zu werden, da man sich leicht über die Medien darüber informieren kann, Bednarz und Giese haben dem ein ganzes Kapitel ihres Buches gewidmet.[224] Inzwischen gab es auch in den Medien zahlreiche Berichterstattungen über die Vernetzung der Neuen Rechten mit der AfD, vor allem zu Gotz Kubitschek, der sich als intellektueller Vordenker der Neuen Rechten durchsetzen will. Nolens volens helfen ihm die Medienberichte dabei, dies ist nicht zu verhindern. Mit den Wahlerfolgen der AfD von 2016 ist auch eine neue Riege rechter Avantgardisten in die Parlamente gerückt, aus Sachsen-Anhalt zu nennen sind der Landesvorsitzende Jens Poggenburg und der Islamwissenschaftler Hans-Thomas Tillschneider, deren Verbindungen zur rechten Kreisen außerhalb der Partei inzwischen notorisch bekannt sind (zum Beispiel auf Wikipedia dokumentiert), während man sie seinerzeit bei Höcke noch recherchieren musste.

Die parlamentarische Präsenz der AfD, zumal in dieser Stärke, lässt die Gruppen der Neuen Rechten aus ihrer Isolation heraustreten und verschafft ihnen zunehmend Anerkennung. Die Abgrenzung vom im Wortsinne rechten Rand der Szene, NPD und Neonazi-Gruppen, zahlt sich aus und die Belohnung ist die ideologische und propagandistische Beeinflussung nicht nur der AfD, sondern auch Konservativer innerhalb der Union. Die Rehabilitierung des Adjektivs »völkisch« durch Frauke Petry oder die Vorstellung, die Aufnahme der Flüchtlinge führe zu einer

»Umvolkung« in Deutschland, wie die Leipziger CDU-Bundestagsabgeordnete Bettina Kudla meint[225], sind nur eklatante Beispiele für die Auflösung einer Grenze, die einst das demokratisch Akzeptable vom Nichtakzeptablen trennte.

Das Kaleidoskop der rechten und rechtsextremen Szene enthält auch Gruppierungen, die man wie die »Reichsbürger« bis vor kurzem noch als besonders skurrile Spinner abtun konnte. Diese »Reichsbürger« gehören aber zu den »gefährlichen Bürgern«, denen Bednarz und Giese ebenfalls ein ganzes Kapitel ihres Buches gewidmet haben. Von der Öffentlichkeit und wohl auch von Verfassungsschutz und Politik wahrgenommen wurde dies jedoch erst, als ein »Reichsbürger« in Bayern bei der Festnahme auf Polizisten schoss und dabei einen tötete. Dann stellte man auf einmal fest, dass zumindest mehrere Länder ein massives Problem der Unterwanderung – so ist das wohl zu sehen – der Polizei durch die »Reichsbürger« haben. »Dass sich auch unter Polizisten Anhänger dieser Theorien fänden, sei nicht überraschend. Und so etwas sei seit 15 bis 20 Jahren bekannt«, erklärt der Politikpsychologe Thomas Kliche dazu.[226] Außerdem gibt es eine personelle und inhaltliche Osmose zwischen AfD und »Reichsbürgern«, wie *Frontal 21* am 25.0.2016 dokumentierte, auch wenn die Partei einen Unvereinbarkeitsbeschluss dazu hat. Doch darin zeigt sich die Kontinuität der AfD in einer stets gewünschten aber nicht durchsetzbaren Grenzziehung nach Rechts, wobei diese imaginäre Grenze selbst immer weiter nach rechts rückt, so wie das ganze politische Koordinatensystem der Bundesrepublik. Bislang mussten noch einzelne rechtsextreme Mandatsträger ihr Mandat aufgeben, wie Kay Nerstheimer sein Direktmandat im Berliner Abgeordnetenhaus wegen seiner früheren Mitgliedschaft in der »German Defence League«, oder aus der Fraktion austreten, wie Wolfgang Gedeon in Baden-Württemberg wegen antisemitischer Schriften, während die Parteiführung längere Zeit versuchte, den ganzen saarländischen Landesverband wegen seiner ultrarechten Führung aufzulösen.[227] Doch »die von ganz rechts außen«[228] zogen nach der Wahl vom 26.3.2017 mit 6,2 % in den saarländischen Landtag ein und mit Ausnahme von Höcke waren etliche Ultrarechte – zum Beispiel Wolfgang Gedeon, die Schwerinerin Petra Federau, der Aachener Markus Mohr -, auch auf dem AfD-Bundespartei am 22./23.4.2017 in Köln präsent, als Delegierte wohlgemerkt, sowie auch auf den Landeslisten für die Bundestagswahl viele Höcke-Anhänger auf aussichtsreichen Plätzen landen konnten.[229]

»Europa spricht jetzt deutsch«

Während die einen sich fragten, warum das Deutschland, in dem sie leben, nicht das Deutschland ist, von dem sie träumten, träumten andere noch bis vor kurzem bereits von einem »deutschen Europa«. Volker Kauders Spruch »Jetzt auf einmal wird in Europa Deutsch gesprochen«[230] war nicht nur ein kommunikativer Fehlgriff in der Auseinandersetzung um die Euro-Stabilitätspolitik 2011. Wenn er nur gedankenlos ins Mikrophon gesprochen wurde, dann offenbarte er gleichwohl – oder gerade deswegen – untergründige Wünsche, die gewiss viele Deutsche mit Kauder teilten, viele andere Deutsche aber und vor allem viele Europäer gegen Deutschland aufbrachten.

Dabei war Kauder gar nicht der erste mit einer vergleichbaren Aussage: Theo Waigel, damals Finanzminister, hatte schon 1998 die Deutschen anlässlich des fünfzigsten Jahrestages der Schaffung der D-Mark über deren bevorstehenden Verlust damit trösten wollen, indem er erklärte: »Der Euro spricht Deutsch«. Daran erinnerte 2013 die *Neue Zürcher Zeitung* und meinte, obwohl das Euro-Experiment gescheitert sei, umschreibe der Spruch »aber Deutschlands gegenwärtige wirtschaftliche und gesellschaftspolitische Rolle in Europa treffend.«[231] Obwohl ursprünglich von Waigel ähnlich wie »Der Euro wird so stark wie die D-Mark« gemeint, wurde er in Frankreich, zumindest von *Le Monde*, nicht als so harmlos aufgenommen, sondern im Zusammenhang mit der Wahl des Sitzes der EZB in Frankfurt als deutsche Vereinnahmung des Euro gedeutet: »Das bedeutet, dass der Euro solide physisch, aber auch psychologisch in Deutschland verankert ist.« In späteren Kontextualisierungen gewann Waigels Spruch umso mehr in den Medien die Bedeutung einer deutschen Hegemonie oder einer deutschen Hybris – oder beides zusammen.[232]

Kauders Äußerung rief entsprechende Reaktionen in der Presse hervor. Außerhalb der Eurozone schrieben die beiden eigentlich eher sachlich argumentierenden Journalisten des britischen *Economist* in ihrem 2014 erschienenen und bereits erwähnten Buch *Unhappy Union* dazu, dass der Ruf nach *mehr Europa* aus Deutschland in Wirklichkeit *mehr Deutschland in Europa* meine, genauer: Es gehe darum, »alle Eurozonen-Länder in Mini-Deutschlands zu verwandeln.«[233] Auch wenn sie darauf hinweisen, unter Berufung auf den *Spiegel*, dass Kauder für seinen Spruch »von seinen Kollegen« sehr gescholten wurde, so ist dem Leser doch klar, dass dieses Zitat als Höhepunkt des Kapitels über die deutsche Dominanz in Europa zum Ausdruck bringen will, dass Kauder nur laut gesagt habe, was viele insgeheim denken. Auch auf der anderen Seite des politischen Spektrums, in Frankreich, bekam Kauders Satz die Ehre einer Kapitelüberschrift in dem Buch des französischen Linkenführers Jean-Luc Mélenchon.[234] In der französischen Presse sind die Kommentare zu »Europa spricht Deutsch« Legion, auch noch Jahre danach. Außer den zu erwartenden Befürchtungen über die »Germanisierung Europas«[235] gab es auch Sorge bei den Medien, die der deutschen Wirtschafts- und Finanzpolitik durchaus Anerkennung zollen, aber andererseits hinter jedem deutschen Schreibtisch ein virtuelles Bild von Bismarck sehen und in Frankreich einen Aufschwung der Germanophobie befürchten.[236] Andere stellten vor allem Deutschlands Vorbildcharakter in Frage: Deutschland habe selbst die Regeln schon übertreten, anderen dasselbe gewährt und sei Kompromisse eingegangen, die ein anderes Bild als die harte Linie lieferten[237], oder es habe sogar die Zahlen zum eigenen Defizit gefälscht.[238] Und dann gab es noch das Interview mit einem verbitterten Jacques Delors, einem der »Väter« Europas, der die deutsche Politik auf das Schärfste verurteilte und Deutschland einen »Wirtschaftskrieg« vorwarf.[239]

Der Wunsch nach deutscher Hegemonie äußerte sich anderenorts in noch klareren Worten: Die *Zeit* fragte sich noch 2011 zu den EU-Rettungsgipfeln: »Alle Macht den Deutschen? Hegemon wider Willen – Berlin dominiert Europa und ist damit überfordert.«[240] Ein Jahr später untertitelte *Die Welt* einen Kommentar »aus deutscher Perspektive« zum Europagipfel vom 28.6.2012: »Deutschland muss Hegemon werden. Aber ein freundlicher Hegemon. Das Potenzial dazu hat es. Hat es auch den Willen?«[241] – Ein freundlicher Hegemon? Gab es so etwas schon einmal? Diese Phantasmen wurden von der konservativen französischen Zeitung *Le Figaro*, die der »deutschen Politik« im Sinne der Haushaltsdisziplin usw. durchaus aufgeschlossen gegenübersteht, sehr wohl bemerkt und wiederum so kommentiert, dass die Deutschen – und damit war auch die Bevölkerung gemeint – sich nur weiterhin für Europa engagieren würden, wenn es »ein deutscheres Europa« gebe, das nämlich sei »die Wette« Angela Merkels im Sinne von: Dies oder gar nichts.[242]

Nicht als Willensfrage, sondern als Schicksal wurde die deutsche Rolle als »Hegemon wider Willen« von Christoph Schönberger, Jurist an der Universität Konstanz, im Januarheft 2012 des *Merkur* verstanden. Für Schönberger zeigte »sich jetzt deutlicher denn je, wie sehr die Bundesrepublik zur Hegemonialmacht Europas geworden ist. Sie muss führen, wenn überhaupt geführt werden soll. Diese unausweichliche Führungsrolle gewährt große Möglichkeiten zu Gestaltung und Einwirkung, geht aber auch mit erheblichen Pflichten und Lasten einher.« Dabei greift er auf alte geopolitische Argumente von der Mittellage Deutschlands zurück, bedauert aber: »Ganz im Gegenteil scheint hierzulande mit dem wachsenden Abstand zur Zeit des Ost-West-Konflikts und der deutschen Teilung die Sensibilität für die prekäre Situation der Bundesrepublik im Herzen Europas rapide abzunehmen. Die neuartige Lage des Landes, das an seinen vielen Grenzen nur noch von anderen Mitgliedstaaten der Europäischen Union, Bündnispartnern und freundlichen Nachbarn umgeben ist, schlägt sich in einer bemerkenswerten Selbstprovinzialisierung nieder.«[243]

Das Schicksal ist also doch eine Willensfrage. Und der Autor fährt fort: »Von der deutschen Hegemonie muss gesprochen werden. Dies zu tun, heißt nicht einer deutschen Dominanz Europas das Wort zu reden. Es heißt zunächst wahrzunehmen, was ist. [...] Hegemonie ist vielmehr ein leidlich präziser verfassungsrechtlicher Begriff für ein Phänomen, das nicht selten in föderativen, bündischen Systemen auftritt. Immer wieder hat man in der Geschichte die Erfahrung gemacht, dass in föderativen Zusammenschlüssen einzelne Bundesgenossen durch Größe, Macht und Einfluss herausragen und formell wie informell eine besondere Führungsfunktion ausüben können. So stach Athen im zweiten Attischen Seebund der Antike hervor, hatte die Provinz Holland eine besondere Stellung innerhalb der neuzeitlichen Republik der Vereinigten Niederlande und gab es schließlich die Hegemonie Preußens in Deutschland bis hinein in das 20. Jahrhundert.«

Mit dem Beispiel Preußen den Europäern die deutsche Hegemonie nahebringen zu wollen, ist gewiss ein kühnes Unterfangen und würde das Gegenteil des Intendierten bewirken. Es zeigt, dass der Autor von der Geschichte Europas und ihren Konsequenzen wenig Ahnung hat. Dazu passt, dass er sich bei seinem Verweis auf »föderative« oder »bündische« »Systeme« auf einen Autor von 1938 (!) beruft, Heinrich Triepel, einen bekannten Staatsrechtler, der 1933 schon pensioniert und offenbar 1930 aus der DNVP ausgetreten war, sich aber gleichwohl mit dem parlamentarischen System »nicht anzufreunden« vermochte.[244] Seine deutsch-nationale und altkonservative Vorstellung von »Führung und Herrschaft«, so ein Kapitel seines Buches[245], gab 1938 gewiss keinen Grund zum Misstrauen durch die Nazis, ganz im Gegenteil, da er darin nämlich Hitler als Inkarnation des »Führers und Herrschers« charakterisierte.[246] Mit dieser Referenz zur europäischen Diskussion von heute beitragen zu wollen, ist noch bemerkenswerter, als auf Preußen zurückzugreifen.[247]

Analysiert man die ganze Breite von Politikeräußerungen und Pressekommentaren zu diesem Thema[248], so trifft man auf ein Feuerwerk von Titeln wie »Superstar Deutschland«, Deutschland »gegen den Rest der Welt«, oder Deutschland als »europäische Konjunkturlokomotive«[249], letzteres gemäßigt im Ton, im Stil von »Vorbild Deutschland«, aber sachlich falsch, denn einen Zug dahinter gibt es nicht. Das »Vorbild«-Argument funktioniert jedoch auch dann, wenn ihm keiner folgt, weil man dann trotzdem noch Recht behält.

Und auch auf der politischen Bühne hat man etliches dafür getan, dass die Vorstellung von einer solidarischen, demokratischen Diskussion über die gravierenden Probleme der europäischen Finanzkrise nicht gerade befördert wurde, so zum Beispiel vor den griechischen Neuwahlen am 25.1.2015, als durch eine offensichtlich »gezielte Indiskretion« aus Berlin die Botschaft verbreitet wurde, der Austritt Griechenlands aus dem Euro, sei verkraftbar[250] – ein klarer Versuch, Einfluss auf die Wahl in Griechenland zu nehmen, weil damit signalisiert wurde, ein Wahlerfolg von SYRIZA werde zwangsläufig zum Euro-Austritt führen. So titelte die *taz* sarkastisch, aber treffend: »Das Oberkommando der Euromacht gibt bekannt…« und kommentierte: »Es gibt Tage, da wünscht man sich Helmut Kohl zurück.«[251] Erzielt wurde durch die Indiskretion das Gegenteil dessen, was beabsichtigt war, und dies wiederholte sich bei Schäubles Plan vom »temporären Grexit«, der Druck auf die Brüsseler Verhandlungen zum dritten Hilfspaket machen sollte.

In jener Phase nach dem ersten Scheitern der Verhandlungen mit Griechenland, dem Referendum und nach den neuen Verhandlungen über ein drittes Hilfspaket, übersteigerten sich die Ideologisierung der Debatte und die Polemik dazu. Während in Brüssel der deutsch-französische Dissens klar zum Vorschein trat, entfaltete sich in der deutschen Presse ein neuer Nationalismus, angefacht (aber nicht primär ausgelöst) vom Bild der »Eisernen Kanzlerin« mit Merkel und Pickelhaube auf der Titelseite von *Bild* vom 7.7.2015.[252] Während der *Tagesspiegel*[253] noch am selben Tag die Art und Weise kritisierte, wie *Bild* Revanche für die weitaus schlimmeren Verunglimpfungen Merkels und Schäubles in griechischen Medien übte, hatte er selbst am 1.7.2015 Angela Merkel als »Eiserne Kanzlerin« im Titel, wenn auch nicht mit Pickelhaube.[254] Doch ist dieser Vergleich mit Bismarck gar nicht so neu, man ist auf allen Seiten nur nervöser geworden. Schon im Juni 2013 lobte die *Welt* die »Eiserne Kanzlerin«: »Merkel hält Alpha-Tiere in Schach. Eine starke Woche der Kanzlerin: Erst überzeugte Angela Merkel beim G-8-Gipfel, dann hielt sie Obama und Erdogan stand. Und am Ende feierte sie einen Erfolg gegen das Alpha-Tier Putin«[255]; oder die *taz* 2012: »Die ›eiserne

Kanzlerin‹ setzt sich durch«[256], natürlich mit Anführungszeichen; oder die *F.A.Z.* 2011: »Die Eiserne Kanzlerin laviert«, was immerhin auch Kritik beinhaltet, sie werde der ihr zugewiesenen Rolle nicht gerecht[257]; oder der *Spiegel* 2010: »Eiserne Kanzlerin in der Euro-Falle.«[258]

Parallel wurde dies natürlich auch im Ausland und vor allem in Frankreich entsprechend aufgegriffen, so titelte *Radio France Internationale* 2010: »Die ›Eiserne Kanzlerin‹ setzt sich in Brüssel durch«[259], und jüngst erkannte der Korrespondent des französischen TV-Senders *France 2*, den *Bild*-Titel in der Hand, »die griechische Krise als Offenbarung der Persönlichkeit Angela Merkels.«[260] In der Wirtschaftszeitung *La Tribune* wurde der *Bild*-Titel zum Anlass für eine Generalabrechnung mit Angela Merkel, die das gleiche wie Tsipras tue, nämlich Versprechungen zu geben (nur umgekehrte), die von Anfang an nicht zu halten waren: Dass die griechische Krise den deutschen Steuerzahler nichts kosten werde usw. Nicht nur Griechenland werde dafür erpresst, sondern ganz Europa, denn die Euro-Partner beugten sich dem deutschen Diktat, weil sie fürchteten, so noch am 7.7.15, dass sonst Deutschland aus dem Euro aussteigen werde ... – nichts weniger als das.[261] Das sehr beachtete Internetforum *Mediapart* übernahm diesen Artikel bezeichnenderweise unter einem neuen Titel: »L'Europe allemande.«[262]

Dann wechselte Merkel zu einer versöhnlichen Haltung und überließ Schäuble das Grobe, abgesprochen oder in Rivalität um die richtige Strategie, sei dahingestellt. Schäubles Nachharken nach der getroffenen Vereinbarung zum dritten Hilfspaket, wo er »weiterhin das Damokles-Schwert des Grexit auf Zeit über Griechenland schweben« ließ, wie es die *taz* treffend formulierte[263], hat ihm mehr Zustimmung an den Stammtischen in Deutschland, aber mehr Schaden im In- und Ausland eingebracht als je zuvor, sogar der Koalitionspartner SPD ging auf Distanz. »Ganz Europa sieht ihn plötzlich als eisernen Schattenkanzler«, hieß es am 14.7. bei *n-tv*, so gelang es, »einen umfassenden Reformplan zu entscheiden, der in der Sache so deutsch ist wie die Loreley«, und nun »umgibt ihn [Schäuble] ein Hauch bismarckscher Machtpolitik«.[264] Und die *taz* reihte sich in die Linie ein, die auch die Linke im Bundestag vertritt: »Denn jenseits der deutschen Grenzen, besonders in Südeuropa, repräsentiert Schäuble den hässlichen herrischen Deutschen, der Wahlen und Abstimmungen nicht respektiert. Gegenüber Griechenland betreibt er weiter eine Politik des Staatsstreichs: Alexis Tsipras und Syriza müssen endgültig erlegt werden. Ein Exempel soll statuiert werden, um den Menschen in der EU jegliche Hoffnung auf eine emanzipatorische Alternative zur Austeritätspolitik auszutreiben.«[265]

Die Emotionalisierung der Debatte in Deutschland erzeugte weitere Polemiken wie von Volker Kauder über die europäische »Werte- und Schicksalsgemeinschaft«: »Das sollte sich das freche Bürschchen Tsipras mal hinter die Ohren schreiben. Rotzfrech auftreten und dabei die Hausaufgaben nicht machen, das geht gar nicht«[266], oder von seinem Parteifreund, dem CDU-Vize Strobl: »Der Grieche hat jetzt lang genug genervt.«[267] Solches wurde von der *Zeit* zu Recht als »arrogant bis nationalistisch« qualifiziert, aber auch die ständig von Merkel, Schäuble und Gabriel im oberlehrerhaften Stil angemahnten »Hausaufgaben« der Griechen und Schäubles berühmt gewordene Drohung »Dann heißt es: Jetzt isch over« wurden von zahlreichen Journalisten nachgeäfft... All dies befeuerte die ohnehin stattfindende Spaltung der Gesellschaft in Pro und Contra Griechenland.

»Am deutschen Wesen soll die Welt genesen« – die letzten zwei Verse des Gedichts von Emmanuel Geibel von 1861, in dem es interessanterweise um die deutsche Einigung ging[268] – daran ließen die neo-nationalistischen Vorstellungen wieder denken. Dieses neue, zumindest verbale Selbstbewusstsein ging schon in den Jahren der Präsidentschaft Sarkozys 2007–12, als Frankreich auch von der Krise gebeutelt wurde, aber wenig Anzeichen erkennen ließ, diese auch so schnell wieder zu überwinden wie Deutschland, einher mit hämischen Kommentaren in der Presse von der »Grande Nation ganz klein« in der *Frankfurter Rundschau*[269] und wortgleich oder ähnlich in zahlreichen anderen Medien, auf die Jacques-Pierre Gougeon verweist.[270] Diese Kommentare begleiteten auch eine ganze Reihe deutsch-französischer Dissense, die hinter dem gegenteiligen Propagandabild von »Merkozy« die politische Realität bestimmten. Der Sarkasmus war aber auch quasi eine Revanche für den »kranken Mann in Europa«, mit dem Deutschland zuvor bedacht worden war. Kompensiert wurden mit der Umkehrung des Verhältnisses zu Frankreich auch die Untergangsszenarien Deutschland betreffend, die hierzulande in jenen schlechten Jahren erschienen sind und auf die Gougeon daher ebenfalls zu Recht hinweist, etwa Graf von Krockows *Der deutsche Niedergang*.[271] Doch, sieht man einmal von Sarrazins Buch ab, das auf ein besonderes Thema fokussiert ist, dann hatten diese Publikationen in Deutschland noch nie die Resonanz wie vergleichbare in Frankreich über Frankreich bis heute[272] – siehe Zemmours Bestseller.

Auf der politischen Gegenseite, der Linken, bezog man in dieser Auseinandersetzung wieder alte Stellungen in den Schützengräben des politischen Kampfes gegen Antinationalismus, Antikapitalismus und Antiimperialismus und man war vielleicht, zumindest insgeheim, nicht einmal unfroh darüber, dass es wieder ein klares Feindbild und klare Fronten gab, während sich die SPD im Dilemma der Großen Koalition befand und den harten Kurs gegenüber Griechenland eigentlich nicht mittragen wollte, aber dann doch musste.

Europa vom Atlantik bis zum Ural: Die »rot-braune« Internationale und Russland

Es ist begreiflich, dass wir fast alle versagen. Wie Auswege zu leichterer Möglichkeit erscheinen Bolschewismus und Faszismus. Man kann wieder einfach gehorchen und alles Handeln jeweils dem Einen überlassen, der das Regiment sich erobert hat.
Karl Jaspers, 1930[273]

Europa vom Atlantik bis zum Ural? Diese Vision, mehrfach in der europäischen Geschichte angesprochen und zuletzt nach dem Ende des Kalten Krieges, ist für die offizielle Politik nicht mehr *up to date,* für Russland nicht und für die EU auch nicht. Spätestens seit der Ukraine-Krise und dem offensichtlichen Versuch des russischen Präsidenten, die territorialen Verluste des sowjetischen Zusammenbruchs zumindest partiell wieder rückgängig zu machen sowie die Ausdehnung von EU und NATO oder auch nur ihren weiteren Einfluss nach Osten zu stoppen, steht eher ein neuer Kalter Krieg auf der Tagesordnung, Wettrüsten inklusive. Und doch gibt es ein Europa vom Atlantik bis zum Ural in der Politik, nämlich bei der extremen Linken und Rechten.

»Der Nationalismus ist die optimale Form des Antikapitalismus« steht als Motto über dem Porträt von Lucien Cerise, einem neuen rechts-linken Ideologen in Frankreich, auf der Website des Verlages *Le retour aux sources* (Die Rückkehr zu den Quellen). Die Fusion von Links- und Rechtsextremen in den »neuen Rot-Braunen« ist für den Soziologen Jean-Loup Amselle eine wichtige Komponente der politischen Entwicklung und auch die Grundlage eines »kommenden Rassismus«, der freilich schon da ist, nicht nur in der Öffentlichkeit, sondern auch im Wissenschaftsbetrieb, wo im Zuge des postkolonialen Multikulturalismus Anthropologen und Soziologen erneut ethnische Identitäten definieren.[274] Amselle taucht dabei tief in interne Debatten ein, auf die hier nicht weiter eingegangen werden kann. So wird aber zum Beispiel auch der alte Vordenker der *Neuen Rechten*, Alain de Benoist, seit fast zwei Jahrzehnten von einem renommierten Verlag für Soziologie, Anthropologie und Philosophie verlegt, der für sich mit dem Motto »Une ouverture sur le monde« wirbt (Eine Öffnung zur Welt). De Benoist hat dort auch »Klassiker des politischen Denkens« herausgegeben, darunter einen rechtsextremen Kulturphilosophen aus dem Umfeld des Faschismus, Julius Evola, und einen frühen Grenzgänger zwischen rechtem und linkem Extrem, Georges Sorel.

Alain de Benoist (*1943) kritisiert den Universalismus der Menschenrechte als eine westliche Erfindung, die den anderen Kulturen imperialistisch aufgezwungen wurde: »In Verbindung mit der Expansion der Märkte dient die Rhetorik der Menschenrechte als ideologische Verkleidung [armature] der Globalisierung.«[275] Das kann man auch als Linksradikaler unterschreiben. De Benoist ist jedoch keineswegs ein »Rot-Brauner« der ersten Stunde, sondern wollte als ideologischer Kopf der *Neuen Rechten* ursprünglich die alte Rechte gegen die Linke in Frankreich »ideologisch ausrüsten« (um seine Begrifflichkeit zu übernehmen). Allerdings trennte ihn von dieser alten Rechten sehr viel, so zum Beispiel seine Fundamentalkritik des Christentums und Philosophie des Heidentums[276]: »Die Christianisierung Europas, die Integration des Christentums in das mentale System Europas, war das katastrophalste Ereignis der ganzen Geschichte bis zum heutigen Tage.«[277] Es lohnt ein kurzer Blick auf die italienische Website, die den Text von 1980, aus dem dieses Zitat stammt, online gestellt hat. Sie gehört dem Studienzentrum *La Runa* (die Rune) an, das sich einem esoterischen Traditionalismus in der Nachfolge des gerade erwähnten Julius Evola widmet, eines jener Kulturphilosophen, die in den 1920er und 1930er Jahren eine Art spirituellen Faschismus entwarfen, eine »Revolte gegen die moderne Welt« (so der Titel des Hauptwerks von Evola, 1934).[278] Es ging um den Verlust des Metaphysischen durch den Sieg des Materialismus. Das »Evola-Virus« kehrt heute im Gewand der Kulturkritik zurück, stellte im Dezember 2014 Thomas Assheuer fest.[279] *La Runa* widmet sich übrigens daneben auch konkreten historischen Reminiszenzen, so zum Beispiel der »Heldengeschichte« der italienischen Einheiten an der Seite der Waffen-SS-Division Wiking an der Ostfront.[280]

Der Antichristianismus von Alain de Benoist ist ein konsequenter Bestandteil seines Antiuniversalismus, weniger philosophisch verurteilt zum Beispiel auch Éric Zemmour das Christentum als erste »Menschenrechtsreligion« (siehe oben). In der Natur gebe es keine Menschenrechte, denn in der Natur seien die Menschen nicht gleich, sondern ungleich, so versteht es ein Interpret der Ideen von de Benoist »jenseits der Menschenrechte«.[281] Doch folgt bei de Benoist aus der natürlichen Ungleichheit nicht, wie früher bei den Rassentheoretikern, der Darwinismus als Naturgesetz. Aber er geht insofern auf die historischen Wurzeln des Antiliberalismus zurück, indem er das Vernunftprinzip der Aufklärung als totalitär verurteilt.[282] Dass der erwähnte Artikel über de Benoist auf einer sich selbst als »tief katholisch« verstehenden französischen Website erscheint, die sich offenbar nicht an Benoists Antichristianismus stört, zeigt, wie sich die verschiedenen Facetten der Neuen Rechten heute nicht mehr wie früher wegen ihrer Differenzen gegenseitig bekämpfen, sondern aufgrund ihrer Gemeinsamkeiten zu verbinden suchen.

Ein wesentlicher und die Neue Rechte in ganz Europa inspirierender Aspekt der Ideologie von de Benoist ist sein »Recht auf Differenz« als Verteidigung kultureller Homogenität, eine rechte Theorie des Kulturrelativismus und Ethnopluralismus, die dadurch auch eine Anziehungskraft auf Vertreter der linken Variante dieser Anschauungen ausübt[283], so wie seine Liberalismuskritik: »Der seit dem 18. Jahrhundert entstehende Liberalismus hat eine ›Kritik von rechts‹ entstehen lassen, die ihm die Realität der menschlichen Natur vorhielt, und eine ›Kritik von links‹, die ihn im Namen der Armen und Erniedrigten verurteilte. Es ist eine Tragödie, dass diese beiden Kritiken sich auseinanderdividiert haben – und so weit, dass jede der beiden, um die andere zu besiegen, sich schließlich mit dem verbündet hat, der ihr gemeinsamer Feind hätte bleiben sollen.«[284]

Der oben zitierte Lucien Cerise kam wie viele andere von der extremen Linken zur extremen Rechten durch seine Europakritik und sein »Nein« beim Referendum über die Europäische Verfassung 2005. Er publizierte Bücher gegen Kapitalismus, Oligarchie und Globalisierung und, so ein Rezensent, »er ist sich darüber klar geworden, dass die Rechts/Links-Spaltung in Wirklichkeit eine komplette Täuschung ist«.[285] Dies betrifft auch das Verhältnis zu Russland, ein in diesem Kontext elementarer Faktor der »rot-braunen« Synthese. So sei hier diesbezüglich seine Erklärung zum »Euro-Maidan« (24.11.2014) erwähnt, worin er, gestützt auf vorgebliche *Whistleblowers* aus den USA, darlegt, dass die Revolution in der Ukraine (wenn man den Vorgang so bezeichnen will) ein von USA und NATO gelenkter Aufstand gegen Russland war, der mit Hilfe von tschetschenischen Djihadisten in den Reihen der faschistischen Gruppierung »Rechter Sektor« gesteuert wurde.[286]

Die »Rot-Braunen« haben kein Problem, sich vom historischen Nationalsozialismus oder von neofaschistischen Strömungen zu distanzieren, vor allem, wenn diese nicht ins strategische Konzept passen.

Dies geht soweit, den Totalitarismusbegriff für sich zu okkupieren, wovon wir schon mehrere Beispiele gesehen haben, oder sogar, wie bei zwei anderen Autoren des genannten Verlages, Jef Carnac und Maurice Gendre, zu behaupten: »Die Nazis haben den Zweiten Weltkrieg gewonnen«, »ihre Erben sind die New Yorker Bankiers«, »der Kapitalismus ist ein Genozid«, »die Demokratie ist ein Komplott, der Antirassismus ist ein Rassismus«. Schon auf dem Cover ihres Buches ziehen sie dabei eine Linie von Hitler zu Obama, es zeigt nämlich einen im Pop-Art-Stil bunt eingefärbten Hitler mit der Unterschrift: »Yes we can.«[287] Dergleichen ist keine Spinnerei zweier Verirrter, vielmehr ist dies Teil der Strategie, sich vom historischen Nationalsozialismus propagandistisch zu distanzieren, indem man den Spieß umdreht. So präsentierte auch das deutsche »Magazin für Souveränität« *Compact* während des US-Präsidentschaftswahlkampfs Hillary Clinton als »Kandidatin des US-Faschismus« (»Heil Hillary!«)[288] Der Herausgeber Jürgen Elsässer, mehrfach geladener Gast bei PEGIDA und inzwischen auch bei der AfD in zahlreihen Ortsverbänden[289], ist die Verkörperung der links-rechten Synthese schlechthin: Aus der radikalen Linken kommend *(Arbeiterkampf)*, war er Publizist bei linken Zeitschriften und beim *Neuen Deutschland* noch bis 2008. 2009 vollzog er dann eine Öffnung nach rechts und führt diese Synthese seit 2010 als Chefredakteur von *Compact* weiter, in der Hoffnung, zur Leitfigur der Neuen Rechten zu werden.[290] Außerdem ist Elsässer »Dauergast in russischen Staatsmedien [...], für Deutschland [...] beschwört er gerne Untergangsszenarien herauf, um dann das russische Modell als letzten Ausweg zu skizzieren [...].«[291]

Lucien Cerise entwirft in einer eigenen Interpretation des Kulturphilosophen René Girard sowie in Anlehnung an die »Polemologie« (Wissenschaft vom Krieg) des Soziologen Gaston Bouthoul eine Theorie der Manipulation der Menschen, ein »social engineering«, durch den Kapitalismus und diejenigen, die ihn quasi als Instrument benutzen. Anders als bei Marx gibt es hier konkrete »Drahtzieher«, wonach getreu dem antiken römischen Prinzip *divide et impera* die Menschen untereinander parzelliert werden, so dass sie sich als Rivalen gegenseitig bekämpfen, damit das System über sie herrschen kann. Die Medien spielen dabei die entscheidende Rolle. Nicht nur die ukrainische Revolution, sondern auch das Attentat auf das World Trade Center habe daher andere Gründe als die von den Medien als Erklärung aufoktroyierten. Diesbezüglich zitiert Cerise aus einem in der *Washington Times* vom 10.9.2001 erschienenen Artikel über die Arbeit der Geheimdienste, der für die Verschwörungstheoretiker natürlich nicht zufällig am Vortag von 9/11 ist erschienen. Darin ging es um eine US-Army-Studie zum Nahostkonflikt und die Möglichkeit der Absicherung eines israelisch-palästinensischen Abkommens durch den Einsatz einer US(!)-Friedenstruppe. Diese israelkritische Studie charakterisierte den Mossad als »skrupellos und gerissen. Hat die Fähigkeit amerikanische Truppen anzugreifen und es wie eine palästinensische/arabische Tat aussehen zu lassen.«[292] Dann zitiert Cerise noch eine französische rechtsextreme Website, wonach Al-Qaida überall Anschläge verübt habe außer in Israel, und schon ist die Verschwörungstheorie perfekt suggestiv.

Auf der bereits im Zusammenhang mit Cerise erwähnten Website des Verlages *Le retour aux sources* wird bezüglich der weltumspannenden Aktivitäten des Mossad aus dem Buch von Udo Ulfkotte, *Der Krieg im Dunkeln*, zitiert, wonach die Unruhen vom November 2005 in der französischen *Banlieue* von Mossad-Agenten provoziert wurden,[293] und zwar zum Zwecke der Anzettelung des Hasses auf die Muslime. Diese These Ulfkottes wurde von dem amerikanischen »Investigationsjournalisten« und Verschwörungstheoretiker Wayne Madsen übernommen[294], ein britischer, »im spanischen Exil« lebender Blogger und »Boykott-Israel«-Aktivist übernahm dies und fragte Ulfkotte, ob er es bestätigen könne. Die daraus folgende Mail-Korrespondenz mit Ulfkotte ist höchst aufschlussreich, da Ulfkotte am Ende zugeben muss, dass er die konkret erscheinenden Indizien für seine These nur »vom Hörensagen« aus »Geheimdienstkreisen« kenne.[295] Fügen wir noch hinzu, dass Madsen dieses Thema später in seine Gesamtverschwörungstheorie einer geheimen Zusammenarbeit zwischen Israel und Saudi-Arabien eingebaut hat, beide »intimately involved« in die Anschläge von 9/11.[296] Die Mossad-These von Ulfkotte zu den Banlieue-Unruhen hat denn auch auf deutschen und französischen rechten Webseiten weitere Kreise gezogen, ausgehend von seinem Verlag (Kopp) und dem *DeutschlandBrief* eines Euro-Gegners und Nationalisten, Bruno Bandulet. Dieser selbstreferentielle Kreis, wo einer den anderen zitiert und alles nur auf das Hörensagen von Ulfkotte zurückgeht, wird in dem Text von Lucien Cerise, der eigentlich unser Ausgangspunkt war, als Beleg zitiert, in dem Sinne von: Nicht nur Ulfkotte hat das geschrieben, sondern andere auch... Während sich Ulfkotte, auf seine konkreten Beweise befragt, selbst zu relativieren gezwungen sah, äußert er sich allerdings ganz anders in einem Interview mit der russischen Auslandspropaganda *Radio Stimme Russlands* vom Oktober 2014, das auf der Website transkribiert ist: »Ja natürlich hat der Mossad die Unruhen noch angeheizt. Er hat sie nicht initiiert, aber angeheizt, um noch mehr

Anti-Moslem-Stimmung in Frankreich zu schüren. Weil die Franzosen halt sehr pro-palästinensisch sind.«[297]

Ansonsten erklärt Ulfkotte noch, dass die Demokratie in Deutschland nur »simuliert« sei, »es ist eine Illusion, eine Sinnestäuschung«, da es keine Werte, keine Identität, kein Selbstbewusstsein gebe, »Deutschland ist eine Bananenrepublik, eine Kolonie der USA.« Auch im russischen Staatsfernsehen durfte Ulfkotte seine Thesen präsentieren, dort mehr auf Russland hin orientiert, gegen das deutsche Politiker und von ihnen bestochene Journalisten propagandistisch einen Krieg vorantreiben würden.[298]

Dies sei nur als Beispiel dafür angeführt, wie die Verschwörungstheoretiker arbeiten, international vernetzt sind, und wie sich dies in eine »rot-braune« Ideologie integriert. Wichtig für alle ist dabei nämlich der Bezug zu Russland, das unter Putin ein Pol sowohl für Rechts- wie für Linksextreme geworden ist.

Die Website *Égalité et Réconciliation* (Gleichheit und Versöhnung), wo auch Lucien Cerise publiziert, trägt den Untertitel *Gauche de travail et Droite des valeurs: pour une réconciliation nationale* (Linke der Arbeit und Rechte der Werte: für eine nationale Aussöhnung). Dort wird auch seit Oktober 2014 das *Journal de Bord* von Jean-Marie Le Pen übernommen.[299] Es ist wohl die führende Website des radikaleren Flügels der »Rot-Braunen« – wenn denn solche Unterscheidungen überhaupt Sinn machen –, die auch mit der Holocaust-Leugnung keine Berührungsängste hat. So verlinkt sie zum Beispiel auf ein Interview mit dem Negationisten[300] Robert Faurisson, das der aus Israel stammende Jazzsaxophonist und ebenfalls Revisionist Gilad Atzmon auf einer anderen rechtsextremen Website mit ihm geführt hat.[301] Dort zieht Faurisson über Claude Lanzmann als »Leni Riefenstahl des Zionismus«[302] her und verweist auf Bücher zur Shoah, die vermeintlich geschickt die Klippe der Holocaust-Leugnung umgehen und sich formal von den Negationisten distanzieren, um das französische Gesetz zu respektieren (*Loi Gayssot*), indem sie den Gegenstand, den Holocaust, als Produkt von Erzählungen und Geschichte aus Geschichten erklären, also als subjektive Interpretation. In diesem Relativismus kann man dann auch *über* den Negationismus sprechen, seine Ansichten zitieren und vom Holocaust als *Thema*, nicht als objektivem *Faktum*, sprechen, da es angeblich »keine Dokumente« über den Holocaust gebe – so in einem Interview mit einem jener Autoren.[303] Die Website *Polémia*, die dieses Interview veröffentlicht hat, wird von Jean-Yves Le Gallou betrieben, dem ehemaligen hochrangigen Front-National-Funktionär und Ideologen der Neuen Rechten, von dem bereits die Rede war.

Auf *Égalité et Réconciliation* gibt es auch ein Interview mit Lucien Cerise, das Alain de Benoist für seine Zeitschrift *Éléments* geführt und damit Cerise den Ritterschlag für die Aufnahme in seine Tafelrunde gegeben hat. Dort legt Cerise seine Theorie des organisierten Chaos dar, des methodischen »Krieges aller gegen alle« zum Zwecke ihrer Beherrschung durch den globalisierten Kapitalismus. Doch hinter dem System stecken Drahtzieher – das unterscheidet diese Kapitalismustheorie von der Marxschen Analyse –, die über dem Kapitalismus stehen, von ihm profitieren und ihn sogar als Instrument beherrschen. Es ist eine »kabbalistische und digitale Welt, in der die Gesamtheit der Existenz auf Zahlen reduziert werden kann. [...] Die Mathematik ist die Sprache Gottes und die numerischen Werte stehen über den ethischen Werten«, denn »die kapitalistische Oligarchie braucht auch eine Seele, die sie in dem numerischen Spiritualismus sucht, der die qualitativen Unterschiede aufhebt, um nur noch die quantitativen Unterschiede bestehen zu lassen. Die Kabbala besteht darin, den Standpunkt Gottes zu übernehmen, das heißt, der über den Unterschieden steht.«[304]

In dieser Theorie, die Cerise in diesem Interview und vor allem in einem bereits 2010 erschienenen Buch weiter ausführt, werden Elemente der marxistischen Entfremdungstheorie mit der Esoternik verknüpft, wie sie Umberto Eco in seinem Roman *Das Foucaultsche Pendel* schon 1988 literarisch ausgemalt hat, wie nämlich die Linksintellektuellen in ihrem Frust über die ausbleibende Revolution zum Esoterismus konvertieren. Gewiss, Cerise präsentiert sich nicht selbst als Kabbalisten, sondern die Finanzkapitalisten (man beachte auch die Wortähnlichkeit: Kapitalist/Kabbalist), doch wer denen Kabbalismus unterstellt, muss selbst an ihn glauben.

Nachdem die altlinke Vorstellung, die *Aufklärung* nur weiterführen zu müssen, um den Massen die Augen zu öffnen, damit sie sehen, was jeder sehen kann, wenn er nur will, offensichtlich gescheitert ist, geht es jetzt um die *Aufdeckung* einer nicht sichtbaren, sondern verborgenen Wahrheit von geheimen Machenschaften, die zu erkennen nur wenige imstande sind, nämlich diese neuen Illuminaten, und deren Botschaft nicht die klassische Beweisführung ist, sondern die assoziative Schlussfolgerung, die die Lücke des objektiv nicht Ergründbaren füllt, zum Beispiel: Einen Tag vor 9/11 publizierte die *Washington Times* eine US-Army-Studie, wonach der Mossad perfekt Attentate so aussehen lassen kann, als stammten sie von Arabern – Zufall? Oder: Es liegt im Interesse Israels, dass in Europa Hass auf die Muslime geschürt wird, also wird der Mossad in dieser Richtung aktiv (das alte *cui bono*-Argument). Statt Aufklärung Illumination. Letztlich geht es um die Vermittlung eines Gefühls der Bedrohung, gegen die nur eine pauschale Abwehr hilft – kurz, es geht nicht mehr um rationale Argumentation, sondern um irrationale Vermutung. Freilich ist dies keineswegs konträr zum früheren linksextremen Selbstverständnis, der Avantgardismus von früher hat sich nur weiterentwickelt und trifft sich mit der rechtsextremen Esoterik, wie in Ecos Roman oder wie damals im 18./19. Jahrhundert, als sich Aufklärer in Eingeweihte und Erleuchtete verwandelten.

Solche Absurditäten und Verschwörungstheorien sind ein wichtiges Element des »rot-braunen« Antikapitalismus, dessen Impuls ja weit mehr von der extremen Linken herkommt als von der anderen Seite. Die Neue Rechte – oder die alte Neue Rechte, angesichts dessen, dass sie seit über 40 Jahren existiert – bezieht sich eher auf traditionalistische antiliberale Positionen und tut sich ideologisch schwerer mit der Verbindung zur extremen Linken hin, obwohl es an Versuchen, wie wir gesehen haben, nicht mangelt.[305] Eine Reihe gesellschaftspolitischer Themen trennt nach wie vor viele aus beiden Lagern voneinander: Ehe, Familie, Geschlechterrollen, Ablehnung der Homosexualität bzw. ihrer rechtlichen Gleichstellung, auch das Verhältnis zur katholischen Kirche (sieht man einmal von Alain de Benoist ab), obwohl sich auch da Konvergenzen entwickeln, wenn zum Beispiel der erwähnte ehemals linksradikale Lucien Cerise den Euro-Maidan auch als »LGBT-Revolution« zu erklären weiß (Lesbian-Gay-Bisexual-Transsexual), hinter der »die Finanzwelt, die Medien, verschiedene supranationale Organisationen und… natürlich die USA« stecken.[306] Die unbestrittenen Gemeinsamkeiten bestehen jedoch in Antiglobalisierung, Anti-EU, Antikapitalismus, Antiliberalismus, wozu sich dann auf der pragmatischen Ebene Antiamerikanismus und – allerdings nicht unisono – Antiisraelismus hinzugesellen sowie last but not least die Orientierung auf Putin-Russland, das all dies verkörpert und all den Bedrohungen widersteht.

Leichter fiel es der Neuen Rechten zunächst, Anschluss an die ökologische Bewegung zu finden sowie an die in Frankreich und überhaupt in Südeuropa bedeutenden regionalistischen Bewegungen, was man in der deutschen Sprache gut unter dem Begriffspaar *Heimat und Natur* zusammenbringen kann, während es kurioserweise im Französischen kein echtes Äquivalent für *Heimat* gibt. Diese politischen Tendenzen neueren Datums greifen in vielen Aspekten ebenfalls Vorläufer aus den 1920er und 1930er Jahren auf und wurden, nach der These des Politologen Jean Jacob, entscheidend durch die 68er Revolte ermöglicht, in deren Erbschaft die links-rechte Verknüpfung angelegt sei: Die Präferierung der *Gemeinschaft* gegenüber der *Gesellschaft*, eine dialektische Ambivalenz zwischen der Rebellion des Individuums gegen alte und der freiwilligen Unterwerfung unter neue Autoritäten, und anderes mehr.[307] Doch dies beschreibt wiederum die links-rechte Synthese ausschließlich von der Linken her, von der Rechten her gibt es im Gegenteil eine fundamentale Ablehnung der 68er Kulturrevolution, die als ein Faktor für den Untergang Frankreichs und des Abendlandes verantwortlich gemacht wird. Andererseits war und ist in den regionalistischen Bewegungen auch ein originär rechtsextremes Element präsent, insofern die Autonomie einer ethnisch definierten Minderheit gegenüber einem repressiven und kolonisierenden Nationalstaat gefordert wurde, allen voran der Kampf gegen die Unterwerfung der Kelten in Großbritannien und Frankreich, die historisch mit der irischen Unabhängigkeitsbewegung tatsächlich ein antikolonialer Kampf in Europa war. Die Situation der Bretagne ist dagegen eine andere, auch wenn die Forderung nach dem Erhalt der historisch-kulturellen Identität (v.a. der bretonischen Sprache) oder nach regionaler Selbstverwaltung legitim und nicht inkompatibel mit der französischen Verfassung sind. Während sich jedoch in den 1970er Jahren viele europäische 68er und Nach-68er für die bretonische Autonomiebewegung begeisterten (der Alan-Stivell-Effekt), haben die wenigsten von ihnen verstanden, dass viele der bretonischen Freunde in kleinen Verlagen wieder national-rassistische Texte aus den 1930er Jahren verlegten und inzwischen gealterte Helden der bretonischen Bewegung hofierten, die während der deutschen Besatzungszeit mit den Nazis kollaborierten – und sei es nur propagandistisch.

Die dialektischen Beziehungen zwischen links- und rechtsextremen Ideologien und Parteien sind von Anfang an Teil ihrer Geschichte. Schon die Ende des 19. Jahrhunderts in den USA von Farmern im Mittleren Westen gegründete, aber aufgrund des Wahlrechts aussichtslose *People's Party* vereinte rechte und linke Ideologeme, worauf Heinrich August Winkler in der *Zeit* zur »Stunde der Vereinfacher« nach dem SYRIZA-Sieg vom Januar 2015 hinwies.[308] Hinzufügen muss man, und das kann hier nur kursorisch erfolgen, dass die meisten faschistischen Parteien, die Faschistische Partei Italiens und die NSDAP, sowie auch die kleinen faschistischen Parteien der 1930er Jahre in Frankreich, die dann in die Kollboration eintraten – die Partei von Marcel Déat, einem ehemaligen Sozialisten, und Jacques Doriot, einem ehemaligen Kommunisten –, allesamt von der Linken herkamen oder eine »rot-braune« Grundlage hatten. Mussolini war immerhin Chefredakteur des *Avanti*, des *Vorwärts* der italienischen Sozialisten gewesen, und die NSDAP, ursprünglich nur *Deutsche Arbeiterpartei*, bewahrte selbst noch in dem Zusatz *nationalsozialistisch* jene Ambivalenz, die Linken bis heute

Bauchschmerzen verursacht, weswegen sie lieber das NS-Wort vermeiden und wie Reinhard Kühnl vom »deutschen Faschismus« sprechen.

Dennoch gibt es keine Identität von rechts- und linksextremen Positionen, sondern nur eine gemeinsame Schnittmenge. Andere Themen bereiten heute den rechts-linken Einheitsversuchen noch Kopfzerbrechen, so der Antiislamismus und vor allem das Verhältnis zu Israel. Während die »rot-braunen« Radikalen, wie gezeigt, die israelisch-amerikanische Weltverschwörung zu ihrer Zielscheibe machen, will Marine Le Pen den Antisemitismus in ihrer Partei überwinden oder wenigstens zudecken. Dabei scheute sie auch keinen Konflikt mit ihrem Vater. So kam es wohl vor allem deswegen auch zum Bruch mit dem Chef von *Égalité et Réconciliation*, Alain Soral, der zusammen mit dem Comedian Dieudonné eine eigene Partei, *Réconciliation nationale*, gegründet hat, weil Soral und Dieudonné eingefleischte Antisemiten sind.[309] Es handelt sich dabei aber wohl nur um eine Symbolhandlung, denn eine echte Bedeutung kann diese Parteigründung nicht bekommen. Dieudonné, Sohn eines afrikanischen Vaters und einer französischen Mutter, wurde schon mehrfach wegen Antisemitismus verurteilt und bekam Auftrittverbote, unmittelbar nach den Anschlägen in Paris vom Januar 2015 trat er mit der Parole »Je suis Charlie Coulibaly« auf (in Anspielung auf Amédy Coulibaly, der das Attentat auf den jüdischen Supermarkt verübt hat). Soral wurde seinerseits mehrfach wegen antisemitischer Äußerungen verurteilt.[310] Er hatte den Verein *Égalité et Réconciliation* 2007 ursprünglich zur Unterstützung des Front National gegründet, den er allerdings 2009 verließ, vermutlich nachdem sich der Sieg von Marine Le Pen im innerparteilichen Machtkampf um die Nachfolge ihres Vaters im Parteivorsitz abzuzeichnen begann.[311] Dieudonné und Soral sind damals im Europawahlkampf für die 2009 gegründete Antizionistische Partei (*Parti Anti-Sioniste*) in den Ring gestiegen, die vom Iran finanziell unterstützt wurde, wie Soral sogar später zugab. Marine Le Pen dagegen erklärte 2011 gegenüber der israelischen Zeitung *Haaretz*, dass der Front National »immer schon pro-zionistisch war und immer das Existenzrecht Israels verteidigt hat«[312], eine Erklärung, die auf den rechtsextremen Seiten im Web Furore machte und Marine Le Pen den Vorwurf der »Unterwerfung unter die israelische Lobby« eingebracht hat. 2011 kritisierte Alain de Benoist, dass es im falsch verstandenen Anti-Islamismus »zu widernatürlichen Allianzen« komme, da »die islamophobe Rechte und extreme Rechte in Europa dabei sind, ein Werkzeug der israelischen Strategie zu werden.«[313] 2014 sorgte der »Geopolitiker« Aymeric Chauprade, damals Europaabgeordneter des FN, noch für die Verschärfung dieser Debatte, indem er auf seiner Website zum Thema

Islamismus ganz im Gegenteil erklärte: »Wenn er nicht obsessioneller Antisemit ist, kann einem französischen Patrioten nicht daran gelegen sein, gegen Israel und mit der pro-palästinensischen extremen Linken, dem Gesindel der Vororte und den Islamisten eine Allianz zu bilden, die gleichermaßen widernatürlich wie politisch eine Sackgasse ist. [...] Israel ist nicht der Feind Frankreichs, das ist der sunnitische islamische Fundamentalismus.«[314] Während Chauprade mit »Gesindel« (racaille) auf einen Kommentar des damaligen Innenministers Sarkozy zu den Banlieue-Unruhen 2005 verweist, kann man in »widernatürliche Allianz« eine Replik auf Alain de Benoist vermuten. In seiner Logik geht Chauprade dann sogar so weit, die Bedrohung der französischen Kultur durch eine immer größere muslimische Präsenz – eine Aussage, die ihm seinen Vorsitz in der FN-Gruppe im EU-Parlament kostete – auch mit dem »neuen Antisemitismus« in der muslimischen Communauté zu begründen: »Ein großer und bedeutender Teil der Bevölkerung französischer Nationalität arabisch-maghrebinischer und muslimischer Herkunft ist nicht nur antizionistisch, sondern sogar antisemitisch.«

Chauprade war ein anerkannter Experte für Geopolitik, der 2000 seinen Doktor mit Bravour an der Sorbonne erhielt, Mitarbeiter in einem wissenschaftlichen Verlag wurde und befristet Universitätsdozent an verschiedenen französischen und internationalen Hochschulen, darunter französische Militärschulen – ein Mann des wissenschaftlichen Establishments, dem nur noch eine ordentliche Professur fehlte. Dann begann er zunehmend seine politischen Ansichten mit der Wissenschaft zu vermischen. 2009 veröffentlichte er sein Buch *Chronique du choc des civilisations*, eine Art Fortschreibung von Huntingtons *Clash of civilisations*, aus dessen Thema er ein Naturgesetz der Weltgeschichte macht: Während Marx den Klassenkampf zum geschichtlichen Urgesetz erklärte und die Rassentheoretiker später den Rassenkampf, ist es für Chauprade der Kultur- oder Zivilisationskampf: »Wenn sich die Geschichte auch nicht auf den Zusammenprall der Kulturen reduziert, so steht doch der Zusammenprall der Kulturen im Mittelpunkt der Geschichte. [...] Der Kampf für die Kultur (Zivilisation) übertrumpft alle Kämpfe.«[315] Solchen geschichtsphilosophischen Thesen folgen weit mehr als nur rechtsorientierte Intellektuelle, zumal diese These an alte abendländische Ideologien anknüpft: Gab es den ersten »clash of civilizations« zwischen Europa und Asien nicht schon bei der Schlacht von Marathon zwischen Griechen und Persern? Oder zwischen Römern und Karthagern? Dazu kann Chauprade sogar Fernand Braudel zitieren.[316]

Doch die Anleihe an Huntington folgt nicht dessen US-zentrierter Perspektive auf Geschichte und Politik, ganz im Gegenteil verfolgt Chauprade eine explizit antiamerikanische Perspektive, indem er »das westliche System der Wahrheit«, die »westliche Erzählung der Geschichte« generell und vor allem in Bezug auf die Erklärung des 11. September 2001 in New York in Frage stellt. Denn gegenüber der offiziellen Darstellung gebe es eine andere, die sich immer weiter verbreite, nämlich die der amerikanischen Initiative *Reopen911*[317], hinter der sich Familien der Opfer sowie zu Hunderten namhafte Persönlichkeiten aus Militär, Politik, Industrie und Wissenschaft versammelt haben, und die übrigens in Frankeich eine Partnerseite gefunden hat, die das Thema weiterführt.[318] Während er im Text beide Versionen scheinbar gleichwertig nebeneinander stellt und die Formulierung in der Erstausgabe des Buches, dass die dissidente Hypothese zu 9/11 »zwangsläufig überzeugen muss«[319], in der Neuauflage gestrichen hat, gibt der Kontext des Buches und nicht zuletzt die Überschrift des Abschnitts, »Der 11. September, ein neuer Gründungsmythos im Zusammenprall der Kulturen«, gleichwohl an, wies es nach wie vor verstanden werden soll: Nämlich das Attentat als *inside job*, ausgeführt vom *deep state*, geheimen staatlichen Strukturen in Verbindung mit Pentagon, CIA, FBI, privaten militärischen Unternehmen und allgemein dem militärisch-industriellen Komplex, vermutlich unter der Leitung von zwei offiziellen Politikern, Vizepräsident Dick Cheney und Verteidigungsminister Donald Rumsfeld.[320] Es habe sich darum gehandelt, ein neues Pearl Harbor herbeizuführen, um der amerikanischen Regierung Legitimation und Handlungsfreiheit für einen neuen Krieg gegen Saddam Hussein zu verschaffen und die Kontrolle über das Erdöl im Irak zu bekommen.[321] Nach der Veröffentlichung des Buches 2009 und einer deftigen Kritik in der Zeitschrift *Le Point*, die auf das Skandalon hinwies, dass Chauprade damals französische Offiziere an der Militärschule in Geopolitik unterrichtete, wurde Chauprade mit sofortiger Wirkung dort entlassen. Seither werden Prozesse darum geführt, aus denen er bisher siegreich hervorgegangen ist.

Für Frankreich prognostizierte er auf seinem Video-Webblog, den er bezeichnenderweise *realpolitik.tv* nennt, in einem jener von Intellektuellen gerne fabrizierten programmatischen Statements, aber ohne Absprache mit seiner Parteivorsitzenden, eine rasche Islamisierung durch die Immigranten, »die Ersetzung seiner historischen Bevölkerung durch eine mehrheitlich afrikanische und muslimische Bevölkerung«, wie in anderen europäischen Ländern auch und wie in den USA die »WASP (White Anglo-Saxon Protestants) Bevölkerung auf dem Weg ist, zur Minderheit zu werden.«[322] Die Franzosen würden in einem mehrheitlich islamisierten Frankreich in eine Situation kommen wie die Juden heute, die ständigen Angriffen von muslimischer Seite ausgesetzt seien.

Während dies in der Führung des FN bereits als eine zu radikale Äußerung in der Öffentlichkeit bewertet wurde, legte Chauprade nach den Pariser Anschlägen vom Januar 2015 noch eins drauf, indem er Frankreich als »im Krieg mit Muslimen – nicht mit den Muslimen, aber mit Muslimen« bezeichnete, nämlich mit einer »5. Kolonne« aus fundamentalistisch eingestellten Muslimen, deren Zahl er »nach allgemeinen Schätzungen von Experten« auf 15–25 % aller Muslime bezifferte, also zwischen 900 000 und 1,25 Millionen in Frankreich.[323] »Der radikale Islam ist keine neue Ideologie. Er ist seit dem 7. Jahrhundert im Krieg gegen die anderen Kulturen, und das hat nie aufgehört.« Chauprade wurde daraufhin von Marine Le Pen seines Amtes als Vorsitzender der FN-Abgeordneten im EU-Parlament enthoben, da »der Kampf der Kulturen nicht ihre Linie« sei.[324] Am 9.11.2015 erklärte Chauprade seinen Austritt aus dem Front National, da er von Marine Le Pen »verraten« worden sei, außerdem verurteile er den Ausschluss ihres Vaters aus der Partei.[325] Ironie der Geschichte: Nur wenige Tage später, nach den Anschlägen vom 13.11.2015, sollte sich der offizielle politische Diskurs in Frankreich deutlich an die Kriegsrhetorik à la Chauprade und Zemmour annähern.

Während seiner Zeit im FN engagierte sich Chauprade intensiv für die Zusammenarbeit mit Russland.[326] Jenseits ideologischer Auseinandersetzungen im Detail ist die Orientierung auf Putins Russland ein gemeinsamer Nenner nicht nur von links- und rechtsextremen Ideologen, sondern auch von Populisten beider Lager im weiteren Sinne. 2014/2015 brachten die Medien zahlreiche Berichte über eine seit längerem existierende, aber sich intensivierende Beziehung der europäischen Rechtsextremen zu Russland: »Europas Ultra-Rechte im Schulterschluss mit Moskau«, »Moskaus rechtsradikale Internationale« usw. anlässlich eines Treffen rechtsradikaler neofaschistischer Parteien, aus Deutschland die NPD, aus Griechenland die »Goldene Morgenröte« zum Beispiel, die in Moskau am 22.3.2015 zu einem »Konservativen Forum« zusammenkamen.[327] Experten bilanzieren in der *taz*: »Von den 24 einflussreichsten Rechtsparteien bekennen sich 15 offen zu Russland und schließen einen gemeinsamen Weg unter Leitung Moskaus jenseits der EU nicht mehr aus. Sechs Parteien sind für russische Avancen offen, nur drei gehen auf Distanz. Sie haben territoriale Streitigkeiten mit Russland oder größere ethnische Minderheiten im eigenen Land.«[328]

Es blieb jedoch nicht bei den Ultra-Rechten, auch die gemäßigteren Populisten schlossen sich diesem Trend an.

Offiziell stattete die FN-Vorsitzende Marine Le Pen am 19.6.2013 einen Besuch in Moskau ab und traf dabei den Präsidenten der Duma. Im März darauf wurde der Front National gebeten, die russische Position im Krim-Konflikt zu unterstützen, was der bereits erwähnte »Geopolitiker« der Partei, Aymeric Chauprade, durch einen Besuch vor Ort und eine Botschaft über die *Stimme Russlands* sowie auf seiner eigenen Website tat, wo er die geopolitischen Interessen Russlands nach dem Zerfall der Sowjetunion gegen die imperialistischen Absichten des Westens und namentlich der USA verteidigte.[329] Ein anderer Putin-Sympathisant, Jean-Luc Schaffhauser, Mitglied des *Rassemblement bleu Marine* und EU-Abgeordneter, ging als Wahlbeobachter in die abtrünnigen ostukrainischen Gebiete. Schaffhauser soll dann auch einen russischen Kredit über 9 Millionen Euro für den Front National vermittelt haben.[330] Doch das war offenbar nicht der einzige, andere Kredite flossen von russischen Geldgebern über Umwege wie Zypern oder Luxemburg an die Partei oder auch an den EU-Abgeordneten Schaffhauser persönlich.[331] In Gang kam die Affäre durch russische Hacker, die die Verbindungen offenlegten, so hat die Parteiführung zugestanden, russische Kredite bekommen zu haben, weil sie von französischen Banken boykottiert werde.[332] Jean-Marie Le Pen hat darüber hinaus selbst zugegeben, zuvor schon 20 Millionen Euro von den Russen geliehen zu haben.[333] So stellen sich natürlich Fragen zu diesen »Krediten«: Waren es wirklich Kredite oder nicht vielmehr Subventionen (das Französische kennt einen schönen Begriff dafür: »crédit à fonds perdu« – wörtlich »Kredit mit verlorener Einlage«), und ging dies konform mit den Gesetzen zur Parteien- und Wahlkampffinanzierung? Doch unabhängig davon geht es um die Kontakte nach Russland im Kontext einer grundsätzlicheren politisch-ideologischen Allianz.

Die Verbindungen der Familie Le Pen nach Russland sind alt. Seit 1968 hatte Jean-Marie Le Pen Beziehungen zu Ilya Glazunov, dem Hofmaler des Regimes, der 1968 Frankreich besuchte und auch für Le Pen ein Porträt von ihm als Militär malte[334], das seither in Le Pens Haus hängt. Als offizieller Porträt- und Historienmaler fand der Künstler schon in den 1980er Jahren zum »ewigen Russland«, dem er anlässlich der Tausendjahrfeier der Christianisierung Russlands auch ein Gemälde »Ewiges Russland« widmete.[335] Schon in den 1960er Jahren schloss sich Glazunov nationalistischen Oppositionskreisen an, dann auch der 1985 gegründeten rechtsextremen und offen antisemitischen Pamjat-Bewegung. Später verbreitete Glazunov »sein manichäisch-konspirologisches Weltbild, wonach die Geschichte von einer geheimen satanischen Macht manipuliert werde, die sich bei ihrem Streben nach Weltherrschaft der zersetzenden Wirkung von Humanismus, Liberalismus und Demokratie bediene und planmäßig die Vernichtung Russlands sowie den ›Genozid am russischen Volk‹ betreibe.«[336] In den 1990er Jahren suchte Le Pen dann Kontakte zu dem russischen Rechtsradikalen Jirinovski, auch ein Ehemaliger der Nomenklatura, wie viele führende Neu-Rechte in Osteuropa. Die Beziehungen der Le Pens nach Russland fokussierten sich dann auf Putins offizielle und informelle Kreise.[337] Im Mai 2015 reiste Marine Le Pen zum wiederholten Mal nach Moskau, was diesmal auch geheim bleiben sollte, allerdings nicht geblieben ist.[338] 2014, vor der Aufdeckung der Kredite, waren die Verbindungen nach Moskau weniger diskret: Mehrfach sprach Marine Le Pen im russischen Internet-Auslands-TV *La Voix de la Russie* (*Die Stimme Russlands*, seit 2015 *Sputnik News*) und drückte dort ihre Bewunderung für Putin aus, der »einer großen Nation, die Erniedrigungen und Verfolgungen erlebt hatte, den Stolz und die Lebensfreude wiedergegeben hat.«[339] Mit dem Heranrücken des französischen Wahlkampfs musste Marine Le Pen ihre Russlandreisen nicht mehr geheim halten und konnte schließlich sogar Vladimir Putin ganz offiziell treffen. Sie verurteilte die Sanktionen der EU gegen Russland und Putin erklärte, natürlich ohne sich in den französischen Präsidentschaftswahlkampf einmischen zu wollen, wie er sagte, dass Marine Le Pen ein »politisches Gespenst in Europa repräsentiert, das schnell wächst.«[340] Ein Gespenst geht um in Europa …

Am ersten Juni-Wochenende 2014 hatte der russische Multi-Geschäftsmann, Oligarch, Putin-Vertraute und Netzwerker Konstantin Malofejew in Wien ebenfalls ein internationales Treffen rechter Parteien zur Beförderung der eurasischen Idee organisiert, das damals auch noch diskret vonstattengehen sollte, aber dennoch über den Zürcher *Tagesanzeiger* publik wurde.[341] Anlass war der Zweihundertjahrestag der Gründung der *Heiligen Allianz* auf dem Wiener Kongress. Zugegen waren Vertreter einer ziemlichen Bandbreite der europäischen Rechten, darunter FPÖ-Chef Strache sowie Aymeric Chauprade und Marion Maréchal-Le Pen für den Front National.

Malofejew träumt von einem neurussischen Zarenreich und betrachtet Putin als »von Gott gesandt«, nachdem »in den Neunziger Jahren unter Jelzin unsere nationalen Interessen verraten wurden«, wie er in einem seltenen Interview mit dem westlichen Fernsehen *(Frontal 21)* erklärte. »Als er [Putin] an die Macht kam, sahen wir das als göttliche Fügung und sind Gott bis heute dafür dankbar.« Alexander Gauland ließ sich von Malofejew im Oktober 2015 zu einer Veranstaltung nach Moskau einladen, um sich zu informieren, wer in Russland regiert, wie er *Frontal 21* gegenüber erklärte. So distanziert gegenüber Gauland war Malofejew dann nicht, er schätze ihn außerordentlich und in den Positionen der AfD erkenne er die »Wiedergeburt Deutschlands.«[342] Auch die Jugendorganisation der AfD, die *Junge Alternative*, hält enge Kontakte zu kremlnahen russischen Kreisen, ihr Vorsitzender Markus Frohnmaier besuchte die Krim und die separatistische Ostukraine. Die Berichterstattung über diese Beziehungen sind in den deutschen Medien inzwischen recht umfangreich und gipfeln in dem gewiss polemischen Titel der *Süddeutschen:* »Die AfD will mit Russland an die Macht«, Fortsetzung eines Einstiegs in die Thematik am Tage zuvor unter dem Titel »Die Achse der Vaterländer«[343] – ein Motto, das Gauland wohl auch unterschreiben würde. Und mehr noch: Gauland sieht die deutsch-russischen Beziehungen in einer weitreichenden geopolitischen Perspektive, Deutschland müsse eine Außenpolitik betreiben wie vor 1914, wie unter Bismarck mit einem Rückversicherungsvertrag mit Russland.[344] Insgesamt unterhält die AfD-Führung intensive Beziehungen nach Russland, Frauke Petry traf dabei in Moskau auch den antisemitischen Rechtsextremen Vladimir Jirinowski im Rahmen eines Besuchs bei Duma-Präsident Wolodin, der als die offizielle Adresse für solche Westkontakte fungiert.[345]

Mit von der Partie, persönlich oder im Geiste, bei all diesen Treffen ist von russischer Seite auch der Ideologe Alexander Dugin, geopolitischer Vordenker »Eurasiens« und einer antiwestlichen, das heißt antiuniversalistischen und antidemokratischen Politik: »Im Westen stehen die Menschenrechte über denen des Kollektivs, in der islamischen Welt steht die Religion höher als das Recht des Einzelnen, in Russland sind es die Rechte der Gemeinschaft, kollektive Rechte«, erklärte er 2014 in einem *Spiegel*-Interview[346], das orthodoxe Russland stehe in einem Kulturkampf gegen den »rassistischen Westen«, der seine Kultur allen anderen aufzwingen wolle. Für sein Eurasienkonzept beruft er sich auf den Vordenker des Panslawismus im 19. Jahrhundert, Nikolai Danilewski. Sein aggressiver Nationalismus mit dem Aufruf zur Annexion »Neu-Russlands« (d.h. der Ostukraine) störte jedoch das Establishment, so dass Dugin 2014 von der Moskauer Staatsuniversität verwiesen wurde. Auch hatte er zuvor schon Putins Zögern kritisiert, dass er damals nur in Süd-Ossetien einmarschiert ist, und »die Truppen nicht bis nach Tiflis vorstoßen und eine prorussische Regierung einsetzen ließ«, wie Walter Laqueur berichtet. Dugin kritisiert Putin für sein außenpolitisches Zaudern, erklärt ihn aber zum absoluten Staatsführer: »Es gibt keine Kritiker des Putinschen Kurses mehr. Und wenn es sie gibt, dann sind das psychisch Kranke, und man muss sie ärztlicher Überwachung übergeben. Putin ist alles, Putin ist unersetzbar«, so im *Spiegel*-Interview. Treffend vergleicht daher Laqueur das Verhältnis zwischen Dugin und Putin bis zum Rauswurf aus der Universität mit dem von Rosenberg und Hitler, der Rosenbergs Buch auch nie gelesen hatte und ihn soweit schätzte, wie er als Ideologe politisch der Partei nützen konnte, ohne ihm deswegen einen politischen Rang zuzumessen.[347]

Somit darf Dugin nicht einfach als ein Agent Putins gesehen werden, sondern vielmehr als ein eigenständiger rechtsextremer Ideologe, der sich politisch mit dem Regime Putins arrangiert hat, nachdem er zuvor verschiedenen erfolglosen rechtsextremen Parteien angehört hatte. Zwei Marksteine prägten ihn und politisch Gleichgesinnte: Der Zerfall der Sowjetunion – man wollte den Untergang der KP, aber nicht den Zerfall der Union[348] –, der Kampf gegen Präsident Jelzins liberale Politik und der Versuch von Kräften aus der Duma unter deren Vizepräsident Alexander Rutskoy, Jelzin im September 1993 zu stürzen, woran sich Dugin beteiligte, damals Co-Vorsitzender der von dem Ex-Dissidenten Edward Limonov 1992 gegründeten *Nationalbolschewistischen Partei*. In ihrem Programm von 1994 kam eine »rot-braune« Ideologie in archaischer Form zum Ausdruck, da man sich explizit auf eine Synthese von Nationalsozialismus und Kommunismus berief. Dugins Handschrift kam wohl in der eurasischen Dimension eines Imperiums von Wladiwostok bis Gibraltar zum Ausdruck. Für den vorliegenden Zusammenhang ist interessant, dass Limonov ab 1982 in Paris lebte und sich dort selbst politisch zwischen extremer Linken und Rechten engagierte sowie Kontakte zu französischen Intellektuellen auf der »rot-braunen« Linie knüpfte, die er damals entwickelte.

Dugins Eurasia-Bewegung hat in den 1990er Jahren den Ultranationalisten Jirinovski beeinflusst, dessen Partei in jenen Jahren lange das geopolitische Komitee des Parlaments dominierte.[349] In seinem Manifest *Eurasien über alles* erklärte Dugin 2001 in einer Art Erfolgsbilanz vollmundig: »Der Neoeurasianismus legte die Grundlagen der heutigen russischen Geopolitik, erwarb sich ein mächtiges personelles Potential von Anhängern in Staatsstrukturen, Machtministerien und Ämtern (welche ernstzunehmende internationale, militärische und ökonomische operative Projekte auf die eurasische Geopolitik stützten).« Auch wenn darin noch einiges Wunschdenken integriert war, so wird doch Dugins Buch *Grundlagen der Geopolitik* »seit 1998 als Lehrbuch für die Ausbildung russischen Offiziere an der Generalstabsakademie verwendet.«[350] Dugins Visionen gehen jedoch über die imperiale Restauration weit hinaus, es ist der Versuch, ideologisch »das Dritte Rom, das Dritte Reich und die Dritte Internationale in einer Revolte gegen die Moderne zu verbinden.«[351] Allerdings sind die rechten Zirkel gespalten darüber, ob der Islam als traditionelle Religion im Sinne der politisch-philosophischen Mystiker der Zwischenkriegszeit, Julius Evola und René Guénon, in dieses Eurasienkonzept und in den Kampf gegen die Moderne einbezogen werden müsse, oder ob es nicht doch eher um die Rettung eines »borealen Europa«, eines nördlichen Europa, der »weißen Welt« (mit anderen Worten: der »weißen Rasse«) gehen müsse, wie Jean-Marie Le Pen vor kurzem in einem Interview für die faschistisch-revisionistische Zeitschrift *Rivarol* anklingen ließ, und die für ihn »von den Highlands bis nach Sibirien« geht.[352] Es ist offensichtlich, dass sich in solchen Fantasien die geopolitische und die rassen- oder kulturideologische Orientierung gegenüberstehen. Dugins Weg von einem vom Nationalsozialismus begeisterten Jugendlichen zum Berater des Duma-Präsidenten und Professor an der Lomonossow-Universität in Moskau zeichnet Walter Laqueur prägnant nach.[353] Eine wesentliche Quelle der Inspiration Dugins sind nicht nur russische Philosophen und geopolitische Denker früherer Zeiten, sondern auch mystisch-rechte Philosophen aus dem Westen wie Evola oder Guénon, sowie Jean-François Thiriart, ein belgischer Faschist, der die Brücke zwischen dem Faschismus von damals und der Neuen Rechten später schlug, und eben Vordenker der Neuen Rechten wie Alain de Benoist.[354]

Russische Eurasienutopien waren und sind letztlich russisch-imperialistische Utopien und brachten die nationalistischen Eurasientheoretiker in der Sowjetzeit immerhin dazu, trotz ihrer anderen Gesellschaftsvorstellung die Sowjetunion als Fortsetzung der russischen Expansionsidee zu befürworten. So erscheinen diese Ideen nicht unbedingt kompatibel mit den nationalistischen Vorstellungen der extremen Rechten in Westeuropa. Was zieht letztere trotzdem zu Putins Russland hin? Es ist der Kampf gegen die Moderne, die westliche Welt, die USA und ihren vermeintlichen Imperialismus in Europa und der Welt. Russland bleibt das letzte Bollwerk dagegen, Vorbild eines national-autoritären Staates, der sich dem amerikanischen Imperialismus auf mehreren Ebenen entgegenstellt, von der politischen bis zur geistig-kulturellen. Der Faktor »Drittes Rom« (die Orthodoxie) meint Widerstand gegen die Aufklärung, »Drittes Reich« Widerstand gegen Liberalismus und Demokratie und »Dritte Internationale« Widerstand gegen den westlichen Imperialismus. Dugin verbindet geopolitisches Denken im Sinne der deutschen Geopolitik von Haushofer mit dem russischen Panslawismus und einem »okkult-rassistischen Diskurs über die nationale Sendung Russlands.«[355]

Über dieses enge ideologische Korsett hinweg ist Putin zur Galionsfigur einer antiwestlichen Politik geworden, die weite Kreise zieht, schreibt Heinrich August Winkler: »Die Lobby, über die Putin inzwischen in Europa verfügt, ist ein buntscheckiges Gebilde. Zur Gemeinde der Putinfreunde gehört eine altmarxistische Linke, die in Russland immer noch das Mutterland der proletarischen Revolution und den Gegenpol zum amerikanisch dominierten internationalen Finanzkapitalismus sieht. Sie tut das, obwohl Putin längst dabei ist, eine reaktionäre Internationale aufzubauen, zu deren Wesenszügen Homophobie, Antifeminismus, Autoritarismus und Antiliberalismus gehören. Diese Stoßrichtung des Putinismus macht den russischen Präsidenten zu einem Idol erzkonservativer Politiker, vom brandenburgischen AfD-Vorsitzenden Alexander Gauland bis zum ungarischen Ministerpräsidenten Viktor Orbán.«[356] Auch der Chef des rechtsradikalen Koalitionspartners von SYRIZA, Kammenos, wie auch der linke griechische Außenminister, Nikos Kotzias, verfolgten vor noch nicht allzu langer Zeit weitergehende Interessen, so war Alexander Dugin schon »im April 2013 zu Gast in Piräus und sprach zu vierzig Studenten von Professor Kotzias. Dugin warb für ein ›byzantinisch-orthodoxes Europa‹ und warnte: Im bestehenden ›liberalen, proamerikanischen Europa‹ werde die wahre Identität der Griechen unterdrückt.«[357]

So wie die »rot-braune Internationale« facettenreich und in sich nicht konfliktfrei ist, so ist auch das Thema Eurasien vielschichtig: Es reicht (1.) von dem Versuch einer neuen Allianz von Staaten aus der Konkursmasse der Sowjetunion und der GUS mit der Politik einer offensiven Einflussnahme nach Westen als Gegenreaktion auf die Ausdehnung von EU und NATO, zum Beispiel auf den Balkan via Energieversorgung (Gas), über (2.) eine subversive Politik der Destabilisierung der EU von innen heraus mittels der populistischen und extremen Rechten (auch durch Geld, zum Beispiel an den Front National), bis (3.) zu einem radikalen, messianisch inspirierten, neofaschistischen Projekt des Kampfes gegen den Westen, dessen Ziel nichts weniger eine neue gesellschaftliche Revolution ist, die nicht ohne Krieg herbeizuführen wäre. Zwischen diesen Ebenen zu trennen, »zwischen den legitimen Anliegen des russischen Patriotismus und den pathologischen Phantasien der extremen Rechten zu unterscheiden«, fällt indes schwer, wie Walter Laqueur[358] in seinem neuen Buch über den *Putinismus* im Rückblick auf seine Prophezeiung von vor zwanzig Jahren über den Aufstieg der extremen Rechten in Russland schreibt. Als legitimes Anliegen verstand er damals

– von Putin war noch keine Rede – den wirtschaftlichen und politischen Aufstieg Russlands nach dem Vorbild der Bundesrepublik nach dem Zweiten Weltkrieg. Inzwischen geht es jedoch um viel mehr.

Außenpolitisch befindet sich der Westen (EU/NATO) in einer weitaus schwierigeren Situation als Großbritannien und Frankreich gegenüber Hitler-Deutschland – ein mehrfach gezogener, aber falscher Vergleich –, denn der Westen hat keine Optionen zwischen Appeasement und Kriegsdrohung, zwischen denen man damals bekanntlich zu lange die falsche wählte, denn ein Krieg ist vollkommen unvorstellbar, was Putin auch mit der nun reaktualisierten atomaren Drohung deutlich macht. Vielmehr vollzieht sich eine Rückkehr zu den Anfängen des Kalten Krieges, trotz aller Unterschiede im politischen Kontext, insofern, als eine neue *Containment*-Politik gefragt ist. Das Containment damals basierte jedoch auf der Abschreckungspolitik seitens des Westens, auch der atomaren, für die im Augenblick keine gesellschaftliche und politische Akzeptanz vorhanden scheint. So setzt man auf die Wirkung der Wirtschaftssanktionen und hofft, dass eine Erschütterung der russischen Wirtschaft zu politischen Zugeständnissen führt. Inzwischen hat Russland fast über Nacht nicht nur seine Grenze nach Westen verschoben, sondern auch weit darüber hinaus seine weltpolitische Rolle durch die Intervention in Syrien zurückgewonnen und die ermüdete Großmacht USA der Welt vorgeführt. Obamas Spruch von Russland als einer »mittleren« oder »regionalen Macht«[359] war nicht nur ein kapitaler diplomatisch-strategischer Fehler, er ist auch schlichtweg falsch. Dahinter steht letztlich – noch 2015! – eine völlig falsche Bilanz des Untergangs der Sowjetunion und seiner Konsequenzen.

Putin seinerseits braucht nur den weiteren inneren Verfall der Europäischen Union abzuwarten, der bedingt ist (1.) durch den wachsenden Einfluss der EU-Gegner, der sich nicht auf ihre 30%-Repräsentanz im Europaparlament reduzieren lässt; (2.) durch die Rechtsentwicklung in weiteren Mitgliedstaaten auf Regierungsebene, jüngst in Polen; (3.) durch das Ausscheiden Großbritanniens und seine Rückwirkungen auf die EU; (4.) durch die weiteren großen Herausforderungen wie die Flüchtlingskrise und die noch nicht gelöste Finanzkrise.

Die neue Völkerwanderung

»Sie können England nicht verstehen, solange Sie nur die Insel kennen. Und nicht unseren Kontinent, solange Sie nicht mindestens einmal über ihn hinausgekommen sind.«
Walther Rathenau an Stefan Zweig [um 1920][360]

Der Vergleich der dramatischen, Millionen Menschen in Bewegung setzenden Flüchtlings- oder Emigrationsbewegung mit der Völkerwanderung des 4. bis 5. Jahrhunderts hat einiges für sich. Im Herbst 2015 erreichte sie ihren vorläufigen Höhepunkt, und dass dieser Drang aus dem Süden auf die »Festung Europa« wieder von sich aus nachlassen könnte, mag man hoffen, aber wohl kaum wirklich erwarten. Auch damals entstand die Völkerwanderung aus der Mischung zweier Faktoren: 1. klimatische Veränderungen, die ökologische, ökonomische und demographische Folgen nach sich zogen, sowie 2. Krieg, nämlich durch den Einfall der Hunnen in Osteuropa.

Offenbar verschlechterte sich in Nordeuropa das Klima, auch wenn noch nicht klar ist, warum. Zum Höhepunkt der Völkerwanderung im 5. Jahrhundert wurden davon auch die nördlichen, also mitteleuropäischen Gebiete des Römischen Reiches erfasst: Aus der Vita des Heiligen Severin (gest. 482) wissen wir zum Beispiel, dass die Donau in der Provinz Noricum (heutiges Österreich) im Winter oft so fest zugefroren war, dass man sie mit Fuhrwerken überqueren konnte.[361] Bis ins 4. Jahrhundert hinein erlebte jedoch das Römische Reich eher ein Klimaoptimum, während in Nordeuropa schon die Durchschnittstemperatur nachweislich sank[362] Der Temperaturrückgang hatte unmittelbare Folgen für die Landwirtschaft, die damals in Skandinavien an der Grenze der Kulturzone so fragil war wie heute in Afrika, im ersten Fall wegen der Kälte, im zweiten wegen der Hitze. Die Ackerbaugrenze verschob sich nach Süden, auch im südlichen Skandinavien und Ostseeraum verknappte sich die Ernährungsgrundlage für die Zahl der dort lebenden Menschen. Immer größere Gruppen machten sich auf die Wanderschaft nach Süden, stießen auf andere Völker, Konflikte entstanden, Eroberungen, Vertreibungen. Aus Asien kamen die Hunnen nach Osteuropa, auch sie auf der Wanderschaft, vermutlich aus dem Gebiet der heutigen Mongolei, wo die Chinesen die erste Große Mauer gegen sie oder andere Nomaden errichteten, die mit dem Namen *Xiongnu* in den Geschichtsbüchern auftauchen. Das war der Ursprung der großen chinesischen Mauer, die ein permanentes Problem der chinesischen Geschichte quasi materialisierte: die Abwehr von Eindringlingen aus dem Norden.

Die Hunnen wurden somit zuerst zum Schrecken Chinas und dann zum Schrecken Europas und dort zur Matrix für die Bedrohung aus dem Osten, zumal andere »Barbaren« nachfolgten: Awaren, Ungarn (die dann allerdings integriert wurden), Mongolen (»Tartaren«), Türken, und im 20. Jahrhundert wurden dann noch die Russen in diese Matrix des »asiatischen Barbaren« eingeordnet. Die Hunnen gehörten zu den Turkvölkern, die, wie schon vor ihnen das Urvolk der Indoeuropäer, aus den Weiten Zentralasiens über die nördliche Route ins Schwarzmeergebiet und weiter nach Westen vordrangen, die Türken im Mittelalter dagegen über die südliche Route nach Anatolien und von dort aus nach Europa. In Osteuropa vernichteten die Hunnen die frühen Reiche der Goten und drängten diese und andere Völker vor sich her an die Grenze des Römischen Reiches. Die schon in Gang gekommene Völkerwanderung verstärkte sich dadurch drastisch. Über die ganze Länge des Limes vom Rhein bis zur Donau drangen die »Barbaren« auf römisches Gebiet vor.

Die reaktivierbare Urangst der Europäer vor der Invasion aus dem Osten machte sich unter anderem schon 2001 die *F.A.Z.* zunutze, als sie zum Thema Osterweiterung der EU rhetorisch fragte: »Droht eine neue Völkerwanderung?« und unter dem Titel ein provokatives Foto von grimmig dreinschauenden asiatischen Reitern platzierte. »Deutschland wankt. Wie schon etliche Male in seiner Geschichte droht Ungemach aus dem Osten. Arbeitssuchende Horden aus mittelost- und osteuropäischen Staaten machen den Deutschen ihren Platz an der Sonne im westeuropäischen Wohlstandsparadies streitig. Das sagt angeblich eine Studie vom Bonner Forschungsinstitut zur Zukunft der Arbeit (IZA) voraus.«[363] Vermutlich sollte diese Einleitung ironisch gemeint sein, weil anschließend dann über widersprüchliche Zahlenschätzungen berichtet wird, doch man kann sich fragen, inwiefern dabei die Ironie wirklich vermittelt wird oder nicht eher das Gegenteil.

Die Ost-West-Migration in der EU ist die Folge der Beitrittspolitik nach dem Fall des Eisernen Vorhangs, die sich keine größeren Sorgen um die Konsequenzen dieses politisch als notwendig erachteten Schrittes zur Öffnung machte. »Das ganze Deutschland soll es sein«, hieß es in einem patriotischen Gedicht von Ernst Moritz Arndt bereits 1813 (*Des Deutschen Vaterland*), als die Deutschen einen Nationalstaat herbeisehnten, »das ganze Europa soll es sein« war der Gedanke analog nach dem Ende der Teilung Europas. Ein politisches Management dieses gigantischen Transformationsprozess blieb rudimentär. Etwas mehr als ein Jahrzehnt später werden die innereuropäischen Migranten aus dem Osten als ein Problem wahrgenommen, in Großbritannien eines der großen Themen, das UKIP stark machte, die Konservativen beeinflusste und am Ende den Brexit entschied. Die Migration aus dem europäischen Osten erscheint jedoch inzwischen harmlos gegenüber der aus dem Süden kommenden. Auch hier gibt es historische und von der extremen Rechten ideologisch vereinnahmte Anknüpfungspunkte, nämlich zur angeblich durch die Schlacht bei Poitiers verhinderten Eroberung Europas durch die Araber im Jahre 732.

Eine direkte, aber wenig beachtete Parallele zur Völkerwanderung in der Spätantike ist gewiss die Klimaveränderung. Das innere Afrika unterliegt heute einem ständig voranschreitenden Desertifikationsprozess, der von europäischen Wissenschaftlern seit Jahrzehnten so akribisch untersucht wird, wie er von der Politik ignoriert wird. Viele Faktoren spielen dabei eine Rolle, natürliche und menschengemachte, auch von Afrikanern selbst begangene Fehler, aber um eine Schuldzuweisung und Ursachenforschung geht es hier nicht, sondern um die Konsequenzen. Schon 2007 prognostizierte man: »Der Klimawandel wird [...] alles übertreffen, was Afrikas Bauern in ihren Überlebensstrategien bisher abverlangt war. Zu rechnen ist mit einem erheblichen Rückgang der landwirtschaftlichen Erträge. [...] Der IPCC schätzt, dass in einigen Ländern der Produktionsrückgang schon bis zum Jahr 2020 mehr als die Hälfte betragen [...] wird.«[364] Allein das in Worten kaum fassbare Verschwinden des Tschadsees, ursprünglich nur das größte von mehreren großen Wasserreservoirs der Sahel-Zone, sollte einen Eindruck davon vermitteln, was im Inneren Nordafrikas vor sich geht.[365]

Der Versuch, die Immigranten von jenseits des Mittelmeers in Kategorien einzuteilen – Asylsuchender oder Wirtschaftsflüchtling –, ist müßig. Auch wenn nicht überall Krieg herrscht wie in Syrien oder Libyen, so gibt es in dieser Region auf der anderen Seite des Mittelmeers fast keinen Staat, im dem Verhältnisse herrschen, die einen Asyl- oder Fluchtgrund per se ausschließen. In verschiedenen Regionen Afrikas sind Sklaverei von Kindern, Zwangsprostitution von Frauen und Menschenrechtsverletzungen an der Tagesordnung – Gründe, die Heimat zu verlassen, wenn man dies kann, gibt es genug. Doch sind es natürlich nicht die Ärmsten, die sich auf den Weg machen können, sondern überwiegend diejenigen, die historisch immer schon die kritische Masse entweder für Revolten oder für die Auswanderung – und manchmal eines nach dem anderen – darstellten: jene Schicht, die sich zwischen der erhofften sicheren Existenz und der Selbstaufgabe befindet, jene Menschen, die noch genügend Energie und Mut haben, ihr Leben aufs Spiel zu setzen in der Hoffnung, ein neues zu finden.

Seit der Dekolonisierung um 1960 haben die alten Kolonialmächte und überhaupt die europäischen Staaten Afrika mehr oder weniger links liegen lassen. Gewiss, es gab den einen oder anderen Konflikt, in den man mehr oder weniger involviert war oder den man zumindest wahrgenommen und dabei humanitäre Hilfe geleistet hat. Nebenbei haben sich internationale Unternehmen die von ihnen begehrten Rohstoffe gesichert, was zum Teil auch mit Konflikten verbunden war, aber insgesamt hat sich Europa um Afrika nicht gekümmert, denn anders als Asien war dies kein Kontinent, dessen wirtschaftliche Entwicklung entweder Chancen bot oder eine Bedrohung darstellte – oder beides zugleich, wie in Asien. Die Bedrohung, die sich heute durch die Völkerwanderung ergibt, hat die Politik jedenfalls nicht vorausgesehen.

Die EU stand auch der Herausforderung durch den Islamismus in Afrika, der sich jetzt immer mehr unter dem Etikett »Islamischer Staat« präsentiert, zunächst unentschlossen gegenüber. Erst die singuläre Entscheidung Frankreichs, militärisch in Mali einzugreifen, hat den islamistischen Terror, der sich von Norden aus über das Land ausgebreitet hatte, beendet und die islamistischen Milizen zumindest zurück in die Wüstenregionen getrieben. Ähnliches gilt für Boko Haram in Nigeria. Die »westliche Welt« hält sich weitgehend heraus und vertraut auf die Bekämpfung von Boko Haram durch die afrikanischen Staaten, unterstützt durch US-Drohnenangriffe, die zwar für lokale Erfolge helfen, aber keine militärische Wende bewirken können. »Nur mit Waffen wird sich die Sekte nicht besiegen lassen«, kommentiert Wolfgang Bauer seinen Bericht mit den Interviews befreiter Frauen im *Zeit Magazin*[366] – aber ohne Waffen auch nicht, muss man ihm entgegnen, ohne die militärische Gegenoffensive wären die Frauen nicht befreit worden, die ihm von dem Schrecklichen erzählen konnten, das sie erlebt haben. Der Westen schaut sich die Bilder im Fernsehen an, liest die Nachrichten, deren Stellenwert immer geringer wird, während ihre Bedrohlichkeit wächst.

Ähnliches galt auch lange, viel zu lange, für die nächsten Schauplätze: Syrien, Irak. Auch gegenüber Syrien hat sich die »westliche Staatengemeinschaft« lange durch Nichtstun ausgezeichnet. Der UN-Sicherheitsrat wurde von Russland blockiert wie in den besten Zeiten des Kalten Krieges, und während sich etliche Staaten mit Geld und Waffen einmischten und dabei ihre eigenen Interessen verfolgten, hielten sich

EU und NATO zurück, der demokratischen Opposition gegen den Diktator Assad zu helfen, bis die Pariser Anschläge vom 13. November 2015 ein weiteres Wegschauen unmöglich machten. Doch geht es jetzt gegen einen anderen Gegner Assads, der auch unser Gegner ist, den IS, und nachdem sich jetzt alle dort engagieren, auch die Türkei und Russland, verfolgen nach wie vor alle Beteiligten ihre eigenen Interessen. Bekämpft werden die Gegner Assads und Assads Regime wird damit gerettet.

Während die europäische Politik in Zeiten des Kolonialismus Weltpolitik im Sinne von Weltbeherrschungspolitik betrieb und in der postkolonialen Ära zumindest noch Einfluss behalten wollte, so ist ihr die »Dritte Welt« inzwischen zum Feind geworden, gegen den man sich nur noch abschotten kann, glaubte man jedenfalls lange Zeit. Unter dem Eindruck des ersten amerikanischen Irak-Krieges schrieb Jean-Christophe Ruffin 1991 sein Buch *Das Reich und die neuen Barbaren*[367], in dem er den weltpolitischen Paradigmenwechsel vom Ost-West- zum Nord-Süd-Konflikt analysiert. Er vergleicht die Situation mit jener Roms nach dem Sieg über Karthago, als ein ebenbürtiger zivilisierter Gegner nach langem Kampf geschlagen wurde – Parallele: Untergang des Sowjetsystems. Nun entstand die Idee des Imperiums, also einer Zivilisation, die nur noch von Barbaren umgeben und auch von ihnen bedroht ist, was weitere Eroberungen rechtfertigte, aber diesmal mit zivilisatorischem Anspruch und der verteidigenden Rechtfertigung durch eine Friedensbotschaft (Pax Romana), wie sie par excellence in Augustus' Tatenbericht im *Monumentum Ancyranum* zum Ausdruck kommt, einer heute in Ankara stehenden Tafel, die auf Griechisch und Lateinisch verfasst wurde.

Die im Imperium Romanum zusammengefasste zivilisierte Welt konnte nicht ohne Bedrohung existieren, so wurden ihre Grenzen, die zum Teil aus natürlichen Grenzen wie Donau und Rhein bestanden, durch eine künstliche Grenze ergänzt: den Limes. Im weiteren Sinne kann man die gesamte Landgrenze des Imperium als Limes betrachten (das Wort bedeutet ja auch »Grenze«), denn auch die natürlichen Grenzen der Flüsse waren durch Kastelle mit Garnisonen verstärkt. Diese Grenze hielt jedoch nur solange, könnte man in einem Wortspiel sagen, wie sich der Ansturm darauf in Grenzen hielt. Heute gibt es einen neuen »Limes«, die Außengrenzen der EU, die wie seinerzeit der Limes wie eine Festung bewacht werden und zum Begriff »Festung Europa« geführt haben, als die Asylpolitik verschärft wurde (Dubliner Abkommen 1990/97). Was als Kritik an der europäischen Politik gemeint war, wird inzwischen sogar schon affirmativ übernommen: »Europa ist eine Festung – und muss das auch bleiben«, titelte die *Welt* am 18.5.2015.[368]

Über den neuen Limes schrieb Ruffin 1991, dass die Abgrenzung der »Zivilisation des Nordens« durch eine »gewaltsame Preisgabe des Südens« erfolgt, der »im Stich gelassen« wird, indem man auf »malthusianische Katastrophen« gegen die Bevölkerungsvermehrung vertraut. Ansonsten reagiert man auf Herausforderungen ökonomisch, politisch und militärisch durch »eine differenzierte Behandlung je nach der Lokalisierung des Konflikts: direkt am Limes angesiedelte Konflikte lösen eine massive Intervention des Nordens aus. Die übrigen liefern der gleichgültigen Öffentlichkeit das kostenlose Schauspiel von Gemetzeln, bei denen nichts auf dem Spiel steht. Die Ideologie des Limes markiert somit ein gewaltiges Schrumpfen der geschichtlich belangvollen Gebiete.«[369]

Mit dem heutigen Abstand kann man feststellen, dass inzwischen etliches von dieser beschriebenen Strategie der Abwehr zwangsläufig aufgegeben wurde und der Limes auch nicht mehr hält. Limesnahe Interventionen wie die der USA zweimal im Irak sind inzwischen in dieser Form schon passé (ganz unabhängig davon, wie man sie beurteilen mag), und die Bekämpfung des sogenannten »Islamischen Staates« aus der Luft war erst lange seit dem Beginn der Interventionen eher ein *containment* denn eine Bekämpfung mit dem Ziel der Besiegung, erst seit der russischen Intervention gibt es auch einen *rollback* mit den bekannten Folgen, auf die wir hier nicht weiter einzugehen brauchen.

In Libyen hat der Sturz Gaddhafis ebenfalls ein Chaos hinterlassen, aus dem sich die Europäer zurückgezogen haben und in dessen politisches Vakuum die Islamisten nachgerückt sind. Über Libyen verläuft auch die Hauptroute der Flüchtlingsströme von Süden her, womit sich hier beide Themen miteinander verbinden. Die rückblickende Kritik des ehemaligen US-Außenministers Colin Powell an der amerikanischen Politik im Irak mit dem berühmt gewordenen Spruch »You break it, you own it« – »Wenn du's kaputt machst, gehört es dir (= musst du es bezahlen)«[370] gilt auch für die Europäer und Libyen.

Wenn es eine Ermüdung der Demokratie in der Außenpolitik gibt, dann zeigt sie sich hier wie nirgendwo sonst. Die »Arabellion«, ein in den Medien und in der politischen Öffentlichkeit bejubelter Aufbruch der arabischen Völker für Freiheit und Demokratie, ist nicht nur in sich zusammengebrochen, sondern hat unterm Strich Schlimmeres produziert, als es vorher gab. Die einzige Ausnahme bleibt das Land, in dem der arabische Frühling begonnen hatte, Tunesien, doch auch dort versucht der Terrorismus weiterhin, dies zu torpedieren. Wenn der

Tourismus Tunesiens aufgrund der Anschläge zusammenbrechen sollte, ist das Land wirtschaftlich verloren und wird sich in die Krisenzone einreihen. Die Gründe für den Zusammenbruch der Arabellion sind vielfältig, in Syrien und Libyen ist es aber auch eine Folge mangelnder Unterstützung durch den Westen. Assad oder IS – für die Flüchtlinge ist beides ein Grund zu fliehen, in der öffentlichen Wahrnehmung werden sie jedoch fast nur als Flüchtlinge vor dem IS wahrgenommen. Aus dem Assad-Territorium zu kommen, wäre für manchen Politiker auch aus der CSU bereits ein Grund zur Abschiebung in einer »sicheres Gebiet«.

Noch nie gab es einen Konflikt wie diesen, denn immer hatte es eine »gute« und eine »böse« Seite gegeben, eine, die der Westen unterstützte und eine, die er bekämpfte – nicht mehr so in Syrien.

Auch bei der Bewältigung der Flüchtlingsströme hat die EU als Gemeinschaft versagt. Mit Schweden und Österreich hat Deutschland seit dem Sommer 2015 singulär Flüchtlinge in bislang ungeahnter Dimension erst einmal aufgenommen. Die aufgrund ihrer geographischen Lage exponierten Südländer sind komplett überfordert und wurden auch lange Zeit mit dem Problem auf skandalöse Weise alleine gelassen, Italien seit Jahren. Immerhin hat das schlechte Gewissen die EU nach langem Nichtstun und Abschieben der Problematik auf Italien und Griechenland endlich dazu gebracht, nicht Zigtausende im Mittelmeer einfach ertrinken zu lassen. Doch durfte es einen nicht verwundern, wenn man unter dem massiven Ansturm 2015 die Flüchtlinge von dort aus einfach weiter nach Norden ziehen ließ. Die Erststaatenregelung nach den Dubliner Abkommen hat nur solange funktioniert, wie sich die Flüchtlingszahlen in Grenzen hielten. Eine gerechte Verteilung der Flüchtlinge aus Italien nach Quoten auf andere Länder haben zunächst die Nordländer, auch die Bundesrepublik, abgelehnt. Nachdem das Ventil im Süden geöffnet und die deutschen Grenzen überrannt wurden, hat Deutschland dann von den Anderen eine Quotenregelung gefordert. Aus all dem wurde ein eklatantes Versagen der EU als Staatengemeinschaft.

»Is this Germany?« Diese Frage der täglich über 700 Flüchtlinge in Passau im Juli 2015, der nicht mehr zählbaren Massen zwei Monate später – »163.000 Flüchtlinge im September, 290.000 nicht registriert« (*Der Tagesspiegel*[371]) –, erzeugte erst eine Mischung aus Mitgefühl für die Flüchtlinge und Freude über deren Hochschätzung Deutschlands sowie einige Zeit später die Furcht vor den Konsequenzen daraus. Rein statistisch müssen bei ca. zwei Dritteln Zustimmung zur Willkommenskultur und zwei Dritteln Ablehnung später die Hälfte der durch die Meinungsumfragen Erfassten ihre Meinung ins Gegenteil geändert haben.

Angesichts der Dimension des Problems ist das nicht verwunderlich, so besteht auch hier wieder das daraus resultierende politische Folgeproblem darin, dass man das eigentliche Problem nicht erkannt hat, obwohl es offensichtlich war. Das »Wir schaffen das« war ebenso gut gemeint wie unüberlegt, ebenso wie die Selfies mit Kanzlerin. Schon die Erstaufnahme der Flüchtlinge schuf auch im menschenfreundlichen Deutschland kaum noch zu bewältigende Probleme und hat nicht nur Willkommenskultur, sondern weitaus nachhaltiger auch ihr Gegenteil erzeugt, Fremdenfeindlichkeit und Rechtsextremismus. Zuerst in Ostdeutschland, dann im Westen, begleiteten Anschläge auf Flüchtlingseinrichtungen die Ankunft der Flüchtlinge, von Sachsen bis Niedersachsen, von Freital in Ostsachsen bis Freiburg im Breisgau (Malterdingen) spannt sich das Netz, mobilisiert durch netzbasierte Kommunikation, damit sich der »Wutstau« der Bevölkerung entlädt.[372]

Ideologische Rechtfertigungen liefert unter anderem der Buchautor und rechte Propagandist sowie PEGIDA-Gastredner Udo Ulfkotte. Ihm zufolge – und da greift er nur einen rechtsextremen Common Sense auf – geht es bei der geplanten »Umvolkung« um einen »großen Plan« der »Asylindustriellen«, der unsere »Heimat für immer grundlegend verändern soll.« Die Wirtschaft suche nämlich billige Arbeitskräfte, schreibt Ulfkotte auf der Website seines Verlages, und finde sie auf diesem Wege, Beweis dafür sei der Willkommensgruß der Unternehmer in Richtung »Asylforderer«, dem sich alle anschlössen. Damit dies nicht wie NPD-Propaganda aussieht, wird in strategischer Absicht die Nazi-Politik von damals kritisiert und sogar der Spieß umgedreht, indem man der heutigen Politik Nazi-Methoden vorwirft: »Die Nazis nannten so etwas Umvolkung. Und genau dieses unsägliche Verhalten ist mittlerweile einer der wichtigsten gesellschaftlichen Grundsteine. So wie die Nazis durch Ansiedlung von ›Volksdeutschen‹ dafür sorgten, dass Gebiete mit brutalsten Mitteln der Zuwanderung ihre gewachsene Struktur verloren, so sorgen heute Politik und Medien wieder für eine Umvolkung in klassischen deutschen Wohngebieten. Nur sollen dieses Mal die Deutschen für Ausländer Platz machen. Nicht nur Duisburg-Marxloh ist ein herausragendes Beispiel dafür, wo diese Umvolkung endet.«[373]

Die rechte Website *Politically incorrect* (PI) warb aktuell zur Flüchtlingsproblematik mit der Neuauflage eines Romans des französischen Schriftstellers Jean Raspail von 1973, in dem er einen Ansturm von einer Million Inder auf rostigen Schiffen auf Europa beschreibt, »Vorhut weiterer Massen aus der Dritten Welt«, heißt es in der Präsentation des Buches *Das Heerlager der Heiligen* durch den Verlag. Europas »utopisch-humanitärer Taumel« führe in seinen Untergang, »innerlich zerfressen von Selbstverachtung, schlechtem Gewissen und schwindendem Selbstbehauptungswillen ist der europäische Kontinent nicht mehr imstande, das Eigene zu verteidigen.«[374] Zur Betonung der Aktualität (April 2015) dieses »prophetischen Schriftstellers«, der »DEN Klassiker der Überfremdungskritik schrieb«, ergänzt PI: »Der Roman ist bis in seine Einzelheiten hinein eine Blaupause für das, was über uns von der libyschen Küste aus hereinbricht.«[375] Auch in Frankreich hat man im April 2015 die Aktualität von Raspails Roman erkannt und fragt sich, zum Beispiel auf *Atlantico*, ob man sich auf eine »Landung von Millionen Illegaler an europäischen Küsten« gefasst machen müsse. Auch wenn dies als Frage formuliert und in kleineren Lettern mit *Fantasmes* überschrieben ist, wirkt schon alleine die suggestive Kraft des Titels sehr real. Der heute Neunzigjährige Jean Raspail selbst wurde 2015 erneut in den Medien als »Prophet« empfangen und interviewt, am 21./22. April 2015 erklärte er auf *Radio Classsique*, einem öffentlichen Sender, der eine gebildete Zuhörerschaft anspricht, dazu:

»Was in diesem Buch beschrieben wird, geschieht heute. Das kleine und völlig dekadente Europa sieht sich mit einem enormen menschlichen Reservoir in und aus der Dritten Welt konfrontiert. Ein großer Teil der europäischen Bevölkerung fürchtet, in der Heimat nicht mehr die Mehrheit zu sein. Demographische Studien zu diesem Thema sind recht beunruhigend. [...] Das *Heerlager der Heiligen* habe ich 1972 am Mittelmeer geschrieben in einem Haus, das mir eine Tante zur Verfügung gestellt hatte. Ich schaute aufs Meer und sagte mir... ich sage, wie es war, ja? Es ist ein Buch, zu dem ich inspiriert wurde, ich weiß nicht von wem, inspiriert – und ich habe mir gesagt: und wenn sie kommen? Das ist alles. ›Sie‹, das war die ganze Dritte Welt. Zu jener Zeit begann es schon, unruhig zu werden, nicht wahr. ›Und wenn sie kommen‹, und ich habe dieses Buch geschrieben, es geht ganz einfach um die Ankunft mit Schiffen mit Millionen an Bord, aber in dem Fall, sehen Sie, sind es sehr viele und innerhalb von 24 Stunden, also die Landung, meine ich.«[376]

Dies wurde im Internet von dem deutschen *Civitas Institut – Für das Christliche Gemeinwesen* übernommen und übersetzt, einem jener rechskatholischen Kreise, denen Bednarz und Giese auch ein ganzes Kapitel in ihrem Buch widmen. Aus dem kurzen Interviewausschnitt deutet sich schon an, wie der katholisch-monarchistische Autor, damals ein *enfant terrible* in einer von der Linken geprägten intellektuellen Welt, das Trauma der Entkolonialisierung literarisch als Rache der Kolonisierten durch eine umgekehrte Invasion verarbeitet hat, wie wir es zum Beispiel auch politisch bei Éric Zemmour (siehe oben) wiederfinden. Über den Roman ist folgendes Motto aus der Bibel gestellt, Apokalypse (Offenbarung des Johannes) 20, 7-9:

»(7) Wenn die tausend Jahre vollendet sind, wird der Satan aus seinem Gefängnis freigelassen werden. (8) Er wird ausziehen, um die Völker an den vier Ecken der Erde, den Gog und den Magog, zu verführen und sie zusammenzuholen für den Kampf; sie sind so zahlreich wie die Sandkörner am Meer. (9) Sie schwärmten aus über die weite Erde und umzingelten das Lager der Heiligen und Gottes geliebte Stadt.«[377]

Der Titel *Das Heerlager der Heiligen* ist somit auch dieser Bibelstelle entnommen. Dort, wir befinden uns ja in der Apokalypse, siegen die Heerscharen Gottes über die Ungläubigen. Dieser Bezug stellt den Roman in einen ähnlichen Kontext wie die mittelalterlichen Texte, die das Vordringen der Araber nach Europa und später die Heimsuchung Europas durch die Mongolen (Tartaren von griech. *ex tartaros* = aus der Unterwelt) als Strafe Gottes für die Sünden der Christen und somit als Beginn der Apokalypse interpretierten, als letzte Prüfung der Christen. Die Analogie zur heutigen Zeit liegt auf der Hand, hier verschmilzt das Mystisch-Religiöse mit dem Profan-Politischen. Deswegen wird vom Autor selbst oder in Besprechungen des Buches die Stoßrichtung gegen die Europäer und ihre Dekadenz in den Vordergrund gestellt. 1973 bekam das Buch nur entsprechende Echos von Zeitungen wie *Minute* und *Rivarol*, schreibt Raspail im Vorwort zur Neuauflage seines Buches 2011, also von rechtsextremen Organen, aber auch in der katholischen Zeitung *La Croix*, und stolz erklärt der Autor auch, dass sein Roman aufgrund der zahlreichen Gesetze gegen Volksverhetzung wegen 87 zu inkriminierender Textstellen verboten werden könne, die er dann in einem Index im Anhang des Buches auch genau auflistet. In den Jahrzehnten der wiederholten Neuauflagen habe er jedoch von vielen Politikern im In- und Ausland Anerkennung erfahren und präzisiert zum Inhalt, dass natürlich nicht nur Frankreich, nicht nur Europa, sondern der ganze *Occident* (Westen, Abendland) vom Untergang im Wortsinne, das heißt von der Überschwemmung (*submersion*) durch die Immigranten, bedroht sei.[378]

»Nein zur migratorischen Überschwemmung« heißt es auch auf der Website des Front National, in der die »unkontrollierte« und damit »illegale Einwanderung« als im Sinne der »großen Bosse« dargestellt wird – siehe die Umvolkungsthese von Ulfkotte weiter oben – und den traditionellen Parteien, Regierung und Opposition vorgeworfen wird, zur »migratorischen Überschwemmung zu applaudieren«.[379] Ein besonderer und sicher gewinnbringender propagandistischer Zug ist hierbei, die Flüchtlinge pauschal als Illegale *(clandestins)* zu apostrophieren, die es aber schon deswegen sind, weil die französischen Behörden gar keinen Wert darauf gelegt haben sie zu registrieren – siehe die Auflösung des »Dschungels« von Calais, bei der die Registrierung erst erfolgte. Über ein Jahr lang hat man die Dinge einfach treiben lassen, so dass in der Region Nordfrankreich der FN umso mehr Zulauf bekam.

Bestätigt in seinem Katastrophenszenario sah sich Raspail schon 1973 und in der Folgezeit durch die demographischen Forschungen des INED (Institut national d'études démographiques), das 1945 unter der kurzen Übergangsregierung von Charles de Gaulle zur wissenschaftlichen Legitimation einer aktiven Bevölkerungspolitik gegründet wurde. Dessen Gründer und langjähriger Präsident Alfred Sauvy (1898–1990) hatte schon 1946 vor dem demographischen Untergang Frankreichs durch Denatalität gewarnt und auf eine natalistische Politik in Verbindung mit einer gezielten Einwanderung von »weißen Europäern« aus bestimmten Ländern gesetzt und dabei noch subtil zwischen brauchbaren Norditalienern und Nordspaniern gegenüber nicht erwünschten Landsleuten aus dem Süden unterschieden.[380] Das INED ging mit großer personeller Kontinuität aus einem Institut hervor, das für die Vichy-Regierung unter der Leitung des nach Frankreich aus den USA zurückgekehrten Mediziners (Nobelpreis 1912), Biologen, »Rassenkundlers« und Eugenikers Alexis Carrel an einer entsprechenden »wissenschaftlichen« Grundlage für eine Bevölkerungspolitik gearbeitet hatte.[381] Sauvy war mit von der Partie und führte das Projekt dann 1945 etwas ideologisch entschlackt weiter.

1952 erfand Sauvy den Begriff der *Dritten Welt* in einem Artikel für die Zeitung *L'Observateur*, in dem er den Kampf zwischen der »ersten Welt« (dem politischen Westen) und der »zweiten Welt« (dem Kommunismus) um den Einfluss in der dritten Welt (»die unterentwickelten Länder«) beschrieb und davor warnte, dass sich diese Konstellation auch umkehren könnte und die Dritte Welt, wie einst der Dritte Stand in der Französischen Revolution, »etwas werden« wolle. Und dieses folge schon aus der »mathematischen Fatalität« der Tatsache, dass die Dritte Welt durch die zivilisatorischen Verbesserungen (v.a. im Medizinischen) vergleichbar »unsere Sterberate auf dem Stand von 1914 und unsere Geburtenrate auf dem Stand des 18. Jahrhunderts« habe. »Hört ihr nicht an der Côte d'Azur die Schreie, die uns von der anderen Seite des Mittelmeers, aus Ägypten oder aus Tunesien, erreichen? Denkt ihr, dass es da nur um Palastrevolten oder um das Grollen einiger Ehrgeiziger auf der Suche nach einer besseren Position geht? Nein, nein, der Druck steigt ständig in dem menschlichen Kessel.«[382] In diesem Text erklingen auch sehr kritische Töne gegen den Kapitalismus, die USA und die NATO, so dass er ohne weiteres als linker Text durchgehen könnte, der er aber nicht war. Die personelle Kontinuität im INED hielt Verbindungen in die rechtsextreme Szene aufrecht und in den 1970er und 1980er Jahren gab es eine Vernetzung von Forschern des INED mit dem *Club de l'Horloge* (siehe oben) und dem Front National. In den 1980er Jahren gelang es dem INED mit oft zweifelhaften Zahlen und Prognosen auch eine neue Welle von Denatalitäts- und Überfremdungsangst zu schüren, die der extremen Rechten in die Hände arbeitete.[383]

Die Gesellschaft werde von einem Establishment beherrscht, schreibt Raspail 2011, das aus einer »Meute der Medien, des Showbiz, der Kunst, der Menschenrechtler, der Universität, der Soziologie, der Literatur, der Werbung, der Gerichte, der christlichen Linken, der Bischöfe, der Wissenschaft, der Psychologie, der Humanitaro-Militanten, Politikern, Vereinen, Assoziationen und dergleichen mehr« bestehe und gegen die zu revoltieren den »zivilgesellschaftlichen Tod« bedeute.[384] Denn das Prinzip BIG OTHER – so sein Wortspiel zur »Verehrung des Fremden« – überwache alles und bestrafe jeden, der dagegen verstößt.

Um die jetzt propagierte »Aktualität« des Romans bewerten zu können, muss man aber auch wissen, wie die Geschichte im Roman endet, nämlich mit der sukzessiven Übernahme des Staates von Südfrankreich aus. Die Dritte Welt wird auch in Raspails Roman mit dem Dritten Stand verglichen, ein direkter Bezug zu Sauvy, in der Parlamentsnacht vom 4. August (Anspielung auf den 4.8.1789: Abschaffung der Privilegien, d.h. der Stände) wird die Abschaffung der Rassen beschlossen und in dieser neuen Welt werden die Weißen zu Parias. Aber dabei bleibt es nicht: In jedem Immigrantenviertel werden Bordelle mit weißen Zwangsprostituierten eingerichtet, an denen sich jeder bedienen kann, während andere Frauen sich »freiwillig« mit den Immigranten verbinden und damit den großen Plan verwirklichen, die »weiße Rasse« auszulöschen, denn »nur eine weiße Frau kann ein weißes Kind in die Welt setzen.«[385] Und die Protagonistin dieser Assimilation wird »Ministerin für Bevölkerungsfragen«, während der Großmufti das »Ministerium für Gleichheit« bekommt.

Ganz ähnlich wie bei Zemmours oben analysierten Obsessionen zeigt sich hier auch sehr deutlich der psycho-historische Komplex, der in seiner Angst vor der Rache der Geschichte das Kolonialverhältnis von gestern (inklusive Zwangsprostitution) umkehrt und gleichzeitig der »weißen Frau« eine besondere Anfälligkeit für den Verrat und die Hingabe an den dunklen Nicht-Europäer unterstellt, eine Variante der Männerphantasien à la Theweleit: Auf den Anderen wird projiziert, was man am liebsten selbst tun (oder erfahren) möchte – bzw. in diesem

Fall, was man (kollektiv betrachtet) in der Vergangenheit getan hat und wofür man sich jetzt schämen muss, einerseits aufgrund des veränderten gesellschaftlichen Bewusstseins, andererseits aber auch aufgrund eines schlechtes Gewissens, beides aus der Niederlage des Kolonialismus entstanden, aber mit gegensätzlichen Konsequenzen. Während die *Tiersmondisten* (Dritte-Welt-Sympathisanten) ihr schlechtes Gewissen durch Xenophilie kompensieren, tun dies ihre politischen Gegner, indem sie das dem schlechten Gewissen zugrundeliegende Szenario umdrehen und Europa als das Opfer der geschichtlichen Entwicklung darstellen. Beides ist komplexbehaftet, denn auch die Rechten können den Kolonialismus im Nachhinein nicht einfach rechtfertigen, sondern es geht nur durch das Umkehrszenario einer antikolonialen Verteidigung des Abendlandes. Man tue heute nur das, worauf in der neuen politisch-korrekten Sichtweise die Anderen damals ein Recht hatten: sich zu wehren. Raspail hatte dies übrigens zwei Jahrzehnte lang vor diesem Roman als Reiseschriftsteller in jenen Ländern, deren Situation miserabel und hoffnungslos schien, durchaus selbst kennengelernt. Dies unterstreicht aber vielleicht nur das schlechte kulturelle Gewissen im beschriebenen Sinne.

Raspails Roman ist eines der übelsten Machwerke des Rassismus und erfreut sich seines Erfolges nur durch die literarische Freiheit, denn, wie der Autor ja ironisch anmerkt, hat das Werk 87 Stellen für das Antirassismusgesetz, von denen gewiss etliche, würden sie als faktische Aussagen getroffen, in der Tat justiziabel wären. Das wenigste davon wurde hier erwähnt, denn wenn man auf so etwas eingeht, trägt man unweigerlich auch zu seiner Verbreitung bei. Eine unter dem Strich positive Rezension von Lorenz Jäger in der *F.A.Z.* 2005[386] hat dem damals vergriffenen Buch vielleicht die deutsche Neuauflage 2006 eingebracht, 2011 bescheinigte ihm Jürg Altwegg in derselben Zeitung, es sei »kein rassistisches Buch«, sondern eine »Vorahnung«[387], aktuell vergleicht eine Besprechung im *Vatican Magazin* Raspails Roman mit dem neuen von Houellebecq, *Unterwerfung*, und sieht in ersterem eine Vorlage für letzteren. Durchaus möglich, literarisch liegen gleichwohl Welten dazwischen; wem Houellebecqs *Unterwerfung* zu intellektuell und letztlich zu literarisch ist, wird mit Raspails *Heerlager* als einer nur formal literarisierten politischen Vision besser fahren. Die »Rassismus-Keule« gegen Raspail weist der Autor der Besprechung im *Vatican Magazin* zurück und mit Raspail kritisiert er auch den katholischen philanthropischen Universalismus, mit allen Freund sein zu wollen, auch wenn sie gar keine Christen sind: »Raspail formuliert die bedenkenswerte These, dass die Globalisierung, die mit dem Entstehen der so genannten ›Dritten Welt‹ ihren Ausgang nahm, die Substanz des katholischen

Selbstverständnisses angreifen und letztlich zerstören muss, weil sie die Identifikationsmuster dieses Katholischen auslöscht, das ja in seiner Geschichte immer auch mit einer Freund/Feind-Opposition gearbeitet hat. Vor diesem Denkhorizont einer Welt der Anti-Globalisierung, die bei sich beheimatet sein muss, um lebbar zu sein, muss man die Migrationskritik des ›Heerlagers‹ verstehen.«[388]

Auch in der *Süddeutschen* wurde Raspails Roman als ideelle Vorlage für Houellebecq in Erinnerung gerufen, mit der rätselhaften Schlussfolgerung: »Das ›Heerlager der Heiligen‹ ist ein Albtraum. Michel Houellebecqs ›Unterwerfung‹ hingegen ist, mehr als dass es ein Werk der Provokation wäre, ein Buch des Trostes.«[389]

In der jüngsten Flüchtlingstragödie war das *Willkommen*, das verbal und auf Plakaten den rechtsextremen Aktionen entgegengesetzt wurde, verständlich und so gesehen auch begrüßenswert, aber letztlich ambivalent und potenziell auch kontraproduktiv, wie zum Beispiel der Fototermin der Kanzlerin in einem Flüchtlingslager, der als »Selfie mit Merkel« gleich in die verlassene Heimat verschickt wurde. »Wissen die Deutschen, was sie tun?« fragte daher die *F.A.Z.*, »die deutsche Politik hat eine Wanderung ausgelöst, die sie nicht mehr aufhalten kann.«[390] Und »Weiß sie, was sie tut?« fragte präziser die *Zeit*: »Ein Ansturm, der kaum noch zu bewältigen ist. Manche Syrer, die gar keine Syrer sind. Und Bürger, deren Ängste wachsen. Doch die Kanzlerin bleibt unbeirrt.«[391] In einem Wettlauf des Sichüberbietens, als für 2015 schon eine Million Flüchtlinge prognostiziert wurden, chiffrierte Sigmar Gabriel kurz zuvor noch eine euphorische Grenze der Machbarkeit von eine halben Million Flüchtlinge jährlich, »vielleicht auch mehr«, und erkannte darin eine Dimension für die Zukunft, mit der »wir [...] sicherlich klarkämen.«.[392]

Das *Willkommen* konnte gut und gerne auch als *Einladung* verstanden werden und erscheint geradezu als Bestätigung des entsprechenden Vorwurfs durch die Rechtspopulisten. Die Flüchtlinge wurden aber nicht eingeladen und sie würden auch lieber in ihrer Heimat bleiben – anders als es die Rechtsextremen propagieren –, es sind keine geladenen Gäste, die wir willkommen heißen, weil sie endlich da sind, sondern es sind Menschen in Not, denen wir helfen. Das ist nicht nur ein semantischer Unterschied. Es geht auch nicht um Kritik an all den freiwilligen Helfern, im Gegenteil, aber die *Willkommenskultur* verdrängt die Probleme der Flüchtlingsaufnahme im Wohlgefühl der guten Tat wie auch die damit steigende Militanz der Gegner. »Die Diskussion über harte Seiten der Migrationspolitik müssen auch Linke führen. Sonst übernehmen die ganz Rechten die Debatte«[393], hieß es sogar in der *taz*. Die

Aussage Merkels, »das Grundrecht auf Asyl kennt keine Obergrenze«, ist sachlich richtig, aber auch fatal, denn jeder wusste, dass nicht weiterhin wöchentlich 40 000 Flüchtlinge ins Land kommen konnten, und sie selbst hat ihre Politik ja dann ins genaue Gegenteil umgekehrt: Stopp des Flüchtlinsstroms – allerdings zu spät, um die politische Rechtsentwicklung zu stoppen.

Dabei ließ man seit dem Frühjahr 2015 monatelang Potenziale, die zur Bewältigung des Problems der Flüchtlingsaufnahme beitragen konnten, brachliegen, Geld wurde versprochen, das nicht ankam, wie die Kommunalpolitiker anprangerten, die Neueinstellung von Personal wurde verschleppt, bürokratische Mechanismen blockierten die Arbeit, Mensch und Organisation waren überfordert, wie es am deutlichsten im Beliner *Lageso* deutlich wurde. Politik in demokratischer Verantwortung muss aber auch ganz einfach *funktionieren*.

Bereits vier Wochen nach dem Höhepunkt der »Willkommenskultur« sahen beim *Deutschlandtrend* der ARD mehr Befragte Nachteile durch die Einwanderung als Vorteile (44 gegen 35 %), dabei wurde der potenzielle Vorteil für den Arbeitsmarkt (58 % gegen 37 %) von einem allgemeinen Angstgefühl (51 % insgesamt, aber 59 % im Osten) überschattet.[394] Verschiebungen bis zu 15 % zum Negativen innerhalb vier Wochen sind alarmierend und ein Zeichen der Destabilisierung von gesellschaftlichen und politischen Orientierungen. Die Medien haben auf ihre Weise darauf reagiert: Während am Weihnachtswochenende 2015 ca. 12 000 Flüchtlinge über die Grenze kamen, also der Zustrom *unvermindert* anhielt, war dies nur noch mehr eine Randnotiz wert.[395] Hierin zeigt sich tatsächlich auch die Macht der Medien und man muss kein »Lügenpresse«-Schreier sein, um dies auch als ein Problem zu erkennen.

Und Europa? Während »die EU die Rolle eines Magneten spielt, der die Immigranten dank ihres Wohlstands und ihrer politischen Stabilität anzieht«[396], wird den Europäern selbst immer unklarer, was Europa für sie selbst bedeutet und welche »europäische Idee« es gibt. Das Flüchtlingsdrama könnte am Ende viel mehr zur Destabilisierung der EU beitragen als die Euro-Krise.

3. Europa – Was ist das?

So wuchs der Turm, der neue Turm von Babel, und nie stieg seine Spitze so hoch empor wie in unserer Zeit. Nie waren die Nationen gegenseitig so sehr in ihren Geist eingedrungen, nie die Wissenschaften ähnlich innig verknotet, nie der Handel so sehr verwoben zu einem wundervollen Netz […].

Stefan Zweig, 1916/1930[1]

Die internationale Finanzkrise hat eine Krise der europäischen Währung und damit der ganzen EU ausgelöst, ergänzt durch weitere Krisen: die Flüchtlingskrise, die Folgeprobleme des Brexit-Votums und die beim CETA-Abkommen erneut deutlich gewordene Problematik europäischer Entscheidungsprozesse. Maximalistische Visionen von einer Transferunion, einem »Wohlstandsversprechen«, den »Vereinigten Staaten von Europa«, stehen minimalistischen Vorstellungen von einer Beschränkung auf den Gemeinsamen Markt, einem »Europa der Vaterländer« und nationalen Souveränitäten gegenüber, während historische Reminiszenzen einer europäischen Kultur an ein über die aktuellen Differenzen hinausgehendes fernes Ideal von Europa verweisen.

Gleichzeitig wurde 2014/15 erneut die Frage aufgeworfen, pragmatisch und ideologisch zugleich, wo die Ostgrenze Europas liegt, das heißt, der Europäischen Union mit ihrem grundsätzlichen aber diffusen Anspruch auf eine Einigung des ganzen Kontinents. Der Zerfall der Sowjetunion hatte die verbleibende Russische Föderation erst einmal in die Krise gestürzt, aus der Putin als starker Mann hervorging. Russland ist in die Weltpolitik zurückgekehrt, der westlich-russische Antagonismus auch, doch anders als früher scheint dies keine Konvergenz, sondern Divergenzen der Europäer im Verhältnis zu Russland herbeizuführen.

Was ist Europa, wo beginnt und wo endet es, ist somit eine historische Frage mit politischer Aktualität auf verschiedenen Ebenen. Und was will Europa, sprich die Europäische Union, heute eigentlich sein: ein Europa der Vaterländer, ein Staatenbund, ein Bundesstaat, die Vereinigten Staaten von Europa, eine Währungsunion oder nur ein Gemeinsamer Markt? Ist es eine Gemeinschaft für bestimmte Interessen, eine Gemeinschaft mit beschränkter Haftung oder eine politische Union?

Das alte Europa und sein historisches Erbe

Mythen aus der Vergangenheit

Nach den Pariser Attentaten im Januar 2015 konnte Jean-Marie Le Pen wieder einen seiner berühmt-berüchtigten Witze lancieren: Auf die Welle der Solidaritätsbekundungen mit *Je suis Charlie* antwortete er mit »Je suis Charlie Martel«[2], eine Anspielung auf Charles Martel (Karl Martell), den fränkischen *Maior domus* (Hausmeier, svw. Kanzler des Königreichs), der 732 bei Tours und Poitiers die eingedrungenen, von Spanien heraufziehenden Araber schlug und das Abendland vor der Islamisierung rettete – so jedenfalls die Legende, einer der Gründungsmythen Europas. Schon im Präsidentschaftswahlkampf 2002 hatte der FN den Slogan »Martel 732 – Le Pen 2002« ausgegeben.[3] Dieser Mythos erfüllt einen der drei Parameter der Selbstdefinition Europas, die gleichzeitig die drei zu lösenden Probleme waren und noch sind, wenn auch in sich wandelnden Kontexten: 1. Die Abgrenzung (und Verteidigung) nach außen, und die Frage, wo die Grenzen Europas liegen; 2. die innere Einheit; 3. die Integration von Fremden, Nicht-Europäern im Sinne der Definition.

Die ersten beiden sind schnell beantwortet: Nie gab es eine klare Grenze, nie eine innere Einheit in Frieden. Bis in eine historisch junge Zeit haben sich die Europäer untereinander mehr zerfleischt, als dass sie gegen echte oder vermeintliche Feinde von außen zusammengehalten hätten. Deswegen wird ja der europäische Einigungsprozess so sehr als Errungenschaft des Friedens gepriesen. Worin besteht jedoch die innere Einheit darüber hinaus? Der dritte Punkt steht in Relation zu den beiden anderen; wenn man die aktuelle Situation betrachtet, ist er jedoch mehr denn je eine offene Frage.

Die Problematik lässt sich analog über die Frage angehen, ob man Europa geographisch, kulturell oder politisch definiert. Trotz seiner geographischen Konturen war Europa in der Realität, anders als in der Vorstellung, nie durch »natürliche Grenzen« bestimmt: Einerseits war der offene Osten immer ein Einfallstor für Invasionen und damit ein unbestimmter Raum, die Indoeuropäer selbst waren die ersten Invasoren, die auf diesem Weg im 3./2. Jahrtausend v. Chr. aus dem Inneren Asiens nach Europa vordrangen. Alle nach ihnen aus dem Osten kommenden Völker waren für sie dann die Invasoren, die auf besondere Weise apokalyptisch erfahren und/oder besonders negativ stigmatisiert wurden. Auf der anderen Seite hatte das Mittelmeer nie die trennende Funktion, die man in ihm seit der Ausbreitung des Islam gerne sehen möchte, auch im Mittelalter nicht, als die Araber und der Islam in Spanien und, weniger lang, in Sizilien Fuß gefasst hatten. Als die Araber aus Spanien vertrieben wurden, drangen die Türken dafür auf dem Balkan vor, und viele spanische Juden, die von den Christen aus Spanien nach der Reconquista vertrieben wurden, fanden gerade im Osmanischen Reich eine neue Heimat, vom einen zum anderen Ende des Mittelmeers.

Das mittelalterliche Rolandslied beschreibt, wie der tapfere Markgraf Roland als Führer der Nachhut des fränkischen Heeres auf seinem Rückzug aus Spanien 778 im Tal von Roncevaux in den Pyrenäen die arabischen Feinde in Schach hielt und, bevor er starb, mit letzter Kraft in sein Horn blies, um den König an der Spitze des Zuges zu warnen. Die sarazenischen Feinde hatten den Hinterhalt zusammen geplant: »›Mohammed ist stärker als der heilige Petrus von Rom./Wenn Ihr ihm dient, wird die Ehre des Schlachtfeldes unser sein.‹«[4] Das Rolandslied entstand nach dem ersten Kreuzzug (Eroberung Jerusalems 1099) und dem ersten großen Erfolg der Reconquista in Spanien (Einnahme Toledos 1084) und begründete im Rückblick auf Karl den Großen, der in der Geschichtsschreibung zum *Vater Europas* verklärt wurde, einen Europamythos des Kampfes gegen die Araber. Nach der Wiederentdeckung des Rolandsliedes im 19. Jahrhundert wurde es in Frankreich zu einer Art Nationalepos und begleitete im ideologischen Gepäck die koloniale Eroberung Algeriens und Westafrikas.

Tatsächlich überfielen aber nicht die Sarazenen die fränkische Nachhut des Heeres, das mit Gefangenen und Beute durch die Pyrenäen zog, sondern die Basken, die sich dafür rächten, dass Karl sie zuvor in Pamplona überfallen und die Stadtmauern geschleift hatte – was ihm mit dem muslimischen Feind in Saragossa nicht gelungen war. Dass die Basken Christen waren, spielte dabei offenbar keine Rolle. Dass sie den Überfall in den Pyrenäen verübten und nicht die Sarazenen, hielt der Chronist Einhard (Eginhard) in den Reichsannalen für das Jahr 788 explizit fest[5], in Karls Biographie, *Vita Caroli Magni*, malte er dann die »Hinterhältigkeit« der Basken noch aus. Tatsächlich ging es beim Feldzug gegen die Araber in Spanien überhaupt nicht um die Religion, sondern um Macht und territoriale Ausdehnung, die Karl dann später auf der Mittelmeerseite der Pyrenäen auch gelang.[6]

Auch die Schlacht von Poitiers 732 hatte zuvor nicht das Abendland vor der arabischen Eroberung gerettet, wie es die bis heute wirkende Legende suggeriert, »schöne Demonstration einer instrumentalisierten Vergangenheit«.[7] Das südliche Gallien befand sich damals politisch nur in einer lockeren Abhängigkeit vom fränkischen König, und sein *maior domus* Karl Martell wollte diese Abhängigkeit verstärken. Zuvor schon und auch zu diesem Zeitpunkt suchten daher südgallische Machthaber das Bündnis mit den Arabern gegen die Franken, und definitiv gab es noch nach der Schlacht von Poitiers in der Provence eine Allianz mit den Arabern seitens des lokalen Herrschers von Avignon.[8] Die Schlacht, die nun 732 zwischen Poitiers und Tours stattfand, wurde in christlichen Quellen als Eroberungszug dargestellt, wonach die Araber, in Analogie zur Völkerwanderung, mit einem Tross von Frauen und Kindern gekommen seien, was den Ansiedlungswillen bekunden sollte, aber vollkommen realitätsfern ist.[9] Der arabische Vorstoß nach Poitiers, wie auch andere zuvor und danach noch, war ganz offensichtlich einer von zahlreichen Beutezügen der arabischen Eroberer Spaniens, die gerade mal zwanzig Jahre zuvor nach Spanien gekommen waren, und wo sich ihre Herrschaftsstruktur erst noch herausbildete.

Doch die manipulative Instrumentalisierung der Geschichte machte daraus einen Schicksalskampf zwischen Abendland und Morgenland, Christentum und Islam, der zur Bildung einer ideologischen Identität Europas beitrug in der Epoche des Kolonialismus, als umgekehrt Europa jene Gebiete eroberte, von denen früher die Bedrohung ausgegangen war, wie schon im Mittelalter diese Mythen zur ideologischen Rechtfertigung der Kreuzzüge dienten. In einer dritten Reaktualisierung nach den Kreuzzügen und dem Kolonialismus dient der Mythos von Poitiers heute der nationalistischen Rechten für ihre Propaganda der Abwehr einer erneuten »Invasion« der Muslime durch die Immigration.

Auch aus dem Osten drohten immer wieder Invasionen, die zu einem noch stärkeren psycho-ideologischen Faktor der europäischen Identität beigetragen haben: Hunnen sowie Mongolen (oder Tartaren) und dann die Türken sorgten für eine europäische Identitätsbildung aus der Abwehr heraus. Invasoren von geringerer Bedeutung wie die Awaren, die in die ungarische Tiefebene kamen, gefolgt von den Magyaren (Ungarn), die sich dort niederließen, wurden damals durchaus ähnlich apokalyptisch dargestellt wie die großen im historischen Bewusstsein gebliebenen Bedrohungen. In dem von den Europäern verliehenen Namen *Ungarn* klingt noch die Erinnerung an die Hunnen an (vgl. engl. Hungary), die sich in der Region vorübergehend etabliert hatten, mit einem Heerlager als Mittelpunkt ungefähr dort, wo heute Budapest liegt. Der Sieg der Mongolen über Deutsche und Polen bei Liegnitz 1241, die Türken zweimal vor Wien, beim zweiten Mal (1683) auch mit polnischer Hilfe gestoppt, und die Schaffung der entsprechenden Feindbilder barbarischer Gegner trugen stark zur Bildung eines europäischen Identitätsgefühls bei. Die letzte und noch wirksame Abgrenzung zum

Osten traf die Russen, die nicht erst im Ersten Weltkrieg als Vorposten Asiens eingestuft wurden, dafür seither aber umso mehr.

Der geographische Raum Europas war also nie geopolitisch abgeschlossen. Eine kulturelle Identität, der zweite Faktor, fand sich im Mittelalter mit dem Christentum. Mit der Spaltung zwischen Katholiken und Orthodoxen, die 1054 offiziell wurde, aber schon länger existierte, gab es jedoch schon ziemlich früh kein einheitliches europäisches Christentum mehr, und mit dieser Spaltung war in der Folge noch eine weitere kulturelle Auseinanderentwicklung verbunden: Im Westen eine weitere Spaltung durch die Reformation und eine gesellschaftliche Entwicklung hin zu Aufklärung, Revolution, Liberalismus und Demokratie; im Osten herrschten die Despotie des Zaren und die lang anhaltende Agonie des Osmanischen Reiches, beide in Verbindung mit der konservativen Autorität der Orthodoxen Kirche für die Christen. Daraus entwickelten sich im Westen Theorien von der Rückständigkeit des Ostens bis hin zu seiner Unfähigkeit zur Moderne. Schon vor dem Ersten Weltkrieg hatten die Russen die Rolle des barbarischen Feindes aus dem Osten eingenommen, der eigentlich nicht zu Europa gehöre.[10] Nach der Russischen Revolution wurde dies politisch noch potenziert, aus den Russen, bereits Feind, wurden auch noch Bolschewiken, ein noch ärgerer Feind. Und nach dem Untergang des Sowjetimperiums gab es nicht wenige Publikationen, die die alte Zivilisationsgrenze wieder gegen eine Ostausdehnung der EU ins Feld führten. Da wurde »Mitteleuropa« wiederentdeckt, also das habsburgische Erbe, und »Ostmitteleuropa« erfunden, womit Polen gemeint ist, um es vor einem neuen, weiter nach Osten verschobenen Osteuropa abzugrenzen.

Im politischen Diskurs war »Europa« also nie das ganze geographische Europa, zu Zeiten des Kalten Krieges eigentlich nur Westeuropa, so wie für die Bürger der Bundesrepublik »Deutschland« Westdeutschland war. Nach dem Fall des Eisernen Vorhangs konnte dies nicht so bleiben und mit der Ausdehnung der EU und der NATO nach Osten stellen sich erneut Probleme von Abgrenzung und Integration.

Der Europamythos durch die Abgrenzung nach außen war zwar mächtig, hat aber nie gereicht für eine innere Kohäsion, da half auch keine Rückprojektion der europäisch-asiatischen Konfrontation bis auf die Griechen und Perser, eine vermeintliche zivilisatorische Kluft zwischen »Europäern« und anderen Kulturen seit der Antike, die es in Wirklichkeit nie gegeben hat. Selbst in der Epoche der Kreuzzüge arrangierten sich die Kreuzfahrerstaaten mit ihren muslimischen Nachbarn, trieben Handel, wurden arabische Wissenschaftler an christliche Höfe nach Europa geholt. Trotz Reconquista in Spanien gab es einen regen interkulturellen Austausch zwischen der christlichen und islamischen Welt, wurden die wissenschaftlichen Werke aus dem Arabischen ins Lateinische übersetzt, darunter der größte Teil der uns heute bekannten antiken Wissenschaft. Es gab auch später keine europäische Solidarität gegen die Türken, da die Franzosen im 16. und 17. Jahrhundert mit ihnen gegen die Habsburger verbündet waren. Frankreich hatte dafür als erstes Land in Istanbul eine Botschaft errichtet. Wenn es damals eine europäische *Identität* ab, dann folgte daraus jedenfalls keine europäische *Solidarität.* Während die Neue Rechte 1400 Jahre Konfrontation mit dem Islam propagiert, gab es zwischen Europa und der islamischen Welt fast genauso lange nicht nur Konfrontation, sondern auch Kooperation.

Gibt es also heute eine europäische Identität? Von den Befürwortern wird sie immer wieder beschworen und bleibt doch unklar. Alles, was dazu genannt wurde, ist *zutreffend*, aber nicht *hinreichend* für eine *Definition* im Sinne einer »Eingrenzung« oder »Abgrenzung«, wie der lateinische Begriff wörtlich meint. Das christliche oder das römische Erbe: Das Christentum hat Europa in der Tat geprägt und die Bedeutung des römischen Rechts sollte auf keinen Fall unterschätzt werden, angesichts der Säkularisierung der Gesellschaft hat es vielleicht eine nachhaltigere Wirkung als das christliche Erbe. Doch das Christentum ist keine europäische Erfindung und hat einen universellen Anspruch, Aufklärung und Säkularisierung der Gesellschaft haben zudem die Bedeutung des Christentums relativiert. Das mögen manche bedauern, wie der Althistoriker David Engels, von dessen Buch *Auf dem Weg ins Imperium* später noch die Rede sein wird. Die Aufklärung selbst wäre denn auch das nächste Argument für eine europäische Identität aus dem kulturellen Erbe heraus, oft verbunden mit dem Begriff des Humanismus, obwohl Humanismus und Aufklärung historisch nicht dasselbe waren. Doch die Aufklärung hat nicht den ganzen Kontinent gleichermaßen erfasst, wie bereits erwähnt. Selbst wenn es ein kulturelles Europa gab – ein christliches, ein gebildetes (die Universitas der Gelehrten), ein aufklärerisches –, so nie ein politisches. Eine gemeinsame Identität hat nie Europäer daran gehindert gegen Europäer Krieg zu führen, Christen gegen Christen, Aufgeklärte gegen Aufgeklärte, welche tragende Kraft haben also die kulturellen Werte, auf die sich Europa berufen will? Im Ersten Weltkrieg gab sich nahezu die gesamte intellektuelle Führungsschicht der beteiligten Länder dem Nationalismus hin, zumindest im Hurra-Anfang, die spätere Reue konnte dann den Fehler nicht mehr rückgängig machen. Und noch ein wenig später versank das Land der Dichter und Denker, dessen kultureller Höhenflug über lange Zeit ein Korrelat seiner nationalen Nicht-Existenz schien, in der tiefsten Barbarei.

Einigung und Fragmentierung

»Das europäische Projekt lebt von seiner Idee eines Zusammenwachsens der Völker«, beteuerte Joschka Fischer noch einmal nach dem griechischen Referendum in der *Zeit*[11], doch wenn man einen Blick auf die Entwicklung Europas einerseits seit 100 Jahren und andererseits in den letzten zweieinhalb Jahrzehnten wirft, stellt man fest, dass diese europäische Geschichte ein dialektischer Prozess ist, der hin zum Zusammenwachsen und gleichzeitig zur Auseinanderentwicklung führt. Der Untergang der Imperien hat mehrfach Kriege und Bürgerkriege oder zumindest andauernde Konflikte hervorgebracht, und zwar nicht nur jeweils mit der alten imperialen Macht, sondern auch zwischen den neuen unabhängigen Staaten. Hinzu kommt, dass, während auf der einen Seite neue Nationalstaaten entstanden sind, auf der anderen alte Nationalstaaten immer mehr in Frage gestellt werden:

1. Der Zerfall des *Osmanischen Reiches* brachte die Balkankriege, aber keinen dauerhaften Frieden auf dem Balkan. Die Dauerspannung zwischen der Türkei und Griechenland besteht bis heute und erscheint jederzeit wieder reaktivierbar wie 1974 beim Zypernkonflikt; sie ist auch der Grund für eine weit überdimensionierte griechische Armee, die für einen guten Teil der Schuldenproblematik verantwortlich ist.

2. Der Zerfall des *Habsburger Reiches* wurde durch einen Konflikt auf dem Balkan eingeleitet, der wiederum aus dem Zerfall des Osmanischen Reiches hervorging; die Neuordnung Mitteleuropas auf der Pariser Friedenskonferenzen und den Verträgen von Versailles und Trianon 1919–20 zog Grenzen für die neuen Staaten, die zum Teil bis heute umstritten sind. Die Tschechoslowakei teilte sich nach 1990 immerhin friedlich in zwei Teile, die Grenzen Ungarns werden dagegen von der ungarischen Regierung und vermutlich auch von den meisten Ungarn heute noch nicht akzeptiert, und die Regierung Orbán spielt diese Karte auch bewusst aus, wie oben bereits ausgeführt, indem sie die Autonomie der ungarischen Minderheiten in den Nachbarländern fordert und ihnen mit der Verfassung von 2011 auch das Recht auf die ungarische Staatsbürgerschaft und das Wahlrecht gibt.

3. Der Sturz des *Zarenreichs*, die bolschewistische Revolution, die Kapitulation gegenüber Deutschland 1917 und der Bürgerkrieg mit dem darin eingewobenen polnisch-russischen Krieg 1918–21 haben

zum Verlust großer Territorien Russlands im Westen geführt, weißrussische und ukrainische Gebiete, die vom neuen Polen erobert wurden. Zwei der drei baltischen Staaten (Estland und Lettland) erfuhren die erste Unabhängigkeit als Staat in ihrer Geschichte. Polens Wunsch nach nationaler Wiedergeburt als unabhängiger Staat hielt es dann 1920 nicht davon ab, sein Territorium auch auf Gebiete auszudehnen, die nicht von Polen besiedelt waren (Weißrussen, Ukrainer) und somit zum Teil jene territoriale Größe wiederzuerlangen, die es zur Zeit des polnisch-litauischen Reiches bis zu den »polnischen Teilungen« im 18. Jahrhundet hatte. Der neue Herrscher der Sowjetunion, Josef Stalin, suchte entsprechend nach Möglichkeiten, die Gebietsverluste wieder rückgängig zu machen, seine Chance kam durch den Pakt mit Hitler und dann noch einmal – mit Aussicht auf noch viel mehr – durch das Alliierte Kriegsbündnis: Der Sieg über Deutschland 1945 brachte eine bis dato nie denkbare russisch-sowjetische Hegemonie bis an die Elbe.

4. Durch die Auflösung der kommunistischen Macht und den Zerfall der UdSSR 1989–91 löste sich das *Sowjetimperium* in all seinen Komponenten auf, wurden die Ostblockstaaten frei und die Mitglieder der Sowjetföderation unabhängig, darunter Staaten, die durch die Nationalitätenpolitik Stalins überhaupt erst entstanden sind wie zum Beispiel die Ukraine. Deren Staatsgrenzen sind jedoch wie auch die nach dem Ersten Weltkrieg in Mitteleuropa gezogenen keineswegs kongruent mit den Siedlungsgrenzen der Völker, überall gibt es Minderheitenprobleme, die inzwischen mehrere Kriege oder militärische Konflikte – wie man es nennen will – ausgelöst haben, im Kaukasus (mehrere Konflikte), in der Ukraine, und demnächst vielleicht andernorts.

5. *Jugoslawien*, das nach dem Ersten Weltkrieg umgekehrt als territoriale Vereinigung der Südslawen (*jug* = slawisch: Süden) entstand und nach dem Zweiten Weltkrieg eine neue und scheinbar dauerhafte politische Identität bekam, zerfiel Anfang der 1990er Jahre in einem Bürgerkrieg, aus dem nur Slowenien unbehelligt davonkam, und dessen Erbe nach wie vor ein ungelöstes Problem ist (Bosnien-Herzegowina; Kosovo).

6. Die alten *Nationalstaaten im Westen* werden ihrerseits immer mehr durch regionale Autonomie- oder Unabhängigkeitsbewegungen in Frage gestellt: in Italien, Spanien, Großbritannien und letztlich auch in Frankreich, das diese Entwicklung jedoch im Unterschied zu den anderen Ländern eindämmen konnte. In Großbritannien dagegen ist die schottische Frage, wie oben dargestellt, noch keineswegs historisch erledigt. Zu nennen wäre auch die spezielle Problematik Belgiens, ein vielleicht in seiner Gründung angelegter *failed state*, eine Problema-

tik, die durch den Abgrenzungswunsch der frankophonen Wallonen in den zuvor Vereinigten Niederlanden erfolgte, dann aber einen Staat hervorbrachte, der umgekehrt eine niederländischsprachige Minderheit einschloss, die sich dann ihrerseits von den Frankophonen unterdrückt fühlte. Der wallonische Widerstand gegen CETA war vor allem auch ein innerbelgischer Konflikt vor diesem Hintergrund, Wallonen gegen Flamen, Links gegen Rechts.

7. Und sieht man sich einmal die *innere politische Verfassung der Bundesrepublik* an – das mag auf den ersten Blick verwundern –, so kann man auch danach fragen, inwiefern der Staat, der Bund als solcher überhaupt handlungsfähig ist ohne die Länder, innenpolitisch jedenfalls. Der Föderalismus ist seit den 1970er Jahren im Sinne einer permanenten Mitsprache der Ländervertretung in der Bundespolitik so ausgeufert, dass der Bundestag und die Bundesregierung über weite Strecken nur mit der Zustimmung des Bundesrates Entscheidungen treffen können und, wie oben dargelegt, oft genug mit einer anderen politischen Mehrheit im Bundesrat konfrontiert sind. Verschiedene Ansätze zu einer Föderalismusreform haben bisher wenig bewirkt. Wie tiefgreifend der Bundesrat unsere Bundespolitik mitbestimmt, fällt uns jedoch im Allgemeinen kaum mehr auf, so sehr sind wir daran gewöhnt. Man kann sich ernsthaft fragen, inwiefern die Autorität des Bundes nicht nur noch in der Außenpolitik besteht.

Der deutsche Föderalismus ist auch im Ausland schon sprichwörtlich und wird ja auch als Modell für Europa interpretiert, doch wird er kurioserweise dabei stets als eine Abhängigkeit der Teile vom Zentrum gründlich missverstanden. Für den französischen Soziologen Hugues Lagrange, der treffend die Diskrepanz hervorhebt, dass sich in Zeiten der Globalisierung Europa nicht etwa weiter vereint, sondern sich fragmentiert, ist Deutschland »das einziges Gegenbeispiel« aufgrund der Wiedervereinigung.[12] Das stimmt natürlich und ist von daher auch ein wichtiger Faktor in der europäischen Entwicklung, verkennt aber die innere Befindlichkeit dieser föderalen Republik.

Ein besonderes Phänomen in diesem Föderalismus ist die Stellung eines Landes, das sich emphatisch als »Freistaat« bezeichnet: Bayern. In der Bundesregierung, wenn sie denn von CDU/CSU geführt wird, gibt es eine Art virtuelle Separatistenpartei, die nach ihrem Selbstverständnis nur im Bundestag und in der Bundesregierung sitzt, um die bayrischen Interessen zu vertreten, keine politische Grundsatzrede kommt ohne diese Beteuerung aus. Es sind virtuelle Separatisten, weil ein realer Separatismus gar nicht möglich ist, sie stärken ihr Selbstbewusstsein aber mit diesem Gedanken und drohen mit Obstruktion. Sie sind der

Meinung, dass vom bayrischen Wesen Deutschland genesen solle, und durch die einmalige Konstruktion des Bündnisses mit der CDU kann die CSU im Bund mitbestimmen und sich oft genug mehr oder weniger so erpresserisch durchsetzen, wie es andere Deutschland in der EU vorwerfen. Obwohl die CSU nur in Bayern gewählt werden kann, wird ihre Wahlwerbung bundesweit ausgestrahlt; obwohl sie keine eigene Fraktion im Bundestag bildet, darf sie bei jeder politischen Runde im Fernsehen als eigene Partei auftreten; obwohl sie letztlich nur einen Landesverband der CDU/CSU-Fraktion darstellt, beansprucht sie für sich in der Regierung den Status eines eigenständigen Koalitionspartners. Weitere Details der Einflussnahme der CSU auf die Bundespolitik brauchen hier nicht aufgezählt zu werden.

In der Auseinandersetzung über die »Transferunion« auf deutschem Boden, nämlich den Länderfinanzausgleich, der nach einer langen und maßgeblich von der CSU geführten Debatte jüngst reformiert wurde, wurde den ostdeutschen Bundesländern vorgeworfen, die Transferzahlungen nicht zur Verbesserung ihrer wirtschaftlichen Lage auszugeben, sondern schlicht die laufenden Verwaltungsausgaben damit zu finanzieren. Dies entspricht ziemlich genau dem Vorwurf, der Griechenland gemacht wurde. Wir haben also dieselbe Problematik, nur weniger dramatisch in ihren Konsequenzen, auch in Deutschland selbst. Unabhängig vom Detail – Bayern hat selbst lange genug vom Länderfinanzausgleich profitiert – kann man feststellen: Wenn es ums Geld geht, hört die Solidarität nicht erst jenseits der nationalstaatlichen Grenze auf, sondern vorher schon, ob es die Solidarität des Geberlandes mit dem Nehmerland ist oder die des Nehmerlandes gegenüber dem Geber, mit dem Geld sinnvoll umzugehen. Dies gilt genauso für Italien, wo viele im Norden nicht weiter so für den Süden zahlen wollten, woraus die *Lega Nord* entstand. Das Geld ist ebenfalls ein wichtiger Faktor im Konflikt zwischen Nationalstaat und autonomen oder gar separationswilligen Regionen in Spanien, der sich mit Katalonien weiter zuspitzen wird. Und ähnliches gilt auch für die schottische Frage. Fast nirgendwo geht es *nur* um kulturelle, historische, »identitäre« Motive, immer geht es *auch* ums Geld. Seit den 1980er Jahren bereits sahen die Regionalisten eine Chance für ihre Vorstellung eines »Europas der Regionen«, da die Souveränität der Nationalstaaten abnehmen und die wirtschaftliche Bedeutung der Regionen zunehmen werde, so ihr Kalkül. So sind die deutschen Bundesländer wie auch die französischen Regionen in Brüssel durch eigene Büros repräsentiert.

Die europäische Entwicklung ist also auch durch eine zum Einigungsprozess gegenläufige Tendenz zur Aufsplitterung gekennzeichnet, noch nie gab es so viele Staaten, so viele Grenzen in Europa, echte und gewünschte, zwischen den Staaten und auch innerhalb der Staaten. Doch es ist nicht nur eine Renationalisierung des politischen Denkens und Handelns sondern auch eine Rückbeziehung auf das Nahe und Nächste unterhalb der Nation in Zeiten der Bedrohung aus der Ferne. Die Globalisierung erzeugt generell ihren Widerpart im Rückzug auf das Lokale. Das berühmte Wort vom »globalen Dorf«, von Marshall MacLuhan bereits 1962 geprägt, könnte so noch eine ganz ungewollte neue Bedeutung erfahren.

Aufstieg und Dekadenz

Somit erscheint der Titel von David Engels Buch, *Auf dem Weg ins Imperium. Die Krise der Europäischen Union und der Untergang der römischen Republik – Historische Parallelen*, zunächst unverständlich, ist doch die EU alles andere als ein Imperium und weniger denn je auf dem Weg dahin. Engels zieht keinen Vergleich zum Untergang des Römischen Imperiums, wie andere Autoren, sondern zum Untergang der römischen Republik, und die Formel »auf dem Weg ins Imperium« meint hinsichtlich der EU den Demokratieverlust: »ein weitgehend machtloses Parlament« (wie der römische Senat in der Kaiserzeit), »eine Verstrickung von Legislative und Exekutive« (wie schon in der späten Republik durch einen »republikanisch verbrämten Dirigismus« und dann ganz offen in der Kaiserzeit), »eine immer stärker in das politische Vakuum eindringende Technokratie etc.« (wie der »Aufstieg oligarchischer und technokratischer Gruppen« und die faktische Okkupation der Verwaltung durch die sich nach außen abschottende politische Elite der *nobilitas*), und schließlich eine Entpolitisierung der Bevölkerung, denn »Demokratiedefizit und Wahlmüdigkeit hängen eng zusammen und verstärken sich gegenseitig«, heute wie damals, so dass wir nach Engels in »das Zeitalter der Postdemokratie« eintreten.[13] Und dann bedeutet die immer weitere Ausdehnung des Imperiums damals wie heute noch dialektisch seine zunehmende Schwächung im Inneren.

Das bezeichnenderweise im Europa-Verlag erschienene Buch des belgischen Althistorikers wurde international – die französische Erstausgabe erschien kurz vor der deutschen Ausgabe – sehr beachtet und durchweg positiv rezensiert. Nicht uneitel hat Engels eine lange Liste der Rezensionen auf seiner Website veröffentlicht.[14] Der Verlag vergleicht das Buch mit Oswald Spenglers *Der Untergang des Abendlandes*, die französische Präsentation hebt gleichzeitig noch hervor, dass es aber einfacher zu lesen sei als Spenglers Werk.[15] Das liegt auch daran, dass beide Bücher in Wirklichkeit überhaupt nicht zu vergleichen sind, denn Spengler unternimmt eine umfassende philosophische Untersuchung der »Morphologie der Weltgeschichte« (auch wenn er diese Untersuchung in aller Bescheidenheit nur als »Umrisse« qualifiziert), während Engels zunächst nur zwei historische Epochen vergleicht. Dabei entwickelt er zwar auch einen philosophischen Anspruch im Hinblick auf die Bewertung der heutigen Zeit, der jedoch bei ebenso radikalen wie platten Formeln einer simplen Dekadenztheorie bleibt. Der Vergleich mit Spengler appelliert an das vulgarisierte Rudimentärwissen über das Spenglersche Buch beim gebildeten Leser, der natürlich den *Untergang des Abendlandes* als Titel kennt, ohne das Buch gelesen zu haben. Darüber soll Engels in geschichtsphilosophische Höhen emporgehoben werden, zumal sein Buch auf Französisch auch *Le Déclin* (Der Niedergang), in großen Lettern geschrieben, heißt.[16] Dort erschien das Werk in einem Verlag in einer Reihe weiterer Bücher mit ähnlicher Zielsetzung, so mit der französischen Übersetzung von Sarrazins Buch, den oben erwähnten »unpassenden Betrachtungen« von Riondel über den Islam in der Schule und einem anderen jüngst erschienenen Buch von Thierry Baudet über die »unverzichtbaren Grenzen«, in Ermangelung derer »der Supranationalismus und der Multikulturalismus die Demokratie zerstören.«[17] Dieses Buch erschien wiederum in deutscher Übersetzung beim einschlägig bekannten Kopp-Verlag, so schließt sich dann der Kreis.

Vielleicht ist es auch beim Rekurs auf die Antike besser, Spengler *nicht* gelesen zu haben, der schon in der Einleitung meinte: »Es ist ein ehrwürdiges Vorurteil, das wir endlich überwinden sollten, dass die Antike uns innerlich nahesteht, weil wir vermeintlich ihre Schüler und Nachkommen, weil wir tatsächlich ihre Anbeter gewesen sind. [...] Die einen, Männer des öffentlichen Lebens vor allem, Nationalökonomen, Politiker, Juristen, finden die ›heutige Menschheit‹ im besten Fortschreiten, schätzen sie sehr hoch ein und messen an ihr alles Frühere. [...] Die anderen, Künstler, Dichter, Philologen und Philosophen, fühlen sich in besagter Gegenwart nicht zu Hause, nehmen darum in irgend einer Vergangenheit einen ebenso absoluten Standpunkt ein und verurteilen von ihm aus ebenso dogmatisch das Heute.«[18]

Engels betreibt keine klassische »Anbetung« des antiken Erbes in solch altem Stil, aber gleichwohl eine Apologie der römischen Tugenden in moderner Form, die er zum Angelpunkt für eine Bewertung sowohl der Vergangenheit wie der Gegenwart macht. Er hat es dabei geschafft, gleichermaßen vom Establishment gewürdigt zu werden – bis hin zur Laudatio, ein »Meisterstück«[19] geliefert zu haben – wie von der rechtsextremen Szene, letzteres in Form eines Interviews mit Alain de Benoist für seine Zeitschrift *Éléments*, in dem Engels präzisiert (was dann auch zur Überschrift gewählt wurde): »Europa kann seinem imperialen Schicksal nicht entweichen.«[20]

Engels vergleicht zweierlei »Dekadenzen«, die spätrepublikanische in Rom und die heutige in der EU, und findet tatsächlich viele Parallelen, die das Buch durchaus lesenswert machen. Denatalität, Immigration, multikulturelle Vermischung von allen und allem, ein leerer und formalistischer Universalismus, die Ausdehnung des Bürgerrechts auf alle, Verlust der eigenen Identität weil der alten Werte und Autoritäten und der Bildung in ihrem Sinne, dafür Gleichberechtigung der Frau, Ehebruch, Auflösung der Familie und aller traditionellen Bande, stattdessen Selbstverwirklichung und Egoismus, offene Beziehungen, Scheidung und Abtreibung, Genusssucht und Dolce Vita, dagegen steigende Armut und Kriminalität, Bandenunwesen ... – die Dekadenz auf allen Ebenen, aber eben nicht spätrömisch, sondern spätrepublikanisch und heute »postdemokratisch«. Zeitzeugen von damals gibt es zuhauf, von Cicero bis Seneca. Die Parallelisierung bekommt 2015 noch eine ungewollte Bestätigung, wenn man liest, wie seinerzeit in Rom eine »übermäßige Zahl von Fremden, die aus dem syrischen Osten kamen«, »fremdenfeindlich getönte Anklagen zahlreicher Einheimischer« hervorriefen. Sie kamen auf der Flucht aus Krisengebieten, denn »zahlreiche bewaffnete Konflikte zwischen Griechen, Juden und Ägyptern kennzeichneten den Alltag in Alexandria; im Partherreich kam es zu regelrechten Pogromen der orientalischen Einwohner gegen ihre griechischen Mitbürger; und in Palästina waren blutige Kämpfe zwischen Juden und Griechen an der Tagesordnung.« (S. 93). Doch wie so oft im Buch bleibt hier unklar, worauf sich die Beschreibungen genau beziehen, oft weiß man nicht einmal mehr, von welchem Jahrhundert die Rede ist. In »Palästina« zum Beispiel – ein übrigens anachronistischer Begriff – waren die beschriebenen Kämpfe keineswegs »an der Tagesordnung«, denn nach der Befreiung der Juden von der Fremdherrschaft der hellenistischen seleukidischen Herrscher über Groß-Syrien im sogenannten Makkabäeraufstand 167–142 v. Chr. wurde ein jüdischer Staat gegründet (164 v. Chr. Wiedereinweihung des Tempels, Ursprung des Chanukka-Festes), in dem eine nahezu einhundertjährige Periode relativen Friedens anbrach bis zur römischen Eroberung.

Der phänomenologische Vergleich ist scheinbar bestechend, weil er sich oft genug der historischen Konkretion entzieht, aber dafür den Leser in den Bann von Engels' Interpretation hineinzieht. Der Autor (geb. 1979) reiht sich da in die Kritik an den 68ern ein, mit denen der Untergang begonnen habe, da diese »die tief in der Geschichte abendländischer Ethik und Identität verankerten Werte wie ›Familiensinn‹, ›Glaube‹, ›Ehre‹, ›Pflicht‹, ›Treue‹, ›Anstand‹, ›Fleiß‹, ›Zuverlässigkeit‹, ›Ehrlichkeit‹ etc.« als »›Sekundärtugenden‹ abqualifizieren.« (S. 64). Außerdem »haben die verschiedenen Formen von Fremdenfeindlichkeit im 19. und 20. Jahrhundert mitsamt ihren verheerenden Auswirkungen die Europäer solcherart traumatisiert, dass kultureller Stolz gleichbedeutend geworden ist mit Chauvinismus und Nationalismus [...]«, eine »allmähliche Ausartung politisch korrekten Denkens zu einer wahren Selbstkasteiung«. (S. 80). Wir erkennen Module der politischen Argumentation wieder, die wir im Laufe unserer Untersuchung schon oft angetroffen haben, und es ist interessant, dass bei allen rechtspopulistischen Autoren der Antifeminismus einen besonderen Stellenwert dabei hat. Ebenso gehört ein antikapitalistischer Impuls dazu, aber natürlich nicht von links, gegen eine »neoliberale Weltordnung« und eine »materialistische Weltanschauung«, deren »gesellschaftlicher und wirtschaftlicher Egoismus« zur »allgemeinen Zerrüttung der gesellschaftlichen Ordnung« beiträgt, die dann wiederum durch die Flucht in die Massenmedien stabilisiert wird, dem heutigen Pendant zum römischen »Brot und Spiele«. Die Entwertung aller Werte, um mit Nietzsche zu sprechen (den Engels allerdings nicht zitiert), unterwirft alles einer Logik, in der die »›Selbstverwirklichung‹ fast vollständig den Gesetzen des Marktes wie auch eines menschenfeindlichen abstrakten Universalismus unterworfen ist«, »es ist die »seelische Perversität der modernen Gesellschaft« (S. 145 ff.). Der egalitaristische Individualismus – alle Individuen sind gleich, alle denken nur an sich selbst – führe zu einer De-Sozialisation, zu »einer systematischen Auflösung der Bereitschaft zur willigen Einordnung in hierarchische Komplexität«, es gibt keine »Vorbilder im Sinne der unbedingten Autoritätsfiguren des 19. Jahrhunderts« mehr, »welche lebenslange Muster für den Umgang mit Hierarchien und Mitmenschen waren.« »Das offensichtliche Wesen des Menschen wie auch seine notwendige Einordnung in eine zu allen Zeiten durch Ungleichheit ausgezeichnete Gesellschaft« wird auch in den Schulen »außer Acht gelassen«, »welche nicht mehr Wissen sondern ›Kompetenzen‹ vermitteln und sich jeglicher Staffelung der Schüler nach Leistung enthalten sollen«, während deren Eltern »meist schon genug mit ihrem beruflichen Ehrgeiz und den Sorgen ihrer diversen Patchworkbeziehungen zu tun haben, um sich tatsächlich auch noch um die Erziehung ihrer Kinder zu kümmern.« (S. 148, 232 f.).

Neben Hierarchie und Autorität, bei denen Engels natürlich schöne Vorbilder aus der Antike findet, geht es auch um einen Kulturbegriff, der an die Konzeption der Kulturmorphologie bei Oswald Spengler, Eduard Spranger, Leo Frobenius und anderen erinnert, eine »naturwissenschaftliche Kulturlehre«, die Frobenius 1921 als »Lehre von der organischen Eigenart der Kulturen« definierte.[21] Die EU-Kulturpolitik kultiviere zwar das Kulturerbe, doch halte es nicht lebendig, meint Engels, vielmehr gebe es eine »öffentliche Entsolidarisierung mit den politischen wie gesellschaftlichen Verpflichtungen unseres geschichtlichen Erbes«, denn »überall liegt aber der europäischen Kultur auch ein bestimmtes Menschenbild zugrunde, von dem universalistische und kulturunspezifische Werte wie ›Demokratie‹, ›Freiheit‹ oder ›Rechtsstaatlichkeit‹ nur oberflächliche Bestandteile sind, da das echte Wesen europäischer Kultur in dem besonderen, unnachahmlichen Sinn begriffen liegt, mit dem sie diese und viele andere Begriffsfelder im Laufe der Jahrhunderte angefüllt hat und weiter anfüllen wird.« (S. 198). Diese »oberflächlichen Werte« seien nicht monolithisch, sondern wandelbar, einer Dynamik unterworfen – wer möchte das bestreiten? Aus diesem Grunde sind sie doch gerade *nicht* oberflächlich, sondern eingebettet, doch für Engels fehlt die kulturelle Tiefe, »das allen künstlerischen Schöpfungen unterbewusst zugrunde liegende seelische Prinzip«, »die Erkenntnis [...], dass jede Kultur gänzlich unterschiedliche Menschentypen hervorgebracht hat« und somit »dem von den europäischen Einrichtungen betriebenen Menschheitskult entgegensteht.« (S. 200-203). Die »Verherrlichung des universalistischen Kosmopolitismus« führe nicht nur zu einer Verleugnung der eigenen Kultur, sondern zu »systematischer kultureller Selbstbeschimpfung« und im Gegenzug zu »grenzenloser Bewunderung alles Fremden.« (S. 207).

Dem entsprach in der Antike der Hellenismus, der schon bei römischen Autoren wie Juvenal »Abscheu gegenüber einer formlosen, universalistischen hellenistischen Zivilisation« hervorbrachte, »unter deren Firnis sich die verschiedensten orientalischen Völker, Sitten und Traditionen verbergen mochten.« (S. 214). Im Kampf zwischen dem Griechischen als hellenistischer Weltsprache und dem Latein als Sprache des Eroberers und der von ihm etablierten Verwaltung innerhalb des Römischen Reiches empfindet Engels natürlich den gleichen Abscheu darüber, dass sich das Griechische bis in die Hauptstadt verbreitete und griechische Gesandte vor dem Senat sogar ohne Dolmetscher sprechen konnten, weil die gebildeten Senatoren alle auch soweit Griechisch verstanden. Und das Latein? Die Überfremdung vor allem der Stadt Rom durch die Einwanderer, aber auch die Durchmischung der Provinzen durch

Römer (Soldaten, Veteranen, Siedlern) hat aus der noblen und komplizierten Sprache das Vulgärlatein hervorgebracht, aus dem die romanischen Sprachen entstanden sind, für Engels in Anlehnung an Ortega y Gasset (eigentlich eine ständige Referenz im Hintergrund) natürlich ein Verfall der Dichtersprache zur Sprache der Tavernen.[22] Es kam zu einer »hybriden Mischkultur«, die schon mit dem Bau der ersten Basilika in Rom begann, einem »genuin hellenistischen Architekturtypus« (S. 220).

Unzählige Belege dieses kulturkonservativen Diskurses ziehen sich redundant durch das Buch, Engels schafft es dabei, elitistische und populistische Positionen miteinander zu verbinden: Er kritisiert die gleichmacherische, universalistische Demokratie, die sich ja auch selbst zerstöre (»Postdemokratie«), aber gleichzeitig prangert er die Demokratiedefizite im Staat und vor allem in der EU an, obwohl er sie per se ablehnt; er ist gegen die absolute Freiheit des Einzelnen, nimmt aber darauf Bezug, wenn damit die EU diskreditiert werden kann; mit Ortega y Gasset verurteilt er die Herrschaft der Massen, aber macht sich gleichzeitig zu deren Sprachrohr, wenn um Plebiszite geht wie jenes in der Schweiz gegen die Minarette.

Bezugspunkt für die Stimmung in der Bevölkerung ist für Engels eine ausführliche Auswertung von Umfragen des Eurobarometers, deren Interpretation an etlichen Stellen auch ganz anders aussehen könnte. Ein Beispiel sei hierfür genannt: Zum Thema »Freiheit des Einzelnen«, »die schon in der Verfassungslehre etwa Platons und Ciceros als eine der Hauptursachen für die Entstehung des Staatswesens an sich betrachtet wurde«, konstatiert Engels: »Es ist daher nicht erstaunlich, dass derzeit 21 Prozent der Europäer die persönliche Freiheit in ihre individuelle Werteliste aufgenommen haben, doch nur 11 Prozent der Befragten die Freiheit des Einzelnen als ein Wesensmerkmal der Europäischen Union betrachten – ein Unterschied, der wohl in gewisser Hinsicht aussagekräftig für die Enttäuschung der Bürger gegenüber der Fähigkeit der europäischen Einrichtungen ist, jene persönliche Freiheit dauerhaft zu schützen und zu gewährleisten.« (S. 227).

Dass in den Köpfen der Befragten vor allem die EU die Freiheit des Einzelnen schützen solle, ist bereits eine voraussetzende Interpretation des Autors, es kann auch genau umgekehrt sein, dass nämlich viele Befragte ihre Freiheit vor allem durch ihren Nationalstaat garantiert sehen – was auch der Realität entspricht –, deswegen darin kein prioritäres Wesensmerkmal der EU erkennen und somit auch keine Enttäuschung darüber zum Ausdruck bringen. Man könnte geradezu umgekehrt schlussfolgern, dass mit 21 % der Befragten nur sehr wenige überhaupt die Freiheit in ihren Wertekanon aufgenommen haben, dies gilt auch für den Stellenwert der Demokratie innerhalb der drei wichtigsten Werte (34 bzw. 27%) (vgl. S. 248). Bei solchen Interpretationen spielt die Konzeption der Umfrage eine große Rolle (z.B. Prioritätensetzung und Auswahlmöglichkeit auf einer Liste von Items) und hierzu ist oft genug Kritik angebracht. Gleichwohl bleiben markante Kritikpunkte in Engels' Buch als solche bestehen, zum Beispiel hinsichtlich der nachlassenden Zustimmung zur EU, die wir auch schon erwähnt haben und auf die wir nachfolgend noch einmal zu sprechen kommen.

Das Buch von Engels ist ein gutes Beispiel dafür, wie Ideologie wissenschaftlich eingebettet werden kann und dadurch weniger als solche auffällt, zumal durch den historischen Vergleich, der natürlich den Reiz des Buches ausmacht und der hier, was Rom betrifft, nicht genügend behandelt werden konnte. Ein Anti-EU- und Anti-Moderne-Buch, das nur die beschriebenen Stereotypen und altkonservativ-patriarchalischen Überzeugungen (autoritär versus antiautoritär) sowie populistischen Thesen (Bürokratie, Technokratie, »Abkoppelung der politischen Elite von den Bürgern« etc., S. 254) in pauschaler Form zu Papier gebracht hätte, wäre in der Menge gleichartiger Publikationen weitgehend unbeachtet geblieben.

Das junge Europa: die Europäische Union

Europa definieren

Eine Engels entgegengesetzte und damit positive Wertung der Europäischen Union bringt Gilles Le Bail in seinem Buch *L'Europe – défaite ou défis*. Für ihn sind die *citoyenneté* (Staatsbürger zu sein) und die Demokratie die historische und aktuelle Legitimation Europas, er betont auch die Fortschritte in der Demokratisierung der europäischen Institutionen, im Vertrag von Lissabon sieht er die Begründung einer europäischen *citoyenneté:* Ein europäisches Recht hat sich etabliert durch mehrere Konventionen und die Rechtsprechung des Europäischen Gerichtshofes. Die »Demokratiedefizite« der Institutionen, konstatiert Le Bail in einer subtilen aber treffenden Kritik, wurden früher kaum angeprangert, als es den Europäern wirtschaftlich gut ging: »Solange der Integrationsprozess zum Wohl der europäischen Völker beiträgt, ist er implizit von der demokratischen Legitimität befreit. Die Vorteile des Integrationsprozesses reichen, um der Europäischen Gemeinschaft eine Legitimität zu verleihen.«[23] Es reichte dafür eine »passive Toleranz«. Erst seit der

Zunahme der Arbeitslosigkeit habe die Kritik an den »Demokratiedefiziten« befördert. Während das Europäische Parlament mehr Kompetenzen hat und auch die Kommission demokratischer zustande kommt als je zuvor, ist die generelle Kritik an der EU stärker als je zuvor. Le Bail erwähnt auch die negativen Umfragen, die die zunehmende Skepsis der Europäer zeigen: Franzosen, Briten, Italiener und andere sehen demzufolge mehrheitlich eine Schwächung ihres jeweiligen Landes durch die Integration.[24] Trotzdem übertreibt er in seinem Zweckoptimismus dort, wo die Kritiker im Negativen übertreiben. Das Buch wurde vor den Europawahlen 2014 geschrieben, verstand sich als ein Aufruf zur Wahl und kannte natürlich deren Ergebnisse noch nicht. Ansonsten fundiert der Autor sein Plädoyer für Europa mit wirtschaftlichen Daten sowohl für die innereuropäischen Beziehungen als auch für die Stellung Europas in einer globalisierten Welt. Optimistisch ist er auch für die weitere Vertiefung der Integration hin zu einer echten Gouvernance für Europa. Interessant ist dabei, dass er auf den historischen Diskurs über die europäische Identität fast ganz verzichtet und die europäische Einigung als wirtschaftlichen und politischen Prozess im Hier und Heute begreift.

Alle auf vermeintlich »ewige europäische Werte« sich berufende Europadefinitionen sind letztlich ideologischer Natur. Das politische Europa ist kein Resultat einer Erfolgsgeschichte, sondern eines Scheiterns, es ist ein Projekt der Nachkriegszeit, eine Reaktion auf die schlimmste Katastrophe, die Europa jemals erlebt hatte, und nicht zuletzt auch eine Reaktion auf den Ost-West-Konflikt, der Europa spaltete. In diesem Sinne ist »Europa« jung und nicht alt, es muss sich tatsächlich hier und heute definieren. Wenn die europäische Tradition bei Umfragen dennoch als ein starker Identifikationsfaktor benannt wird, so dann, obwohl oder auch weil diese Tradition bislang kein ausreichender Faktor für eine europäische Einigung gewesen war, weil man unbewusst diese auch als nachträglichen Wunsch für die Vergangenheit formuliert – so jedenfalls meine Interpretation. Gleichwohl bleibt diese Identität abstrakt, man kann sie nicht als historisches Fundament eines vereinten Europa benennen, sondern allenfalls als historisches Desiderat: Der traditionalistische Europadiskurs suggeriert ein Europa, das es stets als Wunsch, aber nie als Realität gegeben hat, und er kann damit sehr wohl diesen Wunsch, aber nicht die Geschichte (im Sinne des real Geschehenen) als Argument für sich beanspruchen, es sei denn im Negativen. Und so entstand der Gedanke eines neuen Europa unmittelbar nach oder sogar schon mit dem Untergang des alten Europa in der Katastrophe des Nationalsozialismus, das heißt des völkischen Denkens, des Sozialdarwinismus, des Rassenwahns und des Vernichtungskrieges –

nach dem Scheitern des quasi »ersten Durchgangs« durch den Prozess der Läuterung vom Nationalismus, den schon der Erste Weltkrieg mit sich gebracht hatte.

Der zweite in sekundärem Sinne ebenfalls traditionelle Diskurs knüpft daran an, es ist die Logik des »Nie wieder Krieg«, Europa als Friedensgarantie, eine Gemeinschaft gegen den Nationalismus. Darauf bezogen schreibt Alain Finkielkraut: »Kein Kollektiv mehr auf der Herabsetzung und Verfolgung eines anderen aufbauen: Das ist das große Versprechen des Europa nach Hitler. Als es darum ging, Bilder für die Scheine der Einheitswährung zu finden, ist daher die Wahl, wie Régis Debray feststellte, auf Synthesebilder gefallen, die Brücken darstellen. Brücken und keine nationalen Symbole. Brücken und keine Porträts, Gebäude oder Landschaften. Brücken um den Fluch der Autochthonie zu bannen. Brücken um der Determination zu entfliehen. Brücken um Mauern zu ersetzen. Brücken um der unseligen Herrschaft der Grenzen ein Ende zu setzen. Brücken um zu sagen, dass Europa kein Ort ist, sondern eine Verbindung, ein Weg, ein Übergang, und dass es, weit davon entfernt eine bestimmte Kultur zu verkörpern, sich über alle Partikularismen erhebt.«[25]

Diese schöne Erläuterung des europäischen Gedankens und seiner Symbolisierung auf dem Euro hat Finkielkraut jedoch nicht geschrieben, weil er dieser Idee folgt, sondern weil sie ihn verfolgt: Die »Desidentifizierung« der Nationen und der Individuen durch die Europäisierung bringe den Untergang, nicht den Fortschritt. Régis Debray hatte dies in der Tat gleich gesehen, als die Euros erstmals der Öffentlichkeit präsentiert wurden:

»Was sieht man auf den zukünftigen Scheinen, deren Muster eben enthüllt wurden? Vorderseite, ein Fenster. Rückseite, eine Brücke. Fenster und Brücken symbolisieren den Geist der Öffnung; und die Brücken den Gedanken der Kommunikation. [...] Kein Mensch, keine Gestalt auf den Übergängen, unter den Bögen, die zwischen Himmel und Erde gespannt sind, Phantomen gleichende Erscheinungen (Pfeiler und Säulen stehen in der Leere). Kein Eigenname, kein Porträt, keine Devise. Keine Landschaft. Kein Datum, kein Ort. [...] Eine fleischlose Symbolik. Virtuelle Monumente für ein virtuelles Europa. Nullachtfünfzehn-Piktogramme. Zeichen ohne Kontext, die eine Wirtschaftszone bezeichnen ohne historische Ambition noch moralische Werte, die man einforderte. [...] Es ist das Euroland als no man's land, no sight's land, a land of nowhere. [...]«[26]

Wir brechen hier die Litanei ab, die gleichwohl nicht der literarischen Qualität entbehrt. Auf den Scheinen fehlen die politischen und kulturellen Köpfe Europas, dahinter steckt jedoch, so ist zu befürchten, weniger ein kluger Kopf um genau dies zu verhindern und stattdessen ein leeres, ein blutleeres Europa zu zeichnen, als vielmehr das pragmatische, aber symptomatische Problem, dass sich die Euroländer nicht darauf hätten einigen können, welcher Kopf aus welchem Land auf welchen Schein darf oder nicht, es hätte nicht einmal genug Scheine für die Euro-Teilnehmer gegeben, also mehrere Köpfe auf einen Schein? Usw. Was Debray und Finkielkraut nicht sagen, ist, dass für die Euro-Münzen dagegen eine elegante Lösung gefunden wurde, die jedem Mitgliedsland auf der Rückseite sein eigenes Motiv lässt.

Wenn es in der politischen Europadiskussion um Ideale, Visionen geht, um das europäische Selbstverständnis, wird von allen Seiten jedoch stets ausgeblendet, dass die Keimzelle der Europäischen Union zwar 1952 mit einer Friedensvision entstanden ist, aber doch von Anfang an nicht auf eine Utopie, sondern auf sehr praktische Dinge konzentriert war. Sie war und ist nicht nur eine Vereinigung um alles gemeinsam zu regeln, sondern zuvorderst ein Gemeinsamer Markt, wo alle miteinander konkurrieren, unter möglichst gleichen Bedingungen zum erwünschten Vorteil für alle.

Deutsche Hegemonie oder europäische Demokratie?

Die Ideologisierung der Debatte scheint einer ernsthaften Diskussion um das reale Problem kaum noch Raum zu geben, sondern nur noch zum Schlagabtausch des Rechthabenwollens zu führen. Dabei melden sich auch manche Experten zu Wort, die hier Gelegenheit finden, ihre linke Überzeugung in einem Medium einmal richtig aussprechen zu können, das es nicht so genau nimmt wie das wissenschaftliche Establishment. Perry Anderson brauchte seine politische Position als ehemaliger Herausgeber der *New Left Review* nicht mehr unter Beweis stellen, bekam aber im Dezember 2012 in *Le Monde diplomatique* die Gelegenheit für einen Beitrag, der in der englischen Ausgabe »Europe speaks German« heißt (Volker Kauder bleibt unvergessen!) und in der französischen »L'Europe face à l'hégémonie allemande«[27] (»Frankreich angesichts der deutschen Hegemonie«), während er in der deutschen Ausgabe nicht erschien, vielleicht wegen der einleitenden, absolut vernichtenden Kritik am bislang letzten Essay von Jürgen Habermas zu Europa?[28] Anderson legt in einigen Sätzen dar, dass der deutsche Kapitalismus ganz Europa unterjoche: die neuen EU-Mitgliedstaaten, die Teil »der nach Osten erweiterten deutschen Wirtschaft« geworden sind, sowie die südeuropäischen Staaten, denen durch deutsche Exporte dank Niedriglöhnen die Konkurrenzfähigkeit genommen wurde, so dass Deutschland einen »immer größeren Teil der Märkte der Eurozone an sich riss«, wobei »der Kompetitivitätsverlust der lokalen Märkte betäubt wurde durch den Zufluss billigen Kapitals mit in der Währungszone virtuell uniform festgelegten Zinssätzen, den Regeln entsprechend, die Deutschland aufgezwungen hat.« Nichts weniger als das ... Aber der deutsche Kapitalismus habe auch Deutschland unterjocht und »den Gewerkschaften mit der Drohung der verstärkten Delokalisierung nach Polen, Tschechien, in die Slowakei oder noch weiter weg eine Lohndrückung ohnegleichen aufgezwungen.«

Von allem Genannten ist an letzterem etwas dran (aber ohne die daraus gezogene Schlussfolgerung), weswegen ja die SPD – einst unter Kanzler Schröder mit seiner Agenda 2010 »Erfüllungsgehilfe des Kapitals« (weiter im linken Jargon gesprochen) – in der Großen Koalition dann den Mindestlohn durchsetzen konnte. Deutschland stand in der Ära Schröder wirtschaftlich schlecht da: Wer erinnert sich noch an den von der CDU bei jeder Gelegenheit wiederholten Spruch von der »roten Laterne« in Europa? Die Arbeitslosigkeit wurde gewiss dadurch gesenkt, dass man das seither so genannte Prekariat nach dem Prinzip der kommunizierenden Röhren ausdehnte: je weniger Arbeitslosigkeit, desto mehr Prekariat. Übrigens ein sprachlicher Import aus Frankreich: »emplois précaires« sind prekäre Beschäftigungsverhältnisse, das Substantiv »précariat« hat sich ungefähr zur selben Zeit gebildet wie das Fremdwort im Deutschen.

Anderson liegt damit auf derselben Linie wie die bereits erwähnten linken Wirtschaftswissenschaftler Flassbeck und Lapavitsas in ihrem Manifest *Gegen die Troika*. Im Kapitel »Deutschland als Quelle der Eurozonenkrise« legen sie ebenfalls dar, dass politischer Druck auf die Gewerkschaften ab 1997 mit Zurückhaltung bei den Lohnforderungen und Zugeständnissen an Flexbilität die durch die Wiedervereinigung entstandenen Probleme lösen sollten. Angesichts der beschlossenen Europäischen Währungsunion mit ihrer Begrenzung der Neuverschuldung, eine conditio sine qua non der deutschen monetaristischen Philosophie, durfte der steigenden Arbeitslosigkeit nicht keynesianisch, also durch deficit spending, begegnet werden. Die beiden Autoren zeigen dann im europäischen Vergleich auf: »Die meisten Länder in Südeuropa hatten ein Wachstum der Nominallöhne, das nur leicht aber dauerhaft höher war als das Wachstum der volkswirtschaftlichen Produktivität plus des allgemein zugestandenen Inflationsziels von 2 %. Frankreich war das einzige Land, das exakt im Ziel für den Nominallohnzuwachs lag. Französische Löhne stiegen auf einer Linie mit der Produktivität plus dem Inflationsziel der EZB von ungefähr 2 %.« Demgegenüber »blieben die nominalen Lohnstückkosten, der wichtigste Faktor für Preise und Wettbewerbsfähigkeit, im Wesentlichen flach seit dem Start des Europäischen Währungssystems.«[29] Die Preissteigerungsrate in Deutschland lag jedoch mit durchschnittlich 1,6 % (2000-2005) um 0,6 % unter dem Eurozonendurchschnitt von 2,2 %, Griechenland mit 3,5 %, Portugal mit 3,2 %, Spanien mit 3,2 % jedoch nicht nur leicht, sondern erheblich über der Vorgabe der EZB.

Nicht, dass die Steigerung der Löhne in den Südländern höher war als der Produktivitätszuwachs, ist für Flassbeck/Lapavitsas der Urgrund für die Eurokrise, sondern dass sie in Deutschland darunter lagen. Deswegen, füge ich hinzu, konnte Deutschland seine Exporte aufrechterhalten, obwohl es in den betreffenden Exportbranchen im europäischen Vergleich nach wie vor ein *Hochlohnland* ist. Der zweite Schuldige für die beiden Autoren ist die EZB-Vorgabe einer Inflationsrate von 2 %, die sich stattdessen an das Niveau der Südländer hätte angleichen sollen.[30] Die Euro-Politik hätte also dem Schuldenniveau der höchst Verschuldeten und der Preissteigerung der höchsten Inflationsrate folgen sollen, mit anderen Worten: Griechenland hätte zum Maßstab genommen werden sollen – so die Schlussfolgerung, die sich für den Leser daraus ergibt. Während sich die Exporte Deutschlands verbesserten, verschlechterten sich die der anderen Länder, zum Beispiel Frankreichs und Italiens. »Kurz und gut, Deutschland hat eine Politik des ›Bettele bei deinem Nachbarn‹ durchgezogen, aber erst nach dem ›Bettele beim eigenen Volk‹ durch das grundsätzliche Einfrieren der Löhne. [...] Es ist ein Bestandteil der Keynesianischen Theorie, dass ›Betteln‹ beim Nachbarn eine erfolgreiche Strategie sein könnte, solange die Handelspartner diese Form des Wirtschaftsimperialismus akzeptieren und keine Abwehrmaßnahmen ergreifen.«[31] Durch die Währungsunion konnten die geschädigten Länder jedoch die üblichen Abwehrmaßnahmen (Abwertung der Währung) nicht mehr ergreifen und waren so dem deutschen Raubtier ausgeliefert... Dass Deutschlands Exportüberschuss inakzeptabel sei, hat im April 2017, wie oben schon erwähnt, auch die IWF-Chefin Lagarde bekräftigt, nur einen Tag nach Macrons entsprechener Äußerung im Präsidentschaftswahlkampf.

Die Politik Schröders, die Agenda 2010, die Kungelei zwischen Arbeitgebern und Gewerkschaften, die eher den Konsens als den Dissens suchten – das kann man alles gewiss kritisieren, wenn man will, aber die gesunkenen Lohnstückkosten zum Beispiel bei VW oder Daimler haben nicht Spanien, Portugal, Irland oder eben Griechenland in die Schulden getrieben, die verbesserte Konkurrenzfähigkeit ist dagegen ein echtes Problem ausgerechnet für den wichtigsten politischen und wirtschaftlichen Partner, Frankreich, wobei die deutschen Lohnstückkosten insgesamt immer noch leicht höher sind als die französischen, während die italienischen um einiges höher als die deutschen liegen. Italien könnte also ein Geschädigter im Sinne Andersons sein, wenn es nur um diese simple Rechnung ginge. Die Rede ist wohlgemerkt von den Lohnstückkosten, nicht von den Löhnen, denn in die Lohnstückkosten gehen auch noch andere Faktoren ein (Arbeitszeit, Produktivität, Sozialkosten für den Arbeitgeber usw.). Ansonsten hatten nur Norwegen und Großbritannien (im fünften Jahr konservativer Regierung) höhere Lohnstückkosten, wie vom Institut der Deutschen Wirtschaft, einem Institut des »Kapitals«, mit einschlägigen Statistiken zum Jahreswechsel 2014/15 dargelegt wurde, um gegen die Einführung des Mindestlohns zu protestieren.[32] Doch in der Argumentation dafür unterlag man beim IW dem gleichen Trugschluss in der Sache wie Anderson & Co.: Der Mindestlohn wurde ja nicht wegen deutschen Dumpinglöhnen im *internationalen* Vergleich eingeführt, wo sie ja gar keine Dumpinglöhne sind, wie das IW nachweist, sondern wegen Dumpinglöhnen im *nationalen* Vergleich und damit auch gegen die Anwerbung osteuropäischer Billigarbeiter sowie mit dem sozialpolitischen Argument, dass man von seiner Arbeit auch angemessen leben können muss.

Der Kompetitivitäts-Topos bezieht sich bei vielen, die damit argumentieren, nur auf Vergleiche nominaler Lohnentwicklungen (Steigerungsraten), wo Deutschland in der ersten Dekade 2000 tatsächlich ein fast stagnierendes Lohnniveau verzeichnete. Man lässt dabei aber unter den Tisch fallen, welche realen Löhne (inkl. Kaufkraftberücksichtigung) bezahlt werden: Größere Steigerungsraten von Irland bis Spanien führen noch lange nicht zu gleichen Löhnen und Lohnstückkosten, verringern aber die Differenz zu Deutschland. Was ist daran schlecht? Die Angleichung der Lebensverhältnisse ist ein erklärtes Ziel innerhalb der EU, allerdings kann dies nicht über die permanente Verschuldung des Staatshaushalts erfolgen.

Für Anderson ist das Grundübel, dass die EU »keine Schicksalsgemeinschaft« ist, denn eine solche müsste eine Transferunion sein wie in den USA (!), so sei sie aber nur ein »Schein von Föderalismus«. Abgesehen davon, dass man sich fragt, was der Begriff Transferunion für die USA eigentlich bedeutet, wird in dieser ganzen Debatte geflissentlich übersehen, dass es EU-Fördermittel von jährlich 137 Mrd. Euro gibt, deren größter Anteil den bedürftigen Ost- und Südländern sowie Irland zugutekommt. Griechenland gehörte traditionell mit Estland und Lettland zu den proportional am meisten von der EU-Förderung profitierenden Ländern, und »die Mitgliedstaaten, die von der Krise in Mitleidenschaft gezogen wurden (Griechenland, Portugal und Spanien), wurden 2012 am stärksten aus dem EU-Haushalt gefördert.«[33] Mit dem dritten Hilfspaket bekam Athen erneut mehr als 35 Mrd. Fördermittel (wohlgemerkt keine Kredite) bis 2020, das sind jährlich ca. 7 Mrd. und entspricht 8,75 % der Staatseinnahmen von ca. 80 Mrd. (Haushalt 2014). Statt des Transfers, so jedoch Anderson, gab es »Austeritätsprogramme für die südeuropäischen Staaten als Diktat von Deutschland an der Spitze einer Reihe kleinerer nordeuropäischer Staaten«. Deutschland sei der Ursprung der Eurokrise und wenn es sich nicht politisch durchgesetzt hätte, »hätte es sich auf noch brutalere Weise [...] über den Markt durchgesetzt«, zitiert Anderson sich selbst mit einer Prophezeiung aus seinem Buch von 2011.[34] Als Fundus für seine Tirade gegen Deutschland zitiert Anderson dann noch den oben zitierten Artikel von Christoph Schönberger im *Merkur*, »der wichtigsten deutschen Meinungszeitschrift«, wie Anderson meint, und dessen Theorie der notwendigen Hegemonie Deutschlands, so wie natürlich Kauders Spruch »Europa spricht jetzt deutsch«, nicht fehlen darf. Und Anderson fragt sich, warum sich Frankreich, entsprechend Schönbergers Vergleich mit der deutschen Einigung 1871 durch die preußische Hegemonie, nun quasi auf das Niveau eines Bayern gegenüber Bismarck herunterziehen lässt.

Einen noch weiteren ideologischen Horizont spannte der an der Londoner Universität lehrende, aus Slowenien stammende, psychoanalytische Gesellschaftskritiker Slavoj Žižek in der *Zeit:* »Der Kampf, der sich vor unseren Augen abspielt, ist der Kampf um die europäische ökonomische und politische Leitkultur. Die EU-Mächte stehen für den technokratischen Status quo, der Europa seit Jahrzehnten lähmt. [...] Nur eine neue ›Ketzerei‹ (wie sie Syriza gegenwärtig darstellt) kann retten, was am europäischen Erbe der Rettung wert ist: die Demokratie, das Vertrauen in die Menschen, die egalitäre Solidarität... Das Europa, das gewinnen wird, wenn es gelingt, Syriza auszubremsen, ist ein ›Europa der asiatischen Werte‹ – was natürlich nichts mit Asien zu tun hat, dafür aber alles mit der eindeutigen und unmittelbaren Tendenz des zeitgenössischen Kapitalismus, die Demokratie auszuhebeln.«[35]

Natürlich haben die »asiatischen Werte« nichts mit Asien zu tun... sagt der Psychoanalytiker, der genau weiß, wie das Unterbewusste funktioniert, und auf so plumpe Weise meint, eine neue, linke Variante der »Gelben Gefahr« aus der Kolonialära ins Bewusstsein setzen zu können. Tatsächlich gab es auch im Marxismus eine Debatte über Asien, nämlich über die »asiatische Produktionsweise«, in der Marx ein asiatisches Spezifikum der gesellschaftlichen Entwicklung erkannte, die sich vom europäischen Weg unterschied und eben nicht zum Kapitalismus führte. Karl August Wittfogel erweiterte diese Theorie zur »asiatischen« oder »orientalischen Despotie«[36], womit er an einen alten abendländischen Mythos von der Gegenüberstellung zwischen athenischer Demokratie und persischer Despotie anschloss, der im kolonialen Diskurs gegenüber Asien, speziell China, fortgeführt wurde[37], und womit Wittfogel eine linke Variante der Analysen von Max Weber entwickelte. Die »asiatischen Werte« erinnern zudem ganz deutlich an Samuel Huntingtons Analyse des Clash of Civilizations.[38] Schon seit längerem ist abzusehen, dass das kapitalistische China zur größeren Bedrohung für die westliche Welt würde, als es das maoistische China war.[39] Konfuzius ist die Gefahr, nicht Mao! Mit den »asiatischen Werten« des Kapitalismus ohne Demokratie schließt Žižek daran an und kommt nun tatsächlich zu der Auffassung, dass sich Europa diesen »asiatischen Werten« unterwerfe.

Zurück zur Rolle Deutschlands in Europa. Auch der verstorbene, international renommierte Soziologe Ulrich Beck hat in seinem 2012 erschienenen Buch *Das deutsche Europa – Neue Machtlandschaften im Zeichen der Krise* die neue deutsche Hegemonie sehr kritisch beurteilt. Symptomatisch für dessen Rezeption in Frankreich ist, dass die französische Edition aus diesem ohnehin schon kritischen Buch mit der Übersetzung eine verschärfte Version daraus gemacht hat, was sich bereits im Titel zeigt: »Non à l'Europe allemande« (Nein zum deutschen Europa), mit einem über das ganze Cover gezogenen »NON« und der zum Untertitel hochgezogenen Überschrift des letzten Abschnitts der Buches: »Vers un printemps européen?« (Vor einem europäischen Frühling?). Im Vorwort schreibt Beck: »Europa ist deutsch geworden. Niemand hat das intendiert, doch angesichts des möglichen Zusammenbruchs ist die Wirtschaftsmacht Deutschland in die Position der entscheidenden politischen Großmacht Europas ›*hineingeschlittert*‹«.[40] In der französischen Fassung heißt es dagegen, rückübersetzt (möglichst nahe am Wortlaut): »Die deutsche Wirtschaftsmacht hat sich *nach und nach* auf der politischen Ebene als die größte Entscheidungsinstanz in Europa *positioniert.*«[41] (alle Hervorheb. von mir). Aber »hineingeschlittert« und »hat sich nach und nach positioniert« ist wahrlich nicht dasselbe: Das erste ist unwillentlich, das zweite gewollt, der Unterschied könnte kaum größer sein.

Eine schludrige Übersetzung? Vielleicht, wenn man nicht immer wieder in den Passagen, die konkret Deutschland betreffen, auf das gleiche Phänomen stieße. So in der Überschrift des Einleitungskapitels: »Deutschland vor der Entscheidung über Sein oder Nichtsein Europas« (S. 9), was dies als objektive Situation formuliert, der französische Text dagegen als deutschen Willen: »Deutschland macht sich daran, über das Schicksal Europas zu entscheiden.«[42] Im Zuge einer Aufzählung von in der deutschen political correctness erlaubten und nicht erlaubten Formulierungen (z.B. »Macht« sei verpönt und werde durch »Verantwortung« ersetzt) zitiert Beck dann als Standardformel des Polit-Sprech: »Deutschland übernimmt ›Verantwortung‹ für Europa« (S. 10), woraus im Französischen wird: »Deutschland ist jetzt für Europa verantwortlich«[43] – ein hegemonialer Anspruch, den Beck an dieser Stelle der deutschen Regierung gar nicht in den Mund legt.

Die neue »Machtlandschaft in Europa« definiert Beck am Beginn dieses Kapitels mit dem Bild: »Die europäische Union spricht mit vielen Stimmen [...]. Bis vor kurzem war es üblich, über diese Kakophonie zu lästern, doch plötzlich hat Europa ein Telefon. Es steht in Berlin und gehört – zur Zeit – Angela Merkel.« (S. 40). Auch hier spitzt dies der französische Text zu: »[...] aber wenn eine Entscheidung zu fällen ist, muss man natürlich in Berlin anrufen, und – zur Zeit – ist es Angela Merkel, die den Hörer abnimmt ... *und entscheidet.*«[44] (Hervorheb. von mir).[45]

Im Falle des Buches von Ulrich Beck wird so einer gewiss kritischen, sehr kritischen Schrift, aber über weite Strecken auch objektiven Analyse der europäischen Entwicklung ohne ständige Schuldzuweisung auf Deutschland, mit wenigen, aber strategischen Veränderungen in der Übersetzung gleich von Anfang an die Tonalität einer Kampfschrift gegen den neuen deutschen Imperialismus verliehen. Becks Kritik gilt einer Politik Merkels, die von einer objektiv gegebenen Situation zu ihrem eigenen Vorteil profitiert, dies ausnutzt etc., nicht aus einer voluntaristischen Eroberungsstrategie heraus. Seine These liegt zwischen der des *Hegemons wider Willen* und der des *willentlichen Hegemons.*

Eine ähnliche Position bezieht Arnaud Leparmentier, stellvertretender Chefredakteur von *Le Monde,* allerdings kritisch gegenüber Deutschland *und* Frankreich, und mit dem spezifischen Interpretationsmodell, die europäische Entwicklung ganz in Bezug auf das deutsch-französische »Traumpaar« zu interpretieren. Für ihn ist die heutige dominante Rolle Deutschlands ein Ergebnis der seit längerem existierenden Schwäche Frankreichs, ihre Beziehung ein dialektisches Verhältnis: »Die Deutschen sind heute vom selben Syndrom befallen wie die Franzosen. Jahrzehntelang sahen Letztere Europa als ein Frankreich im Großen. Von ihrer Vorbildlichkeit überzeugt, wollen die Deutschen, ohne sich dessen wirklich bewusst zu sein, ein Europa nach ihrem föderalen Modell durchsetzen.«[46] Frankreich konnte in der Frühphase des europäischen Einigungsprozesses eine dominante Rolle spielen, weil die Bundesrepublik politisch und moralisch gehandicapt war, die Umkehrung des Verhältnisses nach der Wiedervereinigung ist aber nicht nur, wie viele andere meinen, eine Art Revanche, sondern vielmehr ein Auffüllen des zunehmenden Unterdrucks, den die französische Schwäche im politischen Zentrum Europas hinterlässt. Deswegen greifen auch die gegen die neue deutsche Hegemonie getroffenen Maßnahmen nicht wirklich, vor allem der Euro als Überwindung der Macht der Bundesbank aufgrund ihrer Geldpolitik gegenüber den anderen Volkswirtschaften. Leparmentier listet minutiös alle französischen und deutschen Versäumnisse seit der Euro-Einführung auf, wobei für ihn schwerer wiegt, dass ein französischer Premierminister (Jospin, unter der Kohabitation mit Chirac) und drei französische Präsidenten (Chirac, Sarkozy, Hollande), einer nach dem anderen, dasselbe versprachen und nicht gehalten haben (nicht halten konnten): wirtschaftliches Wachstum zur Lösung der Schuldenproblematik, während Deutschland unter Kanzler Schröder zwar auch finanzpolitisch die selbst aufgestellten Regeln (3 %-Limit) nicht eingehalten hat, sich dann aber soweit aus der Krise herausgezogen hat, dass es sich nun als Musterknabe darstellen kann.

Vertiefung der Integration?

Doch es gibt auch Kritiker der deutschen Politik in der Euro-Krise, die, wie Fischer und Habermas, in einer Vertiefung der EU die Lösung sehen: »Die Währungsgemeinschaft bleibt instabil, solange sie nicht um eine Banken-, Fiskal- und Wirtschaftsunion ergänzt wird. Das bedeutet aber, wenn wir die Demokratie nicht unverhohlen zur Dekoration erklären wollen, den Ausbau der Währungsgemeinschaft zu einer politischen Union«, sagt Habermas.[47] Das entspricht doch genau den Vorstellungen von Schäuble, wie er sie schon 1994 im »Schäuble-Lamers-Papier«[48] zum Ausdruck gebracht und, allerdings recht vage, 1999 im »Schäuble-Papier«[49] sowie dann konkreter im zweiten »Schäuble-Lamers-Papier«[50] von 2014: Ein Kern-Europa, gegen das 1994 heftig protestiert wurde, das sich dann jedoch in der Eurozone verwirklichte, sowie eine Vertiefung der Integration innerhalb dieser Zone im politischen Bereich und in der Finanz- und Fiskalpolitik – eine Vertiefung, die sich auch institutionell niederschlagen sollte, in einem europäischen Finanzministerium oder einem »EU-Haushaltskommissar, der nationale Haushalte zurückweisen kann, wenn sie nicht den von uns gemeinsam vereinbarten Vorschriften entsprechen«, sowie in einem Eurozonenparlament.[51]

Das ist der perfide Plan Schäubles zur Unterwerfung Europas, schrieb Varoufakis nach seinem Rücktritt vom Ministeramt. Er wolle »Griechenland aus der Eurozone drängen, um Mitgliedsstaaten zu disziplinieren, die sich seinem ganz speziellen Plan zum Umbau der Eurozone widersetzen.« Dies erfolge im Konzert mit der EZB, es gehe darum, der griechischen Regierung »die Luft abzuschnüren«, Schäubles Plan einer politischen Union widerspreche den Grundprinzipien einer demokratischen Föderation, dazu gehöre die Konfusion zwischen Staatenbund und Bundesstaat bei Schäuble. Ein Staatenbund, der die EU sei, habe kein Recht zur Oberaufsicht über die Einzelstaaten, auch der Eurogruppenvorsitzende könne sich keine solche Pseudolegitimität anmaßen. Varoufakis spricht durchaus richtig die Versäumnisse bei der Einführung des Euro an, aber nicht, weil er dies beklagt (wie Schäuble), sondern weil er gar nichts anderes will, das heißt keine engere Union. Doch ist die Eurozone längst nicht mehr nur ein Staatenbund, eine gemeinsame Währung macht daraus nolens volens mehr, aber kein Eurogruppenvorsitzender entscheidet diktatorisch über ein Mitgliedsland, sondern die Mitgliedsländer entscheiden in demokratischer Abstimmung darüber.

Schäubles für Varoufakis so perfider Plan zur Unterwerfung der Euro-Staaten unter einen Haushaltskommissar existiert jedoch gar nicht – das Gegenteil von dem, was Varoufakis behauptet, ist wahr, denn in dem Schäuble-Lamers-Papier 2014, auf das sich Varoufakis als Hauptquelle bezieht, geben die beiden Autoren zu, dass ihr Plan gar nicht realisierbar ist: »Die meisten Mitgliedstaaten sind heute jedoch nicht zu einer weiteren Übertragung der Kompetenzen auf Europa bereit. Insofern schließt sich hier der Kreis zu den hitzigen Debatten von 1954 [Römische Verträge] und 1994 [Maastricht; erstes Schäuble-Lamers-Papier] über europäische Politik.«[52] Kein Manifest der Unterwerfung der Eurozone unter einen im Auftrag Deutschlands handelnden Kommissar, sondern das Eingeständnis des Scheiterns der Pläne von Schäuble. Deswegen rufen Schäuble und Lamers 2014 zur weiteren Abstimmung zwischen den Euroländern in den bestehenden Strukturen auf und zu nichts anderem.

Joschka Fischer bewegt sich in seinem Buch *Scheitert Europa?* quasi ständig zwischen Varoufakis und Schäuble, zwischen einer Kritik am Austeritäts-Diktat der Nordeuropäer und namentlich Deutschlands über die Krisenstaaten im Süden auf der einen Seite, und der Forderung nach der im Vertrag von Maastricht versäumten politischen Union auf der anderen, der »notwendigen Vergemeinschaftung von politischer Macht – sprich: Zentralisierung«, stattdessen gebe es »Verpflichtungen auf dem Papier anstatt echte Zentralisierung«.[53] Aber was würde eine zentralisierte Macht denn anders entscheiden? Wer würde sie bilden, welche Rolle hätten die Nordeuropäer und die Deutschen darin? Was wäre denn anders, wenn diejenigen, die jetzt mühsam Entscheidungen durchbringen können, dies zentralisiert viel leichter könnten? Es wäre alles viel schlimmer, weil der Vorwurf der Diktatur mit viel größerem Recht erhoben werden könnte, wenn »die Macht zentralisiert« wäre. Hier werden verschiedene Ebenen vermengt, nämlich Institutionen und Politik (im Sinne politischer Entscheidungen, Überzeugungen usw.). Während es um die Inhalte der Politik geht, werden Verfahrensweisen und institutionelle Strukturen diskutiert, wobei paradoxerweise das beklagte *Demokratiedefizit* mit der *Zentralisierung von Macht gelöst* werden soll! In Wirklichkeit beklagt Fischer, dass eine gemeinsame Euro-Rettungspolitik nicht stattgefunden habe, weil sich Deutschland der Schuldenvergemeinschaftung verweigere, und sei es in der noch relativ moderaten Form von Eurobonds.[54] »Das heißt aber, dass all die ›deutschen Tabus‹ – Transfers innerhalb der Währungsunion, gemeinsame Altschuldenregelung, gemeinsamer Neuschuldenmechanismus mit gemeinsamer Haftung, echte Bankenunion und Fiskalunion – keinen Bestand werden haben können, wenn die Krise überwunden werden und die Währungsunion zugleich Bestand haben soll.« Als zentrale, aber unabhängige Entscheidungsinstanz, als »gemeinsame Legitimität«, »Ausdruck europäischer Selbst- und nicht als nationale Fremdbestimmung verstanden«, schwebt Fischer vielleicht so etwas wie die jetzige EZB unter Draghi vor, die sich glücklicherweise von ihrem deutschen Vorbild der Bundesbank gelöst und sich in Richtung amerikanischer FED oder Bank of England bewegt habe, quasi »eine Art *Ersatzregierung* der Eurogruppe.«[55] Die deutsche Ablehnung der Eurobonds mag man bedauern, die Politik Draghis, namentlich seine theatralische Ankündigung der Rettung des Euros durch Aufkauf von Staatsanleihen, begrüßen, doch die von Fischer vorgeschlagene Schaffung zentralisierter Institutionen kann doch logisch nur bedeuten, dass Fischer davon ausgeht, in einer »zentralisierten Macht« hätte Deutschland nichts mehr zu sagen oder eben nicht mehr als jeder andere, wie in der EZB, und könne sich somit nicht mehr durchsetzen. Ist das wirklich ernst gemeint oder nur unüberlegt? Für solch eine Übertragung von Souveränität, das haben die Klagen Gauweilers vor dem BVG immerhin an Klärung bewirkt, wäre eine Verfassungsänderung notwendig und zwar eine ganz grundsätzliche Änderung, bedürfte also nicht nur einer Zweidrittelmehrheit in Bundestag und Bundesrat, sondern politisch auch der breiten Zustimmung in der Bevölkerung. All dies gehört zu den sinnlosen und irreführenden Diskussionen, weil es unrealistischer ist denn je, dass es dazu kommt, und zwar nicht nur in Deutschland sondern auch in jedem anderen EU-Land.

Schäuble und Lamers weisen zu Recht darauf hin, dass solche Vorstellungen weiterer Integration von den anderen europäischen Partnern abgelehnt werden. Dass Schäuble selbst im Nachgang zu den Verhandlungen mit Griechenland im Sommer 2015 die Rolle der EU-Kommission und vor allem Junckers kritisierte[56], zeigt jedoch, dass auch er nur starke zentrale Instanzen will, wenn sie ihm politisch genehme Entscheidungen treffen. Das gleiche gilt umgekehrt für die im Juli 2015 von François Hollande und Ende August von seinem Wirtschaftsminister Macron in Deutschland vorgestellte Idee einer weiteren Vertiefung der EU im Euroraum durch eben die altbekannte Idee eines Euro-Finanzkommissars und weiterer zentraler Institutionen. Offenbar sahen sich die Franzosen dabei selbst als dafür prädestiniert, den Finanzaufseher zu stellen. Die damit verbundene Idee wurde jedenfalls klar zum Ausdruck gebracht: eine Transferunion: »Das erfordert auch in Deutschland Tabus zu brechen. Wenn die Mitgliedstaaten zu keiner Form von Finanztransfer in der Währungsunion bereit sind, kann man den Euro und die Eurozone vergessen.«[57] Im Kontext ging es um Griechenland, im Monat zuvor hatte Macron von einem »Versailler Vertrag der Eurozone« gegenüber Griechenland gewarnt.[58] Kannten Hollande und Macron Deutschland so schlecht oder hatten sie so schlechte Berater? Wäre gut möglich, wenn man den ersten Teil des oben schon erwähnten Buches von Odile Benyahia-Kouider, *L'Allemagne paiera* (Deutschland wird zahlen), liest, wo sie eindrucksvoll an Beispielen darlegt, wie unfähig solche »Deutschlandexperten« als Berater sein können. Applaus gab es in Deutschland bezeichnenderweise von der Linken und von den Grünen, die sich in der Opposition langsam auf fast identische euro-politische Positionen geeinigt haben. Zuhause war dieser in seinen Chancen damals illusorische aber auch in der Sache offenbar substanzlose Vorschlag – wie sollte denn der Finanzkommissar gewählt werden, welche Politik sollte er verfolgten, wer verfügte über das Geld? – nur noch mehr Wasser auf die Mühlen der Europagegner, die gegen jede Vertiefung der Union sind. Macron nahm das dann auch in sein Wahlprogramm auf, allerdings diplomatischer und vielleicht seriöser, wenn auch nach wie vor unkonkret, wonach nämlich ein Parlament, ein Budget und ein Wirtschaftsminister für die Eurozone geschaffen werden müssten. Die Teilnahme daran verpflichte jedoch die Einhaltung gemeinsamer Fiskal- und Sozialregeln.[59] Was das konkret bedeutet, darauf darf man gespannt sein.

Welches Demokratiedefizit?

»Demokratiedefizit« ist ein inzwischen etabliertes Anti-EU-Schlagwort, das sich so verselbstständigt hat, dass man gar nicht mehr erklären muss, was damit eigentlich gemeint ist. Es findet sich nicht nur in entsprechenden Schlagzeilen in den Medien sondern auch in Analysen wie zum Beispiel Claus Offes *Europa in der Falle,* wo er einleitend schreibt: »Da die EU kein demokratisches Gebilde mit gewählter und rechenschaftspflichtiger Regierung und parlamentarischer Haushaltshoheit ist, sind die Mitgliedsstaaten in ihrer Souveränität erheblich eingeschränkt.«[60] Diese Aussage ist auf schon geniale Weise zugleich ein Widerspruch in sich und das Gegenteil der Wirklichkeit: Würde der Haushalt nur auf EU-Ebene beschlossen, *dann* hätten die Mitgliedsstaaten ihre Souveränität verloren, das Gegenteil ist aber der Fall; die Haushaltshoheit des Parlaments »fehlt« in dem Sinne, wie Offe das meint, weil die Mitgliedsstaaten ein Mitspracherecht haben, also gerade *nicht* in ihrer Souveränität eingeschränkt sind. Tatsächlich wird der EU-Haushalt aber in Abstimmung zwischen dem Europäischen Rat (also den Regierungen) und dem EU-Parlament beschlossen, das Parlament ist also diesbezüglich keineswegs entmachtet. Weiter hinten im Buch beschreibt Offfe dann richtig: Auch muss sich das Parlament seine Gesetzgebungskompetenz mit dem Rat teilen.« Ein paar Zeilen weiter liest man jedoch über den Rat: »Am Gesetzgebungsverfahren der EU ist er nicht beteiligt.«[61] Dann hätte das Parlament ja die Finanzhoheit! Wäre dies nun schlecht oder gut? Solch phänomenale Inkohärenzen in einer ansonsten sehr präzisen Analyse der finanz- und wirtschaftspolitischen Probleme sind hier, wie auch bei anderen Autoren, für mich nur durch eine Obsession des »Demokratiedefizits« erklärbar, die rationales Denken zumindest partiell ausschaltet. Dabei werden wechselweise die EU-Institutionen als nicht demokratisch dargestellt, mal die Mitgliedsstaaten als ihrer Souveränität beraubt, und manchmal gibt es sogar eine Kombination von beidem. Hier sei allen geraten, einfach nur die Webseite der Europäischen Kommission zu konsultieren, die eine ganze Liste von »Mythen und Fakten« zusammengestellt hat, die klar und deutlich ist.[62]

Auch Martin Schulz hat sich schon auf das »Demokratiedefizit« eingelassen. Zwar kritisiert er präziser die institutionellen Schwachstellen, die Parallelität verschiedener Entscheidungsebenen zwischen Parlament, EU-Kommission und Europäischem Rat, bezeichnet dies aber auch als »Demokratiedefizit in Brüssel« und forderte als EU-Parlamentspräsident natürlich die Erweiterung der Rechte des Parlaments: »Die EU hat ein Demokratiedefizit. Auch diese Feststellung ist nicht antieuropäisch, sondern eine schlichte Tatsachenfeststellung. Wäre die EU ein Staat, lautet ein geflügeltes Wort in Brüssel, so würde sie mit einem Beitrittsgesucht scheitern, weil sie selbst in vielen Bereichen nicht demokratisch genug verfasst ist. Das Demokratiedefizit bezieht sich vor allem auf das Verhältnis zwischen den Gemeinschaftsinstitutionen – dem Parlament und der Kommission – und den europäischen Regierungen. Zunehmend und insbesondere seit Ausbruch der Krise versuchen die Staats- und Regierungschefs, die Gemeinschaftsinstitutionen an den Rand zu drängen, indem sie auf EU-Gipfeltreffen immer mehr Entscheidungen an sich ziehen.«

Schulz versteht unter Demokratiedefizit also etwas anderes als die meisten EU-Kritiker, nämlich nicht, dass die *EU-Bürokratie* selbstherrlich regiert, sondern dass im Gegenteil die *Mitgliedsstaaten* die EU-Institutionen entmachten. Ob die Leser diesen feinen, aber gravierenden Unterschied bemerken? »Was wir dringend brauchen«, meint er, »ist eine echte europäische Regierung, die parlamentarisch gewählt und kontrolliert wird.«[63] Und er argumentiert mit Locke und Montesquieu und der Gewaltenteilung und kritisiert den Egoismus der Nationalstaaten, deren Konzert in der EU er mit dem Wiener Kongress 1814/15 als Negativbeispiel vergleicht. Solche historischen Vergleiche sind jedoch deplatziert: Weder ist die EU ein Staat, noch ist sie eine Ansammlung vollkommen souveräner Staaten, sie ist eben ein Zwischending, und dies muss man so anerkennen, wenn man realistisch sein will. Die Kritik am Demokratiedefizit ist – Schulz' Zugeständnis an die Kritiker zum Trotz – oft genug »antieuropäisch« gemeint. Außerdem kritisieren viele auf der Rechten das Demokratiedefizit, obwohl sie gar nicht die »Demokratie« in den europäüischen Institutionen wollen, sondern mehr nationale Souveränität. Andere beklagen den Egoismus der Nationalstaaten, meinen aber vor allem den der anderen, nicht den eigenen, und vorwiegend den Deutschlands. Oder man lehnt in Wirklichkeit das ganze »System« ab, solange es nicht den eigenen politischen Vorstellungen entspricht. Wer jedoch auch von der Linken die EU nur zu seinen politischen Bedingungen akzeptieren will, ist vom Geiste her auch antieuropäisch.

Wenn es um existenzielle Dinge in der EU geht, entscheidet nicht »Brüssel«, sondern die nationalen Regierungen tun dies, wie Schulz dies ja beklagt. Doch mit Schlussfolgerungen wie »Eine EU, die ihre demokratischen Defizite nicht überwindet, würde von ihren Bürgern zu Recht abgelehnt«[64] bedient Schulz nolens volens den antieuropäischen Zeitgeist. Hat er sich diesen Satz wirklich gut überlegt? Was wäre, wenn das EU-Parlament oder ein Eurozonenparlament souverän über die Euro-Politik befinden würde? Es würde darin um Mehrheiten gekämpft und die Minderheiten würden überstimmt mit gravierenden finanziellen und vielleicht unabsehbaren Folgen für sie. Könnte es überhaupt das Prinzip von Mehrheitsentscheidungen 50+ geben? Oder zwei Drittel? Wer würde sich durchsetzen? Die Südländer? Deutschland könnte problemlos von den mehrheitlich kritischen französischen Abgeordneten zusammen mit den Südstaatlern überstimmt werden, das würde keine deutsche Regierung wollen und seine Bevölkerung natürlich auch nicht. Und umgekehrt würde auch kein anderes Land akzeptieren, wenn Deutschland eine Mehrheit zusammenbrächte mit Frankreich und den Nordländern für Entscheidungen in seinem politischen Interesse. Lediglich die von allen für alle festgesetzten Regeln können gelten, wie jetzt schon. Kein Staat könnte akzeptieren, dass andere gegen seinen Willen über seinen nationalen Haushalt bestimmen. Das war bei Griechenland ja auch nicht der Fall, sondern es ging um Kredite an das Land und die dafür gestellten Bedingungen. Deswegen gilt zur Zeit das Konsensprinzip im Rat der nationalen Regierungen und nicht das Mehrheitsprinzip im Parlament der nationalen Volksvertreter.

Aus diesem Grund wird auch der Trialismus zwischen (1.) dem Europäischem Rat, den Regierungsvertretern der Mitgliedstaaten, (2.) der EU-Kommission als (unvollkommenem) Äquivalent einer Regierung und (3.) dem EU-Parlament (ohne vollständige Kompetenz) nicht auflösbar sein und das letzte Wort immer den Konsens der Regierungen der Mitgliedsstaaten erfordern. Dies ist auch *nicht undemokratisch*, sondern *die einzig mögliche Form von Demokratie* in der gegebenen Lage einer Staatenunion. Es gibt keine Vereinigten Staaten von Europa, so wenig wie ein europäisches Volk. Im Club der Eurozone zählt die Kunst der Überzeugung und manchmal auch der Überredung mit zweifelhaften Mitteln, aber es wird kein Mitglied durch eine Mehrheitsabstimmung überfahren. Heraus kommen also Kompromisse, mit allen Vor- und Nachteilen, die diesen inhärent sind. Deutschland hat sich beim dritten Hilfspaket für Griechenland nicht einfach gegen die anderen durchgesetzt, vielmehr hat es auch das Veto von Finnland, der Slowakei oder Spaniens verhindert, das ein Aus für Griechenland bedeutet hätte – nicht wenige Kritiker behaupteten damals ja sogar, nicht Deutschland habe sich durchgesetzt, sondern die anderen gegen Deutschland.

»Das größte Übel, unter dem Europa leidet, ist nicht, von den Populisten angegriffen zu werden, sondern von denjenigen, die die Mitgliedsstaaten der Union regieren, nicht verteidigt zu werden.« Diese harte Schlussfolgerung leitet ein in Frankreich 2013 erschienenes Buch zur »europäischen Meinung« ein, gemeint sind die Situationen in den Mitgliedsländern. Wenn die Politiker Wahlkampf machen, schreibt Dominique Reynié, kritisieren sie die Eurokratie um der öffentlichen Meinung zu schmeicheln, und wenn sie an der Regierung sind, machen sie dieselbe europäische Politik, die sie in Wahlkampfzeiten kritisieren. »Europa ist ohne Führer [leader], weil es keine europäische Erzählung gibt.«[65] Mit dem typischen französischen Ausdruck des *récit* ist eine logische Erzählung gemeint, die die Gegenwart zwischen der Vergangenheit und einer Zukunft einordnet; im eher technokratischen angelsächsischen Jargon würde man vielleicht Masterplan dafür sagen, die »Erzählung« beinhaltet jedoch mehr als nur das Technische, sie beantwortet vor allem die Sinnfrage. Aber ist dies das entscheidende Manko? Es kommt darauf an, was man unter dieser »Erzählung« versteht.

Was der europäischen Politik fehlt, ist weniger eine sinnstiftende »Erzählung« in Richtung *Vision* als eine »Erzählung«, die einen *erklärenden Kontext* für die europäische Realpolitik herstellt, denn solange jeder die EU nur für gut befindet, wenn er persönlich davon profitiert, kann die Rechnung nicht aufgehen. Nicht alle Vorteile können sichtbar und persönlich erfahrbar sein, und umgekehrt führen nicht alle sichtbaren und persönlich erfahrenen Nachteile zu einer negativen Bilanz. Es liegt zuvorderst an der Politik, dann aber auch an den Medien, diesen Blick aufs Ganze zu vermitteln und natürlich Härtefälle zu mildern.

Gemeinsamer Markt – nationale Interessen

Während die Ausschaltung oder zumindest Reduzierung von Konkurrenz durch planwirtschaftliche Regelungen im Montan- und Agrarbereich von Anfang an zu den Grundlagen der Montanunion und später der EWG gehörten und zum Teil bis heute nachwirken, so ist der Gemeinsame Markt/Binnenmarkt gleichwohl ein Terrain härtester Konkurrenz, da kein Land mehr seine Wirtschaft durch Außenzölle schützen und nur noch begrenzt durch Subventionen und andere Mittel der Politik bevorteilen kann. Der Gemeinsame Markt war und ist aber nicht nur die Lösung, sondern auch ein Problem.

Im Sommer 2015 protestierten wieder einmal die französischen Landwirte durch spektakuläre Aktionen dagegen, dass die Preise für Fleisch und Milch unter die Grenze der Rentabilität für die Produzenten zu sinken drohten oder schon gesunken waren. Für die in solchen Situationen gängigen Reportagen gingen Vertreter der Landwirte durch die Verbrauchergroßmärkte und wiesen die Schuld an ihrer Lage billigeren Importen aus anderen EU-Ländern sowie aus Nicht-EU-Ländern in den Regalen zu, zum Beispiel Schweinefleisch aus Deutschland und Lammfleisch aus Nordafrika.[66] Im Rahmen ihrer Protestaktionen blockierten französische Bauern auch die Autobahnen an der Grenze zu Deutschland, wo sie hereinkommende Lastwagen mit Agrarprodukten kontrollierten. Protestiert wurde gegen die niedrigeren Arbeitskosten in Deutschland, etwa durch osteuropäische Erntehelfer, und die hohen Kosten in Frankreich durch Umweltschutz und Bürokratie.[67] Auch früher schon wurde auf die Billig-Löhne für osteuropäische Arbeiter in den Schlachtereien verwiesen, aber eigentlich müsste sich dieses Problem jetzt seit Einführung des Mindestlohns in Deutschland reduzieren, der zu dem Zeitpunkt nur noch 1,11 Euro unter dem französischen lag. Ein wirklicher Vergleich der Arbeitskosten müsste allerdings noch ganz andere Faktoren mit einbeziehen. In der Berichterstattung in den Medien blieb das alles lange ziemlich unkonkret. Ein Blick auf die Website der französischen Botschaft in Deutschland macht jedoch klar: Die französische Landwirtschaft ist eine erfolgreiche Exportbranche, in Frankreich konkurriert sie mit der Automobilindustrie um den ersten Platz, in Europa ist Frankreich der größte Agrarexporteur, auch bei Rind und Geflügel als Einzelprodukten steht Frankreich auf Platz 1.[68] Hat sich das jetzt auf einmal alles geändert? Oder ist es beim Schwein ganz anders? Die französische Regierung half den Erzeugern im Juni, indem höhere Fixpreise auf den großen Viehmärkten verordnet wurden. Doch dies hilft zunächst nur den Landwirten auf kurze Sicht aber nicht den Verarbeitungs- und Vermarktungsunternehmen, und somit am Ende der ganzen Branchenkette nicht wirklich. Durch den Fixpreis lägen die französischen Preise weiter über denen des europäischen Auslands, erklärte ein Unternehmenssprecher: »Unsere Konkurrenten sind weit billiger. Sie nehmen uns Marktanteile weg und wir bekommen große Schwierigkeiten beim Export.«[69] Während also die *Importe* aus Deutschland und anderen Ländern in der Propaganda für die Probleme der französischen Bauern verantwortlich gemacht wurden, ging es in Wirklichkeit darum, dass die französischen *Exporte* in die Nachbarländer bedroht waren. Zum Problem des Rindfleischabsatzes erklärten die protestierenden Erzeuger, dass die Schlachthöfe ihnen zu schlechte

Preise bezahlten, die unter denen in Deutschland, Irland oder Polen lägen.[70] Angesichts dessen, dass, wie oben erwähnt, Frankreich der größte Rindfleischexporteur ist, dürfte es auch hier um die Aufrechterhaltung der Exportquote gehen. Erst seit sich die deutschen Landwirte dem Protest angeschlossen haben und es am 7.9.2015 zu einer großen Aktion in Brüssel kam, wurde die europäische Dimension klar. Im Rundfunkinterview auf HR Info an diesem Tag erklärte dabei auch ein französischer Landwirt, dass es für die Franzosen um den Export gehe, dass aber die Überproduktion alle gleichermaßen treffe.

Der wirkliche Grund für die fallenden Preise ist in der Tat eine Überproduktion im ganzen europäischen Agrarsektor, die durch die klassische europäische Agrarpolitik durch Subventionen und früher durch Preisgarantieren aufgefangen wurde. Zwar wird weiterhin subventioniert, aber nicht alle Probleme können damit gelöst werden. Der Rückgang des Fleischkonsums, gerade beim Schwein, sowie der Einbruch der Exporte nach Russland durch die EU-Sanktionen hat die strukturelle Überproduktionskrise konjunkturell verschärft.[71] Hinzu kommt noch ein anderes strukturelles Problem, nämlich die marktbeherrschende Stellung weniger Unternehmen im Zwischenhandel und Discounterbereich, die ihre eigene Marge groß und dadurch die der anderen klein halten wollen. Solche Probleme werden in Frankreich, und dies ist schon ein französisches Spezifikum, jedoch seit langem immer wieder »nationalisiert«, die Nachbarländer werden beschuldigt, die französische Landwirtschaft niederzuringen, die EU steht über allem als der Erzfeind, obwohl gerade die kleinen und mittleren landwirtschaftlichen Betriebe ohne die Vorteile durch die EU gleich aufgeben könnten. Wo sich wirklich in Europa eine katastrophale Entwicklung ihren Weg bahnt, ist die Zerstörung der osteuropäischen Landwirtschaft und ihrer eigenen Vertriebswege durch Riesendiscounter, die ganze Regionen monopolisieren.[72]

Was den Aspekt der Wirtschaftsbeziehungen mit Nicht-EU-Ländern betrifft, so ist Marokko mit seiner Landwirtschaft schon fast so etwas wie ein assoziiertes Mitglied der EU. In diesem konkreten Fall wurde auf billiges Lammfleisch aus Nordafrika verwiesen. Hier liegt das Problem darin, dass die EU selbst nur Waren in Drittländer exportieren kann, wenn diese im Gegenzug auch in die EU exportieren können, um ihre Importe aus der EU zu bezahlen. Handel kann nicht nur einseitig sein, es muss einen Austausch geben, und diese Rechnung bedeutet, dass manche davon profitieren, während andere das Nachsehen haben.

Sinnstiftung oder Realpolitik

Europa – die Europäische Union – wurde schon mit vielen literarischen und mythologischen Bildern verglichen, Martin Schulz hat gleich zwei in seinem Buch parat: der Scheinriese Tur Tur aus Michael Endes *Jim Knopf und Lukas, der Lokomotivführer*[73], einem breiteren Fernsehpublikum bekannt geworden durch die Augsburger Puppenkiste, ein Scheinriese, weil er paradoxerweise umso größer erscheint, je weiter weg er ist, und bei nah eine armselige Figur macht; oder im Titel von Schulz' Buch der gefesselte Riese, ein Thema aus *Gullivers Reisen* von Jonathan Swift. Viele mögen vielleicht an den Turmbau zu Babel aus der Bibel denken, der zum Scheitern verurteilt war und das Gebäude zum Einsturz brachte, wie der oben zitierte Stefan Zweig, der gleichwohl für eine neue Anstrengung plädierte: »So wird der Turm wieder aufsteigen und auf den Höhen werden sich die Nationen wiederfinden.«[74] Wenn der Turmbau jedoch wirklich, analog zum biblischen Gleichnis, aus Vermessenheit und Selbstüberschätzung, also aus menschlicher Hybris gegenüber Gott einen Turm bis zum Himmel bauen zu wollen, betrieben würde, dann wäre sein erneutes Scheitern tatsächlich vorprogrammiert. Ein Projekt, das einer solchen Illusion folgt, so die Botschaft der biblischen Geschichte, wird scheitern. Fast möchte man den 68er Spruch »Seien wir realistisch, fordern wir das Unmögliche!« umkehren zu »Seien wir unrealistisch, tun wir das Machbare!« Es ist leicht, von großen Dingen zu sprechen, aber viel schwieriger, kleine Schritte voran zu machen. Schon längst haben die Illusionen zur Desillusionierung geführt, diese erzeugt Enttäuschung, diese wiederum Ablehnung, so dass die von den Europabefürwortern immer wieder eingeklagten Visionen auch nicht mehr überzeugen. Ihre Zeit ist vorbei, scheint es.

»Europa sieht aus wie ein Patchwork, was seine Kraft und seine Schwäche ausmacht«, heißt es im Vorwort zu Le Bails Buch über Europa.[75] Dieser Widerspruch wird sich nicht auflösen lassen, die Europäische Union ist unvollkommen und wird es bleiben. Sie ist ein Flickenteppich aus größeren und kleineren Stücken, manches davon wurde nur grob zusammengenäht. Schulz zitiert eine Kritik von Wim Wenders, die ihn »beeindruckt und bedrückt«: »Aus der europäischen Idee wurde die Verwaltung, und jetzt betrachten die Menschen die Verwaltung als die Idee.«[76] Da ist leider was dran, doch daraus folgt auch, positiv gewendet, dass die Menschen konkret etwas von der Verwaltung erwarten, und darum geht es. Solange eine *Utopie Europa* mit der *Realität EU* verglichen wird, kann die europäische Idee nur verlieren, hier muss die Realität von heute verglichen werden mit der Nostalgie der Vergangenheit, die diejenigen, die aussteigen bzw. die EU abwickeln möchten, dagegen halten. Dazu muss man sich dessen erst bewusst werden, was einem so selbstverständlich geworden ist, dass man es nicht mehr wahrnimmt: Was die europäische Einigung im Konkreten für die Europäer gebracht hat. Es ist genau dieselbe Problematik wie noch grundlegender die von Freiheit und Demokratie, die uns so selbstverständlich geworden sind, dass viele gar nicht mehr wissen, was sie daran haben. Auf die konkrete Frage, was wir denn von der EU haben, lässt sich spontan gar nicht so konkret antworten, zu sehr ist die europäische Realität zu unserem Alltag geworden. Dass Grenzen gefallen sind, die Hindernisse waren… Das gehört zum »Veteranen-Diskurs« über Europa, die Erinerung daran, wenn man auf dem Weg in den oder aus dem Urlaub mit dem Auto herausgewunken wurde… Und dies dann auf die Ebene der Wirtschaftsbeziehungen zu übertagen – reicht das als Begründung?

Deswegen sind historische Vergleiche schon sinnvoll, wenn sie Vergleichbares gegenüberstellen. Was hatte Deutschland davon, dass es im 19. Jahrhundert ein Nationalstaat werden wollte und wurde? Die Einigung Deutschlands, die sich vom Preußischen über den Deutschen Zollverein 1828/1834 bis zur Gründung des Kaiserreichs 1871 immerhin über ein Lebensalter hinzog, ermöglichte die industrielle Entwicklung, die wohl heute, trotz aller negativer Begleit- und Folgeerscheinungen, niemand mehr zurückdrehen wollte, was ja auch gar nicht ginge. Auch hätte man sich eher den Erfolg 1848 als die preußisch-militärische Einigung 1871 gewünscht, doch trotz dieser Hypothek würde heute doch wohl niemand in Deutschland die Einigung als solche in Frage stellen – was nicht immer so war.

Ähnlich ist es mit der europäischen Einigung und die beiden wurden oft genug verglichen, sie sind ein »Klassiker« im Geschichtsunterricht. Die Verflechtung der Wirtschaftsbeziehungen ist so groß wie selbstverständlich geworden. Eine Dynamik hat sich daraus ergeben, die überwiegend positiv war. Dass Deutschland als Exportmeister auch am meisten von der europäischen Einigung profitiert hat, wird immer wieder von Europabefürwortern wie -gegnern betont, und sie haben insofern beide Recht. Die Schaffung eines Gemeinsamen Marktes erweitert den Konkurrenzraum, schafft aber auch Synergien, vertieft die Arbeitsteilung als Produktivfaktor, erzeugt Konzentrationsprozesse, die wiederum durch politische Gegensteuerung begrenzt werden können und es zumindest sollten (da gibt es mit Sicherheit noch Handlungsbedarf). Die europäische Medaille hat zwei Seiten, die nicht voneinander zu trennen sind, und die Frage kann daher auch nach dem Sinn des Euro gestellt werden. Es werden immer wieder die politischen Gründe für den Euro vorgebracht, die hier auch schon breit angesprochen wurden, dennoch waren es auch sehr praktische Gründe, die ihn notwendig erscheinen ließen. Das System der freien Wechselkurse führte dazu, dass die Nationalökonomien und ihre Währungen der Börsenspekulation ausgesetzt waren, und das System der aneinander gebundenen Wechselkurse (die sog. »Währungsschlange«) dazu, dass wirtschaftliche Ungleichgewichte, unterschiedliche Entwicklungen, zum Beispiel auch bei der Preisstabilität, durch die Regierungen mit Auf- und Abwertungen kompensiert wurden. Mit anderen Worten: Staaten und Nationalökonomien standen in Konkurrenz zueinander, nicht nur einzelne Unternehmen. Das wird von den Eurogegnern komplett unterschlagen. Später haben einige Superspekulanten für oder wider den Euro gegenüber dem Dollar spekuliert, dies gibt auch einen Eindruck davon, was sich zuvor innerhalb Europas abgespielt hat. Einen anderen Eindruck von der Macht der »Märkte«, wie es immer so schön heißt, konnte man während der Eurokrise 2009-2010 bekommen, als die Spekulation einzelne Staaten via Staatsanleihen erfasste. Dass dies im Normalfall – außerhalb der damaligen Krisenlage, und die wurde ja durch die EZB entschärft – praktisch so nicht mehr möglich ist, ist eine globale europäische Errungenschaft durch den Euro. Dass die Gemeinschaft der Euroländer heterogen ist und wohl zu heterogen um so funktionieren zu können, wie es eigentlich gedacht war, ändert nichts an diesem Grundtatbestand.

Zu einer aufrichtigen Bilanz der Errungenschaften gehört allerdings auch die schonungslose Analyse der Probleme. Es liegt zum Beispiel keineswegs in der Logik des Gemeinsamen Marktes, die Freizügigkeit der Arbeitnehmer beinhalte notwendigerweise, dass sie aus ihren Heimatländern nach den dortigen Standards (Lohn, Sozialversicherung) in andere Länder entsandt werden können – um nur ein echtes Problem zu nennen, das dem Rechtspopulismus in die Hände gearbeitet hat.

Was ist also Europa? Gemeinsames Entscheiden und gemeinsames Handeln – mit der Betonung auf *gemeinsam*. Deswegen ziehe ich auch den Begriff »Gemeinsamer Markt« dem des »Binnenmarktes« vor, der suggeriert, ohne sichtbare Grenzen gebe es auch keine Staaten mehr. Das politische Europa hinkt dem wirtschaftlichen jedoch weit hinterher, denn hier wollen die Mitgliedstaaten ihre Souveränität nicht aufgeben, und darin liegt die auch die aktuelle Krise. Souveränität bedeutet nicht nur das Recht auf Wahrung der eigenen Interessen, sondern auch die Pflicht zur Einigung, wenn man einer Gemeinschaft angehört. Wenn die EU nicht eine gemeinsame Regelung der Flüchtlingsproblematik zustande bringt, ist Europa tot, so oder so ähnlich konnte man Kommentare lesen oder hören. »Es gibt kein europäisches Problem, es gibt nur ein deutsches Problem«, erklärte der ungarische Ministerpräsident Orbán dazu am 4.9.2015. Er sagt, was viele denken. Dieses Thema könnte der Einstieg vom Ausstieg aus Europa werden, der Anfang einer Weigerung, den weiteren Weg gemeinsam zu gehen. Vielleicht hilft uns die Krise aber auch, Europa als das zu sehen, was es ist, und nicht als das, was wir uns darunter vorstellen.

»Europa« gibt es eigentlich gar nicht. Es gibt kein handelndes Subjekt Europa: einen Superstaat, eine Regierung, Bürokraten, die über alles und über alle Köpfe hinweg entscheiden würden. Es gibt keinen europäischen Souverän, den man sich wünschen könnte oder nicht. Diejenigen Europäer, die mit ihrer Überzeugung nach der bekannten Formel »Erstens Europäer, zweitens Deutscher, Franzose usw.« ernst machen wollten im Sinne einer Entmündigung der Nationalstaaten – man verzeihe den Begriff, auch wenn er den Europagegnern entlehnt scheint, aber das wäre es nämlich –, sie sind eine verschwindende Minderheit und auch der Autor dieser Zeilen gehört nicht dazu. Aber die angebliche Entmündigung der Nationalstaaten durch das »Brüssel-Monster« ist eine Phantasmagorie, die nicht nur die eingefleischten Europakritiker sondern uns alle irgendwie erfasst hat. Wirtschaftlich sind die Grenzen gefallen, damit verbunden regeln die »Eurokraten« gemeinsame Standards, denen wir zustimmen, wenn sie uns gefallen, und gegen die wir uns empören, wenn sie uns nicht gefallen. Doch politisch ist Europa nach wie vor nur die Summe seiner Einzelstaaten, solange sie eine Summe bilden wollen. Nirgendwo hat sich dies bislang drastischer erwiesen als beim Asyl- und Flüchtlingsthema. Die Unfähigkeit zur Einigung in einer dramatischen Frage ist ein Armutszeugnis, aber noch kein Untergang Europas. Es kann unsere Desillusionierung herbeiführen, wenn wir uns denn desillusionieren lassen wollten, das heißt anerkennen, dass wir dem Trugbild eines einigen Europa aufgesessen sind. In Wirklichkeit bestimmen die Nationalstaaten weiter das Geschehen, im Guten wie im Schlechten, Europa ist eine Konföderation, keine wirkliche Union, wie es der Name suggeriert.

4. Die Schulden – ein Detail der Geschichte?

Währungsunion und Schulden in Europa heute

Sie sagen auch zu Europa, dass es seine Konzeption des Geldes ändern müsse; verstehen müsse, dass dessen Garantie nicht eine bestimmte Menge Metall in Kästen im Keller ist, sondern die Disziplin der Völker, die es in Händen haben, das Vertrauen der Chefs, die sie regieren.

Julien Benda, 1932[1]

Die Geldwertstabilität ist ein aus historischer Erfahrung resultierender Grundwert wirtschaftspolitischer Vernunft – oder sollte es jedenfalls sein. Die Deutschen haben hier vielleicht eine tiefgreifendere historische Erfahrung als andere. Denn die Inflation hatte die gerade entstandene erste deutsche Republik schon wieder bedroht, bevor sie sich überhaupt festigen konnte. Die Hyperinflation 1923 fiel nicht zufällig mit Revolutions- und Putschversuchen von links und rechts zusammen. Hitler scheiterte damals noch, zehn Jahre später brachte ihn die nächste Krise, nämlich die Weltwirtschaftskrise, an die Macht.

Nach dem Zweiten Weltkrieg erlebten die Deutschen ebenfalls eine zerstörte Währung, nicht nur wegen des Krieges selbst, sondern auch weil die Regierung ihren Krieg zu einem großen Teil mit Geld finanziert hatte, das den Bürgern über Zwangsanleihen, den sogenannten Mefo-Wechseln, insgeheim vom Konto gestohlen worden war. Außerdem gab es 1945 ohnehin keine vernünftige Relation zwischen der im Umlauf befindlichen Menge an Reichsmark und den dagegen stehenden materiellen Werten. So waren Zwangsbewirtschaftung und Schwarzmarkt die Folge.

Aus historischen Erfahrungen wurde der Europäischen Zentralbank bei ihrer Gründung mit der Einführung des Euro die Bewahrung der Geldwertstabilität als oberstes Ziel auferlegt, in Frankreich und nicht nur da galt dies als eine deutsche *conditio sine qua non,* und in Deutschland hat man dies damals auch als Übertragung der Grundsätze der Bundesbank auf die EZB begrüßt. Schon zu diesem Zeitpunkt und auch später noch wäre eine *inhaltliche* Diskussion über eine europäische Finanzpolitik und die Aufgabe der EZB sinnvoll und notwendig gewesen, also ein echter Konsens *in der Sache* statt eines formalen Kompromisses, bei dem sich nur die deutschen Forderungen durchgesetzt haben. Dies gilt vor allem für den damit verbundenen Stabilitätspakt mit seinen Schuldenobergrenzen (3 % Neuverschuldung, insgesamt max. 60 % des BIP). Doch statt zu diesem Kompromiss zu stehen und die Sache ernstzunehmen, hieß und heißt es noch im Rückblick, dass der Euro vor allem eingeführt wurde, um Deutschland nach der Wiedervereinigung »an die Leine« zu nehmen. Helmut Schmidt hat dem bei vielen Gelegenheiten seither widersprochen und es als Legende abgetan, denn eine gemeinsame Währung war seit der Fixierung der Wechselkurse der nationalen Währungen in der »Währungsschlange« und einer daraus resultierenden Rechnungseinheit, damals ECU genannt, bereits im Blick.

Eine präzise Darstellung der (Vor-)Geschichte des Euro in einem französischen Buch stellt dies klar: Das System von Bretton Woods regelte seit dem Abkommen vom 22.7.1944 die internationalen Finanzbeziehungen durch die Leitwährung des Dollar und dessen Bindung an das Gold. Seine Aufgabe durch Präsident Nixon 1971, um damit eine Dollarabwertung gegenüber den anderen Währungen zu ermöglichen (Reaktion auf die Verschuldung durch den Vietnamkrieg), brachte die europäischen Währungen und vor allem die DM durch die nun frei flottierenden Wechselkurse in eine missliche Lage ständiger Aufwertung gegenüber dem Dollar. Dies veranlasste Bundeskanzler Helmut Schmidt, nach einer europäischen Lösung auf diese Herausforderung zu suchen.[2] Heraus kam zunächst einmal die »europäische Währungsschlange« mit dem ECU als Verrechnungseinheit. Doch für den Schritt zu einer gemeinsamen Währung kamen dann bei den europäischen Partnern noch andere Motive zur Geltung – berechtigt oder nicht, sei hier zunächst einmal dahingestellt. Der Zeitpunkt (Vertrag von Maastricht 1992) sowie auch die argumentative Rechtfertigung für die Europäische Wirtschafts- und Währungsunion bezog sich ganz klar darauf, Deutschland stärker in die Gemeinschaft einzubinden und den Europäern die Angst vor dem wiedereinigten Deutschland zu nehmen. In Frankreich wurde dies ganz klar so gesehen, in Belgien ebenfalls[3], um nur einen großen und einen kleinen Nachbarn zu nennen.

Während der Übergangsphase vom Euro als Rechnungseinheit zum realen Geld im Dezember 2000 schrieb der französische Historiker Edouard Husson, 1999–2001 am Institut für Zeitgeschichte in München, im Rückblick, dass »die deutsche Wiedervereinigung auf europäischer Ebene teuer bezahlt« wurde. Kanzler Kohl habe die Wiedervereinigung durch seinen 10-Punkte-Plan vorangetrieben, ohne die europäischen Partner zu fragen, ja auch nur zu informieren, wie es die Europäische Einheitsakte von 1985 vorsah. Kohl »machte sich darüber lustig, was die europäischen Partner wollten, weil er die amerikanische Unterstützung hatte.« So habe man daraufhin die Idee der Währungsunion wieder aufgegriffen, um weitere Alleingänge Deutschlands zu verhindern. Schon im Vorfeld des Euro seien jedoch die innerdeutschen Probleme der Wiedervereinigung durch die Hochzinspolitik der Bundesbank nach Europa zum Nachteil der anderen Länder exportiert worden, allein in Frankreich habe das »zwischen 600 000 und einer Million Arbeitslose mehr eingebracht.«[4] Ich erinnere mich auch an ein Fernsehinterview mit dem damaligen Präsidenten Mitterrand ungefähr 1993 oder 1994, in dem Mitterrand in der Tat die schlechte wirtschaftliche Lage Frankreichs der Bundesbank zuschrieb. Gleichwohl hatte er die Wiedervereinigung befürwortet, während die Polemik dagegen in der französischen Öffentlichkeit in zahlreichen Büchern und Zeitschriften unter Titeln wie »Die Rückkehr Bismarcks« oder drastischer »Das Vierte Reich« marktschreierisch zum Ausdruck gebracht wurde.[5] In der Folge jedoch entstand mit der einfachen Schuldzuweisung an Deutschland für die schlechte wirtschaftliche Entwicklung in Frankreich, die natürlich auch zum Anwachsen der französischen Staatsschulden führte, ein Erklärungsparadigma, das über den Euro bis zur Finanzkrise, den Stabilitätspakt und die Schuldendebatte heute zum ständigen Unterton in der politischen Diskussion geworden ist – und oft genug auch zum Oberton.

In aktuellen Rückblicken in Frankreich kommt noch weiteres zur Sprache, so in einer Analyse auf *Atlantico*, wo Pierre Verluise, Professor an der Sorbonne, erklärt, dass man damals Deutschlands Machtzuwachs durch den Euro wieder eindämmen wollte, aber das genaue Gegenteil erreicht habe: »Die Neuauflage eines alten Projekts einer Währungsunion sollte das wiedervereinigte Deutschland dazu zwingen, sich weiterhin in den Aufbau Europas einzubringen. Wie? Indem es seine Währung, Symbol für den demokratischen Wiederaufbau, zugunsten einer gemeinsamen Währung opfert.« Aber »die Deutschen haben systematisch ihren Willen bei den Verhandlungen zur Konzeption und Umsetzung der Währungsunion durchgesetzt. Muss man ihnen deswegen böse sein oder vielmehr eingestehen, dass die französischen Verhandlungspartner eben weniger erfolgreich waren?«[6] Der Autor gesteht den Deutschen immerhin zu, dass sie die dadurch erlangte Hegemonie ursprünglich gar nicht einmal beabsichtigt hatten. Warum es trotzdem so kam, erklärte Emmanuel Todd in seinem bereits oben zitierten Interview vor der Europawahl. Auf den Einwurf der *Zeit*, immerhin stehe noch eine Mehrheit der Franzosen hinter dem Euro (Juni 2014), antwortete Todd: »Weil sie die Illusion hegen, sie könnten mit den Deutschen Schritt halten. Mitterrand und die Idioten, die ihn berieten, machten Anfang der neunziger Jahre den gleichen Fehler, als sie Deutschland die Maastricht-Kriterien zugestanden. Das ist der Urfehler des Euro. Dabei gibt es aus dem Zweiten Weltkrieg keine klarere Lehre als die, dass Frankreich den Deutschen machtpolitisch nicht das Wasser reichen kann. Das können nur die USA und Russland.«[7]

So wird der historische Bogen geschlagen, wonach mit der Schaffung des Euro nach der deutschen Wiedervereinigung zum zweiten Mal ein Schritt in Richtung europäische Einigung vollzogen wurde, um sich vor einer deutschen Hegemonie zu schützen – vergeblich, wie Todd meint. Schon die Gründung der Montanunion hatte neben authentischen wirtschaftspolitischen Zielen in der Tat auch das politische Ziel, der Bundesrepublik die alleinige Kontrolle über das Ruhrgebiet, Waffenschmiede beider Weltkriege, zu entziehen. Das Ruhrgebiet stand bis zur Gründung der Montanunion deswegen unter der Aufsicht der Internationalen Ruhrbehörde und fiel dann übergangslos unter die Autorität der Europäischen Gemeinschaft für Kohle und Stahl.

Was die europäische Währungsunion angeht, so meinte auch der Sozialwissenschaftler Arnaud Lechevalier in der vielbeachteten kritischen sozioökonomischen Zeitschrift *Alternatives économiques* im Dezember 2012, dass diese von Anfang an dazu geplant war, »der Vorherrschaft der D-Mark und der Bundesbank im europäischen Währungssystem ein Ende zu setzen, deswegen haben die französischen Regierungen in der ganzen Zeit der 1980er und 1990er Jahre für eine europäische Einheitswährung gekämpft.«[8] Gewiss, die DM war zur westeuropäischen »Leit- und Reservewährung« geworden, »reguliert durch die deutsche Gesetzgebung und überwacht durch die deutsche Bundesbank«[9], gegen die die nationalen Währungen nach finanz- und wirtschaftspolitischen Erwägungen auf- oder abwerten konnten. Aber die Kategorisierung dieser Situation zur »Vorherrschaft« dämonisiert die deutsche Position, als ob es um einen Finanzimperialismus ginge. Man stelle sich vor, ein deutscher Politiker oder Publizist würde in plakativer Form aufzählen, dass die Europäische Gemeinschaft seit der Montanunion 1952 und die Einheitswährung von Anfang an nach einem perfiden Plan Frankreichs zur politischen und wirtschaftlichen Fesselung Deutschlands ausgedacht wurden, dann würde er als frankophober Nationalist abgetan. Und doch kann man all das, wissenschaftlich verpackt, in seriösen französischen Veröffentlichungen lesen. Es ist ein Teil der Geschichte und dabei fast schon egal, welchen Anteil daran die Fantasie oder subjektive Wahrnehmung gegenüber der Realität hat – dass es so wahrgenommen wird, ist bereits ein Aspekt der Realität, dem man sich stellen muss.

Die Wirtschaftswissenschaftler von *L'Economie politique*, der Schwesterzeitschrift von *Alternatives économiques*, die sich eigentlich mehr in der wissenschaftlichen Mitte platziert, haben sich auch auf eine simplistische Erklärung der aktuellen Probleme Europas geeinigt, zusammengefasst im Editorial vom Oktober 2013: »Europa an Deutschland erkrankt« und unter dem Thema des ganzen Heftes: »Deutschland: kein Modell zur Nachahmung.«[10] Worin diese »deutsche Krankheit« besteht, erläuterte der Chefredakteur Christian Chavagneux in seinem Editorial als Quintessenz der Beiträge in dem Heft: »Die sich ankündigenden Europawahlen dürften leider einen Zuwachs für die Parteien mit nationalistischer Tendenz bringen und nicht nur in Frankreich. Deutschland trägt einen Teil der Verantwortung am Niedergang des politischen Klimas. Indem die Regierung von Frau Merkel die verallgemeinerte Sparpolitik und die Ablehnung der Verschuldung zum einzigen europäischen Projekt macht, führt sie die Abwendung von einem Europa herbei, das nur noch als Zwang wahrgenommen wird. Der grobe Fehler eines Teils der politischen und ökonomischen Führung Frankreichs, Deutschland zum Modell zu erheben, trägt seinerseits zu dieser Ablehnung bei.«[11]

Daraus kann man schon im Grundsatz erkennen, was auch das andernorts immer wieder zum Ausdruck kommende Credo zur Schuldenfrage ist, nämlich die Vorstellung, dass die offizielle 3%-Grenze sozusagen Normalität sei und »die Verschuldung« erst jenseits davon beginne. Die Idee, dass es eigentlich normal sein sollte, keine Schulden zu machen, liegt außerhalb dieses Denkhorizonts.

Deutschland ist in Wirklichkeit krank, schreibt Chavagneux weiter und malt dabei ein Katastrophenszenario aus, wonach Deutschland am Rande des Abgrunds stehe, in den es auch unweigerlich stürzen müsse: Vergrößerung der sozialen Kluft zwischen Arm und Reich, Sinken des Durchschnittslohns (beim Einkommen pro Kopf sei Deutschland vom 3. auf den 7. Platz gesunken), eine kaputte Infrastruktur (»Deutschland geht kaputt« – ein Zitat aus der *Zeit* zum Zustand der deutschen Autobahnbrücken), fehlende Investitionen, eine Energiewende, die auf Kosten der Kaufkraft der Menschen gehe und einen Verlust an Wettbewerbsfähigkeit mit sich bringe, und vor allem eine Überalterung der Gesellschaft, die zu einem »demographischen Zusammenbruch« führen werde. Dies ist eine Zusammenfassung der Aussagen eines anderen Beitrages im Heft, verfasst von Ernst Hillebrand von der Friedrich-Ebert-Stiftung. Etliche der genannten Aspekte und weitere, die in dem Artikel von Hillebrand noch ausgeführt werden[12], treffen gewiss so zu, andere sind übertrieben, doch ist vor allem die Aufzählung dieser

Aspekte in ihrer argumentativen Funktion unklar: Welche Bedeutung hat die Feststellung vom relativen Sinken des Durchschnittseinkommens pro Kopf? Hillebrand vergleicht die Situation 1993 und 2012, in diesem Zeitraum haben die Niederlande, Schweden und Österreich Deutschland im Ranking überholt. Doch was folgt daraus? Ist das der Anfang vom Untergang? Welche Bedeutung hat das im Vergleich zu Frankreich? Frankreich liegt trotzdem noch hinter Deutschland, und zwar im gleichen Abstand.[13] Weil es »an Deutschland erkrankt« ist?

Eineinhalb Jahre nach dieser Horrorprognose hat Deutschland einen Bundeshaushalt mit mehr Einnahmen als Ausgaben, erstmals seit 40 Jahren, eine historisch niedrige Arbeitslosenquote und eine steigende Binnennachfrage. Gewiss, die »Schwarze Null« wurde mit dem Aufschieben dringender Infrastrukturmaßnahmen erkauft, außerdem werden bei dieser Rechnung die defizitären Landes- und Kommunalhaushalte ausgeblendet, die viele Kommunen, wie in Hessen, bereits zu Rettungsaktionen durch das Land (»Rettungsschirm«) gezwungen haben; gewiss, die Arbeitslosenzahlen sind auch deswegen so niedrig, weil die Millionen prekärer Beschäftigungsverhältnisse als »Arbeit« verbucht werden; der Niedriglohnsektor ist es auch, der statistisch so das Durchschnittseinkommen hat sinken lassen. Inzwischen ist die Einführung des Mindestlohns dabei, diese Entwicklung zu korrigieren, eine Maßnahme, die den Beifall der Autoren der FES und von *L'Economie politique* finden dürfte.

Was von französischer Seite in diesen kritischen Vergleichen aber nie angesprochen wird, ist die Arbeitszeit in beiden Ländern. Die Durchschnittsarbeitszeit in Deutschland hat sich inzwischen immer weiter von der staatlich verordneten 35-Stunden-Woche in Frankreich entfernt. Man mag dies politisch bedauern, es hat aber zur Verbesserung der Kompetitivität des Hochlohnlandes Deutschland beigetragen, weil die Lohnstückkosten gesenkt. Darauf einzugehen könnte aber zu ambivalenten Reaktionen führen, nämlich auch zur Infragestellung des französischen Arbeitszeitdogmas. Stattdessen wirft man Deutschland seine Wirtschaftspolitik vor.

All diese einzelnen wirtschaftlichen Indikatoren und wirtschaftspolitischen Maßnahmen mit ihren sozioökonomischen Konsequenzen kann man von der einen oder anderen politischen Warte aus diskutieren. Aber was folgt daraus: »Deutschland kein Vorbild«? – »Frankreich an Deutschland erkrankt«? Frankreich hat demgegenüber die höchste Arbeitslosenquote aller Zeiten von über 10 % bei einer gleichzeitigen Rekordneuverschuldung zu diesem Zeitpunkt von 4,3 % (bei ca. 92,5 % BIP Gesamtschulden). Dabei hat auch Frankreich ebenfalls

Arbeitnehmer mit reduzierter Arbeitszeit, die nicht als arbeitssuchend gezählt werden, und demographisch hat Frankreich das umgekehrte Problem zu Deutschland: Die Arbeitslosigkeit steigt auch aufgrund der auf den Arbeitsmarkt drängenden geburtenstarken Jahrgänge (ca. 25 % Jugendarbeitslosigkeit), dies wird von Präsident Hollande aber als Entlastung für die Politik vorgebracht (im Sinne von: Dafür können wir ja nichts!)[14], während es doch eine Aufgabe der Politik ist, sich dem zu stellen, was die Wirtschaftswissenschaftler als einen Trumpf Frankreichs gegenüber Deutschland betrachten.

Frankreich hat sich nicht an der »deutschen Krankheit« angesteckt, da es überhaupt nicht dem »deutschen Vorbild« folgt, anders als von Chavagneux kritisiert, das Gegenteil ist vielmehr der Fall, und somit kann auch das »falsche Modell Deutschland« nicht als Grund für die französische Misere genannt werden. Hier hat die populistische Erklärung der eigenen Krise mit der Schuldzuweisung an Deutschland gesiegt, und zwar nicht am Stammtisch der Nationalen Front oder der Linksfront, sondern in einem bedeutenden wirtschaftswissenschaftlichen und -politischen Medium.

Ein anderer Beitrag in dem besagten Heft nimmt die Deutschlandkritik von einer anderen Seite her auf, nämlich durch das ebenfalls gerne thematisierte Problem der gestiegenen deutschen Exporte im Euro-Raum. Während Lechevalier darin sehr detailliert die sozioökonomischen Probleme der deutschen Wirtschaft seit der Wiedervereinigung und insbesondere die Krise zu Beginn der Jahre 2000 (Übergang zwischen den Regierungen Schröder I und II, Agenda 2010) darstellt (steigende Staatsverschuldung, sinkende Produktivität und Wettbewerbsfähigkeit), kritisiert er die gefundene Lösung als Strategie aus »soziofiskalischem Dumping«, überdimensionierten Geldanlagen im Bankensektor aufgrund mangelnder Investitionsbereitschaft und einer Akkumulation von Gläubigerforderungen an die gegenüber Deutschland verschuldeten Ökonomien Südeuropas – all das habe »zu der Schieflage beigetragen, die die Euro-Krise ausgelöst hat.«[15] Auch hier gilt wieder, dass es nicht darum geht, die einzelnen genannten Faktoren dieser Mischung aus Wirtschaftspolitik, selbstständiger Entwicklung der Wirtschaft und moderatem Verhalten der Gewerkschaften für richtig oder falsch, gut oder schlecht zu bewerten, sondern darum, dass abermals die »Grundlage der Euro-Krise« dem Mitgliedsland angelastet wird, das wirtschaftlich am besten dasteht, und ihm eben genau dieses vorzuwerfen, bis dahin, ein »Profiteur der Euro-Krise« zu sein. Subtile Analysen im Detail führen zu einer groben und pauschalen Schlussfolgerung bei der Suche nach einem Schuldigen. Dabei wäre noch zu unterscheiden, inwiefern Deutschland objektiv von der Eurokrise profitiert und inwiefern dies subjektiv gewollt ist. Ersteres suggiert letzteres nach dem altbekannten *Cui-bono*-Prinzip, und in der Konsequenz dieser Logik fehlt nur noch die verschwörungstheoretische Erklärung, Deutschland habe die Euro-Krise bewusst herbeigeführt, und einige der bislang erwähnten Publikationen sind davon nicht allzu weit entfernt.

Der Euroskepsis und auch der Schuldenproblematik liegt in Frankreich noch ein tieferes Problem zugrunde, das ist das Wirtschaftliche schlechthin, das traditionell in Frankreich immer als Resultat des Politischen gesehen wurde, und zwar nicht nur auf der Linken. Dass der Staat wesentliche Parameter der wirtschaftlichen Entwicklung setzt, und zwar mehr als nur die Rahmenbedingungen, sondern auch durch einen starken Staatsinterventionismus, war quasi eine nicht in der Verfassung formulierte Grundlage des Staates, ähnlich wie auf der anderen Seite die Soziale Marktwirtschaft in der Bundesrepublik. Die Kritik an der neoliberalen EU gründet also tiefer als nur eine linke Kritik. Entsprechend wird in Frankreich überhaupt keine ernsthafte Schuldendebatte geführt, wir haben es schon verschiedentlich erwähnt: Im Parlamentswahlkampf 2012 war es überhaupt kein Thema, und wenn die Schuldenreduzierung von der Regierung als ein Ziel ihrer Politik vermittelt wird – oder vielmehr, wenn sie versucht, dies zu vermitteln –, dann geht das nur, indem man das als Pflicht gegenüber Europa darstellt, egal ob auf der Linken oder auf der Rechten. Im letzten Jahr seiner Präsidentschaft hat François Hollande es angeblich erreicht, die Neuverschuldung unter 3 % zu senken, doch niemand wollte es ihm danken, weil man den Sinn dessen gar nicht erkennt. Nach dem Regierungswechsel stellte sich dann heraus, dass die Zahlen prognostisch geschönt waren. In seinem Wahlprogramm bezeichnete Mélenchon die 3 %-Grenze des Stabilitätspakts als »absurde Regel.«[16] Wenn Macron und Fillon dagegen die Schuldenbegrenzung formal akzeptierten, so gaben beide Wahlversprechen, die dies de facto annullierten. Es gibt also vor allem eine Debatte im Hinblick auf Europa und damit natürlich auf Deutschland, aber keine ehrliche Debatte über die Schulden aus eigener Erkenntnis.

Ansätze dazu gab es immerhin im Präsidentschaftswahlkampf 2017, als François Fillon von der drohenden Staatspleite sprach und dies in seinem Buch ausgeführt hat.[17] Die Eindämmung der Verschuldung stand auch in seinem Wahlprogramm, doch kontrastiert von Steuererleichterungen für Unternehmen und Privathaushalte auf der gesamten Bandbreite, von den Arbeitslosen bis zu den Rentnern, bei letztgenannten Gruppen in Höhe von 50 Mrd. Euro, und dies angesichts einer Verschuldung der Sozialversicherungen von 160 Mrd. Euro, die Staatsverschuldung noch gar nicht berücksichtigt, die Fillon durch Stelleneinsparungen mittels einer Arbeitszeitverlängerung im Öffentlichen Dienst reduzieren wollte.[18] Noch drastischer kam derselbe Widerspruch bei Emmanuel Macron zum Ausdruck: »Seit mehr als drei Jahrzehnten haben die Rechte wie die Linke das fehlende Wachstum durch die Staatsverschuldung ersetzt«[19], kritisiert er sehr richtig in seinem Buch, doch sein Wahlprogramm enthielt Steuergeschenke und Versprechungen ohne Ende: Die Kaufkrafterhöhung für alle Arbeitnehmer gleich als allererstes, die Reduzierung der Arbeitskosten für die Unternehmer als zweites, kontrastiert von Invesitionsprogrammen für die Wirtschaft und Ausgabenerhöhungen im Sozialbereich. Alles gut begründbar, doch wie das Defizit gesenkt werden könne, was er auch am Ende verspricht, das sagt er natürlich nicht, so wie für das ganze Programm keine Rechnung aufgestellt wurde.

Den besten Beleg für das gesellschaftliche Unverständnis gegenüber dem Problem jenseits der offiziellen Politik hat 2015 eine Thema-Sendung auf *Arte* geliefert, *Staatsschulden – System außer Kontrolle?*[20], die ganz die französische Desinformation zu diesem Thema kommuniziert hat – so hart muss dies leider formuliert werden. In der ersten Hälfte der Sendung, die Zeit vor der Finanzkrise 2008 betreffend, wurden die steigenden Staatsschulden thematisiert, ohne dass auch nur im Ansatz davon gesprochen wurde, warum diese Schulden immer weiter gestiegen sind, will heißen: warum die Staaten immer mehr Kredite aufnahmen. Stattdessen wurden folgende Verantwortliche ausgemacht: das »Finanzkapital«, der »Neoliberalismus«, der »Raubtierkapitalismus«, die »Macht der Banken«, oder besondere Faktoren wie die Ölkrise 1973, alles externe oder »systemische« Schuldige. In besonderer Weise wurde mehrfach die Veränderung des Kapitalismus weg von der Industrie als treibender und verantwortlicher Kraft hin zum Finanzkapital angeprangert, nicht mehr »die Produzenten« sind der entscheidende Faktor, sondern »die Finanzwelt beherrscht die Wirtschaft«. Dies erinnert fatal an Görings Spruch vom »raffenden« und vom »schaffenden Kapital«, und genauso war es auch gemeint, links- und rechtsextreme Kritik des Finanzkapitalismus kamen hier auf einen Nenner. »Die Politiker kontrollieren die Verschuldung nicht mehr« war dann die Quintessenz, die, obwohl die Verantwortung der Politiker überhaupt nicht geklärt wurde, entschuldigend gemeint war und noch den letzten Rest von Verdacht gegenüber der Politik zerstreuen sollte.

Der zweite Teil der Sendung über die Zeit seit der Finanzkrise, natürlich mit einem Schwerpunkt auf Griechenland, hat gleich zu Beginn die Katze aus dem Sack gelassen: Die Krise konnte nur durch die

Nicht-Übernahme der griechischen Schulden durch die EU 2010 zu solch einer Krise werden. Und am Ende floss dies dann in die Lösungsvorschläge: Überarbeitung der Gründungsverträge (z.B. Maastricht), komplette Umverteilung der Schulden der EU-Länder, die über 60% PIB liegen, auf alle EU-Länder (sprich auf Deutschland und ein paar kleine andere), denn Deutschland, so Thomas Piketty in der Sendung, habe nach dem Krieg »seine Schulden komplett erlassen bekommen und dadurch sein Wirtschaftswunder realisiert« – worauf wir gleich weiter eingehen. Dazwischen wurden dann im Kontext der griechischen Krise noch allgemeine wirtschaftsphilosophische Thesen lanciert, unter anderem von David Graeber und Bernard Maris: Den Menschen werde ein Schuldgefühl für die Schulden aufgezwungen, das sie zu mehr Arbeit bewegen soll, es sei eine »neue Versklavung« (Maris), Schulden habe nichts mit Moral zu tun (Graeber), und im Falle Griechenlands hieß es, die Gläubiger nötigten Griechenland auf, Schulden aufzunehmen (sic!).

Dies ist die von internationalen Wirtschaftswissenschaftlern mit höherer Weihe versehene Einstellung, die man in Frankreich leider oft antreffen kann: Wenn ich Schulden habe, weil ich Kredite aufgenommen habe um Dinge zu kaufen, die ich eigentlich gar nicht brauche, dann bin nicht ich schuld, sondern die beiden anderen: nämlich derjenige, der mir die unnützen Dinge aufgeschwätzt hat, und die Bank, die mir das Geld dafür geliehen hat. Diese Meinung durchzieht die ganze Bandbreite der Publikationen dazu, die wir schon an verschiedenen Stellen angesprochen haben, nur wird es nicht in dieser drastischen Klarheit formuliert.

Dabei hatte das historische Argument von Deutschlands Entschuldung nach dem 2. Weltkrieg Hochkonjunktur auf dem bisherigen Höhepunkt der Griechenlandkrise 2015. So äußerte sich Piketty in der *Zeit*: »Deutschland ist wirklich das Vorzeigebeispiel für ein Land, das in der Geschichte nie seine öffentlichen Schulden zurückgezahlt hat. Weder nach dem Ersten noch nach dem Zweiten Weltkrieg. Dafür ließ es andere zahlen, etwa nach dem deutsch-französischen Krieg von 1870, als es eine hohe Zahlung von Frankreich forderte und sie auch bekam. Dafür litt der französische Staat anschließend jahrzehntelang unter den Schulden.«[21] Alleine aus dieser Gegenüberstellung lässt sich schon herauslesen, worum es geht: Frankreich hat gelitten, Deutschland nicht, dabei hat es zwei Weltkriege verursacht. Ende Mai 2015, nach den ersten Erfolgen von *Podemos* bei den Kommunalwahlen in Spanien, hatte Piketty noch Deutschland und Frankreich zusammen angeklagt, allerdings mit Deutschland als Hauptverantwortlichem, woraus man den Vorwurf an Frankreich herauslesen kann, sich an die deutsche Politik zu binden. Im historischen Rückblick behauptete er damals analog zum späteren Interview in der *Zeit*: »Die ganze Außenverschuldung Deutschlands wurde 1953 annulliert.«[22] Doch nicht nur Franzosen haben solch eine Sicht der Dinge. Schon 2011 wies der deutsche, an der London School of Economics lehrende Wirtschaftswissenschaftler Albrecht Ritschl in einem Interview im *Spiegel* Deutschland eine wesentliche Schuld an der Weltwirtschaftskrise zu, ohne jede Konkretisierung der Angaben, im Interview auch sicher nicht möglich, was gleichwohl kein Recht zur Unwahrheit beinhaltet: »Die Weimarer Republik hat von 1924 bis 1929 auf Pump gelebt und sich das Geld für die Reparationsleistungen des Ersten Weltkriegs von Amerika geborgt. Diese Kreditpyramide krachte in der Wirtschaftskrise 1931 zusammen. Das Geld war weg, der Schaden für die USA gigantisch, der Effekt auf die Weltwirtschaft verheerend.«[23] Und im historischen Vergleich: »Gemessen jeweils an der Wirtschaftsleistung der USA war allein der deutsche Schuldenausfall in den dreißiger Jahren so bedeutsam wie die Kosten der Finanzkrise 2008.« Alles klar? »Nach dem ersten Zahlungsausfall in den dreißiger Jahren wurde der Bundesrepublik 1953 von den USA ein Schuldenschnitt – im Englischen ›Haircut‹ – verpasst, der das Schuldenproblem von einem voluminösen Afro-Look auf eine Vollglatze reduzierte.«

Wie die Weltwirtschaftskrise in den USA und nicht in Deutschland entstanden ist, lässt sich in jedem Lexikon nachlesen. Fakt ist außerdem: Uneinlösbare Reparationszahlungen haben Deutschland 1923 in die Knie gezwungen und zur Hyperinflation geführt, mit der man die inneren Schulden loswurde (nicht die äußeren). Anschließend hat man bei den äußeren Schulden (Reparationszahlungen) die Gesamtsumme sowie die einzelnen Tilgungsraten gesenkt und dadurch die Zahlungen weit nach hinten gestreckt, ähnlich dem, was zum Teil mit Griechenland geschehen ist. Im Falle Deutschlands handelte es sich nach 1918 aber nicht nur um Kreditschulden, sondern vor allem um Reparationsforderungen der ehemaligen Kriegsgegner. Zum Begleichen der Reparationszahlungen wurden Deutschland Hilfsprogramme in Form von Krediten angeboten, etliche Schulden aus Krediten wurden mit Unterbrechungen noch jahrzehntelang zurückgezahlt und zwar bis 2010 (wenn auch nur noch geringe Summen), andere fielen der Weltwirtschaftskrise zum Opfer, so die noch ausstehenden Reparationszahlungen, die dann letztlich 1932 gegen eine Einmalzahlung von 3 Mrd. Goldmark gestrichen wurden. Gestrichen wurden aber wohlgemerkt keine Kreditrückzahlungen, sondern Reparationsforderungen aus dem Krieg, es handelte es sich somit nicht um einen *Schuldenschnitt* im Sinne von Piketty & Co.

Nach dem Zweiten Weltkrieg haben die Gläubiger der Kredite von früher zum Teil auf Zinsforderungen verzichtet bzw. diese reduziert – etwas Ähnliches geschah mit Griechenland im Schuldenschnitt 2011 –, weitere Verbesserungen bei der Berechnung der Schulden (Währungsparität) konnten ebenfalls erzielt werden, andere wurden mit umgewandelten bzw. mit zu erbringenden Leistungen verrechnet, z.B. Besatzungskosten, Demontagen, während die Auslandsguthaben des Deutschen Reiches nicht mit den Schulden verrechnet, sondern als Reparationen einkassiert wurden. Eine sehr komplexe Geschichte. Letztlich ging es um 14 Mrd. DM Altschulden im Londoner Abkommen 1953, die auf 7,3 Mrd. gesenkt wurden (= –46 %) und insgesamt um eine Summe von ca. 30 Mrd. DM, die im Laufe von Jahrzehnten bezahlt wurden.[24] Das entsprach ungefähr 11,5 % des BIP von 1952 und war größer als ein damaliger Bundeshaushalt von 23 Mrd.

Somit kam die Bundesrepublik relativ gut weg nach dem Zweiten Weltkrieg angesichts der Katastrophe, die Deutschland angerichtet hatte. Die Lasten, um die es ging, waren auch geringer als die Griechenlands heute. Lehren aus den Fehlern von Versailles und die Entstehung des Kalten Krieges haben dabei geholfen, die Forderungen der Alliierten zu mäßigen. Daraus kann man auch Schlussfolgerungen für die griechische Frage ziehen. Aber zu behaupten, Deutschland habe seine Schulden *nie bezahlt*, nach 1918 nicht und nach 1945 nicht, ist eine kaum zu überbietende Demagogie des »Starökonomen« Piketty und anderer. Außerdem müssten noch ganz andere Faktoren berücksichtigt werden wie die Tatsache, dass die Ersparnisse der Deutschen nach zwei Weltkriegen zweimal ganz oder fast vernichtet wurden.[25] Somit wurden die Deutschen zweimal enteignet (ausgenommen materielle Werte), während die EZB den griechischen Banken nach ihrer vorübergehenden Schließung das Äquivalent eines Jahresstaatshaushalts an den Bankautomaten zur Verfügung stellte, damit die Leute weiterhin Geld abheben konnten.

Die »Nationalisierung« der wirtschafts- und finanzpolitischen Debatte in Europa sorgt dafür, dass die Sache selbst nicht als solche analysiert und Argumente nicht als solche diskutiert werden, sondern als nationale Positionen wahrgenommen werden, die sich in einem Machtspiel miteinander messen. Nicht: Ist das eine richtig und das andere falsch, sondern setzt sich Deutschland durch oder Frankreich usw., ist die Logik dieses Diskurses.

Wirtschaftspolitisch stehen immer noch Keynes und Hayek gegeneinander, als ob *deficit spending* oder Monetarismus heute noch Lehren aus der historischen Schublade für alle Krisenfälle seien. Die staatliche

Intervention durch vorübergehende (!) Schuldenaufnahme wäre auch gar kein Problem, wenn die Staatsschulden in normalen Zeiten vor der Finanzkrise nicht schon so hoch gestiegen wären. Man hat jahrelang ein deficit spending betrieben, ohne dass sich die erwünschten positiven Ergebnisse in Wirtschaft und Arbeitsmarkt einstellten, und tatsächlich wurden die Gelder weniger für spezifische Investitionsprogramme als für besondere Maßnahmen ohne große beschäftigungspolitische Wirkung verwendet oder schlicht, um Lücken im Sozialetat auszugleichen. Der »Keynesianismus« wurde zum politischen Alltagsgeschäft, den leidenden Bevölkerungsgruppen mehr Geld in die Tasche zu geben, ohne dass sich auf dem Arbeitsmarkt etwas änderte. Schulden wurden gemacht zu Zeiten, als dies nicht nötig war, jedenfalls nicht in der Höhe, und dann, als es nötig war, bekam man keine Kredite mehr, oder nur noch zu Konditionen, die die Schuldenlast zusätzlich drastisch erhöhten. Diesen Teufelskreis zu durchbrechen, war daher das Ziel der ergriffenen Maßnahmen der EU, Schulden zu begrenzen und zu senken. Gleichzeitig eröffneten EU und EZB eigene Möglichkeiten der Refinanzierung um sich vom Diktat der »Märkte« zu befreien. Wenn aber die dadurch entstandenen Chancen einer Umorientierung in der Finanz- und Wirtschaftspolitik nicht genutzt werden und stattdessen nur Austeritätspolitik betrieben wird, nur Einsparungen ohne positive Maßnahmen zur Förderung der Wirtschaft oder zur Erhöhung der Staatseinnahmen, entsteht ein neuer Teufelskreis nach unten wie im Falle Griechenlands, weil die wirtschaftliche Rezession die Staatseinnahmen weiter sinken lässt und neue Einsparungen zum Erreichen eines ausgeglichenen Haushalts notwendig macht. Es ist wie das Rennen zwischen dem Hasen und dem Igel.

5. Demokratie und Demagogie

Das Recht der Gedankenfreiheit bedeutet jedoch nur dann etwas, wenn wir auch fähig sind, eigene Gedanken zu haben.

Erich Fromm, 1941[1]

Historia magistra vitae, die Geschichte ist die Lehrmeisterin des Lebens, erklärte Cicero, genauer: Sie »ist die Zeugin der Zeiten, das Licht der Wahrheit, das Leben der Erinnerung, die Lehrmeisterin des Lebens, die Verkünderin alter Zeiten«. Hierin findet sich überschwänglich alles, was die Geschichte bedeutet, aber an anderer Stelle relativiert Cicero auch den Wahrheitsbegriff, indem er sich auf die Kunst der Dialektik von Diogenes bezieht, in der »sich keine Vorschrift« findet, »wie man die Wahrheit finden, sondern nur, wie man sie beurteilen könne.«[2] Diese etwas rätselhafte Formulierung ist eine Einladung, über die Objektivität des »Lichts der Wahrheit« und die Subjektivität des Betrachters in seiner Beurteilung nachzudenken.

Nicht nur die *Demokratie* ist im alten Athen entstanden, die *Demagogie* ist es auch, das eine ist die dialektische Kehrseite des anderen: Wo das Volk das Sagen hat, muss man es für sich gewinnen. Aus der klugen *Führung des Volkes*, was der Begriff Demagogie ursprünglich bedeutete, wurde schnell auch die *Verführung des Volkes*, und diese prägte nicht nur die Spätphase der attischen Demokratie, sie wurde von antiken Philosophen durchaus von Anfang an als die Kehrseite der Demokratie erkannt.

Bis zur dauerhaften Verwirklichung der modernen Demokratie im geographischen Europa hat es lange gedauert, in Osteuropa sogar bis zum Fall des Sowjetimperiums, denn die meisten aus dem Zerfall des Zarenreiches und der Habsburger Monarchie entstandenen ost- und mitteleuropäischen Staaten waren zwischen Erstem und Zweitem Weltkrieg rudimentäre Demokratien, wenn überhaupt. Diese historische Dimension sollte man nicht vergessen, wenn man von der Demokratie heute spricht: Weder ist die Demokratie eine selbstverständliche Form politischen Zusammenlebens, sondern eine historische Errungenschaft, noch ist sie, einmal etabliert, unwiderruflich.

»Viele sahen im Ersten Weltkrieg den Endkampf und in seinem Abschluss den endgültigen Sieg der Freiheit«, schrieb Erich Fromm 1941 in *Die Furcht vor der Freiheit*, »die bereits vorhandenen Demokratien schienen gestärkt daraus hervorzugehen, und neue Demokratien traten an die Stelle früherer Monarchien. Aber bereits nach wenigen Jahren tauchten neue Systeme auf, die alles verleugneten, was die Menschen in Jahrhunderte langen Kämpfen errungen zu haben glaubten. Denn das Wesen dieser neuen Systeme, die sich des gesamten gesellschaftlichen und persönlichen Lebens der Bevölkerung bemächtigten, war die völlige Unterwerfung aller unter die Autorität einer Handvoll von Menschen, gegen die sie machtlos waren.«[3] Die »Machtlosigkeit gegenüber einer Handvoll von Menschen« würde man heute so nicht mehr in der Beschreibung des Faschismus stehen lassen, dennoch trifft dieser Rückblick von 1941 prägnant die Problematik, dass die Demokratie keinen Garantieschein hat.

Die Übersetzung von *Demokratie* mit *Volksherrschaft* ist eigentlich unsinnig, weil ein Widerspruch in sich, wenn »Herrschaft« bedeutet, über jemanden zu herrschen. Die zweite Komponente des Wortes, *kratos*, meint eigentlich »Kraft, Macht«, und folglich der Begriff Demokratie die »Macht des Volkes« oder die »Machtausübung durch das Volk«. Im antiken Athen war dies die direkte Demokratie, jedenfalls vom Anspruch her, denn auf dem Versammlungsplatz (Pnyx) konnte sich keineswegs das ganze stimmberechtigte Volk sammeln. Dort kamen so etwas wie Repräsentanten oder ein Querschnitt aus dem Volk zusammen. Ähnlich war es auch in Rom mit dem Forum Romanum. Wenn es zum Beispiel hieß, nach seinem Streit mit dem Senat »eilte Caesar hinaus zum Volk«, dann war dies eine Menschenmenge auf dem Forum, das »Volk« in einem zu jenem Zeitpunkt nicht mehr unbedingt repräsentativen Sinne. »Populismus steht am Anfang der demokratischen Kultur«, darauf weist auch Bernd Stegemann hin, »und es ist wohl kein Zufall, dass zeitgleich mit der Demokratie im antiken Athen auch das Theater erfunden wurde. Das öffentliche Sprechen des Politikers wie des antiken Heroen in der Tragödie will die Mehrheit auf seine Seite ziehen. Im Wettkampf um die Zustimmung zählen die besseren Argumente, aber auch das Charisma, die persuasiven Techniken der Rhetorik und die Weltanschauung des Sprechenden.«[4] Jan-Werner Müller unterscheidet dagegen zwischen Demagogie und Populismus und sieht letzteren als Phänomen der Moderne, noch nicht in der Antike, im Sinne einer Verselbstständigung zu »Wir sind das Volk«.[5]

Die Athener scheuten die Übertragung von Macht an Einzelne nach der Erfahrung mit dem Tyrannen Peisistratos. So wurden politische Ämter nur für kurze Zeit und meist durch Auslosung in einem wechselnd ausgewählten Kreis vergeben, etwas, das später die Grünen in der Bundesrepublik in ihrer Frühphase mit dem Rotationsprinzip tendenziell übernahmen, sowie man die Doppelspitze, ebenfalls von den Grünen erfunden und nun auch von der Linken und sogar von der AfD übernommen, mit dem römischen Prinzip der Kollegialität vergleichen kann. Dort ging es um einen Machtausgleich zwischen Patriziern und Plebejern, nachdem letztere sich das Recht erkämpft hatten, in allen Ämtern auch vertreten zu sein. Bei den Grünen geht es um die Gleichberechtigung der Geschlechter, bei der Linken um den Ost-West-Proporz und/oder um die Repräsentanz der beiden politischen Flügel. Die Erringung der Macht durch einen Einzelnen, sei es durch Marius und seinen Kontrahenten Sulla als Konsuln oder durch Caesar als *Dictator* und schließlich Octavian (später Augustus genannt) als *Imperator*, geschah jeweils durch ein Zusammenspiel von persönlicher militärischer Macht und der Zustimmung aus dem Volk oder dem Senat.

Aus der Antike ist durchaus noch viel über die Demokratie für heute zu lernen, auch aus der Kritik an der Demokratie, wie sie von den Vertretern der Oligarchie, also der Herrschaft einer Minderheit, vorgebracht wurde. Die erste Oligarchie waren die Aristokraten gewesen, wörtlich meint Aristokratie so viel wie »Herrschaft« oder »Machtausübung der Besten«. In späterer Zeit dachte man nicht mehr so sehr an von Geburt aus prädestinierte Oligarchen sondern eher an eine Schicht von Gebildeten, die durch ihre Befähigung wirklich die »Besten« zum Regieren schienen. In der Kritik an der Demokratie durch einen unbekannten Autor, der von dem Historiker Xenophon zitiert wird und deswegen Pseudo-Xenophon genannt wird (verfasst in der 1. Hälfte des 4. Jahrhunderts v. Chr.), heißt es, nur im oligarchischen Gemeinwesen würden die Politiker eingegangene Verpflichtungen durch Eidesleistungen auch dauerhaft halten bzw. seien im Falle von Fehlentscheidungen dafür verantwortlich. Dagegen:

»Was aber das Volk vereinbart hat, da steht es ihm frei, einem die Schuld zuzuschieben, dem Antragsteller und dem Versammlungsleiter, den übrigen aber, zu erklären, er sei nicht dabei gewesen und es sage ihm nicht zu, ausgenommen höchstens, sie hätten erfahren, es sei in einer Vollversammlung des Volkes vereinbart worden; und wenn es ihm nicht belieben sollte, dass dies Gültigkeit habe, so hat es tausend Vorwände bereit, nicht zu tun, was sie nicht wollen. Und überhaupt, wenn etwas Böses emporwächst aus dem, was das Volk beschlossen hat, so gibt das Volk dem die Schuld, dass wenige Leute ihm zuwidergehandelt und dadurch es zum Schlechten gewandt hätten; wenn aber etwas Vorteilhaftes, so schieben sie die Schuld daran sich selbst zu.«[6]

Der Begriff *Demagoge* wurde vor allem bei Aristoteles zu einem negativen Begriff, als sich in der vollendeten attischen Demokratie Politiker durchsetzten, wenn auch nur zeitweise, die das Volk mit ihrer Rhetorik verführten. Zwar war schon als Präventionsmaßnahme gegen Tyrannen das Scherbengericht eingeführt worden, mit dem das Volk aus Misstrauen einen Politiker aus dem Staat verbannen konnte, aus der Stimmung heraus wurden allerdings auch redliche Männer wie Themistokles bestraft, während umgekehrt begabte Demagogen das Volk auf ihre Seiten ziehen konnten.[7] Die Machtausübung durch das Volk ermöglicht so faktisch auch die Herrschaft eines Einzelnen, der das Volk in seinem Sinne beeinflusst, mahnt Aristoteles:

»Das muss eintreten, wenn die Stimmen entscheiden, aber nicht das Gesetz, und das kommt wieder durch die Schuld der Demagogen. Denn in den Demokratien, wo es nach dem Gesetze zugeht, ist kein Aufkommen für die Demagogen, weil daselbst die Besten aus den Bürgern die Stimmführer sind, aber wo die Gesetze nicht die Herrschaft haben, da stehen Demagogen auf. Dort nämlich wird das Volk als kollektive Einheit Monarch, da die Vielen, nicht jeder für sich, sondern als Gesamtheit, die Herrschaft haben. […] Ein solches Volk […] bindet sich an kein Gesetz und wird despotisch, so dass die Schmeichler bei ihm zu Ehren kommen, und so ein Volk eine analoge Rolle spielt wie die Tyrannis unter den Monarchien. Darum ist auch der Charakter beider derselbe, und beide unterdrücken despotisch die Besseren; die Volksbeschlüsse sind dasselbe wie dort die Befehle. Auch Demagog und Schmeichler sind eins und analog, und beide haben bei beiden den allergrößten Einfluss, die Schmeichler bei den Tyrannen und die Demagogen bei einem derartigen Volke. Sie machen, dass die Stimmen, nicht die Gesetze herrschen, indem sie alles an das Volk bringen. Kann es doch nicht fehlen, dass sie selbst groß werden, wenn das Volk über alles Herr ist, und sie über die Meinung des Volkes, indem der große Haufe ihnen beipflichtet.«[8]

Mit »Gesetz« ist hier eine Art Verfassung, ein »Grundgesetz« im Wortsinne gemeint, das über der Tagespolitik steht und dauerhafte Gültigkeit hat im Gegensatz zur Willkür der Entscheidung des Augenblicks. Aristoteles' Beschreibung einer realen Entwicklung in der Spätphase bis zur Eroberung durch Makedonien veranschaulicht die Dialektik der Demokratie ungefähr hundert Jahre nach ihrem Höhe- und Wendepunkt unter Perikles, wenn sich die Methode der Demokratie, das heißt die Abstimmung durch das Volk nach dem Mehrheitsprinzip, von zentralen Inhalten eines demokratischen Staates loslöst.

Man muss kein Gegner der Demokratie sein, um in diesen Kritiken durchaus reale Probleme der Demokratie zu erkennen. So nuancierte denn auch der athenische Staatsmann Perikles, der selbst die Demokratie für seine persönliche Stellung auszunutzen wusste, die Definition der Demokratie: »Mit Namen heißt sie, weil die Staatsverwaltung nicht auf wenige, sondern auf die Mehrheit ausgerichtet ist, Demokratie. Es haben aber nach den Gesetzen in den persönlichen Angelegenheiten alle das gleiche Recht, nach der Würdigkeit aber genießt jeder – wie er eben auf irgendeinem Gebiet in Ansehen steht – in den Angelegenheiten des Staates weniger auf Grund eines regelmäßigen Wechsels (in der Bekleidung der Ämter), sondern auf Grund seiner Tüchtigkeit den Vorzug.«[9]

Die Demagogie erscheint so in den Darstellungen des Pseudo-Xenophon und bei Aristoteles als die Herausforderung der Demokratie mit ihren eigenen Mitteln und die Reaktion darauf fast schon als Einschränkung der Demokratie auf die Regierung der Fähigen gegenüber einer Masse von Unmündigen und Verführbaren. Doch erfolgt diese Differenzierung bei Perikles gleichwohl auf der Basis prinzipiell gleicher Rechte für alle, in der Übertragung der Macht auf die »Tüchtigen« kann man eine Antizipation des repräsentativen Prinzips gegenüber der direkten Demokratie erkennen.

Demokratie und Demagogie haben sich wohl nie so ausdauernd und radikal bekämpft wie in der Französischen Revolution, hat doch zu anderen Zeiten die eine meistens schnell über die andere gesiegt. Am 13. Juli 1793 – war der Vorabend des 14. Juli zufällig oder absichtlich gewählt? – ermordete die aus Caen angereiste Charlotte Corday den Abgeordneten und »Freund des Volkes« Jean-Paul Marat in Paris. Der Ultra-Jakobiner und Abgeordnete im Nationalkonvent, wie das Parlament damals genannt wurde, hatte durch seine Zeitung *L'Ami du Peuple* (Der Volksfreund) einen enormen politischen Einfluss. Marat war zu diesem Zeitpunkt auf dem Höhepunkt seines Einflusses, nachdem es ihm gelungen war, propagandistisch durch seine Zeitung im April 1793 den Sturz der gemäßigten Regierung der »Girondisten« herbeizuführen oder zumindest dazu beizutragen. Damit wurde im Krieg und Bürgerkrieg die zweite und radikalere Phase der Schreckensherrschaft (*Terreur*) eingeleitet, der Anfang der Jakobinerdiktatur, wo in einem fortgesetzten Radikalisierungsprozess immer mehr angebliche Opportunisten und Verräter aus den eigenen Reihen denunziert, verhaftet und dann auch guillotiniert wurden. Am 16.12.1792 bereits, vor der Zuspitzung des Konflikts im Frühjahr darauf, erklärte Marat im Jakobinerclub gegen die regierenden *Brissotins* (so genannt nach ihrem Chef Brissot, eine andere Bezeichnung für die erwähnten Girondisten), mit denen er und Robespierre schon im Streit lagen:

»Die Sache des Volkes, dieses guten Volkes, das ich immer mit heldenhaftem Mut verteidigt habe (Applaus), hat mich zu euch gerufen um euren Eifer anzustacheln und eure patriotische Wachsamkeit aufzurütteln. (Applaus) [...] Ich werde euch von einem schrecklichen Komplott erzählen, das versucht, die Freiheit im Konvent zu ersticken und den Mund der wahren Freunde des Volkes zum Verstummen zu bringen. Das ist, was mir gestern im Konvent passiert ist, man hat die Stimme von Marat erstickt. (Gesten des Erschreckens und der Empörung). Welch eine grauenhafte Beleidigung des Volkes, denn ich bin der Mann des Volkes – ich. (Heftiger Applaus). [...] Ich fordere die Freunde dieses Volkes auf, das man in meiner Person verunglimpft, eine heilige Koalition zu bilden um die perfiden Machenschaften und die dunklen Komplotte zu vereiteln, die die Brissotins gegen mich schmieden. Damit dies gelingt, muss die Minderheit einen heiligen Aufstand gegen die Mehrheit unternehmen. (Applaus).«[10]

Alles kommt hier zum Ausdruck: das Avantgardebewusstsein und die Demagogie, beides verbunden in der Überzeugung, das Volk nicht nur *zu vertreten*, sondern das Volk *zu sein*, es im wahrsten Sinne des Wortes *zu verkörpern*, so dass eine absolute Identität zwischen Avantgarde und Volk entsteht, aus der heraus die *gewählten* Volksvertreter im Parlament als Verräter dargestellt und die eigene Minderheitenposition sakral zu einer »heiligen« Sache überhöht werden können. In der Rhetorik von Marats Reden und Zeitungsartikeln war das rhetorische Element der Distanz zwischen Regierenden und Volk die Grundlage für alle politischen Anklagen, die dann durch konkrete Beschuldigungen ergänzt und zugespitzt wurden. Marat hatte dabei gar keine Skrupel, den Aufstand einer Minderheit gegen die Mehrheit und deren Sturz zu rechtfertigen, da sich diese Minderheit im Parlament als identisch mit dem Volk betrachtete. Damit wurden Mehrheit und Minderheit obsolete Kategorien und folglich auch die Demokratie selbst, in deren Namen die Demagogie eben immer agiert und argumentiert. Es war die Einleitung einer Schreckensherrschaft, die ihren Namen nicht durch ihre Gegner bekam, sondern ihn sich selbst gab: die *Terreur* sollte den Gegner abschrecken, einschüchtern, es war die Geburtsstunde nicht nur der Begrifflichkeit des Terrorismus, zunächst affirmativ verstanden und in diesem Fall von der Regierung von Staats wegen ausgeübt. Diesen Jakobinismus haben sich später Lenin und die Bolschewiki in der Russischen Revolution zum Vorbild genommen mit der festen Absicht, dass sie, anders als ihre Vorbilder, damit nicht scheitern würden.

Die Avantgarde gibt vor, das Volk zu repräsentieren, weiß es aber per definitionem besser als das Volk und ist morgen bereit, gegen das Volk zu handeln, dessen Sprecher es gestern noch zu sein vorgab, wenn es sein politisches Kalkül erfordert. So war es 1789 mit der Not der Bauern in der revolutionären Rhetorik. Zunächst für die Wahl der Generalstände, die sich dann zur Nationalversammlung transformieren sollten, machten die Revolutionäre Wahlkampf mit zahlreichen politischen Plakaten, auf denen die Nöte der Bauern drastisch dargestellt waren.[11] Als die Revolutionäre jedoch an die Macht kamen, setzten sie sich so gut wie gar nicht für die Nöte der Bauern ein, sondern für ihre eigenen Interessen als Bürger der städtischen Oberschicht, die die Feudallasten der Bauern daher nur halbherzig abschaffen wollten, auch weil viele von ihnen als Pächter grundherrschaftlicher Rechte selbst in die Rolle des Adligen geschlüpft waren. Sie wurden von den radikalen kleinbürgerlichen Jakobinern gestürzt, die ihrerseits die Bauernbefreiung auf ihre Fahnen geschrieben hatten und sie tatsächlich zunächst auch rechtlich vollendeten. Andererseits meinten sie aber auch, dass die Bauern in der Krise zu viele Lebensmittel horteten um damit zu spekulieren, das heißt, um die Preise in die Höhe zu treiben, und schickten daher Requirierungskommandos aus, die diese angeblich zurückgehaltenen Lebensmittel für die städtische Bevölkerung konfiszierten. Tatsächlich waren die Bauern nur das schwächste Glied in der von den Revolutionären verursachten Inflation durch die Einführung des Papiergeldes (die Assignaten). Als die Jakobiner Höchstpreise für Lebensmittel festsetzen – eine Forderung der städtischen Volksmassen –, während das Geld immer mehr an Wert verlor, kam es zum Preiskampf zwischen Bäckern und Händlern, Händlern und Erzeugern und global Städtern und Bauern.

Man sollte jedoch den Jakobinern im Parlament nicht die alleinige Verantwortung für diese Entwicklung zuschreiben, vielmehr gab es eine enge Wechselbeziehung zwischen den machtvollen Demonstrationen in Paris und der Entwicklung in der Nationalversammlung. Selten haben die Menschen auf der Straße – und das hieß damals auch: bewaffnete Einheiten der Miliz – von der Hauptstadt aus so sehr die Geschicke eines Landes beeinflusst wie in der Französischen Revolution, über alle Etappen der Revolution vom Bastillesturm bis zum Sturz des Königs und darüber hinaus. Im Selbstverständnis der Avantgarde in den Pariser revolutionären Clubs und der Jakobiner, die mit Volkes Stimme Politik machten, war »das Volk« auf der Straße genauso »repräsentativ« für das Volk als Ganzes, wie für die römischen Popularen »das Volk« auf dem Forum Romanum oder die Dresdner PEGIDA-Demonstranten in ihrer Einschätzung von sich selbst.

Die moderne *repräsentative Demokratie* reduziert die »Machtausübung durch das Volk« auf die Momente der Wahlen und überträgt für eine begrenzte Zeit gewählten Volksvertretern die Macht, politische Entscheidungen zu treffen. Das sind deswegen nicht unbedingt die »Tüchtigsten«, es bedeutet aber in jedem Fall eine zeitliche »Entmachtung« des Volkes. Durch die modernen Medien und vor allem die Bedeutung von Meinungsumfragen und Internetforen wird dies allerdings wieder relativiert, da die »Meinung des Volkes« dadurch ständig Gehör findet, natürlich nicht genug für die Vertreter des plebiszitären Prinzips. Die Volksvertreter sind seit Mitte des 19. Jahrhunderts in Parteien organisiert, ohne die die repräsentative Demokratie nach wie vor nicht auskäme. Die Kritik an der »Parteienherrschaft« ist ein wesentliches Element der Rhetorik populistischer Parteien, vor allem wenn sie, wie oben beschrieben, in einigen Ländern auch durch das Wahlrecht tatsächlich benachteiligt sind. In der Kritik daran können sich die Populisten durchaus auf originäre demokratische Forderungen gegen die etablierten Parteien stützen. Die Kritik am 50-Sitze-Bonus für die stärkste Fraktion im griechischen Parlament, die die griechische Linke noch vor der Wahl zu Recht als Verfälschung der Demokratie anprangerte, verstummte jedoch mit dem Wahlsieg, den SYRIZA nicht nur dem Volk, sondern vor allem diesem Wahlrecht verdankte. Die Forderung nach mehr plebiszitärer Demokratie, ein Essential populistischer Parteien und Bewegungen, geht jedoch über solche besonderen Probleme hinaus, weil sie meinen, dass ihre politischen Ideen eigentlich von weit mehr Leuten geteilt werden, als diese offen zugeben wollen oder durch ein entsprechendes Wahlverhalten zum Ausdruck bringen. Sie sehen sich so als Repräsentanten einer »schweigenden Mehrheit« oder eben im dem von der Bürgerbewegung entwendeten Slogan von PEGIDA: »Wir sind das Volk.«

Die oben zitierten antiken Kritiken an der Demokratie bringen durchaus richtig zur Sprache, dass Demokratie nicht nur Ausdruck von Meinungen und Stimmungen sein kann, nicht nur eine Art und Weise, wie Entscheidungen getroffen werden, nicht nur ein formales Mehrheitsprinzip, sondern auch Richtlinien für verantwortliches Handeln erfordert – und zwar sowohl für die Gewählten als auch für die Wähler.

Von der direkten Demokratie in Athen bis zum heutigen Funktionieren parlamentarischer Demokratie in der Praxis hat sich der Kreis derjenigen, die de facto Entscheidungen treffen, immer weiter verkleinert. In der Französischen Revolution tagte die Nationalversammlung quasi permanent, und zwar nicht nur in besonders kritischen Phasen, und selbst in jenen fand sie Zeit, auch objektiv nebensächliche Dinge zu verhandeln. Nach dem Sturz der Monarchie und der Verabschiedung der republikanischen Verfassung im Herbst 1792 war die Exekutive nur noch zu einem Ausschuss des Parlaments geworden, alles, auch die geringsten Entscheidungen, fielen im Plenum. Dies ist nachlesbar in der vieltausendseitigen Sammlung der Sitzungsprotokolle in den parlamentarischen Akten.[12]

Heute dagegen kann man sich bei jeder Sitzungsperiode im Fernsehen bei einem Schwenk der Kamera von der Rednertribüne zu den Abgeordneten davon überzeugen, dass meistens kaum mehr als die ersten drei Reihen des »Plenums« gefüllt sind und diese auch nicht durchgehend, und es selbst bei Abstimmungen wie dem Bundeshaushalt im Juni 2014 noch eine beträchtliche Absenz gibt, lediglich ein Drittel der Abgeordneten fehlt nie bei namentlichen Abstimmungen.[13] Auch dies muss zwangsläufig zur Produktion von Politikverdrossenheit in der Öffentlichkeit beitragen. Es ist ein augenfälliger Ausdruck der Entwicklung, wonach Entscheidungen immer weniger im Plenum des Bundestages fallen, ja, dort nur noch pro forma diskutiert werden, sondern zuvor in Ausschüssen bzw. in der Regierung oder im Koalitionsausschuss der Regierungsparteien, wo die eigentlichen Debatten stattfinden.

Die Kritik daran ist inzwischen schon recht alt, da sich dieser Prozess der »Informalisierung« politischer Entscheidungsprozesse seit den 1980er Jahren immer weiter verstärkt hat. Die schon in den 1990er Jahren daran geäußerte Kritik »zielte auf den außerkonstitutionellen Charakter informeller Entscheidungsfindung und beklagte den damit verbundenen Verlust an Transparenz: Die demokratische Politik unterliege einer schleichenden, aber unaufhaltsamen Entparlamentarisierung. [...] Allzu sehr schienen die Parlamente dem Griff der Regierungsapparate ausgeliefert zu sein. [...] Am Ende blieb den Parlamenten nur noch die Möglichkeit, die durch Kabinette oder informelle Beschlüsse vorab ausgehandelten Entscheidungen post festum zu legitimieren«, wie Andreas Wirschung es analysiert. Zur Informalisierung kommen Medialisierung und Personalisierung[14]: Die Entwertung der parlamentarischen Bühne erfolgt zugunsten des Auftritts in den Medien, der Auftritt im Parlament mehr mit Blick auf die Medien als auf die Abgeordneten, wichtig ist der extra für die Medien konzipierte, oft polemisch zugespitzte Kernsatz der Rede, damit er in den Nachrichten übernommen wird. Und entsprechend treten die führenden Politiker als Personen immer stärker in den Vordergrund, ihre Partei in den Hintergrund.

Die modernen Kommunikationsmöglichkeiten liefern allerdings nicht nur der Demokratie ein Stimmungsbild aus der Bevölkerung, sie taugen genauso zur Demagogie, und zwar in beide Richtungen, denn Demagogie erfolgt heute auch dank der technischen Möglichkeiten aus »dem Volk« heraus, und wenn die moderne Form des Scherbengerichts durch den *Shitstorm* wirklich politische Relevanz hätte, wäre es nicht die Vollendung, sondern das Ende der Demokratie.

In der kritischen Phase der Beschlüsse zu den verschiedenen Etappen des Euro-Rettungsschirms hat die Bundesregierung bewusst die Rechte des Parlaments übergangen, wie das Bundesverfassungsgericht am 19.6.2012 festgestellt und verurteilt hat. Die Klage dagegen war von der Fraktion der Grünen/Bündnis 90 eingereicht worden.[15] Ein Versuch der Bundesregierung, die Beteiligung des Bundestages auf einen kleinen Sonderausschuss zu beschränken, wurde ebenfalls durch Widerstand aus dem Parlament, letztlich aus den Regierungsfraktionen von CDU/CSU und FDP, verhindert. Bei diesen Vorgängen handelte es sich um Versuche, eine Art Ermächtigungsgesetz zu diesem Thema zu etablieren. Ausgerechnet in dem wichtigsten, dem fundamentalen Recht der Volksvertretung, nämlich über Einnahmen und Ausgaben, sollte das Parlament zur Statistenbühne degradiert werden. Dies – und nicht die europäische Finanzhilfe als solche, wie Gauweiler und Co. behaupten – war ein echtes Krisenmoment der Demokratie, nicht verursacht von ihren Gegnern, sondern von denjenigen, die sie vertreten und ausüben sollen und wollen.

Ein weiterer Bruch demokratischer Grundsätze war die Ankündigung des CDU/CSU-Fraktionsvorsitzenden Volker Kauder im August 2015, die Abweichler in den eigenen Reihen bei der Griechenlandabstimmung zukünftig durch Entzug der Entsendung in Bundestagsausschüsse zu bestrafen. Der »Fraktionszwang« – Steigerung des Begriffs »Fraktionsdisziplin«, die ja noch den Aspekt des sich selbst Disziplinierens beinhaltet – ist eine unselige deutsche Tradition und hat schon beim Ermächtigungsgesetz für Hitler 1933 dazu geführt, dass Gegner des Gesetzes in den verbliebenen demokratischen Parteien wie dem Zentrum ihrer Faktionsmehrheit gefolgt sind und auch dafür stimmten, lediglich die SPD stimmte als Fraktion dagegen. In der SPD-Fraktion hatten dagegen 1914 die Kriegsgegner zunächst aus Fraktionsdisziplin für die Kriegskredite gestimmt, später spaltete sich die SPD nicht nur, aber vor allem über diese Frage, heraus kam die KPD. Die deutsche Fraktionsdisziplin erscheint wie das Pendant zum »demokratischen Zentralismus« der stalinistischen Parteien, wo der Begriff allerdings nur noch euphemistischen Charakter hatte.

Natürlich muss eine Regierung ihre Mehrheit hinter sich haben (dafür ist manchmal eine Große Koalition nötig) und in den meisten Fällen werden sich Abgeordnete mit einer Minderheitenposition selbst der Mehrheit beugen, um die Regierungsfähigkeit aufrecht zu erhalten. Das ist sozusagen die »Demokratie« im »demokratischen Zentralismus«. Gibt es aber Themen, wo es um Grundsatzentscheidungen geht, bleibt der Abgeordnete der gewählte Abgeordnete des Volkes. Zur

Demokratie gehört gerade in solchen Situationen, dass man nicht zentralistisch ein Abstimmungsverhalten erzwingen darf, sondern inhaltlich auch Skeptiker überzeugen können muss. Bei diesem Thema ist die amerikanische und die französische Demokratie, unbeschadet anderer Defizite, der deutschen voraus: Der amerikanische Präsident muss zuallererst die Abgeordneten seiner eigenen Partei überzeugen, und dies durchaus auch in der Öffentlichkeit, und auch in Frankreich stimmen schon mal Abgeordnete der eigenen Fraktion gegen die Regierungsvorlage, deswegen muss die Führung auch hier Überzeugungsarbeit leisten. Gelingt dies nicht, gibt es dann allerdings noch den Art. 49.3 der Verfassung, wonach die Regierung die Vertrauensfrage mit einer Abstimmung verbindet und so die eigenen Reihen diszipliniert.

Sich die nötige Zeit zu nehmen und Überzeugungsarbeit zu leisten, machte gewiss alles schwieriger, wäre aber gelebte Demokratie – stattdessen aber führt sich die deutsche Demokratie gerade in Krisenzeiten durch einen spezifischen Kadavergehorsam ad absurdum, zweimal schon mit katastrophalen Folgen, 1914 und 1933. Kauder erklärte in seinem Interview mit der *Welt am Sonntag* bezüglich der 60 Abweichler bei der ersten Abstimmung über das 3. Griechenland-Paket: »Auch die 60 haben unserer Fraktionsordnung zugestimmt, in der steht: Wir diskutieren, streiten und stimmen ab, aber am Schluss muss die Minderheit mit der Mehrheit stimmen.«[16] In der realen »Arbeitsordnung« der Fraktion steht in §17 jedoch: »In der CDU/CSU-Bundestagsfraktion gibt es keinen Fraktionszwang. Die Abstimmung ist frei.«[17] Fraktionsdisziplin ist weder durch das Grundgesetz noch durch die Geschäftsordnung der CDU/CSU-Fraktion abgedeckt, ganz im Gegenteil: Die Abgeordneten »sind Vertreter des ganzen Volkes, an Aufträge und Weisungen nicht gebunden und nur ihrem Gewissen unterworfen.« (Art. 38 GG). Hat dies der Fraktionsvorsitzende Kauder übersehen, nicht mehr in Erinnerung gehabt, nicht gewusst oder wissentlich missachtet? Hat er nicht voraussehen können, dass seine Ankündigung, die Abweichler in der Fraktion bei der Griechenland-Abstimmung durch die Verbannung aus Bundestagsausschüssen zu bestrafen, nur kontraproduktiv sein konnte und die ganze Breite der Medien gegen ihn aufbrachte? Vielleicht bezog sich der Hinweis auf die »Arbeitsordnung« ja gar nicht auf die geschriebene Regelung, sondern auf eine informelle Regelung in der Fraktion, ein geheimes Zusatzabkommen, um genau diese schriftliche Ordnung zu umgehen und nur auf dem Papier stehen zu lassen …? Wir können uns aussuchen, was schlimmer ist. Der nächste Schritt nach der Kauderschen Einschüchterungslogik wäre ja, bei der nächsten Wahl an den Listenplätzen der Abweichler zu sägen, wenn sie denn nicht durchs

Direktmandat in den Bundestag gekommen waren. Damit hat Kauder dem Ansehen der Demokratie, und das heißt der Demokratie selbst, einen erneuten Schlag versetzt. Selbst die *F.A.Z.* – keine erklärte Gegnerin der Partei Kauders – fragt sich mit einem weiter gezogenen Horizont, was denn »Gewissen« moralisch und historisch überhaupt bedeuten könne. Dabei gab es historische Situationen, wo das Gewissen für das politische Argument missbraucht wurde, und andere, wo es längst hätte zur Geltung kommen müssen.

Die Demokratie, die sich selbst reduziert, kann sich auch nicht gegen ihre Kritiker verteidigen, sie liefert ihnen vielmehr noch die Argumente. Dies war ein Faktor für den Untergang der Weimarer Republik. Wie weit gelten überhaupt die Gesetze der Demokratie in der Demokratie? Alle Theorien von der Allmacht der Geheimdienste, der permanenten Überwachung und der Aushöhlung der Demokratie durch obskure Mächte bis hin zu Verschwörungstheorien von einem *deep state*... – nicht alle, aber viele dieser Phantasmagorien werden doch letztlich durch die Realität bestätigt, die seit den Enthüllungen von Snowden immer deutlicher zutage tritt. *Big Brother ist watchng you* – George Orwells *1984* wurde schon vielfach zitiert, um vor einer solchen befürchteten Entwicklung zu warnen. Doch, abgesehen vom historischen Kontext des Ost-West-Konflikts in Orwells Roman von 1948, verwirklicht sich *1984* erst heute. *Nicht die heimliche Überwachung,* sondern *die nicht mehr verheimlichte Überwachung* ist das Gesetz von *1984*, denn damit, mit dem ständigen Bewusstsein überall überwacht zu werden, wird die Diktatur von *Big Brother* ausgeübt. Das Gefühl allseitiger Überwachung und das Gefühl, allseitig belogen und manipuliert zu werden, hängen eng miteinander zusammen. Ein damit verbundener Faktor für das Selbstverständnis des Rechtspopulismus ist der Faktor »Lügenpresse«. Die Demokratie wird infrage gestellt durch die Infragestellung ihrer Medien. So demonstrierten nicht nur PEGIDA-Teilnehmer für die Abschaffung der GEZ, sondern fordert auch die AfD die Abschaffung des Öffentlich-Rechtlichen Rundfunks und Fernsehens.[18]

Die Massenversammlungen von PEGIDA oder ähnliche Demonstrationen von »normalen Bürgern« seither zeigen manches von dem, was die Autoren der *Frankfurter Schule* seinerzeit auf der Suche nach den Gründen für die Entstehung bzw. den Erfolg des Faschismus als »autoritären Charakter« beschrieben haben, ohne dass die dem zugrundeliegenden Phänomene von damals mit denen von heute identisch wären, dazu sind die Kontexte zu verschieden, aber es zeigen sich dennoch Ähnlichkeiten. So die Dialektik zwischen Aufbegehren gegen Autorität und gleichzeitigem Wunsch nach Autorität. Es ist ein vermeintlicher

Widerspruch, wie er politisch-psychologisch im Protest gegen Staat und Regierung zum Ausdruck kommt, indem man Forderungen an die Autorität stellt, deren Erfüllung aber von dieser Autorität in Wirklichkeit gar nicht erwartet; indem man Aufmerksamkeit erregen will und gleichzeitig gegen die Medien hetzt, denen dieser Wunsch gilt; indem man sich isoliert und unbeachtet fühlt und gleichzeitig meint, dass man eigentlich im Zentrum der Welt steht. Die Isolation oder vielmehr das Gefühl der Isolation wird in der Versammlung mental und sozial überwunden, indem man sich zum »Volk« erklärt und im Skandieren der Slogans vereint. Dem entsprach bei PEGIDA anfangs auch die frappierende Diskrepanz zwischen einem umfassenden »Wir werden nicht gehört« und dem Spärlichen, was es konkret zu sagen gab, wenn man denn gehört wurde: In der Talkshow von Günther Jauch reduzierte sich das bei Kathrin Oertel in einer Stunde Diskussion auf die Forderung, nicht anerkannte Asylbewerber sollten schneller abgeschoben werden. Dem entsprach auch die Abwehr oder die Unfähigkeit auf den Versammlungen selbst, den Medien das zu sagen, was angeblich nicht gehört werde, mit der abwehrenden Beschuldigung »Lügenpresse«. Und bevor es zum TV-Auftritt von Oertel kam, die ja dann auch später aus PEGIDA ausstieg, waren mehrere Angebote von PEGIDA abgelehnt worden, die Medien hatten regelrecht um eine Teilnahme betteln müssen. In der Talkshow wie auch bei allen Kurzinterviews von Demonstranten, die dann doch realisiert werden konnten, stand dieses Nicht-Gehört-Werden im Vordergrund und hatte so umfassende Bedeutung, dass der eigentliche Anlass und das in ihrem Namen zum Ausdruck kommende Ziel der Bewegung, nämlich der Kampf gegen die »Islamisierung«, für viele fast nur noch als Aufhänger für die Teilnahme an der Demonstration erschien. Angesichts dessen jedoch, dass sich PEGIDA im Zuge der Flüchtlingswelle weiter radikalisierte, aber an Zulauf verlor, spitzte Bachmann den Verfolgungswahn zu, dass »jeder mit einer freien Meinung von Verhaftung bedroht sei« (nach der Zusammenfassung in der *Zeit*[19]).

So gewinnt man den Eindruck, dass die Teilnehmer gar nicht erwarteten, etwas Positives zu erreichen, sondern vielmehr eine kollektive Bestätigung ihrer Ansicht suchten, dass sie missachtet werden, und hierin, im Teilen ihres Gefühls mit anderen, ihre Isolierung überwanden. Solches ist nicht auf diesen politischen Kontext beschränkt, es ist eine mentale Disposition, die man aus dem alltäglichen Leben kennt. Manche Menschen wollen in ihrem Pessimismus gar nicht durch Besseres, als von ihnen erwartet, korrigiert werden, sondern sich in ihrer Einstellung bestätigt sehen und dadurch »Recht behalten«. Man kann hierin psychologisch eine Art Masochismus erkennen und in sozialpsychologischer und politischer Perspektive schrieb Erich Fromm dazu 1941 in *Die Furcht vor der Freiheit*:

»Manche nehmen auch eine zwiespältige Haltung zur Autorität ein. Sie begehren gegen eine bestimmte Autorität auf – besonders wenn sie nicht so mächtig ist als erwartet –, während sie sich gleichzeitig oder auch später einer anderen Autorität unterwerfen, die durch größere Machtentfaltung oder durch größere Zusagen ihnen ihre masochistischen Sehnsüchte zu erfüllen scheint. [...] Ein masochistischer Mensch ist also von einem unerträglichen Gefühl der Einsamkeit und Bedeutungslosigkeit getrieben. Er versucht es zu überwinden, indem sich von seinem Selbst befreit (von seinem Selbst als einer psychologischen und nicht als einer physiologischen Größe). Er versucht es, indem er sich selbst herabsetzt, indem er leidet, indem er sich als unendlich unbedeutend hinstellt. Aber nicht Schmerz und Leiden möchte er erreichen, sie sind nur der Preis, den er für sein Ziel zahlt, das er auf zwangshafte Weise zu erreichen sucht. [...] Die andere Seite ist der Versuch, Teil eines größeren und mächtigeren Ganzen außerhalb des eigenen Selbst zu werden, darin unterzutauchen und daran teilzuhaben.«[20]

Der Kampf um die Medien und in den Medien war und ist ein elementarer Bestandteil der demagogischen Herausforderung. Die antike *Volksversammlung*, Marats *Volksfreund*, Goebbels *Volksempfänger* waren die Tribüne oder die Medien der Verführung. Zu allen Zeiten gab es Propaganda und wurden entsprechend Lügen für Wahrheiten verkauft. Mit der Medienrevolution im Zeitalter des Internets ist jedoch eine neue Situation eingetreten. Hoffte die Aufklärung einst mit Kant auf die allseitige Bildung zum »Ausgang des Menschen aus seiner selbstverschuldeten Unmündigkeit«, so droht die Überflutung mit Informationsmöglichkeiten heute das Gegenteil zu bewirken, eine neue Unmündigkeit, und eröffnet gerade den nicht öffentlich kontrollierten Medien die Möglichkeit zur Manipulation. Den »Lügen« des Establishments werden dabei immer weniger »Wahrheiten« entgegengesetzt, die auf Fakten beruhten, als vielmehr eigene Lügen, die als »alternative Fakten« ausgegeben werden, nach der genialen Wortschöpfung von Trumps Beraterin Kellyanne Conway, die wie aus dem Buch von Ralph Keyes extrahiert erscheint. Das Phänomen des »Postfaktischen« hatte der amerikanische Sozialpsychologe nach jahrelangen Untersuchungen zur Veränderung des Sprachgebrauchs 2004 in seinem Buch *The Post-Truth Era* als gesellschaftliches Phänomen analysiert.[21] Das »postfaktische Zeitalter« konnte im Brexit-Wahlkampf seinen ersten politischen Triumph feiern. Dort, wie auch im amerikanischen Präsidentschaftswahlkampf, konnte die Demagogie sogar mit Lügen arbeiten, die leicht als solche erkennbar waren. Nicht nur, dass der Lügner kein schlechtes Gewissen mehr dabei hat und ohne Schuldbewusstsein agiert, auch immer mehr Rezipienten dieser Botschaften legen immer weniger Wert auf die Unterscheidung zwischen Wahrheit und Unwahrheit, *alternative facts* sind Teil von *alternative ethics*.[22]

So wie in Orwells *1984* nicht die verdeckte, sondern die offene Überwachung die Macht von *Big Brother* sicherte, so braucht die Demagogie ihre Methoden gar nicht mehr zu verschleiern, die »richtige Meinung« zählt, nicht die Wahrheit, und im Trump-Wahlkampf ging das bereits so weit, dass in der emotionalisierten Kampagne nicht einmal mehr offensichtliche Widersprüche in der eigenen Propaganda (ver-)störten. Wenn es für viele Wähler gar nicht mehr um die Wahrheit geht, ist die maximale Verführbarkeit bereits erreicht. Früher wurden Politiker von der öffentlichen Meinung abgestraft, wenn sie im Wahlkampf gelogen hatten, heute hofft die öffentliche Meinung bei solchen Politikern, dass sie gelogen haben und nicht alles verwirklicht wird, was sie angekündigt haben. Es ist der Beginn einer »Umwertung aller Werte«, um mit Friedrich Nietzsche zu sprechen, oder mit Keyes, einer »alternativen Ethik«.

Dazu gehört auch die »wachsende Personalisierung der Politik und der Wahlen«, die Colin Crouch schon 2002 als Element der *Postdemokratie* beschrieb.[23] Es gibt zwar keine »Führer« mehr wie Mussolini oder Hitler, gleichwohl aber eine spezifische Bindung populistischer Parteien an ihren Gründer, an der die Existenz der Partei hängt oder zu hängen scheint. Bei der FPÖ war es letztlich nicht so, sie überlebte Haider und hat seither sogar weit mehr Erfolg, und es gilt auch nicht für die AfD, aber sehr wohl für Pim Fortuyn und später Geert Wilders in den Niederlanden, Le Pen und dann seine Tochter in Frankreich, Berlusconi und auf der anderen Seite Grillo in Italien, auch noch stark für Farage und UKIP in Großbritannien – und natürlich für diejenigen, die bereits eine »gelenkte Demokratie« etablieren konnten: Putin, Erdoğan, Orbán … Auch das Phänomen Trump im Wahlkampf war ganz und gar Ausdruck seiner Persönlichkeit. Mit anderen Worten: Es ist der Erfolg der Demagogen.

Für einen Prozess der Verführung, wie ihn Erich Fromm damals analysierte, wurde auch in Dresden die dafür notwenige kritische Masse erreicht, vor allem, wenn man bedenkt, so anachronistisch das anmutet, dass Mussolinis Marsch auf Rom 1922 auch nicht mehr Leute zusammenbrachte (27000). Wenn auch die Situation hier und heute nicht die gleiche ist, so ist doch zu fragen, ob es nicht wieder eine »Furcht vor der Freiheit« gibt oder eine »geistige Situation«, wie sie Jaspers in seinen *Stichworten* beschrieben hat. In diesem Sinne kann man nämlich Bernd Stegemanns Beschreibung der Ausgangslage für den Populismus lesen: »Die Freiheit des Individuums scheint immer weniger als Errungenschaft empfunden zu werden, sondern vielmehr als Last. Die Offenheit der Gesellschaft wird immer weniger als Möglichkeit zur Selbstentfaltung empfunden, sondern vielmehr als Gefahr. Und die Gleichberechtigung aller Menschen ist kein wahr gewordener Menschheitstraum, sondern Stress für den Einzelnen, der sich einer globalen Konkurrenzsituation ausgesetzt sieht. Das allgemeine Lebensgefühl ist das der Überforderung in einer grenzenlosen Welt.«[24]

Doch liegt es nur daran, wie Stegemann gleich einleitend ergänzt, dass der Liberalismus zu lange mit dem Kapital »kollaboriert« habe und nun, da sich der Kapitalismus weltweit unbegrenzt durchgesetzt habe, vom Kapital nicht mehr gebraucht werde, woraus eine Legitimationskrise des Liberalismus und daraus der Populismus entstanden seien? Auch aus Colin Crouchs Analyse der *Postdemokratie* folgt, dass der Neoliberalismus dialektisch seinen Widerpart in Form populistischer Bewegungen hervorgebracht habe, und die meisten Autoren in *Die große Regression* schließen sich ebenfalls diesem Erklärungsschema an. Nancy Fraser bringt es auf den Punkt, wenn sie schreibt, »dass Liberalismus und Faschismus analytisch gesehen keineswegs grundverschiedene Dinge sind, eines gut, das andere böse, sondern zwei Gesichter derselben Weltordnung.«[25] Dieses erneuerte altlinke Erklärungsmodell – man fühlt sich als Reinhard Kühnls *Formen bürgerlicher Herrschaft*[26] erinnert – wurde im französischen Wahlkampf noch weiter simplifiziert zu einer neuen Sozialfaschismustheorie wie in den 1930er Jahren gegenüber der SPD, wenn jemand wie der auch jüngst hierzulande viel gelesene Didier Eribon (*Rückkehr nach Reims*) behauptet, »in diesem Sinn sind Macron und Le Pen solidarisch. Sie führen eine Koexistenz, sie bilden die beiden Pole desselben Systems. [...] 2012 haben wir Hollande gegen die Rechten gewählt und damit die Rechtsextremen gestärkt. Wählen wir heute Macron gegen Le Pen, stärken wir sie weiter.«[27]

6. Der Populismus und die Ermüdung der Demokratie

> *Was heute Not täte, wäre ein militanter Humanismus, der […] sich mit der Einsicht erfüllte, dass das Prinzip der Freiheit, der Duldsamkeit und des Zweifels sich nicht von einem Fanatismus, der ohne Scham und Zweifel ist, ausbeuten und überrennen lassen darf.*
>
> Thomas Mann, 1936[1]

Demokratie muss sich stets bewähren

»Die Schwierigkeit beginnt schon mit dem Begriff Populismus. Er besagt, dass der Rekurs auf das Volk nicht in Ordnung ist.« Mit diesen Worten beginnt Ralf Dahrendorf seine Anmerkungen über Populismus.[2] Tatsächlich scheint der pejorative Begriff das Selbstverständnis der Demokratie, die Volkssouveränität, in Frage zu stellen. Doch die Demokratie hat eben auch ihre Kehrseite, die Demagogie, und Populismus ist letztlich nur eine Ausprägung von Demagogie. Sie missbraucht die Demokratie mit ihren eigenen Mitteln, indem Form und Inhalt voneinander gelöst werden: Das Mehrheitsprinzip ist noch nicht Demokratie, Volkes Wille auch nicht, zu Rechten gehören auch Pflichten und ethische Imperative, wie sie zum Beispiel historisch in der Menschenrechtserklärung kodifiziert wurden. Und Demokratie ist keine Selbstverständlichkeit, sie muss sich stets bewähren.

Im französischen Kontext ist »populistisch« eigentlich eine Verharmlosung, kritisiert Pierre-André Taguieff. Ähnlich wie Dahrendorf sieht er eine zu große Nähe zum Demokratischen, außerdem ist in Frankreich der Begriff »rechtsextrem« im politischen Sprachgebrauch etabliert und inhaltlich mit »nationalistisch« verbunden. Taguieff spricht somit von der Rückkehr des Nationalismus, vom Neonationalismus[3], doch damit kommt nur eine der politischen Zielsetzungen zum Ausdruck, Populismus und Demagogie sprechen dagegen auch *Methoden* der Politik an.

Besser als theoretisch abstrakt lässt sich der Populismus anhand konkreter Beispiele analysieren, von denen hier genügend aufgeführt wurden. Der Populismus deckt eine große Bandbreite von rechten bis linken Themen ab, deren Divergenz an der Oberfläche größer erscheint, als sie in Wirklichkeit ist. Populismus beginnt da, wo Versprechungen gegeben werden, die nicht einlösbar sind, selbst wenn die dafür geforderten Bedingungen erfüllt wären: zum Beispiel Erhöhung des allgemeinen Wohlstands durch Steuersenkung bei gleichzeitiger Schuldenreduzierung, ermöglicht durch die wundersame Kraft der Marktwirtschaft (für die minoritäre liberale Variante); oder durch die Wiederherstellung der Autorität des Staates (für die Mehrheit der Populisten) gegen die ihn ausnutzenden Profiteure; oder durch Wegfall des Kostenfaktors Immigranten; oder durch die Wiederherstellung der nationalen Grenzen, den Austritt aus der EU. Und der Populismus findet seinen Höhepunkt dort, wo die Versprechungen nicht einmal mehr ernst gemeint sind.

Der Populismus zeichnet sich insgesamt dadurch aus, dass er quasi klassenkämpferisch »das Volk« als von den Reichen/Kapitalisten unterdrückt sowie von einer Elite/Bürokratie verraten sieht, die Regierenden agieren und regieren abgehoben und verkehren die Demokratie ins Gegenteil, sagt der Populismus. Hinzu kommt als dritter Faktor die empfundene Bedrohung des Volkes in seiner nationalen Identität durch Einwanderung, Überfremdung, Globalisierung, Entmündigung durch die EU usw., und alles in allem ein allgemeiner Verfall, ein Werteverlust, eine Selbstverleugnung und Entfremdung.

So steht die diesbezügliche Europakritik auch nicht vereinzelt im Raum, sondern das Misstrauen in die europäischen Institutionen geht fast überall auch mit einem Misstrauen gegen die nationalstaatlichen Institutionen einher, heben Peet und La Guardia in *Unhappy Union* hervor. Die Unzufriedenheit mit der EU hat in allen europäischen Staaten erheblich zugenommen und 2008/09 die 50%-Marke überschritten, nicht nur im Süden, sondern auch im Norden (z.B. Deutschland 2013: 70% Unzufriedenheit). Nur die Briten dachten auch zuvor schon mehrheitlich schlecht über die EU (nie mehr als 30% Zustimmung).[4] Nun bleibt natürlich unklar, was die Leute jeweils mit »unzufrieden« meinen. Der Zusammenhang zwischen Krise und Unzufriedenheit mit der EU macht jedoch deutlich, so Peet und La Guardia, dass man keine pauschale, strukturelle Zustimmung zur EU erwarten könne, sondern dass das Projekt EU nur gelingen könne, wenn es objektiv erfolgreich sei. Es entspricht dem, was Demoskopen in ihren Modellen die »sunshine democracy« nennen, doch liegt darin genau das gravierendste Problem von allen: Demokratie muss auch und kann nur funktionieren, wenn die Menschen auch in schlechten Zeiten an ihr festhalten, gerade dort bewährt sie sich oder eben nicht, wenn sie durch die Dynamik einer

»self-fulfilling prophecy« erodiert: Wenn alle oder auch nur viele die Demokratie als gescheitert erklären, ist sie es auch.

In diesem Sinne provozieren demoskopische Umfragen oft nicht nur die »gewünschten« Resultate, sie induzieren sie geradezu, wie bei der Aussage/Frage »Meine Stimme zählt in der EU«. Hier stimmen Europäer aller Mitgliedsländer mehrheitlich dagegen[5] – wie könnte es auch anders sein? Die Frage ist absurd, weil in der Demokratie per Definition die »einzelne Stimme« nicht zählt, sondern die Summe aller. Die genannte Frage stimuliert geradezu die populistische Anti-Stimmung, weil sie suggeriert, die einzelne Stimme *könnte* zählen, wenn es denn anders liefe. Haben sich die Erfinder dieses Satzes überhaupt etwas dabei gedacht? Dann hätte die Frage nach der Unzufriedenheit präziser mit Inhalt gefüllt werden können. So bringt sie jedoch die demagogische PEGIDA-Saite »Wir werden nicht gehört« zum Klingen.

Wenn wir hier immer wieder von Antieuropäern sprechen und, wenn auch seltener, von Antidemokraten (die Bezeichnung »parlamentarische« oder »demokratische Rechte« impliziert die Abgrenzung zu einer »undemokratischen Rechten«), dagegen oft von Rechtspopulisten und Rechtsextremen, so kommt dabei eine Abstufung in der Radikalität zum Ausdruck, aber eine präzise Einordnung auf einer Skala der Distanz zur Demokratie ist nicht möglich. Die Faschisten nach dem Ersten Weltkrieg machten keinen Hehl daraus, dass sie das demokratische System stürzen wollten, auch wenn sie es dafür ausnutzten. Die heutigen rechtsextremen Parteien haben die Lehren aus der Vergangenheit gezogen, wonach sich dies so nicht wiederholen kann. Sie haben sich deswegen auf eine jeweils unterschiedliche Strategie der schrittweisen Durchsetzung ihrer politischen Ziele im Rahmen des bestehenden Systems eingelassen und wollen es dadurch verändern, auch wenn sie es nach wie vor pauschal oder diffus ablehnen. Zuletzt hat der Front National unter Marine Le Pen erhebliche Schritte in der »Entdiabolisierung« der Partei unternommen, extreme und gemäßige Rechte sind in ihren Programmen aufeinander zugegangen, zuletzt Fillon und Le Pen im Wahlkampf. So bleibt die Frage, was Sein und Schein dabei ist: Zielsetzung, Strategie und Taktik angesichts offensichtlicher Widersprüche zwischen einem offiziellen Auftreten und inoffiziellen, aber nicht geheimen, Verbindungen zur offen antidemokratischen Szene. Aussteiger aus dem Front National erklären, dass die Parteigliederungen streng diszipliniert würden, sich bei politischen Äußerungen im vorgegebenen Rahmen zu halten, während in Wirklichkeit im Wortsinne extrem rechte Ansichten vertreten würden.[6] Die »Endiabolisierung« des FN wird von einem journalistischen FN-Experten als »diabolische Doppelstrategie«

der »wahren Marine Le Pen« charakterisiert, die ganze Zunft widmet sich einem Wettkampf um die Aufeckung der »verborgenen Seite der Marine Le Pen«.[7] Erstaunlich ist der kapitale Fehler, dass Marine Le Pen den interimistischen Parteivorsitz nach dem ersten Präsidentschaftswahlgang 2017 ausgerechnet Jean-François Jalkh anvertrauen wollte, der vor Jahren mit Verweis auf den Holocaustleugner Faurisson seine Zweifel an der Existenz der Gaskammern zum Ausdruck gebracht hatte, worauf eingangs hingewiesen wurde.

Die Programme der populistischen Parteien sind durchweg und aus strategischen Gründen auf *soft* getrimmt, die hinter ihnen stehenden Ansichten meistens extremer, wie beim »entdiabolisierten« Front National und der AfD gezeigt wurde. Wie sie handeln würden, wenn sie an die Macht kämen, ist somit gar nicht vorherzusagen, aber gerade das ist das Beunruhigende: nicht weil man weiß, was sie täten, sondern weil man nicht weiß, was sie täten. Der Populismus ist »der Tendenz nach zweifelsohne antidemokratisch«, wie Jan-Werner Müller darlegt, weil er antipluralistisch ist dadurch, dass er sich selbst als die einzig wahre Volksvertretung versteht und dies den mehrheitlich gewählten Mandatsträgern abspricht.[8] Das Avantgardebewusstsein des Demagogen Jean-Paul Marat brachte dies paradigmatisch zum Ausdruck.

Die Veränderung der Gesellschaft durch die Avantgarde der Linksradikalen aus der Studentenbewegung sollte auf dem von Rudi Dutschke so formulierten »langen Marsch durch die Institutionen« erfolgen – abgesehen von der terroristischen Verirrung einer letztlich kleinen Gruppe, die die RAF gründeten. Es ging um die Veränderung der Gesellschaft durch eine kontinuierliche Einflussnahme auf sie. Gelungen ist dies dann auf der politischen Bühne später den Grünen, letztlich auch durch eine Anpassung an das System, gegen das man zunächst Opposition im Inneren betreiben wollte, Fundamentalopposition, wie es damals hieß. Ähnlich wie die 68er und ihre Nachfahren, die die AfD nicht umsonst so sehr zur Zielscheibe ihrer ideologischen Agitation gemacht hat, verändert die AfD zwar die Gesellschaft alleine schon durch ihre Existenz, doch die erfolgreiche Parteienbildung mit einem sensationellen Aufstieg innerhalb kürzester Zeit in einer ermüdenden Demokratie zielt trotzdem auf einen direkten und seit dem letzten Parteitag kompromisslosen Weg an die Macht.

Am deutlichsten treten die politischen Ziele beim Antieuropäismus oder Nationalismus (im Sinne von Taguieff) zutage, weil darin die politischen Überzeugungen viel hemmungsloser von den Populisten aller Couleur zum Ausdruck gebracht werden. Wer eine europäische Union nur akzeptiert, wenn sie seiner eigenen politischen Vorstellung entspricht, und sie ansonsten im Grundsatz ablehnt, ist bereits ein originärer Antieuropäer. So unterschieden sich Mélenchon und Le Pen in ihren Wahlprogrammen zum Europa-Thema nur marginal, und letztlich war Mélenchon sogar noch der radikalere, da er klar forderte, dass sich die EU in seinem Sinne ändern oder Frankreich austreten müsse, während Marine Le Pen definitive Schritte wie den Austritt aus dem Euro und dann der EU zur Volksabstimmung vorlegen wollte. Damit verbunden ist die beschriebene Anlehnung an Putin-Russland ebenfalls ein über die Außenpolitik vermitteltes, aber sehr deutliches Zeichen für eine antidemokratische Einstellung. Es gehört jedoch zur Strategie, einen Kampf um die Begriffe zu führen und den der Demokratie für sich zu besetzen oder umzudeuten. Wer die etablierte Demokratie jedoch nicht nur in ihren Defiziten kritisiert, sondern als »System«, und ihre Institutionen pauschal als undemokratisch betrachtet, muss sich gefallen lassen, von den Demokraten des »Systems« selbst als undemokratisch klassifiziert zu werden. Fundierte Kritik oder fundamentale Ablehnung macht also den Unterschied. Die »Parteienherrschaft« – übrigens ein antidemokratischer Kampfbegriff aus der Weimarer Republik – wird solange kritisiert, bis man selbst als Partei Macht gewonnen hat, und der Ruf nach der Abschaffung der Öffentlich-Rechtlichen Medien, wie bei der AfD, zielt auf ihre Ersetzung duch andere Medien, die unkontrolliert Einfluss ausüben können. Es geht nicht nur um das Verhältnis zur Demokratie im formalen Sinne, sondern auch in einem weiteren inhaltlichen Sinne, was die Werte der Demokratie angeht sowie die politischen Institutionen, die sie geschaffen hat, wie eben die Öffentlich-Rechtlichen Medien. Auch die Verankerung in der Europäischen Union ist Teil unserer politischen Verfasstheit geworden, so wie im 19. Jahrhundert die Entstehung eines Bundesstaates – das war nämlich das Kaiserreich – aus dem Staatenbund (Deutscher Bund) heraus.

Es geht somit auch nicht nur um ein Ausfransen der Demokratie an ihren Rändern, sondern um ein Gefährdungspotential im Kern, das als solches erkannt und analysiert werden muss. Demokratie darf nicht nur bei schönem Wetter funktionieren und dazu gehört auch, dass der Einzelne seine relative Ohnmacht als Teil des Ganzen akzeptiert. Umgekehrt aber auch, dass die Demokratie nicht nur auf ihre politischen Herausforderungen, sondern auch und zuvorderst auf die denen zugrundeliegenden sachlichen Herausforderungen (die realen Probleme) reagiert, nach Lösungen sucht und möglichst auch findet. Ermüdet die Demokratie durch die Herausforderung des Populismus oder profitiert der Populismus von der Schwäche der Demokratie? Beides: Es sind zwei Seiten einer Medaille, Demokratie und Demagogie ein dialektisches Paar. Folgende politische Szenarien ermöglichen den Erfolg des Populismus:

1. Wenn demokratische Mehrheiten häufig oder so gut wie nie wechseln.
2. Wenn die Demokraten sich nicht auf einen Konsens gegen die Populisten einigen können (siehe 3.), oder wenn sie sich umgekehrt so einander angleichen, dass sie nicht mehr als Alternativen bei der Wahl erscheinen.
3. Wenn man auf den Populismus reagiert, indem man a) auf ihn zugeht (bis hin zu Regierungsbündnissen oder politischen Absprachen wie in den Niederlanden, Dänemark oder Finnland), oder wenn man b) umgekehrt versucht, ihn zu ignorieren.
4. Und mit allem verbunden das Grundproblem: Wenn man die gesellschaftlichen Probleme und Herausforderungen, auf die die Populisten reagieren, ignoriert, unterschätzt oder vernachlässigt, oder wenn man sie umgekehrt übertreibt, aber nicht lösen kann.

Es gibt eine »peinliche Wahrheit«, eine »bittere Bilanz« des Versuches der Eindämmung der Rechtspopulisten, schrieb Jörg Lau am 28.4.2016 in der *Zeit*: »Drei Strategien sind schon gescheitert: Boykott, Einbindung und Anpassung.« Und ist dies somit nicht das Resultat eines falschen Ansatzes? »Die Erosion der Mitte ist die eigentliche Gefahr für liberale Gesellschaften«[9], konstatiert Lau, doch damit wird auch nur das Problem beschrieben, genauer: das Phänomen, nicht seine Ursache, geschweige denn ein neuer Ansatz für eine Lösung.

Die scheinbaren Paradoxien der aufgelisteten Faktoren des Populismus werden durch die Erkenntnis aufgelöst, dass *immobile* Demokratien keine *stabilen,* sondern *labile* Demokratien sind. Die Demokratie lebt von der politischen Debatte, von der Wahl, von Alternativen. Gibt es keine *Alternativen innerhalb der Demokratie*, entstehen *Alternativen zur Demokratie*. Probleme erfordern Lösungen oder zumindest eine Politik, die glaubwürdig danach bestrebt ist, welche zu finden. Denn nicht alle Probleme können gelöst werden, das ist auch ein Problem der Demokratie vor ihrer populistischen Herausforderung, die auf scheinbar einfache Lösungen setzt. Einiges von der populistischen Kritik an Regierung und Politik trifft gewiss echte Missstände oder Unzulänglichkeiten, so gibt es die Tendenz, dass sich die Macht vor allem selbst erhalten will und oft vergisst, dass sie einen Auftrag von den Wählern für das Gemeinwesen hat. Doch wie in der Weimarer Republik, an der man viel kritisieren konnte, besteht ein fundamentaler Unterschied darin, ob man Kritik an der Demokratie übt mit dem Ziel ihrer Verbesserung oder mit dem Ziel ihrer Überwindung.

Ein aufschlussreiches Phänomen ist die Entstehung des Rechtspopulismus in den skandinavischen Ländern. Schweden und auch Dänemark waren lange sozialdemokratisch geprägt, galten und gelten noch als Vorbilder sozialstaatlicher Nivellierung von gesellschaftlichen Unterschieden. Die Lösung bestand in einer extremen Besteuerung und Rückverteilung durch staatliche Leistungen. So entstand der erste Populismus seit den 1970er Jahren als Protest gegen diesen »Fiskalismus« (Mogens Glistrups *Fortschrittspartei* in Dänemark, die Partei von Anders Lange in Norwegen und die *Neue Demokratie* in Schweden in den 1980er Jahren). Es ist kein Zufall, dass diese Parteien in Dänemark und Schweden nach Regierungswechseln entstanden, durch die erstmalig Mitte-Rechts-Koalitionen die Sozialdemokraten von der Macht verdrängten, aber nicht wirklich in der Lage waren, eine politische Alternative aufzuzeigen, geschweige denn zu realisieren.

Dieses Phänomen, in der Wahrnehmung von unzufriedenen Wählerschichten noch überakzentuiert zu »Die Regierung wechselt, aber alles bleibt gleich«, hat dort den Impuls für die Entstehung der populistischen Parteien geliefert[10] und ist ein konstitutiver Bestandteil des Populismus, egal in welchem Land und unter welcher Ausprägung der demokratischen Institutionen auch immer. Der Kampf gegen den »Fiskalismus«, überhaupt gegen »zu viel Staat«, ist auch weiterhin in den rechtspopulistischen Parteien ein wichtiges Thema, obwohl sie paradoxerweise gleichzeitig nach einem autoritäreren Staat rufen, aber nach innen und außen gegenüber den *Anderen*. Hierin liegt auch ein Unterschied zum Linkspopulismus, wobei auch Kombinationen von beidem und seitenverkehrte Tendenzen möglich sind: So polemisiert der Front National gegen den Fiskalismus, setzt sich aber gezielt für eine soziale Politik der Unterstützung der einkommensschwachen Schichten ein. Dies geht in Frankreich, weil es sich um ein seit eh und je populäres Thema handelt: »L'État nous pompe« (»Der Staat quetscht uns aus« oder »leert uns die Taschen«). Linke und rechte Positionen können hier verbunden werden, indem man die Verschwendungssucht des Staates, die Benachteiligung der eigenen Bürger mit geringem bis mittlerem Einkommen (= »das Volk«) und die echten oder vermeintlichen finanziellen Lasten durch die Immigranten anprangert. Entsprechend argumentierten auch UKIP und die Brexit-Befürworter mit den finanziellen Kosten für die Immigranten und für die Mitgliedschaft Großbritanniens in der EU und zeichneten das Bild eines Geldregens, der durch diese Einsparungen den Briten bei einem EU-Austritt zugutekäme.

Die ständigen Regierungswechsel in Frankreich, auch während einer Legislaturperiode innerhalb der regierenden Mehrheit, wo man auf jede Wahlniederlage von Europawahl bis Kommunalwahlen mit einer Kabinettsumbildung reagiert; die ständigen Beteuerungen nicht nur in jedem Präsidentschafts- und Parlamentswahlkampf, sondern auch während der Ausübung des Mandats, es finde ein Wechsel statt, jetzt werde alles anders und besser – all dies erzeugt genau denselben Effekt wie bei nie wechselnden Mehrheiten: »Es ändert sich nichts.« Und es kann sich auch nichts ändern, wenn alle zwei Jahre neue Köpfe an die Spitze der Ministerien oder sogar der Regierung kommen. Der beste Versuch, eine durchgreifende Veränderung herbeizuführen, kann in einem solchen Stakkato des Wechsels überhaupt nicht zur Wirkung kommen, aber analog erwartet die Wählerschaft immer schnellere Lösungen für immer gravierendere Probleme und muss zwangsläufig jedes Mal enttäuscht werden, gleich wer regiert.

Dies sind grundlegende Probleme des *Funktionierens von Demokratie*, die sich zunächst in jedem Land anders und mit unterschiedlicher Gravität darstellen und dennoch über die Unterschiede hinweg viele Parallelen aufweisen.

Die Abwehr der Schwedendemokraten durch die etablierten Parteien, nach einem ebenso kurzen wie illusionären Liebäugeln mit deren institutioneller Einbindung im Parlament (wogegen die ja gerade angetreten sind!), führt dazu, dass eine Regierung toleriert wird, die nur eine Minderheit der Wähler repräsentiert, und die demokratische Opposition lieber in ihrer Rolle zurücksteckt, als ihr Lagerdenken aufzugeben und einer ihrer Parteien im Bündnis den Eintritt in die Koalition mit den Sozialdemokraten zu ermöglichen. Die Lager werden beibehalten, doch ihre Unterschiede nivelliert. Wird diese Strategie zur Neutralisierung der Schwedendemokraten sie tatsächlich schwächen? Dies ist nicht zu erwarten, im Gegenteil wird deren Logik, als einzige »gegen das System« zu kämpfen, dadurch nur noch gestärkt.

Umgekehrtes Szenario in Dänemark 2001–2011 und wieder seit Juni 2015. Die Mitte-Rechts-Koalition und heute die Minderheitsregierung der Venstre lässt sich von der Dänischen Volkspartei tolerieren und sich dadurch von ihr beeinflussen. Hat die Übernahme einiger ihrer politischen Forderungen damit der DF das Wasser abgegraben? Keineswegs, das Gegenteil ist der Fall: Es hat ihr geholfen, sich in der Parteienlandschaft zu etablieren, im rechten Block 2015 auf Platz 1 zu kommen und trotzdem eine Art Fundamentalopposition zu bleiben. Das neue Kabinett Rasmussen repräsentiert eine Regierung, für die der Begriff Minderheitsregierung schon euphemistisch ist, und während sie damit den

Eintritt der Volkspartei in die Regierung vermeiden konnte, setzt sie auf die damit verbundene Illusion einer Unabhängigkeit, wobei doch jeder weiß, dass sie nur mit der Zustimmung der Volkspartei regieren kann.

Und dann gab es ja auch noch das kurzfristige Tolerierungsbündnis mit Geert Wilders in den Niederlanden, das nur daran zerbrach, dass die knappe Mehrheit durch einen Streit in der Fraktion von Wilders verloren ging. Und in Finnland traten die »Wahren Finnen« in die Regierung ein und besetzen wichtige Ministerien – nicht das wichtigste Land der EU, aber symptomatisch für die Entwicklung, die jetzt einfach hingenommen wird, während man damals noch gegen den Eintritt der FPÖ in die österreichische Regierung protestierte. Jetzt hat sich die Partei gespalten, eine interessante Entwicklung.

In Österreich kann die FPÖ jetzt realistisch nach Platz 1 streben und die beiden »großen« Parteien, SPÖ und ÖVP, sind in den Ländern bereits Koalitionen mit der FPÖ eingegangen. Bei der jetzt anstehenden Parlamentsneuwahl drängt der neue populistische Senkrechtstarter Sebastian Kurz aus der ÖVP zur Kanzlerschaft, die er mit »Themenklau« von der FPÖ gewinnen will, wie FPÖ-Chef Strache ihm vorwirft, um dann offenbar mit ihr auch eine Koalition anzustreben.[11]

So zeigt sich, dass auf der anderen Seite die scheinbare Zementierung demokratischer Mehrheit durch die großen Koalitionen in Österreich und vielleicht auch für (un-)absehbare Zeit in Deutschland keine dauerhafte Lösung ist und letztlich das Gegenteil bewirken kann, nämlich die Stärkung der Extremen und den Zerfall des demokratischen Konsenses. Was als Notbündnis erscheint, wird scheinbar zum Dauerzustand, bis es dann doch zerfällt. Durch die Große Koalition wurde die Opposition im deutschen Parlament auf ein Minimum von Linkspartei und Grünen reduziert und könnte vielleicht bei der nächsten Bundestagswahl die AfD als stärkste Oppositionspartei vor die Nase gesetzt bekommen. Damit würden zwei populistische Parteien die Opposition dominieren. Die Linke (Ex-PDS) ist historisch durch ein opportunistisches Verhältnis zur Demokratie geprägt, auch wenn dies für viele Mitglieder sicherlich nicht persönlich gilt. Ein neuer Linksextremismus zeichnet sich deutlich in der Parteijugend ab, wenn denn deren Website, auf der Deutschland »als mieses Stück Scheiße« apostrophiert wurde[12], auch nur einigermaßen repräsentativ für das dahinterstehende Denken ist. Aber auch die von der Linken offiziell vertretenen Positionen, aufgrund derer sie sich weiterhin als eine Systemopposition versteht, machen sie auf absehbare Zeit nicht koalitionsfähig, und sei es nur wegen der Haltung zur EU, auch wenn Rot-Rot-Grün im Vorfeld des Bundestagswahlkampfes der SPD mit Martin Schulz als virtuelle Alternative ins Spiel gebracht wurde. Angesichts dessen, dass aufgrund der zu erwartenden Mehrheitsverhältnisse, aber auch durch inhaltliche Divergenzen, eine schwarz-grüne Alternative ebenfalls kaum realistisch erscheint, drohen in der Bundesrepublik »österreichische Verhältnisse«.

Wir und die anderen

Ein Grundzug des Rechtspopulismus und über weite Teile gemeinsamer Nenner mit dem Linkspopulismus ist die Dichtotomie zwischen Innen und Außen, Wir und die Anderen, wobei das Äußere, das Andere, als die universelle feindliche Bedrohung wahrgenommen wird. Die materialistischen Erklärungsversuche für den Erfolg von Trump bis zur AfD mit der Reaktion der »Deklassierten«, »Abgehängten«, »Globalisationsverlierer« und Arbeitslosen, »die rechtspopulistische Wut« als »eine verzerrte Form des Klassenkampfes«[13], verengt die Causa (im doppelten Wortsinne: Sache und Ursache) jedoch auf ein simples Modell, das zwar einen Teil der Dynamik, nicht aber den Ursprung des Rechtspopulismus erklären kann, denn es wird von den materiellen Befunden vor Ort nur zum Teil gedeckt, wie zum Beispiel die Wahlerfolge der AfD in den Landtagswahlen mit den hohen Stimmenzahlen in einigen Problemzonen. Dies erklärt jedoch nicht das Phänomen großen Zulaufs in anderen Regionen und bei »gut situierten« Bürgern. Keine der Rechtsparteien wurde aus dem Milieu der »Deklassierten« heraus ins Leben gerufen, das genaue Gegenteil trifft vielmehr zu und Analoges hat auch die umfragebasierte Untersuchung zu PEGIDA gezeigt. Allerdings können sich diese Parteien in jenen Schichten elektoral verankern, die ursprünglich gar nicht im Fokus standen, und für die sie zum Teil heute noch gar nichts im Angebot haben, wie zum Beispiel die AfD. Doch Protestwähler können jemanden wählen, der überhaupt nicht ihre Interessen vertritt. Dass es dabei eben nicht nur um eine einfache sozio-arithmetische Rechnung geht, zeigt sich zum Beispiel auch darin, dass in Frankreich die Region, die wohl am meisten von Europa profitiert, nämlich das Elsass, überproportional Front National wählt. Dass die Rechtspopulisten nicht nur die Globalisierung verurteilen, sondern auch von Trump bis zur AfD die globale Klimaerwärmung (bzw. das menschliche Verschulden daran) leugnen oder relativieren, zeigt, dass es um mehr als nur um rational verstehbare Phänomene geht. Fast scheint es, dass alles, was »global« ist, Angst macht, aber bei Letzterem die Angst vor der Gefahr die Gefahr selbst nicht wahrhaben will, weil deren Bekämpfung wiederum globales Handeln erforderlich machte. Eine »Vogel-Strauß«-Politik als radikalste Form der Abschottung.

Das Immigrationsthema hat sich zum Schlüsselproblem entwickelt, wo nationale und europäische Politik, nationalistische Abschottung und Offenheit nach außen in besonderer Weise aufeinandertreffen. Der Höhenflug des rechten Populismus verdankt sich augenblicklich stark dem Schub durch die Flüchtlings- und Migrationsthematik, von der Mauer an der mexikanischen Grenze bis zur Verbarrikadierung der Balkanroute, vom Brexit bis zum Flüchtlingsabkommen mit der Türkei, das morgen schon wieder passé sein könnte. Dabei rächen sich vergangene Fehler bitter, denn, obwohl Angela Merkel durch eine politische Kehrtwende einen Stopp des Flüchtlingsstroms erreicht hat, suggeriert ihre eigene Schwesterpartei mit ihrem permanenten *cetero censeo* von der Obergrenze, es drohe weiterhin ein unkontrollierter Zuzug, offenbar um der AfD den Wind aus den Segeln zu nehmen. Dabei verbinden sich auch in der allgemeinen Debatte verschiedene Aspekte von Asylrecht, Arbeitsimmigration, Terrorismus, EU und Globalisierung zu einem Amalgam, das unterm Strich nur bedrohlich wirken kann. Die Aufgabe der Demokraten wäre es, genau das auseinanderzuhalten und die Phobie durch Arbeit an den realen Problemen zu bekämpfen. Weder die totale Abschottung, bei der auch der amtierende österreichische ÖVP-Außenminister immer weiter geht, noch das Pochen auf ein unbedingtes Asylrecht sind dazu geeignet, weil die Probleme durch das eine nicht verschwinden und durch das andere nicht absorbierbar sind, trotz Asylrecht und Flüchtlingskonvention kann es keine grenzenlose Aufnahme von Flüchtlingen geben.

Mit dem Immigrationsthema ist der Front National groß geworden, da war von Globalisierung noch keine Rede. Die Arbeitsimmigration war in Frankreich in der Vergangenheit notwendig, ist es aber schon seit längerem nicht mehr, in Deutschland war sie es und wird es aufgrund der demographischen Entwicklung wieder sein. In Frankreich, das sich neben Großbritannien von allen Ländern historisch am offensten für die Arbeitsimmigration und die Integration durch das *droit du sol* (Staatsbürgerschaftserwerb durch die Geburt im Land) gezeigt hatte, wurden große Teile der Immigranten in urbanen Ghettos am Stadtrand, den sogenannten *cités*, einquartiert, deren Wohnortadresse für die nachfolgenden Generationen alleine schon stigmatisierend wirkt. So ist Frankreich ein Land, in dem es einzelne Migranten durch persönliche Anstrengung sehr weit bringen können, zum erfolgreichen Unternehmer, Präsidenten einer örtlichen Handelskammer, Verantwortlichen in Funk und Fernsehen oder sogar zum Minister, und gleichwohl werden breite Kreise der aus der Immigration stammenden Bevölkerung trotz Staatsbürgerschaft sozial benachteiligt – von der Schulbildung über die Suche nach Arbeit bis zur Wohnungssuche. In Zeiten von Arbeitslosigkeit etablierte sich instinktiv in der Mehrheitsgesellschaft die vom Front National geforderte »préférence nationale« auf vielen Ebenen. Daraus entstand gerade bei jugendlichen Migranten ein verständlicher Protest, der sich aber oft destruktiv in einer Verweigerungs- und Anti-Haltung mit oft gewaltsamen Konfrontationen niederschlug, die häufig schon in der Schule die noch bestehenden Chancen auf einen Ausweg aus dieser Situation zerstören.

In Westdeutschland hat die erfolgreiche ökonomische Integration der Arbeitsmigranten auf ähnliche Weise verdeckt, dass es den nachfolgenden Generationen oft schlechter geht als ihren Eltern oder Großeltern. Selbsthilfe, Protest und Abschottung sind dann auch oft die Konsequenz und münden in die Bildung von Parallelgesellschaften. Anders als in Frankreich war die Einbürgerung der Immigranten weder gewollt noch vorgesehen und besteht erst seit der Regierung Schröder als offene Option. Und doch haben sich bei uns in den Städten weniger ethnokulturelle Ghettos im engeren Wortsinne gebildet als in Frankeich – abgesehen von Berlin, wo sich dies in dramatischer Weise verschärft hat, und von dem einen oder anderen Stadtteil in vergleichsweise wenigen anderen Städten. Die Klassifizierung als »Ausländer« für Menschen, die im Lande geboren sind, hat jedoch dazu beigetragen, dass sich eine Sonderidentität bilden konnte und aufrecht erhalten wurde, deren Radikalisierung in Verbindung mit der Religion in muslimischen Kreisen zu salafistischem Extremismus führen kann – sowie auf der anderen Seite zum Rechtsextremismus, dem dialektischen Spiegelbild in der Mehrheitsgesellschaft. Dieser ist auch oder sogar stärker da ausgeprägt, wo der Migrantenanteil in der Gesellschaft gering ist und die Präsenz des »Islam« weitgehend über die Medien erfahren wird oder wo eine Aufnahmestätte für Flüchtlinge vor Ort als Katalysator wirkt. Die Situation in Ostdeutschland zeigt daher Parallelen mit der in Finnland, wo der Anteil von Migranten in der Gesellschaft relativ gering ist.

Dies ist die Zusammenfassung bekannter und seit langem diskutierter Tatsachen. Die Ignorierung dieser Probleme durch die Politik über viel zu lange Zeit hat aber dazu geführt, dass sie ihre politische Brisanz bekamen, mit Radikalisierungen auf beiden Seiten, die, wenn sie auch jeweils nur Phänomene von Minderheiten sind, dennoch die ganze Gesellschaft herausfordern. Die Demokratiemüdigkeit zeigt sich nicht nur auf der Seite der von der Demokratie Enttäuschten, die neuen autoritären Versuchungen erliegen, wie Arjun Appadurai darlegt[14], sie zeigt sich auch in der Ermüdung der Demokraten, dieser Entwicklung energisch entgegenzutreten. Diese Ermüdung der Demokratie gegenüber ihren politischen Herausforderungen zeigt sich auch nach allen Seiten hin, weil selbst die militante und terroristische Radikalisierung nicht ernst genug genommen wurde und noch im Nachhinein behauptet wird, die Anschläge langjährig bekannter Gefährder hätten nicht verhindert werden können. Am drastischsten zeigte sich das behördliche Versagen in Deutschland beim NSU und im Fall Anis Amri. Es geht jedoch nicht nur um die Verhinderung von terroristischen Taten, es geht auch um das radikale Umfeld von Sympathie und Unterstützung, von offener Feindschaft gegen diese Gesellschaft, aus dem sich dann das gewalttätige Potenzial entwickelt.

In der Auseinandersetzung mit Rechtsradikalismus wie mit Islamismus und ihren gemäßigteren Vorstufen gilt das Wort des Berliner Rabbiners Daniel Alter, selbst Opfer eines gewalttätigen Angriffs: »Wer seine Werte nicht stark genug vertritt, kann nicht erwarten, dass andere sie annehmen.«[15]

Bibliographie

Aufgeführt werden Monographien und Sammelwerke sowie Beiträge aus wissenschaftlichen Zeitschriften (Print oder Online). Bezüge zu weiteren Veröffentlichungen in der Presse oder im Internet werden nur jeweils in den Anmerkungen (S. 337 ff.) ausgewiesen.

1. *Zur Aktualität*

Adoumié, Vincent (Hrsg.): *Géopolitique du monde contemporain*, Paris (Hachette), 2014.

Alidières, Bernard: »Les temps du vote Front national et de ses représentations«, in: Giblin, S. 23-48.

Allemagne d'aujourd'hui, N° 120, Avril-Juin 1992: »Quelle Allemagne pour quelle Europe?«.

Allemand, Sylvain: »Un capitalisme à la française?« in: *Sciences humaines*, Hors-série N°46, sept.-nov. 2004: »L'exception française: mythe ou réalité?«, www.scienceshumaines.com/l-exception-francaise-mythe-ou-realite_fr_153.htm.

Amselle, Jean-Loup: *Les Nouveaux Rouges-Bruns. Le racisme qui vient*, Paris (Lignes) 2014.

Ardowitzer, Roland/Gelegs, Ernst: *Schöne Grüße aus dem Orbán-Land. Die rechte Revolution in Ungarn*, Wien u.a.O. (Styria/ORF), 2013.

Appadurai, Arjun: »Demokratiemüdigkeit«, in: Geiselberger, S. 17-35.

Arter, David: »The Breakthrough of Another West European Populist Radical Right Party? The Case of the True Finns«, in: *Government and Opposition – The International Journey of Comparative Politics*, Vol. 45, N° 4, S. 485-504.

Auffermann, Burkhard: »Das politische System Finnlands«, in: Ismayr, S. 219-264.

Bauer, Werner T.: Willkommen in der Normalität? Anmerkungen zum Wahlerfolg der rechten Schwedendemokraten, *Friedrich Ebert Stiftung, Internationale Politikanalyse*, Oktober 2010, http://library.fes.de/pdf-files/id/ipa/07502.pdf.

Beck, Ulrich: *Das deutsche Europa – Neue Machtlandschaften im Zeichen der Krise*, Berlin (Suhrkamp), 2012, frz. *Non à l'Europe allemande. Vers un printemps européen?* Paris (Autrement), 2013.

Bednarz, Liane/Giesa, Christoph: *Gefährliche Bürger. Die Neue Rechte greift nach der Mitte*, München (Hanser), 2015.

Béhar, Pierre: *Du Ier au IVe Reich. Permanence d'une nation, renaissance d'un État*, Paris (Desjonquères), 1990.

Benyahia-Kouider, Odile: *L'Allemagne paiera*, Paris (Fayard), 2013.

Blot, Christophe/Chagny, Odile/Le Bayon, Sabine: *Faut-il suivre de modèle allemand?* Paris (La Documentation française), 2015, S. 16. (Collection »Doc en poche/Place au débat«).

Böhm, Michael: *Alain de Benoist und die Nouvelle Droite: Ein Beitrag zur Ideengeschichte im 20. Jahrhundert*, Münster (Lit), 2008.

Bootle, Roger (lead author): *Leaving the euro – A pratical guide.* A submission for the Wolfson Economics Prize XXXII, Capital Economics, www.policyexchange.org.uk/images/WolfsonPrize/wep%20shortlist%20essay%20-%20roger%20bootle.pdf.

Bootle, Roger: *The Trouble with €urope. Why the EU isn't working – How it can be reformed – What could take its place.* London/Boston (Brealey Publ.), 2014.

Bruckner, Pascal: *Das Schluchzen des weißen Mannes. Europa und die Dritte Welt. Eine Polemik*, Berlin (Rotbuch), 1984. [Les sanglots de l'homme blanc, 1983].

Chauprade, Aymeric: *Chronique du choc des civilisations*, Paris (Eds. Chroniques), 2009, [2]2013.

Chavagneux, Christian: »Une Europe malade de l'Allemagne«, in: *L'Economie politique*, N° 60, 4/2013 (Oct.), »L'Allemagne un modèle à ne pas suivre« [Online-Ausg. s.p.].

Chebel d'Appollonia, Ariane: *L'extrême-droite en France. De Maurras à Le Pen*, Bruxelles (Eds. Complexe), 1988.

Cohen, Philippe/Péan, Pierre: *Le Pen – Une histoire française*, Paris (Laffont), 2012.

Coulet, Cyril: »Les droites extrêmes et populistes dans les pays nordiques«, in: Giblin, S. 77-102.

Crouch, Colin: *Postdemokratie*, Frankfurt am Main (Suhrkamp) 2008.

Dahrendorf, Ralf: »Über Populismus: Acht Anmerkungen«, in: Ders., *Der Wiederbeginn der Geschichte: Vom Fall der Mauer zum Krieg im Irak*, München (Beck), 2004, S. 314-320.

David, Sylvain/Popovic, Pierre: »Présentation: il n'y a pas de fumée sans feu«, in: *Études françaises*, vol. 47, n°1, 2011, numéro spécial »Les exceptions françaises«, S. 5-14.

de Benoist, Alain: *Comment peut-on être païen? Un recours aux racines – Une spiritualité pour notre temps*, Paris (Albin Michel), 1981.

de Benoist, Alain: *Dernière Année. Notes pour conclure le siècle*, Paris (L'Age d'Homme), 2001.

de Benoist, Alain: *Kritik der Menschenrechte. Warum Universalismus und Globalisierung die Freiheit bedrohen*, Berlin (Junge Freiheit), 2004, S. 10.

[Orig. *Au-delà des droits de l'homme. Pour défendre les libertés*, Eds. Krisis, 2004].

Dély, Renaud: *La vraie Marine Le Pen. Une bobo chez les fachos*, Paris (Plon) 2017

Drouard, Alain: »Les trois âges de la Fondation française pour l'étude des problèmes humains«, in: *Population*, vol. 38, N°6/1983, S. 1017-1047, www.persee.fr/web/revues/home/prescript/article/pop_0032-4663_1983_num_38_6_17821.

Duchenne , Geneviève: »Faut-il avoir peur de l'Allemagne? Représentations belges de la réunification allemande à travers ›Le Soir‹ et ›De Standaard‹«, in: *Mémoire(s), identité(s), marginalité(s) dans le monde occidental contremporain*, Cahiers du MIMMOC, 8/2012, http://mimmoc.revues.org/1069.

Eckert, Roland: »Kulturelle Homogenität und aggressive Intoleranz. Eine Kritik der Neuen Rechten«, in: *Aus Politik und Zeitgeschichte* 44/2010, 28.10.2010, S. 26-33.

Engels, David: *Auf dem Weg ins Imperium. Die Krise der Europäischen Union und der Untergang der römischen Republik – Historische Parallelen*, Berlin/München (Europa-Verlag), 2013.

Escambert, Bernard: »Préface«, in: Le Bail, S. 5-10.

Europa-Atlas. Daten und Fakten über den Kontinent, Heinrich-Böll-Stiftung/Le Monde diplomatique, 2014.

Farage, Nigel: *The Purple Revolution. The Year That Changed Everything*, London (Biteback Publ.), 2015.

Fillon, François: *Faire*, Paris (Albin Michel), 2015.

Fillon, François: *Vaincre le totalitarisme islamique*, Paris (Albin Michel), 2016.

Finkielkraut, Alain: *L'identité malheureuse*, Paris (Stock), 2013.

Fiorina, Jean-François: »Où va l'Allemagne? La démographie au coeur de la question géopolitique«, in: *CLES Comprendre Les Enjeux Stratégiques* – Note hebdomadaire d'analyse géopolitique de l'ESAC Grenoble, N°85, 8.11.2012, http://notes-geopolitiques.com/wp-content/uploads/2012/11/CLES85.pdf.

Fischer, Joschka: *Scheitert Europa?* Köln (KiWi), 2014.

Fischer, Joschka: Vom Staatenverbund zur Föderation – Gedanken über die Finalität der europäischen Integration (›Humboldt-Rede‹, 12. Mai 2000)«, *Themenportal Europäische Geschichte*, 2006, www.europa.clio-online.de/site/lang__de/ItemID__17/mid__11373/40208215/default.aspx.

Flassbeck, Heiner/Lapavitsas, Costas: *Against the Troika. Crisis and Austerity in the Eurozone*. Foreword by Oskar Lafontaine, Preface by Paul Mason, Afterword by Alberto Garzón Espinosa, London/New York (Verso), 2015.

Fontana, Audrey: *Élaboration d'une théorie des représentations culturelles des identités politiques. L'exemple de la politique culturelle du Front national de 1986 à 1998*, Thèse de doctorat, Université de Lyon 2, 2009, S. 234, http://theses.univ-lyon2.fr/documents/lyon2/2009/fontana_a#p=0&a=top

Fougier, Eddy: »Die Franzosen und die Globalisierung – eine neue ›exception française‹?«, Frankreich-Dossiers, *Bundeszentrale für politische Bildung*, 19.4.2013, www.bpb.de/internationales/europa/frankreich/153268/globalisierung.

François, Stéphane: »Un usage politique de l'ésotérisme: l'exemple de la Nouvelle Droite«, *Fragments sur les temps présents*, 22.7.2009, http://tempspresents.com/2009/07/22/stephane-francois-usage-esoterisme-et-nouvelle-droite/.

François, Stéphane: »La Nouvelle Droite et les Indo-Européens. Une anthropologie d'extrême-droite«, in: *Terrain*, n° 56, mars 2011, S. 136-151, http://terrain.revues.org/14232.

François, Stéphane: »Au-delà des vents du Nord. L'Extrême-droite, le nordicisme et les Indo-Européens«, *Fragments sur le temps présent*, 25.4.2011, http://tempspresents.com/2011/04/25/stephane-francois-nordicisme.

François, Stéphane: *Au-delà des vents du Nord. L'extrême droite française, le pôle Nord et les Indo-Européens*, Lyon (Presses Universitaires), 2014.

Fraser, Nancy: »Vom Regen des progressiven Neoliberalismus in die Traufe des reaktionären Populismus«, in: Geiselberger, S. 77-92.

Freitag, Jan/Thieme, Tom: »Extremismus in Schweden«, in: Jesse/Thieme, S. 329-343.

Geiger, Wolfgang: »Carpentras. Davor und danach«, in: *Spuren* – Zeitschrift für Kunst und Gesellschaft, Nr. 34/35, Okt.-Dez. 1990, S. 9-10. Online-Archiv: http://www.hfbk-hamburg.de/archiv_der_spuren/index.php?/archiv/index/31.

Geiger, Wolfgang: »Overdose und Immunisierung. Über Verfolgungswahn und Modernisierungszwang in Frankreich«, in: *Spuren* – Zeitschrift für Kunst und Gesellschaft, Nr. 40, Sept. 1992, S. 55-61. Online-Archiv: http://www.hfbk-hamburg.de/archiv_der_spuren/index.php?/archiv/index/36.

Geiger, Wolfgang: »*Ras-le-bol en permanence*... (Mehr als) Zwanzig Jahre Unzufriedenheit. Rückblick auf die französische Politik 1981-2002, mit Nachträgen 2005, 2006, 2007 und Kommentar zur Präsidentschaftswahl«, www.wolfgang-geiger-online.de/homepage/France/France02.htm

Geiselberger, Heinrich (Hrsg.): *Die große Regression. Eine internationale Debattte über die geistige Situation der Zeit*, Berlin (Suhrkamp) 2017.

Giblin, Béatrice (Hrsg.): *L'extrême droite en Europe*, Paris (La Découverte), 2014.

Gougeon, Jacques-Pierre: *France-Allemagne: Une union menacée?* Paris (A. Colin), 2012.

Habermas, Jürgen: *Zur Verfassung Europas*, Frankfurt am Main (Suhrkamp), 2011.

Hagemeister, Michael: »Das große Experiment (Gemälde von Ilja Glasunow), 1990)«, in: Wolfgang Benz (Hrsg.): *Handbuch des Antisemitismus. Judenfeindschaft in Geschichte und Gegenwart*, Bd. 7: *Literatur, Film, Theater und Kunst*, Berlin u.a. (de Gruyter), 2015, S. 148 f.

Hartleb, Florian: »Extremismus in Österreich«, in: Jesse/Thieme, S. 265-281.

Herbert, Nick: *Why vote Conservative – The Essential Guide*, London (Biteback Publ.), 2014.

Hérorote – Revue de géographie et de géopolitique, N°68, 1er trimestre 1993: »La question allemande«.

Hervik, Peter: *The Annoying Difference. The Emergence of Danish Neonationalism, Neoracism, and Populism in the Post-1989 World*, New York/Oxford (Berghahn), 2011.

Hervik, Peter: *The Danish Muhammad Cartoon Conflict*, Current Themes in IMER Research, N°13, Malmö University, 2012. https://www.mah.se/upload/Forskningscentrum/MIM/CT/CT%2013.pdf.

Hillebrand, Ernst: »Les défis à relever par le nouveau gouvernement allemand«, in: *L'Economie politique*, N° 60, 4/2013 (Oct.), »L'Allemagne un modèle à ne pas suivre« [Online-Ausg. s.p.].

Houser, Matthieu: *Les finances publiques aux concours*, Paris (La Documentation française), 2013.

Huber, Peter: *Föderalismusreform I – Versuch einer Bewertung*, 2009, http://epub.ub.uni-muenchen.de/13870/1/foederalismus.pdf

Husson , Édouard: »L'Allemagne à l'aube du XXIe siècle«, *diploweb.com – La revue géopolitique online*, Dez. 2000, www.diploweb.com/p5ehuso2b.htm.

Ismayr, Wolfgang (Hrsg.): *Die politischen Systeme Westeuropas*, Wiesbaden (VS), ^{4}2009.

Jacob, Jean: *Le retour de »L'Ordre Nouveau«. Les métamorphoses d'un fédéralisme européen*, Genf/Paris (Droz), 2000.

Jahn, Detlef/Kuitto, Kati/Oberst, Christoph: »Das Parteisystem Finnlands« in: Niedermayer et al., S. 135-159.

Jesse, Eckhard/Thieme, Tom (Hrsg.): *Extremismus in den EU-Staaten*, Wiesbaden (VS), 2011.

Kaiser, Wolfram/Visuri, Pekka/Malmström, Cecilia/Hjelosetz, Arve/Listhaug, Ola/Todal Jenssen, Anders: »Die EU-Volksabstimmungen in Österreich, Finnland, Schweden und Norwegen: Verlauf, Ergebnisse, Motive und Folgen«, *Institut für Höhere Studien, Abt. Politikwissenschaft*

23, Wien 1995, S. 10, SSOAR Open Access Repository, www.ssoar.info/ssoar/handle/document/26708

Kaplan, Robert D.: *The Revenge of Geography: What the Map Tells Us About Coming Conflicts and The Battle Agains Fate*, New York (Random House), 2012, ²2013.

Kelisch, Julian: Tagungsbericht Panel 5: Rechtsextremismus in Europa, *BpB*, www.bpb.de/veranstaltungen/dokumentation/200517/panel-5

Keyes, Ralph: *The Post-Truth Era: Dishonesty and Deception in Contemporary Life*, New York (St. Martin's Press) 2004.

Kivisto, Peter/Wahlbeck, Östen (Hrsg.): *Debating Multiculturalism in the Nordic Welfare States*, Basingstoke (Palgrave Macmillan), 2013.

Knauer, Claudia: *Dänemark: Ein Länderporträt*, Berlin (Chr. Links), 2015.

Koivulaakso, Dan: »Right wing radicalism in Finnland«, Positionspapier, 12.3.2015, www.bpb.de/veranstaltungen/dokumentation/202705/dan-koivulaakso-right-wing-radicalism-in-finland

Kühnl, Reinhard: *Formen bürgerlicher Herrschaft: Liberalismus – Faschismus*, Reinbek b. Hamburg (Rowohlt) 1971.

Kuitto, Kati/Oberst, Christoph: »Extremismus in Finnland«, in: Jesse/Thieme, S. 115-130.

Kwarteng, Kwasi/Patel, Priti/Raab, Dominic/Skidmore, Chris/Truss, Elizabeth: *Britannia Unchained: Global Lessons for Growth and Properity*, Houndmills, Basingstoke (Palgrave MacMillan), 2012.

Lægaard, Sune: »Danish Anti-mulitikulturalism? The Significance of the Political Framing of Diversity«, in: Kivisto/Wahlbeck, S. 170-196.

Lagrange, Hugues: *Le déni des cultures*, Paris (Seuil), 2010.

Laruelle, Marlène: »Alexandre Dugin: esquisse d'un eurasisme d'extrême-droite en Russie post-soviétique«, in: *Revue d'études comparatives Est-Ouest*, vol. 32, 2001, N°3, S. 85-103. www.persee.fr/web/revues/home/prescript/article/receo_0338-0599_2001_num_32_3_3103

Lausberg, Michael: »Der ›Wahre Finnen-Rechtspopulismus‹«, *DISS-Journal* 23 (2012), S. 18-20, www.diss-duisburg.de/2012/09/der-wahre-finnen-rechtspopulismus

Laqueur, Walter: »Looking Back, Looking Forward: Conclusions«, in: Laqueur, 1990, S. 179-190.

Laqueur, Walter (Hrsg.): *Soviet Union 2000: Reform or Revolution?* London (Tauris & Co), 1990.

Laqueur, Walter: *Putinismus. Wohin treibt Russland?* Berlin (Propyläen), 2015.

Le Bail, Gilles: *L'Europe: défaite ou défis*, Paris (Fortuna), 2014.

Lebourg, Nicolas: »La Libération nationale et sociale des régions d'Europe: histoire d'une utopie fasciste (1941-2001)«, *HAL-SHS Archives ouvertes*, https://halshs.archives-ouvertes.fr/docs/00/48/18/44/DOC/UTP2_Le

bourg.doc, S. 6. Erstveröffentlichung in: *Utopia and Utopianism* (Madrid), Nr. 2, 2007, S. 95-108.

Lechevalier, Arnaud: »L'Allemagne, un leadership mal assumé«, in: *Alternatives Economiques Poche* n° 058 – décembre 2012 [Online-Ausg. s.p.].

Lechevalier, Arnaud: »La ›grande transformation‹ de l'Allemagne réunifiée dans le contexte européen«, in: *L'Economie politique* N°60, 4/2013 (Oct.), »Allemagne: un modèle à ne pas suivre«. [Online-Ausg. s.p.]

Lecœur, Erwan: *Un néo-populisme à la française. Trente ans de Front national*, Paris (La Découverte), 2003.

Leibold, Jürgen/Kühnel, Steffen/Heitmeyer, Wilhelm: »Abschottung von Muslimen durch generalisierte Islamkritik«, in: *Aus Politik und Zeitgeschichte* 1-2/2066, »Parallelgesellschaften«, S. 3-10.

Leparmentier, Arnaud: *Ces Français, fossoyeurs de l'euro*, Paris (Plon), 2013.

Macron, Emmanuel: *Révolution. C'est notre combat pour la France*, Paris (XO Eds.) 2016.

Mamadouh, Virginie/van der Wusten, Herman: »›Ceci n'est pas un parti‹: le véhicule fantôme de l'anti-islamisme de Geert Wilders«, in: Giblin, S. 103-114.

Mamère, Noël/Farbiaz, Patrick: *Contre Zemmour. Réponse au* Suicide français, Paris (Les petits matins), 2014.

Mélenchon, Jean-Luc: *Le hareng de Bismarck (Le poison allemand)*, Paris (Plon), 2015.

Minc, Alain: *La vengeance des nations*, Paris (Grasset & Fasquelle), 1990, ^{2}1993 (Livre de poche).

Mommsen, Margareta/Nußberger, Angelika: *Das System Putin: gelenkte Demokratie und politische Justiz in Russland*, München (Beck), 2007.

Monnet, Éric/Sternberg, Claudia (Hrsg.): *Euro, les années critiques*, Paris (P.U.F.), 2015.

Mudde, Cas: »The 2012 Stein Rokkan Lecture – Three decades of populist radical right parties in Western Europe: So what?«, in: *European Journal of Political Research* 52, 1/2013, S. 1-19,

Mudde, Cas: »The Populist Zeitgeist«, in: *Government and Opposition* 34, 4/2004, S. 541-563.

Müller, Jan-Werner: *Was ist Populismus? Ein Essay*, Frankfurt am Main (Suhrkamp), 2016.

Nicolas, Françoise/Stark, Hans: *L'Allemagne. Une nouvelle hégémonie?* Paris (IFRI/ Dunod), 1992.

Niedermayer, Oskar/Stöss, Richard/Haas, Melanie (Hrsg.): *Die Parteiensysteme Westeuropas*, Wiesbaden (VS), 2006.

Offe, Claus: *Europa in der Falle*, Berlin (Suhrkamp), 2016.

Olender, Maurice: *Race and Erudition*, Cambridge (MA) (Harvard Univ. Press), 2009, S. 59, sowie Stéphane François: »La Nouvelle Droite et les

Indo-Européens. Une anthropologie d'extrême-droite«, in: *Terrain*, n°56, mars 2011, S. 136-151, http://terrain.revues.org/14232

Peet, John/La Guardia, Anton: *Unhappy Union. How the euro crisis – and Europe – can be fixed*, London (The Economist/Profile Books), 2014.

Perrineau, Pascal: »Le Front national: 1992-1992«, in: Winock, S. 243-298.

Radtke, Frank-Olaf: »Fremde und Allzufremde – Prozesse der Ethnisierung gesellschaftlicher Konflikte«, *Friedrich Ebert Stiftung – Digitale Bibliothek*, März 2000.

Raspail, Jean: *Le Camp des Saints*, précédé de *Big Other*, Paris (Laffont), ^{4}2011.

Reuter, Gerd: *Rechtspopulismus in Belgien und in den Niederlanden. Unterschiede im niederländischsprachigen Raum*, Wiesbaden (VS), 2009.

Riondel, Bruno: *Considérations inconvenantes sur l'École, l'Islam et l'Histoire en France à l'heure de la mondialisation*, Paris (L'Artilleur), 2015.

Rouban, Luc: »Le vote des fonctionnaires en 2012 ou la crise de l'appareil d'Etat«, in: *Revue française d'administration publique*, N°2/2013, S. 465-479.

Rouban, Luc: Les électorats de Marine Le Pen ou les contraintes du succès, *2014 – Les enjeux* N°2, Novembre 2013, SciencesPO/CEVIPROF CNRS, www.cevipof.com/fr/les-publications/notes-de-recherche/bdd/publication/1110.

Reynié, Dominique (Hrsg.): *L'opinion européenne en 2014*, Paris (Lignes de Repères/fandapol), 2013.

Reynié, Dominique: »L'Europe sans récit ni leaders«, in: Reynié, S. 13-14.

Rosso, Romain: *La face cachée de Marine Le Pen*, Paris (Flammarion) 2011.

Rupnik, Jacques: »La crise de la démocratie en Europe centrale et orientale«, in: Reynié, S. 16-24.

Ruffin, Jean-Christophe: *Das Reich und die neuen Barbaren*, Berlin (Volk und Welt), 1993. [L'Empire et les nouveaux barbares, 1991].

Sarrazin, Thilo: *Deutschland schafft sich ab. Wie wir unser Land aufs Spiel setzen*, München (DVA), 2010.

[Schäuble/Lamers:] N.N.: *Überlegungen zur europäischen Politik*, 1.9.1994, CDU-CSU-Fraktion, https://www.cducsu.de/upload/schaeublelamers94.pdf

Schäuble, Wolfgang: *Unsere Verantwortung für Europa*, 1999, Zentrum für Europäische Integrationsforschung, Rheinische Friedrich Wilhelms-Universität Bonn, http://aei.pitt.edu/300/1/dp_c44_schaeuble.pdf

Schäuble, Wolfgang/Lamers, Karl: *Mehr Integration in Europa ist das richtige Ziel*, 31.8.2014, www.wolfgang-schaeuble.de/mehr-integration-in-europa-ist-das-richtige-ziel/

Schönberger, Christoph: »Hegemon wider Willen. Zur Stellung Deutschlands in der Europäischen Union«, in: *Merkur* 1/2012; online auf www.eurozine.com/articles/2012-01-10-schonberger-de.html

Schor, Ralph: »Parler des étrangers: Les mots du Front national«, in: *Cahiers de la Méditerrannée*, n°54, 1997, S. 117-137.

Schubert, Thomas: »Extremismus in Dänemark«, in: Jesse/Thieme, S. 65-82

Schulz, Martin: *Der gefesselte Riese. Europas letzte Chance*, Reinbek bei Hamburg (Rowohlt), 2013.

Sifaoui, Mohamed: *Éric Zemmour –Une superchérie française*, Paris (A. Colin), 2010.

Stegemann, Bernd: *Das Gespenst des Populismus. Ein Essay zur politischen Dramaturgie*, Berlin (Theater der Zeit), 2017.

Stokke, Hugo: »Nordic Multiculturalism: Commonalities and Differences«, in: Kivisto/Wahlbeck, S. 65-82.

Taguieff, Pierre-André: *La force du préjugé. Essai sur le racisme et ses doubles*, Paris (La Découverte), 1987.

Taguieff, Pierre-André: *La revanche du nationalisme. Néopopulistes et xénophobes à l'assaut de l'Europe*, Paris (PUF), 2015.

Tinard, Yves: *L'exception française. Pourquoi?* Paris (Maxima), 2001.

Tenzer, Nicolas: *Quand la France disparaît du monde*, Paris (Grasset), 2008.

Toynbee, Polly/Walker, David: *Cameron's Coup: How the Tories took Britain to the brink*, London (Guardian Books), 2015.

Twardella, Johannes: *Der Koran in der Schule. Studien zum islamischen Religionsunterricht*, Frankfurt am Main (Humanities Online), 2012.

Vaillaint, Jérôme: »Quelle Allemagne pour quelle Europe?« [Editorial], in: *Allemagne d'aujourd'hui*, S. 3-5.

Valance, Georges: *France – Allemagne. Le retour de Bismarck*, Paris (Flammarion), 1990.

Vernet, Daniel: *La renaissance allemande*, Paris (Flammarion), 1992.

von Krockow, Christian Graf: *Der deutsche Niedergang. Ein Ausblick ins 21. Jahrhundert*, Stuttgart (DVA), 1998.

Vorländer, Hans/Herold, Maik/Schäller, Steven: *Wer geht zu PEGIDA und warum? Eine empirische Untersuchung von PEGIDA-Demonstranten in Dresden*, ZVD, Schriften zur Verfassungs- und Demokratieforschung 1/2015, https://tu-dresden.de/gsw/phil/powi/poltheo/ressourcen/dateien/news/vorlaender_herold_schaeller_pegida_studie?lang=de

Wahlbeck, Östen: »Multicultural Finnish Society and Minority Rights«, in: Kivisto/Wahlbeck, S. 295-324.

Webb, Paul: »Who is willing to participate? Dissatisfied democrats, stealth democrats and populists in the United Kingdom«, in: *European Journal of Political Research* 52, 6/2013, S. 747-772.

Weil, Patrick: »Racisme et discrimination dans la politique française de l'immigration: 1938-1945/1974-1995«, in: *Vingtième Siècle*, Juillet-Sept. 1995, S. 74-99; www.patrick-weil.fr/wp-content/uploads/2014/07/1995-Racisme-et-discriminations-dans-la-politique-fr-dimmigration-Revue-Vingti%C3%A8me-si%C3%A8cle.pdf.

Wiederkehr, Stefan: *Die eurasische Bewegung: Wissenschaft und Politik in der russischen Emigration der Zwischenkriegszeit und im postsowjetischen Russland*, Köln u.a.o. (Böhlau), 2007.

Winkler, Heinrich August: »Integration oder Erosion. Joschka Fischers ›Humboldt-Rede‹: Absicht und Wirkung«, *Themenportal Europäische Geschichte*, 2008 (verfasst 2004), www.europa.clio-online.de/site/lang__de/ItemID__155/mid__11428/40208214/default.aspx.

Winock, Michel (Hrsg.): *Historie de l'extrême-droite en France*, Paris (Seuil), 1993.

Wirsching, Andreas: *Der Preis der Freiheit. Geschichte Europas in unserer Zeit*, München (Beck), 2012.

Zemmour, Éric: *Le premier sexe*, Paris (Denoël), 2006 .

Zemmour, Éric: *Mélancolie française*, Paris (Fayard/Denoël), 2010.

Zemmour, Éric: *Le suicide français*, Paris (Albin Michel), 2014.

Žižek, Slavoj; »Die populistische Versuchung«, in: Geiselberger, *Die große Regression*, S. 293 ff.

2. *Historische Lehren*

Aristoteles: *Politik*. Philosophische Schriften Bd. 4. Übers. E. Rolfes, Hamburg (Meiner), 1995.

Barbero, Alessandro: *Barbari – immigrati, profughi, deportati nell'impero romano*, Rom/Bari (Laterza), 2006; frz. *Barbares: Immigrés, régugiés et déportés dans l'Empire romain*, Paris (Tallandier), 2009.

Behringer, Wolfgang: *Kulturgeschichte des Klimas. Von der Eiszeit bis zur globalen Erwärmung*, München (DTV), ^{3}2012,

Benda, Julien: *Der Verrat der Intellektuellen*. Mit einem Vorwort von Jean Améry, München/Wien (Hanser), 1978. [La trahison de clercs, 1027].

Benda, Julien: *Discours à la nation europénne* [1932], Paris (Gallimard/folio), 1979.

Berstein, Serge/Milza, Pierre: *Histoire de l'Europe*, t. 4: *Nationmalismes et concert européen 1815-1919*, Paris (Hatier), 1992.

Blanc, William/Naudin, Christophe: *Charles Martel et la bataille de Poitiers. De l'histoire au mythe identitaire*, Paris (Libertalia), 2015.

Cicero, Marcus Tullius: *Vom Redner. De oratore*, übersetzt und erläutert von Raphael Kühner, *Zweites Buch*, IX. 36, S. 125 f., *Mediaculture Online*, http://www.lmz-bw.de/fileadmin/user_upload/Medienbildung_MCO/fileadmin/bibliothek/cicero_de_oratorc/cicero_de_oratore.pdf.

de Tocqueville, Alexis: *De la Démocratie en Amérique*, t. 2, Paris (Pagnerre), 1848.

Fichte, Johann Gottlieb: *Reden an die deutsche Nation*, Berlin 1808, Hamburg (Meiner), 1978.

Frobenius, Leo: *Paideuma – Umrisse einer Kultur- und Seelenlehre*, München (Beck), 1921.

Fromm, Erich: *Die Furcht vor der Freiheit*, Frankfurt am Main/Berlin (Ullstein), 1983. [Escape from Freedom, New York, 1941].

Geiger, Wolfgang: *L'image de la France dans l'Allemagne hitlérienne et pendant l'après-guerre immédiat*, Thèse de doctorat, Université de Nantes 1996; gekürzte Fassung: *L'image de la France dans l'Allemagne nazie 1933–1945*, Rennes (Presses Universitaires), 1999, als PDF: Frankfurt am Main (Humanities Online), 2000.

Geiger, Wolfgang: »Das westliche Asienbild im Zeitalter der Globalisierung – aktuelle Beobachtungen und Notizen«, in: *Orientierungen* – Zeitschrift zur Kultur Asiens (Bonn), 2/1998, S. 1-11; aktualisierte Version (2005) auf www.historia-interculturalis.de/historia_interculturalis/Ostasien02.htm#Asienbild.

Geiger, Wolfgang: »La déclaration franco-allemande du 6 décembre 1938: un événement sous-estimé«, in: *Les Temps Modernes*, n°605, août-septembre-octobre 1999, S. 240-267; online auf *Acdemia.edu*, http://independent.academia.edu/WolfgangGeiger.

Geiger, Wolfgang: *Geschichte und Weltbild. Plädoyer für eine interkulturelle Hermeneutik*, Frankfurt am Main (Humanities Online), 2002.

Geiger, Wolfgang: »Interkulturelle Geschichte und monokulturelles Weltbild«, in: *Handlung Kultur Interpretation.* Zeitschrift für Sozial- und Kulturwissenschaften, N°2/2005, S. 319-342.

Geiger, Wolfgang: »Nation, Volk und Judentum bei Ernest Renan und in der Analyse von Shlomo Sand«, in: *Francia* – Forschungen zur westeuropäischen Geschichte, Bd. 39. 2012, S. 535-541, online www.perspectivia.net/publikationen/francia/francia-retro/39-2012/0535-0542

Geiger, Wolfgang: »Zwischen Schuld und Scham, Urtel und Vorurtteil. Kollektive Erinnerung (nicht nur) in der pädagogischen Realität«, in: Gesellschaften für christlich-jüdische Zusammenarbeit – Deutscher Koordinierungsrat e.V.: Sachor (Gedenke) – Der Zukunft ein Gedächtnis, Themenheft 2013, S. 39-45.

Geiger, Wolfgang: *Zwischen Urteil und Vorurteil. Jüdische und deutsche Geschichte in der kollektiven Erinnerung*, Frankfurt am Main (Humanities Online), 2012.

Gibbon, Edward: *Verfall und Untergang des Römischen Reiches*, Frankfurt am Main (Eichborn), 2000. [Orig. 1776-81].

Groh, Dieter: *Russland und das Selbstverständnis Europas*, Frankfurt am Main (Suhrkamp), 1961 u. sp.

Hagemeister, Michael: »Das große Experiment (Gemälde von Ilja Glasunow), 1990)«, in: Wolfgang Benz (Hrsg.): *Handbuch des Antisemitismus. Judenfeindschaft in Geschichte und Gegenwart*, Bd. 7: *Literatur, Film, Theater und Kunst*, Berlin u.a.o. (de Gruyter), 2015, S. 148-150.

Heise, Alexander (Hrsg.): *Einhards Jahrbücher*, übersetzt von Otto Abel und Wilhelm Wattenbach [1904], Essen (Phaidon), 1986.

Hägermann, Dieter: *Karl der Große – Herrscher des Abendlandes. Biographie*, Berlin (List), ^{3}2006.

Huntington, Samuel P.: *Der Kampf der Kulturen. Die Neugestaltung der Weltpolitik im 21. Jahrhundert*, München/Wien (Europa-Verlag), 1996, Berlin (Siedler), 1998.

Jaspers, Karl: *Die geistige Situation der Zeit* [1930], Berlin/New York (de Gruyter), 1979 [= nach der 5. Aufl. von 1932].

Journal des Débats et de la Correspondance de la Société des Jacobins, Amis de l'Égalité et de la Liberté, séante aux Jacobins, à Paris. Débats, N° 321. Séance du dimanche 16 décembre 1792, l'an Ier de la république, 18 Décembre 1792.

[Koran:] *Der Koran*, übersetzt von Max Henning, Einleitung und Anmerkungen von Annemarie Schimmel, Stuttgart (Reclam), ^{2}1991.

Kühlem, Kordula: »Wie die Bundesrepublik kreditwürdig wurde. Das Londoner Schuldenabkommen 1953«, in: *Die Politische Meinung* 520/2013, S. 61-68, http://www.kas.de/wf/de/33.34566/.

Le Bras, Hervé: *Marianne et les lapins. L'obsession démographique*, Paris (Orban), 1991.

Lee, Eun-Jeung: *»Anti-Europa«. Die Geschichte der Rezeption des Konfuzianismus und der konfuzianischen Gesellschaft seit der frühen Aufklärung*, Münster u.a.o. (Lit), 2003.

Lester, Rosemarie K.: *»Trivialneger«. Das Bild des Schwarzen im westdeutschen Illustriertenroman*, Stuttgart (Akad. Verlag H.-D. Heinz), 1982.

Mann, Christian: *Der Demagoge und das Volk. Zur politischen Kommunikation im Athen des 5. Jahrhunderts v. Chr.*, Berlin (Akademie-Verlag), 2007.

Mann, Thomas: »Achtung, Europa!« [1936/38], in: Michael Lützeler (Hrsg.): *Plädoyers für Europa. Stellungnahmen deutschsprachiger Schriftsteller 1915-1949*, Frankfurt am Main (Fischer TB), 1987, S. 210-223.

Mirabeau, *Oeuvres de Mirabeau, précédées d'une notice sur sa vie et ses ouvrages*, par M. Mérilhou. *Discours et opinions*, tome I, Paris 1834, http://gallica.bnf.fr/ark:/12148/bpt6k308285

Ortega y Gasset, José: *Der Aufstand der Massen*, Neuausgabe Stuttgart (DVA), 1965.

Osterhammel, Jürgen: *Die Entzauberung Asiens. Europa und die asiatischen Reiche im 18. Jahrhundert*, München (Beck), 1998.

Plessner, Helmuth: *Die verspätete Nation. Über die politische Verführbarkeit bürgerlichen Geistes*, Frankfurt am Main (Suhrkamp) 1974. Erstaufl. Stuttgart u.a.o. (Kohlhammer) 1959. Erweiterte Fassung des 1935 in Zürich erschienenen Buches *Das Schicksal deutschen Geistes im Ausgang seiner bürgerlichen Epoche*.

Pseudo-Xenophon, *Athenaion Politieia*, ed. E. Kalinka, Leipzig 1913, online bei *AG Demokratia*, Institut für alte Geschichte, Universität Erlangen, http://www.demokratia.org/files/Oligarch.pdf

[Rolandslied] *Das altfranzösische Rolandslied*, zweisprachig, übersetzt und kommentiert von Wolf Steinsieck, Nachwort von Egbert Kaiser, Stuttgart (Reclam), 1999.

Rombeck-Jaschinski, Ursula: *Das Londoner Schuldenabkommen. Die Regelung der deutschen Auslandsschulden nach dem Zweiten Weltkrieg*, München (Oldenbourg), 2005.

Sénac, Philippe: *Charlemagne et Mahomet. En Espagne (VIIIe-IXe sicècles)*, Paris (Gallimard), 2015.

Spengler, Oskar: *Der Untergang des Abendlandes. Umrisse einer Morphologie der Weltgeschichte* [1918], München (Beck), 1923, München (dtv), 1972, ^{9}1988.

Theweleit, Klaus: *Männerphantasien*, 2 Bände, Basel (Stroemfeld/Roter Stern), 1997f.

Thukydides: *Der Peloponnesische Krieg*, Stuttgart (Reclam), 1977.

Valéry, Paul: *Regards sur le monde actuel, et autres essais*, Paris (Gallimard), ^{2}1945. [Erweiterte Ausg., Erstausg. 1931]

Vorländer, Hans: »Grundzüge der athenischen Demokratie«, in: *Demokratie*, Informationen zur politischen Bildung Nr. 284/2013, Bundeszentrale für politische Bildung, www.bpb.de/izpb/175887/demokratie

Wehler, Hans-Ulrich: *Das deutsche Kaiserreich 1871–1918*, Göttingen (V&R), 1973.

Wigger, Iris: *Die ›Schwarze Schmach am Rhein‹. Rassistische Diskriminierung zwischen Geschlecht, Klasse, Nation und Rasse*, Münster (Westf. Dampfboot), 2007.

Willms, Johannes: *Nationalismus ohne Nation. Deutsche Geschichte 1789–1914*, Düsseldort (Claassen), 1983, Frankfurt am Main (Fischer TB), 1985.

Zweig, Stefan: »Über Europa hinaus«, in: Ders., *Die Welt von gestern* [1944], Frankfurt am Main (Fischer TB), 1970, S. 21-224.

Zweig, Stefan: »Der Turm zu Babel« [1916/1930], in: Ders.: *Die schlaflose Welt.* Aufsätze und Vorträge aus den Jahren 1909–1941, Frankfurt am Main (Fischer TB), 1990, S. 68-73.

Anmerkungen

Anmerkung zur Einleitung

1 Arjun Appadurai: »Demokratiemüdigkeit«, in: Heinrich Geiselberger (Hg.): *Die große Regression. Eine internationale Debattte über die geistige Situation der Zeit*, Berlin (Suhrkamp) 2017, S. 17-35.

Anmerkungen zu Kapitel 1: Bestandsaufnahme – Tour d'horizon 2014 bis 2017

1 Paul Valéry: *Regards sur le monde actuel* [1931], Paris (Gallimard), 1945, S. 19, 21 f., 23.

2 Vgl. Joseph Joffe: »Ende der Geschichte. Vor 25 Jahren siegten Demokratie und Markt. Die Bilanz?«, *Die Zeit* N°25/2014, 14.6.2014, www.zeit.de/2014/25/josef-joffe-zeitgeist-25-2014

3 Vgl. Nicolas Richter: »Wo Huntington irrte«, in: *SZ*, 25.8.2013, www.sueddeutsche.de/politik/kampf-der-kulturen-wo-huntington-irrte, 1.1753736

4 Cf. Colin Crouch: *Postdemokratie*, Frankfurt am Main (Suhrkamp) 2008. Die Erstausgabe des Buches erschien in Italien 2003.

5 Die Begriffe ›links‹ und ›rechts‹ verstehen sich hier im Kontext des französischen Sprachgebrauchs, das durch das Mehrheitswahlrecht ein linkes und ein rechtes Lager innerhalb des demokratischen Spektrums kennt. Der Begriff ›rechts‹ hat daher auch nichts Pejoratives und wird von den Betroffenen selbst so verwendet.

6 Cf. Wolfgang Geiger: »Zwanzig Jahre Unzufriedenheit« in: *Kommune* – Politik, Ökonomie, Kultur, 9/2002, S.13-18; »*Ras-le-bol en permanence...* (Mehr als) Zwanzig Jahre Unzufriedenheit. Rückblick auf die französische Politik 1981-2002, mit Nachträgen 2005, 2006, 2007 und Kommentar zur Präsidentschaftswahl«, www.wolfgang-geiger-online.de/homepage/France/France02.htm

7 Zit. nach Mathilde Damgé/Olivier Faye: »Economie: ce qui oppose Montebourg et Hollande«, *Le Monde – Les Décodeurs*, 25.8.2014, www.lemonde.fr/les-decodeurs/article/2014/08/25/economie-les-points-de-discorde-entre-montebourg-et-hollande_4476088_4355770.html; vgl. auch zum Buch von Montebourg, *La bataille du Made in France*, auf seiner Website, www.arnaudmontebourg.fr/la-bataille-du-made-in-france-flammarion/

8 »Frankreich: Wirtschaftsminister Montebourg kritisiert deutsche Sparpolitik«, *Der Spiegel Online,* 28.8.2014, www.spiegel.de/wirtschaft/soziales/wirtschaftsminister-arnaud-montebourg-widerstand-gegen-deutschland-a-987851.html; »Pour Montebourg et Pigasse, le gouvernement ›marche droit vers le désastre‹«, *Le Monde,* 7.6.2015, www.lemonde.fr/politique/

article/2015/06/07/pour-montebourg-et-pigasse-le-gouvernement-marche-droit-vers-le-desastre_4649025_823448.html

9 Cf. Bernard Aldières: »Les temps du vote Front national et des ses représentations«, in: Béactrice Giblin: *L'extrême-droite en Europe*, Paris (La Découverte), 2014, S. 44ff.

10 U.a. erklärte Le Pen, auf seine Kritiker aus dem Künstlermilieu angesprochen, man werde aus ihnen »eine Ladung für den Ofen« machen (»on en fera une fournée«). *Europe 1 – Le Lab*, 7.6.2014, www.lelab.europe1.fr/Jean-Marie-Le-Pen-attaque-Guy-Bedos-Madonna-Yannick-Noah-et-Patrick-Bruel-On-fera-une-fournee-la-prochaine-fois-14953. Der Ausdruck selbst ist tradiertes Sprachgut des belgischen Altnazis und Le-Pen-Freundes Léon Degrelle mit eindeutigem Bezug zu Auschwitz, cf. Guy Birenbaum: »Vous avez dit ›fournée‹, monsieur Le Pen?«, http://guybirenbaum.com/20140610/vous-avez-dit-fournee-monsieur-le-pen/

11 »FN: un sympathisant sur deux approuve l'exclusion de Jean-Marie Le Pen«, *Le Parisien*, www.leparisien.fr/politique/fn-un-sympathisant-sur-deux-approuve-l-exclusion-de-jean-marie-le-pen-24-08-2015-5030747.php

12 Cf. Wikipedia > Jean-François Jalkh; Laurent de Boissieu: »Sisyphe ou la dédiabolisation du FN«, *iPolitique*, 26.4.2017, www.ipolitique.fr/archive/2017/04/26/jean-francois-jalkh-negationnisme.html; Maxime Vaudano / Livier Faye: »Front national: Jean-François Jalkh rattrapé par ses déclarations négationnistes«, *Le Monde*, 27.4.2017, www.lemonde.fr/politique/article/2017/04/27/le-nouveau-president-du-fn-jean-francois-jalkh-rattrape-par-des-declarations-negationnistes_5118476_823448.html; Paul Aveline: »Propos de Jean-Franmçois Jalkh sur les chambres à gaz: la chercheuse qui l'a interrogé confirme«, BuzzFeed News, 26.4.2017, https://www.buzzfeed.com/paulaveline/propos-du-nouveau-patron-du-fn-sur-les-chambres-a-gaz-la?utm_term=.yaeKNobRR#.nld91ayRR

13 Editorial: »Les laisons dangereuses des Marine Le Pen«, *Le Monde*, 28.4.2017, http://abonnes.lemonde.fr/idees/article/2017/04/28/les-liaisons-dangereuses-de-marine-le-pen_5119270_3232.html; »Steeve Briois et David Rachline visés par une enquête pour des messages haineux«, *Le Monde*, 29.4.2017, www.lemonde.fr/election-presidentielle-2017/article/2017/04/28/steeve-briois-et-david-rachline-vises-par-une-enquete-pour-des-messages-haineux_5119684_4854003.html

14 Die Untersuchung wurde im November 2013 mit Blick auf die anstehenden Kommunalwahlen veröffentlicht, cf. Luc Rouban: »Les électorats de Marine Le Pen ou les contraintes du succès«, *2014 – Les enjeux* N°2, Novembre 2013, SciencesPO/CEVIPROF CNRS, www.cevipof.com/fr/les-publications/notes-de-recherche/bdd/publication/1110

15 Nach verschiedenen Analysen von *Le Monde*, vgl. z.B. Nicolas Chapuis, Patrick Roger, Perrine Mouterde, Olivier Faye, Bertrand Bissuel et Raphaëlle Besse Desmoulières: »Voyage à l'intérieur du peuple FN|«, *Le Monde*, 11.12.2015, www.lemonde.fr/elections-regionales-2015/ar-

ticle/2015/12/11/voyage-a-l-interieur-du-peuple-fn_4829729_4640869.html#fVDgpg3XUvaFERSZ.99

16 Cf. Luc Rouban: »Le vote des fonctionnaires en 2012 ou la crise de l'appareil d'Etat«, in: *Revue française d'administration publique*, N°2/2013, S. 468.

17 *Désengagement* entspricht ungefähr dem englischen *disengagement*, eine Ablösung, Aufgabe der Bindung, loc. cit., S. 470.

18 Zit. aus Pierre Bafoil: »Pourquoi le 13e arrondissement de Paris vote-t-il plus FN que les autres?«, *Le Monde*, 11.5.2017, www.lemonde.fr/politique/article/2017/05/11/pourquoi-le-13e-arrondissement-de-paris-vote-t-il-plus-fn-que-les-autres_5126219_823448.html

19 Éric Zemmour: *Le suicide français*, Paris (Albin Michel), 2014.

20 Dies ist die Übersetzung des Begriffs *Islam* in der konservativen oder fundamentalistischen Lektüre des Wortes.

21 www.dumont-buchverlag.de/buch/Michel_Houellebecq_Der_neue_Roman/15170

22 *20 heures* von *France 2*, 6.1.2015, www.francetvinfo.fr/culture/livres/video-il-ne-faut-pas-juger-les-gens-se-defend-houellebecq-sur-france-2_790083.html

23 Ghislain de Violet: »Pour Marine Le Pen, le dernier livre de Houellebecq ›pourrait devenir une réalté‹«, *Europe 1 – Le Lab politique*, http://lelab.europe1.fr/Pour-Marine-Le-Pen-le-dernier-livre-de-Houllebecq-pourrait-devenir-une-realite-19990

24 »Kultur Michel Houelllebecq: ›Eine islamische Partei ist eigentlich zwingend‹«, *Die Welt*, 3.1.2015, www.welt.de/kultur/literarischewelt/article135972657/Eine-islamische-Partei-ist-eigentlich-zwingend.html

25 »Der Tod ist nicht auszuhalten«. Interview mit Michel Houellebecq, *Die Zeit* N°4, 22.1.2015, S. 45, www.zeit.de/2015/04/michel-houellebecq-unterwerfung-charlie-hebdo-frankreich-radikalisierung

26 Interview auf *Seneweb*, 9.1.2015, www.seneweb.com/news/Video/eric-zemmour-quot-une-guerre-civile-en-f_n_144609.html

27 https://www.letemps.ch/2015/01/09/jean-rolin-evenements-un-livre-premonitoire

28 Cf. Cécile Chambraud: »Augmentation des actes islamophobes«, *Le Monde*, 13.1.2015. Online-Archiv nur für Abonnenten.

29 Video aus dem Studio RTL und Kommentar auf *Le Monde*: Alexandre Piquard: »RTL soutient ›le second degré‹ de Zemmour, qui veut ›bombarder Molenbeek‹«, *Le Monde*, 17.11.2015, www.lemonde.fr/attaques-a-paris/article/2015/11/17/rtl-soutient-zemmour-qui-veut-bombarder-molenbeek_4812124_4809495.html

30 Cf. u.a. Franck Leroy: »Dangereuse extension de la surveillance«, *Le Monde*, 24.3.2015, www.lemonde.fr/idees/article/2015/03/24/dangereuse-extension-de-la-surveillance_4600288_3232.html; Franck Joannès: »Renseignement: la loi de tous les dangers?«, *Le Monde*, 13.4.2015, www.

lemonde.fr/societe/article/2015/04/13/renseignement-la-loi-de-tous-les-dangers_4614839_3224.html

31 Interview, »Cazeneuve se met à table«, *Libération*, 12.11.2015, cf. auch Laurent Borredon: »Attaques à Paris: les spécialistes du terrorisme s'attendaient à un nouvel attentat«, *Le Monde*, 14.11.2015, www.lemonde.fr/attaques-a-paris/article/2015/11/14/les-specialistes-du-terrorisme-s-attendaient-a-un-nouvel-attentat-en-france_4809652_4809495.html

32 Cf. Jean-Baptiste Jacquin: »Antiterrorisme: le gouvernement veut mettre l'état d'urgence dans le droit commun«, Le Monde, 7.6.2017, http://abonnes.lemonde.fr/police-justice/article/2017/06/07/le-gouvernement-compte-faire-entrer-l-etat-d-urgence-dans-le-droit-commun_5140018_1653578.html (für Abonnenten)

33 Cf. Yvan de Courrèges d'Agnos: »L'état d'urgence ou le retour des lettres de cachet«, *Le Monde*, 21.12.2015, www.lemonde.fr/idees/article/2015/12/21/l-etat-d-urgence-ou-le-retour-des-lettres-de-cachet_4836104_3232.html#pyxajEdm7MEgORLM.99. Online-Archiv nur für Abonnenten.

34 Cf. Alexandre Lemarié: »Nicolas Sarkozy veut lancer un débat sur l'islam«, *Le Monde*, 12./13.2.2015, www.lemonde.fr/politique/article/2015/02/12/nicolas-sarkozy-veut-lancer-un-debat-sur-l-islam_4575109_823448.html (für Abonnenten)

35 Ehemaliger Chefredakteur der rechtsradikalen Zeitung *Minute*. Nach dem Skandal der Veröffentlichung aufgezeichneter Gespräche zwischen Sarkozy und Buisson wurde er von Sarkozy verstoßen, cf. »Sarkoleaks, les enregistements pirates«, Dossier auf *Atlantico*, www.atlantico.fr/dossier/sarkoleaks-enregistrements-pirates-nicolas-sarkozy-patrick-buisson-1000894.html. Einen Abriss über Buisson als den »schlechte Genius« von Sarkozy gibt der *Nouvel Observateur*, 17.3.2015: »Patrick Buisson, le mauvais génie de Nicolas Sarkozy«, http://tempsreel.nouvelobs.com/politique/20150317.OBS4784/patrick-buisson-le-mauvais-genie-de-nicolas-sarkozy.html

36 Cf. François Fillon: *Pour vous, mon programme*, https://www.fillon2017.fr/projet/, z.B. zur Frage Integration/Assimilation, S. 63.

37 François Fillon: *Vaincre le totalitarisme islamique*, Paris (Albin Michel), 2016.

38 Isabelle Ficek: »L'affrontement entre Juppé et Sarkozy monte d'un cran«, *Les Échos*, 8-9.2.2015, www.lesechos.fr/politique-societe/politique/0204142826502-camouflet-pour-alain-juppe-siffle-a-lump-1091178.php – *Assistanat* meint die Einstellung, vom Staat ständig (finanzielle) Unterstützung für sich zu erwarten statt selbst etwas zu unternehmen.l

39 Cf. »Fillon a déjà supprimé la Sécu«, *Le Canard Enchaîné*, 20.12.2016, www.lecanardenchaine.fr/fillon-a-deja-supprime-la-secu/

40 Laurent de Boisieu: »François Fillon réoriente son projet en faveur du pouvoir d'achat«, La Croix, 31.1.2017, www.la-croix.com/France/Politique/Fillon-reoriente-projet-faveur-pouvoir-dachat-2017-01-31-1200821451

41 Cf. Benoît Hamon: Projet, https://www.benoithamon2017.fr/thematique/pour-un-progres-social-et-ecologique/; *RTL*, le Grand Jury: »Revenu universel, 32 heures… Benoît Hamon détaille ses propositions économiques«, 25.9.2016, www.rtl.fr/actu/politique/revenu-universel-32-heures-benoit-hamon-detaille-ses-propositions-economiques-7784988635

42 Jean-Luc Mélenchon, *Projet,* http://melenchon.fr/wp-content/uploads/2015/10/humain_dabord.pdf, zum SMIC 2017 cf. *Journal du Net*, www.journaldunet.com/management/salaire-cadres/1071810-smic/

43 *RTL* le Grand Jury: »Retraite à 60 ans, 32 heures… Mélenchon développe ses propositions économiques», 15.1.2017, www.rtl.fr/actu/politique/retraite-a-60-ans-32-heures-melenchon-developpe-ses-propositions-economiques-7786744799

44 Marine Le Pen: *144 engagements présidentiels,* n°46-47, 58-59, 75, 121, https://www.marine2017.fr/wp-content/uploads/2017/02/projet-presidentiel-marine-le-pen.pdf

45 Cf. Emmanuel Macron, *Programme,* https://en-marche.fr/emmanuel-macron/le-programme, S. 30.

46 Cf. Frédéric Douet: »Les retraités seront le grand perdants de la hause de la CSG«, *Le Monde,* 15.6.2017, http://abonnes.lemonde.fr/argent/article/2017/06/15/les-retraites-seront-les-grands-perdants-de-la-hausse-de-la-csg_5145209_1657007.html

47 Cf. Maxime Ferrer et. al: »Législatives 2017: un tiers des candidats de La République en Marche sont des novices en politique«, *Le Monde*, 7.6.2017, www.lemonde.fr/les-decodeurs/article/2017/06/07/legislatives-un-tiers-des-candidats-de-la-republique-en-marche-sont-de-vrais-novices-en-politique_5139798_4355770.html

48 Loris Bouchot: »Législatives: comment le FN a changé de visage en cinq ans«, *Le Figaro*, 18.5.2017, www.lefigaro.fr/elections/legislatives/2017/05/17/38001-20170517ARTFIG00102-legislatives-comment-le-fn-a-change-de-visage-en-cinq-ans.php

49 Cf. »Législatives: Les Duels du second tour«, *Le Parisien*, 12.6.2017, www.leparisien.fr/elections/legislatives/legislatives-92-duels-rem-fn-seulement-7-lr-ps-autopsie-des-duels-du-second-tour-12-06-2017-7044207.php

50 Matt Dathan: »Should I vote Conservative? Where David Cameron's party stands on key issues for General Election 2015«, *The Independent*, 15.4.2015, www.independent.co.uk/news/uk/politics/generalelection/should-i-vote-conservative-where-david-camerons-party-stands-on-key-issues-for-general-election-2015-10179781.html

51 Nick Herbert: *Why vote Conservative – The Essential Guide*, London (Biteback Publ.), 2014, S. 42.

52 Cf. Editorial: »The Guardian view on Nigel Farage: it's all about Europe«, *The Guardian*, 18.5.2015, www.theguardian.com/commentisfree/2015/may/18/guardian-view-on-nigel-farage-all-about-europe

53 Polly Toynbee/David Walker: *Cameron's Coup: How the Tories took Britain tot he brink*, London (Guardian Books), 2015, S. 80.

54 *The Conservative Party Manifesto 2015*, https://www.conservatives.com/manifesto, S. 72 f.
55 Cf. Ian Traynor: »David Cameron's EU demands letter explained«, *The Guardian*, 10.11.2015, www.theguardian.com/politics/2015/nov/10/david-camerons-eu-demands-letter-explained
56 Cf. Rowena Mason: »Tories divided by Boris Johnson's EU-Hitler comparison«, *The Guardian*, 16.5.2016, https://www.theguardian.com/politics/2016/may/16/tories-divided-by-boris-johnsons-eu-hitler-comparison
57 Vgl. z. B. Roger Bootle: *The Trouble with €urope. Why the EU isn't working – How it can be reformed – What could take its place*. London/Boston (Brealey Publ.), 2014, S. 151 ff.
58 Dabei passiert den Autoren noch ein Lapsus, der bei so einer renommierten Institution nicht passieren dürfte: Im Kommentar zum Diagramm wurden die Daten von 1963 (30% Handelsaustausch) fälschlich für 1973 genannt (damals in Wirklichkeit ca. 40%) und somit der Gewinn durch die Mitgliedschaft in der Interpretation erheblich überzogen. Swati Dhingra/Gianmarco Ottaviano/Thomas Sampson: »Should the UK stay or go? The economic consequences of Britain leaving the EU«, *LSE/EUROPP*, 24.3.2015, *dort:* Fig. 1, http://blogs.lse.ac.uk/europpblog/2015/03/24/should-the-uk-stay-or-go-the-economic-consequences-of-britain-leaving-the-eu/
59 *Office for National Statistics:* Statistical Bulletin, UK Trade, March 2015, Fig. 1: Balance of UK trade, March 2013 to March 2015/Fig. 3: Value of UK trade in goods excluding oil, March 2013 to March 2015/Fig. 4: Balance of UK trade in goods – EU and non-EU countries, March 2013 to March 2015, www.ons.gov.uk/ons/rel/uktrade/uk-trade/march-2015/stb-uk-trade--march-2015.html. Der in dieser Tabelle erfasste Zeitraum geht von Mai 2013 bis Juli 2014.
60 Toynbee/ Walker, op. cit., S. 251.
61 Zahra Wynne: »Nigel Farage's Defence of Kerry Smith Demonstrates that Casual Racism is the Norm«, in: *Huffington Post – The Blog*, 22.12.2014, www.huffingtonpost.co.uk/zahra-wynne/nigel-farage-kerry-smith_b_6359564.html.
62 So nach einer Studie der Joseph Rowntree Foundation, cf. Anushka Asthana: »People who felt marginalised drove Brexit vote, study finds«, *The Guardian*, 31.8.2016, https://www.theguardian.com/politics/2016/aug/31/people-who-felt-marginalised-drove-brexit-vote-study-finds
63 Cf. Yvonne Roberts: »›Mama, will you be deported?‹: Brexit vote triggers eruption of racism«, *The Guardian*, 2.7.2016, https://www.theguardian.com/politics/2016/jul/02/brexit-triggers-racism-climate-of-fear; Lizzie Dearden: »Damning report comdems rising ›racist violence and hate speech‹ by politicians and press in post-Brext UK«, *The Independant*, 4.10.2016, www.independent.co.uk/news/uk/home-news/brexit-david-cameron-nigel-farage-council-of-europe-report-racist-violence-intolerance-hate-speech-a7345166.html

64 Cf. Ben Quinn: »Six teenage boys arrested over death of Polish man in Essex«, *The Guardian*, 30.8.2016, https://www.theguardian.com/uk-news/2016/aug/30/five-teenage-boys-arrested-after-man-dies-following-attack-in-essex
65 Paul Webb: »Who is willing to participate? Dissatisfied democrats, stealth democrats and populists in the United Kingdom«, in: *European Journal of Political Research* 52, 6/2013, S. 748.
66 Cf. Loc. cit., S. 748-754, 758, 752, 754.
67 *UKIP Manifesto* April 2010 »Empowering the People«, www.politics-resources.net/area/uk/ge10/man/parties/UKIPManifesto2010.pdf
68 Cf. Robert Both/Rajeev Syal: »Buoyant Ukip battles to contain party's most extreme elements«, in: *The Guardian*, 7.3.2013, www.theguardian.com/politics/2013/mar/07/ukip-extreme-elements-nigel-farage
69 UKIP: What we stand for, »Safeguard and Crime«, www.ukip.org/issues; UKIP: Policies for the People, »Law and Order«, www.ukip.org/policies_for_people; *UKIP Manifesto 2015*, S. 53, www.ukip.org/manifesto2015; *Conservative Manifesto 2015*, S. 73.
70 Scans der Titelseiten in einer Presseschau bei der *Huffington Post*, www.huffingtonpost.co.uk/2014/10/03/daily-mail-daily-express-human-rights-twitter-reaction_n_5925540.html
71 *Protecting Human Rights in the UK. The Conservatives' Proposals for Changing Britain's Human Right Laws*, S. 7f., online beim *Guardian*, www.theguardian.com/politics/interactive/2014/oct/03/conservatives-human-rights-act-full-document
72 Cf. Nicholas Watt/Rowena Mason: »Cameron 'committed to breaking link with European court of human rights'«, *The Guardian*, 1.6.2015, www.theguardian.com/law/2015/jun/01/david-cameron-european-court-of-human-rights; Owen Bowcott: »Tory plans will destroy human rights across Europe, warns Dominic Grieve«, *The Guardian*, www.theguardian.com/law/2015/jun/11/tory-plans-human-rights-europe-strasbourg-dominic-grieve
73 Der deutsche Begriff Wirtschaftswissenschaftler meint nur Akademiker, in anderen Ländern, darunter in Großbritannien, können sich auch Leute, die in der freien Wirtschaft arbeiten, einen Ruf als Wirtschaftsexperten/-wissenschaftler (economist) erwerben.
74 Roger Bootle (lead author): *Leaving the euro – A pratical guide*. A submission for the Wolfson Economics Prize XXXII, Capital Economics, www.policyexchange.org.uk/images/WolfsonPrize/wep%20shortlist%20essay%20-%20roger%20bootle.pdf
75 John Peet/Anton La Guardia: *Unhappy Union. How the euro crisis – and Europe – can be fixed*, London (The Economist/Profile Books), 2014, S. 151.
76 »[…] emasculate the Bundesbank, which had ruled the roost over the European economy for the last few decades.« Roger Bootle, *The Trouble with €urope*, op. cit., S. 90.

77 Cf. Peet/La Guardia, op. cit., S. 12.
78 »UK Prime Minister Margaret Thatcher was dead against reunification and was in close communication not only with the Soviet leader, Mikail Gorbatchev, but also with America's President, Ronald Reagan.« Bootle, loc. cit.
79 *The Conservative Manifesto 2010*, S. 7, https://www.conservatives.com/~/media/files/activist%20centre/press%20and%20policy/manifestos/manifesto2010.
80 Toynbee/Walker, op. cit., S. 84.
81 It. Nach Herbert, *Why vote Conservative*, op. cit., S. 18; Reform: *Spending without reform. Interim report of the Commission on the reform of public services*, June 2002, S. 5, www.reform.uk/publication/spending-without-reform/
82 Alle Daten nach http://de.statista.com/
83 Toby Helm: »No more cuts, Tory councils tell George Osborne«, *The Guardian*, 16.5.2015, www.theguardian.com/society/2015/may/16/tory-councils-osborne-no-further-austerity
84 Cf. Toynbee/Walker, op. cit., S. 70 f.
85 Cf. loc cit., S. 105 f. – Diese Angaben in dem genannten Buch, von denen nur einige exemplarisch genannt werden, können hierfür im Einzelnen nicht überprüft werden, die Situation wäre aber auch schon drastisch, wenn nur die Hälfte zuträfe.
86 Frank Butler/Haroon Siddique: »The bedroom tax explained«, *The Guardian*, 27.1.2016, https://www.theguardian.com/society/2016/jan/27/the-bedroom-tax-explained
87 Cf. »Steuersenkungen gegen die Krise«, *Handelsblatt*, 21.3.2013, www.handelsblatt.com/politik/international/grossbritannien-steuersenkungen-gegen-die-krise/6356168.html
88 Cf. Adam Bienkov: »Cameron refuses to rule out new millionaire tax cut«, *politics.co.uk*, www.politics.co.uk/news/2014/01/29/osborne-refuses-to-rule-out-new-millionaire-tax-cut
89 Nina Trentmann: »Großbritannien auf dem Weg zum Armenhaus der EU«, *Die Welt*, 15.8.2013, www.welt.de/wirtschaft/article119060642/Grossbritannien-auf-dem-Weg-zum-Armenhaus-der-EU.html
90 Cf. www.steuerliches-info-center.de. Hier geht es nur um nominelle Steuersätze, Freibeträge und Abschreibungsmöglichkeiten konnten hier natürlich nicht berücksichtigt werden.
91 Nach Toybee/Walker, op. cit., S. 65, vgl. auch in: Ian Dunt: »Cameron: I don't like taxes«, *politics.co.uk*, www.politics.co.uk/news/2014/01/27/cameron-i-don-t-like-any-taxes
92 »IFS says worst of UK spending cuts yet to come«, *BBC News*, 4.2.1015, www.bbc.com/news/business-31126283
93 Zum Vergleich: 42% in Deutschland, 62% in den Niederlanden und 63% in Frankreich. Nach *Europa-Atlas*, op. cit., »Agrarpolitik für Reiche«, S. 39.

94 Durchschnittliche Betriebsgröße 90 ha, zum Vergleich: Deutschland 58 ha, Frankreich 57 ha, Niederlande 28 ha. Ebd.

95 »EU-Kommission erlaubt 26-Milliarden-Subvention für britisches Atomkraftwerk«, *EurActiv*, 8.10.2014, www.euractiv.de/sections/energie-und-umwelt/eu-kommission-erlaubt-26-milliarden-subvention-fuer-britisches; Susanne Preuß/Marcus Theurer: »Schwaben fürchten ein britisches Atomkraftwerk«, *F.A.Z.*, 30.5.2015, www.faz.net/aktuell/wirtschaft/energiepolitik/subventionen-fuer-kernkraftwerk-schwaben-fuerchten-britisches-atomkraftwerk-hinkley-point-13619431.html; Kernkraftwerkt Hinkley Point C genehmigt, Chinese European Energy News, 19.9.2016, http://ceenews.info/kernkraftwerk-hinkley-point-c-genehmigt/; Die Britische Regierung stimmt AKW-Projekt Hinkley Point zu, *Die Presse*, 15.9.2016, http://diepresse.com/home/wirtschaft/energie/5085653/Britische-Regierung-stimmt-AKWProjekt-Hinkley-Point-zu

96 »George Osborne targets welfare as he warns of £25bn more cuts«, *BBC News*, 6.1.2014, www.bbc.com/news/uk-politics-25617844

97 Cf. Kwasi Kwarteng/Priti Patel/Dominic Raab/Chris Skidmore/Elizabeth Truss: *Britannia Unchained: Global Lessons for Growth and Properity*, Houndmills, Basingstoke (Palgrave MacMillan), 2012, S. 5.

98 Loc. cit., S. 3 f., 9.

99 Jonathan Portes: »›Factual errors‹ and ›slipshod research‹ – the Britannia Unchained Tories must try harder«, *The New Statesman*, 12.9.2012, www.newstatesman.com/blogs/politics/2012/09/factual-errors-and-slipshod-research-britannia-unchained-tories-must-try-hard

100 *Britannia Unchained*, op. cit., S. 111, 109.

101 Rowena Mason: »›Fat and lazy‹ Britain is ill-prepared to secure future outside EU, says Fox«, *The Guardian*, 9.9.2016, www.theguardian.com/politics/2016/sep/09/fat-and-lazy-britain-is-ill-prepared-to-secure-future-outside-eu-says-fox

102 »Read International Trade Secretary Liam Fox's speech to Conservative conference«, *International Business Times*, 2.10.2016, www.ibtimes.co.uk/read-international-trade-secretary-liam-foxs-speech-conservative-conference-1584604

103 *Forward, Together. Our Plan for a Stronger Britain and a Prosperous Future. The Conservative and Unionist Party Manifesto 2017*, S. 37. https://www.conservatives.com/manifesto; http://www.zeit.de/2017/23/theresa-may-grosbritannien-brexit-parlamentswahl

104 Cf. Dennis Campbell: »›A grim reality‹: concern over longer waits for NHS operattions«, *The Guardian*, 1.6.2017, https://www.theguardian.com/society/2017/jun/01/a-grim-reality-concern-over-longer-waits-for-nhs-operations; Ders.: »Thousands of children's operations cancelled each year, NHS figures show«, *The Guardian*, 5.6.2017, https://www.theguardian.com/society/2017/jun/05/thousands-of-childrens-operations-cancelled-each-year-nhs-figures-show

105 Cf. Khué Pham: »Wenn der Wind dreht«, *Die Zeit*, 1.6.2017.

106 *For the Many, not for the Few. The Labour Party Manifesto 2017*, S. 9. Großbritannien liegt nicht auf dem unterstehen Niveau der Körperschaftssteuer, aber für einen echten Vergleich müsste die steuertliche Gesamtsituation verglichen werden. Vgl. BMF: *Die Steuern im internationalen Vergleich 2015*, www.bundesfinanzministerium.de/Content/DE/Downloads/Broschueren_Bestellservice/2016-05-13-wichtigsten-steuern-im-internationalen-vergleich-2015.pdf?__blob=publicationFile&v=22015,

107 Anushka Asthana/Heather Stewart/Jessica Elgot: »Brexit: May's threat to Europe: ›no deal for Britain is better than a bad deal‹«, *The Guardian*, 18.1.2017, https://www.theguardian.com/politics/2017/jan/17/prime-minister-vows-to-put-final-brexit-deal-before-parliament; Ben Chu: »Theresa May's ›no deal is better than a bad deal‹ Brexit logic could end up destroying the British economy«, *The Independant*, 28.5.2017, www.independent.co.uk/voices/brexit-theresa-may-tories-no-deal-better-bad-deal-brussels-destroy-british-economy-a7760026.html

108 Esther Addley / Nazia Parveen / Jamie Grierson / Steven Morris: »Salman Abedi: front hot-headed party lover to suicide bomber«, *The Guardian*, 26.5.2017, https://www.theguardian.com/uk-news/2017/may/26/salman-abedi-manchester-arena-attack-partying-suicide-bomber

109 Oliver Milne: »Theresa May warned by Manchester police officer that cuts put the city at risk – in 2015«, *Mirror*, 25.5.2017, www.mirror.co.uk/news/politics/theresa-warned-manchester-police-officer-10497970; David Lowry / John Cummings / Randhir Singh Bains / Peter McKenna: »Terrorism, Manchester and the west's foreign policy«, *The Guardian*, 26.5.2017, https://www.theguardian.com/uk-news/2017/may/26/terrorism-manchester-and-the-wests-foreign-policy; »Amber Rudd denies cuts to police were factor in Manchester atrocity«, *The Guardian*, 25.5.2017, https://www.theguardian.com/uk-news/2017/may/25/amber-rudd-denies-cuts-to-police-were-factor-in-manchester-atrocity

110 Cf. Vikram Dodd: »Police cuts hit UK fight against terrorism, says former security chief«, *The Guardian*, 6.6.2017, https://www.theguardian.com/uk-news/2017/jun/06/police-cuts-hit-uk-fight-against-terrorism-says-former-security-chief

111 Cf. Oliver Wright / Sam Coates: »May under pressure as ministers plan more cutbacks for anti-terror budget«, *The Times*, 6.6.2017, https://www.thetimes.co.uk/article/may-under-pressure-as-minister-plan-more-cutbacks-for-anti-terror-budget-9gtogfwod

112 Robert Booth / Vikram Dodd / Stephanie Kirchgaesnner: »London Bridge: third attacker named as Youssef Zaghba«, *The Guardian*, 6.6.2017, https://www.theguardian.com/uk-news/2017/jun/06/london-bridge-attack-third-attacker-named-in-italy-as-youssef-zaghba; Fiorenza Sarzanini: »Attentato Londra: Youssef Zaghba, ecco il terzo terrorista. Fu fermato a Bolognam la madre italiana vive fi«, *Corriere della sera*, 6.6.2017, www.corriere.it/cronache/17_giugno_06/terzo-attentatore-londra-ave-

va-madre-italiana-089fd452-4a8f-11e7-ac11-205c7f1cfc9f.shtml?cmpid=tbd_37faab2dRE&refresh_ce-cp

113 Cf. »The Jihadis Next Door«, *Documentary-Movie.com*, http://documentary-movie.com/the-jihadis-next-door/; zum Hintergrund des Films cf. Sam Wollaston: »The Jihaids Next Door review: Channel 4 was absolutely right to make this film«, *The Guardian*, 20.1.2016, https://www.theguardian.com/tv-and-radio/2016/jan/20/jihadis-next-door-review-channel-4-isis-abu-rumaysah

114 »Holland hat keine Angst vor dem Islam«, Interview mit Leon de Winter, *Der Spiegel Online*, 1.2.2006, www.spiegel.de/politik/ausland/interview-mit-leon-de-winter-holland-hat-keine-angst-vor-dem-islam-a-398356.html

115 Cf. Virginie Mamadouh/Herman van der Wusten: »›Ceci n'est pas un parti‹: le véhicule fantôme de l'anti-islamisme de Geert Wilders«, in: Giblin, *L'extrême-droite en Europe*, op. cit., S. 109-111.

116 »Wilders schockt mit rassistischer Hetze«, *ntv*, 20.3.2014, www.n-tv.de/politik/Wilders-schockt-mit-rassistischer-Hetze-article12500436.html

117 »Geert Wilders zu sein, wünsche ich keinem«, Interview mit Geert Wilders auf *ntv*, 5.5.2014, www.n-tv.de/politik/Geert-Wilders-zu-sein-wuensche-ich-keinem-article12765886.html

118 Cf. Christian Rothenberg: Eine EU ohne Niederlande? Wilders' Legende vom leichten Ausstieg«, *ntv*, 6.2.2014, www.n-tv.de/politik/Wilders-Legende-vom-leichten-Ausstieg-article12224146.html. Zum Ausstiegsszenario von Roger Bootle, *Leaving the Euro,* op. cit.

119 Nach einer Umfrage des Nederlandse Nieuwsmonitors 2010, cf. NiederlandeNet, Universität Münster, www.uni-muenster.de/NiederlandeNet/nl-wissen/politik/vertiefung/rechtspopulismus/schwerpunkte.html

120 Cf. Gerd Reuter: *Rechtspopulismus in Belgien und in den Niederlanden. Unterschiede im niederländischsprachigen Raum*, Wiesbaden (VS), 2009, S.88-94.

121 Cf. Tobias Müller: »Diskriminierung in den Niederlanden – ›Verluderte und diebische Osteuropäer‹«, *taz*, 14.2.2012, www.taz.de/!87700/

122 Cf. »Rechtspopulismus in den Niederlanden heute: Geert Wilders und ›seine‹ PVV«, *NiederlandeNet*, www.uni-muenster.de/HausDerNiederlande/Zentrum/Projekte/Schulprojekt/Lernen/Populismus/40/wilderspvv.html und *Wikipedia*: >Partij voor de Vrijheid

123 Cf. Stijn van Kessel: »Wilders beeinflusst den politischen Diskurs«, *Tagesspiegel Causa*, 10.3.2017, https://causa.tagesspiegel.de/politik/wie-gefaehrlich-ist-der-niederlaendische-populismus/wilders-beeinflusst-den-politischen-diskurs.html

124 Cf. *Deutschlandfunk*, Gesichter Europas, 11.3.2017, von Kerstin Schweighöfer. Vgl. auch https://de.wikipedia.org/wiki/Gemeinde_(Niederlande)

125 Cf. Thomas Kirchner: »Niederlande haben immer noch keine Regierung«, *SZ*, 15.5.2017, www.sueddeutsche.de/politik/niederlande-regierungsbildung-gescheitert-1.3507579

126 Cf. www.alternativefuer.de/programm-hintergrund/programmatik/
127 Cf. *AfD Europawahlprogramm* »Mut zu Deutschland. Für ein Europa der Vielfalt«, https://www.alternativefuer.de/wp-content/uploads/2014/03/Europaprogramm-der-AfD.pdf
128 Cf. »AfD-Spitze zerlegt sich im Richtungsstreit«, *Die Welt*, 31.10.2014, www.welt.de/politik/deutschland/article133860763/AfD-Spitze-zerlegt-sich-im-Richtungsstreit.html
129 »Petry will den Begriff ›völkisch‹ positiv aufladen«, *Bild*, 28.8.2016, www.bild.de/politik/inland/alternative-fuer-deutschland/frauke-petry-will-begriff-voelkisch-positiv-aufladen-47763546.bild.html
130 Cf. Severin Weiland: »Begriff ›völkisch‹ – AfD-Chef Meuthen distanziert sich von Petry«, *Spiegel Online*, www.spiegel.de/politik/deutschland/afd-joerg-meuthen-distanziert-sich-von-frauke-petry-und-voelkisch-a-1113691.html
131 Cf. u.a. https://de.wikipedia.org/wiki/Wolfgang_Gedeon, Matthias Kamann: »Wie wird ein ultralinker Agitator zum AfD-Rechtsaußen?«, *Die Welt*, 13.7.2016, www.welt.de/politik/deutschland/article157023073/Wie-wird-ein-ultralinker-Agitator-zum-AfD-Rechtsaussen.html; Justus Bender/Rüdiger Soldt: »Antisemitismus der AfD – Im Eiferer-Modus gegen Juden«, *F.A.Z.*, 4.6.2016, www.faz.net/aktuell/politik/inland/antisemitische-thesen-von-afd-abgeordneten-gedeon-14268327.html?printPagedArticle=true#pageIndex_2
132 Cf. »National statt liberal«, *taz*, 21.12.2013, www.taz.de/Die-AfD-und-der-rechte-Rand/!151630/
133 Liane Bednarz/Christoph Giesa: *Gefährliche Bürger. Die Neue Rechte greift nach der Mitte*, München (Hanser), 2015, Kap. 9.
134 »Umfrage: Ansehen der EU in Deutschland schwindet«, *EurActiv*, 4.6.2015, www.euractiv.de/sections/eu-innenpolitik/umfrage-ansehen-der-eu-deutschland-schwindet-315122; »ARD-Deutschlandtrend: Deutsche bewerten EU nach Brexit positiver«, *Die Zeit*, 8.7.2016, www.zeit.de/politik/deutschland/2016-07/ard-deutschlandtrend-deutschland-eu-umfrage-mitgliedschaft-zustimmung
135 Konstantin Nowotny: Höcke-Rede im Wortlaut: »Gdemützutand eines total besiegten Volkes«, *Der Tagesspiegel*, 19.1.2017, www.tagesspiegel.de/politik/hoecke-rede-im-wortlaut-gemuetszustand-eines-total-besiegten-volkes/19273518.html
136 *Programm für Deutschland*. Das Grundsatzprogramm der Alternative für Deutschland, 2016, S. 48.
137 Tatsächlich kann man sich fragen, warum die Bundesrepublik kein »Geburtsdatum« hat (z.B. den 23. Mai, Tag des Grundgesetztes), oder warum der 8. Mai bei uns kein Gedenktag ist. Ich verweise hier auf meine diesbezüglichen Analysen zu unserer Erinnerungskultur in: Wolfgang Geiger: »Zwischen Schuld und Scham, Urtel und Vorurtteil. Kollektive Erinnerung (nicht nur) in der pädagogischen Realität«, in: Gesellschaften für christlich-jüdische Zusammenarbeit – Deutscher Koordinierungsrat

e.V.: *Sachor (Gedenke) – Der Zukunft ein Gedächtnis*, Themenheft 2013, S. 39-45, hier insbes. S. 41. Aufgenommen in: Wolfgang Geiger: *Zwischen Urteil und Vorurteil. Jüdische und deutsche Geschichte in der kollektiven Erinnerung*, Frankfurt am Main (Humanities Online), 2012, S. 11-32.

138 Roland Muschel: »Südwest-AfD auf Höckes Spuren: Partei stellt Erinnerungskultur in Frage«, Südwest Presse, 20.1.2017, www.swp.de/ulm/nachrichten/suedwestumschau/suedwest-afd-auf-hoeckes-spuren_-partei-stellt-erinnerungskultur-in-frage-14330670.html

139 Marc Brost / Fabian Klask / Mariam Lau / Mark Schieritz / Stefan Schirmer: »Wo laufen sie denn? Das große Rennen um die Bundestagswahl hat begonnen«, *Die Zeit*, 18.5.2017, www.zeit.de/2017/21/bundestagswahl-spd-angela-merkel-cdu-nrw-wahl

140 Peter Huber: *Föderalismusreform I – Versuch einer Bewertung*, 2009, http://epub.ub.uni-muenchen.de/13870/1/foederalismus.pdf

141 Interview im TV der *Deutschen Welle*, 10.12.2014, www.dw.de/gauland-pegida-protest-nicht-rechtsextrem/av-18122006

142 »CSU in Passau auf pro-russischem und Anti-Brüssel-Kurs«, *Die Welt*, 5.3.2014, www.welt.de/newsticker/dpa_nt/infoline_nt/brennpunkte_nt/article125443267/CSU-in-Passau-auf-pro-russischem-und-Anti-Bruessel-Kurs.html

143 Daniel Bax: »Die etablierte Protestpartei« *taz*, taz-Dossier »Das rechte Deutschland«, 29.9.2015.

144 Zit. nach den *Tagesthemen* am 1.9.2015.

145 Cf. »Rechter Terror [...]. Eine Chronik. Willkommen in Deutschland«, *taz*, 31.7.2015, S.2-3.

146 Cf. »Die Moschee nebenan: ›ZDF zoom‹ über ›Vorurteile und Realität‹«, *ZDF Presseportal*, www.presseportal.de/pm/7840/3463749

147 Erklärungen der Bundesregierung auf je eine kleine Anfrage der Linken und der Grünen, cf. »Bericht: 462 per Haftbefehl gesuchte Rechtsextremisten auf freiem Fuß«, *Welt N24*, 4.6.2017, https://www.welt.de/newsticker/news1/article165230748/Bericht-462-per-Haftbefehl-gesuchte-Rechtsextremisten-auf-freiem-Fuss.html; »Deutschland sucht 351 Islamisten mit Haftbefehl«, *Welt N24*, 8.6.2017, https://www.welt.de/politik/deutschland/article165339245/Deutschland-sucht-351-Islamisten-mit-Haftbefehl.html

148 Florian Hartleb: »Extremismus in Österreich«, in: Eckhard Jesse/Tom Thieme (Hrsg.): *Extremismus in den EU-Staaten*, Wiesbaden (VS), 2011, S. 267f., 272.

149 Cf. *Wikipedia*: >Andreas Mölzer

150 Cf. Hartleb, op. cit., S. 272f., 278.

151 Detaillierter in: Hartleb, op. cit., S. 268-270.

152 Wolfgang Zwander: »Islam im Visier. Ein Netzwerk aus irritierten Bürgern und rechten Hetzern macht gegen Muslime mobil. Mit dabei: Die FPÖ«, *Die Zeit*, N°11, 2011, 10.3.2011, www.zeit.de/2011/11/A-An-

ti-Islamismus; vgl. auch www.heimatohnehass.at/2014/03/sos-osterreich-bzw-sos-heimat-internet.html

153 Farid Hafez in: *Islamophobie*, Interview mit Farid Hafez und Thomas Schmiedinger, Universität Wien, http://homepage.univie.ac.at/thomas.schmidinger/php/interviews/interview_islamophobie.pdf. Ebenso Hartleb, op. cit., S. 272.

154 *Wikipedia*: Freiheitliche Partei Österreichs; Daniel Steinlechner: »Hetze in Wort und Bild. Neuer Einblick in die Aktivitäten der geheimen Facebookgruppen mit FPÖ-Bezug«, *News*, 3.9.2012, www.news.at/a/fpoe-facebook-hetze-in-wort-und-bild

155 Hartleb, op. cit., S. 266.

156 *Echo* Nr. 1, 2011, www.conwutatio.at/images/downloads/Echo12011.pdf

157 Meret Baumann: »Die andere grosse Koalition«, *NZZ*, 28.5.2015, www.nzz.ch/international/die-andere-grosse-koalition-1.18550745

158 www.teamstronach.at/themen/schwerpunkte

159 www.teamstronach.at/?file=files/team-stronach/content/downloads/grundsatzprogramm/Parteiprogramm.pdf

160 FPÖ-Parteiprogramm 2011 »Österreich zuerst«, www.fpoe.at/dafuer-stehen-wir/partei-programm/

161 FPÖ, Handbuch freiheitlicher Politik, ^{4}2013, S. 37. www.fpoe.at/dafuer-stehen-wir/handbuch-f-politik/

162 Gerfried Sperl: »Forderungskatalog: Sebastian Kurz' Versuch einer Machtergreifung«, *Der Standard*, 13.5.2017, http://derstandard.at/2000057527122/Versuch-einer-Machtergreifung; Ralf Leonhard: »Kurz wird Kleindiktator«, *taz*, 15.5.2017, www.taz.de/!5406340/

163 Cf. »FPÖ punktet bei beiden Wahlen mit Ausländer-Thema«, *Wiener Zeitung*, 31.5.2015, www.wienerzeitung.at/nachrichten/wahlen/landtagswahlen/burgenland/lw_burgenland_2015/754793_FPOe-punktet-bei-beiden-Wahlen-mit-Auslaender-Thema.html sowie »Wahl-Analyse: 40 Prozent der Männer unter 24 Jahren wählten FPÖ«, *Vienna Online*, 2.6.2015, www.vienna.at/wahl-analyse-40-prozent-der-maenner-unter-24-jahren-waehlten-fpoe/4347417

164 Cf. Reinhard Göwell: »Links, rechts greift zu kurz«, *Wiener Zeitung*, 15.6.2015, www.wienerzeitung.at/meinungen/leitartikel/757763_Links-rechts-greift-zu-kurz.html

165 Cf. »Nach Landtagswahl: SPÖ und FPÖ wollen Koalition im Burgenland abschließen«, *Der Standard*, 3.6.2015, http://derstandard.at/2000016923614/Burgenland-nach-der-Wahl-SPOe-und-FPOe-rufen-Pressekonferenz-ein, Michael Völker: »Eine Katastrophe für die SPÖ«, *Der Standard*, 3.6.2015, http://derstandard.at/2000016927209/Eine-Katastrophe-fuer-die-SPOe

166 Cf. *Wikipedia*: >Dansk Folkeparti

167 Cf. Lena Schnabl: Von Deutschland bis Russland – So tickt Europas neue Rechte, *Focus Online*, 15.10.2013, www.focus.de/politik/ausland/tid-34124/holocaust-leugner-und-euro-hasser-von-deutschland-bis-russ-

land-so-tickt-europas-neue-rechte_aid_1130168.html, Seite 5: Angst vor Ausländern: Die Dänische Volkspartei

168 www.danskfolkeparti.dk/Dansk_Folkeparti_–_Die_Dänische_Volkspartei_Grundsatzprogramm_Oktober_2002

169 »Dänische Partei schockiert mit Burka-Anzeige«, *Die Welt*, 8.5.2008, www.welt.de/politik/article1978566/Daenische-Partei-schockiert-mit-Burka-Anzeige.html

170 Ruben Karschnick: »Der Pöbel-Wahlkampf«, *Zeit Online,* 17.6.2015, www.zeit.de/politik/ausland/2015-06/daenemark-wahlkampf-populismus

171 Cf. Cyril Coulet: »Les droites extrêmes et populistes dans les pays nordiques«, in: Giblin, *L'extrême droite en Europe*, op. cit., S. 94.

172 Peter Hervik: *The Annoying Difference. The Emergence of Danish Neonationalism, Neoracism, and Populims in the Post-1989 World*, New York/Oxford (Berghahn), 2011, S. 57.

173 Abgeordneter der Fortschrittspartei sowie 1999-2001 in der abgespaltenen Fraktion *Freiheit 2000*.

174 Alles zit. nach Hervik, op cit., S. 6.

175 Hervik, op. cit., S. 109-111. Vgl. Thomas Schubert: »Extremismus in Dänemark«, in: Jesse/Thieme, op. cit., S. 73 ff.

176 Hervik, op. cit., S. 25, S. 63.

177 Cf. *Wikipedia*: >Jesper Langballe

178 Cf. Hervik, op. cit., S. 134 f., 143 f.

179 Cf. Claudia Knauer: *Dänemark: Ein Länderporträt*, Berlin (Chr. Links), 2015, S. 72 f.; Peter Hervik: *The Danish Muhammad Cartoon Conflict*, Current Themes in IMER Research, N°13, Malmö University, 2012, S. 27 f., https://www.mah.se/upload/Forskningscentrum/MIM/CT/CT%20 13.pdf.

180 Hervik, op. cit., S. 30.

181 Gwlady Fouché: »Danish paper rejected Jesus cartoons«, *The Guardian*, 6.2.2006, www.theguardian.com/media/2006/feb/06/pressandpublishing.politics

182 Coulet, op. cit., S. 92.

183 Sune Lægaard: »Danish Anti-muliticulturalism? The Significance of the Political Framing of Diversity«, in: Peter Kivisto/Östen Wahlbeck (Hrsg.): *Debating Multiculturalism in the Nordic Welfare States*, Houndmills (Basingstoke, Hamshire)(Palgrave/Macmillan), 2013, S. 178.

184 Die Begrifflichkeit »Rassismus«, »rassistisch«, obwohl im allgemeinen Sprachgebrauch, nimmt im Widerspruch zu sich selbst den Rassenbegriff als solchen auf; Xenophobie oder Fremdenfeindlichkeit trifft das Thema, um das es hier geht, in der Sache besser.

185 Cf. Hugo Stokke: »Nordic Multiculturalism: Commonalities and Differences«, in: Kivisto/Wahlbeck, op. cit., S. 81, 88.

186 Cf. Lægaard, op. cit., S. 177 f.

187 Cf. OECD: »Migration und Arbeitslosigkeit«, in: *Die OECD in Zahlen*

und Fakten 2011-2012: Wirtschaft, Umwelt, Gesellschaft, OECD Publishing, 2012, S. 47, http://dx.doi.org/10.1787/9789264125469-16-de

188 Lægaard, op. cit., S. 189 ff.

189 »Dänemark driftet nach rechts«, *Arte Info*, 18.6.2015, http://info.arte.tv/de/wahlen-daenemark

190 Cf. Sebastian Balzter: »Der dänische Sonderweg«, *F.A.Z*, 3.12.20154, www.faz.net/aktuell/politik/ausland/europa/volksabstimmung-ueber-europa-der-daenische-sonderweg-13945070.html?printPagedArticle=true#pageIndex_2

191 »Neue Regierung in Dänemark. Rasmussen will strengere Asylregeln einführen«, *Focus Online*, 28.6.2015, www.focus.de/politik/ausland/regierung-daenemarks-neuer-ministerpraesident-stellt-liberales-kabinett-vor_id_4780823.html

192 Jan Freitag/Tom Thieme: »Extremismus in Schweden«, in: Jesse/Thieme, op. cit., S. 329.

193 Vgl. *Zeit Online*, 15.9.2014, www.zeit.de/politik/ausland/2014-09/schweden-schwedendemokraten-stieg-larsson-wahl

194 Cf. *Radio Schweden P6* – Nachrichten auf Deutsch: »Bürgerliche Wähler für Zusammenarbeit mit Schwedendemokraten«, 5.5.2015, http://sverigesradio.se/sida/artikel.aspx?programid=2108&artikel=6158125; *Dagens Nyheter*: »Väljarstödet för att isolera SD luckras upp«, www.dn.se/nyheter/politik/valjarstodet-for-att-isolera-sd-luckras-upp/

195 »Schwedendemokraten legen weiter zu«, *Radio Schweden*, 18.6.2015, http://sverigesradio.se/sida/artikel.aspx?programid=2108&artikel=6193178

196 cf. Victoria Reith: »Schwedendemokraten: Anti-Asyl als politisches Konzept«, Deutschlandfunk, 22.2.16, www.deutschlandfunk.de/schwedendemokraten-anti-asyl-als-politisches-konzept.795.de.html?dram:article_id=346339

197 Rudolf Hermann: »Schwedens Oppositionsführerin spielt Vabanque«, *Neue Zürcher Zeitung*, 26.1.2017, https://www.nzz.ch/international/oeffnung-hin-zu-den-geaechteten-schwedendemokraten-schwedens-oppositionsfuehrerin-spielt-vabanque-ld.141870

198 Vgl. Freitag/Thieme, op. cit., S. 335.

199 Cf. Werner T. Bauer: »Willkommen in der Normalität? Anmerkungen zum Wahlerfolg der rechten Schwedendemokraten«, *Friedrich Ebert Stiftung, Internationale Politikanalyse*, Oktober 2010, S. 4., http://library.fes.de/pdf-files/id/ipa/07502.pdf.

200 Freitag/Thieme, S. 335 f.

201 »Wahlwerbung: Schwedendemokraten provozieren mit Burka-Spot«, *Focus Online*, 1.9.2010, www.focus.de/politik/videos/wahlwerbung-schwedendemokraten-provozieren-mit-burka-spot_vid_19657.html; Hannes Gamillscheg: »Die Dänen wollen Wahlbeobachter nach Schweden schicken: Unterstützung für den Nachbarn«, Berliner Zeitung, 1.9.2010, www.berliner-zeitung.de/archiv/die-daenen-wollen-wahlbeob-

achter-nach-schweden-schicken-unterstuetzung-fuer-die-rechten-nachbarn,10810590,10739802.html; *Wikipedia*: >Michael Aastrup Jensen

202 Cf. Olivier Truc: »L'extrême-droite suédoise se déchire«, *Le Monde*, 14.4.2015, www.lemonde.fr/europe/article/2015/04/14/l-extreme-droite-suedoise-se-dechire_4615533_3214.html (Volltext nur für Abonnenten).

203 »Junge Schwedendemokraten ausgeschlossen«, *Radio Schweden*, 27.4.2015, http://sverigesradio.se/sida/artikel.aspx?programid=2108&artikel=6151961

204 Cf. Olivier Truc: »Les subtils équilibres de l'extrême-droite suédoise«, *Le Monde*, 8.9.2014, www.lemonde.fr/europe/article/2014/09/08/les-subtils-equilibres-de-l-extreme-droite-suedoise_4483510_3214.html

205 Cf. Coulet, op. cit., S. 88.

206 Freitag/Thieme, op. cit., S. 335.

207 Cf. Bauer, op. cit., S. 3 f.

208 Cf. Freitag/Thieme, op. cit., S. 340.

209 Die Korrektur der Mandate erfolgt aufgrund eines Systems von Überhangmandaten nach dem D'Hondtschen Zählverfahren.

210 Cf. »›Wahre Finnen‹ im Aufwind«, *taz*, 17.4.2014, www.taz.de/!158191/

211 Cf. Kati Kuitto/Christoph Oberst: »Extremismus in Finnland«, in: Jesse/Thieme, op. cit., S. 116 f.; vgl. auch: *Entgrenzter Rechtsextremismus? Internationale Perspektiven und Gegenstrategien*, Tagung der Bundeszentrale für politische Bildung in München, 9.-10.2.2015, Julian Kelisch: Tagungsbericht Panel 5: Rechtsextremismus in Europa, *BpB*, www.bpb.de/veranstaltungen/dokumentation/200517/panel-5; Dan Koivulaakso: »Right wing radicalism in Finnland«, Positionspapier, 12.3.2015, www.bpb.de/veranstaltungen/dokumentation/202705/dan-koivulaakso-right-wing-radicalism-in-finland

212 Cf. Boris Pettonen: »Die Breivik-Rhetorik der ›wahren Finnen‹«, *Die Welt*, 26.2.2012, www.welt.de/politik/ausland/article13889240/Die-Breivik-Rhetorik-der-wahren-Finnen.html

213 Most of True Finn members racist, study finds, *The Truth about the True Finns*, 14.11.2011, http://truefinns.blogspot.de/, mit Bezug auf eine HS-Gallup-Umfrage, cf. *Helsingin Sanomat*, 12.11.2011, www.hs.fi/kotimaa/a1305549205315

214 http://uk.reuters.com/article/2012/06/13/uk-finland-finns-idUKBRE85C0ST20120613; *Wikipedia*: >Jussi Halla-aho

215 Urs Gehringer/Roger Köppel: »›Wie ein politischer Scharfschütze‹«, *Die Weltwoche*, 24.4.2015, www.weltwoche.ch/ausgaben/2013-28/wie-ein-politischer-scharfschuetze-die-weltwoche-ausgabe-282013.html

216 Cf. *The Truth about the True Finns*, siehe oben, mit Bezug auf eine Umfrage, publiziert in Iltalehti, 14.11.2011, www.iltalehti.fi/uutiset/2011111414748254_uu.shtml

217 David Arter: »The Breakthrough of Another West European Populist Radical Right Party? The Case of the True Finns«, in: *Government and*

Opposition – The International Journey of Comparative Politics, Vol. 45, N° 4, S. 495 f.

218 Cf. »Parlamentswahl in Finnland: Konservative Regierung abgewählt«, *F.A.Z.*, 19.54.2015, www.faz.net/aktuell/politik/ausland/europa/parlamentswahl-in-finnland-konservative-regierung-abgewaehlt-13547437.html

219 Detlef Jahn/Kati Kuitto/Christoph Oberst: »Das Parteisystem Finnlands« in: Oskar Niedermayer/Richard Stöss/Melanie Haas (Hrsg.): *Die Parteiensysteme Westeuropas*, Wiesbaden (VS), 2006, S. 152.

220 Loc. cit., S. 153 f.

221 *Botschaft von Finnland*, Berlin, »Drei Parteien und 14 Minister/innen in der neuen finnischen Regierung«, Nachrichten, 29.5.2015, www.finnland.de/public/default.aspx?contentid=327699&nodeid=37052&culture=-de-DE

222 Ulrike Bosse: »Finnland: Neue Regierung unter Beteiligung der Rechtspopulisten steht«, *Deutschlandfunk*, 28.5.2015, www.deutschlandfunk.de/finnland-neue-regierung-unter-beteiligung-der.795.de.html?dram:article_id=321047

223 Cf. Wolfram Kaiser/Pekka Visuri/Cecilia Malmström/Arve Hjelosetz/Ola Listhaug/Anders Todal Jenssen: »Die EU-Volksabstimmungen in Österreich, Finnland, Schweden und Norwegen: Verlauf, Ergebnisse, Motive und Folgen«, *Institut für Höhere Studien, Abt. Politikwissenschaft* 23, Wien 1995, S. 10, SSOAR Open Access Repository, www.ssoar.info/ssoar/handle/document/26708

224 Cf. Number of Estonians in Finland Has Nearly Doubled in Six Years, *news.err.ee – Estonian Public Broadcasting*, http://news.err.ee/v/society/c1c341be-ad69-4446-a729-b2f5f21b5a9a

225 Cf. Michael Lausberg: »Der ›Wahre Finnen-Rechtspopulismus‹«, *DISS-Journal* 23 (2012), S. 18-20, www.diss-duisburg.de/2012/09/der-wahre-finnen-rechtspopulismus/

226 HS: Tougher attitudes towards immigrants, *yle uutiset*, 21.9.2013, http://yle.fi/uutiset/hs_tougher_attitudes_towards_immigrants/6842841

227 Er setzt sich z.B. für die Rückkehr der im 2. Weltkrieg an die Sowjetunion verlorenen Gebiete Kareliens ein. Cf. Kuitto/Oberst, op. cit., S. 123.

228 Cf. Kuitto/Oberst, op. cit., S. 127; vgl. *Wikipedia*: http://en.wikipedia.org/wiki/Suomen_Sisu; Pettonen, loc. cit.

229 Cf. Östen Wahlbeck: »Multicultural Finnish Society and Minority Rights«, in: Peter Kivisto/Östen Wahlbeck (Hrsg.): *Debating Multiculturalism in the Nordic Welfare States*, Basingstoke (Palgrave Macmillan), 2013, S. 316.

230 Ann-Dorit Boy: »Gekommen, um zu bleiben«, *F.A.Z.*, 20.4.2015, www.faz.net/aktuell/politik/ausland/europa/die-finnen-koennten-in-finnland-mitregieren-13549019.html

231 Michelle Trimborn: »Rechtspopulisten in Finnland: An der Macht gescheitert«, *Spiegel Online*, 14.2.2016, www.spiegel.de/politik/ausland/

rechtspopulisten-in-finnland-warum-die-finnen-in-der-regierung-verlieren-a-1075873.html

232 Cf. Reinhard Wolff: »Kommunalwahlen in Finnland – Schlappe für Rechtspopulisten«, *taz*, 9.4.2017, www.taz.de/!5396254/

233 Reinhard Wolf: »Ein neuer Chef bei den Wahren Finnen – ›Der größte Rassist des Landes‹«, *taz*, 11.6.2017, www.taz.de/Ein-neuer-Chef-bei-den-Wahren-Finnen/!5416271/. Das Zitat stammt von Göran Djupsund, Professor für Staatswissenschaften an der Åbo Akademi Universität in Vaasa. – »Rechtspartei ›Wahre Finnen‹ spaltet sich«, *Der Standard*, 13.6.2017, http://derstandard.at/2000059218055/Rechtspartei-Wahre-Finnen-spaltet-sich

234 Cf. Michael Martens: »Arkadische Landschaft in der Abenddämmerung«, *F.A.Z.*, 6.7.2015, www.faz.net/aktuell/politik/ausland/europa/nach-dem-referendum-wie-steht-es-um-griechenland-13688518.html?printPagedArticle=true#pageIndex_2

235 Cf. »Griechenland erzielt erstmals wieder primären Haushaltsüberschuss«, *Zeit Online*, 23.4.2014, www.zeit.de/wirtschaft/2014-04/griechenland-schulden-neuverschuldung-ueberschuesse; *Auswärtiges Amt:* Griechenland, Wirtschaft, Stand März 2015, www.auswaertiges-amt.de/DE/Aussenpolitik/Laender/Laenderinfos/Griechenland/Wirtschaft_node.html

236 Philip Plickert: »Wie viel Schulden Griechenland schon erlassen wurden«, *F.A.Z.*, 26.1.2015, www.faz.net/aktuell/wirtschaft/eurokrise/griechenland/wie-viel-schulden-griechenland-schon-erlassen-wurden-ein-offener-und-ein-verdeckter-schuldenschnitt-13391476.html

237 *Eurostat*, Öffentlicher Schuldenstand, 11.8.2016, http://ec.europa.eu/eurostat/tgm/table.do?tab=table&plugin=1&language=de&pcode=tsdde410

238 Jennifer Rankin: »Eurozone tells Greece not to expect debt relief in near future«, *The Guardian*, 7.7.2015, www.theguardian.com/business/2015/jul/07/Eurozone-calls-on-athens-to-get-serious-over-greece-debt-crisis

239 Elmar Theveßen, Kommentar im *Heute Journal* vom 12.7.2015. www.zdf.de/ZDFmediathek/beitrag/video/2446344/Thevessen-Grexit-keine-Erniedrigung#/beitrag/video/2446344/Thevessen-Grexit-keine-Erniedrigung

240 Nach mehreren Berichten in den TV-Nachrichten auf verschiedenen Sendern.

241 Cf. Michael Martens: »Rentenreform in Griechenland: Ein verordnetes Erdbeben«, *F.A.Z.*, 7.5.2010, www.faz.net/aktuell/wirtschaft/eurokrise/rentenreform-in-griechenland-ein-verordnetes-erdbeben-1983366.html

242 Nach einer Sendung im Deutschlandfunk am 13.8., mit Interviews mit dem für die Steuerreform verantwortlichen Vize-Finansminister Alexiadis, vgl. auch Marie Charrel: »En Grèce, ›le système en place était un cocktail de fraude et de corruption‹«, *Le Monde*, 16.8.2015, Online-Archiv nur für Abonnenten.

243 Alexis Tsipras: »Es wählt nicht Schäuble, es wählen die Griechen. Rede von Alexis Tsipras, Vorsitzender von SYRIZA, zur Eröffnung des

Wahlkampfes in Griechenland«, *Die Linke*, 3.1.2015, www.die-linke.de/index.php?id=55&tx_ttnews[tt_news]=36116&tx_ttnews[backPid]=9&no_cache=1

244 Cf. »Tsipras wirft Troika ›fünf Jahre Plünderei‹ vor«, *SZ*, 15.6.2015, www.sueddeutsche.de/wirtschaft/schuldenkrise-eu-meldet-einlenken-griechenlands-1.2521287, »Varoufakis – ›Das Geld der Deutschen ist verloren‹«, *Die Welt*, 9.6.2015, www.welt.de/wirtschaft/article142206748/Varoufakis-Das-Geld-der-Deutschen-ist-verloren.html

245 Cf. »Hintergrund: EU-Hilfen für Griechenland seit 1981«, *Focus* 29.6.2011, www.focus.de/politik/deutschland/eu-hintergrund-eu-hilfen-fuer-griechenland-seit-1981_aid_641206.html; *Destatis* Griechenland, https://www.destatis.de/DE/ZahlenFakten/LaenderRegionen/Internationales/Land/Europa/Griechenland.html

246 Mit einem ausführlichen Ausschnitt gesendet auf *Phönix* am selben Tag in der Sendung »Der Tag«.

247 Varoufakis im Interview mit Irene Hernandez Verlasco: »Varufakis: ›Lo que hacen con Grecia tiene un nombre: terrorismo‹«, *El Mundo*, 4.7.2015, www.elmundo.es/economia/2015/07/04/5596f1b3ca47412d048b459e.html

248 U.a. Staatssekretär unter Finanzminister Lafontaine 1998-99, von 2000-2012 bei der UNCTAD, cf. *Wikipedia*: >Heiner Flassbeck; www.flassbeck.de/

249 Griechischer Ökonom und seit 2015 Abgeordneter von SYRIZA, forderte den Ausstieg aus dem Euro, cf. *Wikipedia*: >Costas Lapavitsas, sowie: Costas Lapavitsas: »To beat austerity, Greece must break free from the euro«, *The Guardian*, 2.3.2015, www.theguardian.com/commentisfree/2015/mar/02/austerity-greece-euro-currency-syriza

250 Heiner Flassbeck/Costas Lapavitsas: *Against the Troika. Crisis and Austerity in the Eurozone*. Foreword by Oskar Lafontaine, Preface by Paul Mason, Afterword by Alberto Garzón Espinosa, London/New York (Verso), 2015.

251 Heiner Flassbeck, Thomas Piketty, Jeffrey D. Sachs, Dani Rodnik, Simon Wren-Lewis: »Offener Brief von Ökonomen an Angela Merkel: ›Jetzt ist der Zeitpunkt, die gescheiterte Sparpolitk zu überdenken.‹« *Der TagesSpiegel Online,* 7.7.2015, www.tagesspiegel.de/politik/offener-brief-von-oekonomen-an-angela-merkel-jetzt-ist-der-zeitpunkt-die-gescheiterte-sparpolitik-zu-ueberdenken/12021886.html

252 Interview mit Thomas Piketty: »Deutschland hat nie bezahlt«, *Zeit Online,* 27.6.2015, www.zeit.de/2015/26/thomas-piketty-schulden-griechenland

253 Wörtlich ztiert von Christoph Herwartz: »Tsipras spielt mit seiner letzten Chance«, *n-tv*, 8.7.2015, www.n-tv.de/politik/Tsipras-spielt-mit-seiner-letzten-Chance-article15467746.html

254 »Die EZB verschärft die Lage«, Interview mit Heiner Flassbeck, *taz*, 8.7.2015, S. 3.

255 Die These dieser Strategie von Varoufakis bzw. SYRIZA aufgrund der Ankündigung in der Rede von 2013 wurde in der Sendung *Hart aber fair* von Plasberg am 29.6. zur Diskussion gestellt.

256 Cf. Christiane Schlözer: »Varoufakis' Geheimplan«, *SZ*, 26.7.2015, www.sueddeutsche.de/politik/grexit-planspiele-in-griechenland-varoufakis-geheimplan-1.2582646

257 Yanis Varoufakis: *The Global Minotaur – America, Europe and the Future of the Global Economy*, London (Zed Books), 2015.

258 »a sudden collapse of debt for each member state to below its Maastricht limit«, Yanis Varoufakis: »Angela Merkel has a red and a yellow button. One ends the crisis. Which does she push?« *The Guardian*, 6.7.2015, www.theguardian.com/commentisfree/2015/jul/06/yanis-varoufakis-angela-merkel-crisis-global-minotaur-capitalism-europe

259 Überschrift der *Linksjugend*, ohne Datum, Juli und August 2015, download am 30.8.2015, www.linksjugend-solid.de/

260 Sergej Markow in: Nesawisimaja Gaseta, 2.3.2000, nach: Margareta Mommsen: »Rußlands gelenkte Demokratie. Das Tandem Putin-Medwedjew«, in: *Stimmen der Zeit* 5/2009, S. 307-320, hier 307. Online auf www.con-spiration.de/texte/2009/mommsen.htm. Vgl. auch Margareta Mommsen/Angelika Nußberger: *Das System Putin: gelenkte Demokratie und politische Justiz in Russland*, München (Beck), 2007.

261 Zitiert im Rückblick in Walter Laqueur: *Putinismus. Wohin treibt Russland?* Berlin (Propyläen), 2015, S. 257. Das Originalzitat erschien in: Walter Laqueur: »Looking Back, Looking Forward: Conclusions«, in: Ders. (Hrsg.): *Soviet Union 2000: Reform or Revolution?* London (Tauris & Co), 1990, S. 180f.

262 Sergei Markov: »The Future of Managed Democracy«, in: *The Moscow Times*, 27.1.2004, www.themoscowtimes.com/news/article/tmt/

263 Wladimir Kaminer: »Ach, mein Russland, was ist aus dir geworden?« in: *Die Welt*, 5.3.2014, www.m.welt.de/debatte/kommentare/article125467531

264 Cf. Keno Verseck/Claus Hecking: »Eingeschränkte Medienfreiheit: Was wurde eigentlich aus Ungarns Mediengesetz?« *Der Spiegel* 18.10.2014, www.spiegel.de/politik/ausland/ungarn-was-aus-dem-mediengesetz-von-victor-orban-wurde-a-996340.html

265 Cf. Human Rights Watch: »Ungarn: Verfrassungsänderungen unzureichend«, www.hrw.org/de/news/2013/09/18/ungarn-verfassungsaenderungen-unzureichend

266 Cf. Jacques Rupnik: »La crise de la démocratie en Europe centrale et orientale«, in: Dominique Reynié (Hrsg.): *L'opinion européenne en 2014*, Paris (Lignes de Repères/fandapol), S. 16.

267 Cf. Elisabeth Katalin Grabow: »Wahl neuer Verfassungsrichter geriet zur Farce«, *Budapester Zeitung*, 25.9.2014, www.budapester.hu/2014/09/25/wahl-neuer-verfassungsrichter-geriet-zur-farce/

268 Cf. »Regierung Orban schwächt Budgetrecht des Parlaments«,

Deutsche Welle, 21.3.2016, www.dw.com/de/regierung-orban-schw%C3%A4cht-budgetrecht-des-parlaments/a-19152600

269 Zoltan Simon: »Orban Says He Seeks to End Liberal Democracy in Hungary«, *Bloomberg*, 28.7.2014, www.bloomberg.com/news/2014-07-28/orban-says-he-seeks-to-end-liberal-democracy-in-hungary.html, vgl. auch Bernhard Schinwald: »Auf dem rechten Ohr taub«, *The European*, 2.8.2014, www.theeuropean.de/bernhard-schinwald/8799-das-wahre-gesicht-von-viktor-orban;

270 »Orbáns ›illiberale Demokratie‹ im Spiegel der Wochenzeitungen«, *Buda*post – *eine ungarisches Presseschau*, 4.8.2014, www.budapost.de/2014/08/orbans-illiberale-demokratie-im-spiegel-der-wochenzeitungen/

271 Cf. »Deutsche Unionspolitiker verteidigen Orbán«, *EurActiv*, 5.1.2011, www.euractiv.de/europa-2020-und-reformen/artikel/deutsche-unionspolitiker-verteidigen-orban-004167

272 https://www.cducsu.de/presse/pressemitteilungen/wir-gratulieren-dem-ungarischen-ministerpraesidenten-viktor-orban-zur

273 Grundgesetz Ungarns vom 25.4.2011, www.verfassungen.eu/hu/

274 Cf. Roland Ardowitzer/Ernst Gelegs: *Schöne Grüße aus dem Orbán-Land. Die rechte Revolution in Ungarn*, Wien u.a.o. (Styria/ORF), 2013, S. 208.

275 Cf. Bernhard Schinwald: »Seitenwechsel – Der ungarische Premier Viktor Orbán beschließt, im Ukraine-Konflikt künftig gegen die EU zu arbeiten. Doch weder Brüssel noch die Mitgliedstaaten reagieren darauf«, *The European*, 7.5.2014, www.theeuropean.de/bernhard-schinwald/8475-viktor-orban-und-die-ukraine

276 »Andras Schiff zur Lage in Ungarn«, *BR Klassik*, 8.9.2015, *ARD Mediathek*, www.ardmediathek.de/radio/Klassik-aktuell-BR-KLASSIK/Andras-Schiff-zur-Lage-in-Ungarn-08-09/BR-KLASSIK/Audio-Podcast?documentId=30466638&bcastId=5932428

277 Cf. *Eurostat*: Reales BIP pro Kopf; Bruttoverschuldung; Pressemitteilung Euroindikatoren 36/2015, 2.3.2015, http://ec.europa.eu/eurostat

278 »Macron attackiert Deutschland wegen Handelsüberschüssen«, *Die Zeit*, 17.4.2017, www.zeit.de/wirtschaft/2017-04/frankreich-emmanuel-macron-deutschland-exporte-kritik-handelsueberschuss

279 Macron, *Programme*, S. 3.

280 »Fremde und Allzufremde«, *F.A.Z.*, 2.12.1982, zitiert nach: Frank-Olaf Radtke: »Fremde und Allzufremde – Prozesse der Ethnisierung gesellschaftlicher Konflikte«, *Friedrich Ebert Stiftung – Digitale Bibliothek*, März 2000, S. 10 der Druckfassung, www.fes.de/fulltext/asfo/00683001.htm

281 Cf. Europäische Kommission: *Reflexionspapier zur Vertiefung der Wirtschafts- und Währungsunion*, 31 Mai 2017, https://ec.europa.eu/commission/publications/reflection-paper-deepening-economic-and-monetary-union_de

282 Cas Mudde: »The 2012 Stein Rokkan Lecture – Three decades of po-

pulist radical right parties in Western Europe: So what?«, in: *European Journal of Political Research* 52, 1/2013, S. 1-19.

283 Cas Mudde: »The Populist Zeitgeist«, in: *Government and Opposition* 34, 4/2004, S. 542.

284 Cf. Joschka Fischer: Vom Staatenverbund zur Föderation – Gedanken über die Finalität der europäischen Integration (›Humboldt-Rede‹, 12. Mai 2000)«, *Themenportal Europäische Geschichte*, 2006, www.europa.clio-online.de/site/lang__de/ItemID__17/mid__11373/40208215/default.aspx

285 Cf. Joschka Fischer: *Scheitert Europa?* Köln (KiWi), 2014, S. 137ff.

286 Heinrich August Winkler: »Integration oder Erosion. Joschka Fischers ›Humboldt-Rede‹: Absicht und Wirkung«, *Themenportal Europäische Geschichte*, 2008 (verfasst 2004), www.europa.clio-online.de/site/lang__de/ItemID__155/mid__11428/40208214/default.aspx

287 Jakob von Weizsäcker et. al: »Mobil, gerecht, einig. Die Glienicker Gruppe – elf deutsche Ökonomen, Politologen und Juristen – entwerfen ein neues Europa«, *Die Zeit* N° 43, 25.10.2013, www.zeit.de/2013/43/glienicker-gruppe-europaeische-union/komplettansicht

288 Thomas Piketty et al.: »Our Manifesto to Europe«, *The Guardian*, 2.5.2014, www.theguardian.com/commentisfree/2014/may/02/manifes-to-europe-radical-financial-democratic

289 Bootle, *Leaving the Euro,* op. cit.

290 Loc. cit., S. 8, 30.

291 Bernd Ulrich: »Kunstwerk des Jahrhunderts«, *Zeit Online,* 9.7.2015, www.zeit.de/2015/28/europa-griechenland-grexit

292 Thomas Assheuer: »Vom Euro erschlagen«, *Die Zeit*, Nr. 22, 14.6.2015; der Artikel erschien erst später auf *Zeit Online*: www.zeit.de/2015/22/griechenland-eurokrise-souveraenitaet/komplettansicht

293 Matthias Krupa/Bernd Ulrich: »Kraftvoll und betrübt. Ob Ukraine oder Euro-Krise – die Europäische Union schreibt Geschichte, doch ausgerechnet in Brüssel merkt das niemand. Erkundenungen in der Hauptstadt der Zerknirschung«, *Die Zeit*, N°9/2015, 26.2.2015, www.zeit.de/2015/09/europaeische-union-bruessel/komplettansicht

294 Sahra Wagenknecht bei »Anne Will«, *ARD*, 1.7.2015, http://daserste.ndr.de/annewill/Tsipras-laesst-das-Volk-abstimmen-Provokation-oder-Chance-fuer-Europa-annewill4190.html

295 Thomas Darnstädt et al.: »Die Macht vom anderen Stern«, *Der Spiegel* Nr.23, 6.6.2005, S. 106, www.spiegel.de/spiegel/print/d-40630195.html

296 Ralf Beste et al.: »Europa im Jahr Null«, *Der Spiegel* Nr.23, 6.6.2005,, S. 94, www.spiegel.de/spiegel/print/d-40630193.html

Anmerkungen zu Kapitel 2: Phänomenologie der Krise

1 Karl Jaspers: *Die geistige Situation der Zeit* [1930], Berlin/New York (de Gruyter), 1979 [= nach der 5. Aufl. von 1932], S. 35f.

2 Titelstory von *Die Zeit* N°1, 30.12.2014. Online nur im Archiv für Abonnenten verfügbar.
3 »Un heureux vent de démocratie en Grèce«, 29.12.2014, www.frontnational.com/2014/12/un-heureux-vent-de-democratie-en-grece/
4 »Election présidentielle grecque: le totalitarisme européen montre son vrai visage!«, 17.12.2014, www.frontnational.com/2014/12/election-presidentielle-grecque-le-totalitarisme-europeen-montre-son-vrai-visage/
5 Presseerklärung von Marine Le Pen, »Crise grecque: point presse de Marine Le Pen«,13.7.2015, www.frontnational.com/videos/crise-grecque-point-presse-de-marine-le-pen/
6 Solche Äußerungen können nur nach dem rezipiert werden, was in den Medien an Einzeläußerungen auftaucht, Aussagen über die Ansichten der Demonstranten insgesamt sind natürlich unmöglich.
7 Sarah Leduc: »Européennes: qui sont les électeurs du Front national?« *France* 24, 28.11.2014, www.france24.com/fr/20140526-europeennes-front-national-electeurs-marine-le-pen/
8 Claire Guélaud/David Revault d'Allonnes/Philippe Ricard: »Déficits: les coulisses de l'accord Paris-Bruxelles«, *Le Monde*, 15.5.2013, www.lemonde.fr/economie/article/2013/05/15/deficits-les-coulisses-de-l-accord-paris-bruxelles_3230719_3234.html (Volltext nur für Abonennten).
9 Paul Valéry: *Regards sur le monde actuel* [1931], Paris (Gallimard), 1945, S. 32.
10 Benyahia-Kouider, *L'Allemagne payera*, Paris (Fayard), 2013, S. 242.
11 So nach glaubhaften Indiskretionen von Insidern, cf. Arnaud Leparmentier: *Ces Français, fossoyeurs de l'euro*, Paris (Plon), 2013, S. 153 f.
12 Cf. Alexsandre Boudet: »François Hollande candidat en 2017: quels arguments il pourrait utiliser si le chômage ne baissse pas vraiment«, *Le Huffington Post*, 28.7.2015, www.huffingtonpost.fr/2015/07/28/hollande-candidat-2017-arguments-utiliser-si-chomage-baisse-pas-vraiment_n_7887614.html
13 Cf. Jacques-Pierre Gougeon: *France-Allemagne: Une union menacée?* Paris (A. Colin), 2012, S. 114.
14 Cour des comptes: *Steuern, Abgaben und Sozialabgaben in Frankreich und Deutschland. Öffentlicher Themenbericht*, März 2011, S. 19. Download der deutschen Fassung sowie weiterer französischer Texte auf https://www.ccomptes.fr/Publications/Publications/Prelevements-fiscaux-et-sociaux-en-France-et-en-Allemagne
15 Loc. cit., S. 49, 62, 102.
16 Cf. https://fr.wikipedia.org/wiki/Travailler_plus_pour_gagner_plus
17 Gougeon, op. cit., S. 115, mit Zitat aus: *163 milliards de plus ... Analyse comparative de la dépense publique en France et en Allemagne*, Note de Benchmarking n°6, mai 2011, Institut Thomas Moore, Bruxelles/Paris, S. 5.
18 Cf. Leparmentier, op. cit., S. 148, 151, 155.
19 Nicolas Tenzer: *Quand la France disparaît du monde*, Paris (Grasset),

2008. – In verschiedenen Ausgaben taucht *le France* im Titel auf (also mit männlichem Artikel), offenbar ein unglaublicher Druckfehler.

20 Cf. *Wikipédia*: >Nicolas Tenzer

21 Philippe Huguen: »Sondage: 51% des Français favorables à l'appartenance à l'Union européenne«, *Le Parisien*, 8.5.2014, www.leparisien.fr (Suchmaschine: »Sondage: 51% des Français favorables«)

22 »Européennes: 56% des Français opposés à la disparition de l'euro«, Le Nouvel Observateur, 28.4.2014, http://tempsreel.nouvelobs.com/politique/elections-europeennes-2014/20140428.OBS5361/europeennes-56-des-francais-opposes-a-la-disparition-de-l-euro.html

23 Cf. das *Eurobarometer 2014* für Frankreich, www.europarl.europa.eu/aboutparliament/de/00191b53ff/Eurobarometer.html?tab=2013_3

24 Cf. Gougeon, op. cit., S. 10.

25 Vgl. die Übersicht bei Gougeon, op. cit., S. 44-50.

26 François Fillon: *Faire*, Paris (Albin Michel) 2015, S. 257, 260, 262.

27 François Fillon: *Mon projet pour la France,* S. 76f. https://www.fillon2017.fr/projet/ (20.4.2017)

28 Cf. *Wikipédia*: >Atlantico

29 Pascal Ordonneau: »Comment l'Allemagne a transformé l'Europe en un désert économique«, *Atlantico*, 3.3.2013, www.atlantico.fr/decryptage/comment-allemagne-transforme-europe-en-desert-economique-pascal-ordonneau-656300.html

30 *La Documentation française* ist der Verlag und Vertrieb der *Direction d'information légale et administrative*, eine administrative Einrichtung der Regierung, genauer: der Dienste des Premierministers.

31 Dieses Argument ist unklar, nachdem die Spekulation auf die Staatsanleihen durch die Intervention von EZB-Präsident Draghi wieder in sich zusammengefallen ist.

32 Christophe Blot/Odile Chagny/Sabine Le Bayon: *Faut-il suivre de modèle allemand?* Paris (La Documentation française), 2015, S. 16. (Collection »Doc en poche/Place au débat«).

33 Loc. cit., S. 144.

34 Zit. nach: »Lagarde: Deutschland muss Überschüsse investieren«, *F.A.Z.*, 18.4.2017, www.faz.net/aktuell/wirtschaft/wirtschaftspolitik/iwf-chefin-lagarde-deutschland-muss-ueberschuesse-investieren-14976232.html

35 Solveig Godeluck: »Le système de retraites reste loin de l'équilibre financier«, *Les Échos*, 8.6.2015, www.lesechos.fr/08/06/2015/lesechos.fr/021119900246_le-systeme-de-retraites-reste-loin-de-l-equilibre-financier.htm

36 Fillon, *Mon projet …*, op. cit., S. 9, 37. Vgl. Für 2015/16: La dette sociale de la France en quatre chiffres, *Le Figaro*, 13.1.2016, www.lefigaro.fr/social/2016/01/13/09010-20160113ARTFIG00214-la-dette-sociale-de-la-france-en-quatre-chiffres.php

37 Cf. Chiffres clés du PLF 2017, S. 10. http://proxy-pubminefi.diffusion.finances.gouv.fr/pub/document/18/21495.pdf

38 Matthieu Houser: *Les finances publiques aux concours*, Paris (La Documentation française), 2013, S. 7.
39 Loc. cit., S. 16-18, 20.
40 Cf. »Les dépenses de l'État«, *La Vie publique*, 12.6.2013, www.vie-publique.fr/decouverte-institutions/finances-publiques/ressources-depenses-etat/depenses/qu-est-ce-que-service-dette.html; dir dortige Angabe vn 14,19% des Haushalts wurde umgerechnet auf den Anteil am PIB über en Faktor 56,6%, den der Haushalt am PIB 2012 einnahm.
41 »La France est au bord de la faillite.« *France* 2, »20 heures«, 10.4.2012, aus der Zusammenfassung des Interviews in der Inathèque, Suchmöglichkeit über http://inatheque.ina.fr/Ina/ws/dltv/dlweb/general/MultiSearchNames9
42 Cf. Patrick Roger: »Les Français et les impôts: le grand désarroi«/»Sondage: les Français face aux impôts, *Le Monde*, 14.10.2013 und 15.10.2013.
43 Cf. www.arte.tv/guide/de/053441-000/durchgecheckt
44 Übersetzt aus dem Französischen, da mir der deutsche Text nicht vorlag. Alain Constant: »Les impôts, le prix de la démocratie?«, *Le Monde*, 23.9.2014, www.lemonde.fr/televisions-radio/article/2014/09/23/les-impots-le-prix-de-la-democratie_4492867_1655027.html
45 »Pour Montebourg et Pigasse, le gouvernement ›marche droit vers le désastre‹«, *Le Monde*, 7.6.2015, www.lemonde.fr/politique/article/2015/06/07/pour-montebourg-et-pigasse-le-gouvernement-marche-droit-vers-le-desastre_4649025_823448.html
46 Cf. Audrey Tonnellier / Marie Charrel: »Élection présidentielle 2017: les candidats face au fardeau de la dette publique«, *Le Monde*, 11.3.2017, www.lemonde.fr/economie/article/2017/03/11/les-candidats-face-au-fardeau-de-la-dette-publique_5092946_3234.html (Volltext nur für Abonnenten).
47 Cf. »Dette publique: les propositions des principaux candidats à la présidentielle«, Le Monde, 11.3.2017, www.lemonde.fr/economie/article/2017/03/11/dette-publique-les-propositions-des-principaux-candidats-a-la-presidentielle_5093045_3234.html (Volltext nur für Abonnenten).
48 Georg Blume: »›Eure Unfähigkeit zur Selbstkritik!‹ Kommt Europa wieder auf die Beine? Der französische Historiker, Anthropologe und ehemalige Präsidentenberater Emmanuel Todd widerspricht vehement: Deutschlands Hang zum rigiden Effizienzwahn erniedrigt den Rest des Kontinents«, *Die Zeit*, Nr. 22/2014, 24.5.2014, www.zeit.de/2014/22/emmanuel-todd-europa-europawahl/komplettansicht
49 Der verwendete französische Begriff *phagocyté* aus der Biologie (Phagocyten sind »Fresszellen«) drückt dies wesentlich drastischer und polemischer aus.
50 Régis Debray: »L'inquiétant oubli du monde«, *Le Monde*, 15.3.2012, www.lemonde.fr/idees/article/2012/03/15/l-inquietant-oubli-du-monde_1669676_3232.html

51 Zemmour, *Le suicide français*, op. cit., S. 332, 335.
52 Cf. Saul Bernard Cohen: *Geography and Politics in a World Divided*, New York (Random House), 1963, S. 79-83, bei Zemmour, S. 335.
53 Einige Hinweise für historisch Interessierte: Wolfgang Geiger: »Le débat intellectuel sur la culpabilité et le renouveau culturel en Allemagne occidentale (1945-1949)«, in: *Revue de littérture comparée*, n°2/1997 (avril-juin), »Écrire après les totalitarismes 1945-1995«, S. 139-150, online auf *Acdemia.edu*, http://independent.academia.edu/WolfgangGeiger; der Text wurde aufgenommen in: Ders., *L'image de la France dans l'Allemagne hitlérienne et pendant l'après-guerre immédiat*, Thèse de doctorat, Université de Nantes 1996 (als PDF-Ausgabe bei Humanities Online, Frankfurt am Main, 2000). – Eine wesentliche Inspiration dazu verdanke ich Dieter Torgau: *Tempelbau zu Bonn. Zur Verklärung der westdeutschen Geschichte*, Frankfurt am Main (Dipa), 1988.
54 Cf. Wolfgang Geiger: »La déclaration franco-allemande du 6 décembre 1938: un événement sous-estimé«, in: *Les Temps Modernes*, n°605, août-septembre-octobre 1999, pp. 240-267, online auf *Acdemia.edu*, http://independent.academia.edu/WolfgangGeiger
55 In Wirklichkeit ist der Thomas Mann 1952 oder 1953 zugeschriebene Satz »ein europäisches Deutschland statt ein deutsches Europa« älter, in der Variante »Für ein europäisches Deutschland, gegen ein deutsches Europa« war er das Motto der Exilzeitschrift *Deutsche Blätter* 1943-46, bei denen Thomas Mann mitarbeitete, cf. *Wikipedia*: Deutschsprachige Exilpresse (1933-1945); für einen »Patriotismus [...], der nicht ein deutsches Europa, sondern ein europäisches Deutschland zum Maßstab hat« plädierte Kohl am 2.10.1990, Helmut Kohl: »2. Oktober 1990. Die Erfüllung eines geschichtlichen Auftrages«, Beitrag für die F.A.Z., *Konrad-Adenauer-Stiftung*, http://helmut-kohl.kas.de/index.php?menu_sel=17&menu_sel2=&menu_sel3=&menu_sel4=&msg=1372
56 Bezeichnung für Frankreich aufgrund seiner hexagonalen geographischen Form.
57 Frieden von Tilsit, 1806/07, zwischen Frankreich und Russland, Höhepunkt der napoleonischen Macht.
58 Éric Zemmour, *Mélancolie française*, Paris (Fayard/Denoël), 2010, S. 171.
59 Aussage, die de Gaulle gegenüber Alain Peyrefitte gemacht haben soll, cf. loc. cit.
60 Leparmentier, op. cit., S. 241.
61 Cf. Georges-Henri Sautou. »1961: Le plan Fouchet«, in: *Espoir* N°87, 1992, www.charles-de-gaulle.org/pages/l-homme/dossiers-thematiques/de-gaulle-et-le-monde/de-gaulle-et-lrsquoeurope/analyses/1961-le-plan-fouchet.php
62 Cf. Roland Delcour: »De Gaulle und Europa. Was er vorfand und was davon übrigblieb«, *Die Zeit*, 22.1.1965, www.zeit.de/1965/04/de-gaulle-und-europa/komplettansicht
63 François-René de Chateaubriand (1768-1848), ein romantischer Schrift-

steller, Politiker und Diplomat, Gegner der Revolution und eigentlich auch der Aufklärung, war übrigens kein Anhänger Napoleons, der für ihn zu sehr Revolutionär blieb.

64 Anspielung darauf, dass zur Zeit der Französischen Revolution Frankreich das bevölkerungsreichste Land Europas war.

65 Zemmour, *Mélancolie*, op. cit., S. 5; Zitat aus: Yves Renouard: *Leçons sur l'unité et la civiliation françaises*, Bordeaux (Confluences), 2008.

66 Serge Berstein/Pierre Milza: *Histoire de l'Europe*, t. 4: *Nationmalismes et concert européen 1815-1919*, Paris (Hatier), 1992, S. 7.

67 Loc. cit., S. 23.

68 Julien Benda: *Discours à la nation europénne* [1932], Paris (Gallimard/folio), 1979, S. 26, 28. [Erstveröffentlichung 1933].

69 Cf. Johann Gottlieb Fichte: *Reden an die deutsche Nation*, Berlin 1808, Hamburg (Meiner), 1978.

70 Benda, *Discours* ..., S. 126.

71 Cf. Georges Valance: *France – Allemagne. Le retour de Bismarck*, Paris (Flammarion), 1990; Pierre Béhar: *Du Ier au IVe Reich. Permanence d'une nation, renaissance d'un État*, Paris (Desjonquères), 1990.

72 Cf. *Allemagne d'aujourd'hui*, N° 120, Avil-Juin 1992: »Quelle Allemagne pour quelle Europe?«; *Hérorote – Revue de géographie et de géopolitique*, N°68, 1er trimestre 1993: »La question allemande«; Françoise Nicolas/Hans Stark: *L'Allemagne. Une nouvelle hégémonie?* Paris (IFRI/ Dunod), 1992; Alain Minc: *La vengeance des nations*, Paris (Grasset & Fasquelle), 1990, ²1993 (Livre de poche).

73 Jérôme Vaillaint: »Quelle Allemagne pour quelle Europe?« [Editorial], in: *Allemagne d'aujourd'hui*, op. cit., S. 3.

74 Minc, op. cit., S. 103 f.

75 Daniel Vernet: *La renaissance allemande*, Paris (Flammarion), 1992, S. 211.

76 »›Die Dämomen kehren wieder‹. Der französische Philosoph Bernard-Henri Lévy über die französischen Intellektuellen und die Politik«, *Der Spiegel Online*, 14/1991, 1.4.1991, www.spiegel.de/spiegel/print/d-13487805.html

77 Alain Finkielkraut: *L'identité malheureuse*, Paris (Stock), 2013, S. 19.

78 Lire sa vie, 17.11.2013, www.liresavie.com/archives/2013/11/17/284501 75.html

79 Vgl. Walter Benjamin: *Paris, die Hauptstadt des XIX. Jahrhunderts*, zu Lebzeiten unvollendeter und unveröffentlichter Text, verfasst vor 1940, cf. in *Gesammelte Schriften*, herausgegeben von Rolf Tiedemann, Frankfurt am Main (Suhrkamp), 1982. – Johannes Willms: *Paris – Hauptstadt Europas 1800-1914*, München (Beck), 2000.

80 Alexis de Tocqueville: *De la Démocratie en Amérique*, t. 2, Paris (Pagnerre), 1848, S. 413.

81 Cf. Sylvain David/Pierre Popovic: »Présentation: il n'y a pas de fumée sans feu«, in: *Études françaises*, vol. 47, n°1, 2011, numéro spécial »Les exceptions françaises«, S. 5-14.

82 Thomas Legrand: »Le gaullisme, une ›certaine idée de la France‹ d'avant«, *Slate*, 15.6.2010, www.slate.fr/story/23039/le-gaullisme-une-certaine-idee-de-la-france-davant
83 »Grèce, terrorisme, 2017… Ce qu'il faut retenir de l'interview de Hollande«, *TF1 Archives*, 14.7.2015, http://lci.tf1.fr/politique/suivez-l-interview-de-francois-hollande-a-partir-de-13h15-8634799.html
84 Vgl. z.B. die Diskussion im Zusammenhang mit der Globalisierungsfrage, zusammengefasst in: Eddy Fougier: »Die Franzosen und die Globalisierung – eine neue ›exception française‹?«, Teil des Frankreich-Dossiers, *Bundeszentrale für politische Bildung*, 19.4.2013, www.bpb.de/internationales/europa/frankreich/153268/globalisierung
85 Yves Tinard: *L'exception française. Pourquoi?* Paris (Maxima), 2001, S. 13.
86 Fischer, *Scheitert Europa?* op. cit., S. 102.
87 M.S.: »L'exception française«, *The Economist*, 8.4.2015, www.economist.com/whichmba/lexception-fran-aise
88 Cf. Sylvain Allemand: »Un capitalisme à la française?« in: *Sciences humaines*, Hors-série N°46, sept.-nov. 2004: »L'exception française: mythe ou réalité?«, www.scienceshumaines.com/l-exception-francaise-mythe-ou-realite_fr_153.htm
89 Cf. Finkielkraut, op. cit., Kap. »Mixité française«, hier S. 38 ff.
90 Bruno Riondel: *Considérations inconvenantes sur l'École, l'Islam et l'Histoire en France, à l'heure de la mondialisation*, Paris (L'Artilleur), 2015. (Das Buch wird von Eds. du Toucan vertrieben.)
91 Loc. cit., S. 9.
92 Loc. cit., S. 9 f.
93 Cf. *Islam et citoyenneté* – sondage exclusif CSA/Le Monde des Religions, 29.10.2008, www.csa.eu/multimedia/data/sondages/data2008/opi20080730-islam-et-citoyennete.htm
94 Lamya Kaddor ist Lehrerin und Ausbilderin in NRW, cf. die Informationen auf ihrer Website, http://lamyakaddor.jimdo.com/
95 Johannes Twardella: *Der Koran in der Schule. Studien zum islamischen Religionsunterricht*, Frankfurt am Main (Humanities Online), 2012. Zu Behr, cf. die Website des Interdisziplinären Zentrums für islamische Religionslehre der Universität Erlangen-Nürnberg, www.izir.de/index.php?option=com_content&view=category&layout=blog&id=11&Itemid=20; Behr ist inzwischen Professor in Frankfurt.
96 Riondel, op. cit., S. 25.
97 Cf. Wolfgang Geiger: *Geschichte und Weltbild. Plädoyer für eine interkulturelle Hermeneutik*, Frankfurt am Main (Humanities Online), 2002; Ders., »Interkulturelle Geschichte und monokulturelles Weltbild«, in: *Handlung Kultur Interpretation*. Zeitschrift für Sozial- und Kulturwissenschaften, N°2/2005, S. 319-342.
98 *mondialiste, mondialisme* ist abgeleitet vom französischen Wort für Globalisierung, *mondialisation*, und ist eine Wortschöpfung aus der Rhetorik des Front National und der Neuen Rechten.

99 Riondel, op. cit., S. 365, 368.

100 Cf. Geiger, *Geschichte und Weltbild*, op. cit., S. 307-323 und, mit Fokus auf das Judentum, aber den »Antisemitismus« insgesamt betreffend: Wolfgang Geiger: »Nation, Volk und Judentum bei Ernest Renan und in der Analyse von Shlomo Sand«, in: *Francia* – Forschungen zur westeuropäischen Geschichte, Bd. 39. 2012, S.535-541, online www.perspectivia.net/publikationen/francia/francia-retro/39-2012/0535-0542

101 Cf. Pierre-André Taguieff: *La force du préjugé. Essai sur le racisme et ses doubles*, Paris (La Découverte), 1987.

102 Das sprachliche Kunstwerk ist schwer zu übersetzen, es gibt keine deutsche Ausgabe dieses Buches *L'élan vers le pire*, Paris (Gallimard), 1988; die Google-Übersetzung schlägt dafür *Dynamik zum Schlechteren* vor, was gar nicht so schlecht ist, allerdings ist die *Dynamik* ein objektives Faktum, während *élan* eine subjektive Anstrengung ausdrückt, da es das Wort auch im Deutschen gibt, also vielleicht: *Der Elan zum Schlechteren.*

103 Cf. www.elanverslepire.info/

104 Zemmour, *Suicide*, S. 322. Anspielung auf Claude Lévi-Strauss: *Race et histoire*, Paris (Gallimard), 1952, das der französische Soziologe für die UNESCO schrieb und den Kulturrelativismus begründete.

105 Cf. Julia Pascual: »Le maire de Chalon veut du jambon à la cantine«, *Le Monde, 14.8.2015*, Online-Archiv nur für Abonnenten.

106 Aurélie Collas: »Laïcité à l'école: du vivre-ensemble à l'exclusion«, *Le Monde*, 24.3.2015, www.lemonde.fr/religions/article/2015/03/24/laicite-a-l-ecole-du-vivre-ensemble-a-l-exclusion_4600133_1653130.html

107 Cf. BVG Beschluss vom 27.1.2015, www.bundesverfassungsgericht.de/SharedDocs/Entscheidungen/DE/2015/01/rs20150127_1bvr047110.html

108 Robert Schmidt: »Die Schwäche des Burka-Verbots», *Die Zeit*, 1.7.2014, www.zeit.de/politik/ausland/2014-07/burka-frankreich-urteil/komplettansicht

109 Aaron Rhodes: »Schleierfreiheit. Gegen Burkas hilft kein Verbot, sondern Liberalität«, *Die Zeit* N°31, 30.7.2015, *Zeit online* 15.8.2015, www.zeit.de/2015/31/burka-verbot-verschleierung-freiheit-grundrechte-menschenrechte/komplettansicht

110 »Burkaverbot in Deutschland?« http://wobo.de/news/burkaverbot-in-deutschland

111 Deutsche Islam-Konferenz, »Koranische Basis des Kopftuchs«, www.deutsche-islam-konferenz.de/DIK/DE/Magazin/SchwerpunktKopftuch/Koran/koran-node.html; *Der Koran*, übersetzt von Max Henning, Einleitung und Anmerkungen von Annemarie Schimmel, Stuttgart (Reclam), ^{2}1991.

112 Cf. »Loi n°11 696 du 28 Mars 1882, Article premier«, auf der Website von Daniel Calin, Philosophielehrer und Ausbilder i.R., IUFM Paris, http://dcalin.fr/auteur.html

113 Hugues Lagrange: *Le déni des cultures*, Paris (Seuil), 2010, S. 311.

114 Jean-Paul Lilienfeld (Regie), *La journée de la jupe*, 2009, *Heute trage ich*

Rock! mit Isabelle Adjani in der Hauptrolle, cf. www.arte.tv/de/jean-paul-lilienfeld-heute-trage-ich-rock/2459064,CmC=2458990.html

115 Cf. *Wikipédia*: Le Premier Sexe.

116 Éric Zemmour: *Le premier sexe*, Paris (Denoël), 2006; Präsentation auf www.denoel.fr/Catalogue/DENOEL/Indigne/Le-Premier-Sexe

117 Cf. Mohamed Sifaoui: *Éric Zemmour –Une supercherie française*, Paris (A. Colin), 2010. – Der Begriff *supercherie* ist hier schwer übersetzbar, eigentlich *Täuschung*, gemeint ist hier aber die Aktion eines Betrügers.

118 Cf. Klaus Theweleit: *Männerphantasien*, 2 Bde, Basel (Stroemfeld/Roter Stern), 1997f.

119 Zemmour, *Le premier sexe*, op. cit., S. 98f.

120 Cf. u.a. Iris Wigger: *Die ›Schwarze Schmach am Rhein‹. Rassistische Diskriminierung zwischen Geschlecht, Klasse, Nation und Rasse*, Münster (Westf. Dampfboot), 2007.

121 Cf. Edward Gibbon: *Verfall und Untergang des Römischen Reiches*, Frankfurt am Main (Eichborn), 2000. [Orig. 1776-1781].

122 Cf. Alessandro Barbero: *Barbari – immigrati, profughi, deportati nell'impero romano*, Rom/Bari (Laterza), 2006; frz. *Barbares: Immigrés, régugiés et déportés dans l'Empire romain*, Paris (Tallandier), 2009.

123 Pascal Bruckner: *Das Schluchzen des weißen Mannes. Europa und die Dritte Welt. Eine Polemik*, Berlin (Rotbuch), 1984. [Les sanglots de l'homme blanc, 1983]. Cf. auch Ders: »Fundamentalismus der Aufklärung oder Rassismus der Antirassisten?« *Perlentaucher*, 24.1.2007, https://www.perlentaucher.de/essay/fundamentalismus-der-aufklae-rung-oder-rassismus-der-antirassisten.html

124 Oikophobie: der Hass auf das eigene Haus, ein Begriff des britischen Philosophen Roger Scruton.

125 Lagrange, op. cit., S. 313.

126 Zit. nach Noël Mamère/Patrick Farbiaz: *Contre Zemmour. Réponse au* Suicide français, Paris (Les petits matins), 2015, S. 6.

127 Finkielkraut im Interview, zit. nach: Georg Blume: »Politisches Buch: ›Nationaler Zerfall‹«, *Die Zeit*, Nr. 50, 5.12.2013, www.zeit.de/2013/50/politisches-buch-alain-finkielkraut

128 Ein Übersetzungsfehler: Das Adjektiv hat hier im Französischen keine adjektivische Bedeutung.

129 »Mein Erzfeind, mein Nachbar«. Ein Streitgespräch von Georg Blume, *Die Zeit*, N°9/2014, 21.2.2014, www.zeit.de/2014/08/finkielkraut-beck-nation-einwanderung-identitaet

130 »›Lei allora che cosa suggerisce? Deportare cinque milioni di musulmani francesi? ‹ – ›Lo so, è irrealista, ma la storia è sorprendente. Chi avrebbe detto nel 1940 che un milione di pieds-noirs, vent'anni dopo, avrebbero lasciato l'Algeria per rientrare in Francia? O che dopo la guerra 5 o 6 milioni di tedeschi avrebbero lasciato l'Europa centro-orientale dove vivevano da secoli? ‹« Stefano Montefiori: »Il successo di Zemmour, l'arrabiatro anti-élite ›La Francia si è suicidata‹«, *Corriere della sera*,

30.10.2014, http://archiviostorico.corriere.it/2014/ottobre/30/successo_Zemmour_arrabbiato_anti_elite_co_0_20141030_57c58d32-6000-11e4-8dd4-2fb2f9df4f43.shtml

131 Cf. »Zemmour se lâche en Italie: déporter cinq millions de musulmans? Ça peut se voir!«, *Le Blog de Jean-Luc Mélenchon*, 15.12.2014, www.jean-luc-melenchon.fr/2014/12/15/zemmour-se-lache-en-italie-deporter-cinq-millions-de-musulmans-ca-peut-se-voir/

132 Vincent Tremolet de Villiers: »Stefan Montefiori: le mot déportation n'a pas été prononcé durant l'interview de Zemmour«, *Le Figaro*, 22.12.2014, www.lefigaro.fr/vox/societe/2014/12/16/31003-20141216ARTFIG00425-stefan-montefiori-eric-zemmour-n-a-pas-employe-le-mot-deportation.php

133 »Vidéo. Propos d'Éric Zemmour sur la ›déportation‹ des musulmans: il dénonce ›une manipulation fantastique‹«, *Le Huffington Post*, 18.12.,2014, www.huffingtonpost.fr/2014/12/18/eric-zemmour-deportation-musulmans-manipulation_n_6346056.html

134 »Zemmour, les médias et la déportation imaginaire«, www.ojim.fr/zemmour-les-medias-et-la-deportation-imaginaire/

135 Marie-Madeleine Courtial: »La polémique va renforcer le phénomène Éric Zemmour«, *La-Nouvelle-Gazette-Française*, http://la-nouvelle-gazette.fr/la-polemique-va-renforcer-le-phenomene-eric-zemmour/11558

136 Ausführliche biographische Angaben auf *OJIM Observatoire des journalistes et de l'information médiatique*, www.ojim.fr/portraits/eric-zemmour/

137 Sifaoui, op. cit., S. 7.

138 Mamère/Farbiaz, op. cit., S. 5.

139 Groupement de Recherche et d'études pour la civilisation europénne (Forschungs- und Studiengruppe zur europäischen Zivilisation), gibt unter anderem die Zeitschrift *Éléments* heraus, Website des GRECE: http://grece-fr.com/ – Über das GRECE cf. u.a. *Wikipédia*, Suche »GRECE Groupement«; zum club de l'Horloge cf. www.clubdelhorloge.fr/; dazu u.a. *Wikipédia*: >Club de l'Horloge.

140 Cf. Mathilde Straud: »Au Bloc identitaire, l'apologie de la ›remigration‹«, *Le Figaro* – Le scan politique, 16.11.2014, www.lefigaro.fr/politique/le-scan/coulisses/2014/11/16/25006-20141116ARTFIG00081-au-bloc-identitaire-l-apologie-de-la-remigration.php

141 Cf. »Régionales en Paca: Estrosi veut l'exclusion du FN de Marion Maréchal-Le Pen après son alliance avec le Bloc identitaire«, *Le Huffington Post*, 23.7.2015, www.huffingtonpost.fr/2015/07/23/estrosi-marion-marechal-le-pen-courrier-exclusion-bloc-identitaire_n_7854526.html?utm_hp_ref=elections-regionales-2015

142 Loup Besmond de Senenville et al.: »Pourquoi de Front national ne mobilise plus contre lui«, *La Croix*, 27.4.2017, www.la-croix.com/France/Politique/Pourquoi-Front-national-mobilise-plus-contre-2017-04-27-1200842796

143 Ich folge hier, wenn nicht anders angeben, Erwann Lecoeur: *Un néo-populisme à la française. Trente ans de Front national*, Paris (La Découverte), 2007; Philippe Cohen/Pierre Péan: *Le Pen – Une histoire française*, Paris (Laffont), 2012.

144 Vgl. https://www.youtube.com/watch?v=kY9EATQoHLE; dieser Dokumentarfilm, der nicht näher datiert ist, stammt aus dem »Archive Ordre Nouveau – Combat de demain«, also einer Gruppe, die sich affirmativ zum Inhalt positioniert.

145 In Wirklichkeit kein reines Verhältniswahlrecht; die Verhältniswahl galt auf der Ebene des Departements, aber mehrere Listen konnten sich zu einem Bündnis zusammenschließen.

146 Cf. Cohen/Péan, op. cit., S. 64-66.

147 »Pour Marine Le Pen, la torture est parfois ›utile‹ sur les questions de terrorisme«, *Europe1 Le Lab*, 10.12.2014, http://lelab.europe1.fr/Pour-Marine-Le-Pen-la-torture-est-parfois-utile-sur-les-questions-de-terrorisme-19346

148 Zit.nach Pierre-Henri Simon: »Situations exceptionelles«, *Le Monde*, 30.5.1957, Online-Archiv nur für Abonnenten.

149 »M. Le Pen demande l'institution de cours maritales pour lutter contre le terrorisme«, *Le Monde*, 22.6.1957, Online-Archiv nur für Abonnenten.

150 Cf. Cohen/Péan, op. cit., S. 86.

151 *Organisation de l'armée secrète*, Untergrundorganisation der antigaullistischen Offiziere in Algerien, die einen Putschversuch unternahmen.

152 Cf. Cohen/Péan, S. 118.; *Wikipédia*: >Société d'études et de relations publiques

153 *Serp Disques*, www.discogs.com/label/145767-Serp-Disques

154 Das GRECE beansprucht, die Neue Rechte zu vertreten, die es selbst als »Denkschule« bezeichnet, und gibt vor allem die Zeitschrit *Éléments* heraus (http://grece-fr.com). Cf. Stéphane François: »Au-delà des vents du Nord. L'Extrême-droite, le nordicisme et les Indo-Européens«, *Fragments sur le temps présent*, 25.4.2011, http://tempspresents.com/2011/04/25/stephane-francois-nordicisme/ – Es handelt sich um einen zusammenfassenden thematischen Auszug aus seiner Untersuchung *Au-delà des vents du Nord. L'extrême droite française, le pôle Nord et les Indo-Européens*, Lyon (Presses universitaires), 2014.

155 *Racialisme* bezeichnet im Französischen in kritischer Wertung die (Pseudo-)Wissenschaft von den Rassen und im Unterschied zum alltäglichen Rassismus als Vorurteil, Hass etc. Der Begriff ist an der einen oder anderen Stelle auch schon als Fremdwort ins Deutsche eingegangen.

156 Cf. Maurice Olender: *Race and Erudition*, Cambridge (MA) (Harvard Univ. Press), 2009, S. 59, sowie Stéphane François: »La Nouvelle Droite et les Indo-Européens. Une anthropologie d'extrême-droite«, in: *Terrain*, n°56, mars 2011, S. 136-151, http://terrain.revues.org/14232

157 Das Adjektiv *populaire* ist weder mit »populär« noch »volkstümlich«

richtig zu übersetzen, da es eigentlich ein linker Begriff ist und sich im sozialen Sinne auf das Volk bezieht.

158 Lecoeur, op. cit., S. 39, sowie cf. Ariane Chebel d'Appollonia: *L'extrême-droite en France. De Maurras à Le Pen*, Bruxelles (Eds. Complexe), 1988, S. 334.

159 »Antieuropäisch« heißt hier: gegen den Vertrag von Maastricht, jede weitere Integration und überhaupt gegen jeden Souveränitätsverlust für die Nationalstaaten.

160 Nils Minkmar: »Der Camembert-Faschismus«, *F.A.Z.*, 27.5.2014, www.faz.net/aktuell/feuilleton/debatten/marine-le-pens-front-national-12959590.html

161 Cf. CNCDH Comité nationale consultative des Droits de l'homme: *Dossier de presse Racisme, antisémitisme et xénophobie en France*, Rapport 2012, La Documentation française, mars 2013, S. 9, www.cncdh.fr/sites/default/files/dossier_de_presse_cncdh_racisme_2012.pdf

162 Cf. »Affaire de la profanation du cimetière juif de Carpentras«, *Wikipédia*: >Affaire de la profanation du cimetière juif de Carpentras

163 Wolfgang Geiger: »Carpentras. Davor und danach«, in: *Spuren* – Zeitschrift für Kunst und Gesellschaft, Nr. 34/35, Okt.-Dez. 1990, S. 9. Das Heft steht im Online-Archiv: www.hfbk-hamburg.de/archiv_der_spuren/index.php?/archiv/index/31

164 Cf. Lecoeur, op. cit., S. 15, 17.

165 Cf. Pascal Perrineau: »Le Front national: 1992-1992«, in: Michel Winock (Hrsg.): *Historie de l'extrême-droite en France*, Paris (Seuil), 1993, S. 266, 268 sowie Bernard Alidières, »Les temps du vote Front national et de ses représentations«, in: Béatrice Giblin (Hrsg.): *L'extrême droite en Europe*, Paris (La Découverte), 2014, S. 27, 28 ff.

166 »La ›compréhension‹ à l'égard des discours d'exclusion progresse«, *Le Monde*, 31.3.1992, online im Archiv nur für Abonnenten. – *discours d'exclusion* ist schwer zu übersetzen, das Fremdwort Exklusion kennen wir auch im Deutschen, es bezeichnet hier die Ablehnung und Abgrenzung von Anderen, *discours* ist nicht nur Rede, sondern auch Redelogik, Argumentation.

167 Wolfgang Geiger: »Overdose und Immunisierung. Über Verfolgungswahn und Modernisierungszwang in Frankreich«, in: *Spuren* – Zeitschrift für Kunst und Gesellschaft, Nr. 40, Sept. 1992, S. 55. Das Heft steht im Online-Archiv: www.hfbk-hamburg.de/archiv_der_spuren/index.php?/archiv/index/36

168 Geiger, Carpentras, op. cit., S. 10.

169 Assemblée Nationale, Seconde Session Ordinaire de 1989-1990, 31e Séance, Compte rendu intégral, 2e Séance du mercredi 2 mai 1990, S. 910, http://archives.assemblee-nationale.fr/9/cri/1989-1990-ordinaire1/031.pdf, S. 911.

170 Eigenbezeichnung der Nachkommen arabischer Einwanderer, die im

Land geboren sind und damals automatisch die französische Staatsbürgerschaft erhielten.

171 Langjähriger Präsident von *SOS Racisme* und später sozialistischer Politiker.

172 Perrineau, op. cit., S. 276f.

173 Cf. Christiane Chombeau: »M. Le Pen: ›Oui, je crois à l'inégalité des races‹«, *Le Monde*, 1.9.1996, Online-Archiv nur für Abonnenten; »Racisme. Jusqu'où ira Le Pen?« L'Express, 19.9.1996, www.lexpress.fr/informations/racisme-jusqu-ou-ira-le-pen_618310.html

174 Cf. »Au cours d'un colloque du Front national sur l'écologie M. Mégret dénonce ›le principe de la disparition des races humaines par métissage généralisé‹«, *Le Monde*, 5.11.1991, sowie: »L'extrême-droite face aux Verts. Le Front national tente d'apparaître comme le seul parti authentiquement écologique«, *Le Monde*, 2.11.1991, Online-Archiv nur für Abonnenten.

175 Vgl. z.B. die Seite »Écologie, sécurité alimentaire et industrielle, protection animale« auf der Website des FN, www.frontnational.com/le-projet-de-marine-le-pen/avenir-de-la-nation/ecologie-securite-alimentaire-et-industrielle-protection-animale/; dazu auch der Bericht im *Journal du Dimanche*: »Le FN se met à l'écologie bleu marine«, www.lejdd.fr/Politique/Marine-Le-Pen-se-met-a-l-ecologie-avec-un-nouveau-collectif-705832; vgl. dazu: Michel Soudais: »L'écologie selon Marine Le Pen«, *Politis*, 23.2.2012, www.politis.fr/L-ecologie-selon-Marine-Le-Pen,17297.html und Geoffroy Clavel: »Le FN invente ›L'écologie patriote‹: la préférence nationale lave plus vert que vert«, *Le Huffington Post*, 4.8.2015, www.huffingtonpost.fr/2014/12/07/fn-ecologie-patriote-preference-nationale-vert_n_6255314.html

176 »Présentation par M. Bruno Mégret, délégué général du Front National, dans ›Présent‹ du 9 mars 1992, de 51 propositions sociales [...]«, Zusammenfassung auf *La Vie Publique*, http://discours.vie-publique.fr/notices/923283800.html

177 Cf. Ralph Schor: »Parler des étrangers: Les mots du Front national«, in: *Cahiers de la Méditerrannée*, n°54, 1997, S. 131.

178 Zit. nach dem Faksimilé im Anhang bei Audrey Fontana: *Élaboration d'une théorie des représentations culturelles des identités politiques. L'exemple de la politique culturelle du Front national de 1986 à 1998*, Thèse de doctorat, Université de Lyon 2, 2009, S. 234, http://theses.univ-lyon2.fr/documents/lyon2/2009/fontana_a#p=0&a=top

179 »La préparation des élections législatives – Le Front national se donne pour priorité la lutte contre le ›mondialisme‹«, *Le Monde*, 14.2.1993, Online-Archiv nur für Abonnenten.

180 Perrineau, op. cit., S. 279.

181 Renaud Dély: *La vraie Marine Le Pen. Une bobo chez les fachos*, Paris (Plon) 2017, S. 79, vgl. S. 75 ff.

182 »Présidentielle: 51% du vote FN s'est reporté sur Nicolas Sarkozy«,

Le Monde, 6.5.2012, www.lemonde.fr/election-presidentielle-2012/article/2012/05/06/51-du-vote-fn-s-est-reporte-sur-nicolas-sarkozy_1696684_1471069.html

183 Louis Haushalter: »Départementales: le front républicain a-t-il foncitonné?« *Europe 1*, 30.3.2015, www.europe1.fr/politique/departementales-le-front-republicain-a-t-il-marche-2414329

184 Georg Blume: »Was lachen die so? Jeder vierte Wähler stimmte für Marine Le Pens Rechtsradikale. Die setzen sich jetzt sogar in der bürgerlichen Provence fest«, *Zeit Online,* 29.3.2015, www.zeit.de/2015/13/frankreich-front-nationale-populismus-rechtsradikale/komplettansicht

185 Helmuth Plessner: *Die verspätete Nation. Über die politische Verführbarkeit bürgerlichen Geistes*, Frankfurt am Main (Suhrkamp) 1974. Erstaufl. Stuttgart u.a.o. (Kohlhammer) 1959, S. 11. (Einführung 1959). Erweiterte Fassung des 1935 in Zürich erschienenen Buches *Das Schicksal deutschen Geistes im Ausgang seiner bürgerlichen Epoche.*

186 Dort heißt es genau: »J'y pense et puis j'oublie« (Ich denke daran und dann vergesse ich es). Text und Video mit Jacques Dutronc und seinem Lied auf www.paroles-musique.com/paroles-Jacques_Dutronc-Et_Mi_Et_Moi_Et_Moi-lyrics, p65403

187 Cf. Rosemarie K. Lester: *›Trivialneger‹. Das Bild des Schwarzen im westdeutschen Illustriertenroman*, Stuttgart (Akad. Verlag H.-D. Heinz), 1982. Die Autorin geht darin auch auf andere Quellen wie die Tagesberichterstattung, Karikaturen usw. ein.

188 Cf. Bundesausländerbeauftragte, »Einbürgerung in Deutschland«, www.bundesauslaenderbeauftragte.de/einbuergerung.html

189 Jean-François Fiorina: »Où va l'Allemagne? La démographie au coeur de la question géopolitique«, in: *CLES Comprendre Les Enjeux Stratégiques* – Note hebdomadaire d'analyse géopolitique de l'ESAC Grenoble, N°85, 8.11.2012, http://notes-geopolitiques.com/wp-content/uploads/2012/11/CLES85.pdf

190 Jürgen Leibold/Steffen Kühnel/Wilhelm Heitmeyer: »Abschottung von Muslimen durch generalisierte Islamkritik«, in: *Aus Politik und Zeitgeschichte* 1-2/2066, »Parallelgesellschaften«, S. 4, www.bpb.de/shop/zeitschriften/apuz/30001/parallelgesellschaften

191 *Bertelsmannstiftung*, 8.1.2015, Religionsmonitor – Sonderauswertung Islam 2015, S. 7, www.bertelsmann-stiftung.de/fileadmin/files/Projekte/51_Religionsmonitor/Zusammenfassung_der_Sonderauswertung.pdf

192 Die Zeitschrift für die Geschichte des CNRS (Centre National de Recherche Scientifique) hat 2008 ein Dossier über die Geschichte und Gegenwart der Geopolitik herausgegeben: *La Revue pour l'histoire du CNRS* 22/2008: »La géopolitique mode d'emploi«, http://histoire-cnrs.revues.org/8023; vgl. auch: Vincent Adoumié (Hrsg.): *Géopolitique du monde contemporain*, Paris (Hachette), 2014, v.a. S. 8-31.

193 Robert D. Kaplan: *The Revenge of Geography: What the Map Tells Us*

About Coming Conflicts and The Battle Agains Fate, New York (Random House), 2012, [2]2013, S. 30f.

194 Joschka Fischer: *Scheitert Europa?*, op. cit., S. 40.

195 Loc. cit., S. 36.

196 Gesine Schwan: »Pegida ist überall«, *Die Zeit*, N° 1/2015, 30.12.2015, www.zeit.de/2015/01/pegida-abstiegsangst-weimarer-republik

197 Cf. Plessner, *Die verspätete Nation*, op. cit.

198 Johannes Willms: *Nationalismus ohne Nation. Deutsche Geschichte 1789-1914*, Düsseldort (Claassen), 1983, Frankfurt am Main (Fischer TB), 1985.

199 Plessner, op. cit., S. 15.

200 Zuerst in Hans-Ulrich Wehler: *Das deutsche Kaiserreich 1871-1918*, Göttingen (V&R), 1973.

201 Thilo Sarrazin: *Deutschland schafft sich ab. Wie wir unser Land aufs Spiel setzen*, München (DVA), 2010, S. 316.

202 Loc. cit., S. 69, 74. 94, 108f.

203 Loc. cit., S. 431. Zitatnachweis bei Sarrazin: Charles Darwin: *Die Abstammung des Menschen*, Frankfurt am Main, 2000, S. 172. In der deutschen Ausgabe von 1871, S. 355.

204 Cf. Volker Zastrow: »Höckes Rassentheorie«, *F.A.Z.*, 20.12.2015, www.faz.net/aktuell/politik/inland/neue-rechte-hoeckes-rassentheorie-13975575.html; Friederike Haupt: »Björn Höcke – Ausbreiter und Platzhalter«, *F.A.Z.*, 22.12.2015, www.faz.net/aktuell/politik/inland/bjoern-hoecke-hat-die-afd-in-der-hand-13975594.html

205 Zit. nach Bednarz/Giesa: *Gefährliche Bürger*, S. 11.

206 Anlässlich des Besuches von Ministerpräsident Tillich, zu sehen auf *heute.de*, cf. www.heute.de/neue-ausschreitungen-vor-fluechtlingsheim-in-heidenau-in-sachsen-tillich-entsetzt-39817786.html

207 Zit. aus: Christina Hebel/Ferdinand Otto: »Proteste in Dresden: Pegidas Frontfrau«, *Der Spiegel Online*, 6.1.2015, www.spiegel.de/politik/deutschland/pegida-proteste-in-dresden-die-schoene-schweigsame-a-1011395.html

208 »Extremismus-Forscher: ›Pegida spricht aus, was die Leute denken‹«, *mdr Nachrichten*, 14.4.2015, www.mdr.de/nachrichten/pegida-interview-extremismusforscher100.html

209 »In deutschen Köpfen – Wie Ost und West seit der Einheit denken«, *Zeit Online*, Die ersten 25 Jahre, auf der Basis der Allgemeinen Bevölkerungsumfrage der Sozialwissenschaften (Allbus) von Gesis – Leibniz-Institut für Sozialwissenschaften, www.zeit.de/gesellschaft/deutschland-ost-west-umfragen.html

210 Cf. »Viele Menschen empfinden Pegida als Befreiung«, Interview mit Werner Patzelt, TU Dresden, *MDR Sachsen*, 16.1.2015, www.mdr.de/sachsen/patzelt-zu-pegida100.html

211 Hans Vorländer: *Wer geht warum zu PEGIDA-Demonstrationen? Präsentation der ersten empirischen Umfrage unter PEGIDA-Teilnehmern*,

TU Dresden – Zentrum für Verfassungs- und Demokratieforschung, www.spiegel.de/media/media-35641.pdf; vgl. auch Hans Vorländer/Maik Herold/Steven Schäller: *Wer geht zu PEGIDA und warum? Eine empirische Untersuchung von PEGIDA-Demonstranten in Dresden*, ZVD, Schriften zur Verfassungs- und Demokratieforschung 1/2015, https://tu-dresden.de/gsw/phil/powi/poltheo/ressourcen/dateien/news/vorlaender_herold_schaeller_pegida_studie?lang=de

212 Cf. Fabian Reinbold: »Studie über Pegida-Teilnehmer: In Dresden marschiert die Mittelschicht«, *Der Spiegel Online,* 14.1.2015, www.spiegel.de/politik/deutschland/pegida-studie-in-dresden-marschiert-die-mittelschicht-a-1012913.html

213 Schwan, loc. cit.

214 Terminologie der Auswertung, wie die Fragen tatsächlich formuliert waren, wird aus der Präsentation der Ergebnisse nicht deutlich.

215 »Pegida wird konkret: Das sind ihre 6 Forderungen an die Politik«, *Epoch Times*, 13.1.2015, www.epochtimes.de/Pegida-6-Forderungen-Das-sind-die-6-Forderungen-von-Lutz-Bachmann-auf-der-Pegida-Demo-Dresden-12012015-a1214131.html; Pressekonferenz vom 19.1., cf. http://m.mdr.de/sachsenspiegel/video246918.html

216 Fabian Reinbold: »Pegida-Organisator: Guter Bachmann, böser Bachmann«, *Der Spiegel Online,* 20.1.2015, www.spiegel.de/politik/deutschland/pegida-facebook-eintraege-von-lutz-bachmann-a-1013982.html

217 Sven Eichstädt: »Das Nazi-Vokabular der Pegida-Wutbürger«, *Die Welt*, 5.1.2015, www.welt.de/politik/deutschland/article136047773/Das-Nazi-Vokabular-der-Pegida-Wutbuerger.html. Cf. Video von der Rede Ulfkottes in Desden von *Will Medien* auf Youtube, https://www.youtube.com/watch?v=98A9aNFfEyI

218 Cf. die »Pegida: Die Interviews in voller Länge«, *Panorama*, 18.12.2014, Teil 1, http://daserste.ndr.de/panorama/archiv/2014/PEGIDA-ROH-2,panorama5344.html, Teil 2, https://daserste.ndr.de/panorama/archiv/2014/Pegida-Die-Interviews-in-voller-Laenge,panorama5340.html

219 Bednarz/Giesa, op. cit., v.a. Kap. V und VI.

220 Auf diesen Vergleich, auf den ich hätte selbst kommen können, nachdem ich das immer wieder im Unterricht behandelt habe, hat mich die Lektüre von Bednarz/Giesa, *Gefährliche Bürger*, op. cit., S. 12, gebracht.

221 »Estremismus-Forscher: ›Pegida spricht aus, was die Leute denken‹«, *mdr Nachrichten*, loc. cit.

222 Zit. nach: Frank Jansen/Lars Radau: »Geert Wildes in Dresden: Ein Heimspiel für den Islamfeind bei Pegida«, *Der TagesSpiegel Online,* 13.4.2015, www.tagesspiegel.de/politik/geert-wilders-in-dresden-ein-heimspiel-fuer-den-islamfeind-bei-pegida/11632112.html

223 Cf. Christina Hebel: »Dresdner OB-Kandidatin Festerling: Zu rechts für die AfD – für Pegida gerade recht«, *Spiegel Online,* 14.4.2015, www.spiegel.de/politik/deutschland/pegida-frau-tatjana-festerling-zu-rechts-fuer-die-afd-a-1028464.html

224 Cf. Bedarz/Giese, op. cit., Kap. 9.
225 »CDU-Abgeordnete spricht von ›Umvolkung‹«, *Zeit Online*, 24.9.2016, www.zeit.de/gesellschaft/zeitgeschehen/2016-09/cdu-bettina-kudla-nazi-sprech-umvolkung-twitter
226 »›Rechte Neigungen sind in der Polizei nicht so total selten‹. Thomas Kliche im Gespräch mit Christiane Kaess, Deutschlandfunk, 21.10.2016, www.deutschlandfunk.de/reichsbuerger-rechte-neigungen-sind-in-der-polizei-nicht.694.de.html?dram:article_id=369121
227 Cf. u.a. »AfD in Berlin und im Saarland – Immer Ärger mit dem Personal«, *Deutschlandfunk*, 22.9.2016, www.deutschlandfunk.de/afd-in-berlin-und-im-saarland-immer-aerger-mit-dem-personal.1818.de.html?dram:article_id=366551
228 Tilman Steffen / Lisa Caspari: »AfD im Ssarland: Die von ganz rechts außen«, *Die Zeit*, 24.3.2017, www.zeit.de/politik/deutschland/2017-03/afd-saarland-landtagswahl-wahlkampf-rechtsextremismus/komplettansicht
229 Cf. Monitor, ARD, 27.4.2017. www.daserste.de/information/politik-weltgeschehen/monitor/videosextern/monitor-vom-27-04-2017-100.html
230 Äußerung Kauders auf dem CDU-Parteitag in Leipzig am 15.11.2011, cf. www.spiegel.de/politik/deutschland/kauders-euro-schelte-jetzt-wird-in-europa-deutsch-gesprochen-a-797945.html
231 Beat Gygi: »Der Euro spricht neudeutsch«, *NZZ*, 28.9.2013, www.nzz.ch/meinung/kommentare/der-euro-spricht-neudeutsch-1.18158010
232 Cf. Pierre-Antoine Delhommais: »L'euro atteint des sommets, insensible à la présidentielle française«, *Le Monde*, 21.4.2007, Online-Archiv für Abonenten; Ders.: »›Der Euro spricht deutsch‹«, *Le Monde*, 11.12.2010, Online-Archiv für Abonnenten; Michael Ivanovitch: »Will the euro ›speak‹ German or European?« *CNBC*, 25.11.2013, www.cnbc.com/2013/11/25/
233 Peet/La Guardia, op. cit., S. 105.
234 Cf. Jean-Luc Mélenchon: *Le hareng de Bismarck (Le poison allemand)*, Paris (Plon), 2015.
235 Eine Reaktion im Nachklang: Florence Autret: »Cette germanisation de l'Europe qui fait peur«, *La Tribune*, 10.6.2012, www.challenges.fr/economie/20111124.CHA7248/l-europe-a-l-heure-allemande.html
236 »L'Europe à l'heure allemande«, *Challenges*, 25.11.2011, www.challenges.fr/economie/20111124.CHA7248/l-europe-a-l-heure-allemande.html
237 Renaud Honoré: »L'Europe et la domination allemande en trompe-l'œil«, *Les Échos*, 31.3.2014, www.lesechos.fr/31/03/2014/LesEchos/21658-031-ECH_l-europe-et-la-domination-allemande-en-trompe-l-oeil.htm
238 Cf. Claire Gatinois/Frédérick Lemaître: »Et si l'Allemagne n'était pas si exemplaire…«, *Le Monde*, 19.11.2011, www.lemonde.fr/economie/article/2011/11/19/et-si-l-allemagne-n-etait-pas-si-exemplaire_1606367_3234.html
239 Jacques Delors: ›Si l'euro saute, l'Allemagne trinquera‹«, *Challenges*,

32.11.2011, www.challenges.fr/economie/20111123.CHA7320/jacques-delors-si-l-euro-saute-l-allemagne-trinquera.html

240 Matthias Krupa/Petra Pinzler/Koja Rudzio/Mark Schieritz: »Alle Macht den Deutschen? Hegemon wider Willen – Berlin dominiert Europa und ist damit überfordert.« *Zeit Online,* 27.10.2011, www.zeit.de/2011/44/Europagipfel

241 Thomas Schmid: »Europas Abschied von der unheilvollen Politik«, Kommentar Deutsche Perspektive, *Die Welt*, 28.6.2012, www.welt.de/debatte/kommentare/article107282203/Europas-Abschied-von-der-unheilvollen-Politik.html

242 Patrick Saint-Paul: »En Allemagne, la crise dope la popularité de Merkel«, *Le Figaro*, 28.6.2012, www.lefigaro.fr/international/2012/06/28/01003-20120628ARTFIG00646-en-allemagne-la-crise-dope-la-popularite-de-merkel.php

243 Christoph Schönberger: »Hegemon wider Willen. Zur Stellung Deutschlands in der Europäischen Union«, in: *Merkur* 1/2012; zit. nach dem Text online auf www.eurozine.com/articles/2012-01-10-schonberger-de.html

244 Christian Tomuschat: »Heinrich Triepel (1868-1946)«, in: Stefan Grundmann/Michael Kloepfer/Christoph G. Paulus/et al. (Hrsg.): *Festschrift 200 Jahre Juristische Fakultät der Humboldt-Universität zu Berlin. Geschichte, Gegenwart und Zukunft*, Berlin/New York (de Gruyter), 2010, S. 517.

245 Heinrich Triepel: *Die Hegemonie. Ein Buch von führenden Staaten*, Stuttgart (Kohlhammer), 1938.

246 Cf. loc. cit., S. 40, 43, vgl. Walter Pauly: »Das öffentliche Recht an der Berliner Juristischen Fakultät 1933-1945«, in: Grundmann et al., op. cit., S. 779.

247 Entsprechend wurde dieser auch online auf *Eurozine* veröffentlichte Artikel von Perry Anderson in *Le Monde diplomatique* aufgegriffen (dazu mehr weiter unten), in Deutschland fand er ein Echo in der *taz* und der *SZ*. Diesen Hinweis verdanke ich Rainer Rilling, cf. www.rainer-rilling.de/blog/?p=2206

248 Cf. Gougeon, France-Allemagne, op. cit., S. 35-41.

249 Georg Meck: »Superstar Deutschland«, *Frankfurter Allgemeine Sonntagszeitung*, 12.9.2010, Online-Archiv für Abonnenten; Armin Mahler et al.; »Gegen den Rest der Welt«, *Der Spiegel Online,* 28.6.2010, www.spiegel.de/spiegel/print/d-71123411.html; Philip Flickert: »F.A.Z.-Konjunkturbericht: Europa tief gespalten«, *F.A.Z.*, 1.12.2010, www.faz.net/aktuell/wirtschaft/eurokrise/f-a-z-konjunkturbericht-europa-tief-gespalten-1575263.html?printPagedArticle=true#pageIndex_2

250 Nachricht im *Spiegel* vom 4.1.2015, cf. www.spiegel.de/politik/deutschland/griechenland-vor-linken-wahlsieg-merkels-euro-manoever-irritiert-freund-und-feind-a-1011191.html

251 Kommentar von Klaus Hillenbrand: »Es gibt Tage, da wünscht man sich Helmut Kohl zurück«, *taz*, 5.1.2015, www.taz.de/1/archiv/print-archiv/

printressorts/digi-artikel/?ressort=a1&dig=2015%2F01%2F05%-2Fa0022&cHash=b1831da57b607bdbd5ae77b399ea6692

252 Cf. www.bildblog.de/date/2015/07/07/

253 Cf. Joachim Huber: »Die ›Bild‹, eisern doof«, *Der TagesSpiegel Online,* 7.7.2015, www.tagesspiegel.de/medien/merkel-mit-pickelhaube-die-bild-eisern-doof/12022934.html

254 Cf. »Angela Merkel – die Eiserne Kanzlerin«, *Der TagesSpiegel Online,* 1.7.2015, www.tagesspiegel.de/politik/griechenland-debatte-im-deutschen-bundestag-angela-merkel-die-eiserne-kanzlerin/11996932.html

255 Robin Alexander: »Eiserne Kanzlerin: Merkel hält die Alpha-Tiere in Schach«, *Die Welt*, 22.6.2013, www.welt.de/politik/deutschland/article117367387/Merkel-haelt-die-Alpha-Tiere-in-Schach.html

256 Eric Bonse: »Ergebnisse des EU-Gipfels: Die ›eiserne Kanzlerin‹ setzt sich durch«, *taz*, 31.1.2012, www.taz.de/!5101850/

257 Nikolas Busse: »Angela Merkel und die Euro-Krise: Die eiserne Kanzlerin laviert«, *F.A.Z.*, 20.7.2011, www.faz.net/aktuell/wirtschaft/eurokrise/angela-merkel-und-die-euro-krise-die-eiserne-kanzlerin-laviert-11115175.html

258 Philipp Wittrock: »Merkel beim EU-Gipfel: Eiserne Kanzlerin in der Euro-Falle«, *Der Spiegel Online,* 27.10.2010, www.spiegel.de/politik/deutschland/merkel-beim-eu-gipfel-eiserne-kanzlerin-in-der-euro-falle-a-725627.html

259 Anne Andlauer: »La ›chancelière de fer‹ ns'impose à Bruxelles«, *RFI Les voix du monde*, 26.3.2010, www.rfi.fr/contenu/20100326-chanceliere-fers-impose-bruxelles/

260 Amaury Guibert: »La crise grecque comme un révélateur de la pesonnalité d'Angela Merkel«, *Le Blog du Bureau de Berlin*, 7.7.2015, http://geopolis.francetvinfo.fr/bureau-berlin/2015/07/07/la-crise-grecque-comme-un-revelateur-de-la-personnalite-dangela-merkel.html

261 Cf. Romanic Godin: »Grèce: pourquoi Angela Merkel refuse de parler de la dette grecque«, *La Tribune*, 7.7.2015, www.latribune.fr/economie/union-europeenne/grece-pourquoi-angela-merkel-refuse-de-parler-de-la-dette-grecque-490094.html

262 »L'Europe allemande«, *Mediapart*, 18.7.2015, http://blogs.mediapart.fr/blog/gavroche/070715/leurope-allemande

263 Pascal Beucker: »Kommentar Schäuble und Griechenland: Die Grünen dürfen nicht zustimmen«, *taz*, 17.7.2015, www.taz.de/!5212543/

264 Wolfram Weimer: »Schäuble, der eiserne Schattenkanzler«, *n-tv*, 14.7.2015, www.n-tv.de/politik/politik_person_der_woche/Schaeuble-der-eiserne-Schattenkanzler-article15511721.html

265 Markus Becker: »›Merkel zerstört die Idee Europas‹. Grünen-Politikerin Antje Vollmer ist enttäuscht und besorgt wegen des Griechenland-Deals«, Interview, *Frankfurter Rundschau*, 14.7.2015, www.fr-online.de/schuldenkrise/interview--merkel-zerstoert-die-idee-europas-,1471908,31221020.html

266 Zit nach Albrecht Meier/Sigrid Kneist: »Volker Kauder nennt Premier Alexis Tsipras ›freches Bürschchen‹«, *Der TagesSpiegel Online,* 13.6.2015, www.tagesspiegel.de/politik/griechenland-volker-kauder-nennt-premier-alexis-tspiras-freches-buerschchen/11911334.html
267 Im *Heute Journal* vom 13.7.2015, cf. Katharina Schuler, Kommentar: »›Der Grieche hat lang genug genervt‹«, *Zeit Online,* 14.7.2015, www.zeit.de/politik/deutschland/2015-07/griechenland-strobl-union
268 »Und es mag am deutschen Wesen/Einmal noch die Welt genesen.« Emmanuel Geibel: *Deutschlands Beruf*, *Wikipedia*: >Am deutschen Wesen mag die Welt genesen
269 Axel Veiel: »Grande Nation ganz klein«, *Frankfurter Rundschau*, 12.8.2011, www.fr-online.de/schuldenkrise/finanzkrise-grande-nation-ganz-klein,1471908,9343908.html
270 Gougeon, *France Allemagne ...*, op. cit., S. 14 f.
271 Christian Graf von Krockow: *Der deutsche Niedergang. Ein Ausblick ins 21. Jahrhundert*, Stuttgart (DVA), 1998.
272 Eine illustre Liste aus der Zeit vor 2010 gibt Gougeon, op. cit., S. 22 ff.
273 Karl Jaspers: *Die geistige Situation der Zeit* [1930], Berlin/New York (de Gruyter), 1979 [= nach der 5. Aufl. von 1932], S. 84.
274 Cf. Amselle, *Les Nouveaux Rouges-Bruns*, op. cit.
275 Alain de Benoist: *Kritik der Menschenrechte. Warum Universalismus und Globalisierung die Freiheit bedrohen*, Berlin (Junge Freiheit), 2004, S. 10. Orig. *Au-delà des droits de l'homme. Pour défendre les libertés*, Eds. Krisis, 2004, S. 4. – *armature* müsste genauer mit »Ausrüstung« übersetzt werden; gemeint ist, die Globalisierung nutze die Menschenrechte als Mittel zum Zweck und nicht nur als Täuschung ihrer wahren Absichten.
276 Cf. Alain de Benoist: *Comment peut-on être païen? Un recours aux racines – Une spiritualité pour notre temps*, Paris (Albin Michel), 1981.
277 Alain de Benoist: »La religion de l'Europe«, in: *Éléments* N°38, Automne 1980, hier zitiert nach der Wiedergabe des Textes durch das *Centro Studi La Runa*, www.centrostudilaruna.it/la-religion-de-leurope.html
278 Cf. *Wikipedia*: >Julius_Evola
279 Cf. Thomas Assheuer: »Das Evola-Virus«, *Zeit Online,* 11.12.2014, www.zeit.de/2014/51/julius-evola-faschismus-kulturkritik
280 Cf. Massimilano Afiero: »La battaglia di Petrikowka. Fanti italiani e fanti SS sul fronte russo«, www.centrostudilaruna.it/battagliadipetrikowka.html/comment-page-20/#comment-187466
281 Jacquot: »Benoist au-delà des droits de l'homme«, *Le Rouge et le Noir*, 18.2.2013, www.lerougeetlenoir.org/les-opinantes/benoist-au-dela-des-droits-de-l-homme
282 Cf. Michael Böhm: *Alain de Benoist und die Nouvelle Droite: Ein Beitrag zur Ideengeschichte im 20. Jahrhundert*, Münster (Lit), 2008, hier insbesondere S. 190 ff.
283 Vgl. u.a. Roland Eckert: »Kulturelle Homogenität und aggressive Intole-

ranz. Eine Kritik der Neuen Rechten«, in: *Aus Politik und Zeitgeschichte* 44/2010, 28.10.2010, S. 27.

284 Alain de Benoist: *Dernière Année. Notes pour conclure le siècle*, Paris (L'Age d'Homme), 2001, S. 278.

285 Anthony Dumel: »Lucien Cerise«, *Scriptoblog – Le retour aux sources*, www.scriptoblog.com/index.php/auteurs/lucien-cerise

286 Lucien Cerise: »Ukraine – EuroMaïdan: 7. Une révolution djihadiste«, *Scriptoblog – Le retour aux sources*, www.scriptoblog.com/index.php/blog/geopolitique/1599-ukraine-euromaidan-7-une-revolution-djihadiste-par-lucien-cerise

287 Cf. Präsentation des Buches Jef Carnac/Maurice Genre: *Les nouvelles scandaleuses*, Eds. Le Retour aux Sources, 2009, www.leretourauxsources.com/index.php/liste-des-nouvelles/nouvelles-scandaleuses-detail

288 *Compact* Spezial 11, Werbung auf *Compact Online*, 10.10.2016, https://www.compact-online.de/

289 Eine Internetsuche mit den Stichworten »Elsässer AfD«genügt, um sich ein Bild davon zu machen.

290 Cf. *Wikipedia*, >Jürgen Elsässer

291 Bednarz / Giesa, *Gefährliche Bürger*, op. cit., S. 75.

292 »U.S. troops would enforce peace under Army study«, *The Washington Times*, 10.9.2011, www.washingtontimes.com/news/2001/sep/10/20010910-025319-6906r/, cf. Lucien Cerise: »Ingénierie social du conflit identitaire«, in: *Rébellion* N°66, septembre/octobre 2014, z.-T. aktualisiert auf: *Égalité et Réconciliation*, 9.1.2015, www.egaliteetreconciliation.fr/Ingenierie-sociale-du-conflit-identitaire-30145.html

293 cf. »Der Krieg im Dunkeln (Udo Ulfkotte)«, www.scriptoblog.com/index.php/notes-de-lecture/geopolitique?start=10;

294 Cf. Wayne Madsen Report, www.waynemadsenreport.com/articles/20070426_57, der Artikel ist eingetragenen Nutzern vorbehalten, erschien aber offen hier: Wayne Madsen: »Israeli False-Flag Ops To Provoke Muslim Violence in Europe«, 25.10.2006, www.rense.com/general74/tiss.htm

295 David Sketchly: »Dr. Udo Ulfkotte, Wayne Madsen and Israel's covert program to provoke the Muslim riots in France«, *The Daily Sketch*, 11.10.2006, http://dailysketcher.blogspot.fr/2006/10/dr-udo-ulfkotte-wayne-madsen-and.html

296 Cf. Wayne Madsen: *The Star and the Sword*, erschienen im Selbstverlag 2014, www.waynemadsenreport.com/

297 »Islam, Journalismus, Geheimdienste, Einwanderung, Bürgerkrieg – Interview mit Udo Ulfkotte, Teil 2«, *Radio Stimme Russlands*, http://de.sputniknews.com/german.ruvr.ru/2014_10_21/Islam-Journalismus-Geheimdienste-Einwanderung-Burgerkrieg-Interview-mit-Udo-Ulfkotte-Teil-2-4889/

298 Nach dem Bericht von Sebastian Christ: »Wie sich der deutsche Journalist Udo Ulfikotte vom russischen Staatsfernsehen vorführen lässt«, *The*

Huffington Post, 15.10.2014, www.huffingtonpost.de/2014/10/15/ulfkotte-russisch-fernsehen_n_5988070.html

299 Cf. www.egaliteetreconciliation.fr/Journal-de-bord-de-Jean-Marie-Le-Pen-no406-33941.html (Zugriff 28.8.2015), vgl. dazu Le Pens eigene Website www.jeanmarielepen.com/

300 In Frankreich wird zwischen *négationnisme* = Leugnung des Holocaust und *révisionnisme* unterschieden; letzterer gilt als juristisch noch akzeptabel, er stellt die überlieferte Geschichte in Frage im relativierenden Sinne und vermeidet damit formell ein dezidierte Aussage zur Sache.

301 Cf. www.egaliteetreconciliation.fr/Gilad-Atzmon-rencontre-Robert-Faurisson-30143.html, vgl. *Wikipedia*: >Robert Faurisson; zu Atzmon: www.palaestina-portal.eu/texte/atzmon_gilad_falsche_freunde_palaestinas.htm und www.hagalil.com/01/de/Antisemitismus.php?itemid=1741

302 www.egaliteetreconciliation.fr/Claude-Lanzmann-le-Leni-Riefenstahl-du-sionisme-30574.html

303 »›Shoa Story‹ de Philippe Mozart«, entretien avec Philippe Mozart, auteur, *Polémia*, 8.9.2013, www.polemia.com/shoah-story-de-philippe-mozart/

304 »›Le Système veut nous dissoudre‹. Entretien avec Lucien Cerise – Propos recueillis par Alain de Benoist«, in: *Éléments* N°153 (oct,-déc. 2014), hier nach *Égalité et Réconciliation*, 25.1.2015, www.egaliteetreconciliation.fr/Le-Systeme-veut-nous-dissoudre-30528.html

305 Vgl. auch Abel Mestre: »Les élans ratés de la nouvelle droite, *Le Monde*, 9.8.2010, www.lemonde.fr/idees/article/2010/08/09/les-elans-rates-de-la-nouvelle-droite_1397188_3232.html; Evelyine Piailler: »Les embrouilles idéologiques de l'extrême droite«, *Le Monde diplomatique*, oct. 2013, www.monde-diplomatique.fr/2013/10/PIEILLER/49683

306 Lucien Cerise: »Ukraine – EuroMaïdan: une révolution LGBT«, *Égalité et Réconcilisation*, 29.9.2014, www.egaliteetreconciliation.fr/Ukraine-EuroMaidan-une-revolution-LGBT-28176.html

307 Cf. Jean Jacob: *Le retour de »L'Ordre Nouveau«. Les métamorphoses d'un fédéralisme européen*, Genf/Paris (Droz), 2000.

308 Heinrich August Winkler: »Die Stunde der Vereinfacher. Einheit der Gegensätze: Was rechte und linke Populisten verbindet«, in: *Die Zeit* N°6, 5.2.2015, www.zeit.de/2015/06/syriza-linkspopulisten-rechtspopulisten. Vgl. auch Bernd Stegemann: *Das Gespenst des Populismus. Ein Essay zur politischen Dramaturgie*, Berlin (Theater der Zeit) 2017, S.23f.

309 Cf. Anette Lévy-Willard: »Alain Soral, la haine des juifs et des ›tapettes‹«, *Libération*, 2.4.2014, www.liberation.fr/societe/2014/02/02/alain-soral-la-haine-des-juifs-et-des-tapettes_977333

310 Zuletzt im Feburar 2016, cf. »Alain Soral condamné pour des propos antisémites contre le journaliste Frédéric Haziza«, *Libération*, 10.2.2016, www.liberation.fr/france/2016/02/10/alain-soral-condamne-pour-des-propos-antisemites-contre-le-journaliste-frederic-haziza_1432400; allgemein cf. Wikipedia, https://fr.wikipedia.org/wiki/Alain_Soral

311 Cf. Etienne Baldit: »Alain Soral et Dieudonné vont créer leur parti politique, baptisé ›Réconciliation nationale‹«, *Europe 1 – Le Lab*, 21.10.2014, http://lelab.europe1.fr/Alain-Soral-et-Dieudonne-vont-creer-leur-parti-politique-baptise-Reconciliation-nationale-17796
312 »After all, the National Front has always been Zionistic and always defended Israel's right to exist.« Cf. Adar Primor: »The daughter as de-demonizer«, *Haaretz*, 7.1.2011, www.haaretz.com/weekend/week-s-end/the-daughter-as-de-demonizer-1.335743
313 Abel Mestre/Caroline Monnot: »Alain de Benoist en ›soutien critique‹ à Marine Le Pen«, *Le Monde – Blogs Droite(s) extrême(s)*, 26.1.2011, http://droites-extremes.blog.lemonde.fr/2011/01/26/alain-de-benoist-en-soutien-critique-a-marine-le-pen/
314 Aymeric Chauprade: »La France face à la question islamique: les choix crédibles pour un avenir français«, *Carnet de bord d'Aymeric Chauprade – Le blog de la géopolitique multipolaire*, 11.8.2014, http://blog.realpolitik.tv/2014/08/
315 Aymeric Chauprade: *Chronique du choc des civilisations*, Paris (Eds. Chroniques), 2009, [2]2013, S. 6.
316 Loc. cit., S. 7, allerdings ohne exakte Referenz.
317 www.reopen911.org/ReOpen911_2007Archive/index.htm
318 www.reopen911.info/
319 Vgl. die Kritik von Jean Guisnel: »Chauprade, l'homme qui forme les officiers et qui déforme l'histoire«, *Le Point*, 4.2.2009, www.lepoint.fr/actualites-monde/2009-02-04/chauprade-l-homme-qui-forme-les-officiers-et-deforme-l-histoire/1648/0/313659
320 Chauprade, op. cit., S. 11 ff.
321 Loc. cit., S. 21 ff.
322 Chauprade, »La France face à la question islamique…«, op. cit.
323 Aymeric Chauprade: »La France est en guerre«, *realpolitik.tv – La géopolitique sur le net*, 18.1.2015, www.realpolitik.tv/2015/01/la-france-est-en-guerre-par-aymeric-chauprade/
324 Cf. »Les raisons de la disgrâce d'Aymeric Chauprade au Front national«, *Le Monde*, 22.1.2015, www.lemonde.fr/politique/article/2015/01/22/les-raisons-de-l-eviction-d-aymeric-chauprade-du-front-national_4561861_823448.html
325 Interview mit Aymeric Chauprade: »Pourquoi je quitte le Front national«, *Le Figaro*, 9.11.2015, www.lefigaro.fr/politique/2015/11/09/01002-20151109ARTFIG00269-aymeric-chauprade-pourquoi-je-quitte-le-front-national.php
326 Cf. »Moscou-Paris-Vienne: les rencontres d'Aymeric Chauprade, conseiller de Marine Le Pen«, *Le Monde Blogs Droite(s) Extrême(s)*, 4.6.2014, http://droites-extremes.blog.lemonde.fr/2014/06/04/moscou-paris-vienne-les-rencontres-daymeric-chaupradeconseiller-de-marine-le-pen/
327 Cf. Benjamin Bidder: »Neonazi-Treffen in Russland: Moskaus rechts-

radikale Internationale«, *Der Spiegel Online,* 23.3.2015, www.spiegel.de/politik/ausland/russland-rechtsextremisten-treffen-sich-in-sankt-petersburg-a-1025108.html; Friedrich Schmidt: »Rechtsextreme in Russland: Böse Nazis, gute Nazis«, *F.A.Z.*, 21.3.2015, www.faz.net/aktuell/politik/ausland/europa/rechtsextreme-bei-konservativem-forum-in-st-petersburg-13496640.html; Sabine Adler: »Europas Ultra-Rechte im Schulterschluss mit Moskau«, *Deutschlandfunk*, 8.4.2015, www.deutschlandfunk.de/russlands-neue-freunde-europas-ultra-rechte-im.724.de.html?dram:article_id=316503; Sabine Adler: »Europas Rechte – Moskaus neue Freunde«, *Deutschlandfunk*, 8.4.2015, www.deutschlandfunk.de/europas-rechte-moskaus-neue-freunde.1773.de.html?dram:article_id=316402

328 Rudolf Balmer/Klaus-Helge Donath/Ralf Leonhard: »Europas Rechtspopulisten und Russland. Zusammen gegen die EU«, *taz*, 11.5.2014, www.taz.de/!5042541/

329 Carnet de Bord d'Aymeric Chauprade: »1945-2014, De Yalta … à Yalta«, 16.3.2014, http://blog.realpolitik.tv/2014/03/1945-2014-de-yalta-a-yalta/

330 Cf. Jonathan Bouchet-Petersen: »Jean-Luc Schaffhauser, l'eurodéputé prorusse qui a conclu le prêt du FN«, *Libération*, 26.11.2014, www.liberation.fr/politiques/2014/11/26/jean-luc-schaffhauser-l-eurodepute-prorusse-qui-a-conclu-le-pret-du-fn_1151128

331 »Financement du FN: des hackers russes dévoilent des échanges au Kremlin«, *Les Décodeurs – Le Monde*, 2.4.2015, www.lemonde.fr/les-decodeurs/article/2015/04/02/fn-des-hackers-russes-devoilent-des-echanges-au-kremlin_4608660_4355770.html

332 Cf. Alexandre Phalippou: »Prêt russe du Front national: les conseils d'expert pour ne pas se faire retoquer sa demande de crédit«, *Le Huffington Post*, 8.12.2014, www.huffingtonpost.fr/2014/12/08/pret-russe-front-national-marine-le-pen-credit-retoquer-expert_n_6288550.html

333 Karl Laske/Marine Turchi: »Le troisième prêt russe des Le Pen«, *Médiapart*, 11.12.2014, www.mediapart.fr/journal/france/111214/le-troisieme-pret-russe-des-le-pen – Archiv nur für Abonnenten.

334 Zu sehen auf der Seite: Vincent Jauvert: »Poutine et le FN: révélations sur les réseaux russes des Le Pen«, *Le Nouvel Observateur*, 21.11.2014, http://tempsreel.nouvelobs.com/politique/20141024.OBS3131/poutine-et-le-fn-revelations-sur-les-reseaux-russes-des-le-pen.html

335 Cf. »Marine et Jean-Marie … sous le même toit«, *L'Express*, 2.11.2011, www.lexpress.fr/actualite/politique/marine-et-jean-marie-sous-le-meme-toit_1046795.html

336 Michael Hagemeister: »Das große Experiment (Gemälde von Ilja Glasunow), 1990)«, in: Wolfgang Benz (Hrsg.): *Handbuch des Antisemitismus. Judenfeindschaft in Geschichte und Gegenwart*, Bd. 7: *Literatur, Film, Theater und Kunst*, Berlin u.a.o. (de Gruyter), 2015, S. 149.

337 Cf. Jauvert, loc. cit.

338 »Front national: Marine Le Pen en visite discrète à Moscou«, *Le Parisien*,

26.5.2015, www.leparisien.fr/politique/front-national-marine-le-pen-en-visite-discrete-a-moscou-26-05-2015-4804109.php

339 »Marine Le Pen admire Poutine«, La Voix de la Russie, 2.12.2014, http://fr.sputniknews.com/french.ruvr.ru/news/2014_12_02/Marine-Le-Pen-admire-Poutine-1148/

340 Zit. nach Isabelle Mandraut: »A Moscou, Vladimir Poutine adoube Marine Le Pen«, Le Monde/AFP, 24.3.2017, www.lemonde.fr/election-presidentielle-2017/article/2017/03/24/marine-le-pen-recue-par-vladimir-poutine-a-moscou_5100247_4854003.html

341 Cf. Bernhard Odehnal: »Gipfeltreffren mit Putins fünfter Kolonne«, *Tagesanzeiger*, 3.6.2014, www.tagesanzeiger.ch/ausland/europa/Gipfeltreffen-mit-Putins-fuenfter-Kolonne/story/30542701

342 Interview in *Frontal21*, Sondersendung »Putins geheimes Netzwerk«, Sendung am 4.10.2016, cf. www.zdf.de/frontal-21/putins-geheimes-netzwerk-kreml-sucht-naehe-zur-afd-45484678.html; vgl. auch http://webstory.zdf.de/putins-geheimes-netzwerk/putins-freunde-in-europa/ – Zu Malofejew cf. auch u.a. Friedrich Schmidt: »Oligarch Malofejew – Zurück zu Zar und Bismarck«, *F.A.Z.*, 12.3.2016, www.faz.net/aktuell/politik/ausland/europa/oligarch-malofejew-sehnt-nach-neurussischen-reich-14118520.html?printPagedArticle=true#pageIndex_2

343 cf. z.B. Hannes Vollmuth: »Die AfD will mit Russland an die Macht«, *SZ*, 19.7.2016, www.sueddeutsche.de/politik/populismus-die-afd-will-mit-russland-an-die-macht-1.3084187; Ders., »Die Achse der Vaterländer«, *SZ*, 18.7.2016, www.sueddeutsche.de/politik/russland-verbindungen-der-afd-achse-der-vaterlaender-1.3083455

344 Cf. Markus Wehner: »Die drei Leben des Alexander Gauland«, *F.A.Z.*, 22.4.2017, www.faz.net/aktuell/politik/portraets-personalien/afd-vize-chef-die-drei-leben-des-alexander-gauland-13442469.html?printPagedArticle=true#pageIndex_2

345 Cf. Severin Weiland: »Wie die AfD mit Russland liebägelt«, *Spiegel Online*, 18.12.2015, www.spiegel.de/politik/deutschland/afd-vize-alexander-gauland-will-kein-geld-von-russland-a-1067703.html; Mona Jaeger / Friedrich Schmidt: »Frauke Petry besucht Moskau – Zu Gast bei Freunden«, *F.A.Z.,* 21.2.2017, www.faz.net/aktuell/politik/inland/frauke-petry-besucht-nationalisten-in-moskau-14889021.html

346 Christian Neef: »Jeder Westler ist ein Rassist«, Spiegel-Gespräch mit Alexander Dugin, *Der Spiegel Online,* Nr. 29/2014, 14.7.2014, www.spiegel.de/spiegel/print/d-128101577.html

347 Laqueur, *Putinismus*, op. cit., S. 115, 118.

348 Über den historischen Kontext cf. Stefan Wiederkehr: *Die eurasische Bewegung: Wissenschaft und Politik in der russischen Emigration der Zwischenkriegszeit und im postsowjetischen Russland*, Köln u.a.o. (Böhlau), 2007, S. 227-248.

349 Cf. Marlène Laruelle: »Alexandre Dugin: esquisse d'un eurasisme d'extrême-droite en Russie post-soviétique«, in: *Revue d'études comparatives*

Est-Ouest, vol. 32, 2001, N°3, S. 91. www.persee.fr/web/revues/home/prescript/article/receo_0338-0599_2001_num_32_3_3103

350 Wiederkehr, op. cit., S. 255; Zitat aus dem *Manifest*, loc. cit., S. 249.

351 Zit. nach Nicolas Lebourg: »La Libération nationale et sociale des régions d'Europe: histoire d'une utopie fasciste (1941-2001)«, HAL-SHS Archives ouvertes, https://halshs.archives-ouvertes.fr/docs/00/48/18/44/DOC/UTP2_Lebourg.doc., S. 6. Erstveröffentlichung in: *Utopia and Utopianism* (Madrid), Nr. 2, 2007, S. 95-108.

352 Cf. Nicolas Lebourg: »Ce n'est pas une interview: c'est une déclaration de guerre de Jean-Marie Le Pen«, *Slate*, 8.4.2015, www.slate.fr/story/100111/fn-jean-marie-le-pen; Sonya Faure: »Boréal [adj.]: qui se référe à la race blanche (pour l'extrême-droite). Décryptage d'un terme qui apparaît ou résurgit dans le débat public. Aujourd'hui, l'Europe boréale de Jean-Marie Le Pen«, *Libération*, 10.4.2015, www.liberation.fr/debats/2015/04/10/boreal-adj-qui-se-refere-a-la-race-blanche-pour-l-extreme-droite_1238407

353 Cf. Laqueur, op. cit., S. 109 ff.

354 Zu Dugins Ideologie vgl. Wiederkehr, op. cit., S. 248-261.

355 Laruelle, op. cit. S. 86.

356 Winkler, Die Stunde der Vereinfacher, op. cit.

357 Jochen Bittner/Michael Thumann: »Die Kaviar-Connection. Wie nahe stehen sich Russland und die neue griechische Regierung?«, *Die Zeit*, N°6/2015, 5.2.2015, www.zeit.de/2015/06/riechenland-russland-regierung-syriza-anel

358 Laqueur, op. cit, S. 10 f.

359 Cf. Julian Borger: »Brack Obama: Russia is a regional power showing weakness over Ukraine«, *The Guardian*, 25.3.2014, https://www.theguardian.com/world/2014/mar/25/barack-obama-russia-regional-power-ukraine-weakness

360 Stefan Zweig: »Über Europa hinaus«, in: Ders., *Die Welt von gestern* [1944], Frankfurt am Main (Fischer TB), 1970, S. 214.

361 Cf. Wolfgang Behringer: *Kulturgeschichte des Klimas. Von der Eiszeit bis zur globalen Erwärmung*, München (DTV), [3]2012, S. 90 f., mit Bezug auf Eugippius, *Das Leben des Heiligen Severin*, Essen 1986, S. 35.

362 Cf. »Klima in Nordeuropa während der letzten 2.000 Jahre rekonstruiert: Abkühlungstrend erstmalig präzise berechnet«, Johannes Gutenberg Universität Mainz, Pressemitteilung 9.7.2012, https://www.uni-mainz.de/presse/52594.php; Jan Esper et al.: »Orbital forcing of tree-ring data«, in: *Nature Climate Change* 2, 2012, S. 862-866.

363 Marcus Stippak: »EU-Osterweiterung: Droht eine neue Völkerwanderung?«, *F.A.Z.*, 25.42001, www.faz.net/aktuell/wirtschaft/eu-osterweiterung-droht-eine-neue-voelkerwanderung-122607.html

364 Barbara Unmüßig/Stefan Cramer: »Afrika im Klimawandel«, *GIGA Focus* Nr. 2, 2008, S. 3 f., www.giga-hamburg.de/de/system/files/publications/gf_afrika_0802.pdf – German Institute of Global and Area Studies/

Institut für Afrika-Studien. IPCC: UN-Weltklimarat (Intergovernmental Panel on Climate Change).

365 Cf. »Verschwindender Tschadsee«, *Institute Water for Africa*, 2015, www.water-for-africa.org/de/tschadsee/articles/verschwindender-tschadsee.html

366 Wolfgang Bauer: »›Jetzt bin ich eine Andere. Das spüre ich. Jemand, den ich nicht kenne.‹ Die Terrorgruppe *Boko Haram* hält in Nigeria Tausende Frauen und Mädchen gefangen. Einige, denen die Flucht gelang, erzählten uns ihre Geschichte«, in: *Zeit Magazin*, Nr. 34, 20.8.2015, S. 30.

367 Jean-Christophe Ruffin: *Das Reich und dier neuen Barbaren*, Berlin (Volk und Welt), 1993. [L'Empire et les nouveaux barbares, 1991].

368 Dirk Schürner: »Europa ist eine Festung – und muss das auch bleiben«, *Die Welt*, 18.5.2015, www.welt.de/debatte/kommentare/article141026268/Europa-ist-eine-Festung-und-muss-das-auch-bleiben.html

369 Ruffin, op. cit., S. 26.

370 David Samuels: »A Conversation with Colin Powell« *The Atlantic*, April 2007, www.theatlantic.com/magazine/archive/2007/04/a-conversation-with-colin-powell/305873/

371 Christina Fleischmann: »Täglich über 700 Flüchtlinge an der Grenze: ›Is this Germany?‹«, *Passauer Neue Presse*, 20.8.2015, www.pnp.de/region_und_lokal/stadt_und_landkreis_passau/passau_stadt/1781703_Taeglich-ueber-700-Fluechtlinge-an-Passaus-Grenze-Is-this-Germany.html; Hans Monath: 163 000 Flüchtinge im September, 290 000 nicht registriert«, Der Tagesspiegel, 1.10.2015, http://m.tagesspiegel.de/politik/asyl-in-deutschland-163-000-fluechtlinge-im-september-290-000-nicht-registriert/12391766.html?utm_referrer=

372 Einen Überblick über Worte und Taten gibt die *Amadeo-Antonio-Stiftung* auf www.netz-gegen-nazis.de/

373 Udo Ulfkotte: »Umvolkung – Politik, Medien und die Pläne der Asylindustriellen«, *Kopp Online*, http://info.kopp-verlag.de/hintergruende/deutschland/udo-ulfkotte/umvolkung-politik-medien-und-die-plaene-der-asylindustriellen.html

374 *Verlag Antaios*, http://antaios.de/gesamtverzeichnis-antaios/nordost/5957/das-heerlager-der-heiligen

375 »Jean Raspails ›Heerlager der Heiligen‹ in vollständiger Fassung«, *Politically Incorrect*, www.pi-news.net/2015/05/jean-raspails-heerlager-der-heiligen-in-vollstaendiger-fassung/

376 »Jean Raspail: Masseneinwanderung un der Zustand Europas«, *Civitas Institut – Für das Christliche Gemeinwesen*, 25.5.2015, www.civitas-institut.de/index.php?option=com_content&view=article&id=2408:jean-raspail-masseneinwanderung-und-der-zustand-europas&catid=1:neuestes&Itemid=33

377 *Bibel Einheitsübersetzung*, https://www.die-bibel.de/startseite/ – Gog und Magog sind Begriffe für die Länder der Heiden.

378 Jean Raspail: *Le Camp des Saints*, précédé de *Big Other*, Paris (Laffont), [4]2011, S. 12.
379 »Hier Calais, aujourd'hui la France: Non à la submersion migratoire!«, www.frontnational.com/hier-calais-aujourdhui-la-france-non-a-la-submersion-migratoire/
380 Cf. Hervé Le Bras: *Marianne et les lapins. L'obsession démographique*, Paris (Orban), 1991, S. 181, mit einem Auszug aus: Robert Debré/Alfred Sauvy: *Des Français pour la France*, Paris (Gallimard), 1946.
381 Zu den Kontinuitäten im engeren Sinne cf. Alain Drouard: »Les trois âges de la Fondation française pour l'étude des problèmes humains«, in: *Population*, vol. 38, N°6/1983, S. 1017-1047, online: www.persee.fr/web/revues/home/prescript/article/pop_0032-4663_1983_num_38_6_17821; Patrick Weil: »Racisme et discrimination dans la politique française de l'immigration: 1938-1945/1974-1995«, in: *Vingtième Siècle*, Juillet-Sept. 1995, S. 74-99, online: www.patrick-weil.fr/wp-content/uploads/2014/07/1995-Racisme-et-discriminations-dans-la-politique-fr-dimmigration-Revue-Vingti%C3%A8me-si%C3%A8cle.pdf; Le Bras, op. cit, S. 231-240, zum weiteren Kontext loc. cit., Kap. XIII-XIV, S. 163-211.
382 Alfred Sauvy: »Trois mondes, une planète«, in: *L'Observateur*, 14.8.1952, N°118, S. 14, online: www.homme-moderne.org/societe/demo/sauvy/3mondes.html
383 Cf. Le Bras, op. cit., S. 225 ff., 66, 213-224.
384 Raspail, op. cit., S. 19.
385 Loc. cit., S. 362 f., 338.
386 Cf. Lorenz Jäger: »Das schlechte Gewissen können wir kaufen. Ein apokalyptischer Roman, der die humanitäre Illusion zum Platzen bringen wollte: ›Heerlager der Heiligen‹ von Jean Raspail«, *F.A.Z.*, 12.10.2005, www.faz.net/aktuell/feuilleton/buecher/rezensionen/belletristik/das-schlechte-gewissen-koennen-wir-kaufen-1294555.html?printPagedArticle=true#pageIndex_2
387 Jörg Altwegg: »Flucht aus Afrika: Das Ende der europäischen Welt«, *F.A.Z.*, 25.2.2011, www.faz.net/aktuell/politik/ausland/naher-osten/flucht-aus-nordafrika-das-ende-der-europaeischen-welt-1451.html
388 Alexander Pschera: »Die Flut der Fremden«, *Vatican Magazin*, 6-7/2015, www.vatican-magazin.de/index.php/magazin/aktuelle-ausgabe/inhalt/16-magazin/aktuell/weitere-artikel/315-essay-672016
389 Thomas Steinfeld: »Das Abendland ist nicht zu retten«, *SZ*, 8.1.2015, www.sueddeutsche.de/kultur/houellebecqs-neuer-roman-das-abendland-ist-nicht-zu-retten-1.2292077
390 Jasper von Altenbockum: »Asylpolitik – Wissen die Deutschen, was sie tun?«, *F.A.Z.*, 11.9.2015, www.faz.net/aktuell/politik/harte-bretter/kommentar-zur-deutschen-asylpolitik-deutscher-wein-13795984.html
391 »Merkel und die Flüchtlinge. Weiß sie, was sie tut?« Titel der *Zeit* N°38, 17.9.2015.
392 »Gabriel: Können 500.000 Flüchtlinge im Jahr aufnehmen«, *Zeit Online*,

8.9.2015, www.zeit.de/news/2015-09/08/deutschland-gabriel-koennen-500000-fluechtlinge-im-jahr-aufnehmen-08084202

393 Lukas Wallraff: »Kommentar Neue Willkommenskultur: Schaffen wir das?«, *taz.* 6.9.2015, www.taz.de/!5226893/

394 *ARD Deutschlandtrend*, 1.10.2015, https://www.tagesschau.de/inland/deutschlandtrend-405.html

395 »Anhaltend hohe Flüchtlingszahlen auf Balkanroute«, *Zeit Online*, 29.12.2015, www.zeit.de/gesellschaft/2015-12/slowenien-fluechtlinge-balkan-griechenland

396 Gilles Le Bail *L'Europe: défaite ou défis*, Paris (Fortuna), 2014, S. 45.

Anmerkungen zu Kapitel 3: Europa – Was ist das?

1 Stefan Zweig: »Der Turm zu Babel« [1916/1930], in: Ders.: *Die schlaflose Welt.* Aufsätze und Vorträge aus den Jahren 1909–1941, Frankfurt am Main (Fischer TB), 1990, S. 71 f.

2 Zit nach: Lauren Provost: »Jean-Marie Le Pen appelle à voter Front National et déclare ›Je suis Charlie Martel‹ après l'attentat de Charlie Hebdo«, *Le Huffington Post*, 9.1.2015, www.huffingtonpost.fr/2015/01/09/jean-marie-le-pen-front-national-charlie-martel-hebdo-tweet-declarations-_n_6443248.html

3 William Blanc/Christophe Naudin: *Charles Martel et la bataille de Poitiers. De l'histoire au mythe identitaire*, Paris (Libertalia), 2015, S. 233.

4 *Das altfranzösische Rolandslied*, zweisprachig, übersetzt und kommentiert von Wolf Steinsieck, Nachwort von Egbert Kaiser, Stuttgart (Reclam), 1999, S. 75, 77, v. 916-922, 931-936.

5 Alexander Heise (Hrsg.): *Einhards Jahrbücher*, übersetzt von Otto Abel und Wilhelm Wattenbach [1904], Essen (Phaidon), 1986, S. 46f.

6 Vgl. dazu Blanc/Naudin, op. cit.; Philippe Sénac: *Charlemagne et Mahomet. En Espagne (VIIIe-IXe sicècles)*, Paris (Gallimard), 2015; Dieter Hägermann: *Karl der Große – Herrscher des Abendlandes. Biographie*, Berlin (List), ^{3}2006.

7 Blanc/Naudin, op. cit., S. 7.

8 Cf. Sénac, op. cit., S. 70 ff., 86; Blanc/Naudin, op. cit., S. 66-70, 73, 82.

9 Cf. Blanc/Naudin, op. cit., S. 71.

10 Cf. Dieter Groh: *Russland und das Selbstverständnis Europas*, Frankfurt am Main (Suhrkamp), 1961 u. sp.

11 »›Worauf wartet Merkel‹« Interview mit Joschka Fischer, in: *Die Zeit* N°28/2015, 9.7.2015, S. 4.

12 Lagrange, *Le déni des cultures*, op. cit., S. 12.

13 David Engels: *Auf dem Weg ins Imperium. Die Krise der Europäischen Union und der Untergang der römischen Republik – Historische Parallelen*, Berlin/München (Europa-Verlag), 2013, S. 232, 261, 289.

14 Cf. www.davidengels.be/#!livres/c228y

15 Auf der Website von Engels, loc. cit.

16 David Engels: *Le Déclin. La crise de l'Union Européenne et la chute de la République Romaine*, Paris (Toucan), 2013.
17 Cf. Thierry Baudet: *Indispensables frontières. Pourquoi le supranationalisme et le multiculturalisme détruisent la démocratie*, Paris (Toucan), 2015.
18 Oskar Spengler: *Der Untergang des Abendlandes. Umrisse einer Morphologie der Weltgeschichte* [1918], München (Beck), 1923, München (dtv), 1972, [9]1988, S. 37f.
19 Rez. durch die Zeitschrift für Geopolitik *Hérodote*, www.herodote.net/Le_declin-bibliographie-410.php
20 Cf. David Engels: »L'Europe ne peut échapper à son destin impérial«, in: *Éléments*, N°148, 2013, S. 6-10, www.revue-elements.com/elements-La-France-malade-de-sa-medecine.html (nur für Abonnenten).
21 Leo Frobenius: *Paideuma – Umrisse einer Kultur- und Seelenlehre*, München (Beck), 1921, S. 3.
22 Cf. Engels, op. cit., S. 224, mit Verweis auf José Ortega y Gasset: *Der Aufstand der Massen*, Neuausgabe Stuttgart (DVA), 1965, S. 287f.
23 Le Bail, *L'Europe: défaite ou défis*, op. cit., S. 69f.
24 Cf. loc. cit., S. 100.
25 Finkielkraut, *L'identité malheureuse*, op. cit., S. 98.
26 Régis Debray: »L'Europe vue de l'euro«, *le site de paul soriano*, 23.7.2008, www.paulsoriano.fr/Debray-l-Europe-vu-de-l-euro,139.html, zuerst erschienen in *Cahiers de médiologie* N°7, 1999.
27 Perry Anderson: »De la solidarité à la suzeraineté – L'Europe face à l'hégémonie allemande«, *Le Monde diplomatique*, Dez. 2012, www.monde-diplomatique.fr/2012/12/ANDERSON/48468
28 Cf. Jürgen Habermas: *Zur Verfassung Europas*, Frankfurt am Main (Suhrkamp), 2011.
29 Flassbeck/Lapavitsas, *Against the Troika,* op. cit., S. 33. – Siehe auch oben, S. 86.
30 Cf. Flassbeck/Lapavitsas, op. cit., S. 34.
31 Loc. cit., S. 34, 41.
32 Vgl. die Unterschungen des Deutschen Instituts der Wirtschaft mit den einschlägigen Statistiken, Christoph Schröder: »Produktivität und Lohnstückkosten der Industrie im internationalen Vergleich«, *IW-Trends 4/2014*, Dez. 2014, Download über »Die Konkurrenz ist zehn Prozent günstiger«, www.iwkoeln.de/presse/pressemitteilungen/beitrag/lohnstueckkosten-die-konkurrenz-ist-10-prozent-guenstiger-205270
33 Europäische Kommission Vertretung in Deutschland: *Finanzbericht 2012: EU-Haushalt wird zunehmend zum Instrument für Investitionen*, 28.11.2013, http://ec.europa.eu/deutschland/press/pr_releases/11861_de.htm
34 Perry Anderson: *Le Nouveau Vieux Monde*, Marseille (Agone), 2011, S. 82. [The New Old World, New York (Verso), 2001]
35 Slavoj Žižek: »Griechenland-Referendum: Was ist jetzt noch links? *Zeit*

Online, 5.7.2015, www.zeit.de/2015/27/griechische-schulden-griechenland-europaeische-union/komplettansicht

36 Hilfreich für einen Überblick sind hier die Einträge bei *Wikipedia*: >Asiatische_Produktionsweise; >Karl August Wittfogel

37 Zur Entstehung des Despotie-Diskurses im kolonialen Zusammenhang cf. Jürgen Osterhammel: *Die Entzauberung Asiens. Europa und die asiatischen Reiche im 18. Jahrhundert*, München (Beck), 1998, S. 271 ff., allgemeiner Eun-Jeung Lee: *»Anti-Europa«. Die Geschichte der Rezeption des Konfuzianismus und der konfuzianischen Gesellschaft seit der frühen Aufklärung*, Münster u.a.o. (Lit), 2003.

38 Cf. Samuel P. Huntington: *Der Kampf der Kulturen. Die Neugestaltung der Weltpolitik im 21. Jahrhundert*, München/Wien (Europa-Verlag), 1996, Berlin (Siedler), 1998, insbes. S. 268ff und 569 ff.

39 Cf. Wolfgang Geiger: »Das westliche Asienbild im Zeitalter der Globalisierung – aktuelle Beobachtungen und Notizen«, in: *Orientierungen* – Zeitschrift zur Kultur Asiens (Bonn), 2/1998, S. 1-11; aktualisierte Version von 2005 auf www.historia-interculturalis.de/historia_interculturalis/Ostasien02.htm#Asienbild

40 Ulrich Beck: *Das deutsche Europa – Neue Machtlandschaften im Zeichen der Krise*, Berlin (Suhrkamp), 2012, S. 7.

41 »La puissance économique allemande s'est positionnée peu à peu, sur le plan politique, comme la plus grande instance de décision en Europe.« Ulrich Beck: *Non à l'Europe allemande. Vers un printemps européen?* Paris (Autrement), 2013, S. 21.

42 »L'Allemagne s'apprête à décider du sort de l'Europe«, op. cit., S. 25.

43 »l'Allemagne est désormais responsable de l'Europe«, S. 28.

44 »[...] mais désormais, quand une décision est à prendre, c'est clairement à Berlin qu'il faut appeler et – pour le moment – c'est Angela Merkel qui décroche le téléphone... et décide.« S. 78.

45 Ich zügele mich, diese systematische Manipulation – ob durchs Bewusstsein oder durchs Unterbewusstsein diktiert – weiter zu detaillieren.
Die »Bearbeitungen« von Übersetzungen gehören sozusagen mit zur deutsch-französischen (Miss-)Verständigungsgeschichte, ich hatte Gelegenheit, dies an historischen Büchern in extenso zu analysieren. Cf. Geiger, *L'image de la France...*, op. cit. (PDF), eine gekürzte Fassung erschien als Buch unter dem Titel: *L'image de la France dans l'Allemagne nazie 1933-1945*, Rennes (Presses Universitaires), 1999.

46 Leparmentier, *Ces Français, fossoyeurs de l'euro*, op. cit., S. 234.

47 Joachim Habermas: »Warum Merkels Griechenland-Politik ein Fehler ist«, *SZ*, 22.6.2015, www.sueddeutsche.de/wirtschaft/europa-sand-im-getriebe-1.2532119

48 N.N.: *Überlegungen zur europäischen Politik*, 1.9.1994, CDU-CSU-Fraktion, https://www.cducsu.de/upload/schaeublelamers94.pdf

49 Wolfgang Schäuble: *Unsere Verantwortung für Europa*, 1999, Zentrum für

Europäische Integrationsforschung, Rheinische Friedrich Wilhelms-Universität Bonn, http://aei.pitt.edu/300/1/dp_c44_schaeuble.pdf

50 Wolfgang Schäuble/Karl Lamers: *Mehr Integration in Europa ist das richtige Ziel*, 31.8.2014, www.wolfgang-schaeuble.de/mehr-integration-in-europa-ist-das-richtige-ziel/

51 Schäuble-Lamers-Papier 1994.

52 Schäuble-Lamers, 2014, loc. cit.

53 Fischer, *Scheitert Europa?* op. cit., S. 28.

54 Loc. cit., S. 29f.

55 Loc. cit., S. 59, 50f., Hervorheb. im Orig.

56 Cf. Werner Mussler: »Schäuble will EU-Kommission entmachten«, *F.A.Z.*, 29.7.2015, www.faz.net/aktuell/wirtschaft/eurokrise/griechenland/griechenland-krise-schaeuble-will-eu-kommission-entmachten-13725683.html

57 Emmanuel Macron im Interview: »Wir wollen eine Neugründung Europas«, SZ, 31.8.2015, http://www.sueddeutsche.de/politik/emmanuel-macron-im-interview-wir-wollen-eine-neugruendung-europas-1.2628139, dort auch das komplette Interview in Französisch.

58 »Grèce: Macron met en garde contre un ›traité de Versailles de la zone euro‹«, *Le Monde*, 5.7.2015, http://www.lemonde.fr/europe/article/2015/07/05/grece-macron-met-en-garde-contre-un-traite-de-versailles-de-la-zone-euro_4671294_3214.html

59 https://en-marche.fr/emmanuel-macron/le-programme/europe

60 Claus Offe: *Europa in der Falle*, Berlin (Suhrkamp), 2016, S. 27.

61 Loc. cit., S. 152f.

62 Cf. Europäische Kommission, Haushalt, Mythen und Fakten, http://ec.europa.eu/budget/explained/myths/myths_de.cfm

63 Martin Schulz: *Der gefesselte Riese. Europas letzte Chance*, Reinbek bei Hamburg (Rowohlt), 2013, S. 29, 20.

64 Schulz, op. cit., S. 45.

65 »L'Europe est sans leader parce qu'elle est sans récit«, Dominique Reynié: »L'Europe sans récit ni leaders«, in: Ders. (Hrsg.): *L'opinion européenne*, op. cit.,, S. 13f.

66 In einer Rundfunkreportage, aus dem Gedächtnis.

67 Cf. »Französische Bauern stoppen deutsche Lastwagen«, *Arte*, 27.7.2015, www.heute.de/landwirte-in-frankreich-blockieren-grenzen-zu-deutschland-und-spanien-protest-gegen-wettbewerbsverzerrung-39437516.html

68 Cf. »Landwirtschaft: Frankreich führender Agrarproduzent in Europa«, *Frankreich in Deutschland*, Französische Botschaft, www.ambafrance-de.org/Landwirtschaft-Frankreich

69 »Crise du porc: les industriels ne désarment pas«, *Le Monde*, 12.8.2015, www.lemonde.fr/economie/article/2015/08/12/crise-du-porc-les-industriels-ne-desarment-pas_4722073_3234.html

70 Cf. Laurence Girard: »Les éleveurs de bovins français veulent ›être payés comme les éleveurs allemands‹«, *Le Monde*, 15.6.2015, www.lemonde.

fr/economie/article/2015/06/15/les-eleveurs-de-bovins-francais-veulent-et-re-payes-comme-les-eleveurs-allemands_4654510_3234.html

71 Cf. »La grogne monte dans les porcheries françaises«, *Le Monde*, 13.6.2015, www.lemonde.fr/economie/article/2015/06/13/la-grogne-monte-dans-les-porcheries-francaise_4653586_3234.html

72 Ich verweise hier nur auf eine sehr anschauliche Reportage aus Rumänien in *Monitor* in der ARD am 13.8.2015.

73 Cf. Schulz, op. cit., S. 8.

74 Zweig, »Der Turm zu Babel«, op. cit., S. 73.

75 Bernard Escambert: »Préface«, in: Gilles Le Bail, *L'Europe ...*, op. cit., S. 5.

76 Schulz, op. cit., S. 28.

Anmerkungen zu Kapitel 4: Die Schulden – ein Detail der Geschichte?

1 Julien Benda: *Discours à la nation europénne* [1933], Paris (Gallimard/folio), 1979, S. 18. [Erstveröffentlichung 1933].

2 Cf. Éric Monnet/Claudia Sternberg (Hrsg.): *Euro, les années critiques*, Paris (P.U.F.), 2015, S. 41-45.

3 Cf. Geneviève Duchenne: »Faut-il avoir peur de l'Allemagne? Représentations belges de la réunification allemande à travers 'Le Soir' et 'De Standaard'«, in: *Mémoire(s), identité(s), marginalité(s) dans le monde occidental contremporain*, Cahiers du MIMMOC, 8/2012, http://mimmoc.revues.org/1069

4 Édouard Husson: »L'Allemagne à l'aube du XXIe siècle«, *diploweb.com – La revue géopolitique online*, Dez. 2000, www.diploweb.com/p5ehus02b.htm.

5 Siehe oben, S. 136.

6 Interview mit Pierre Verluise: »Comment la chute du mur de Berlin a précipité une domination germanique sur l'Europe que l'Allemagne ne recherchait même pas«, *Atlantico*, 8.11.2014, www.atlantico.fr/decryptage/comment-chute-mur-berlin-precipite-domination-germanique-europe-que-allemagne-ne-recherchait-meme-pas-pierre-verluise-1846020.html

7 Interview mit Emmanuel Todd in der *Zeit*, siehe oben, S. 364, Anm. 48.

8 Arnaud Lechevalier: »L'Allemagne, un leadership mal assumé«, in: *Alternatives Economiques Poche* n° 058, décembre 2012, zit. nach der Online-Ausgabe s.p.

9 Fischer, *Scheitert Europa?*, op. cit., S. 57.

10 Christian Chavagneux: »Une Europe malade de l'Allemagne«, in: *L'Économie politique* N°60, 4/2013, »Allemagne: un modèle à ne pas suivre«, S. 5.

11 Christian Chavagneux: »Une Europe malade de l'Allemagne«, in: *L'Economie politique*, N° 60, octobre 2013, »L'Allemagne un modèle à ne pas suivre«, zit. nach der Online-Ausgabe s.p.

12 Cf. Ernst Hillebrand: »Les défis à relever par le nouveau gouvernement

allemand«, in: *L'Economie politique*, N° 60, octobre 2013, »L'Allemagne un modèle à ne pas suivre«, zit. nach der Online-Ausgabe s.p.; Hillebrand bezieht sich dabei auf einen anderen Artikel von Karl Aiginger, cf. »Erfolgsmodell Deutschland sollte Ziele überdenken«, *Die Presse*, 22.5.2013, vgl. *Ökonomenstimme*, 17.5.2013, www.oekonomenstimme.org/artikel/2013/05/erfolgsmodell-deutschland-sollte-ziele-ueberdenken/

13 Cf. IWS, Überblick zur Wirtschaftskraft der Europäischen Union und ihrer Mitgliedstaaten, www.economic-growth.eu/Seiten/20-Jahres-Ueberblick/BIP-pro-Kopf-20_Jahre.html

14 Cf. Jean-Baptiste Chastand: »Pour l'Unedic, le chômage augmentera encore fortement en 2015«, *Le Monde*, 16.1.2015, www.lemonde.fr/economie/article/2015/01/16/pour-l-unedic-le-chomage-augmentera-encore-fortement-en-2015_4557760_3234.html; Justine Gay: »Taux de chômage et chômeurs en France: le point en mars 2015«, *Journal du Net*, 2.3.2015, www.journaldunet.com/economie/magazine/en-chiffres/chomeurs-en-france.shtml

15 Arnaud Lechevalier: »La ›grande transformation‹ de l'Allemagne réunifiée dans le contexte européen«, in: *L'Economie politique* N°60, octobre 2013, zit. nach der Online-Ausgabe s.p.

16 L'avenir en commun, le programme > Le programme en trois minutes, *La force du peuple*, S. 20. https://avenirencommun.fr/avenir-en-commun/

17 Vgl. das erste Kapitel in Fillon: *Faire*, op. cit.

18 Fillon, *Mon projet…*, op. cit., S. 9, 31, 92.

19 Emmanuel Macron: *Révolution. C'est notre combat pour la France*, Paris (XO Eds.) 2016, S. 63.

20 www.arte.tv/guide/de/048762-000/staatsschulden-system-ausser-kontrolle

21 Thomas Piketty: »Deutschland hat nie bezahlt«, op. cit., siehe oben S. 358, Anm. 252.

22 »Toute la dette extérieure de l'Allemagne a été annulée en 1953.« Zitiert in der Zusammenfassung eines Radio-Interviews mit Piketty in: »Piketty attaque l'Allemagne et la France«, *Le Figaro*, 26.5.2015, www.lefigaro.fr/flash-eco/2015/05/26/97002-20150526FILWWW00118-piketty-attaque-l-allemagne-et-la-france.php. Das Interview mit Piketty wurde auf *France Inter* am 26.5.2015 gesendet, das Video davon gibt es auf www.franceinter.fr/video-thomas-piketty-en-europe-labsence-de-transparence-est-extremement-nuisible

23 »Euro-Krise: ›Deutschland ist der größte Schuldensünder des 20. Jahrhunderts‹«, *Der Spiegel Online*, 21.6.2011, www.spiegel.de/wirtschaft/soziales/euro-krise-deutschland-ist-der-groesste-schuldensuender-des-20-jahrhunderts-a-769052.html

24 Cf. »Solidarität mit dem Sünder. Als die BRD entschuldet wurde«, Interview mit Ursula Rombeck-Jaschinski, *n-tv*, 26.10.2011, www.n-tv.de/wirtschaft/Als-die-BRD-entschuldet-wurde-article4617686.html; Christopher Kopper: »Fast wie die Griechen«, *Die Zeit* N°36, 5.9.2011, www.zeit.de/2011/36/Umschuldungen; *Wikipedia*, >Londoner Schuldenabkommen;

Kordula Kühlem: »Wie die Bundesrepublik kreditwürdig wurde. Das Londoner Schuldenabkommen 1953«, in: *Die Politische Meinung* 520/2013, S. 61-68, www.kas.de/wf/de/33.34566/; »Londoner Schuldenabkommen und Abkommen mit Israel«, *Bundesarchiv*, www.bundesarchiv.de/cocoon/barch/k/k/k1952k/kap1_1/para2_5.html; 27. Februar 2003 – 50 Jahre Londoner Schuldenabkommen, *Bundesfinanzministerium*, www.bundesfinanzministerium.de/Content/DE/Monatsberichte/Publikationen_Migration_vor_2005/17087_0.pdf?__blob=publicationFile&v=5; im Detail: Ursula Rombeck-Jaschinski: *Das Londoner Schuldenabkommen. Die Regelung der deutschen Auslandsschulden nach dem Zweiten Weltkrieg*, München (Oldenbourg), 2005. Veröffentlichungen des D Historischen Instituts London, hrsgg. von Hagen Schulze, Bd. 58.

25 Vgl. Christopher Kopper: »Zwei Kriege, ein Desaster. Die wahre Geschichte der deutschen Staatsschulden – eine Entgegnung auf Thomas Piketty«, in: *Die Zeit* N°29/2015, 23.7.2015, S. 27.

Anmerkungen zu Kapitel 5: Demokratie und Demagogie

1 Erich Fromm: *Die Furcht vor der Freiheit*, Frankfurt am Main/Berlin (Ullstein), 1983, S. 192. [Escape from Freedom, New York, 1941].

2 Marcus Tullius Cicero: *Vom Redner. De oratore,* übersetzt und erläutert von Raphael Kühner, II. 36 und 157, www.gottwein.de/Lat/CicDeOrat/de_orat02de.php.

3 Fromm, op. cit., S. 10.

4 Stegemann, *Das Gespenst des Populismus*, op. cit., S. 11.

5 Cf. Jan-Werner Müller: *Was ist Populismus? Ein Essay*, Frankfurt am Main (Suhrkamp) 2016, S. 18 f.

6 Pseudo-Xenophon, *Athenaion Politieia*, ed. E. Kalinka, Leipzig 1913, online bei *AG Demokratia*, Institut für alte Geschichte, Universität Erlangen, www.demokratia.org/files/Oligarch.pdf

7 Eine detaillierte wissenschaftliche Untersuchung im historischen Kontext liefert z.B. Christian Mann: *Der Demagoge und das Volk. Zur politischen Kommunikation im Athen des 5. Jahrhunderts v. Chr.*, Berlin (Akademie-Verlag), 2007.

8 Aristoteles: *Politik*, 4. 5, 1292a. Philosophische Schriften Bd. 4. Übers. E. Rolfes, Leipzig (Meiner), 1922, S. 131 f.

9 Grabrede von Perikles, 431 v. Chr., in Thukydides: *Der Peloponnesische Krieg*, Stuttgart (Reclam), 1977, S. 162.

10 Aus dem Protokoll der Sitzung: *Journal des Débats et de la Correspondance de la Société des Jacobins, Amis de l'Égalité et de la Liberté*, séante aux Jacobins, à Paris. Débats, N° 321. Séance du dimanche 16 décembre 1792, l'an Ier de la république, 18 Décembre 1792, S. 1 f.

11 Vgl. z.B. Christoph Bühler: *Das Internet-Geschichtsbuch*/Die Französische Revolution – Bildmaterial, www.buehler-hd.de/gnet/neuzeit/frzrev/bmat/drittstand.htm

12 *Archives parlementaires de 1787 à 1860*, http://gallica.bnf.fr/ark:/12148/bpt6k495230.image.r=Archives+Parlementaires,+tome+VIII.f3.langFR
13 Cf. Christina Elmer/Annett Meiritz: »Linke fehlen am häufigsten bei Abstimmungen« – Datenlese, *Der Spiegel Online*, 24.11.2014, mit Foto von der Abstimmung im Juni 2014, www.spiegel.de/politik/deutschland/bundestag-abgeordnete-fehlzeiten-namentliche-abstimmungen-a-1004017.html und Martin Reyher: »So oft fehlten die Abgeordneten bei namentlichen Abstimmungen«, *Abgeordnetenwatch*, 24.11.2014, https://www.abgeordnetenwatch.de/blog/2014-11-24/so-oft-fehlten-die-abgeordneten-bei-namentlichen
14 Andreas Wirsching: *Der Preis der Freiheit. Geschichte Europas in unserer Zeit*, München (Beck), 2012, S. 311f., 317.
15 Cf. »Bundesverfassungsgericht stärkt Parlamentsrechte«, *Bündnis 90/ Die Grünen Bundestagsfraktion*, 19.6.2012, www.gruene-bundestag.de/themen/bundesverfassungsgericht-staerkt-parlamentsrechte/seite-1-bundesverfassungsgericht-staerkt-parlamentsrechte_ID_4384340.html; »Unverzichtbare Beteiligung des Bundestages bestätigt«, *Deutscher Bundestag*, 19.6.2012, www.bundestag.de/dokumente/textarchiv/2012/39482178_kw09_bvg_esm/208846
16 »Kauder geht mit Abweichlern hart ins Gericht«, *Die Welt*, 9.8.2015, www.welt.de/politik/deutschland/article144968562/Kauder-geht-mit-Abweichlern-hart-ins-Gericht.html
17 Zit. nach Thorsten Denkler: »Kauder fehlt die Ordnung«, *SZ*, 10.8.2015, www.sueddeutsche.de/politik/streit-in-der-unionsfraktion-kauder-fehlt-die-ordnung-1.2602551
18 AfD Grundsatzprogramm 2016, 7.5., S. 48.
19 Christian Bangel: »Das Volksfest des Rassismus«, *Zeit Online*, 29.9.2015, www.zeit.de/politik/deutschland/2015-09/pegida-volksfest-rassismus
20 Fromm, *Die Furcht vor der* Freiheit, op. cit., S. 137f., 126f.
21 Ralph Keyes: *The Post-Truth Era: Dishonesty and Deception in Contemporary Life*, New York (St. Martin's Press) 2004.
22 Cf. a.a.O., S. 12.
23 Cf. Colin Crouch: *Postdemokratie*, Frankfurt am Main (Suhrkamp) 2008, S. 39f. Die Erstausgabe des Buches erschien in Italien 2003.
24 Stegemann, *Das Gespenst des Populismus*, op. cit., S. 7f.
25 Nancy Fraser: »Vom Rreden des progressiven Neoliberalismus in die Traufe des reaktionären Populismus«, in: Geiselberger (Hrsg.): *Die große Regression*, op. cit (vgl. Anm. 1, S. 337).
26 Reinhard Kühnl: *Formen bürgerlicher Herrschaft: Liberalismus – Faschismus*, Reinbek b. Hamburg (Rowohlt) 1971.
27 Didier Eribon: »Ein neuer Geist von '68«, *F.A.Z.*, 18.4.2017, www.faz.net/aktuell/feuilleton/debatten/didier-eribon-zur-krise-der-linken-in-frankreich-14973605.html; vgl. Dorothea Grass: »Didier Eribon: ›Wer acron wählt, wählt Le Pen‹«, SZ, 20.4.2017, www.sueddeutsche.de/politik/praesidentschaftswahl-in-frankreich-didier-eribon-wer-macron-waehlt-

waehlt-le-pen-1.3470851; »Daniel Cohn-Bendit über die Frankreich-Wahl: ›Sie werden sich bewegen müssen‹«, Interveiw, *taz*, 25.4.2017, www.taz.de/!5403334/

Anmerkungen zu Kapitel 6: Der Populismus und die Ermüdung der Demokratie

1 Thomas Mann: »Achtung, Europa!« [1936/38], in: Michael Lützeler (Hrsg.): *Plädoyers für Europa. Stellungnahmen deutschsprachiger Schriftsteller 1915-1949*, Frankfurt am Main (Fischer TB), 1987, S. 222. Siehe auch Archiv Pester Lloyd, www.pesterlloyd.net/html/1936mannachtung-europa.html
2 Ralf Dahrendorf: »Über Populismus: Acht Anmerkungen«, in: Ders., *Der Wiederbeginn der Geschichte: Vom Fall der Mauer zum Krieg im Irak*, München (Beck), 2004, S. 315.
3 Cf. Pierre-André, Taguieff: *La revanche du nationalisme. Néopopulistes et xénophobes à l'assaut de l'Europe*, Paris (PUF), 2015, S. 56f.
4 Cf. Peet/La Guardia, *Unhappy Union*, op. cit., S. 122f. Vgl. Eurobarometer Herbst 2013, *40 years Eurobarometer*, »Democracy in the EU«, S. 13. http://ec.europa.eu/public_opinion/topics/eb40years_fr.pdf
5 Cf. *Europa-Atlas. Daten und Fakten über den Kontinent*, Heinrich-Böll-Stiftung/Le Monde diplomatique, 2014, S. 14. Vgl. Eurobarometer Herbst 2013, op. cit., S. 14.
6 Cf. Die Story im Ersten: Marine Le Pen, ARD, 10.4.2017.
7 »Un double langage«, »un stratagème diabolique«, Dély, op. cit., S. 81; Romain Rosso: *La face cachée de Marine Le Pen*, Paris (Flammarion) 2011.
8 Jan-Werner Müller, *Was ist Populismus?*, op. cit., S. 14, 18f., 42ff.
9 Jörg Lau: »Peinliche Warhheit«, *Die Zeit*, 28.4.2016, www.zeit.de/2016/19/rechtspopulisten-erfolg-oesterreich-wahl
10 Cf. Coulet, op. cit., S. 83.
11 Cf. den Bericht im Auslandsjournal extra, *3Sat*, 26.5.2017.
12 Siehe oben, S. 358, Anm 259.
13 Slavoj Žižek; »Die populistische Versuchung«, in: Geiselberger (Hrsg.), *Die große Regression*, op. cit., S. 302.
14 Appadurai, »Demokratiemüdigkeit«, in: *Die große Regression*, op. cit. (siehe Einleitung, Anm. 1).
15 Am 2.9.2015 in der ZDF-Sendung *Ein Staat – zwei Welten?*

Der Autor

Wolfgang Geiger, geb. 1956, studierte Französisch und Geschichte für das Lehramt und promovierte 1986 in Frankfurt und 1996 in Nantes, dort mit einer Dissertation zum Frankreichbild im Dritten Reich. Seit 1999 ist er Lehrer an einem Gymnasium in Hessen und war 2006 bis 2015 Lehrbeauftragter an der Goethe-Universität Frankfurt, zunächst am Seminar für Didaktik der Geschichte, dann am Historischen Seminar.

Er ist Mitglied im Verband der Geschichtslehrer Deutschlands und seit 2016 Vorsitzender des Landesverbandes Hessen.

Bei Humanities Online sind erschienen:
L'image de la France dans l'Allemagne hitlérienne et pendant l'après-guerre immédiat, Thèse de doctorat, Université de Nantes 1996, 1052 p., Lille 1997 (microfiches), Humanities Online, Frankfurt am Main, 2000 (PDF).

Geschichte und Weltbild. Plädoyer für eine interkulturelle Hermeneutik, 2002.

»Interkulturelle Geschichte und monokulturelles Weltbild«, in: *Handlung Kultur Interpretation. Zeitschrift für Sozial- und Kulturwissenschaften,* 14. Jahrgang, Heft 2, November 2005, S. 319–342.

Zwischen Urteil und Vorurteil. Jüdische und deutsche Geschichte in der kollektiven Erinnerung, 2012.